2018年第2卷
第54卷

刑法论丛

CRIMINAL LAW REVIEW VOL. 54

高铭暄／学术顾问
赵秉志／主　编
阴建峰／副主编
彭新林　张　磊　苏明月／专业编辑
北京师范大学刑事法律科学研究院／主办

中文社会科学引文索引（CSSCI）来源集刊

法律出版社
LAW PRESS CHINA

目录

〔外国刑法〕

〔比较刑法〕

〔国际刑法〕

〔犯罪学与刑事政策〕

CONTENTS

〔反腐法治专栏〕

非洲反腐败新观察[*]

［美］艾曼纽·安戈洛[**] 著 彭新林[***] 李 涵[****] 译

目 次

一、腐败的定义

在深入探讨腐败的定义之前，我想明确地阐述一点：如果在接下来的几年我们不开展反腐败的重大改革行动的话，那么非洲的年轻一代很可能会把腐败误认为是非洲的一种文化，两袖清风的领导人被当成傻子的这种现象，只会出现在非洲大陆上。

那么，什么是腐败？也许可以从不同的角度进行定义。

---

* 本文系国家社科基金项目“腐败犯罪法律治理对策研究”（14CFX019）的阶段性成果。

** 美国ITT理工学院教授，励志演说家。

*** 北京师范大学国家反腐败教育与研究中心研究员、秘书长。

**** 北京师范大学刑事法律科学研究院硕士生。

- 不诚实行为或者非法行为,尤其是有权势者(如政府官员或者警察)所为的不诚实或者非法行为;
- 使人堕落、腐化的行为;
- 变化了的形式,变体;
- 正直、原则、美德或者金钱的减损;
- 物理的腐坏、变质;
- 通过不当或者非法手段诱导犯错误(贿赂);
- 偏离本真、纯洁或者正确;
- 腐败的机构或者不当影响。

根据有关数据显示,每年划拨给国际军火贸易的 250 亿美元资金,其中有 10% 都用来贿赂客户。从经济的角度看,贿赂和腐败的后果是十分严重的。据世界银行估算,每年 0.5% 的 GDP 因腐败而流失。腐败也造成污浊的营商环境,尤其是与贸易以及海外投资有关的部分,同时使得有组织犯罪大行其道。

二、非洲腐败的原因

有人说,在一些非洲国家,不贿赂别人几乎什么事也办不了。那腐败的原因是什么呢?尽管诱发腐败的因素纷繁复杂,但我想重点强调非洲腐败的几个主要原因,一是贪婪;二是兄弟会的影响;三是道德敏感度的降低;四是国有或者私营单位服务意识的缺失;五是告发腐败的意识或勇气不足;六是纵容腐败的文化环境;七是缺乏透明度;八是监察的低效;九是司法程序冗长;十是官员升迁中道德标准的缺失。下面分别简要述之。

(一)贪　婪

贪婪将给人们带来对钱权原始的欲望,从而使得他们全然不顾道德的底线而越规逾矩。潜在的人类学原因是,当人缺失正直这种品质时,人们内心会产生获取外在利益的冲动。我们生活在一个鼓吹物质至上甚至超过生命价值的时代，这使得腐败泛滥成灾，贪腐的数量几近天文数字。正是个人的贪婪，使得许多非洲国家的公职人员盗取国库资金，有的还导致基础设施建设因经费不足而停摆。

（二）兄弟会的影响

“兄弟会”是非洲家喻户晓的“秘密组织”，即人们因为某种共同的目的或职业而聚集起来的组织。人们加入兄弟会的原因是多种多样的，比如为了赢取声望、获得帮助或者掌控权力等。有些学派认为，兄弟会就是“一个致力于实现某种社会目的的世俗帮会，其社会活动主要是宗教活动和社会慈善活动方面”。那么，我们又如何把兄弟会和腐败这两者联系在一起呢？可以这么说，在尼日利亚，如果你不是任何一个强有力的兄弟会的成员，那么，不管你参加的是什么层级的选举，获胜的概率都是极其渺茫的。通过兄弟会推举而掌权的领导人往往政绩平平，不仅如此，他们只效忠于自己所属的兄弟会，在选拔下属政府官员时大搞任人唯亲而非选贤举能。

简而言之，这种秘密组织性质的兄弟会是非洲腐败的主要原因之一，因为他们给获胜候选人免除了一大笔选举资金，而且是基于兄弟会关系而非考虑政绩推举候选人名单。兄弟会对成员的影响力是深远的，因为他们都是经过宣誓效忠的。

（三）道德敏感度的降低

考虑到过去因对个人行为重视不够，以致教育不足以及挫折学习经历缺失，我们现在是否应该将伦理教育重新提上日程？答案无疑是肯定的，只有这样才能确立以诚为尊、以诚为荣的价值理念。

（四）国有/私营单位服务意识的缺失

服务意识欠缺的现象，在那些为一己之私利（非为公共利益服务）

而使用公共资源的人之间是随处可见的。时至今日,已经很难在公职部门找到完全无私的人。换言之,缺乏服务意识的人汇聚在一起恰是很多非洲公共服务机构的一大"特色"。

(五)告发腐败行为的意识或勇气不足

这个问题说来很复杂。有很多人并不认为与腐败有关的事物或现象存在问题,这主要是因为他们对腐败的危害性缺乏认知。当然,也有一些人认识到了腐败的问题,但是他们选择保持沉默,这主要是因为事不关已、宁可高高挂起,或是怕给自己惹祸上身。

(六)文化环境的原因

在非洲(特别是尼日利亚),很多人为那些贪污公款的人点赞,这些贪污公款的人往往被视为聪明人,他们收获大量羡慕并且圈粉无数。另外,那些偷税逃税、篡改数据或者签订假合同获益的人,同样也被视为聪明的家伙。在非洲国家,你能时常听到这样的言论,"人生苦短,把握时间"或者是"我并非始作俑者"等。还有种族群体甚至为他们的族人实施的腐败行为辩护。

(七)缺乏透明度

在界定"缺乏"的定义之前,应当知道什么是"透明度"。透明度意味着公开、沟通与问责。只有当你能看穿一个东西的时候,才能说它是透明的。只有当所有的账务公开了,我们才能说一个政府或者机构是具有透明度的。透明度是构建信任的关键。在非洲的政府系统中,透明度几乎是不存在的。

虽然对犯罪分子的判决执行并不迅速,但是"他们的恶魔之心在实施犯罪时就已定型"(摘自《旧约·传道书》第8章第11节)。

(八)监察的低效

在非洲,监察机构自身也腐败不堪。监察活动在很多情况下被异化为一方对异己部落掌权者发动的权力斗争,这使得监察机关工作非常的低效。

(九)冗长的司法程序

“迟到的正义等于非正义。”人们都说,非洲国家的法院好像永远也做不出判决。诚然,司法程序的设置上有上诉和授权等环节,但其绝不意味着拖延司法,拖延正义的实现。非洲的司法系统纵容犯罪,尤其是在尼日利亚。如对于贪污325亿奈拉养老金的官员尤素福(Yusuf),尼日利亚塔尔巴法院在其认罪后仅判处其2年监禁,并选处罚金25万奈拉。这显然难以让人感受到司法正义。

(十)官员升迁中道德标准的缺失

社会上如果缺乏普遍认可的诚实正直标准,腐败必然泛滥。在这样一个“你知道什么不重要,重要的是你站谁的队”的时代,我们常常忽略官员晋升过程中的道德标准和责任。人事领域的腐败,常出现在这种情况下,即某人职务的升迁仅仅是因为他效忠于某个领导或是某个执政党,而不是基于其政绩。尼日利亚有句古话,“如果你的忠诚度不够,你就会十分痛苦”。非洲国家的不公平选举、提拔是司空见惯的。

在这里,我想问问那些窃取国家资产的人,当你在发达国家游玩时会不会扪心自问?你在购买豪车上花的钱和在非洲儿童身上花的钱能否相提并论?你视法律为何物?是不该窃取国家财产还是窃取了也不该被抓?你选举时是继续把钱存放在你国外的个人账户还是打算用来发展我们的国家?

三、腐败带来的后果

关于腐败的后果,《经济学人》曾有一个简短评论,即“腐败不过是压迫的一种形式”。腐败给非洲大陆造成的影响太过深远,如果事无巨细进行研究,洋洋洒洒大笔一挥,写个几千页绝不成问题。这里只简要谈谈以下几个方面的危害:

(一)发展滞缓

非洲大陆被视为不发达地区有多个原因,其中,就包括饮用水的匮乏。水是维持生命的重要资源。因为受到腐败的影响,非洲大陆无法向绝大多数人口提供足够的饮用水。

糟糕的交通网络也是非洲发展滞缓的另一大原因。这是由于本应该支付给承包商修建道路、铁路系统的资金,因腐败行为流进了私人的腰包。这让公众陷入了交通不便的噩梦。

落后的医疗保健设施也是非洲发展滞缓的原因之一。大多数非洲的医院和诊所都只是空荡荡的一栋楼而已,楼中没有药品和医疗设备,也鲜有医务工作者。这与医疗行业的腐败也有着千丝万缕的联系。万幸的是,非洲大陆得到了来自世界各地的帮助。应该感谢相关国际条约和宣言的支持,如1978年阿拉图木宣言,1978年世界银行/国际货币基金组织卫生部门结构调整方案,世界卫生组织巴马科倡议(1987年),联合国千年宣言、发展目标(2000年)、巴黎宣言(2005年),2006年第二次医疗保健革命宣言。这些条约、协定和政策有助于改善非洲低收入国家的医疗保健服务。

举个例子,尼日利亚是非洲最大的石油和天然气生产国,但是98%的石油平台、钻井平台、浮式生产储油轮、液化天然气油轮、加油船和原油船舶没有在其国内建立维护。这是因为该国没有足够的基础设施来进行大规模的工程、制造和建设。尼日利亚拥有任何建设工程工厂的必需品,但是腐败却阻止了它的发展。

(二)电 力 故 障

非洲的工业非常依靠天然气的支撑。腐败已经使这里的电力部门陷入瘫痪。在非洲,想体验到稳定的电力供应几乎是不可能的。年复一年,公众争取大量的资金投入电力部门,但是最后却无疾而终。我不是道听途说(我没在报纸上看到)而是亲身经历,我生在非洲长在非洲,所说的不是视频也不是卫星图像,而是我就在非洲真真切切的感受着这一切。

(三)贫　　穷

南非前总统曼德拉曾说过,克服贫穷并不是慈善的一种姿态,而是一种正义的行为。当前,在许多非洲国家,年人均国内生产总值少于5200美元。应当说,“非洲并不是一片贫瘠之地,而是一片缺乏领导能力的大陆”。世界上大多数最贫穷的国家都在非洲大陆。

根据联合国的统计,截至2008年,47%的黑非洲人(撒哈拉以南的非洲人)依靠每天1.25美元乃至更少的钱生存。这里富者愈富、穷者愈穷。极度的贫穷已经引发了其他严重的社会问题,如贩卖儿童、卖淫、持械抢劫、强盗以及其他社会弊病。贫穷本身就是一种犯罪。穷人并不当然会穷则思变,引诱穷人犯罪简直太简单了。

根据联合国儿童基金会的报告,贫困儿童是指那些生存、发育和茁壮成长所必需的物质、精神以及情感资源被剥夺的孩子,这使他们无法享受他们应有的权利、发挥全部的潜能以及以完整平等的社会成员身份参与社会生活。非洲大陆每天有超过20,000个孩子因为贫困而死亡。

腐败引发了非洲严重的饥荒。据联合国粮农组织估算,2010年至少2.39亿撒哈拉以南非洲的人们饥肠辘辘或者营养不良,而全球饥饿的人口有9.25亿。非洲有5.78亿经历饥饿的人口,这是仅次于亚太地区的第二大洲。非洲排名第二主要是因为亚洲的人口基数多和陆地面积更大。

非洲的贫穷体现为缺乏满足人类基本需求的设施,而这正是大多数非洲人所面临的。非洲国家通常在衡量经济活动规模的数据排名如人均收入排名中是垫底的角色。就 2009 年人均国内生产总值而言,被联合国“人类发展指数”认定为“低人类发展”的 24 个国家中,就有 22 个国家在撒哈拉以南的非洲。

应该感谢非洲联盟的倡议,如其所设立的非洲同行审查机制(APRM),已经采取了一些扶贫措施。

(四)负　　债

非洲负债累累。连《圣经》都说借款人是贷款人的奴隶。非洲国家年复一年的从国际货币基金组织、世界银行、巴黎俱乐部成员国、中国等组织和国家贷款。

非洲国家的借款是不计其数的,非洲的大部分货币与其他洲的货币相比都是一文不值的。

很多非洲国家的领导人,假借国家之名向债权国贷款,却用来填满自己的腰包,而让国家背负债务。一些学者将其称之为“非洲债务危机或债务之癌”。据报道,非洲的债务从 1982 年刚刚出现危机的 1400 亿美元激增到 1990 年的 2700 亿美元。这就是到目前为止腐败的严重情况。

(五)失　　业

失业是指未被聘用的状态。许多非洲国家的政府都腐败不堪,他们没有用那些本应用来为大众创造就业机会的资金创造出足够的工作岗位,而是投资给了其他国家。非洲的大量资金都被其他国家冻结了。

在非洲,失业是一种流行病,而腐败是推动其蔓延的重要力量。“影子工人”的问题本身就是另一个难题。

(六)教育的落后

根据2010年联合国教科文组织对黑非洲的区域概况研究,52%的儿童在小学入学,这是所有地区中最低的入学率。美国国际开发署中心的报告说,截至2005年,非洲40%的学龄儿童不能小学入学,还有4600万名非洲学龄儿童从来没有走进过教室。应该感谢千年目标和世界教育论坛,我们取得了重大进展。总而言之,非洲的教育是如此的落后,以至于你不得不行贿才能进入大学学习。在大学课堂上,你只有帮助你的授课老师一起整理材料,才能获得及格的分数。

(七)危　　机

许多非洲国家直至今日仍面临危机,而这其中的主要因素就是腐败。如埃及、刚果、索马里、利比亚、马里、尼日利亚等国。就利比亚来说,在卡扎菲的长期掌权下,经历了一系列危机。据透明国际组织的披露,“这个石油资源丰富的国家正在成为一个中央政府缺乏权威的失败国家”。这就是卡扎菲腐败政权留给这个国家的政治遗产,持续不断的暴力以及无能的政府机构。卡扎菲政权对利比亚的统治,自1969年9月1日开始,于2011年8月23日结束,持续了将近42年。又如,在尼日利亚(东北),伊斯兰教组织“博科圣地”的杀戮习以为常。“博科圣地”是由有政治动机的激进分子组成的,他们隐藏在宗教极端主义的名义下。索马里激进伊斯兰组织青年党每天都在搞破坏,他们是如此的危险以致其与基地组织有千丝万缕的联系。而所有的这一切都是腐败的产物。

四、未来的方向

第一,我们必须将兄弟会踢出政治领域。整顿政治腐败的主要方法之一就是将政治事务从兄弟会手中夺过来。兄弟会在非洲是如此的有组织,以至于如果你不是一个知名兄弟会的成员,你就不可能在一个政党或者组织中担任职务。非洲的腐败在很大程度上是由兄弟会的势力控制的。他们决定着谁将成为你的州长、总统、董事、总经理、参议员,甚至是你们学校的校领导。他们将决定着你的社区、城市、州和学校会建设哪一项工程。够了,让我们通过勇敢的行动来阻止他们吧,包括通过投票反对他们或者在选举中战胜他们。我们还需要教育年轻一代习得一技之长,通过上学然后发挥他们的潜能。让我引用哈维・费斯特恩(Harvey Fierstein)的这句话来激励你吧,那就是"永远不要被人欺负,永远不要让自己成为受害者,永远不要接受别人对你人生的定义"。

第二,你会允许你的个人贪婪摧毁你孩子的未来吗?扼杀掉个人的贪婪吧!是时候净化我们的心灵和思想了。贪婪是一个杀手,也是一种经济之癌。安迪・史丹利(Andy Stanley)道出了这一切,他说"贪婪不是一个经济问题,而是心灵问题"。史蒂芬・霍金(Steven Hawking)也提出,"我们正面临着被我们的贪婪和愚蠢毁掉自己的危险",他在想这一代人今后将遇到什么问题,我们不能继续在一个狭小且污染严重的星球上观察我们自己。贪婪对任何社会的经济和社会健康都是致命的。伯尼・桑德斯(Bernie Sanders)说:"让我们对华尔街和其他地方的亿万富翁和企业领袖发动一场道德和政治上的战争,他们的政策和贪婪正在摧毁美国的中产阶级。"我们个人的贪婪比癌症、艾滋病和肺结核更能毁灭我们的生命。放下你的贪念吧!

第三,我们必须停止伴有种族靠山的腐败。在非洲,腐败分子被他的同族视为英雄。另一些人则把洗劫国家财产作为取之不尽、用之不竭的源泉的人视为智者、超人。腐败分子被他的种族称为家长。在尼日利亚,如果你试图起诉某一族群中的腐败分子,那么这将是对整个族群的攻击。他们将做好保卫族人的准备。然而,以种族的名义去保护一个盗取国家财产的小偷,这样做是正确的吗?2010 年,一千多名青年阻止执法机构逮捕前州长,因为他是他们的"杀手"。对他们来说,逮捕前州长对其种族来说是难堪的事情。一个前州长被指控犯洗钱罪,但是法院只判决他罚金 350 万奈拉。最近,尼日利亚一些过去在位的高官警告新总统不要去动前总统,因为前总统被视为是他们的家长。应该这样吗?

第四,强化道德的敏感意识。埃利·维瑟尔(Elie Wiesel)说:“有时候,我们对不公正是无能为力的,但是我们绝不能无动于衷。”我期待着非洲的新一代年轻人能够接受挑战,并以最强有力的方式反对腐败。虽然总会有腐败的人,但我们必须要有积极反对、阻止腐败的力量。反腐败改革行动是必要的。我们必须在我们的孩子、学生、宗教团体等身上融入真正的社会价值观。难道你愿意眼睁睁地看着腐败毁掉非洲而漠不关心吗?

第五,增强透明度。维拉·纳扎里安(Vera Nazarian)说:“在玻璃王国里,一切都是透明的,黑暗的心没有藏身之处。”我们必须要推动政府执政的透明化,而不能什么都不做还期待着一切会变好。诚如亚伯拉罕·林肯(Abraham Lincoln)所言,“预测未来的最好方法就是去创造它”。一个没有腐败的未来不可能是偶然实现的,而是靠我们创造出来的。如果我们可以投票罢免腐败分子,我们就可以将选举透明化。千里之行,始于足下。我们必须清楚地看到政府的财政支出,必须知道我们的政治领导人能发挥多大的价值,政府必须告知我们花费在每一项工程上的具体开支。非洲的年轻一代必须推进阳光政府的建设,我们必须采取一切可自行支配的和平方式,以确保我们的政府是负责任的政府。我们要构建的现代政府必须要具备以下特点:信息自由;行政行为程序化;电视辩论;政务公开。

第六,培育爱国主义精神。没有什么比爱国主义更能治愈一个国家的错误行为。如果你爱你的祖国,你就不会盗取它的资源,你就不会轰炸它,你就不会破坏它的设备和设施。“博科圣地”的成员不是爱国者,伊斯兰国的成员不是爱国者,索马里青年党的成员也不是爱国者。让我们来回顾一下名人们的精辟之语。

——“没有任何东西可以掩盖滥杀无辜民众的耻辱。”(霍华德·兹恩,Howard Zinn)

——“爱国主义自始至终都在支撑着你的国家,但是只支撑值得支撑的政府。”(马克·吐温,Mark Twain)

——“面对一些不可能战胜的困难,只有爱国者才能克服它。”(巴拉克·奥巴马,Barrack Obama)

——“在实施不诚实、愚蠢或者罪恶行为之时向祖国坦白,这是最伟大的爱国主义。”(朱利安·巴恩斯,Julian Barnes)

——“热爱传统从不会使一个国家变弱,甚至在生死存亡的关键时刻,他会使国家更强大。”(温斯顿·丘吉尔,Winston Churchill)

——“反抗的旋风将继续动摇我们国家的根基,直到正义的光明之日出现。”(马丁·路德·金,Martin Luther King Jr)

——“恶法非法。”(布坎南,E. A. Bucchanan)

第七,游戏司法当休矣,非洲的司法系统必须立即停止对罪犯的纵容。“只要求政治/商业窃贼在被定罪时返还不到 1% 的赃款的想法本身就是犯罪。”是时候停止这些使贪污国家财产成为一件浪漫的事的所谓司法策略和种族划分了。如果这场经济噩梦终将结束,那么犯罪分子与法庭之间的这种浪漫关系必须断掉。事实上,只有非洲才会出现窃取国家财产 5000 万美元的犯罪分子,被科处罚金 2 万美元的情况。尼日利亚的一个法院最近判处一名贪污国家养老基金 300 多亿奈拉之罪的犯罪分子,仅 2 年的监禁和罚金 25 万奈拉。这使得正义的神殿变得多么邪恶。同样地,一名前派出所所长从警局账户套取数十亿奈拉,但在审判过程中,法官考虑到他是初犯并且在整个诉讼过程中有悔罪表现,只判处其 6 个月监禁和对他 8 项指控犯罪事实的每一项罚款 3846 美元。这起案件是 2005 年的事。尼日利亚海洋银行前任总经理兼首席执行官在 2010 年侵占公款数十亿奈拉,她认罪求情后只被判处了 18 个月的监禁,甚至还在一家医院里服刑。她的律师辩护说她是从医院来到法庭的,法官同意她应该被送回医院治疗。

第八,我们必须以最强硬的态度和决心谴责腐败。我们一定要意识到腐败比艾滋病还可怕,年轻一代的非洲人必须声讨腐败,我们要将腐败视为一种传染病,对待腐败分子就要像对待传染病患者一样。腐败令人恶心,它能分裂祖国,毁掉一代人的命运。我们必须进行一场反对腐败的运动。诚如圣雄甘地(Mahatma Gandhi)所言:“我不会允许任何人肮脏的脚从我的心灵走过。”不要让任何人把腐败传染给你。

孩子们,如果你在班里看到有人崇拜那些腐败者,避开他们,远离他们。贾罗德·金兹(Jarod Kintz)曾说:“我曾看见一条蛇和秃鹰在交配,我认为这在华盛顿是正常的。”如果你对腐败见怪不怪,那你就错了。这绝不是一种优良文化。站起来,非洲!我看到的是我们这代人太穷,是无力承受腐败的!我们可以做到!我们的命运掌握在我们自己的手里。我们不要再仰望其他国家了!伟大的国家是由人而不是鬼来建造的。

你是推动社会腐败的一员吗?从今天开始就请停止!

你是个贪婪的市民吗?赶在贪婪毁灭我们的国家之前扼杀掉你自己的贪欲!

你是对腐败漠不关心的那种人吗?你赞同还是反对腐败?现在是时候对腐败的影响进行定位了。

你是一个有透明度责任感的公民吗?你缺乏服务意识吗?你有多热爱你的祖国?如果你是一名法官,你会纵容犯罪分子吗?你会因为某犯罪分子是你的亲戚而为他辩护吗?你乐意见到为实现你的个人野心而牺牲我们孩子的前途命运吗?

……

The Impact of Corruption in Africa

Written by Emmanuel Ugono, Tran. by Peng Xinlin & Li Han

[内容摘要]腐败是一种毒害人们心灵的严重污染,可从不同角度来定义。非洲腐败的原因,主要包括个人的贪婪、兄弟会的影响、道德敏感度的降低、服务意识的缺失、告发腐败的意识或勇气不足、纵容腐败的文化环境、权力运行缺乏透明度、监察机构的低效、冗长的司法程序以及官员升迁中道德标准的匮乏等。非洲大陆出现的发展滞缓、贫穷、负债、失业、教育落后、电力故障和社会危机等,都与腐败有着千丝万缕的联系。非洲有必要进行一场反腐败的改革运动,必须以最强硬的态度和决心谴责腐败,对待腐败分子就要像对待传染病患者一样,应当采取扼制个人的贪婪欲望、将兄弟会踢出政治领域、根治伴有种族靠

山的腐败、强化道德的敏感意识、增强权力运行透明度、停止游戏司法纵容犯罪、培育爱国主义精神等改革措施。

[关键词] 非洲;腐败;透明度;道德敏感度;反腐运动

Abstract: Corruption is like a heavy pollution that weighs on people's spirit. Though the causes of corruption in Africa are numerous, we shall highlight some of the major causes, such as personal greed, confraternity, decline of personal ethical sensitivity, cultural environments that condone corruption, lack of transparency, low awareness to denounce corrupt behavior, slow judicial processes, lack of moral criteria in promotions, downplaying to corruption changes. The consequences of corruption in Africa are so numerous that delving into them in detail could easily fill a textbook of a thousand pages. For example, poor development, power failure, poverty, debt, unemployment, crises. All these are the products of corruption. We must condemn corruption in the strongest terms, it must be seen as an infection. We should avoid corrupt people the way we avoid people with contagious diseases. We must take measures to curb personal greed desire, kick fraternity out of the political business, effect a radical cure with race backer of corruption, strengthen the moral consciousness of sensitive, strengthen the power of transparency, Stop playing games of the judicial system, cultivate the spirit of patriotism and other measures.

Key words: africa; corruption; transparency; moral sensitivity; anti-corruption campaign

美国腐败:一个犯罪学分析视角*

[美]亨利·庞特**著　彭新林***　胡文怡****　译

目　次

一、美国政治腐败的原因和本质

关于政治腐败原因最简单的解释,莫过于它能反映人性的弱点。如政治学者詹姆斯·威尔逊(James Wilson)曾形象地用一个简练的经验法则比喻道,"人们会在大量的金钱在周围散落一地并且无人注意到时盗窃"。

关于政治腐败原因比较复杂的解释(尽管不一定更合理),则是它一般根植于个体与社会结构之间的相互作用之中。如政治学者吉莱斯

---

* 本文系国家社科基金项目"腐败犯罪法律治理对策研究"(14CFX019)的阶段性成果。

** 美国约翰杰伊刑事司法学院资深教授。

*** 北京师范大学国家反腐败教育与研究中心研究员、秘书长,美国约翰杰伊刑事司法学院访问学者。

**** 北京师范大学法学院硕士生。

皮(Gillespie)和克拉哈里克(kruhlik)就认为,政治腐败的内在原因在于行为与规范之间的矛盾。又如,布克(Bunker)和科恩(Cohen)认为,政治腐败实质上乃是组织结构程序问题。当然,富裕的政治精英群体和利益集团否认其对政治决策以及组织安排、行政程序的内在缺陷有着直接、正式的影响。另外,值得注意的是,马克·格兰诺维特(Mark Granovetter)从社会学的角度提出了一个更宽泛的解释,即关于政治腐败的定义及原因的确切解释,是一个开放的讨论,它取决于社会结构……取决于关于那些需要帮助的群体和那些能够提供帮助的群体间所形成的社会网络和社会地位差异的大框架,在经济结构上可能会严重影响社会提供福利的方式、成本和可能性。在没有理解这些影响政治腐败因素的情况下,去研究所谓政治腐败的本质和过程,等于忽略了最重要的因果决定因素,无异于缘木求鱼,显然是不正确的。

关于政治腐败的原因,尼德曼(Needleman)提出的"易触发犯罪的环境"理论也值得关注。"易触发犯罪的环境"实际上涉及结构性腐败机会问题。这种结构性的腐败环境或者条件不会迫使处于一定职位的人从事非法和不道德的行为,但却通过为冒险提供不当刺激以及消除因违反法律所带来的消极情绪,从而使他们更容易那样做。例如,美国一度错误的监管政策就为当时比较流行的欺诈、腐败案件发生创造了条件。包括20世纪80年代的储蓄和贷款危机、2002年的公司和会计丑闻(包括安然公司、世通公司和其他大公司)和2008年的次贷危机,莫不与错误的监管政策有关。

在美国,政治腐败的本质在于攫取权力和资源。在制度层面上,现任官员通过"出售"政治利益来贿买政治上的支持,是可以接受的,不用担心会受到民众的谴责。在联邦政府的整个行政系统中,实际上只有两位民选官员,即一位总统和一位副总统。当然,也有民选官员被诉腐败的情况,不过仅仅为了金钱等贿赂而为他人谋取利益、实施腐败行为的现象是很罕见的。如前副总统斯皮罗·阿格纽(Spiro Agnew)就因其以前在担任马里兰州州长时所犯下的罪行而被法院判定犯有受贿罪。这是典型的"小腐败"(为个人利益的腐败)的形式。与此同时,也有"大腐败"的形式,即联邦总统(或副总统)亵渎职责,旨在实现政府组织上的目标(实现政治利益),如水门事件、伊朗门事件和其他行政权力滥用的事件,就是采取“大腐败”的政治腐败形式。应当说,所有这些“大腐败”案件,基本上都是通过调查记者的努力,而不是政府本身的努力揭露出来的。对于政府来说,“大腐败”是与“小腐败”不同且处理起来更加困难的事情,因为“大腐败”更可能在发生时保持隐蔽而不被暴露出来。

“小腐败”对于包括行政部门在内的各种联邦机构来说从不陌生。非民选行政官员和政府代理人与民选官员一样,对于买方的影响力和特殊利益来说,往往具有同样的价值。虽然官员不能制定法律,但他们可以通过其行政权力、监管权力来决定法律的执行方式。正如科尔曼(Coleman)所言,“只要非法攫取的机会在一个组织结构上存在可能性,那么这种可能性就会成为一些官员腐败的充分动机”。

美国的政治腐败可以说是普遍存在的。在几乎所有级别的政府中,都有许多不尽如人意的政治家和官员。据一位资深政治记者观察,毫无疑问,华盛顿在过去几十年的最大变化,一直就是对金钱的高度关注。前所未有的金钱文化主导着华盛顿的政策,金钱现在成为能与权力匹敌甚至超越权力的政客显著的追逐目标或追求。

二、美国警察腐败的类型和原因

所谓警察腐败,是指警察非法滥用职权来谋取个人利益。“谋取个人利益”这一特征,使警察腐败与执法者为追求组织目标而实施的某些其他形式的警察不当行为(如暴行或违反宪法权利的行为)得以区别开来;“滥用职权”这一特征,则将警察腐败与警察实施的其他普通犯罪区别开来,故而对警察腐败的界定需要排除警察实施的强奸、盗窃等街头犯罪,尽管这些罪行警察同样有可能实施。

也许在个人与社会结构之间的关系中,没有比警察系统这样的制度环境(机构设置)更能清楚地说明:它(制度环境)易引发腐败行为。警察系统通常被视为预防犯罪的第一道防线,因而警察的腐败具有严重的社会危害性,会带来严重的社会成本。虽然警察腐败与政治腐败、经济腐败有着结构上的重大相似性,但是也有很多不同之处,尤其是在腐败主体的社会地位之间存在重大区别,警察腐败是观察美国社会腐败生成机理及严重情况的一个重要侧面。

众所周知,民选官员及其委任的公职人员有大量权力寻租的空间,比如收受他人财物而与该人签订有利可图的政府合同等优惠。其实,作为执法者的警察,其手中同样也握有一定的资源可以"交换",比如给予法律处罚上的豁免、掩盖违法犯罪事实等。当然,关于警察腐败,其行贿人在"普通阶层"即蓝领罪犯中更为常见。从整个社会环境以及犯罪生成模式看,美国警察腐败也与有组织犯罪团伙及其相关的贩毒、卖淫、洗钱、赌博等违法犯罪活动的滋生蔓延有一定关联。此外,关于遏制警察腐败的一般性对策建议也可适用于其他系统腐败的治理。

时有发生的警察腐败丑闻,几乎覆盖了所有美国主要城市的警察局。如纽约、芝加哥、休斯顿、费城、底特律、克利夫兰、华盛顿特区、达拉斯、迈阿密、亚特兰大等都发生过警察腐败案件,这还仅仅是一部分。此外,出现警察腐败的警察局也不限于在市级层面,州一级、县一级的警察部门也发生过贪污公共财产等腐败丑闻。例如,美国影响最大的一起县级警察机构腐败丑闻就是洛杉矶县警察腐败案,在该案中,洛杉矶县警察局的 26 名警官涉案,他们因隐瞒在案件调查中查获的毒品赃款达百万美元,案发后被法院判定有罪,导致数十名警察被迫离职。据有关媒体报道,洛杉矶县整个精英缉毒大队有超过 1/3 的人员牵连该案。

美国警察腐败行为的形态,大致包括以下几种主要类型:

一是权力寻租。权力寻租的内容包括获取各种未授权的(非法的)物质性和非物质性利益,如从提供折扣商品到提供免费的性服务等不一而足。20 世纪 70 年代初,美国有关机构发布的一项调查报告就曾显示,在纽约等三个美国主要城市的批发商、零售商中,有 31% 的人承认他们向警察提供过免费或者打折的商品、食品或其他服务。诚然,政治腐败以及政府重大行政活动中的腐败的社会危害很大,如在"阿布斯堪姆计划"腐败丑闻中,因有关政客涉嫌派卧底向议员行贿,使得相关政客在联邦调查局开展的突击执法活动中被诱捕而锒铛入狱。相比于与这些被揭露出来的政府重大行政活动中的腐败,警察权力寻租的这些腐败行为似乎微不足道,但对于警察这种主要依赖公民尊重、配合的特殊职业来说,腐败行为会严重损害职业的社会公信力,而这要耗费巨大的合法性成本。首先,警察的良好形象因这些腐败行为而受损,警察执法的公信力被削弱。其次,接受即使是来自有声望的商人给予的财物或者折扣,也会导致警察"温水煮青蛙",对"吃拿卡要"逐渐变得麻木不仁,让其他形式的(或者更应受谴责的)警察腐败行为正常化。

二是收受回扣。在很多社区,警察因为收受了或可以期待收受相关当事人给予的回扣、好处,就把相关业务介绍给予熟悉的拖车公司、搬家公司、保证人、医生、救护机构、服务站等。而不同地方对这种收受回扣、好处的处理态度不尽一致,有的地方认为只要给予回扣、好处的主体是合法商人,则可以宽恕;有的地方则认为此种收受回扣、好处的行为严重违反职业道德,应予严厉制裁。

三是索贿(勒索)。警察利用职务上的便利,主动向相关当事人索要或勒索并收受财物。比如,警察以不逮捕为条件而向当事人索取财物。索贿的事项涉及范围广泛,小到从一个因交通违章而试图避免交通罚单的"体面"市民处收取小费,大到以释放为条件而从被逮捕的罪犯处讨价还价索要财物。

四是摆平案件。摆平案件式的警察腐败,最熟悉的情形就是警官以当事人给自己小费做交易而允诺取消交通罚单。这种形式的警察腐败,在很大程度上说,仍是一种延时的索贿。更为严重的摆平案件情形,如办案警察通过"出售"案件,包括取消刑事追诉、撤回起诉、作伪证等,以换取当事人的贿赂。据报道,一些警察胆大妄为,甚至还摆平过谋杀案以换取非法的物质报酬。

五是乘机偷盗。这种类型的腐败,比较典型的情形,就是从不省人事的事故受害人或者被捕者身上伺机窃取钱财。如美国曾有媒体报道,一个迈阿密警察在例行公事时就经常从他遇到的每具尸体上窃取现金。事故受害人或者被捕者身上的财物、物品等,很多情况下是要作为证据使用的。警察伺机窃取他们的钱财、物品,不仅会影响司法程序的正常进行,而且还可能给纳税人、政府造成经济损失。

六是保护非法活动。如一些企图从事非法活动或者谋求警方不予干预的违法犯罪分子,有时就会选择向个别警察(甚至整个警局)支付保护费,这在贩毒、赌博、卖淫等无被害人犯罪案件中表现尤为突出。试图将道德法律化的做法对这种形式的警察腐败起了巨大催化作用,因为在无被害人犯罪案件的场合,警察收受贿赂后提供非法保护,容易被社会容忍、合理化,无形中强化了民众"中立"的立场。这一点,从一位警察讨论他获取赌博赃款的态度就可以看出来,他说:"该死,每个人都喜欢偶尔下个赌注……当然在我们的队伍里会有忠于职守(纯洁)的警官……但是我们中的大多数都是现实的。"另外,还有一位警察在查获毒赃时轻描淡写地说:"它只不过是毒赃而已!"在该警察的潜意识里,似乎伺机盗窃非法收入(毒赃)与盗窃合法财产有完全不同的评价标准,窃取非法收入没有什么值得谴责的。当然,警察收取的保护费并非都来自无被害人的案件,也有的来自抢劫、盗窃、诈骗、伪造、倒卖赃物等有被害人的刑事案件。

如何解释美国警察的腐败?从社会结构和制度环境视角看,常见的原因包括以下几个方面:(1)结构性腐败契机;(2)沉默法则;(3)组织管控不足。下面简要分析之:

一是结构性腐败契机。所谓结构性契机,就是警察执法工作使警官有便利和条件接触各种非法活动,且有大量非法获利的机会。这种持续接触不可避免地会产生受贿和获取非法收益的机会。警察不仅可以只通过稍放松些警惕(睁一只眼闭一只眼)提供有价值的服务(帮助),他们也常常有机会与那些渴望这些服务的人接触,而且那些人对触犯法律行贿没有丝毫悔意。

在美国,巡警通常单独行动或与一个搭档合作。虽然巡警有准军事指挥系统和类似对讲机这样的创新,但事实上,大多数情况下许多警长并不知道他们的警员在做什么。一般的观念认为,法律就是让公民遵守的,很少有人关注警方的活动是否符合法律规范。犯罪和罪恶具有感光性,所以许多执法者必须在阴暗、地下、远离公众视野的环境中工作才能获取非法利益。

我们经常看见巡警开着警车穿过街区巡逻,我们偶尔也会收到他们开的交通罚单,但我们很少亲眼看见他们扮演最严肃最专业的角色(调查犯罪、逮捕罪犯)的时候。巡警松散型的管理、透明度太低给予了其广泛的自由裁量权,这使得巡警腐败有机可乘且不可避免。

二是沉默法则。沉默法则实际上是一种潜规则,即所谓的"沉默蓝墙"。换言之,沉默法则是一种阻止警察检举同事腐败行为的潜规则。紧密的"团体凝聚力"大大降低了警察腐败行为暴露的风险,从而有助于模糊观察者和参与者之间的界限。曾有人将"沉默的蓝墙"与"黑手党"的秘密守则相提并论。"这确实是一个生活实例:谁告发一个警察同事谁就是背叛者,这甚至比腐败本身更加糟糕。"如纽约市警察弗兰克·塞皮科(Frank Serpico)的著名案件就是一个典型例子,弗兰克·塞皮科在对警局的腐败作证后参加了证人保护计划。

三是组织管控不足。组织内部管控的不足,使得结构性腐败契机(漏洞)进一步加剧。卡特曾说:"警察部门根本没有对与腐败动态的有关事项提供足够严密的监督。"此外,许多警察局局长不愿意承认腐败已经成为一个系统性问题,而是坚持"少数坏苹果"的概念。例如,宾夕法尼亚州犯罪委员会在对费城警察局进行调查后就指出,"虽然高级警官没有腐败行为,但他们一再忽视了这个问题的普遍性,坚持认为它只存在于孤立的个案中"。通过从整个系统的普遍性问题下降到个别成员的孤立性腐败案例,"坏苹果"理论为腐败警察群体提供了另一层保护膜。显然,对于警方领导人来说,在反腐的同时还要否认普遍性腐败的存在是非常艰难的。今天,警察局仍然面临同样的结构性困境,如近期涉及种族冲突的案件就引发了公众的广泛关注,民众围绕应否加强对警察执法行为的监督和管控进行了激烈辩论。

针对警察系列腐败丑闻,纽约市曾成立了一个独立的专门机构——莫伦委员会,专责调查纽约市警察腐败问题。莫伦委员会提出了防治警察腐败行为的两个主要建议:一是要健全内部控制机制,即对警察执法权的运行加强系统内的制约和监督;二是加强警察系统外部控制,即建议设立一个独立于纽约市警察局的小型警察委员会来增加外部控制力度。此委员会有权对纽约市警察局预防、调查和惩处警察腐败的机制进行持续评估,并有权在必要时对警察腐败行为直接进行调查。如果真如有人所讲的历史上曾有 20 年一次的警察腐败丑闻周期的话,那么这样的一个委员会(小型警察委员会)在 2020 年可能会相当繁忙。

三、美中腐败的比较犯罪学分析

虽然美中两国在经济发展、政治结构和法律体系方面明显迥异,但是这两个国家有着共同的腐败滋生成因(影响因素)。通过卓有成效的比较研究,我们能更好地理解社会上与腐败现象相关的种种关系及导致腐败的不同因素,以及何种机制能最大限度地预防腐败。

有人认为,中国人传统上依赖于根深蒂固的文化现象——"关系"文化,这是解释中国腐败长期、普遍存在的一个重大因素。很多中国公民对搞"关系"普遍认可和重视,这或许有助于解释为什么中国的民怨(群愤)累积到一定程度,上层领导则需要被迫作出回应。其实,各种文化和社会也都会产生一种叫作"关系"的形式,中国版本的腐败也没有什么本质的不同,关系文化足以用于解释今天中国腐败之深及严重性。更一般地说,当地传统、习俗也可能不会谴责某些腐败行为,因为不存在明显利益受损的个体受害者。因此,即使当地法律把某种腐败行为明确规定为犯罪,依民众的道德判断或许就会宽恕甚至接受该种行为。

在半个多世纪前,美国著名的社会学家和社会越轨行为理论家——埃德温 · 莱默特(Edwin M. Lement)就发表了所谓"关于越轨行为社会反应中的不稳定平衡"的重要观点,该观点与腐败现象的文化解释密切相关。根据埃德温 · 莱默特的观点,有人或许认为个体对腐败的态度普遍都是模棱两可的。普遍的文化冲突影响了大多数群体,少数人行为上的一致性也是可能的。之所以会这样,至少有两个方面的原因。首先,许多人在这方面可能没有相关的知识、经验背景,要么对此不感兴趣,要么无知,无法做出有见地的评价。其次,许多人可能自己实施过某种形式上的越轨行为。当然,在还未达到一致行动的容忍指数临界点前,社会的容忍度是浮动变化的、不稳定的。

社会对腐败的容忍程度是一个值得注意的核心要点。降低容忍底线是遏制腐败必须采取的首要一步。法律变革以及各种旨在加强威慑力以引导群众合作的执法活动,不过是其中的一种机制,即通过这种机制以潜在地改变社会对腐败的容忍度。

另一个成本较低,或许于社会更有利的手段,也许是需要改变一个长期流传的关于腐败的叙述,该叙述讲述了腐败只是作为关于利益交换以及增强经济与政治运作、收益的社会可接纳的一种方式。叙述(舆论)是一个非常强大的社会力量,因为它提供了一种讲故事的方式,从而可以引起习俗和文化方面更多实质性的变化。通过在包括中国在内的不同国家的一系列案例研究,威廉·布莱克对"腐败的杀伤力"进行了十分有力的分析。这种叙述与那些捍卫或实际上实施腐败行为的人援引的叙述存在很多不同之处,需要在当前反腐败运动和教育计划的话语体系中予以强调。

最后,关于腐败还有什么需要进一步研究的呢?反贪污贿赂的执法工作几乎是一项完全被动的工作。通常来说,首先需要引起当局的注意才能得以开始调查案件。然而,这个调查过程很多时候是相当盲目的,没什么大的进展,更不用说有什么效率。要研究更为复杂的腐败问题,可能要研究人员去尽力掌握更加全面的关于腐败现象的数据。如关于腐败的"暗数",就很少有人谈论。尤其是白领阶层的腐败行为,这些曝光的著名案例只是露出了冰山一角而已。每个国家每个时期反腐执法机构的实践、做法不尽一致,这使得跨国同一时间段的比较研究成为必要,但这样的比较研究的难度也是相当大的。总的来说,反腐执法机构对这些小贪小腐行为处理比较多也相对容易,而对这些贪腐大案件的调查,则需要投入大量的司法资源才能取得明显的效果,使行为人受到其应得的惩罚。

很多专家学者认为,积极主动的反腐执法活动以及建立健全合规体系能在总体上为遏制腐败提供更有效的措施。相对而言,消极被动的反腐执法模式是低效的,这并非其他原因,而是因为治理腐败代价太大,而此时腐败造成的损害已经形成。在美国,对白领阶层人员腐败犯罪的处理,特别是涉及大公司白领阶层人员时,往往使国家资源负担过重。但在中国,情况则有所不同,中国国有企业的负责人基本上是政府任命的,国有企业的资产也是国家所有的,对涉嫌腐败的国企本身进行的惩罚(如罚金)可能是无意义的,如对这些国企科处的罚金相当于将钱从一个政府账户转移到另一个政府账户。

西科尔(Shichor)和盖斯(Geis)曾提出了更好地观察腐败现象的一些研究建议,这些研究建议包括但不限于以下内容:(1)构建犯罪行为识别形式和分组的犯罪分类法。(2)进行全面的案例研究,提供关于腐败特性和动态以及涉腐人员的详细信息。(3)对涉腐人员进行访谈,以了解发生了什么,如果没有这个条件的话,也可以与现任或退休的官员和商业人士谈谈,以询问假设其他人是贪腐分子,他们如何看待他人的贪腐行为。(4)将理论结构应用于这些数据,以便使所学的内容融会贯通。可能没有一个统摄性的观点可以解释所有腐败形态,因此需要对不同的腐败行为采取有针对性的预防措施。

采纳这些研究建议,对腐败犯罪进行比较犯罪学分析,对形成更有效的控制和预防腐败政策,具有十分积极的意义。

American Anti-corruption

—From the Perspective of Criminology Analysis

Written by Henry N. Pontell, Tran. by Peng Xinlin & Hu Wenyi

[**内容摘要**]政治腐败和警察腐败是观察美国社会腐败生成机理及防治策略的重要视角。政治腐败的本质在于攫取权力和资源,其根植于个体与社会结构之间的相互作用之中,也反映了人性的弱点。美国警察腐败行为的形态包括权力寻租、收受回扣、索贿(勒索)、摆平案件、乘机偷盗和保护非法活动等形式,从社会结构和制度环境视角看,结构性契机、“沉默蓝墙”的存在以及警察组织管控不足是警察腐败的重要原因。虽然美中两国在经济发展、政治结构和法律体系方面明显不同,但也有共同的腐败形成因素(影响因素)。降低社会对腐败的容忍程度(底线)、改变长期流传的关于腐败的叙述(话语)体系、开展积

极主动的反腐执法活动和建立健全合规体系等,对于更加有效地预防和遏制腐败,都具有积极意义。

[**关键词**]美国;政治腐败;警察腐败;结构优化;预防措施

Abstract: Political corruption and police corruption are important perspectives to observe the mechanism of social corruption in US. The essence of political corruption lies in grabbing power and resources. It is rooted in the interaction between the individual and the social structure, and also reflects the weakness of human nature. U. S. police corruption forms including power rent-seeking, accepting kickbacks, bribes, (blackmail), handle cases, opportunistic theft and protect illegal activities, etc. From the perspective of social structure and institutional environment, structural opportunity, "silent blue wall" of the police organization and lack of control are the important causes of police corruption. While the United States and China are markedly different in terms of economic development, political structure and legal systems, there are also common corruption factors. Reduce social tolerance of corruption (bottom line), change the long-term circulating about corruption narrative (words) system, active anti-corruption law enforcement activities and establish a sound compliance systems have positive significance to more effectively prevent and curb corruption.

Key words: US; political corruption; police corruption; structural opportunity ; preventive measures

北京基层自治组织干部职务犯罪之实证研究
——以2009~2015年36件村干部职务犯罪案例为研究样本*

张蕾蕾**

目　　次

一、选题意义

(一)政治意义——影响农村基层政权稳定

近些年来,农村地区的村干部职务犯罪问题一直明显存在,一定程度上危害着农村基层政权的稳定,研究此类犯罪具有一定的政治意义。

---

* 本文的研究样本全部选取自真实案例,但出于保密和保护个人隐私的需要,慎重起见,文中不直接引用案件当事人姓名以及案件详情。

** 北京市人民检察院第一分院检察官。

习近平总书记于2016年1月12日在第十八届中央纪律检查委员会第六次全体会议上的讲话指出,群众对乡村干部工作作风的满意度仅为37.7%,“微腐败”也可能成为“大祸害”,损害的是老百姓的切身利益,啃食的是群众获得感,挥霍的是基层群众对党的信任。要围绕发生的腐败案例,查找漏洞,吸取教训,着重完善党内政治生活等各方面制度,通过体制机制改革和制度创新促进政治生态不断完善。① 上述讲话是我国党和国家的领导人基于统计数据和调研情况对我国乡村干部问题作出的中肯分析,其实结合目前有机会接触农村和生活在农村的人的生活经验和观察思考,上述讲话所指出的问题并非耸人听闻,而是深刻揭示了农村民众的内心感受,也一语道破目前的乡村政治建设问题。北京除了中心城区外,无论近郊还是远郊都存在大量的农村,根据已掌握的犯罪案例,这些地区都不同程度的存在各类村干部职务犯罪问题。在当前北京市加快城乡建设、经济改革和政府改革并积极参与京津冀一体化建设的背景下,农村地区的发展和稳定将影响到全局的发展和稳定,如何维护基层政权的健康稳定是一个十分重要的课题。因此,以北京的村干部职务犯罪案例作为观察和研究样本,无论从首都政治建设角度,还是从未来京津冀政治建设角度,都具有不可小觑的构建功能。

(二)经济意义——惠农经济的正负效应

随着近几年北京加快新农村建设和城乡一体化建设,在各种征地拆迁和惠农资金投放过程中,村干部的职务犯罪相伴而生,从如何发挥新时期资金支持和经济建设的最大经济效能的角度,对此类犯罪的研究具有一定的经济意义。国家取消农业税后,无论是国家层面还是地区层面,都逐年加大对农村地区的惠农利农政策倾斜力度,政策的初衷是为了提高农民收入,改善农民生活状况,改观农村面貌,并努力实现

---

① 参见中共中央文献研究室编:《习近平总书记重要讲话文中选编》(第1版),中央文献出版社、党建读物出版社2016年版,第368~370页。

社会公平,但是政策的执行力度和落实程度无时无刻不检验着政策的经济效能,执行严格,政策见效好且快;执行偏差,不仅造成损公肥私的负经济效应,而且严重影响政策的社会意义。

(三)理论意义——村干部职务犯罪的规律性

在理论和实务界,学者们和司法实务者从政治学、社会学、法学等各种学科角度或者跨学科的角度展开了大量研究,形成了诸多著述。本文在总结、借鉴的基础上,试图创新研究角度或者研究方法,探讨案例所展现的村干部主体犯罪情况以及相关制度的实践运行情况。村干部在协助政府管理工作中发生的犯罪案例以及村干部在村务、政务管理中的角色和功能已然受到很多学科的关注,本文着重考察了政治学、社会学和法学视角的研究成果,这些研究有的聚焦于村干部的主体产生、履职情况以及对村务的影响等;①有的以团队组织形式,长时间且持续的定点采访、观察农村,通过大量的一线材料和各种农村的生活事例,描绘农村现实以及变化,从中观层面提出制度运行中的问题和建议;②有的从政治学角度研究如何完善村民自治制度。③ 同时,通过中国期刊网能够查询到大量的关于涉农职务犯罪或者村干部职务犯罪方面的研究成果,这些研究大都从法治视野入手,研究主体集中于司法实务人员,尤其是检察院的刑事检察人员和职务犯罪侦查人员以及国家

---

① 参见郭斌:《村干部工作行为规律及激励机制研究》,经济科学出版社 2013 年版,第 24 ~ 104 页;袁松:《富人治村——城镇化进程中的乡村权力结构转型》,中国社会科学出版社 2015 年版,第 50 ~ 100 页;王征兵、甫永民:《村干部职务行为研究》,中国农业出版社 2009 年版,第 26 ~ 143 页。

② 贺雪峰:《新乡土中国》,北京大学出版社 2013 年版,第 35 ~ 90 页;贺雪峰:《小农立场》,中国政法大学出版社 2013 年版,第 150 ~ 196 页;贺雪峰主编:《华中村治研究(2016 年卷):立场·观点·方法》,社会科学文献出版社 2016 年版,第 5 ~ 24 页。

③ 汤玉权、徐勇:《构建农村社会的稳定系统:以"双轨政治"为分析框架》,载《学习与实践》2017 年第 4 期;汤玉权、徐勇:《回归自治:村民自治的新发展与新问题》,载《社会科学研究》2015 年第 6 期。

试点地区的监察委员会人员，[①]研究的载体基于大量的一手案例，研究的角度主要从案例中反映的问题入手，提出职务犯罪预防对策。少量文章会提及村干部职务犯罪法律适用方面的问题，由于此类问题在司法实务中并不突出，本文不过多涉及。[②] 以上各种角度的研究为本文研究奠定了坚实的基础，同时也提出不小的挑战，本文努力梳理案例中反映出的类型化问题，以新的视角剖析北京农村地区基层自治组织干部职务犯罪，尝试以法学或者法律的思维并以跨学科的方法窥探制度运行中各种规律。

二、研究综述[③]

本文以实证研究为方法论，以近几年来发生在北京市西片地区的36件案例为样本，既是一种定量研究，更努力阐释一种定性研究。在阐释本文的研究之前，不能绕过对已有各种研究的简介，因为这些研究大都采用了实证研究的方法，从事实基础出发，从不同面相阐述了农村地区的村干部及其职务犯罪问题。虽然这些研究的案例样本采自全国不同地区，不同地区的经济发展情况有所差异，地理风土人情

① 随着国家监察体制改革的推进，将来的案件查办将集中在国家监察机构。

② 张昱泉：《法治视野中预防村干部腐败路径的实证分析——以H市x区村干部职务犯罪案件调查为样本》，载《行政与法》2017年第4期；陈峰：《预防村干部职务犯罪民主监督机制的思考与探索》，载《河北法学》2011年第12期；曾国勇：《对村官职务犯罪的调查分析——以某沿海城市检察机关办案数据为例》，载《今日南国》(中旬刊)2010年第8期；李世聪、梁爱萍：《平南县村级干部职务犯罪调查报告》，载《广西大学学报》2008年第S2期；张建升、岳红革、王淑珍：《“村官”职务犯罪的法律适用与预防对策——“基层群众自治组织人员职务犯罪”研讨会综述》，载《人民检察》2009年第23期；尹振国：《农村职务犯罪法律适用困难及其对策》，载《湖南农业大学学报》(社会科学版)2016年年第4期；李祖兴：《基层自治组织人侵占征地补偿款的定性分歧与弥合》，载《山西省政法管理干部学院学报》2016年第3期；迟强主编：《涉农惠民领域职务犯罪预防与警示》，法律出版社2013年版，第21页。

③ 因研究的需要，本部分着重从社会学和法学角度阐述已有研究，关于政治学角度的研究不再涉及。

各有特色,但是农村地区的基本形态还是大同小异,其中反映出的制度运行状况和村干部角色职能具有极大的相似性。以综述的形式介绍已有研究,既是对本文形成一种借鉴作用,更是对本文形成一种互补效应。

(一)华中乡土派——社会学分析

"华中村治研究在 21 世纪之初转向对转型期乡村社会性质的研究,也就是乡村治理的社会基础研究。该研究试图通过对全国不同区域农村进行深入调研,来了解当前中国乡村社会的状况及其区域差异,从而理解法律、政策和制度进入不同乡村社会的过程、机制及其后果,并力图透过自上而下、自外向内的政策、法律和制度对乡村社会的进入差异来理解乡村社会本身,进而去探讨法律、政策和制度制定的问题。"①该学派集中于华中科技大学中国乡村治理研究中心,以贺雪峰为带头人,其研究特点为:强调研究者亲身进入社会生活实践中从事经验调查;经验调查以理解社会生活实践本身的逻辑为第一要求;既要求足够的深度,又特别需要足够的广度;要以足够的经验调查数量作保证;有明确的理论抱负,但不急于构建理论体系。② 该研究方法对于开展本文的研究具有极大的启发意义,虽然由于不能像华中乡土派那样长时间深入农村一线调研制度运行机理,但从方法论意义上启发本文着重从案例的细节尤其是案件相关者的陈述入手,条分缕析的牵出制度运行中的问题,而不再重复探讨传统的案件特点分析和问题、对策建议;更启发本文跳出单纯的法学思维,将对法律制度的构建及其运行的考察嵌入到整个经济、社会发展环境中。

以贺雪峰为代表,华中乡土派分专题研究了乡土本色、村治格局、

---

① 杨华:《华中乡土派的经验立场》,载贺雪峰主编:《华中村治研究(2016 年卷):立场·观点·方法》,社会科学文献出版社 2016 年版,第 42 页。

② 参见王德福:《经验研究的"第三条道路"》,载贺雪峰主编:《华中村治研究(2016 年卷):立场·观点·方法》,社会科学文献出版社 2016 年版,第 40~41 页。

制度下乡、村庄秩序、乡村治理等。与本文密切相关,值得提及的是,提到制度与惯例的关系,华中乡土派认为,“制度与管理的最好结合是将制度建立在惯例的基础上,制度利用惯例中的一部分打击和消解惯例中的一部分。这样的制度生长得最快,也最有效”。“治理是一个实践的过程,在观察治理实践中,逐步找出规律性的东西来,就有了获得较好公共秩序的希望。”[①]谈到村务公开,“村务公开或村务监督,甚至村民选举,必须要在村庄中找到正面的接应力量,如果没有村庄内生力量的接应,这些制度就永远只是‘墙上’制度而与村庄治理无关”。[②] 认为讨论什么样的人治理村庄是一件具有基础意义的工作,并区分出四种治理形态:好人型、强人型、恶人型、能人型,并认为恶人往往乐于将自己为村庄创造的公共收益据为己有。[③] 认为富裕本来就意味着有资源,富人一旦当上村干部,他们在村庄内几乎就不再受到制约,可以为所欲为,将自上而下的财政转移资源与自己特殊利益对接起来,而不是与一般农民需求对接起来。[④] 谈到村干部的报酬,认为按照当前不断提高村干部报酬的逻辑,实际上朝着村干部“公务员化”方向推进,既影响行政体系的严肃性,又消解了群众自治。[⑤]

(二)法律实务派——案例实证分析

本部分重点介绍法律实务界对农村基层自治组织人员职务犯罪的研究。有关这方面的研究主要是国家试点监察委员会人员、纪检监察人员、司法实务人员,基于亲自审查、侦查、公诉或者基于职务犯罪预防的需要,在总结梳理实务中大量的案例后,从村干部职务犯罪特点、原因、预防对策建议角度入手进行的研究。以《涉农惠民领域职务犯罪

① 贺雪峰:《新乡土中国》,北京大学出版社 2013 年版,第 157～158 页。

② 同上书,第 175 页。

③ 同上书,第 96～97 页。

④ 贺雪峰:《小农立场》,中国政法大学出版社 2013 年版,前言部分Ⅷ。

⑤ 贺雪峰:《村干部收入不是小事》,载《文史博览》2014 年第 11 期。

预防与警示》一书为例,该书是北京市检察机关集全市之力,以 2008 年至 2012 年以来的 106 件案例为研究样本,以拆迁补偿环节、基础设施建设环节、财务管理环节、惠农补贴环节、生态林管护环节、财政专项资金管理环节、土地流转环节分章,以案情介绍、案例评析、警钟长鸣、法律解读、对策建议递进次序逐案剖析,并以调研报告统领全书。该书将涉农职务犯罪特点分析为:该类犯罪高位运行,主要分布在近郊、远郊;涉及罪名集中在贪污、受贿、挪用公款、行贿;犯罪主体文化程度总体偏低且年龄集中在 40 ~ 60 岁;案值两极化;案发环节相对集中。在对问题的分析上,主要从犯罪手段、管理漏洞、监督乏力等方面着手。在对策建议方面,主要从完善相关制度、加大监督力度方面着手。由于本文研究的案例基础与该书具有重合性,因此在案件特点、问题、对策建议方面难免具有重合度,本文力求创新研究视角,总结归纳问题,着重分析基层自治组织人员职务犯罪的规律性,即村干部职务犯罪的主体特征、经济发展关联性、制度运行失效性、犯罪主体有因性等,并相对应的提出对策性建议。

三、基层自治组织人员职务犯罪的规律性

(一)村干部职务犯罪的主体特征

村一把手犯罪占突出比例。在本文选取的 36 件案例样本中,罪名集中在贪污、受贿、挪用公款、滥用职权、玩忽职守,且绝大多数为贪污罪。村党支部书记或者村民委员会主任犯罪超过半数,这一类主体有的身兼村党支部书记、村委主任、经济合作社社长,犯罪占半数以上主要是因为国家行政机关一般委托其行使公务权力。村干部本不属国家公务人员,仅是因为符合我国《刑法》第 93 条第 2 款规定的“其他依照法律从事公务的人员”,而具备了职务犯罪的主体身份,此点并无异议。实践中为什么上述所谓村一把手具有职务犯罪的较大可能性?通过案例分析可知,在国家开展城乡改造、征地建设公共基础设施、惠农资金管理、发放活动中,国家机关或基于村干部在村里的社会地位和类

行政职务，或基于村干部对村内经济社会状况全面了解和掌控，在机关自身人力不能完全完成专项任务，而必须借助村一把手辅助的情况下，赋予村一把手较大的管理权甚至是决定性权力。例如，在城乡改造、重大体育项目环境整治、征地建设公共基础设施方面，虽然政府会成立专门的指挥办公室，并由上下各相关职能部门人员参加，但是一般为了工作的便利和充分利用村一把手对农村工作的熟悉，在确定土地和房屋权属时，如果因行政管理的不完备或者历史沿革缘故导致权属没有行政记载或者相关权属证书，均是先由村一把手单独或联合确认。虽然程序性规定村干部的确认并非决定性，需由乡镇政府部门进一步确认方为有效，但实践中由于工期紧张或者工作强度大，村一把手的权属确认由程序上的效力直接演变成近似终局性的确认。有的村一把手曾在协助政府参与奥运前期环境整治工程工作期间，作为镇政府领导小组成员，负责工程选址、提交施工资质材料、上报施工图、监督施工标准、督促工程进度等工作，此时该村一把手的工作内容俨然与国家行政管理人员无任何差异，此时的受贿犯罪过程也与不受监督的国家行政管理人员无任何差异。在惠农资金管理领域，有的村一把手协助镇政府审核报送相关惠农工程所涉及的村民材料，一人决定，材料造假，虽然有村支部委员协助登记相关身份信息，但并未提出任何质疑，说明此时该村一把手的权力实质上已无任何监督可言。

大学生村官职务犯罪已然出现。如果说传统的村干部职务犯罪具备主体学历较低、文化水平不高、法治素养较差等问题，但大学生村官具备大学本科学历，经过层层考试进入农村，后又有机会进入国家公务员系统工作。该主体犯罪在统计的案例中虽只占2%，但大学生村官犯罪的苗头应当引起高度重视。案例中大学生村官在协助政府统计被征用地上物时，受人之托，虚构数量，收受贿赂，导致国家额外补偿，其中折射的法律观念淡漠或者对新生代村官再教育的缺乏值得关注。

村一把手与村委委员合谋犯罪反映了群众性自治组织或者村基层党委组织建设的薄弱。村委会、党支部会以集体讨论的形式决定违反国家政策，骗取国家补偿款，或者利用管理补偿资金的便利，将集体财产据为私有,前者非法攫取国家利益,后者由法律定位上的村民权力代表身份直接蜕变为村民利益的对立面。根据我国《村民委员会组织法》第10条的规定,村民委员会及其成员应当遵守宪法、法律、法规和国家的政策,遵守并组织实施村民自治章程、村规民约,执行村民会议、村民代表会议的决定、决议,办事公道,廉洁奉公,热心为村民服务,接受村民监督。但是案例所反映出的问题恰恰是村干部违背了法律所授予的职责和使命,为了个人的利益,背离村民的集体利益。

村一把手与国家政府人员合谋犯罪加大了国家利益受侵蚀的可能性。案例中,国家政府人员尤其是乡镇政府人员本应发挥监督、制约村一把手行使国家权力的职能作用,但实践中发生了双方沆瀣一气,甚至乡镇政府人员指使村一把手违法犯罪的案例,此时上下级监督形同虚设。而在诸如确认房地权属和惠农补贴指标方面,国家补偿的依据主要依靠乡镇和村基层组织人员,二者的合谋架空了国家的行政管理权力。

(二)村干部职务犯罪的经济发展关联性

所谓村干部职务犯罪具有经济发展关联性,主要基于通过对大量案例尤其是对36件案件样本的仔细分析,发现村干部职务犯罪虽然具有权力的偶然性,但是在经济发展活动中具有必然伴生性,即凡是涉及国家在农村地区征地拆迁或者密集投放补助资金时,村干部职务犯罪必然伴随其中,且此类犯罪发生在北京市的各个郊区,具有一定的普遍性。

在某地开始启动城市基础设施建设腾退拆迁过程中,所涉及的村牵涉出很多职务犯罪,涉及人员包括村干部、拆迁服务公司人员、拆迁评估人员、政府人员等。可见,在一项专项工程的每一个环节、涉及的每一个主体都可能出现侵占国家利益的问题,甚至是以互相串通、互相借力的形式出现。在南水北调工程、输气工程、农村棚户区改造工程、机场线建设工程、新农村环境整治工程、奥运会前期环境整治工程等专项工程中,都出现了不同程度和不同形式的伪造权属证明、虚构被补偿事宜、骗领国家补偿款的事例。

在北京市常态惠农补贴和社会保障事项中，村干部一般利用协助政府负责核实农业产品数量的便利骗取农业补贴、伪造虚假的家庭收入证明骗取最低生活保障，利用担任医疗专干的便利领取村民合作医疗报销款归个人使用，利用管理生态林补偿款的便利私设账户，在村委会内部分赃，等等。换言之，但凡有国家专项补贴资金的投放，就有各村干部利用各种漏洞非法截留和侵占利益。

其实，毋宁说村干部职务犯罪具有经济发展关联性，不如说具有资金关联性，也就是说，只要有国家资金出场的地方，就形成村干部职务犯罪的场域。因此，加大国家资金在农业、农村场域的管理和监督非常重要，这既是有效利用国家资金的需要，也是减少资金问题、减少村干部职务犯罪可能性、缓解农村矛盾的重要路径。

在互联网的社会大背景和政府日益重视政务电子化的当下，政府部门应当在每一次重大公共资金投放工程中，开展好电子政务工程，保证每笔政府专项资金的去向清晰、行政审批电子留痕，同时加大电子政务的互通互联。在一起北京市开展抗震节能房改造项目案例中，虽然有相应的电子系统，却未审核出虚假的名字和身份证号，导致审核工作大打折扣，严重影响政府的威信。

（三）村干部职务犯罪透射制度运行偏差

无论是在征地拆迁项目还是在惠农资金的管理发放中，不乏各种文件规定和各级政府的各层次会议，好似对每一个环节都进行了严密部署和规范，但实际运行效果时有偏差，制度约束力略显不足。

详细举一案例：2006 年，李某等人租用北京市某村 80 多亩土地，2008 年 6 月，未经有关部门批准，李某等人违法在承包地施工建房 60 多间，共计建筑面积 2000 多平方米。2009 年 8 月，国土部门作出没收非法建筑物和其他设施等行政处罚，由该村村主任接收，为保住每年上交土地承包款，该村村主任擅自决定仍由李某等人继续占有使用房屋。2010 年 4 月，区政府下发禁止征地拆迁范围内私自新建、扩建、改建房屋的通告。同年7月,李某无视通告,在原有房屋上方和周边搭建新房。当月,镇市政管理科下发责令违法建筑拆除的通知,并通知该村主任监督拆除违法建筑,但其无视通告和通知,未采取措施制止违法建房行为,违法建设达30,000余平方米。2010年8月,区启动城市基础设施腾退拆迁工作,区成立拆迁办,参与拆迁人员评估公司、拆迁公司、各委办人员、区委从区里各单位抽调人形成工作组、镇包村干部、村委会两委班子、审计公司,有一套严谨的调查、确认、评估、结算的工作程序。2011年2月,镇启动非住宅拆迁工作,该村主任系受委托从事拆迁工作的包村工作组成员,行使确权时,隐瞒事实,明知政策规定,擅自决定放弃60间房屋的村集体所有权,在"非住宅补偿确认单"上签字,从而确认李某等人对60间房屋及30,000余平方米的违法建设合法所有,李某等人获得拆迁补助费、腾退补助费、奖励费等5000多万元,给国家和集体造成巨额经济损失。

该案例集中存在以下几个问题:(1)国家行政部门对违章建筑作出处罚决定,但未有效制止违法事实的持续;行政部门明知有违法事实,但未在补偿确认阶段发现违法事实。(2)补偿确认情况公示了一周,但未发现问题,公示无效。(3)村主任明知违法事实,但无视行政处罚,帮助骗取国家补偿,可见村主任权力之大,不受监督,虽仅是协助行政管理,但已超越协助范围。(4)虽有审计,但未发挥实际效果。(5)审核确认关键看村和镇,拆迁小组人员和拆迁公司人员不进行现场实质考察。(6)工作程序中,要求对集体土地建筑物的合法性认定,应当报送规划部门,但实质未经过该程序。

分析以上问题,相关部门虽在拆迁之初制定了严密周详的计划方案,但实践中却步步漏洞,导致问题出现在所难免。尤其是审计制度的设立过于形式化,不是没有发现问题,而是随意违背审计职责。根据案例,现在一般的工程都要经过审计,甚至是事中、事后审计,尽管实践中审计发现数据与常规不符,在时间紧、任务重的情况下,未严格按照要求补充说明,导致审计流于形式。当然,该案案发还是因为事后审计的发现。

关于被拆迁地合法性的认定,有的案例反映出本应可以通过查询相关档案确认真假,但在实际运行中却忽略此环节。对于为何制度运行出现偏离,有解释说是因为工期紧张、任务重,但是在日益法治化的今天,如果不顾行政行为的程序合法性,造成的后果可能是严重甚至是无法挽回的。拆迁公司未严格审核,显然违背了其基本的工作职责,应该设立惩罚制度严格第三方责任,加大各利益主体的互相制约,防止出现各利益主体的利益趋同性。

村务公开陷入形式化,一项重要的监督制度形同虚设。无论是国家法律还是北京市的政策规定,都对村务公开进行了详尽的规定,而从理论上,村务公开应当是对涉村腐败最好的防腐剂,但是一旦村务公开流于形式甚至该公开不公开,将严重影响国家政策的落实和村民利益的维护。在实际案例中,生态林补偿资金发放时虚构护林员名单、最低生活保障审核时未要求公示证明、惠农补贴发放时政策公示不清晰等,这些问题集中反映了农村自治过程中或者国家政策在农村的落实中缺乏有效的政策传达机制和村务监督虚化。村务公开还应在村级财务管理监督中具有重要作用。而实践发生的案例是,村一把手一个人说了算,出纳只负责钱款的进出,完全听命于村一把手,没有任何监督效果可言,所谓理财小组也未必尽职。

以上主要分析了实践中各种程序规范、监督制度和财务管理制度的无效性,集中反映了行政管理需要加大科学设计程度,村民自治制度需要加大村民权利约束和监督,至于如何让制度更加完善、严谨,减少无效性,需要各级行政管理部门的实施主体严格按照要求落实制度。

(四)村干部职务犯罪主体的有因性

存在违反犯罪记录问题在村干部尤其是村一把手中并不罕见,该问题应当引起重视并作为完善村民自治制度的考量因素。在研究案例中,6 起案件中的 6 人曾具有刑事犯罪(处罚)和劳动教养记录,其中刑事犯罪(处罚)4 人,劳动教养 2 人;除 1 人曾因行贿、贪污被免予起诉外,其余被判处有期徒刑 6 个月至 15 年;罪名涉及侵犯人身权利、财产权利、妨害社会管理秩序一罪或数罪。有的村干部因涉嫌职务犯罪后未被及时发现而在换届后继续担任村干部。根据本文的研究案例以及司法实践中掌握的村干部非职务犯罪案例来看,在分布区域上,涉案村干部分布在北京市的多个区县,凸显了有违法犯罪记录的人担任村干部或竞选村干部具有一定的区域普遍性。上述人员在担任村干部后,利用政府临时赋予的行政权力大肆进行权钱交易,涉及贪污、受贿、徇私枉法罪且罪行较为严重,集中在农村工程改造、征地拆迁、生态护林等国家专项公款的管理以及司法干预方面,具有明显的经济特征和利益导向,大多为多人犯罪,且大多被判处 10 年以上有期徒刑。

虽然是否具有刑事违法记录不能作为村干部选任的必要性条件或者决定性因素,但不应忽视村干部在我国基层自治组织中的作用及其所应具有的村民利益代言人身份,更不应忽视村干部在我国现阶段的行政治理中时常具有的协助管理人身份。村干部的以上多重身份决定了对其应当进行严格限制,而不能将其混同为一般组织的代表。参照我国《公务员法》第 24 条规定的“曾因犯罪受过刑事处罚的人不得录用为公务员”,以及我国《公司法》第 147 条规定的“因贪污、贿赂、侵占财产、挪用财产或者破坏社会主义市场经济秩序,被判处刑罚,执行期满未逾五年,或者因犯罪被剥夺政治权利,执行期满未逾五年,不得担任公司的董事、监事、高级管理人员”。基于立法对特殊行政管理主体和公司高级管理主体的资格限制,对村干部的选任可以参照上述规定,将犯罪记录作为禁用条件,以立法的形式解决村干部选任条件宽泛与村干部滥用职权犯罪之间的矛盾,让基层民主在法治的保障下健康运行。

“农村基层组织人员在涉及集体土地拆迁补偿的工作中确实是一支不可或缺的力量,他们对集体对情况最为熟悉,与村民的沟通也最容易、最直接,因此在拆迁过程中往往承担着繁重的工作任务,但其收入回报却并未因此提高,有的甚至因为担任村干部,为加快本村拆迁工作进度而率先拆迁,但激励措施并不明显。这种付出与回报的不成比例造成部分村干部心里失衡,产生骗取拆迁补偿款的意图。”①案例中,有

① 迟强主编:《涉农惠民领域职务犯罪预防与警示》,法律出版社 2013 年版,第 29 页。

村委会人员提出荒山造林项目跑了半天不能白跑，要分点钱，因而发生村委会委员私自占有国家补偿款的事例；还有村委会委员认为工作一年很辛苦，从国家拨付的工程款中套取一部分用于发奖金、过年再好好干。这些都反映了村干部认为自己无论是对村务还是对公务付出了很多，不惜冒犯罪的风险使自己获取经济补偿。

在此讨论村干部的以上想法是否具有合理性。根据最近的一则新闻，①各地的村干部待遇都有所上涨，但是总体来说仍存在地区差距，而且这种一般性的工资待遇只是对村干部的日常工作作出了一种评价或者支付了一定对价。“村干部最大的工作压力来自于工作中角色冲突。在新农村建设过程中，村干部既要搭起政府与村民的沟通桥梁，又要平衡政府与村民之间的利益关系；既要处理村民之间的利益关系，还要处理好自己与同事之间的关系。因此。如何扮演好多重角色是村干部感到最复杂、有压力的事情。”②这段描述确实客观反映了当前农村基层干部的工作现状和利益纠葛。

总之，从以上对村干部的社会治理功能、工作压力的论述和犯罪心理的描述来看，如何在严密控制职务犯罪的同时，进一步完善村民自治制度，在借助村干部行政协助作用的同时，从疏导的角度平衡村干部的心理和工作量也是值得考量和不容忽视的。除了通过定期性的提高村干部工资待遇，还可以考虑根据特定工作任务的完成情况确定考核制度和奖励制度，来调动村干部的工作积极性，消减职务犯罪的心理土壤。

四、基层自治组织人员职务犯罪的预防问题

（一）将党的建设作为基层自治组织建设的统领

目前大多的村一把手以及其他村干部均为中国共产党党员，村党

① 《多地村干部补贴上涨：有村干部待遇达每年 30 万》，载北京时间：item. btime. com，最后访问日期：2017 年 9 月 1 日。

② 参见郭斌：《村干部工作行为规律及激励机制研究》，经济科学出版社 2013 年版，第 134 页。

支部书记更是中国共产党在村一级的先进代表和对党的主张与人民要求进行上传下达的重要力量。本文立意从法律角度阐述问题,但是“徒法不足以自行”,在中国特色社会主义建设过程中,党的领导始终是事业的核心,党支部书记以及其他党员是党的领导在基层的重要发言人,以上案例所呈现的问题或隐或现的反映了基层党支部建设的紧迫性。因此,基层自治组织尤其是农村的基层自治组织应当建立常态化学习制度,正本清源,打造农村基层自治组织的风清气正景象。

(二)自上而下监督村干部职务权力的行使

从目前来看,今后一段时期仍将大量存在涉农村基础设施改造、惠农工程、专项国家资金补贴,尤其是在目前集中开展的精准扶贫工作中,国家资金依然会源源不断的投放到农村,依然需要依靠村干部完成相关的基础事项,因此村干部的职务犯罪依然存有隐患。依照前文分析,若想减少乃至避免村干部职务犯罪,应当加大对受委托行使行政职权的监督和约束,严格落实每项专项政务活动和专项资金使用的文件要求;在诸如土地、房屋权属确认、受补贴对象确认等工作的实质性环节,不能以依靠代替放任,更不能以效率牺牲公平,而应当由负有审核责任的行政部门切实履行责任,并树立严密的工作程序。如此能够大大减少国家建设外效应的意识,使国家建设和资金投放的初衷与结果达成一致,而非工程过后通过司法介入来解决问题。

(三)自下而上监督村干部职务权力的行使

案件线索来源方面,除了不便于统计的以外,大多数为群众举报,可见发生在农村地区的基层自治组织人员犯罪,并非如想象中那样难以发现和侦查。虽然现代的农村与近代乃至20世纪80、90年代相比,人口流动性加大,但是与城市中的社区相比较,生活在农村的人员相对固定和熟识。如果遇到专项的国家项目,村民们很容易通过各种途径监督村干部的权力行使是否规范、合法,毕竟无论是村干部直接骗取国家利益还是隐蔽的抢占村民利益,对村民来说都有一种可观利益的损害和社会公平正义上的损害。在这种预判下,针对农村地区的村干部职务犯罪或者国家工作人员职务犯罪,继续发动群众力量,加大村民对村干部和国家工作人员的民主监督不失为一种有效且低成本的工作举措。

多措并举保证村务公开的落实。政务公开、司法公开、村务公开是村干部职务犯罪最好的防腐剂。我国村民委员会组织法相关条文已经明确规定了应当村务公开的事项,基本涵盖了涉及村民切身利益的各种事项,但是实践中是否公开、公开是否全面、公开形式是否科学都是值得调研的。正如案例所呈现的,村集体巨额利益在不知不觉中落入个人口袋、虚假的产权一再经层层程序被最终确认得到补偿等,都反映了村务公开环节的虚化和无力。村务公开由村干部决定,自己监督自己不切实际,但是涉及国家重大的项目和资金投放时,政府应当以持续的、可视化的方式公开相关工作程序和相关事项。

(四)互联网办公监督行政权力的运行

互联网办公已经成为政府的工作模式,正如案例所呈现,补贴的申请、发放都是通过互联网平台完成,但仍有完善的余地。比如在拆迁改造和基础设施建设中,涉及征地拆迁补偿工作,案例反映出的问题主要出现在产权确认环节,因此该环节应作为重点监督环节。实践中,政府依靠村干部确认产权具有一定的合理性,但是这种不受制约的权力必然滋生问题,有鉴于此,应当严格对产权原始证件和档案的审查,此时应当充分依靠相关行政部门完成对此类文件的查找确认,对于确实因历史沿革或者行政管理缺失导致产权确认不明确,除了依靠村干部对产权的盖章确定,也可以引入一般村民的相互证实,这也是一定程度的公开。

互联网办公的另一完善之处在于,将每一个关键环节的行政管理主体的行政行为在网络中留痕,既加大了行政主体的责任意识,也使得文件中的程序性规定通过网络强制性的有所体现。举例说,很多案件体现出事中审计流于形式化、发现问题后并未严格按照要求纠正的问题,在网络办公中,可以要求审计环节发现、纠正、解决问题,从而形成完整而翔实的记录。

五、小　结

基层自治组织人员职务犯罪既是一种特殊的主体犯罪,也是一种在国家行政权力下放和国家开展经济建设过程中相伴而生的犯罪,但是如何在发挥村民自治制度优越性的前提下,进一步完善村民自治制度,使该制度以及其他相关制度的运行契合国家治理的需要和基层群众的需求,亟须继续探讨。而此种探讨的前提是进一步摸清村民自治制度,以及国家行政权力借助村民自治组织开展行政管理过程中所经常出现的规律性问题,比如制度失灵问题、行政权力外包监督空缺问题、行政权力本身的缺位问题、村干部身份定位与报酬问题等,并在此基础上找准制度的有序空间,最大限度地发挥村民自治制度和村基层组织干部在协助政府管理活动中的优越性,在让农村基层群众享受到国家经济建设成果的同时,提高他们对国家补偿、社会保障的公平感受。

An Empirical Study on the Duty Crimes of Cadres of the Self-governing Organizations in Beijing

Zhang Leilei

[内容摘要]基层尤其是农村自治组织干部职务犯罪不仅危害国家基层政权,而且影响农民直接利益和国家政策的落地,该问题具有较强的政治、经济和理论意义。已有相关研究为本文奠定了厚实的基础,并打开了研究的视野。本文选取近几年发生在北京市的 36 起基层自治组织干部职务犯罪案例,深入案件发生的原因、过程和主体,试图探索基层自治组织干部职务犯罪的规律性,分别从犯罪主体的身份特征、经济发展关联性、制度失灵性、犯罪主体的有因性等角度进行阐述,重在发掘问题的主要方面,次在提出改善方案。

[关键词]基层自治组织干部;职务犯罪;实证研究

Abstract：At the grassroots level, especially in rural self-governing organizations, cadre duty crimes not only endanger the state grass-roots political power, but also affect the direct interests of peasants and the landing of national policies. This issue has strong political, economic and theoretical significance. Relevant research has laid a solid foundation for this article, and opened the field of vision. This article selects 36 cases of grassroots self-governing cadres in Beijing in recent years, investigates the cause, process and main body of the case, tries to explore the regularity of cadre duty crime in grass-roots autonomous organizations, from the identity characteristics of criminal subject, the relevance of economic development, the institutional failure and the causes of the criminal subject. The emphasis is on exploring the major aspects of the issue and on the other hand, proposing improvement plans.

Key words：cadres of grassroots self-governing organizations；duty crime；the empirical research

我国腐败犯罪举报制度的回溯与前瞻*

张　旭**　施　鑫***

目　　次

党的"十八大"以来,以习近平同志为总书记的党中央明确提出"运用法治思维和法治方式反对腐败""将权力关进制度的笼子里"。党的十八届四中全会通过《中共中央关于全面推进依法治国若干重大问题的决定》也强调:"加快推进反腐败国家立法,完善惩治和预防腐败体系,形成不敢腐、不能腐、不想腐的有效机制,坚决预防和遏制腐败现象。"①表明中国反腐败的零容忍政策,反腐败工作进入法治反腐新常态。党的十九大对深化国家监察体制改革作出重大决策部署,提出

---

* 本文系吉林大学廉政建设专项研究课题"中国特色反腐败国家立法问题研究"(项目编号:2016LLZ002)的阶段性成果。

** 吉林大学犯罪治理研究中心主任,吉林大学法学院教授,博士生导师。

*** 吉林大学法学院博士研究生。

① 参见《〈中共中央关于全面推进依法治国若干重大问题的决定〉辅导读本》编写组:《中共中央关于全面推进依法治国若干重大问题的决定》,人民出版社2014年版,第13页。

将试点工作在全国推开，组建国家、省、市、县监察委员会，同党的纪律检查机关合署办公，实现对所有行使公权力的公职人员监察全覆盖。[①]我国反腐败的持续推进，形成从党内到国家的“双轨制”制度体系。一套是执政党内的党纪党规，通过完善党内制度体系，把各项纪律和规律立起来，管住了权力“任性”；另一套是针对国民和社会组织的国家法律，从行政法规到刑法，根据反腐败斗争的现实需要予以及时的修改和完善。[②]腐败犯罪与其他犯罪行为相比具有更强的隐蔽性，公民举报是纪检监察机关、检察机关发现腐败违法、犯罪线索的重要来源与渠道。公民的举报权在我国具有明确的法律基础，同时，举报也是实现党内监督的重要制度手段，举报制度在我国现阶段的“双轨制”反腐败制度体系中发挥着重要作用。在此种背景下，如何构建体系完备又符合时代发展要求的腐败犯罪举报制度是当前反腐败斗争的一个重要议题，应予深入研究。

一、腐败犯罪举报制度的历史考察

“举报”在中国自古有之。在封建社会，“举报”是君王控制臣下的重要方法，利用臣民间的相互揭发检举来驾驭他们，它是高度集权的君主专制制度的产物，是实现封建王权对被统治阶级思想钳制、文化专制和生活控制的重要制度。[③] 这种“举报”制度不但不能推动社会进步，反而制造无数起冤假错案，而由此产生的“告密文化”成为中国古代文化的一颗毒瘤。本文谈及的举报与中国古代的“举报”截然不同，是指公民主动向司法机关和有关部门检举揭发犯罪案件事实或线索，参与社会治理的行为。[④] 本文提出的腐败犯罪举报制度是指与社会公众参

① 参见陈磊：《国家监察体制改革有了最新路线图》，载《法制日报》2017 年 10 月 23 日，第 4 版。

② 参见张远煌：《“中国式反腐”何以取得超出预期的重大成效》，载第十届“两岸四地刑事法论坛”会议论文集。

③ 参见郭莹：《中国古代的“告密文化”》，载《江汉论坛》1998 年第 4 期。

④ 顾相伟：《腐败·举报·法治——对上海社保案“有腐败，无举报”现象之解读与反思》，载《前沿》2009 年第 8 期。

与腐败违法犯罪举报相关的各种规则和制度的集合。我国腐败犯罪举报制度经历从初立到发展完善的阶段并呈现出鲜明的时代特点。

(一)腐败犯罪举报制度的初步确立

举报权是宪法规定的公民行使民主监督的基本权利。我国《宪法》第41条第1、2款规定:“中华人民共和国公民对于任何国家机关和国家工作人员,有提出批评和建议的权利;对于任何国家机关和国家工作人员的违法失职行为,有向有关国家机关提出申诉、控告或者检举的权利,但是不得捏造或者歪曲事实进行诬告陷害。对于公民的申诉、控告或者检举,有关国家机关必须查清事实,负责处理。任何人不得压制和打击报复。”我国1979年《刑事诉讼法》第59条也规定公民具有向公检法机关控告、检举犯罪人犯罪事实的权利。虽然我国宪法和法律规定了公民的举报权利,但我国腐败犯罪举报机制的建立却始于20世纪80年代。1988年3月,深圳经济特区检察机关在改革开放的大背景下结合反腐工作形势的需要,开创了中国第一个经济犯罪举报中心,接受针对包括贪污、贿赂、玩忽职守、徇私舞弊以及企业内发生的与经济相关的犯罪行为的社会举报,为社会公众提供检举控告腐败犯罪的渠道。此举受到党中央和最高人民法院的高度肯定,1988年中共中央召集有关部门举行关于加强监督工作的座谈会,指导各级监察机关与检察机关建立贪污贿赂犯罪案件举报中心。① 1988年12月,最高人民检察院颁布《人民检察院举报工作若干规定》(试行),对检察机关举报工作的任务、举报范围和原则、处理举报案件的程序以及举报人的保护与奖励等进行规范。此后,最高人民检察院又先后于1990年10月、1991年5月发布《关于进一步加强举报工作的通知》和《关于保护公民举报权利的规定》,此两项文件是在对检察机关举报工作经验总结的基础上制定的,进一步理顺了举报中心的案件管辖和内部分工,强调注重案件的初查程序,加强对举报人的权利保护。1991年12月,监察部发布

① 刘红梅:《关于举报制度的政治学思考》,载《社会主义研究》2003年第3期。

《监察机关举报工作办法》,用以指导县以上各级监察机关的举报工作,从而使监察机关的举报工作走向法治化。1993 年 5 月,中共中央纪律检查委员会颁布《中国共产党纪律检察机关控告申诉工作条例》,详细规定对党员、党组织的检举、控告案件的受理程序,各级纪律检查委员会的工作职责和要求以及当事人的各项权利义务。至此,我国主要的反腐败机构,即党的纪律检查委员会、监察机关和检察机关均确立了举报工作运行规则,使腐败举报活动有法可依,我国腐败犯罪举报制度由此初步确立。

(二)腐败犯罪举报制度的发展完善

随着反腐败力度的不断加大,腐败举报也日益受到国家反腐败机构的重视。1996 年 2 月,中共中央纪律检查委员会、监察部联合发布《关于保护检举控告人的规定》,完善纪检监察举报工作中举报人的权利保护。1996 年《刑事诉讼法》修订后进一步完善公民控告、检举案件的具体程序,同时也细化对检举、控告人的保护规定。2005 年国务院颁发《信访条例》后,各级纪律检查委员会、监察机关和检察机关将反腐败信访和举报工作相互融合,依法依规办理涉及腐败违法犯罪的信访工作。随着互联网的发展与普及,2005 年中共中央颁布的《建立健全教育、制度、监督并重的惩治和预防腐败体系实施纲要》强调"加强反腐倡廉网络宣传教育,开设反腐倡廉网页、专栏,正确引导网上舆论",为网络反腐提供制度支持。① 2009 年最高人民检察院颁布《人民检察院举报工作规定》,对 1988 年颁布的《人民检察院举报工作若干规定》(试行)进行修改和细化,将原有的四章规定扩展至八章,对举报线索的受理、举报线索的管理、举报线索的审查以及对实名举报人答复的程序分别独立分章进行规定,同时也强化举报人的保护和奖励力度。2014 年最高人民检察院对《人民检察院举报工作规定》作出进一步修订,此次修订的亮点是举报失实澄清程序的设置。2016 年 3 月,最高

① 牛先锋:《网络反腐的功能及其完善对策》,载《理论视野》2009 年第 5 期。

人民检察院、公安部、财政部联合发布《关于保护、奖励职务犯罪举报人的若干规定》(以下简称《三部门规定》),该规定顺应反腐新形势,确定八项保密措施,明确十种“打击报复”职务犯罪举报人的情形,进一步强化对举报人的保护工作,首次明确检察举报工作中举报奖励的范围以及每案奖金的数额标准,为纪检监察机关以及其他机关的举报人保护工作提供重要借鉴。[①] 可见,我国腐败犯罪举报制度正沿着法治化的道路发展完善。

从前述考察可见,腐败犯罪与经济发展具有密切联系,我国著名经济学家吴敬琏教授就曾指出腐败犯罪的产生具有深刻的经济根源,公务人员利用行政权力对市场活动的干预谋利、利用财产关系的调整来谋求私利、利用市场的不规范牟取暴利是腐败犯罪经济根源的主要表现。[②] 改革开放后中国经济发展的窗口深圳建立了第一个经济犯罪举报中心正契合了这一观点,腐败犯罪举报制度正是在这样的社会背景下建立和发展起来的。经过多年的举报工作经验积累,现阶段腐败犯罪举报工作的制度规范初步形成,我国出台的多项法律法规、部门规章和文件中对举报工作的总体原则、举报案件受理程序、案件调查、举报人保护和奖励等方面进行明确规定,能够保障国家反腐败举报工作的法治化的发展路径,这深度契合党的“十八大”以来以习近平同志为总书记的党中央明确提出的“运用法治思维和法治方式反对腐败”和“将权力关进制度的笼子里”的精神要义,也是近三十年来法治发展的一项重要成果。

二、腐败犯罪举报制度的功能与实践特点

腐败犯罪举报制度是反腐败机构广泛获取腐败违法犯罪信息的重

---

① 徐日丹:《〈关于保护、奖励职务犯罪举报人的若干规定〉解读》,载《检察日报》2016年4月9日,第2版。

② 参见吴敬琏:《腐败与反腐败的经济学思考》,载 http://www.aisixiang.com/data/4010.html,最后访问日期:2016年12月21日。

要途径，对权力监督和腐败犯罪的预防和惩治具有积极功能。在新的时代背景下，应更深刻的挖掘和实践腐败犯举报的制度功能，不断结合其实践特点对其进行再认识。

（一）腐败犯罪举报制度的功能

公民行使举报权是公民与公共权力之间的一种良性的互动，民众在向公权力机关提供腐败犯罪的线索的同时也可以发表对腐败案件的处理意见，使反腐败机构能够在决策前充分考量民众的要求并作出合理反应。腐败犯罪举报机制在现阶段反腐败斗争中具有以下重要功能：

1. 权力监督和预防腐败功能。反腐败举报机制能够有效地监督公权力的行使。纪检监察机关的举报机制是党实现内部监督的一项重要手段，人民群众利用举报可以对党和国家机关的工作人员提出批评、建议、检举和控告。设立于各级人民检察院的反贪局和反渎职侵权局是对职务犯罪具有侦查权、公诉权的重要机构。在上述三机关处理的腐败举报的案件中，对民众举报的国家工作人员尚处于初始阶段的轻微腐败问题，各机关可以按照案件的严重程度对相关人员实施不同预警措施，及时给予提醒和纠正。举报机制对腐败行为具有明显的预防与阻断作用，一些举报人提供的线索能够使反腐败机关针对公务行为中的腐败苗头性问题“打小、打早”，在避免问题扩大化的同时能够有利于保护党员干部，防止其走向不归路。

2. 廉政教育功能。国家机关工作人员尤其是党员干部的廉政教育工作是反腐败工作中的一个基础环节。腐败犯罪是一个世界性的政治问题，归根结底还应该通过政治性教育的手段来从源头上加以解决，通过廉政教育进一步增强公务人员对职务犯罪的防范意识，牢固树立防腐拒变的思想防线。通过开展贴近党员干部工作实践的教育性活动，具有针对性的提高其思想政治觉悟，使其自觉地遵守党的纪律条例与国家的法律法规。反腐举报机制能够为国家反腐败机构提供充分的信息资源，这些信息也是廉政教育工作的信息，通过对各种举报信息的总结和梳理，可以归纳出腐败犯罪的总体发生规律，并及时发现反腐倡廉工作中需要重点关注的苗头性问题,有针对性地展开思想政治教育,为廉政教育提供科学的依据。此外,对于已经查实的举报案件,通过向社会公布被举报查处的经典案例,可以对广大党员干部起到警示教育作用。

3. 政策纠偏与协调疏导功能。由于人民内部利益关系错综复杂,公权力机关的决策往往不能兼顾各方面利益,一些决策甚至最终会产生损害部分群众利益的政策偏差。利益受到损害的人民群众往往是举报人。在日常公共性事务的决策中,政策偏差中经常会隐含着以权谋私的腐败现象。反腐败机构在因政策偏差导致的利益纠纷的腐败案件中,可以在惩治腐败行为的同时分析政策偏差的原因并予以纠正。另外,这种纠偏的工作还能在纠正偏差的同时满足举报人的合理诉求。通过加强举报信息预警,努力将民众的矛盾和纠纷化解在萌芽状态,使腐败举报机制成为民众合理表达诉求,协调疏导和化解矛盾的一个重要途径。

4. 强化惩治腐败犯罪的功能。反腐败举报机制能够强化对腐败犯罪的打击力度和范围。举报是纪检监察机关、检察机关掌握腐败案件线索的最主要的来源。纪检监察机关通过对举报信息的初查、预调查和预审等方式,判断案件是否构成应移送至检察机关的犯罪或者构成一般的违法违纪行为。检察机关对收集的举报线索也应该按照相关程序规定进行调查,对符合条件的行为进一步立案审查。随着党和国家反腐力度的不断加大,公众运用网络举报腐败犯罪的情况增多,刘铁男、“表哥”杨达才、“房叔”蔡彬、重庆涉不雅视频官员雷政富等,先后因网络举报而被查处。① 依靠民众对腐败案件的举报,使腐败犯罪能够得到及时的处理,强化对腐败犯罪的惩治力度。

---

① 中央纪委监察部举报网站,即“12388”网站建立以后,通过该网站举报贪腐线索和现象的人数不断增加,“12388”网站的作用越来越大,已经成为来信、来访、电话举报等手段之外人民群众向纪检监察机关提供案件线索的重要渠道。参见中国新闻网:《专家:网络举报对反腐败的作用越来越大》,载 http://www.chinanews.com/gn/2014/01-14/5734869.shtml,最后访问日期:2016年11月1日。

(二)腐败犯罪举报制度的实践特点

随着新的反腐败机构的设立、网络反腐的如火如荼发展等新形势,我国腐败犯罪举报机制要结合时代的发展特点推进规范化和制度化建设,使反腐败工作提升到新的水平。现阶段腐败发展举报机制存在以下几个特点:

一是腐败举报案件的数量逐年递增,公民举报日益成为国家反腐败机构获取案件线索的重要渠道。近年来,反腐举报制度的完善使公民参与反腐积极性一定程度上得到提升,随着反腐工作进入深水区,群众举报成为检察机关办理职务犯罪案件的主要来源。[①] 可见,反腐倡廉必须依靠群众支持和参与,举报机制也是群众参与反腐倡廉建设最重要的渠道,应该进一步为群众举报提供便利,更好地发挥社会公众在肃贪倡廉工作中的作用。

二是网络举报已经成为反腐败举报的重要方式。中国互联网信息中心发布的第38次《中国互联网发展情况统计报告》显示,截至2016年6月底,中国网民数量达7.10亿,互联网普及率达到51.7%,手机用户达6.56亿。[②] 越来越成熟和庞大的网民为网络举报奠定了良好的群众基础;网络反腐发展迅速已成为治理腐败行为的新武器;不断涌现的新媒体成为网络举报的新载体。近年来,党和国家越来越重视网络举报的作用,出台网络反腐的相关规范,指导社会公众的有序参与。目前,全国各级纪检监察机关均建立网络举报中心,使民众网络举报权的行使更为便捷。

---

① 据有关数据统计,全国纪检监察机关2012年立案调查的案件中,线索来源于群众举报的占到41.8%,这一比例在案件来源中占最高。此外,2013年至2015年,全国各级检察院举报中心共受理举报线索107.4万件,比上一个3年增长95.9%。参见徐盈雁、李婧:《群众举报成检察机关查办职务犯罪案件主要来源》,载http://www.chinacourt.org/article/detail/2016/07/id/2011550.shtml,最后访问日期:2016年9月16日。

② 参见中国互联网信息中心:《第26次中国互联网发展情况统计报告》,第10~11页。

三是举报案件中匿名举报数量较多。反腐败举报机构关于举报制度的宣传和相关文件均明确提倡和规定民众应该实名举报,举报人应当尽可能据实向纪检监察机关反映被举报人的姓名、工作单位、违纪事实、具体情节和相关证据。但从腐败举报的实践看,匿名举报仍然占据大多数,其主要原因是举报行为存在着巨大风险,因担心举报程序的规范性和保密性问题,使用虚假姓名或隐名举报能避免受到被举报人的打击报复。但匿名举报影响反腐机构对案件的核查程序,也增加失实举报的机会。

四是举报案件受理机构呈现分散化特点。我国还没有统一的举报受理机构,反腐败机构主要为各级纪检监察机关与各级检察机关的信访举报中心,处理举报案件的机构为设立于各自机构内部的举报中心。实践中这些举报中心较为分散,纪检监察机关和检察机关均依照本机关规定的程序处理案件,难免出现分工不明,相互推诿的情形。举报受理机构的分散化特点给线索接收后的监督工作带来困难。

三、现阶段腐败犯罪举报制度的问题检讨

反腐败举报机制从建立到完善是一个长期的实践过程。近年来,举报制度运行中凸显的诸多问题影响了制度功能的发挥,一些问题处理不当甚至还可能引发新的社会问题,激化社会矛盾。笔者将主要从观念、制度和规范三个层面检视腐败犯罪举报制度存在的问题。

(一)举报观念的错位

我国腐败犯罪的举报观念错位影响举报制度的功能发挥,这种观念错位体现在国家和社会公众两个主体层面。

在国家层面上,长期以来我国在国家治理中一味强调义务本位,在国家治理腐败违法犯罪行为时,公民举报一直被当作发现违法犯罪案件线索、同违法犯罪作斗争、保障诉讼顺利进行的实用工具。在这种举报观的指导下,相关部门往往受目标利益驱动,以案件查处工作为中

心，忽视对举报人的权利保障。实名举报人提供举报线索以后，自身往往成为配合受理机关调查案件的义务人，有时还需要出庭作证，但缺乏合理保护的举报人经常因举报腐败违法犯罪行为而成为受报复的目标，极大挫伤举报人参与国家反腐败斗争工作的积极性。虽然一些文件规定对举报人的权利加以保护，但是相关规定显得笼统且缺乏可操作性。工具主义举报观单纯追求案件结果，忽视制度设计的合理性，阻碍腐败犯罪举报制度的发展完善。

公民个人层面的举报观念错位主要表现为社会中的“举报无用观”和“虚假举报观”。“举报无用观”现阶段存在诸多支持者。① 这部分人以自身举报行为无果和部分举报人事后遭遇打击报复为例，对国家法治公信力产生质疑，认为举报行为虽有利国利民之名，但对别人犯下的罪民众应望而却步而非挺身而出，在罪恶面前应保持缄默、明哲保身。实际上，“举报无用”观念是在法律政策贯彻不足的现实情况下，公民作出的一种无奈却又不失理性的选择。“虚假举报观”则表现为公民滥用举报权利的行为，以揭发检举他人违法犯罪之名，行诬告陷害、打压排挤他人之实。可见，国家的工具主义举报观和社会公众的“举报无用观”“虚假举报观”均影响腐败犯罪举报制度健康、可持续性运行。

（二）举报制度的运行面临困境

1. 网络举报制度化不足

网络反腐虽然极大提升了国家对腐败犯罪的惩治能力，但我国仍处于网络反腐的初级阶段。由于尚未出台专门针对网络反腐的规则，网络监督主体、监督手段等均未明确，还存在网络举报线索和相关证据

① 随着近年来网络社区、自媒体平台的发展，网络舆论对社会公众的思想观念的影响作用越来越大。笔者于 2017 年 12 月 20 日在国内较有影响力的天涯网络社区检索发现，关于“举报无用”的发帖数量有 55 万余条，很多发帖的点击量和跟帖数量均超过 5 万余次。

取得的合法性问题和网络监督信息片面性的问题。网络具有虚拟性,网民在网络空间中可以使用自己的网名,网络信息的真实性本身也因举报人的身份、素质、知情程度等因素而出现不同的情况。网络的虚拟性、网络信息的公开性和快速传播性使个人隐私更加脆弱不堪,在网络反腐中,一旦不当披露了当事人或相关人士的隐私,互联网的开放性、即时性会对当事人的隐私权造成更大范围、更深层次的侵害,而这一侵害又因网络的迅速传播性和信息可存储及再传播性更不易得到修复。① 网络反腐中还存在举报人因个人私怨,在网络空间散布虚假信息,对党员干部进行虚假举报,更有甚者利用社会热点事件,编造虚假事实,假借举报行为宣泄对社会的不满情绪,影响社会稳定。网络信息发布的责任机制弱化,容易使网络在社会监督过程中侵害他人的合法权益,使诬告、诽谤、举报失实等情况更容易发生,成为网络反腐作用有效发挥的重要障碍。网络反腐的呼声日益高涨,网络反腐的制度化成为当务之急。

2. 举报人的保护弱化与奖励不足

我国相关部门出台的规范性文件中均规定了对举报人进行保护的条文,但这些规则主要是从制裁打击报复行为入手,缺乏具有可操作性的细致规范,对举报人起不到事先保护的作用,是一种消极的事后保护。在实践中,举报人往往处于义务人的地位。实名举报后,举报人即转化为义务人,不仅仅需要接受案件受理机关的询问调查,必要时还要出庭作证。法律政策停留于宣示性层面所形成的保护真空,使举报人面临遭受打击报复的风险。对此,美国、日本等国对举报人的保护问题都有专门立法,如美国的《检举者保护法案》和日本的《公益举报人保护法》,详细规定了举报人的权利保护具体措施。此外,我国香港地区对举报人的信息保护更加严格和细致,香港地区《防止贿赂条例》第30A条规定,在任何民事和刑事程序中,禁止将举报获得的数据作为证据使用;禁止将举报人作为证人并在程序中披露姓名、地址等信息;对司法程序相关材料中包含举报人和协助人姓名或描述,可能使其身份

---

① 参见张新宝、任彦:《网络反腐中的隐私权保护》,载《法学研究》2016年第6期。

被披露的,应将材料有关部分遮掩或涂去。香港地区还将举报人纳入证人的保护范畴,泄露举报人身份或者报复举报人,属于刑事重罪案件,一向为廉署所不容。① 由此可见,内地的举报人保护制度相比之下仍显薄弱。

从举报人的奖励机制来看,现有规则对举报人奖励的规定过于原则化,缺少具体的奖励标准。这种规定的方式可操作性较差,关于奖金来源、发放手段以及发放的保密措施等均无详细规定。举报人在向国家专门机关控告、检举违法乱纪犯罪行为的过程中,自身可能投入了一定的人力、物力和财力,又承担巨大的举报风险,因而,有必要对举报人进行经济补偿和奖励。应当深入思考如何设置科学合理的举报人奖励制度,使社会上掌握腐败犯罪线索的人更乐于揭发、检举犯罪,以提高民众参与反腐败举报工作的积极性。

3. 举报失实澄清工作存在制度真空

在反腐败机构所接收到的大量腐败犯罪举报线索中,举报失实的现象并不鲜见。举报失实不仅包括举报人因证据收集能力有限或对案件存在主观臆断而过失的向有关部门提交失实线索的情况,也包含举报人恶意行使举报权的情形。举报失实严重影响被举报当事人的个人名誉、政绩考核、职务任免等。我国举报失实澄清工作因缺乏程序性规范而处于制度真空的状态,这一问题有以下几方面原因:

第一,针对举报失实澄清工作思想理念的缺位。从我国当前各部门出台的关于举报工作规则中可以发现,在党和国家严厉惩治腐败犯罪的大环境之下,腐败犯罪举报人与被举报人在权利保护上存在巨大差距,举报工作中更加注重举报线索的收集、举报人权利的保障和举报案件的正确及时处理,而忽视对被错告、诬告的被举报人的权利保护和澄清事实的工作。匿名举报案件中存在很多事实不清楚、线索不真实的情况。执法理念的偏差使得被错告、诬告的被举报人在案件事实查

① 郭国松:《香港证人保护制度值得内地借鉴》,载 http://www.legaldaily.com.cn/zmbm/content/2010-06/24/content_2175938.htm? node=7580,最后访问日期:2017年12月25日。

清以后不能及时被“正名”,使其社会声誉遭受到不良影响,严重影响被举报人工作的积极性。

第二,举报失实澄清制度体制机制建设不够完善。举报失实澄清制度在相关部门的文件中有所体现,但规定过于粗糙,不够详细。2002 年最高人民检察院发布的《最高人民检察院关于加强和改进控告申诉检察工作的决定》(以下简称《决定》)第 12 条规定:“保护公民合法权益,奖励举报有功人员……对利用举报诬告陷害他人,经查属实的,要依法追究刑事责任或者移送有关机关严肃处理,保障举报工作健康发展;对经查举报失实并造成一定影响的,要为被举报人‘正名’,消除影响,保障被举报人的合法权益……”这是检察机关举报失实澄清制度的法律渊源。该规定虽然强调保护公民的合法权益,但从该《决定》出台的背景和整体内容上看,其仍然侧重于进一步加强保护被举报人的权利,改进控告申诉检察工作。最高人民检察院于 2014 年修订的《人民检察院举报工作规定》中以一章共计五个条文的篇幅规定举报失实的澄清,分别为举报失实澄清工作的原则、有必要澄清的情形、澄清工作的时间安排以及澄清的地点与方式。该项规定确定举报失实澄清工作的程序,但仍需要进一步细化和完善。

第三,举报失实澄清工作的实施效果有待提升。根据我国目前检察机关系统建立的举报失实澄清机制,为失实被举报人的正名、消除不良影响工作的实施效果不明显。首先,举报澄清不区分案件的具体情况实行“一刀切”的澄清方式不能解决该类案件的深层次问题。当前对查证属于失实举报的案件通常基于防止举报人遭受打击报复,保护举报人利益的立场出发,严格保密举报人信息,恶意的失实举报人(刑法上可能构成诬告陷害罪举报人)虽然给被举报人的工作和生活带来重大的不良影响,但也不会受到处罚。失实被举报人除组织上为其“正名”以外,得不到任何救济。其次,实践中的澄清方式无法完全消除不良影响。当前检察机关举报澄清的主要方式是向被举报人所在单位和上级主管部门以《举报问题澄清通知书》等方式通报案件调查结论,或者在一定范围内召开澄清通报会。然而,失实举报澄清的范围与失实举报造成不良影响的范围是不相称的。尤其是通过网络、媒体报道举报等情形造成混淆公众视听的效果,使被举报人接受组织审查,会造成方方面面的严重压力与心理负担。① 组织内部的澄清方式无法完全消除失实举报的不良影响。在部门内部,纪检监察机关、检察机关与失实被举报人工作部门沟通不及时、不彻底,使一些党员干部长期受到困扰,也给相关单位的人事组织管理工作带来不少难题。

(三)举报制度的立法分散、约束力薄弱

与美国和我国香港地区的举报制度立法相比,我国大陆专门规定举报制度的法律较少且出台晚。美国是最早发起腐败举报保护立法的国家,拥有世界上数量最多的举报保护法。最为著名的是 1988 年参众两院一次性通过的《举报人保护法》(WPA),以及于 2012 年颁布《举报人保护加强法案》,美国各州也实施与举报保护的有关法律。此外,美国还拥有反腐败举报的专门受理机构,即司法部特别法律顾问办公室,它可以根据举报线索对案件进行初步调查后将案件移交专门调查机构并负责跟进案件的进展,对有价值的腐败举报还可在 15 天内直接转至司法部长或直接报告国会或总统。② 我国香港地区关于举报的规定主要集中于《廉政公署条例》《防止贿赂条例》《证人保护条例》中。腐败案件的调查也由具有独立调查权的廉政公署专门负责。

我国一直以来由于反腐败机构比较分散,③各机构均有权受理职权范围内的举报案件并进行初步审查,人民检察院受理关于腐败刑事

① 参见张效胜:《审慎做好信访举报失实澄清工作》,载《中国纪检监察报》2017 年 5 月 31 日,第 8 版。

② 参见余凯、孙牧欣:《典型国家与地区的反腐败举报制度之比较》,载《广州大学学报》(社会科学版)2017 年第 3 期。

③ 中国的反腐败机构一直是比较分散的状态,从类别上主要可以分为党的纪检部门、行政监察机关、检察机关、审计部门四类,基本形成党纪、政纪、法律三方面共同反腐的局面,审计则作为重要的配合部门协助反腐。另外银行、海关在追逃追赃中也起到重要作用。从国家层面来看,我国的反腐败机构则为中共中央纪律检查委员会,国家监察部、最高人民检察院反贪污贿赂总局。

犯罪的举报案件,纪检监察部门受理更加广泛的针对党员、干部等公务人员的违法违纪问题的举报线索。这种机构分立的模式也造成举报工作的制度规范比较分散,我国除《宪法》《刑事诉讼法》《行政监察法》等法律直接规定公民的举报权外,关于举报案件的受理程序、举报人保护的法律很少,多数规范为部门出台的规章和规范性文件,如最高人民检察院颁布的《人民检察院举报工作规定》《最高人民检察院关于保护举报人权利的规定》,监察部发布的《监察机关举报工作办法》和中央纪检委、监察部联合发布的《关于保护检举、控告人的规定》等。这些部门规章或规范性文件在指导举报工作实践中存在很多问题,一是不同部门之间规范不统一,使举报案件的处理出现"九龙治水""划地而治"的状态,规范之间缺乏体系性,缺少必要的衔接性规范,各部门之间工作联系不足,造成现有的立法现况不足以有效指导举报工作实践的局面;二是部门规范效力层级低、约束力薄弱。现有的举报工作规范在性质上多属于部门规章或规范性文件,其效力层级较低,在具体腐败举报案件的办理中难以形成有效的约束力,容易造成举报人保护不足、举报案件处理程序不规范等诸多问题。可见,反腐败机构间职权配置的分散性特点直接影响我国反腐败举报制度统一体系的形成。此外,笔者注意到,我国现行的国家监察体制改革试点工作似乎也忽视这一问题。从《中华人民共和国国家监察法(草案)》[以下简称《国家监察法(草案)》]的条文来看,腐败犯罪举报制度并没有得到应有的关注,仅有《国家监察法(草案)》第 63 条对打击报复控告人、检举人和证人行为的法律责任的基本规定,草案中缺少监察委员会与其他机关间协调处理举报案件的程序性规范,这无法改善举报案件受理机关分散化、举报工作衔接不畅的现状,也无法保证社会对举报案件处理中的工作失误和不作为等情况的有效监督。举报机制运行在缺乏一套统一而严密程序的情况下,无法使举报受理机关之间形成良性互动关系,从而挫伤民众参与廉政建设工作的积极性,也降低国家机关的威信。① 可见,在国家监察体制改革进程中促进腐败犯罪举报受理机构之间的工作衔

① 参见王瑞娟:《完善我国举报制度的思路探讨》,载《理论探索》2005 年第 4 期。

接、制定明晰的举报法规范是有效解决上述问题的必由之路。

四、新时期腐败犯罪举报制度的优化进路

腐败犯罪举报机制的法治化无法一蹴而就，在反腐工作进入新常态和国家监察体制改革全面推进的大背景下，应在总结实践经验的基础上，从举报观念、具体制度设计和完善法规范层面对举报机制存在的问题进行针对性改进。

（一）观念优化：倡导建立科学的举报观

举报制度的完善首先需要建立正确的举报法治观念。树立正确的举报观，应该对举报制度的起源、运行原则与运行理念具有科学的认识。全社会均应认识到，举报是公民的基本权利，应该从保障公民基本权利的高度看待举报工作。以往的举报观念将举报人视为举报工作的义务人，给举报者增加了责任负担，应予以摒弃。应当使举报观念由功利主义向人权保障主义转变，实现举报制度由工具理性向价值理性转变。在反腐败实践中，应认识到举报制度功能的发挥需要举报人和相关国家机关的共同努力，只有两者之间形成良性互动的关系，才能保证举报工作可持续性循环发展；将举报人真正作为社会治理的参与者，而不仅仅是举报线索的提供者。① 权利主义举报观念对于科学构建举报人保护机制意义重大。此外，在积极构建权利主义举报观念的同时还应在国家倡导、鼓励、奖励与保护腐败举报的背景下建立诚信举报观念，严厉打击虚假举报行为，防止历史上的“告密文化”的重现与再度延续。

---

① 参见曾乐非、郭玉：《完善举报制度的路径》，载《人民检察》2009 年第 4 期。

(二)制度优化:完善网络举报、举报人褒奖和举报失实澄清制度

1.构建规范的网络举报制度

网络举报和网络反腐拥有诸多优势的同时也存在局限性,面对举报信息的筛选核查任务艰巨、举报失实和滥用举报权利现象多发、举报侵权责任问题等困难,要从以下几个方面来完善网络举报制度:第一,建立舆情收集分析和举报线索的核查机制。网络举报信息量是其他举报方式不可比拟的,在处理网络举报线索的工作中,要提升分辨信息的真伪能力,避免浪费过多的人力物力资源。同时,还要积极关注网络舆情,主动关注和积极引导网络信息舆论的动态,避免出现网络舆论、网络曝光等行为倒逼政府的反腐模式。[①] 反腐败机构通过正确捕捉网络舆情中的举报线索,收集归纳并关注网络舆情走向,不断更新线索、还原事实。反腐败机构在处理网络舆情的同时,应按照传统举报线索的初查机制,由专门的部门或人员谨慎、理性地甄别网络举报线索的来源,核查网络举报信息的真伪,判断网络举报线索或信息的反腐价值,过滤无效无价值信息,既要避免被网络舆论“牵着鼻子走”,又要避免盲目地轻视甚至无视网络举报的有效信息和积极影响。高效、严谨的网络舆情收集分析和举报线索的核查机制能够发挥网络举报对反腐倡廉建设的积极推动作用。第二,健全网络举报运行机制,理性引导民众网络举报行为。健全网络举报运行机制,首先应建立完善的网络反腐平台,充分发挥全国纪检监察机关统一举报网站的作用,加强对网站系统的管理,不断完善各地方网络举报受理机制、举报线索的核查和反馈机制。保证网络举报渠道的畅通性,完成从中央到地方的完备统一的网络举报系统建设。其次,还要注重网站系统的保密性建设,防止举报信息外泄。此外,在保证民众依法行使网络举报权的同时,对于恶意、

---

① 参见叶慧娟:《网络反复过程中网络举报的规范性研究》,载《新疆大学学报》(哲学·人文社会科学版)2013年第4期。

违法的网络举报,反腐败机构应该依据现有民事、刑事法律规定对举报人加以教育和制裁,举报失实的被侵权人在名誉遭受严重影响时可以通过民事诉讼维护自身权益。第三,加强网络反腐立法。由于网络举报是我国反腐败举报机制中一种新型的举报方式,过去关于举报制度的法律规范不能完全适用于网络举报。由于网络举报的制度化程度较低,目前针对网络举报的规范规则仍处于空白状态。国家应该出台有关网络举报制度的相关立法或规范性文件,从而通过法律手段对网络举报中出现的部分问题加以规范。现阶段网络反腐是民众行使民主监督权利的重要方式,国家应引导民众在法律约束下有序行使举报权。

2. 健全举报人安全保障和奖励制度

健全举报人安全保障和奖励制度,能够降低举报人行使举报权利的风险成本,通过举报奖励机制倡导、鼓励举报人参与反腐倡廉建设的积极性,帮助公民正确的行使民主监督权。

第一,健全举报信息保密制度和举报人安全保障制度。在办理举报案件的过程中,应规范和严格执行各机关关于举报保密工作制度,将违法犯罪的举报材料和相关信息按照国家秘密的规定进行管理,对举报中心管理人员进行保密培训,对案件相关的涉密人员以及案件后续处理程序中涉及的材料信息进行妥善合理管控。关于举报人个人信息问题,应该尊重举报人的个人意愿,即由举报人自主决定实名举报或匿名举报。确立切实可行事前保护保护机制,综合案件影响判断对举报人及其家属采取的保护措施,对受到安全威胁的举报人给予人身保护。在完善举报人保护机制的问题上,可借鉴我国香港地区《防止贿赂条例》和《证人保护条例》的有关规定,明确举报人的权利和义务及受理机关的职责义务。举报人仅负责提供腐败案件有关的线索并对案件查处提供必要的协助,禁止调查及诉讼程序的各项材料中披露举报人的姓名、住址,严格限制举报人协助案件调查的事项范围,在案件进入侦查、公诉等司法程序后禁止将举报人作为证人使用,禁止任意增设举报人的出庭作证义务等。在举报人保护标准上应适用国家关于证人保护的规定,将举报人纳入证人保护体系内,以强化对举报人的保护力度,降低举报的风险成本。此外,要严厉惩治报复陷害者,完善《刑法》第

254 条报复陷害罪的规定,加大对报复陷害举报人的惩治力度。在犯罪主体上,应将国有公司、企业、事业单位、人民团体中从事公务的人员也纳入报复陷害罪的主体范围;在犯罪对象上,把报复陷害的对象从举报者本人拓宽为举报者的近亲属及与之关系密切的第三人;在量刑上,应提高致人伤残、死亡、精神失常等"情节严重"的报复陷害行为的最高刑。此外,还应建立举报人的经济补偿制度。通过完善法律规定,使举报人在因举报腐败犯罪行为后受到报复陷害而发生物质损失时有权向相关部门请求合理补偿,更加全面地保护举报人利益。

第二,完善举报人奖励及受益机制建设,建立举报人被害的国家补偿制度。现行的举报制度关于举报奖励的规定过于笼统,国家应该根据举报案件或线索的重要程度细化不同标准的奖励,制定举报奖励的实施细则。明确关于奖励的具体类型、奖励条件、奖励数额以及奖励的发放程序等。前述的《三部门规定》首次明确职务犯罪举报工作中举报奖励的范围以及每案奖金的数额标准,明确了"打击报复"的外延,增强了可操作性,有利于对举报人合法权益进行更全面的保护。针对举报奖励金额较低的问题,适当提高了奖励金额。这些规定都有助于发挥奖励制度的激励、补偿、取信等作用,有助于弘扬社会正气、有效增强群众的正义感。① 但受制于发布机关的限制,其适用范围仅限于最高人民检察院办理的职务犯罪举报案件,未来应以国家监察委为主导,出台更高效力的腐败犯罪举报奖励规范。

3. 建立完备的举报失实澄清制度

举报失实澄清制度强调在依法严厉打击惩治腐败犯罪的基础上,对于失实被举报人的正当权益也应该予以依法保护,是法治反腐的一种重要体现。针对举报失实的问题应进行如下改进:

第一,牢固树立兼顾保护举报人和被举报人正当权益的思想理念。在反腐倡廉建设不断深化的背景下,反腐败机构应依法惩治腐败犯罪,充分保证人民群众积极参与反腐的各种渠道的畅通性,同

① 卞建林:《建立举报人保护、奖励制度势在必行》,载《人民日报》2016 年 4 月 11 日,第 11 版。

时，对反腐败举报工作中查实的诬告、错告等失实举报案件，相关部门应做好对失实被举报的国家工作人员澄清事实的工作，保证在反腐败工作中做到既不冤枉一个好人，也不放过一个坏人。我国当前纪检、监察和检察三机关出台的举报工作规则中，只有最高人民检察院于 2014 年出台的《人民检察院举报工作规定》明确规定了举报失实澄清程序，纪检监察机关虽然在工作实践中也探索建立了举报失实澄清制度，但是没有形成统一的机制，更没有相应的规范指导。从长远来看，在我国尚未建立统一的《反腐败举报法》的情况下，有必要修订《中国共产党纪律检查机关控告申诉工作条例》和《监察机关举报工作办法》，对举报失实澄清制度作出明确规定，促使纪检监察机关与检察机关办案人员在工作中树立兼顾保护举报人与失实被举报人正当权益的思想理念。

第二，在合理划分举报案件属实程度标准的基础上，明确澄清制度的适用条件。我国纪检监察机关通常在举报案件的调查报告中对所反映问题的属实程度作出区分，一般分为“属实、基本属实、部分属实、失实”或“属实、基本属实、部分属实、不属实”。从形式逻辑上分析属实程度的几个语词，“基本属实”无法真实反映举报工作的要求，“基本属实”的含义是指调查结果与举报线索反映情况主要事实是相符合的，但是具体结论并没有明确哪些是与客观事实相符合，哪些与客观事实不符，不应作为举报案件最终调查结论的表述。对某些群众反映强烈或社会关注度高的问题，纪检监察机关调查核实后仅以“基本属实”下结论不但不能服众，反而会引发猜想，不利于问题的解决。[①] 笔者认为，举报案件的属实程度应以“属实、部分属实、失实以及存疑”作为划分标准。关于澄清制度适用的条件，应该严格限制于调查结论为“举报失实”的案件，对“部分属实”和“存疑”的案件均不进行澄清。“举报失实”案件是反腐败机构全面调查核实举报线索后，确认被举报案件不构成任何违纪和违法犯罪的案件。但以下几种案件应该排除适

① 参见陈振：《纪检监察机关信访举报属实程度分类辨析》，载《中国党政干部论坛》2015 年第 5 期。

用:一是“部分属实”的案件,这种案件在最终责任认定上会忽视“不属实”的部分而仅依据其“属实”部分确定责任,因此不需要进行澄清。即使“属实”的部分仅属于违纪行为达不到刑事犯罪的标准,也不必予以澄清。二是“存疑”的案件,这种案件并非是举报本身的失实,受制于实践中认识能力和核实手段,而是因为证据问题无法查实的案件不应启动澄清程序,不能完全排除问题存在的可能性,有待于最终查证属实。

第三,完善澄清工作的具体程序,实现澄清工作的法律和社会效果。首先,澄清工作的启动应以案件客观事实和调查结果为基础。反腐败机构在对案件进行初查的过程中要排除人为因素,综合案件线索、相关证据等还原客观事实,最终认定案件失实后,决定启动澄清程序。其次,澄清工作需要机关内部审核批准。腐败案件举报工作涉及受理、分流和处理等多项工作,案件的处理关系到举报人、被举报人双方面的权益以及反腐败机构的工作状况,澄清工作程序的启动应设置严格的内部审核、批准程序,强化内部监督,防止因错误启动而影响相关部门的执法公信力。再次,确定澄清工作的完成期限,及时公布调查结果。对于查实属于错告、诬告的案件应该在规定的期限内及时向举报人和被举报人公布调查结果,保证失实被举报人能够尽快从诬告、错告的不良影响中解放出来,对于选拔任用干部期间接到的举报,应当在考察工作任务结束前办结。最后,采取多样化的方式以实现最佳澄清效果。相关机关应向被举报人本人进行情况说明,向被举报人所在单位报送内容清楚、翔实的举报澄清情况说明书,还要向被举报人所在单位的上级主管部门进行情况通报。此外,对于社会影响较大的失实举报案件,应采用召开群众代表座谈会、网络媒体公告等方式予以澄清,消除影响,恢复名誉。同时,向错告、误告的举报人通告案件处理程序与结果,解释相关法律规定,防止其重复举报;对诬告陷害他人的举报人依法追究其法律责任,以实现举报失实澄清工作的最佳社会效果。

(三)规范优化:依托监察体制改革大背景构建统一的举报法规范

腐败犯罪举报机制面临运行困境的原因之一是缺乏系统的、具体的指导性法律规范。我国反腐败机构虽然均具有各自处理举报案件的工作办法,但在缺乏统一法律规范的情况下,案件处理过程中各部门之间缺少衔接和配合,部门间对具体案件的处理很难协调一致。此外,前述提及的建构科学的举报观念、规范网络举报、完善举报人权利保护等问题,无一不需要通过统一立法的方式来强化和落实。否则,各个机构的工作理念难以统一,举报人保护标准的差异必然会影响举报机制的实际效果。笔者认为,这一问题应结合我国监察体制改革的大背景来解决,改革后组建的国家、省、市、县监察委员会,同党的纪律检查机关合署办公,实现对所有行使公权力的公职人员监察全覆盖。而各级监察委的监察权兼具行政权与司法权属性,以监察委员会为主体完善腐败犯罪举报制度的法律规范对举报制度的规范化运行具有重要意义。首先,应在《国家监察法(草案)》中增加腐败违法犯罪举报制度的规定。如在草案第六章监察程序的规定中增加关于腐败举报线索处理的程序性规定,在问题线索的处置、调查程序中明确公民举报的重要性,以彰显国家对公民举报行为的重视。其次,适时制定《监察举报工作规定》,以统筹协调反腐败举报机制的总体原则和具体工作规则。尤其在举报问题的线索移转上,为保障监察委、检察院以及其他机关的预防腐败部门接收的腐败犯罪线索能够及时得到审查处理,需要明确上述机关与监察委员会之间就举报线索的移交、管理和反馈等的衔接程序。此外,还要在《监察举报工作规定》中统一网络举报规则、举报保密制度、举报人身份重置制度、举报人奖励制度等规定,一改当下多部门划地而治、举报规则矛盾冲突的状况。使我国腐败犯罪举报机制所呈现的乱象随着监察体制改革的推进和法律规范的协调统一而得以完善,推进腐败犯罪举报机制的制度化和规范化。

Review and Prospect of Reporting System of Corruption Crime in Our Country

Zhang Xu & Shi Xin

[**内容摘要**]强化监督是我国当前制度反腐的重要支柱,腐败犯罪举报制度作为制度反腐的组成部分,是社会公众积极行使社会监督权,参与国家和社会治理的重要制度表现。改革开放以来,我国腐败犯罪举报制度经历了从初步确立到发展完善的演进过程。在国家监察体制改革和反腐新常态的社会背景下,总结腐败犯罪举报制度的历史经验,探明现阶段举报机制的功能和实践特点,并针对举报制度运行中的观念错位、制度真空和规范不足问题形成优化思路,对加强腐败犯罪举报制度的体系化建设,推进制度反腐、法治反腐不断深入具有重要意义。

[**关键词**]腐败犯罪;制度反腐;举报制度

Abstract: Strengthening supervision is an important pillar of China's current institutional anti-corruption, as an integral part of the system, the corruption crime reporting system is important for the public to exercise social supervision right and participate in the state and social governance. Since the reform and opening up, the corruption crime reporting system has experienced the evolution process from the initial establishment to the development. In the context of the state's regulatory reform and a new regime of anti-corruption, summarizing the historical experience of the corruption crime reporting system as well as proving the functional and practical characteristics of the current reporting mechanism and forming an optimal approach in view of the misalignment, institutional deficiency and the lack of norms in the operation of the reporting system is of great significance in the development of strengthen the systematic construction of corruption crime reporting system and advancing the institutional anti-corruption and legal anti-corruption.

Key words: corruption crime; institutional anti-corruption; reporting system

〔中国刑法〕

中国古代正当防卫制度研讨

——以相关案件为主要视角

孙　倩*

目　次

一、前　言

我国古代刑法并没有总结归纳出正当防卫的概念,直到清末法制改革,着手修订新刑律,通过借鉴德日刑法理论,才对阻却违法理由、正当防卫、紧急避险等行为有了明确的规定。① 1905 年由日本法学博士冈田朝太郎主持完成的《刑律草案(稿本)》中的第 50 条在解释正当防

---

* 北京师范大学刑事法律科学研究院博士后。本文系赵秉志教授主持的最高人民法院特别委托课题“国内正当防卫典型案例比较研究”之最终研究成果的一部分。

① 参见高绍先:《中国刑法史精要》,法律出版社 2001 年版,第 194 页。

卫时指出,清律中"擅杀"各条,"强盗"各条的邻佑、地保、营汛亦有协拿之责;《唐律》"被人殴击""折伤"以上条旁人亦得捕系送官,"追捕罪人"条之道路行人,"强盗及杀人"条之邻里不助,具予科罪等规定都有正当防卫之意义。① 1907 年修订法律大臣沈家本等奏进呈《刑律(总则)草案》折中考证正当防卫沿革时指出,《唐律》"诸夜无故入人家,主人登时杀者,勿论"以及《大清律例》擅杀奸盗凶徒各条,亦含有正当防卫之意。② 法律史学者高绍先先生指出,《唐律》斗讼律"两相殴伤论如律"条中的"后下手理直者,减二等";"祖父母为人欧击"条中的"诸祖父母、父母为人所殴击,子孙即殴击之,非折伤者勿论";唐律"夜无故入人家"条、罪人拒捕条,以及元明清律中的"杀死奸夫"条都含有正当防卫之意。③

中国古代涉及正当防卫的规定主要存在于斗殴、无故入人家宅、罪人拒捕、杀死奸夫等犯罪情景中。本文将其归纳为三类,第一类是针对一般不法侵害行为的防卫,如斗殴行为中的防卫;第二类是针对特定犯罪行为的防卫,即针对奸、盗、凶徒的防卫;第三类是针对特定犯罪情景的防卫,即夜无故入人家,主人登时格杀勿论。下面结合具体案例进行分析。

二、对一般不法侵害行为的防卫

中国古代律例中并没有对一般不法侵害行为进行防卫的普适性的规范。但在斗殴类犯罪中,规定了具有防卫性质的处罚措施:第一种是没有服制亲属关系的普通人之间的斗殴,"后下手理直者减等",及斗殴过程中使用兵刃器械的,对方夺获凶器而造成持执器械一方受伤的,减等处罚,隐含着对不法侵害行为的防卫问题;第二种是祖父母、父母

① 赵秉志、陈志军编:《中国近代刑法立法文献汇编》,法律出版社 2016 年版,第 16 页。

② 同上书,第 70 页。

③ 参见高绍先:《中国刑法史精要》,法律出版社 2001 年版,第 195 ~205 页。

被人殴打时,子孙的防卫权问题。

(一)常人斗殴中的后下手理直者

1. 应减等的条件

《唐律》第310条规定:"诸殴两相殴伤者,各随轻重,两论如律;后下手理直者,减二等。"注:"至死者,不减。"该条疏议对"后下手理直者,减二等"的解释是,"假甲殴乙不伤,合笞四十;乙不犯甲,无辜被打,遂拒殴之,乙是理直,减本殴罪二等,合笞二十。乙若因殴而杀甲,本罪纵不至死,即不合减,故注云'至死者,不减'"。

根据该条规定,乙可以行使正当防卫的前提条件是不犯甲,无过错被打。时间条件是乙无过错被打时即时进行还击对打。针对的对象是无理打人的甲。主观上,乙属于有理一方,仅仅是抵抗甲的殴打,并没有主动殴打甲的故意。同时规定了正当防卫的限度条件,即如果乙因抵抗而致使甲死亡,则不能获得减轻处罚。因为甲作为侵犯一方,只是实施了殴打行为,并无杀害情节,乙虽是拒殴抵抗,但将人打死,显然超过必要限度。

《宋刑统》直接沿用了《唐律》的规定。[①] 如宋代的吴净党斗殴杀人案,吴净党酒后出秽语,许应因为厌恶其秽语,因此用木扁担赶打,吴净党情急之下,见有木柄铁齿爬,就顺手拿起来还击,用木柄枕背打了许应额头中心一下,许应血出倒地,吴净党又以木枕背打了许应左边肋下虚处扇骨一下。许应伤重,在辜限内死亡。法司以"罪疑惟轻"奏请宽贷。[②] 按照宋刑统的规定,吴净党酒后说脏话,许应仅仅因为厌恶吴说脏话,就用木扁担赶打,吴净党情急之下才顺手拿起木柄铁齿爬用木柄枕背还击,因此,吴净党属于后下手理直的一方,但许应伤重,在辜限内死亡。按律,吴净党不能获得减等处罚,应抵命。虽然年代久远,史

---

① 《宋刑统》(卷21),薛梅卿点校,法律出版社1998年版,第378页。

② (宋)楼钥:《攻媿集》,载《丛书集成初编》第186~189页,中华书局1985年版,第377~380页。

料只留下了上述简单案情,但结合当时的刑统规定,还是能够分析出当时法司争议的疑点。针对该案,法司以"罪疑惟轻"奏请宽贷时,强调吴净党还击许应时,用的是木柄铁齿爬的木枕背,并且是黄昏时分,不能分清击打部位,以此排除吴净党有害人之心。实际上争论的是宋刑统中的"因殴而杀"还是邂逅致死,也即是否防卫过当问题,因殴而杀害的,才应予抵命,不能减等处罚,如果并非因殴而杀,则不应抵命。但当时并没有正当防卫与防卫过当的概念,所以法司以"罪疑惟轻"的理由奏请宽贷。

《元典章》记载,至元四年五月,李和你赤状告樊兴对其进行殴打并将其衣服扯碎。樊兴却称,因为李和你赤欠自己钱不还,所以才夺其马匹,因而引起双方殴打。对此,法司引律:"拳手殴人不伤,笞四十,伤人杖六十,后下手理直者减二等,他物不伤者,杖六十。"①虽然《元典章》并没有详细记载该案的具体处理结果,但根据法司按以往判例处理案件的惯例,后下手理直者减二等的规定仍然在实践中适用。

《大明律》的规定为:"若因斗互相殴伤者,各验其伤之轻重定罪,后下手理直者,减二等,至死及殴兄姊伯叔者不减。"②《大明律释义》对其的解释是:如果甲乙相互斗殴,甲被打瞎一只眼睛,乙被打掉一颗牙齿,那么甲的伤重,因此应当判处乙杖一百、徒三年的刑罚。乙受伤轻,因此应当判处甲杖一百的刑罚。如果甲是后下手的人,又是无过错一方,那么就根据其应受刑罚杖一百上减二等,杖八十。如果乙是后下手的一方,又是无过错一方,那么就根据其应受刑罚杖一百、徒三年上减二等,杖八十、徒二年。③

如明代宫刚强奸案,宫刚招寡妇朱氏来自己家里喝酒聊天,二人在炕上喝酒一直喝到二更天。朱氏要回家,宫刚让其留宿,朱氏就在宫刚

① (元)佚名:《元典章》,刑部卷6典章44"殴人"条,中国基本古籍库电子版。

② (清)薛允升:《唐明律合编》,怀效锋、李鸣点校,法律出版社1998年版,第573页。

③ (明)应栋:《大明律释义》(卷20),中国基本古籍库电子版。

家留宿,继续在炕上与宫说话,宫妻刘氏自己先去睡觉。宫继而向朱氏求奸,并用手拖拽朱氏,朱氏不同意并大声喊叫。刘氏听到喊声起床,到二人喝酒的屋里,抓住朱氏头发,打了朱氏两掌,宫刚随即对着朱氏左腿打了两掌,继而将朱氏强奸。过后朱氏要走回家,宫将房门拴住不让其回家。宫怕朱氏告状,遂与其妻商议,朱氏要是告强奸罪处罚重,不如再去奸淫朱氏,然后让其妻刘氏假装撞破打骂,这样即使朱氏告状,也只能认定为通奸。就又到炕上将朱氏按倒进行奸淫。刘氏到二人屋里点灯前,朱氏将宫打了数掌,宫就去前房睡觉去了。第二天,朱氏回家将这事告诉了自己的母亲陈氏,陈氏又将朱氏打骂了一顿。朱氏随后就到宫刚家吵闹,又被刘氏抓打了一顿,朱氏遂将此事告发。刑部山东清吏司的处理是:宫刚依强奸者律拟绞,秋后处决;刘氏依不应得为而为之事理重者律,减等杖七十;朱氏依手足殴人不成伤者律减等笞一十,因其为后下手理直者,减尽无科。对此,大理寺认为,宫刚与朱氏系通奸,朱氏因被宫妻刘氏羞辱打骂,又被其母陈氏打骂,以此羞愧才诬赖宫刚,因此认为宫刚依强奸律处绞不当,将案件上奏。① 此案朱氏对宫刚的殴打行为为后下手,并且发生在奸淫行为结束之后,而非奸淫行为实施过程中,因此不能认定为针对强奸行为的拒奸行为,所以法司判定为后下手理直者,依律减等。

《大清律例》直接沿用了明律的规定,又在注中增加“或至笃疾,仍断财养赡。若殴人至死,自当抵命”的规定。②

清代对于后下手理直者减等的处理趋于严格:首先,对于两相争斗,后下手理直者致死对方的情况,不再区分是否因殴而杀,无论是非曲直,一律抵命。其次,对于聚众斗殴案件中,首犯以外参与斗殴的从犯,一律从重处罚,不再适用后下手理直者减二等律。

如清代宴容八、宴红等纠众互殴致毙两命一案。宴容八、宴红与已

① (明)王槩:《王恭毅公驳稿》,王恭毅公驳稿下“强奸”条,中国基本古籍库电子版。

② 马建石、杨育棠主编:《大清律例通考校注》,中国政法大学出版社 1992 年版,第817 页。

死之宴茂五、宴满六等同姓不宗。一日,宴茂五的族人宴赖到官山铲草,误越界到宴容八等祖产太平山境内,正巧被宴容八的族人宴烜七看到前去阻拦,宴赖认为是官山,就与其争论,并用铲柄打伤宴烜七。宴烜七就跑回来向族长及宴容八告状。宴容八随即纠集族人十五人持械去找宴赖打斗,当走到宴茂五、宴满六家门前的空地上时,被宴茂五、宴满六斥责其不应该纠众行凶,宴容八、宴红随即动手,先后打伤宴茂五、宴满六,宴茂五等的族人九人赶来救护。宴容八用禾鎗戳伤宴茂五致命肚脐身死,宴红又殴伤宴满六毙命,其余参与斗殴的人各有损伤。此案,法司将首犯宴容八依斗殴杀人律拟绞请旨立即处决,并未区分曲直,其余从犯也未分是否后下手理直。宴红依共殴人过后身死以伤重者坐罪例拟绞监候,秋后处决。宴培实因与自己不相干的事而随从宴红纠众五人以上,且划伤宴满六致命多处,应从重,依照沿江滨海持执鎗棍混行斗殴为首聚众例,杖一百流三千里。其余用他物伤人者比照执持鎗棍混行殴伤人例各杖一百徒三年。未伤人的枷号、笞责。①

从此案判决可以看出,清代针对纠众持械互毙多命案件中参与斗殴的余人,不再区分动手时的曲直,都予以加重处罚。

对于常人斗殴,后下手理直者减等处罚的规定,自唐至清基本没有变化。该条规定旨在保护斗殴犯罪行为中无辜被打的一方,允许无辜被打一方还击,并予以减等处罚。在适用范围上,该条规定仅限于斗殴犯罪中后下手理直者没有致死人命的情况,如果致死人命的,唐宋律强调因殴打而致死人命的要偿命,明清律文没有"因殴打致死人命"这一前提条件,在清代定例中明确,只要斗殴犯罪中,后下手理直之人致死对方的,不分是非曲直一律偿命;另外,该条规定也不适用于聚众持械斗殴案件,根据清代定例,聚众持械斗殴案件参与者均予以加重处罚。

① (清)祝庆祺等编:《刑案汇览三遍》,北京古籍出版社 2000 年版,第 1128 ~ 1130 页。

2. 特殊情形——夺获凶器伤人

《唐律》第306条斗殴杀人及故杀人条中，特别规定了一类特殊情形，即虽然因为争斗，但使用兵器锋口杀人的，与故意杀人相同，都处以斩刑。其注文有：即使被人用兵器锋口逼迫，因此使用兵器锋口抵抗而致杀伤人的，也要依斗殴杀人之罪处绞。其余亲属、良贱身份不同者之间有用兵器逼人，被逼者用兵器抵抗而杀人的情况，包括因用兵器锋口伤人而致死的情况，都照斗杀伤法处绞。① 《宋刑统》的规定与《唐律》相同，②明清律并无此条规定。

从《唐律》的规定来看，虽然因为争斗，但使用兵器锋口杀人的，与故意杀人相同，都处以斩刑。而被人用兵器锋口逼迫，因此使用兵器锋口抵抗而致杀伤人的，依斗殴杀人之罪处绞。虽然都是抵命，但后一种情形也属于减等处罚。因为按照古代刑制，绞刑比斩刑要轻，可以留全尸。另外，根据《唐律》该条疏议中的问答及《唐律》中名例律的规定，犯十恶及故意杀人的，即使遇到大赦，也不能获得赦免。所以，用兵器锋口杀人的，因其情节严重，律文规定，同故意杀人罪法，就是明示即使遇到大赦，也不能获得赦免。但被人用兵器锋口逼迫，因此使用兵器锋口抵抗而杀伤人的，按照斗殴杀人法处置，而非按照故意杀人罪法处置，所以这一用兵器锋口杀人的情形，遇到大赦，是可以获得赦免的。但对于被人用兵器锋口逼迫，因此使用兵器锋口抵抗而伤人，未致死人命的情形，如何处理，该条及疏议并没有提及，参考《唐律》第310条，两相殴伤论如律，后下手理直者减二等之规定，应该是可以获得减等处罚的。③

明清律并没有此条规定，不知原因为何。但清代例文中，专门拟有夺获凶器伤人减等之条，即夺获凶器伤人之犯，照执持凶器伤人军罪上，量减一等，杖一百徒三年。该条系根据嘉庆二十二年刑部议覆山西

① 钱大群：《唐律疏议新注》，南京师范大学出版社2007年版，第667页。

② 《宋刑统》，薛梅卿点校，法律出版社1998年版，第373页。

③ 钱大群：《唐律疏议新注》，南京师范大学出版社2007年版，第667页。

巡抚衡龄题张学三等共殴李梦麟身死一案纂辑为例。[①] 该案基本案情是,张学三等与李梦麟因事忿争互殴,案内从犯张四娃夺获李梦麟铁简,将李梦麟帮殴有伤。张四娃虽系共殴案内之从犯,但因其执持凶器伤人,不能仅照共殴案内之从犯拟以满杖;若直接依照执持凶器伤人本例拟充军刑,又与案情不符。本案,张四娃并未执持凶器帮殴,其凶器夺自李梦麟之手,故刑部判决,将张四娃于凶器伤人军罪上量减一等,拟杖一百徒三年。并纂辑为例通行。[②] 从该判例可以看出,夺获凶器伤人例,适用于斗殴案件中,斗殴多源于琐事争斗,继而动手,事件起因本身并非犯罪行为,而争斗动手时动用凶器,本身已经具有过错,因此在斗殴中,没有凶器一方,针对对方持执的凶器,自有防卫的必要,但因其夺获凶器又用凶器扎伤对方,应属不当,所以,定例只给比照持执凶器伤人减一等的处罚。定例的目的是允许斗殴中,夺获对方凶器,但并不允许因此而用凶器伤人,从而突出重视人命的观念。

如山西彭应成等与胥金沅等互殴一案,双方因挑渠相争,互殴受伤,并没有首从可分,也不能分别谁打伤的谁,法司将其一体按例问拟。其中,彭应成比鸟枪竹铳伤人发云贵两广烟瘴充军,因其系夺获施放,仍照夺获凶器伤人例,量减一等,拟杖一百徒三年。[③] 双方也是因民间纠纷继而互殴,而持执器械参与斗殴一方过错在先,没有持械一方自然可以夺获对方的器械以防卫自身,但因此而伤人,显然属于防卫过当,同上一案例,只能获得减一等处罚。

再如湖北刘见明用锚刀戳伤张正泰一案,双方因事争斗,刘见明从张正学手里夺获锚刀,将张正泰戳伤,对此,应否直接按照持执凶器伤人拟充军之刑。法司认为,刘见明虽然用锚刀戳伤张正泰,但终究与执持凶器有意行凶者有区别,如果直接照凶器伤人律拟军罪,与案情不

---

① (清)薛允升著,胡星桥、邓又天主编,王庆西等编写:《读例存疑点注》,中国人民公安大学出版社 1994 年版,第 621 页。

② (清)祝庆祺等编:《刑案汇览三遍》,北京古籍出版社 2000 年版,第 1347 页。

③ (清)许梿:《刑部比照加减成案续编·卷 15》(山西司道光九年),中国基本古籍库电子版。

符,因此应量减问拟,刘见明比照夺获凶器伤人于军罪上减一等例,杖一百徒三年。① 此案,双方也是因琐事争斗互殴,张正学、张正泰二人共殴刘见明一人,且张正学手持锚刀,显然张正学、张正泰二人持凶器过错在先,针对凶器,刘见明可以夺获以防卫自身。在此,法司对于案情中,刘见明的锚刀夺自张正学,却戳伤张正泰的情节,与夺获凶器伤人例不符,能否按例论处有争议。最终法司认为,虽然刘见明夺获凶器所伤对象并非持执凶器之人,与夺获凶器伤人例所限定的针对持执凶器有意行凶的本人实施防卫不同,但刘见明伤人的锚刀系夺获这一定性无疑,与持执凶器有意行凶者还是有区别,且张正学、张正泰二人均参与斗殴,刘见明针对锚刀的防卫对象可以扩展为两人。因此仍适用夺获凶器伤人例对刘见明减等处罚。从此案例可以看出,夺获凶器伤人例的适用对象是持执凶器有意行凶者本人,但在未持凶器之人与持执凶器者共同行凶时,防卫对象可以扩展为未持凶器行凶者。

在一些因轻微犯罪行为中,清代司法机关也适用了该例。如清代湖南巡抚上报刑部的一起案例,刘辉太听从潘文斗的主意,窃割潘享先地里的麦子,潘享先自掮铁锚追捕,刘辉太夺过铁锚将潘享先打伤。法司认为,此案虽然是刘辉太持凶器伤人,且铁锚为例禁凶器,但刘辉太系从事主手内夺获,并非自持,故判决,刘辉太应依夺获凶器伤人满徒例上加拒捕罪二等,杖一百流二千五百里。② 该案中,刘辉太窃割潘享先地里麦子系属窃盗犯罪,因此事主有追捕的权利,但轻微的窃盗犯罪事不致死,而事主手持例禁凶器追捕,有致对方于死伤的可能性,显然有过错,因此刘辉太可以实施防卫,但其夺获凶器将事主打伤,显属过当,因此法司拟以夺获凶器伤人例减一等,又加拒捕罪二等。贯彻这一案例始终的是人命至重的观念,刘辉太盗窃谷麦,事主竟然手持例禁凶

① (清)许梿:《刑部比照加减成案续编·卷19》(湖广司道光四年),中国基本古籍库电子版。

② (清)许梿:《刑部比照加减成案续编·卷7》(湖广司道光四年),中国基本古籍库电子版。

器追捕,这时律例保护的是刘辉太的生命权,所以允许其夺获凶器;但在刘辉太夺获事主凶器,又将事主打伤时,律例保护的是事主的生命权,所以对刘辉太的拒捕行为要严惩。

在适用上,并非所有夺获凶器伤人者均可获得减等处罚。如直隶秦成与吴罗氏通奸一案夺枪殴伤吴罗氏父亲吴添碌一案,秦成与吴添碌之儿媳吴罗氏通奸,被吴添碌知觉,持鸟枪出捕,秦成夺枪回殴,致伤吴添碌手指,后伤经平复。此案,直隶省巡抚判决,将秦成于凶器伤人发近边充军例上加拒捕罪二等,拟发极边足四千里充军。刑部直隶清吏司改为照夺获凶器伤人量减拟徒例上加拒捕罪,拟流。刑部认为直隶省巡抚的判决并无错误,秦成系犯奸罪人,吴添碌按律属于允许捉奸之有服亲属,秦成夺枪抵抗扎伤吴添碌,与常人之间因事忿争的情形不同,所以不在量减之例,故清吏司的改判于例义不符。① 此案,刑部改判的立意在于,秦成与吴罗氏通奸,吴罗氏之父吴添碌按律属于允许捉奸的有服亲属,按当时律例,按律有权捉奸的亲属捉奸,登时于奸所将奸夫杀死者勿论,非登时、非奸所也可获得减等处罚。而奸罪律属重罪,因此吴添碌手持凶器到奸所抓捕,并无不妥,且从案例记载来看,鸟枪并非例禁凶器,而吴添碌为吴罗氏之父,年纪与秦成相比应属老迈,因此秦成并无防卫的正当性,且秦成从吴添碌手中夺获凶器应该比较容易,更为严重的是秦成夺枪抵抗殴打吴添碌,显然秦成恶意比较大。故此,秦成不能使用夺获凶器伤人例减等处罚。这一案例强调打击奸罪,保护律许捉奸之人的生命。

但此成例并未区分夺获例禁凶器与夺获民间常用的他物金刃。对此薛允升认为,清律只有后下手理直者减等之文,并没有器械伤人减等的规定。既然按例,夺获凶器伤人可以减等,那么夺获他物金刃应该也可以减等,如夺获鸟枪竹铳点放,是否可以减等?按照唐律规定,“以刃及故杀人斩,虽因斗而用兵刃杀者,与故杀同,为人以兵刃逼己,即用兵刃拒而伤杀者,依斗法”。因此凶器伤人减等之例,也合情合理,但

① (清)祝庆祺等编:《刑案汇览三遍》,北京古籍出版社 2000 年版,第 2080 页。

应将凶器与他物金刃加以区别。[①] 但嘉庆二十四年说帖中，刑部针对直隶刘玉焕用防身铁枪扎伤刘中清可否量减请示一案中答复，持执凶器之案，伤人者罪应拟充军罪，未伤人也应科以满杖，因其非民间所应有，因此定例从严处罚，从而区别于民间常用之物。而夺自相争者之手的情况，相争者持凶器参与争斗，证明本身即为斗狠凶徒，有过错在先，其持凶器伤人，对方夺其凶器抵御，故而情有可原，刑罚自然可以量减。所以持凶器伤人，如非夺其相争者之手，无论其本为防身还是为争斗，都应按持执凶器律处罚，如防夜防身的鸟枪竹铳等项杀伤之案仍应按火器杀伤人定拟；而民间常用之菜刀柴斧等项，一经持执以伤人，也应按律论处，不能因为其器为常用即可从宽减罪。[②] 从其答复可以推论，如果用民间常用之器械，持以伤人，对方夺获抵御，应与夺获凶器伤人例一样，获得减等处罚。

对于凶器伤人的防卫，《唐律》的规定与明清律的规定有所不同。《唐律》对于用兵器参与斗殴杀人的从重处罚，即按故意杀人法处斩刑，而非按斗殴杀人法处绞刑，当对方用兵器锋口逼迫，己方因此用兵器锋口抵抗，因此致对方死伤的，可减一等按斗杀法处刑。明清的律文中并没有该条规定，清代例文中规定了夺获凶器伤人的，照持执凶器伤人处充军刑上减一等处罚。与《唐律》相比，只规定了凶器伤人，未规定凶器杀人，按照前文清代定例中，斗殴中后下手理直者致死对方，无论是非曲直一律抵命的规定，夺获凶器杀人的应该不能减等处罚。

从前述规定来看，《唐律》实际上允许持执兵器抵抗，而清代例文规定只要是持执凶器伤人的就处充军之刑，并不区分是否是为了抵抗对方的凶器，只有本来没有持执凶器参与斗殴，仅是夺获对方凶器因此伤人的才可获得减等处罚。与唐律相比，规定较为严格。

---

① （清）薛允升著，胡星桥、邓又天主编，王庆西等编写：《读例存疑点注》，中国人民公安大学出版社 1994 年版，第 621 页。

② （清）祝庆祺：《刑案汇览》，龙韶华点校，法律出版社 2007 年版，第 1911 ~ 1912 页。

从清代的案例来看,夺获凶器伤人减一等处罚仅适用于斗殴犯罪及轻微的窃盗犯罪行为,对于严重的犯罪行为中实施犯罪行为一方并不适用。

3. 不能减等的情形

上述斗殴案件中,后下手理直者减等处罚,仅仅适用于常人之间,即没有服制亲属关系的一般人之间,如果是五服内有尊卑关系的人相犯,则要区分情形。按照《唐律》第310条两相殴伤论如律疏议问答的解释,五服内有尊卑关系者相犯,如果是殴打缌麻服兄姊处杖一百;殴小功、大功服兄姐,分别递加一等;如果是殴打缌麻服以下的卑幼亲属,致其有折齿以上之伤情的,比凡人减一等;犯小功、大功卑幼致折伤的,比凡人递减一等。根据服制他们虽然有尊卑关系,但互相殴打双方都有罪,所以适用后下手理直者减二等的规定,法律上没有疑问。但如果是亲侄子、弟妹,按唐律致其死亡才获罪,重伤及以下无罪,这种情形下,因为按律不属于论处双方罪行的情况,所以也就没有后下手理直者减等适用的余地。所以,只要是尊长殴打卑幼无罪的情况,都不在此条"后下手理直者减二等"的适用范围之内。①

《宋刑统》的规定与《唐律》相同。②

明清律直接在"后下手理直者减二等"文后,增加规定"殴兄姊伯叔者不减"。根据《大明律附例》集解对该条的解释,即兄姊伯叔之外的余亲都得减等。③ 因为根据明清律文的规定,殴祖父母父母及妻妾殴夫律有专条,殴兄姊伯叔者隶属殴期亲尊属,在这三条律文内,尊长殴打卑幼只有致死才有罪,重伤以下的都勿论,与《唐律》规定相同。因此,"后下手理直者减二等"在上述三条律文规定的情形下也不存在适用的余地。除此之外的亲属互殴案件中,可以适用。

如清代道光年间陕西省李良梓殴妻致死案,李良梓因见其母跌倒

---

① 钱大群:《唐律疏议新注》,南京师范大学出版社2007年版,第676页。

② 《宋刑统》(卷21),薛梅卿点校,法律出版社1998年版,第379页。

③ (明)舒化:《大明律附例》,大明律卷20刑律3"斗殴"条,中国基本古籍库电子版。

在地,其妻魏氏在旁,以为魏氏将其母推倒,遂用刀扎伤魏氏。魏氏于辜限外因病身死。查案情,其妻魏氏因其母自行跌倒在地,故下炕搀扶。而李心疑妄扎,致扎伤魏氏。陕西提督将其照平人后下手理直者减等拟杖。刑部认为用律错误,一则后下手理直减等之条专指常人斗殴而言,并不适用于服制内案件;二则其妻魏氏因其母自行跌地遂下炕搀扶,并无不合;三则既然没有争斗,何来理直。所以,李良梓改依夫殴妻至折伤以上减凡人二等律于刃伤人杖八十徒二年上减二等,杖六十徒一年。①

综上所述,后下手理直者减等仅适用于没有服制亲属关系的普通人之间,对于有服制尊卑关系的人斗殴的,如果殴打双方都有罪,仍然可以适用后下手理直者减二等。但按律尊长殴打卑幼无罪的情况,不适用后下手理直者减等的规定,因为后下手理直者减等规定的前提是两方相互斗殴都有罪,而按律尊长殴打卑幼无罪,也就是说尊长对卑幼有教令权,教令的内容包括殴打,在这种情况下被殴打一方只能忍受不能还手,也就没有后下手者理直之说。这里的殴打卑幼无罪的尊长应当包括祖父母、父母,妻妾的丈夫,兄姊伯叔等期亲尊属。这里的殴打卑幼无罪仅限于殴打至重伤及以下的情况,殴打致死的仍然要按律处刑。

(二)祖父母、父母被人殴击时子孙的还击

祖父母、父母被人殴击时,子孙有防卫的权利。这一规定早在汉代就有记载,西汉武帝时,某甲之父某乙与旁人某丙发生言语争执,怒而相互斗殴,丙拔出佩刀刺向乙,乙之子甲见情势紧急,便举杖击丙,却误伤其父乙。此案的争议在于甲是否适用殴打生父之律,董仲舒认为,甲见父被刺情势危急而举杖救护,与律文所谓殴父不同,不应判罪。② 此

① (清)许梿:《刑部比照加减成案续编·卷20》(陕西司道光六年),中国基本古籍库电子版。

② 郭成伟、肖金泉主编:《中华法案大词典》,中国国际广播出版社1992年版,第44页。

案虽然争议点在是否殴父上,但根据争议的情形,甲见父被刺而举杖救护的行为本身并不构成犯罪,言外之意,甲对于父亲被人殴击时有防卫的权利。

1. 对这一情形的详细规定见于《唐律》

《唐律》第 335 条“祖父母为人殴击”规定:“诸祖父母、父母为人所殴击,子孙即殴击之,非折伤者,勿论;折伤者,减凡斗折伤三等;至死者,依常律。”注:“谓子孙元非随从者。”

根据疏议的解释,可以从以下几个方面来理解这一规定:

从防卫的主体条件来看,疏议称祖父母、父母被人所殴击,子孙理合救之。也就是说,祖父母、父母被人殴打,子孙救助是理所当然的。因此,子孙对祖父母、父母的生命健康权有防卫的正当性。从注释“子孙元非随从者”来看,还要求子孙不属于起初就随从父祖与人斗殴的情况。如果是起初就跟父祖一起与外人斗殴,就要依一般凡人斗殴区分首从论处。这一防卫权利的主体仅限于子孙,并不包括部曲、奴婢及其他卑亲属。如果主人被打,部曲、奴婢只能解救,不能实施殴打反击。

从防卫的时间条件来看,唐律要求在殴打行为发生时“当即殴击”,也就是在对方殴打己方祖父母、父母的当时、当场,子孙当即向对方还击殴打,而非在对方殴打行为实施完毕之后,或者殴打行为尚未实施,子孙就殴打对方。

从防卫的对象条件来看,唐律只言及祖父母、父母被人殴打,未说明殴打父祖的人与父祖及自己的亲疏尊卑关系。如果有祖父母、父母之尊长殴打祖父母、父母,因为他们属于依法律殴打无罪的对象,所以子孙只能解救,不能实施殴打,擅自上前殴打的,应当依照斗殴律条区别服制处罚。如果丈夫的祖父母、父母,与妻子的祖父母、父母相互殴打,子孙的妻子也不应当上前殴打丈夫的祖父母、父母,如殴打的,依常法根据服制论罪。

从防卫的限度条件来看,唐律规定了三种处理结果,一是对方虽然有损伤,但没有达到折伤的程度的,无罪;二是达到折伤程度的,比照一般常人之间斗殴折伤罪减三等处罚;三是殴打致使被反击之人死亡的,依常人斗殴致人死亡之律,处绞,如果以金属利器致人死亡的,依故意杀人之律,处斩,即按律论处,不予减免。①

但司法实践中,遇有特殊案件,法司可以奏请皇帝以敕令形式破律,不依律论处。一种是子孙防卫致人死亡,可以获得减等处罚。如唐穆宗长庆二年康买得救父杀人案,因为一个叫张莅的人,欠羽林官骑康宪钱米,康宪向他索要,张莅乘醉殴打康宪,致康宪气息将绝。康宪的儿子康买得,年仅14岁,想救其父亲,但因为张莅身强力大,不敢近前解救,便找到一木锸,猛击张莅头部,张莅三日后死亡。案发后,刑部上奏称,按律,父为人所殴,子为救父还击,因此殴击加害人致死的,依常律处死,不能减等。但此案康买得年幼,能奋身救父,于情于理法司都不忍处死,故奏请宽宥。穆宗因此特敕减死罪一等,于是法司改判康买得流放。② 另一种是父祖被人杀死,子孙报仇可以获得减等处罚。如唐宪宗元和六年,富平人梁悦报杀父之仇后投案自首,皇帝敕旨减死。后唐明宗天成二年,洺州平恩县民高宏超因其父高晖被同乡人王感所杀,高宏超挟刃杀王感,提其首级投案自首,大理寺以故杀论,而刑部认为应贷命,获皇帝准许。③

《宋刑统》的规定与《唐律》相同。④

从唐宋律的规定来看,祖父母、父母被人殴打,有防卫权的人除了祖父母、父母以外,仅限于子孙,其他亲属没有防卫权;并且防卫权行使的前提是祖父母、父母被人殴打,而非主动行凶;行使防卫权的子孙不能是跟随父母一起参与斗殴的人。从处刑上看,子孙行使防卫权没有造成对方重伤的无罪,造成重伤的减等处罚,造成死亡的不减。虽然律文有这样的明文规定,但司法实践中,普遍存在子孙行使防卫权致死对方,经皇帝敕令减等免死处罚的案例。

其实唐宋律的律文仍然坚持了重视人命,预防民间私相杀害的精

---

① 参考钱大群:《唐律疏议新注》,南京师范大学出版社2007年版,第730页。

② 郭成伟、肖金泉主编:《中华法案大词典》,中国国际广播出版社1992年版,第341页。

③ (清)薛允升著,胡星桥、邓又天主编,王庆西等编写:《读例存疑点注》,中国人民公安大学出版社1994年版,第668页。

④ 《宋刑统》,薛梅卿点校,法律出版社1998年版,第405~406页。

神。但司法实践中,子孙为救父致死对方获得免死处罚的案例,甚至是父祖被人杀死,子孙报仇杀死对方都可以获得免死处罚的案例,实际上允许了民间复仇,相比于律文是很大的倒退。

2. 明清律与唐律相比严格了防卫条件,但处罚有所减轻

《大明律》规定:"凡祖父母、父母为人所殴,子孙即时救护而还殴,非折伤,勿论;至折伤以上,减凡斗三等;至死者,依常律。若祖父母、父母为人所杀,而子孙擅杀行凶人者,杖六十。其即时杀死者,勿论。"与唐律相比,将"子孙即殴击之"改为"子孙即时救护而还殴",较唐律在防卫的时间条件上更为明确具体。删除原唐律小注"子孙元非随从者",增加小注"祖父母、父母被有服亲属殴打,止宜解救,不得还殴。若有还殴者,仍依服制科罪"。增加"若祖父母、父母为人所杀,而子孙擅杀行凶人者,杖六十。其即时杀死者,勿论"。① 另据《大明律附例》集解,又明确了此条针对的是子孙不曾从祖父母、父母同谋殴人,只是偶然听闻父祖被殴,前来救护,激切还殴的情况。如果是同谋殴人或误杀在场非下手致命之人,则有常律,不用此条。与《唐律》该条小注立意相同,同时附例中又增加了"其余亲属被人杀,而擅杀行凶人,依罪人本犯应死而擅杀律"的规定。②

清律的规定与明律相同,只是对子孙防卫还击的时间条件作了进一步限制,即对"子孙即时救护而还殴"的"即时"下注明"少迟,即以斗殴论"。"祖父母、父母被人所杀,而子孙即时杀死者,勿论"的"即时"下注明"少迟,即以擅杀论"。另外,其小注内其余亲属被人杀而擅杀行凶人者,审无别项情故,处罚由原来的顺治初年律内集入的"依罪人本犯应死而擅杀律,杖一百"改为乾隆年间新例"分别有服、无服亲属被杀问拟徒流,例载人命篇斗殴及故杀人条"。③

---

① (清)薛允升:《唐明律合编》,怀效锋、李鸣点校,法律出版社1998年版,第622页。

② (明)舒化:《大明律附例》,大明律卷20刑律3"父祖被殴"条,中国基本古籍库电子版。

③ 马建石、杨育棠主编:《大清律例通考校注》,中国政法大学出版社1992年版,第862页。

与《唐律》相比,明清律对父祖被殴的正当防卫,在时间条件上更为严格,强调即时救护而还殴,限定少迟即为防卫时间过限。

在对象条件上作了进一步完善,《唐律》该条疏议仅解释了祖父母、父母之尊长殴打祖父母、父母时,子孙该如何处理,对于其他有服亲属殴打祖父母、父母的并没有明确,明清律予以明确"止宜解救,不得还殴。若有还殴者,仍依服制科罪"。

在限度条件上,清代定例将父祖被人殴打,子孙即时救护还殴,因此而殴死人的情形也归入减等处罚的情形之中。如乾隆五十九年定例"人命案内,如有祖父母、父母及夫被人殴打,实系事在危急,其子孙及妻救护情切,因而殴死人者,于疏内声明,分别减等,援例两请,候旨定夺"。同时该例限定了不得援用的情形"或祖父母、父母先与人寻衅,其子孙及妻踵至助势,共殴毙命,俱仍照各本律科断,不得援引危急救护之例,概拟减等"。[①] 即仅限于父祖无辜被人殴打情形。

对于杀死父母之行凶人,明清律实际赋予子孙无限防卫权。子孙擅杀杀死父母之行凶者,即时杀死勿论,非即时杀死,杖六十,并且还扩展到其余亲属被杀而擅杀行凶人的情况。根据清代咸丰二年定例,对擅杀行凶人的情况又加重了处罚:"祖父母、父母被人所杀,凶犯当时脱逃,未经到官后被死者子孙撞遇杀死者,照擅杀应死罪人律,杖一百,流三千里;凶犯虽经到官抵拟,或于遇赦减等发配后,辄敢潜逃回籍,致被死者子孙擅杀者,杖一百,流三千里;若本犯拟抵后援例减等,问拟军流,遇赦释回者,因国法已伸,不当为仇,如有子孙仍敢复仇杀害者,仍照谋、故杀本律定拟,入于缓决,永远监禁。"[②]

对此,清代薛允升颇有微词,认为罪犯即使应死,死者的子孙也不允许擅杀,唐律并没有这一规定,是不以杀人之权付诸平民,是孟子所谓罪犯只有士师可以杀之之意。明律如此规定,实际因袭元律"诸人

① (清)薛允升著,胡星桥、邓又天主编,王庆西等编写:《读例存疑点注》,中国人民公安大学出版社1994年版,第666页。

② 同上书,第667页。

杀死其父,子殴之死者不坐”的规定。所以,明律增加此条是矫枉过正,是开始常人私相杀害之门,不及唐律公允。① 这些规定,实际在一定程度上允许复仇。

3. 在司法实践中,法司断案着重于危急救护情节的判定及援例断案

案例一:清代同治四年安徽太和县吴迎因救父情切扎伤小功服叔吴幅辅身死一案,吴迎的曾祖小功堂叔吴幅辅向吴迎父亲吴幅印索讨垫项,起衅争殴,骑坐在吴幅印身上,将吴幅印殴打受伤,并用臀部连坐,致使吴幅印磕伤额颅流血,吴幅印连喊伤痛。吴迎见父亲受伤伤重,一时情急,拿起鸟枪威吓,正巧扎伤吴幅辅肚腹致其死亡。按律,祖父母、父母被有服亲属殴打,子孙只能解救,不能还殴,如果还殴的,仍依服制科罪。安徽省巡抚依卑幼殴本宗小功尊属死者斩律,拟斩立决。另据咸丰址一年十月九日的诏令,殴死小功尊属,拟斩,不准援免。但因吴迎情切救父,事在危急,并非无故逞凶者,案情有可以矜悯之处,应该可以照父祖被殴危急救护之例(上述乾隆五十九年定例)减免,因此省抚奏报请将吴迎随案减为充军之刑。刑部认为可以援用父祖被殴危急救护之例,但应改为斩监候,上奏候旨定夺。②

此案认定吴迎正当防卫没有疑义,但因防卫对象为近亲尊长,所以出现了按律断罪还是援引定例的疑难问题。最终刑部上奏,由皇帝来裁断。

案例二:光绪三年安徽亳州客民张萌因救父情急戳伤自己的女婿王和尚身死一案。张萌之父张经凤向王和尚理斥,被王和尚顶撞揪辫捺殴,张萌情急救护,戳伤王和尚肚脐,过一日身死。查王和尚系张萌女婿,服属缌麻。安徽省巡抚认为,张萌应依外姻尊长殴缌麻卑幼致死

① (清)薛允升:《唐明律合编》,怀效锋、李鸣点校,法律出版社 1998 年版,第 622 ~ 623 页。

② (清)潘文舫:《新增刑案汇览》,载《刑案汇览》全编点校本,龙韶华点校,法律出版社 2007 年版,第 232 页。

者绞律，拟绞监候。但张萌因其父被王和尚揪殴，气喘，事在危急，所以才拔刀吓戳，恰巧伤其肚脐殒命，与父祖被殴情急救护例相符，故而上奏申请减等，候旨定夺。①

此案张萌的行为显属防卫过当，但王和尚系张萌女婿，因此王和尚殴打张萌之父，是以卑犯尊，古代重视服制尊卑关系，而本案出现了服制尊卑关系与情理相悖的问题，因此在对张萌是按外姻尊长殴缌麻卑幼致死律拟绞，还是按照父祖被殴危急救护之例减等处罚上，法司申请援例减等，奏报皇帝决断。

案例三：同治八年安徽阜阳县民杨小领减等一案，杨小领无服族侄杨如林，因曾卖地，杨小领不允许，挟嫌报复，故意扒杨小领家路口泄愤，杨小领之母危氏知道出门阻拦，被杨如林揪住衣襟，用拳头殴打，未伤。杨小领外出归来看到喝阻，杨如林不放手。杨小领遂用小刀扎伤杨如林身死。安徽省巡抚认为杨小领应依同姓服尽亲属相殴至死以凡论斗杀者绞律，拟绞监候，但因杨如林将其母揪殴，杨小领情急吓扎，适伤杨如林毙命，属事在危急救护情切，核与父祖被殴情急救护之例相符，因此奏报皇帝减等。刑部奉旨核准，将杨小领减为杖一百、流三千里，同时追埋银二十两给付尸亲以资营葬。②

此案杨如林的揪殴情节并没有致伤杨小领之母，杨小领用小刀扎人的救护情节显属过当。但此案缘起于杨如林挑衅殴打，过错全在杨如林一方，且杨如林为杨小领无服族侄，殴打杨小领之母，即以卑犯尊，中国古代社会注重孝道和长幼尊卑之序，以情理为重，因此如果以同姓服尽亲属相殴致死以凡人斗殴论，则法重情轻，因此还是舍弃律文的规定，而援用定例。

案例四：嘉庆二十四年浙江虞承柱等共殴缌麻服叔虞志钱身死一案，已死的虞志钱是虞承柱的缌麻服叔，虞志钱因自家鸭只走到虞承柱家，虞承柱的母亲陈氏赶逐，虞志钱的妻子毛氏查寻不见，向陈

① (清)潘文舫：《新增刑案汇览》，载《刑案汇览》全编点校本，龙韶华点校，法律出版社2007年版，第237页。

② 同上书，第232~233页。

氏查问争闹,鸭只旋即找回。后陈氏又向虞志钱嗔斥,被虞志钱用锄柄殴伤,经虞承柱之弟虞承开看见赶往救护,用锄柄锄背连打虞志钱六伤,即被虞志钱殴伤倒地。正赶上虞承柱路过遇见,接锄扭夺,致伤虞志钱右胳膊肘,并夺锄划伤虞志钱左右手腕,随后掮锄逃避,虞志钱追赶,陈氏拦阻,又被虞志钱推跌,拾锄欲殴,虞承志听到母亲喊救,转身用锄背殴伤虞志钱右后肋,致其死亡。法司认为,该案末后救护这一情节,照例可以从宽减等,但统观全案,是兄弟二人共殴一缌麻尊属,因此仍应照殴杀缌麻尊属律定罪,于秋审中入于"缓决",较为平允。但最后的断案判语内应说明,虽兄弟二人救母情切,应分别减为充军,但因系兄弟共殴缌麻尊属,服制攸关,故仍应按殴杀缌麻尊属律科罪。①

此案虞承柱与虞承开的防卫行为并没有明显过当,二人接连殴打虞志钱的原因是其并未停止侵害行为。但清代法司认为,服制攸关,且兄弟二人共同殴打一缌麻尊亲属,于援例减免还是依律定夺上,情理重于事理,还是依殴杀缌麻尊属律定罪。

案例五:光绪元年安徽阜阳县民刘椿救父情切砍伤刘恒德一案,刘汉广家羊只践食柳条,经刘椿父亲刘汉福查问争骂,被刘恒德用棍殴打倒地后,又捺住举棍仍想殴打,刘椿情急救护,用刀砍伤刘恒德左手腕,8 日后刘恒德因伤口感染破伤风死亡。查已死刘恒德左手腕一伤,既非致命之处,又非损折重伤。安徽省巡抚认为,刘椿应按斗殴并非致命又非重伤越 5 日因风身死杖一百流三千里例,拟杖一百流三千里。又刘椿因瞥见刘恒德将其父棍殴倒地,又再捺住欲殴,事在危急救护情切,故而砍伤刘恒德左手腕,这一情节与父祖被殴情急救护之例相符,因而奏报皇帝应否按例减为杖一百徒三年。刑部奉旨核准。②

① (清)祝庆祺等编:《刑案汇览三遍》,北京古籍出版社 2000 年版,第 1647 ~ 1648 页。

② (清)潘文舫:《新增刑案汇览》,载《刑案汇览》全编点校本,龙韶华点校,法律出版社 2007 年版,第 235 ~ 236 页。

此案,刘椿见刘恒德将其父用棍子殴打倒地后,又捺住想继续用棍子殴打,已经完全具备了正当防卫的前提条件,且刘椿用刀砍伤刘恒德的部位是左手腕,已经查实,该伤既不是致命之伤,也不是造成手腕功能损失或骨折的重伤,也就是说,刘椿针对死者刘恒德的防御行为,仅止于刘椿捺住其父亲的左手腕,并没有持刀杀人的意图,因此刘椿的抵抗行为没有超过必要限度。但判定案情不能仅局限于打斗行为进行过程中的情节,而应该综合全案情节判断。此案起因于民间纠纷,且刘椿父亲为琐事争骂,有过错在先,案件性质属于斗殴,并非严重危害个人生命财产安全的奸盗凶徒之类的犯罪。按律,奸盗凶徒之外的犯罪,没有按律勿论的规定。斗殴案件中的父祖被殴救护行为,律文有明文规定,致死者依常人殴杀律处罚,后虽有定例,但仍然处刑过重,所以法司援引危急救护之例申请减免。

案例六:嘉庆二十一年安徽赵得寅扎伤杨三位身死一案,赵得寅之父赵帼详被杨三位枪扎右肋倒地,赵得寅赶护,夺枪回扎杨三位右肋,这时杨三位已经是徒手,因杨三位扑殴,赵得寅又用枪扎其肚腹殒命。法司认为,赵得寅见父亲被人扎伤倒地,赶来救护,夺枪回扎这一情节符合父祖被殴,情急救护之例。但其夺枪后,因杨三位扑殴,又扎其肚腹这一情节与情急救护之例不符。但因为其父赵帼详因被杨三位枪扎右肋伤痛难忍,自缢身死,如果再将赵得寅按律抵命,是以二命抵杨三位一命,因此,以情堪矜悯为由将赵得寅比依父祖被殴情急救护之例,声明请旨改为杖流。①

此案赵得寅显属防卫过当,法司的结论也是与情急救护之例不符。本来不能援例减等,但赵得寅之父因被杨三位枪扎伤痛难忍,自缢身亡,按照情理,如果将赵得寅再拟死刑抵命,是以两命抵一命,情理重于事理,因此法司以“情堪矜悯”声请减等处罚。

案例七:嘉庆二十一年江苏何如松救父致伤何万全身死一案,何万全殴打何如松之父,何如松急忙赶去救护,致伤何万全身死,而何如松

① (清)许梿:《刑部比照加减成案·卷21》(安徽司嘉庆二十一年),中国基本古籍库电子版。

之父也于何万全死后,过了一日,因伤身死。法司认为,何如松殴伤何万全时,其父尚未死亡,所以与其父先被人杀其子擅杀行凶罪人律不符。而父祖被殴情急救护之例,又系指父母未被殴死的情况,与本案情节也有不符。最终法司将何如松照父祖被殴情急救护因而致死声请减流例上再减一等拟以满徒。①

此案与上一案例的相同之处是,致死两命,所不同的是,此案何如松之父因被殴打,在何万全死后,过了一日,因伤身死,并非前一案件的自杀。此案与父祖被殴情急救护之例的不符之处,不在情急救护一处,而在父祖被殴之处,因此也出现了适用律例的难题。法司申请于申请减流定例上再减一等,背后隐含的逻辑是,既然父祖被殴未被致死,子孙紧急救护都可以减等处罚,而此案,父祖被殴打致死,当然可以于定例减等处罚上再减一等处罚。

对于上述案件,清代法司强调,对于父祖被殴情急救护杀人之定例,必须是事在危急且又情切救护两种情形同时存在,才可以照斗杀律减一等,如果仅是情切而情势并非危急的,仍旧科斗杀律。因为服制攸关,救亲杀人所杀对象不同,处刑也有不同,如果所杀是没有服制亲属关系的普通人,应减为满流,如果所杀系本宗缌麻尊长、外姻功缌尊长,减为边远充军,如果所杀为本宗期功尊长,夹签减为斩候。所以同样是救亲行为,罪有不同,情节也有轻有重,同样的事在危急,所获得减轻处罚的情形也不同。所以办理此类案件重在救亲及危急等字,事在危急四字应统观全案情节,不应专就末后致死一伤而论;救亲并非是指待父母被殴打,子才得以救护,如果听到父母呼救,子即赶往救护,也是在救亲情节之内的。②

① (清)许梿:《刑部比照加减成案·卷21》(江苏司嘉庆二十一年),中国基本古籍库电子版。

② (清)祝庆祺等编:《刑案汇览三遍》,北京古籍出版社2000年版,第1647~1648页。

三、对特定犯罪行为的防卫——罪人拒捕

除了前述针对斗殴等一般不法侵害行为的正当防卫外，中国古代也有针对几类特定的严重暴力犯罪的特殊防卫，即奸、盗、凶徒类犯罪，被害人及一定范围内的亲属、邻佑等旁人，都可以实施防卫，因此将犯罪人致死的，无罪。但与前述斗殴等不法侵害行为的防卫所不同的是，针对上述特定犯罪的防卫，律文规定的是允许被侵害人及特定的他人先将实施犯罪之人抓捕送官，如果实施犯罪之人持武器反抗，在与其格斗过程中，致实施犯罪之人死亡的，无罪。从律文规定的精神来看，针对暴力犯罪的特殊防卫，并非允许被侵害人或他人直接与其对打置对方于死地，而是先要求将犯罪人抓捕送官审理治罪。如果犯罪人持械反抗，才有格杀勿论之条。如此规定，一方面强调定罪之权在官府，私人无私自行刑的权力；另一方面强调人命至重，通过"捕系""持械反抗"等字眼旨在禁止民间私相杀害，防止有冤屈发生，即使是对于实施严重暴力犯罪之人，私人也不能直接对打将其致死。

（一）律文的规定

1. 唐宋律的规定

《唐律》第453条规定："诸被人殴击折伤以上，若盗及强奸，虽旁人皆得捕系，以送官司。若余犯，不言请辄捕系者，笞三十；杀伤人者，以故杀伤论；本犯应死而杀者，加役流。"小注："捕格法，准上条。即奸同籍内，虽和，听从捕格法。"

这条律文包含了四层意思，第一层意思是对于将人殴打到折伤以上的行凶人，包括折齿、折指以上之伤，犯盗罪的人、实施强奸的人，被打伤、被盗、被强奸的被害人及其家人、亲属，都可以捕捉送官，如何捕捉依捕格法处置；第二层意思是，除了被打伤、被盗、被强奸的被害人及其家人、亲属外的旁人也应当将行凶人捕捉送官，如何捕捉依捕格法处

置;第三层意思是,根据小注,如果是奸淫同户籍内的人,无论是强奸,还是通奸,都允许依捕格法处置;第四层意思是,除了上述三类犯罪以前的犯罪,旁人不得擅自捕捉,若擅自捕捉依律论处。

捕格法即《唐律》第 452 条的规定,捕捉人杀伤被捕捉人的,有五种处置情形:一是无罪。捕捉实施犯罪的人,实施犯罪的人持器械抵抗的,捕捉人可以予以击杀;如果是持器械或空手逃走的,也可以追逐杀死,追捕的人无罪。二是徒二年。如果罪犯空手抵抗而将其杀死的,徒二年。三是依斗杀伤法处置,拟绞。如果罪犯已经被拘执以及不作抵抗而被杀死的,或被伤至折伤以上的,按斗杀伤论处。四是依故杀伤法处斩。如果罪犯已经被拘执以及不作抵抗,而追捕之人使用金属利器将其杀死的,依故杀伤法处置。五是处加役流。如果实施犯罪的人,本来就犯的死罪,已经被拘执或者未作抵抗被捕捉人杀死的,捕捉人处加役流。①

按照《唐律》的规定,捕格法规定的抓捕情形分两种,一种是针对正在实施犯罪的人进行抓捕,另一种是针对实施犯罪的人逃走之时的抓捕。与现代刑法上的正当防卫理论已经很接近,都是针对正在进行的不法侵害进行的抵抗行为。《唐律》规定的殴打、盗罪、强奸三种类型的犯罪行为,都是针对人的生命、身体、财产进行的不法侵害行为,对这三类犯罪行为,被害人本人、其家人亲属、旁人都可以捕捉送官,即允许对自己或他人的生命、身体、财产安全进行防卫。与现代正当防卫理论不同的是,《唐律》所允许的防卫行为限于捕捉送官,如果罪犯持械抵抗,则允许与其格斗,因此而杀伤罪犯的,无罪。并且《唐律》详细规定了正当防卫及防卫过当的五种情形,及其相应的处罚,即上述《唐律》第 452 条捕格法中所规定的,捕捉人杀死被捕捉人的五种处置情形。

《宋刑统》的规定与《唐律》相同。②

---

① 参见钱大群:《唐律疏议新注》,南京师范大学出版社 2007 年版,第 924 ~ 926 页。

② 《宋刑统》,薛梅卿点校,法律出版社 1998 年版,第 511 ~ 512 页。

2. 明清律的规定

(1)针对盗罪的防卫。

明律并没有《唐律》该条规定,但在强盗条中规定了事主依罪人拒捕律科罪的情形。《大明律》刑律强盗条有"其窃盗事主知觉弃财逃走,事主追逐因而拒捕者,自依罪人拒捕律科罪"的规定。[①] 如明代郭礼因视田殴死盗禾军人一案,有司判以杀死军人律抵罪。时任刑科给事中张益认为,律有明条,罪人拒捕,主者格杀勿论,郭礼为田主,盗禾者为犯罪人,以田主殴死罪人法当免坐,若抵命于律有悖,因此将此案上奏皇帝,皇帝特令宽宥。[②] 从律文和案例来看,对于盗罪,事主行使防卫权的限定条件比较宽泛。《大明令》又增加规定:"凡窃盗已离盗所,事主追逐临时拒捕,被事主杀死者,须验事主本身,有伤依律勿论,若无所伤,有司体勘,其贼是否謦迹为盗之人,与事主有无讐嫌,明白归断。"[③]实际上又增加了事主行使防卫权的限制条件,即事主杀死拒捕窃盗罪犯,如果事主也同时受伤的,可以依罪人拒捕律勿论;如果事主并没有受伤,则要求法司详细审查案情,避免民间因私仇杀害无辜。

《大明律》罪人拒捕条规定:"若罪人持杖拒捕,其捕者格杀之,及囚逃走,捕者逐而杀之,若因窘迫而自杀者,皆勿论。若已就拘执及不拒捕而杀,或折伤者,各以斗殴伤论。罪人本犯应死而擅杀者,杖一百。"[④]与《唐律》相比,删去了罪犯空手拒悍被杀及用刀刃将罪犯杀死的情形,对于罪人本犯应死而擅杀的情形,《唐律》规定处仅次于死刑的加役流,而明律仅处杖一百。

《大清律》则在罪人拒捕条中专设一条例,规定"贼犯持杖拒捕,为

① (清)薛允升:《唐明律合编》,怀效锋、李鸣点校,法律出版社 1998 年版,第 531 页。

② (明)过庭训:《本朝分省人物考·卷7》(张益),中国基本古籍库电子版。

③ (明)舒化:《大明律附例》,大明律卷 18 刑律一"强盗"条,中国基本古籍库电子版。

④ (清)薛允升:《唐明律合编》,怀效锋、李鸣点校,法律出版社 1998 年版,第 754 页。

捕者格杀不问,事主邻佑俱照律勿论。如有携赃逃遁,邻佑人等直前追捕,仓猝殴毙,或贼势强横,不能力擒送官,以致殴打戕命者,照事主殴打至死,减斗杀罪二等例,杖一百,徒三年。若业已拿获,辄复叠殴或捕人多于贼犯,倚众共殴,及恃强逞凶殴毙者,仍照罪人不拒捕而擅杀律拟绞监候,共殴之余人,仍照律杖一百"。[①] 从该条规定来看,事主邻佑对于贼犯皆可以抓捕,如果罪犯拒捕的,都可以与其格斗。但仅限于盗、贼,并未扩展至其他侵犯人身权利的犯罪。

(2)针对奸罪的防卫。

一是针对妇女的律例。明清律专设针对抓捕奸罪犯罪人的条文——杀死奸夫条。该条因应元律,元律特设杀死奸夫条:"诸妻妾与人奸,夫于奸所杀其奸夫及其妻妾,及为人妻杀其强奸之夫,并不坐。若于奸所杀其奸夫而妻妾获免,其杀妻妾而奸夫获免者,杖一百七。"[②]《大明律》规定:"凡妻妾与人通奸,而于奸所亲获奸夫奸妇登时杀死者,勿论。若止杀死奸夫者,奸妇依律断罪,从夫嫁卖。其妻妾因奸同谋杀死亲夫者,凌迟处死,奸夫处斩。若奸夫自杀其夫者,奸妇虽不知情,绞。"清律承袭明律。对于该条世人多有诟病,薛允升认为,《唐律》并没有该条规定,妻犯奸淫,自有休妻之法,而不休弃直接将妻杀死,如何能够免罪。这一律文的实行,使得"杀奸之例日益增多,甚至尊卑相犯,骨肉残杀,有弟杀兄、侄杀叔者,又有杀及伯叔母、胞姑、胞姊者,皆纷纷纂入例内,而轻重亦不得其平,刑章安得不烦耶"。[③] 沈家本批评"自此例行,而世死于非命者,不知凡几,其冤死者,亦比比也"。[④] 所以该条实际上允许民间私相杀戮,不仅没有起到维持社会秩序的作用,反

---

① 马建石、杨育棠主编:《大清律例通考校注》,中国政法大学出版社 1992 年版,第 997 页。

② (清)沈家本:《历代刑法考(附寄簃文存)》,郑经元、骈宇骞点校,中华书局 1985 年版(2006 年重印),第 2084 页。

③ (清)薛允升:《唐明律合编》,怀效锋、李鸣点校,法律出版社 1998 年版,第 475 页。

④ (清)沈家本:《历代刑法考(附寄簃文存)》,郑经元、骈宇骞点校,中华书局 1985 年版(2006 年重印),第 2086 页。

而严重影响社会稳定。

清代在杀死奸夫条中又纂入妇女拒奸杀人的两条定例，即乾隆四十八年定例和嘉庆十四年定例。根据定例，女子拒奸杀人的处置有五种情形：

第一种情形是，如果经审理证据确凿，又是被奸之时"登时"致死的，无论所杀的是强奸犯罪人，还是调奸犯罪人，杀人者均无罪。

第二种情形是，如果经审理查明，存在将实施奸罪之人捆缚之后又连续殴打，或者将实施奸罪之人按倒之后，又反复殴打，致其死亡等情形，并非被奸之时"登时"致死的，所杀的是调奸罪人的，照擅杀罪人律减一等，杖一百徒三年。照律收赎。

第三种情形是，如果是通奸的妇女，后来悔过拒绝继续通奸，证据确凿。后又被原来通奸的奸夫逼奸，将奸夫杀死的，照擅杀罪人律减一等，杖一百流三千里。

第四种情形是，女子因贪图钱财与人通奸，后因奸夫无力资助，因此拒绝继续通奸，既而拒殴致奸夫死伤的，或者先经与该奸夫通奸，后又与其他人通奸情密，因而拒绝继续与该奸夫通奸，导致拒殴致该奸夫死伤的，各依谋杀、故杀、斗殴杀本律定罪，不适用本定例。

第五种情形，清末修订大清现行刑律时，将上述两条定例合为一条，并增加规定，妇女拒奸杀人的，并非"登时"将实施奸淫之人致死的，如果所杀系强奸之人，照非"登时"杀调奸罪人的刑罚再减一等处罚。同时废止上述肉刑的处罚。①

上述定例，一方面赋予妇女对强奸犯罪行为的正当防卫之权，另一方面又对通奸后的拒奸行为实施正当防卫予以一定的限制。

二是针对男子的定例。清代对于男子拒奸杀人也专门制定有条例。根据乾隆四十二年定例和乾隆六十年定例，嘉庆六年修并为一条，道光四年又予以增改的定例规定，男子拒奸杀人区分四种情形处理：

---

① 参见(清)沈家本:《大清现行新刑律》，大清现行刑律案语人命"杀死奸夫"条，中国基本古籍库电子版。

第一种情形是,如果死者年长凶犯 10 岁以上,又当场取得口供、证据确凿,且死者生前供述足以凭据或者有尸亲供认可以作为凭据的,这三项条件都满足的,即使拒奸杀人的凶犯,属谋杀、故杀、斗杀,但年纪在 15 岁以下,且杀人是"登时"而杀的,无罪;不是"登时"而杀的,杖一百,照律收赎。如果年纪在 16 岁以上,"登时"杀死的,杖一百徒三年;非登时杀死的,杖一百流三千里。

第二种情形是,如果被杀之人,虽然没有生前供述,但年长凶犯 10 岁以上,确系拒奸起衅,并没有其他原因,或者年长凶犯虽没有超过 10 岁,但拒奸口供、证据确凿,并且死者生前供述足以凭据或者尸亲供认强奸,如果这三项条件中,具备其中一项条件的,杀人者年纪在 15 岁以下的,"登时"杀死者,杖一百徒三年;非"登时"杀死者,杖一百流三千里,都依律收赎。如果仅具备上述条件中的一项条件,杀人者年纪在 16 岁以上的,无论是否"登时",均照擅杀罪人律拟绞监候。

第三种情形是,如果死者与杀人者年岁相当或者仅大三五岁,经审理是因其他原因致死人命,捏造拒奸口供狡辩的,则仍依谋故斗杀本来定拟,在秋审时是依据"情实"立即处决,还是入于"缓决",都照谋、故杀律照常办理。如果杀人者供述拒奸,并无证据、证人,也无死者生前供述,经审理又没有其他起衅致死的情由,仍按谋、故、斗杀本律定拟,但秋审时都入于"缓决",不能立即处决。

第四种情形是,如果杀人者先被鸡奸,后经悔过拒奸,确有证据,又被逼奸而将强奸之人杀死的,无论谋、故、斗杀,也不问死者与杀人者的年龄差距,都照擅杀罪人律拟绞监候。如果不是因为逼奸,而是因为其他原因将人杀死的,仍然依照谋、故、斗杀各本律定拟罪罚。①

从上述定例来看,男子拒奸杀人的,是否无罪,清代限定了严格的条件。15 岁以下的,具备证据条件的,按例无罪。而 16 岁以上的,没有无罪的情形,但可以获得减等处罚。

---

① (清)薛允升著,胡星桥、邓又天主编,王庆西等编写:《读例存疑点注》,中国人民公安大学出版社 1994 年版,第 566 页。

值得注意的是,上述拒奸杀人案件,拒奸的对象均为男子。

(二)案　例

1. 正当防卫的判定

案例一:清代乾隆年间浙江仙居县民朱永英戳伤应锡袍身死一案,朱永英与应锡袍素无嫌怨,应锡袍曾祖父应岵瞻曾将一处田地卖于朱永英之祖父,卖契上载可以赎回。后经应岵瞻之子应省友同应锡袍之父应恭井并应培度等屡次找贴,且在卖契上载明永不找赎,后应锡袍与应培浩想赎田,经保长等证实,该田属绝业,不得取赎。次年麦熟时,应锡袍知不能找赎,约同应培浩等前往该田强割朱永英田麦,朱永英拦阻,应锡袍等强行将田里割下的麦子挑走,朱永英上前追捕,应锡袍即用挑麦木棍打伤朱永英头顶顶心偏左。朱永贵见弟被殴,即拾起地上石块掷伤应锡袍右眉丛。朱永英拾取所带防虎枪抵挡格斗,应锡袍侧身闪避,以致戳伤应锡袍左后肋二处坐地。应培大前往拦劝,朱永英将枪掠伤应培大左肩甲右手腕,与此同时两家其他争斗之人各有损伤,见应锡袍坐地,随即将其扶至朱永英家,伤重逾时殒命。屡审供认不讳,并无雠故别情。

浙江省巡抚认为,按例,强割田禾,依抢夺罪科断。而按律,公然夺取、偷偷窃取,都为盗,盗田野谷麦,又拒捕的,依罪人拒捕论。按罪人拒捕律,罪人持杖拒捕,其捕者格杀之勿论,不拒捕而擅杀者依斗杀论。此案,应锡袍以强赎不遂,纠众抢夺,又持杖拒捕,显然属于有罪之人。朱永英为事主,也属于应捕之人。但此案最终起因于找赎不遂起衅,与无端强割的情形有所不同。朱永英不告官追究,擅自追捕抵抗格斗,用枪戳伤致死应锡袍,所以直接照律勿论于情略有不符。按律,律令该载不尽事理,若断罪无正条者,引律比附,应加应减,定拟罪名议定奏闻。因此,拟定朱永英依罪人不拒捕而擅杀者以斗杀论绞律减一等,杖一百流三千里,请旨定夺。

刑部认为,律条"律令该载不尽事理,若断罪无正条者,引律比附,应加应减,定拟罪名议定奏闻"的规定,仅适用于律文确无正条,而案情确系疑似的情形。该案应锡袍以强赎不遂纠众抢夺,又持杖拒捕,本属有罪,朱永英也属于应捕之人,完全符合罪人拒捕律“有罪之人”“持杖拒捕”的情节。而浙江省巡抚既认为朱永英为应捕之人,因抵抗应锡袍的抢夺行为而致死应锡袍,却又认为不适用照律勿论之处罚;既认为应锡袍为有罪之人持杖拒捕,又按照罪人不拒捕之条处断,与律意不符。因此驳回浙江省巡抚的判决,令其继续察明案情,按律妥拟罪名上报。

最终朱永英按罪人持杖拒捕其捕者格杀勿论律,判定朱永英无罪。①

此案,应锡袍强抢朱永英田麦,朱永英上前追捕,被应锡袍持棍打伤头顶顶心偏左额角,遂用枪抵抗,应锡袍侧身闪避,因此戳伤应锡袍左后肋两处,应锡袍因此坐到地上,朱永英即停止侵害,完全符合针对正在进行的不法侵害进行防卫的时间条件,且在对方坐到地上之后,即停止侵害,并无超过必要限度。因此符合正当防卫的要求,只是清代按照罪人拒捕律判处无罪的。

案例二:清代乾隆年间,因云南普洱系通关要塞,普洱通衢要隘,防汛官兵有盘诘逃兵之责。乾隆三十四年三月二日,普洱镇标革兵王定国,路经通关,该汛兵刘国才认出王定国是本营兵丁,查问来历,称系革伍,想去元江。刘国才因其并无行李路照,疑其逃走,当即回明汛弁李朝俊,于三月三日差兵马俊押送王定国回营查对虚实。二人行至大沙滩地方,王定国坐到地上不走,想让马俊将其放走。马俊不同意,并催促其继续前行。王定国气愤,遂拾起石头向马俊殴打,马俊闪避,拾柴木与其格斗,正巧伤到王定国左耳窍及耳根,侧身倒地,磕伤右额角,逾时殒命。

云南省巡抚将马俊依斗杀律,拟绞监候。

刑部认为,通关要塞,守卫官兵对通关人员有盘问的职责。王定国本为革兵,前来通关,但没有行李路照,其是革兵,还是逃兵,必须查问

① (清)金士潮等纂:《驳案汇编》,何勤华等点校,法律出版社2009年版,第549~551页。

明白，才能定断。马俊奉差押送之时，情节尚未明确，因此就属于要犯，又不服押解，拿石头殴打依令押解的马俊，马俊拾柴木格斗，致其死亡。如果案情属实，则应依罪人拒捕格杀律。而云南省巡抚的判决中称，王定国坐到地上不起身，想让马俊将其放走，这一情节与案卷供词有出入，案卷中马俊供称，王定国想从小路仍回元江，并未力求马俊纵放。且王定国拿起石头殴打马俊，也是马俊一面之词。因此，怀疑尚有其他案情忿争，当事人有虚假供述的可能。因而驳回云南省巡抚判决，令其重新审理。

最终，云南省巡抚亲自审讯查明，马俊坚持供称，与王定国素无仇隙，押解的时候，王定国虽然没有力求纵放，但想走小路回元江，也就是要求放纵的意思，因自己不同意，王定国就用石头向其殴打，马俊怕其逃走，就拾起柴木与其格斗，正巧致伤倒地，磕伤额角而死。马俊的行为符合格杀拒捕罪人律，因此，改依罪人拒捕其捕者格杀之照律勿论。①

此案的关键情节是王定国是否犯罪之人。在马俊押解其回营的途中，王定国是否逃兵尚未定论，因此并非犯罪之人。但如果王定国不服押解，要求马俊将其纵放，即属于逃兵，也就是犯罪人。因马俊不同意将其纵放，就拿石头殴打马俊，这一情节已经具备了罪人持杖拒捕的行为要件，因此马俊可以实施防卫行为，与王定国进行格斗，因此而格杀的，无罪。所以，对马俊供词中的“不服押解，力求纵放”行为，要详细审问清楚。

案例三：乾隆年间，广东恩平县吴亚满、吴达国等致伤吴贵健、吴华奉身死一案。吴亚满等与吴贵健等同姓异宗，吴达才、吴达能、吴达辅、吴达国、吴亚满系同胞兄弟五人，父亲吴元仁。乾隆三十二年，吴达才开垦漫头坑官家荒地九十亩，经监生吴大彰批准耕种，与吴贵健、吴华奉等承耕的田地毗连。吴贵健等误将吴达才田界内一小块田地插种秧苗。乾陵三十三年二月二十六日，吴亚满到田里劳作，看到其越界秧苗，就将秧苗锄毁。吴贵健来巡视田苗，正好遇到，上前

① （清）金士潮：《驳案新编·卷30》（云南司），中国基本古籍库电子版。

阻拦,导致争闹。吴贵健回家后告诉吴华奉等,一同到吴元仁家理论。正巧吴亚满回家告诉父亲,吴元仁也正想找吴贵健理论,刚出门,看见吴贵健等迎面而来,手持刀棍,气势汹汹,就赶忙同吴亚满进屋闭门躲避。吴贵健等在外叫骂,吴元仁也在屋内回骂,吴贵健因其不出门,就取火将吴元仁厨房草屋焚烧。吴华奉等见屋子起火,赶忙上前扑救。吴亚满从门缝看见起火遂叫喊,当即同吴达辅、吴达国各自携带钯刀出来抵抗。吴亚满持刀赶上戳伤吴贵健左肋,吴贵健往后一退,吴亚满戳伤吴贵健左胁,吴贵健仰面跌入火内死亡。吴华奉持刀赶救,砍伤吴亚满头顶顶心偏左,吴达国从旁救护,用刀砍伤吴华奉头顶顶心偏左连右额角,吴华奉遂跌入火内,旋即被救出,背回家后,过了一日死亡。

广东省巡抚认为,吴贵健因争闹起衅,故意放火焚烧吴元仁房屋,虽未伤人,按例罪应斩监候,因此属于犯死罪的犯罪人。吴亚满刀戳吴贵健致其跌入火内死亡,为擅杀应死罪人,按律应拟杖刑。但吴华奉并未下手放火,吴达国擅自用刀将其砍伤,致其死亡,应依斗杀律拟绞。

刑部认为,吴贵健等越界种他人秧田,本来就属于理曲一方,在越界秧苗被吴亚满锄毁后,吴贵健就纠同吴华奉等持执刀棍同往吴亚满家理论,见吴亚满畏势闭门不出,就放火焚烧其房屋。已经属于犯死罪之人,吴亚满用刀将其致死,应依擅杀应死罪人律拟杖。而吴贵健放火之时,吴华奉等都在场亲眼所见,却不加以阻止,当吴亚满势迫情急,拿刀出来阻拦,戳伤吴贵健致使跌入火内死亡之时,吴华奉随即上前帮护,用刀砍伤吴亚满头顶顶心。这两种行为就足以证明吴华奉也属于帮助放火行凶的犯罪人,因此,对于吴达国救弟心切将吴华奉砍伤跌人火内,随即救出,越日殒命的行为,照斗杀律问拟,并不妥当。因此驳回其判决。

最终判决,吴亚满依擅杀应死罪人律,处杖一百。吴达国见吴华奉持刀拒捕,刀伤其弟而赶往救护,将吴华奉致死,应依罪人拒捕,其捕者格杀勿论律,无罪。①

① (清)金士潮:《驳案新编·卷30》(广东司),中国基本古籍库电子版。

此案法司判定的关键情节也是吴华奉是否属于犯罪之人。从案情分析,吴华奉见吴贵健放火而不阻止,在吴亚满出来抵抗阻止吴贵健放火之时,又持刀帮护吴贵健,砍伤吴亚满,应属有罪之人。但这里存在一个疑问:同是对犯罪行为的实施进行的防卫抵抗,同样是持刀砍伤致人死亡,为何吴亚满只能依擅杀应捕罪人律处杖,而吴达国却依罪人持杖拒捕而捕者格杀勿论律无罪呢?察看案情,吴亚满致伤吴贵健两处伤痕,吴亚满先用刀砍伤吴贵健左肋,吴贵健往后退闪,吴亚满又砍伤吴贵健左胁,致使吴贵健跌入火内死亡。从这一情节来看,吴贵健并没有抵抗,更没有持执器械抵抗,所以吴亚满的防卫行为不符合罪人持杖拒捕律的规定。而吴达国砍伤吴华奉,是因为吴华奉持刀帮护吴贵健,砍伤吴亚满,符合罪人持杖拒捕律的规定。

2. 防卫过当

案例一:清道光十一年,陕西杜永幅杀死陈吉太一案,因陈吉太约同盖九宽一起,将杜永幅的邻居王悦青之妻杨氏摁倒强奸,杨氏喊救,陈吉太用刀砍扎杨氏偏右臂膊等处。杜永幅听到喊救声,偕同邻居王万仓等赶到现场抓捕。陈吉太用库刀抵抗,杜永幅顺手拿了一柴棍与其格斗,致伤陈吉太右臂膊,将其推跌倒地,又伤到其脊梁骨,同时夺获库刀,用刀背殴伤陈吉太右胳膊肘等处,致使陈吉太死亡。陕西省提督将杜永幅依罪人拒捕,其捕者格杀勿论律,拟以勿论。刑部认为,杜永幅等仅是杨氏邻居,并没有捕捉的职责,不能与负有逮捕犯罪人的官司差人相提并论,其将陈吉太殴跌倒地,又再行殴打致死,也与格杀情节迥别,因此不能适用罪人拒捕其捕者格杀勿论之条。因其听到杨氏喊救而前往追捕,应照非应许捉奸之人为本妇纠往杀死强奸罪人之例,照擅杀律拟绞。因此驳回陕西省提督的判决,最终将杜永幅照擅杀罪人律拟绞监候。①

清代没有针对强奸罪行,旁人、邻佑可以捕捉的规定,按照清律,奸罪只有近亲属可以捕捉。因此,此案中的杜永幅并不属于应许捉奸的

① (清)许梿:《刑部比照加减成案续编·卷13》(陕西司道光十一年),中国基本古籍库电子版。

人。除了清律的规定,仅就殴打本身而言,杜永幅将陈吉太殴打推倒在地以后,又继续实施殴打,也超出了正当防卫的限度要件,因为这时,陈吉太已经倒地停止侵害,杜永幅的继续殴打行为实属杀人行为。清代法司以该情节认定杜永幅不符合罪人持杖拒捕格杀勿论之格杀情节,按擅杀律拟绞监候,与现代正当防卫理论有异曲同工之处。

案例二:清代乾隆年间,江苏沭阳县民王起山因郭从义逞强图奸其妻夏氏,将郭从义殴伤身死一案。王起山与郭从义都是以乞讨为生。乾隆二十九年十一月的一天,王起山携妻夏氏与潘永、王四一同求乞,途中遇到郭从义结伴同行。二十日到一个叫吴家庄的地方,见有空车屋两间可以栖身。因王起山与潘永各有妻室,所以两家同住一间,郭从义与王四另住一间。二十一日,王起山之妻夏氏独自出门乞讨,途中遇到郭从义拦截调戏意图奸淫,夏氏喊骂,郭从义逃跑。夏氏回来告诉王起山,王起山想找郭从义理论,被潘永、王四劝止。当日傍晚黄昏时候,郭从义醉酒,又萌生淫念,闯进王起山车屋,声言要与夏氏同睡。王起山拦阻,郭从义恃酒混闹,捏造谎言污蔑夏氏已经被奸过,王起山气愤不甘,举手恐吓,意图吓退郭从义。郭从义恃强迎打,王起山用拳回殴,打伤郭从义心坎,随即被潘永等劝散,郭从义遂回自己屋里睡卧。至二十三日因伤殒命。

江苏省巡抚认为,郭从义图奸夏氏属于有罪之人,王起山为其丈夫,按律属于应许捉奸之人。且郭从义有逞凶拒捕,经驱赶抵御仍不退走的情节,其伤亡属于登时殴伤越日身死。如果按罪人不拒捕而杀拟以绞抵,处罚未免过重,如果依罪人拒捕格杀勿论,处罚又过轻。因此拟定,王起山比照贼势强横不能力擒送官殴打致死减斗杀罪二等例,杖一百徒三年。

刑部认为,按律,罪人不拒捕而擅杀的以斗杀论,罪人持杖拒捕捕者格杀之勿论。判定如何适用拒捕与不拒捕律的核心在于,郭从义迎打王起山,所打之处是否有伤痕,郭从义是否持杖抵抗拒捕,如果既未持杖又未打有伤痕,则不能认定为拒捕,不能仅依郭从义逞凶迎打这一情节来判定。并且,王起山与郭从义为一起乞讨的同伴,并非突然到来的盗贼,而郭从义一时醉酒闹事也与强横不能力擒送官的强盗不同,因此认定，江苏省巡抚的判决有误，驳回令其再审。

最终江苏省巡抚查明，郭从义并未持执器械，只是用拳殴打，王起山闪过，并没有受伤。但王起山用拳回殴，直奔郭从义心坎，将其殴毙，属于擅杀。因此判定，王起山改依罪人不拒捕而擅杀律拟绞监候。①

此案，法司判案的关注点是，殴打致伤情况及是否持执器械，而是否拒捕要统观全案分析，不能仅就争斗开始之时的情形而论。本案，综观案情，起因于民间纠纷，并非抵抗盗贼，郭从义既未持杖，又未用拳殴伤王起山，而王起山将其拳殴致毙，显属防卫过当。

案例三：明代陕西王福广杀死拒捕罪人一案，成化五年四月七日夜里，王广福到官府报案，称被贼人打破头，随即将贼人拿住在家等语，总甲杜文弼随即跟随王福广到其家，看见一男子被押，身上有伤，就将王福广并男子一人捉拿到案。当夜三更该男子因伤身死。后审理出的案情是，已死男子名郭小厮，到王福广家挖墙进入，偷谷三斗，王福广追赶，郭小厮背谷逃走，见王福广追赶，遂拿砖拒捕，将王福广额头打破，因王福广尽力追赶，郭小厮脱走不及，被王福广用棍打伤倒地，遂连赃捉拿到官。当夜三更时分郭小厮因伤身死。刑部陕西清吏司判决，王福广依罪人拒捕其捕者格杀之律，勿论。大理寺认为，此案审理案情与王福广报案时的陈述不一，总甲杜文弼捉拿之时并未提及连赃捉获，只称见一男子有伤，将其捉拿到官，未提及偷谷拒捕情节。直到检验尸伤时，王福广才供郭小厮挖墙偷谷、拿砖拒捕，有编造口供掩饰罪行的嫌疑。从证据上看，说郭小厮挖墙，却没找到挖墙器械，说郭小厮偷谷，却没有将赃物一齐到案。从案情来看，既然背谷奔走，就要两手并用，又怎么能拿砖拒捕。案情不明，因此将案件驳回重新审理。②

此案判断是否应依照罪人拒捕其捕者格杀勿论之律的关键，是认定郭小厮偷窃罪行的证据，以及拿砖拒捕的情节。

---

① （清）金士潮等纂：《驳案汇编》，何勤华等点校，法律出版社2009年版，第562～563页。

② （明）王槩：《王恭毅公驳稿》，王恭毅公驳稿下"罪人拒捕"条，中国基本古籍库电子版。

3. 对强奸行为防卫的特殊性

案例一：乾隆年间直隶南和县张魏氏拒奸殴伤魏贤生身死一案，张魏氏为魏贤生无服族姊，嫁与张认宗为妻，与魏贤生同村，素无嫌怨。乾隆四十五年七月二十日，魏贤生到张魏氏家，见张认宗外出，即与张魏氏调戏成奸。后被张认宗发现奸情，将张魏氏殴打休回娘家。经张魏氏之母将其送回，张魏氏悔过，立誓不与魏贤生来往，张认宗又将其收留。至乾隆四十七年三月九日张认宗外出贸易。十三日夜，张魏氏独自在家睡觉，四更时分，听到拨门声响，遂起身点灯察看。此时，魏贤生已经走入室内，拉住张魏氏求奸，张魏氏不从，魏贤生就继续逼迫，扬言，如果再不听从，就将其丈夫杀害，然后捏造事实诬陷张魏氏。张魏氏畏惧，一时情急，想将魏贤生殴倒送官以杜绝其纠缠。所以，就假装肚子痛到炕上躺卧，让其暂时等候。魏贤生信以为真，就坐在椅子上打盹，魏氏遂起身拿起炕边木棍，从身后偷偷走至魏贤生身旁，双手举棍，对其连续殴打，致伤魏贤生左太阳偏上，及左额角并左额角偏上。魏贤生用脚踢蹬，魏氏又用棍殴伤其左膝。魏贤生伤重当场死亡。后经报官，屡审供认不讳。

直隶省巡抚认为，张魏氏与魏贤生通奸，被其夫休弃，后经悔改，拒绝继续与魏贤生通奸，是事实，魏贤生又来逼奸并声称要将其丈夫杀死陷害于张魏氏，已经属于有罪之人，张魏氏因被逼奸情急，将魏贤生殴打致毙，应以擅杀罪人之律定拟。因张魏氏与魏贤生并无服制关系。所以拟定，张魏氏依罪人不拒捕而擅杀律拟绞监候。

刑部认为，妇女拒奸之案，如果妇女将起意图奸之人“登时”杀死的，向来都是按照拒捕格杀勿论之律无罪处理的。但本案，张魏氏先经通奸后又拒奸，杀死奸夫，如果照未经失节之妇杀死图奸之人依律勿论，未免处刑过轻；如果照擅杀罪人例拟以绞刑抵命，又处刑过重。因此经与其他大臣会审酌情议论，将张魏氏照擅杀罪人律量减一等，改拟杖一百流三千里。并奏请皇帝批准，将此案载入例册，各省通行，即前述律例规定中，女子拒奸杀人的定例。

从此案处理，可以看出清代律例赋予妇女对强奸行为的无限防卫之权，即妇女将对其实施强奸行为之人杀死的，无罪。只是依据的律文是罪人拒捕格杀勿论之条。

案例二：清代道光年间陕西临潼县赵雄儿拒奸，用小刀戳伤王惟新，逾二十九日零七时因伤口感染破伤风死亡一案。经审理查明，死者王惟新年长赵雄儿十岁以上，有案发时在场的干连证人胡明的供词证明案件事实确系拒奸，死者弟弟王惟成转述其兄生前供述，可以证明王雄儿抵抗拒奸杀人确系登时，但是按照例条，并没有拒奸戳伤，经十日以上感染破伤风死亡案件如何治罪的规定，所以刑部判定按例量减刑罚。拟定：赵雄儿依男子拒奸杀人，如果死者年长凶犯十岁以上，又有当场证人口供，证据确凿及死者生前供述和尸亲供认可以确认案件事实，这三项条件都具备，无论谋故斗杀，杀人者年龄在十六岁以上登时杀死者，杖一百徒三年的定例，量减一等，拟杖九十徒二年半。①

从该案来看，法司在审理判定案件时，首先依据定例判断案件的证据，然后根据案情与定例规定情节的出入情况酌量确定加减刑罚。

案例三：清代道光年间，山西贾根应儿拒奸杀人一案，贾根应儿先被韩幅有哄诱鸡奸，期间续奸不记次数，韩幅有仅给过贾根应儿酒食，并未给过银钱。后来，贾根应儿之母贾段氏听人议论，回家向贾根应儿盘问，查出奸情，并向其打骂，贾根应儿当即悔过，拒绝再与韩幅有来往。后韩幅有来找贾根应儿外出，见贾段氏即向其调戏被骂后逃走。贾段氏想去官府控告，被郭根劝住，又令韩幅有磕头赔礼。贾段氏向其警告，以后不得再与其母子纠缠。过了一段时间后，一日韩幅有见贾根应儿在其铺前经过，就邀其进铺子里喝酒，又想继续行奸，贾根应儿嚷骂，韩幅有就拿刀扑砍，贾根应儿闪避，夺刀砍伤韩幅有额颅倒地。韩幅有声言，等伤痊愈后，一定设法强奸，贾根应儿气愤起意致死，就向韩幅有连砍数刀毙命。

山西省巡抚认为，贾根应儿应依男子拒奸杀人，死者虽无生供而年长凶手十岁以上，确系拒奸，凶手年龄在十六岁以上，无论登时与否，都按照擅杀罪人律拟绞监候之例，拟绞监候，申请声明，秋审时入于

① （清）许梿：《刑部比照加减成案续编·卷13》（陕西司道光十三年），中国基本古籍库电子版。

“可矜”。

刑部认为,按例,男子拒奸杀人分别年龄照擅杀罪人拟绞监候之条,仅指未被奸污之男子拒奸杀死强奸未成之人而言。如果已经被奸污,后经悔过拒绝,又被逼奸将强奸之人杀死的,就不能与未被奸污之男子拒奸杀人者相提并论。但如果对这类已经悔过自新的人,仍依照谋、故、斗杀本律问拟,则与未经悔过拒绝恬不知耻之类,无所区别,与情理不合。因此,贾根应儿应改依罪人不拒捕而擅杀以斗杀论绞监候律,拟绞监候。山西省巡抚的判决,罪名并没有出入,所引律例有误,量刑有误,虽然擅杀罪中包含了谋杀、故杀,但秋审时,谋杀、故杀之案,照例不能拟以“可矜”,而只能入于“缓决”,所以不能因为是擅杀罪人就可以拟为秋审“可矜”。

因当时并没有男子悔过拒奸治罪专条,据此,刑部上奏申请于原来男子拒奸杀人定例中添纂新例,获得皇帝批准,此即前述律例规定中的清代男子拒奸杀人的定例。①

上述案例,对于盗罪、杀人及致人重伤之罪、放火罪、强奸罪、抢劫罪及边防逃兵罪等,赋予事主、近亲属抓捕的特权,除了强奸罪以外的几项严重侵犯人身、国家安全的暴力犯罪,除了事主、近亲属,邻佑、道路旁人也抓捕的特权。在其拒捕时,是否勿论,需要判断“是否应捕罪人”“是否应捕之人”,是否存在“持械拒捕”“登时致死”的情节。对于“持械拒捕”的判断着重于是否持有凶器器械,是否拒殴对方有伤;对于“登时致死”的判断着重于是否在不法侵害正在进行之时,是否在不法侵害停止之时即停止对打。案情的判断,都始终围绕着一个主旨,即对于上述严重侵犯人身的暴力犯罪,赋予民众一定的抓捕特权,是为了将实施犯罪之人抓捕送官审问治罪,而非在抓捕之时置犯罪人于死地;因为罪犯持械拒捕,实施抓捕之人自然会与其打斗,而械具在打斗过程中难免会造成打斗双方死伤情况,因罪犯持械对打,自身存在过错,所以在打斗过程中致罪犯死亡的,抓捕之人无罪。

---

① (清)祝庆祺等编:《刑案汇览三遍》,北京古籍出版社2000年版,第990~991页。

对于拒奸杀人，是否勿论也是首先判断“登时”，同时强调证据确凿。与前述贼盗等犯罪，判定的情节一致。但因奸罪发生时多为隐蔽之处，很多案件并没有见证人，多是凭据杀人者的口供，因此，在判定“登时”情节时，对不同对象，宽严不同，对女子认定“登时”情节较宽，而对男子，认定“登时”情节，不仅要依据杀人者的口供，还要依据年龄及见证人的口供、死者生前的口供等其他证据，如果没有其他证据的，则会对杀人男子作出较重的处罚。另外，清代定例以是否成奸来区分刑罚轻重，对此，清人薛允升多有非议，认为如此区分不能实现公平断案，会导致实践中刑罚轻重失实。①

另外对于强奸犯罪，明清律文将“旁人皆得捕系”一条删除，后来的定例虽然允许对于贼盗、行凶等犯罪，事主、邻佑可以抓捕，但对于奸罪仅允许被奸之人及其近亲属捉奸。对此，薛允升颇有微词，认为明清律例删除“旁人皆得捕系”一条，难道对于道路旁人，亲眼目睹行奸、行盗、行凶等犯罪行为，都不准过问，如此，既违背律意，也违背情理，所以与唐律相比，是很大的倒退。②

四、对特定情境的防卫——夜无故入人家主人登时杀死勿论

《唐律》第269条的疏议有云，律条有关于夜无故擅入人家者，允许登时杀死的内容，本意就是为了防卫实施侵害的人。③ 清末修订法律大臣沈家本等奏进呈《刑律分则草案》折中提到，“自汉迄今，俱有‘无故入人室宅，格杀无罪’之例”“是重视保护其生命财产，防卫侵

① （清）薛允升著，胡星桥、邓又天主编，王庆西等编写：《读例存疑点注》，中国人民公安大学出版社1994年版，第552～553页。

② （清）薛允升：《唐明律合编》，怀效锋、李鸣点校，法律出版社1998年版，第474页。

③ 钱大群：《唐律疏议新注》，南京师范大学出版社2007年版，第595页。

害之意”。①

(一)律文的规定

汉《贼律》有:“无故入人室宅、庐舍,上人车船,牵引人欲犯法者,其时格杀之,无罪。”(《周礼·秋官·朝士》:“郑司农注:孔疏云:先郑举汉《贼律》”)②其时,即当时;牵引人,即强行将人拉走;欲犯法者,即还没有实施明确的杀伤行为。③

与汉律比较,《唐律》将侵犯限定为夜间。《唐律》第 269 条规定,“诸夜无故入人家,笞四十。主人登时杀者,勿论;若知非侵犯而杀伤者,减斗杀伤二等。其已就拘执而杀伤者,各以斗杀伤论,至死者加役流”。结合疏议的解释,这种情形下的正当防卫的条件有:

从防卫的前提条件来看,唐律要求入夜后没有任何事由,擅自进入别人的家里。

从防卫的时间条件来看,唐律要求,当在进入之时,立即被主人杀死。

主观上,主人需是不知道进入自家之人是否有侵犯之意,如果明知不是侵犯,而予以杀伤的,则属防卫过当,依斗杀伤罪减二等处罚。如果明知侵犯而杀死,当然依律无罪,如外人为奸淫而来,主人事前已经知道了奸情原委,等其入夜后擅入主人家里而被主人杀死,仍然依律无罪。

从对象条件来看,如果擅自进入自家的是老人、小孩、病人、妇人,以及迷路误入人家、醉酒失控而进入人家的人,因这些人不能实施侵害行为,主人仍将其杀伤的,则依斗杀伤减二等处罚。

---

① 赵秉志、陈志军编:《中国近代刑法立法文献汇编》,法律出版社 2016 年版,第 125 页。

② 修订法律大臣沈家本等奏进呈《刑律分则草案》折,1907 年 12 月 30 日,见赵秉志、陈志军编:《中国近代刑法立法文献汇编》,法律出版社 2016 年版,第 124 页。

③ 高绍先:《中国刑法史精要》,法律出版社 2001 年版,第 199 页。

从限度条件来看，律文虽然规定杀死勿论，但强调“登时”，即在入侵者进入主家之时立即杀死的才无罪，如果入侵者已经被抓捕，捆绑，失去抵抗能力，则即使其所犯罪行重大，主人仍然不能擅自杀伤，如果对被捕者施加杀伤行为，则依斗杀伤罪处刑，致被捕者死亡的，处加役流。①

对于无故入人室宅，主人明知非侵犯而杀死者的处罚，唐律规定与汉代相比，有所减轻。邯郸倬《五经折疑》中记载汉代一个案件，女子某甲在赶路的途中，遇到暴风，于是奔向男子某乙家躲避，乙也感到恐惧，正在关门。女子甲请求准许她进屋避风，乙拒绝，并用力推门，将甲轧死。后某乙被官府逮捕，经审讯定为杀人罪，判处死刑，弃市。② 此案，甲系女子，且是为了避风，非侵犯的意思已经很明确，而乙却故意用力推门将其扎死，并不符合无故入人室宅，主人登时格杀勿论条的规定。对此唐律的处罚是依斗杀罪减二等处罚。从此案例来看，汉代对于无故入人室宅，主人登时格杀勿论，也强调侵入者的侵犯之意。

《南史·袁湛传》记载，江陵县人苟蒋之的弟弟苟胡之的妻子被曾口寺的沙门奸淫，后来在沙门夜入苟家想继续行奸时，苟蒋之将其杀死。案发到官后，兄弟争相认罪。法司判苟蒋之服擅杀之罪。从案情记载中，无法辨别是登时杀死，还是已就拘执后杀死，但从基本案情来看，南北朝时期，对于外人为奸淫而来，主人已经知道奸情原委，乘其夜入而杀的情形，尚未认定为无罪的情形。而《唐律》此条的疏议问答中，对这一情形作了明确解释，认定为无罪。

《宋刑统》的规定与《唐律》相同。③

《元史·刑法志》记载：“诸夤夜潜入人家，被殴伤而死者，勿论。”

《大明律》规定：“凡夜无故入人家内者，杖八十。主家登时杀死

---

① 钱大群：《唐律疏议新注》，南京师范大学出版社 2007 年版，第 595 页。

② 郭成伟、肖金泉主编：《中华法案大词典》，中国国际广播出版社 1992 年版，第 95 页。

③ 《宋刑统》，薛梅卿点校，法律出版社 1998 年版，第 331 页。

者,勿论。其已就拘执,而擅杀伤者,减斗杀伤罪二等;致死者,杖一百,徒三年。"①

与《唐律》相比,一是在防卫的主观条件上,明律删去了知"非侵犯而杀"一语。对此,薛允升认为,夜无故入人家,绝非善类,奸盗十居八九。《周礼·朝士》有"凡盗贼,军、乡邑及家人,杀之无罪"之文,奸盗均为对人的侵犯行为,《唐律》于贼盗门内特立夜无故入人家一条,意在,凡杀死奸盗等项罪人,均应照此律科断。所以,知"非侵犯而杀"一语最为明确,强调明知侵犯而杀无罪的情形,而明律删去此层,会导致实践中,杀人者以"疑为奸人刺客,情急势迫等词"等词辩解,获得减轻处罚。所以,不如唐律公允。②

二是在限度条件上,明律减轻了对已就拘执擅杀者的刑罚。明人雷梦麟的《读律琐言》解释,该条重在"无故登时"四字,因为外人无故而擅闯入主人家宅,主人担心其为刺客奸人,稍有迟疑可能祸及全家,所以律文允许主人登时杀死勿论。对于已就拘执而擅杀的处罚,也比罪人拒捕条已就拘执而杀以斗杀伤论的处罚要轻,原因在于无故入人家,虽然已经被拘执,但担心其外有党羽接应援救,侵犯尚不可预测,所以对其擅杀之罪处罚较轻。③ 但清人薛允升则持反对意见:《唐律》夜无故入人家者,笞四十,明律改为杖八十;对已就拘执而擅杀者,《唐律》拟加役流,是惩其专擅,与捕亡门内擅杀犯死罪的罪犯拟加役流的处罚相同,是为禁止民间私相杀戮之意,而明律改为满徒,比罪人拒捕条已就拘执而杀以斗杀伤论的处罚要轻,是违背《唐律》本意的。④

清律的规定与明律相同。后又于乾隆、嘉庆年间纂入三条定例。

第一条是"邻佑人等因贼犯黑夜偷窃,或白日入人家院内偷窃,携

① (清)薛允升:《唐明律合编》,怀效锋、李鸣点校,法律出版社1998年版,第464页。

② 同上书,第465页。

③ (明)雷梦麟:《读律琐言》,怀效锋、李俊点校,法律出版社2000年版,第337页。

④ (清)薛允升:《唐明律合编》,怀效锋、李鸣点校,法律出版社1998年版,第466页。

赃逃遁,直前追捕,或贼势强横,不能力擒送官,登时仓猝殴毙者,杖一百徒三年,余人杖八十。若贼已弃赃,及未得财,辄复捕殴致毙,并已被殴跌倒地,及已就拘获后辄复叠殴,又捕人多于贼犯,倚众共殴致毙者,仍照擅杀罪人律拟绞监候,余人杖一百。其贼犯持杖拒捕,登时格杀者,勿论”。

第二条是“凡事主(奴仆雇工皆是)因贼犯黑夜偷窃,或白日入人家院内偷窃财物,并市野偷窃有人看守器物,登时追捕殴打致死者,不问是否已离盗所,捕者人数多寡,贼犯已未得财,俱杖一百,徒三年,余人杖八十。若贼犯已被殴跌倒地,及已就拘获,辄复叠殴致死,或事后殴打致死者,均照擅杀罪人律拟绞监候。其旷野白日偷窃无人看守器物,殴打致死者,不问是否登时,亦照擅杀罪人律拟绞监候,余人杖一百。如贼犯持杖拒捕,被捕者登时格杀,仍依律勿论”。

第三条是“贼犯旷野白日盗田园谷麦、蔬果、柴草、木石等类,被事主邻佑殴打致死者,不问是否登时,有无看守,各照擅杀罪人律拟绞监候。其贼犯持杖拒捕,登时格杀者,仍勿论”。①

与律文相比,这三条定例,限定了对偷窃罪犯进行防卫的限度:对于邻佑等人来说,只有偷窃的罪犯携赃逃跑,奋力追捕时,或者因为罪犯力量强大而不能擒获的,登时仓猝殴打致死的,才适用夜无故入人家已就拘执而擅杀律,杖一百徒三年;其余情形仍适用擅杀罪人律拟绞监候。对事主来说,只有登时追捕殴打致死的,才可以适用夜无故入人家已就拘执而擅杀律,杖一百徒三年,而不论是否已离盗所、捕者人数多寡、罪犯是否得财。若已就拘执,事后殴打致死的,仍照擅杀罪人律拟绞监候。另外专门规定一类特殊情形,即贼犯于旷野白日偷窃田园谷麦、蔬果、柴草、木石等类,被事主邻佑殴打致死的,都照擅杀罪人律拟绞监候,不论是否登时,有无看守。而贼犯于旷野白日偷窃无人看守器物,被事主殴打致死的,照擅杀罪人律拟绞监候,不问是否登时。因为偷窃的这些物件多是生活日用品,偷窃这些物件者也多是衣食无着的

① (清)薛允升著,胡星桥、邓又天主编,王庆西等编写:《读例存疑点注》,中国人民公安大学出版社 1994 年版,第 527 ~ 528 页。

贫苦小民，于情于理，都与律文要惩处的打家劫舍、危害乡里的盗匪不同。事主、邻佑直接将人杀死，显然属于防卫过当。

但上述三类情形下，贼犯持杖拒捕的，仍然可以依律，登时格杀勿论。

(二)案　例

在司法实践中，直接照夜无故入人家主人登时杀死勿论条论处的案例极少，司法机关着重追究案件细节进行判定。

1.“无故”的判定

一是在门口叫门即不能认定为“无故”。如明代王能打死马真一案，王能招认称，马真不知为何缘故，前来王能家门口叫门，王能见夜深担心是贼盗，所以起身提防，但探听到门外只有一人时，就直接开门，将马真抓到自家房内，用棒槌将其打伤身死。将人打死后，王能惧怕，就将马真的尸体背到一个地名叫皮村的地方丢弃。第二天早晨，地方总甲前来询问其昨夜打的是何人，王能隐瞒打死的实情，回说，是贼人，拿住打了一顿放了等语。此案，刑部广西清吏司认为，应依夜无故入人家内已就拘执而擅杀致死者律减等，杖九十徒二年半。而大理寺认为，马真只身前来王能家叫门，必有缘故。如果真因奸盗等犯罪行为而来，必然潜踪隐迹进入王能家里，而非公然叫门。而王能起身探听既然知道叫门的只有马真一人，又没有持有行凶器械，为何直接抓到家内登时打死？因此，马真公然叫门，即非无故；而当时马真只身在门外，就被王能抓到家内打死，亦非擅入人家。所以此案依夜无故入人家律论处显属错误。而王能打死人，却不让邻里知晓，偷偷将马真尸体背出丢弃，且次日总甲来问，又隐瞒实情，其中必有其他情由，因此要求将案件重新审理。①

二是“无故”强调贼盗到来使主家猝不及防之意。如乾隆年间直

① (明)王槩:《王恭毅公驳稿》，王恭毅公驳稿上“夜无故入人家”条，中国基本古籍库电子版。

隶霸州永清县于二因杨瑞调戏其妻孟氏,将杨瑞勒死并孟氏在押病故一案。一日,于二外出,杨瑞因于二之妻孟氏独处,偷偷到于二家调戏孟氏,孟氏喊骂,杨瑞逃走。于二回归询问其妻得知前情,出门寻找杨瑞扭殴,杨瑞乘空脱逃,于二遂到杨瑞雇主徐景栋家控诉。徐景栋遂将杨瑞撵逐。杨瑞怀恨,即于当夜更余时分,乘醉到于二家。踢开篱门,进院肆骂,于二出屋理斥,被杨瑞用砖向殴,于二乘势踢伤杨瑞左腿,杨瑞因醉后脚软,仰面跌倒。于二用手按住杨瑞胸前,抓取沙土堵塞杨瑞口鼻,又令孟氏坐在杨瑞身上按住胳膊,于二自行解下杨瑞裤带,绕勒杨瑞咽喉弊命,并移尸他处。孟氏到官后,在官媒家管押病故。

直隶省提督将于二照罪人已就拘执而擅杀以斗杀论律拟以绞候。

刑部认为,杨瑞调戏于二之妻,又怀恨于更余时分,踢开于二家篱门,进院嚷骂,并用砖殴打于二,虽然不是乘夜潜入他人室宅,但既调戏人妻,又敢乘夜挟嫌寻闹,较黑夜无故入人家内的情节更为凶险。核其情节,即不便照擅杀应死罪人律拟以杖责,也不便照罪人已就拘执而擅杀以斗杀论之律问拟绞候,仍应援引黉夜无故入人家已就拘执而擅杀律,得减斗杀罪二等,拟满徒。因此驳回直隶省提督的判定,另行详核案情援律妥拟。

直隶省按察使及霸州知州、永清县知县认为,律载罪人已就拘执而擅杀以斗杀论,如果本犯应死而擅杀者,杖一百。根据律意,对于擅杀之类案件,应根据犯罪人所犯之罪应死不应死来判断,如果罪犯应死,被捕者一时忿激致毙,按律止拟满杖;如果罪犯所犯的罪不应死,即将其擅杀,则擅杀之犯应依斗杀论,拟以绞候。查该案案情,一则虽然杨瑞属于怙恶之徒,但其黉夜到于二家门口踢门寻闹,挟嫌肆骂,是属"有故"而非"无故",明显与无故入人家内令主家猝不及防之情节不符。二则杨瑞虽前有调戏于二之妻的行为,后有踢门挟嫌肆骂,扔砖向殴等行为,但并未致伤于二,且杨瑞所犯罪行并非死罪。而于二实施的杀人行为,显然属于谋杀,因其所杀之人本为实施犯罪行为之人,所以才与谋杀无罪的普通人处罚不同。所以,于二仍应照擅杀律拟以绞候。

据此直隶省提督认为,于二仍应照擅杀罪人律拟以绞候抵命,但因存在杨瑞调戏其妻和夤夜挟嫌踢门、肆骂、殴打等恶劣情节，且在场帮助杀人的孟氏已在押解途中因病死亡，如果再将于二拟以绞候抵命，是以二命抵一命，实属不公。但此种情形，查律例又没有如何减等的明文规定，所以遵照刑部驳回意见，酌情援引比附，将于二比例拟流。上报刑部。

最终刑部判定，于二比照共欧下手拟绞人犯，在未决之前，遇有助殴重伤之人因羁押毙命与在解审途中病故者，准其为共欧下手拟绞之人抵命之例，减等拟流，杖一百流三千里。

2．"夜入""登时""知非侵犯"情节的判定

如清代嘉庆八年浙江东阳县民张其陇等疑贼共殴王照沅身死移尸装缢一案。张其陇与王照沅隔庄居住，素不相识，也无嫌怨。王照沅患有疯病，时发时愈。嘉庆六年十一月二十八日王照沅旧病复发，出外不归。其母王陈氏央求同族人王用川、王心茂等找寻但未找到。十二月一日夜里一更时分，张其陇家大门虚掩未关，王照沅误入张家，由楼梯上楼，张其陇在厨房烧茶，听到有响动就高声喝问，没人答应，故而疑心有窃贼，顺手拿起木棍一根，出来喊叫抓捕。王照沅正好从楼梯往下走，与张其陇迎面撞上。张其陇用棍殴打王照沅左脸颧骨处一下，王照沅夺棍，张其陇又殴其右手指一下。王照沅走出堂门，口内乱骂，两手乱舞。正巧撞上张其陇同门居住的张子秀闻声赶到，即用所持木闩连殴王照沅额门两下，王照沅向张其陇扑去，并用头相撞。张其陇将其赶出，又用棍殴打王照沅左额角并右前肋各一下，王照沅倒地。经张其陇之弟张其助、邻人胡大兰查看，胡大兰认出是王照沅，已经死亡。胡大兰将王照沅素患疯病，并非窃贼缘由告知，张其陇心怀恐惧，商量弃尸，胡大兰担心被牵连没有参与。张子秀、张其助帮助张其陇将尸体背到大岩塘岭山腰，将尸体挂到一棵树上，做自缢的假象。后案发，查王照沅被张子秀所殴的额门两处虽然是致命之处，但伤属轻微伤，只有张其陇最后殴伤之右前肋伤重至骨断，使王照沅当即倒地殒命，属致命重伤。

浙江省巡抚认为王照沅因疯病发作闯入张其陇家堂屋由梯上楼，张其陇闻声喝问不答，心疑窃贼，与张子秀捕殴致毙，若直接按罪人拒

捕杀人律拟以绞抵，未免法重情轻，张其陇请照斗殴杀人绞罪上量减一等，杖一百流三千里，张子秀等分别拟以枷杖。

刑部认为，王照沅黺夜走入张其陇家里，如果张其陇当时因疑贼起见，无论王照沅是否疯病之人，仓猝将其殴毙的，可以照夜无故入人家已就拘执而擅杀律定拟。但本案张其陇初见王照沅走入自家由梯上楼，疑贼捕击，这一情节尚属可信。但迨已将王照沅殴伤，王被赶出门后，口内混骂、两手乱舞，已经显现出疯病的情状，对于这一情形，张其陇亲眼所见，不能认定为不知王照沅有疯病。又因王扑撞，张其陇又同张子秀共殴将其打死。根据案情，应改依共欧罪定拟，驳回浙江省巡抚将张其陇照斗杀量减拟流的请求。最终法司判决，张其陇依共欧人致死下手伤重者绞监候律，拟绞监候，秋后处决。张子秀、张其助拟杖刑。①

此案中，法司判定即使王照沅黺夜走入张其陇家里，张其陇疑贼起见，仓猝将其殴打致死的，也是按夜无故入人家已就拘执而擅杀律处断，而非直接按夜无故入人家主人登时杀死勿论律处断。因为从案情来看，不符合“进入人家的过程中”与“即时杀死”，两个时间节点。对于此条，《唐律》该条疏议的解释最为明晰，夜无故入人家主人登时杀死勿论条，是指外人在进入主人家的过程中，即与主人发生争斗，即时被主人杀死。其强调的是，主人对盗贼的抵御，盗贼强行进入主人家里，主人因此抵御才有擅杀之权。而此案，张其陇家大门虚掩未关，过错在先，王照沅误入，由梯上楼又走下楼时撞上张其陇，将其殴打出门，又继续与人共殴，才将其殴毙，已然超出“登时”所要求的时间要件。显然与杀死勿论条律意不符。

对于知非侵犯的认定，法司认为，在王照沅已经被殴打出门，口内混骂、两手乱舞，已显示疯病情状时，张其陇亲眼所见，足以认定其能够判定王照沅并非侵犯之徒，继而仍然与人共欧王照沅致死，对于这种情形，按照唐律的规定是按斗杀伤减二等处罚，但清律并无此规定，法司

① （清）金士潮等纂：《驳案汇编》，何勤华等点校，法律出版社 2009 年版，第 640 ~ 642 页。

据此情节判定,张其陇与张子秀的殴打行为符合共殴罪,因此应按共殴罪定拟。

从律文及案例来看,中国古代设立这一规定,目的是允许民众抵御突然闯入家宅的盗贼,但为了避免民间私相杀害,防止冤屈发生,规定了一系列的限制条件。

五、结　　语

中国古代涉及正当防卫的规定散见于斗殴、贼盗、人命类案件的律文、例文规定中,并且各个朝代的规定也有所区别,自唐律始,由于文献资料相对丰富,能够见到其详细规定,而至清代,资料更为丰富,能够找到记载整个案件详情的史料。对于自唐代以来各个朝代涉及正当防卫的规定,相比较而言,唐律的规定最为公平妥当,能够达到综合平衡各方利益的效果。如斗殴犯罪中,后下手理直者减等处罚,父祖被殴打,子孙紧急救助减等处罚,致死人命的不减;宋元明清相沿未改。对于奸、盗、行凶的,道路旁人可以抓捕送官;宋刑统照搬唐律;尚未找到元代相关记载;而明清律文不载,但在判例中允许事主及其近亲属、邻佑帮助抓捕,与唐律相比,少了关于旁人抓捕的规定,在情理上输于唐律。对于夜无故入人家的规定,最早见于汉律,唐律中限定于“夜间”,至宋明清律文相沿未改,元代尚未找到相关记载。

总结全文,下面简要概括中国古代正当防卫制度的特点,并结合当今的研究借鉴,略抒已见。

一是中国古代正当防卫的特点。

中国古代的正当防卫制度,在一系列构成条件及对防卫过当的处罚上,均有其特点,择其要旨:

在正当防卫的前提条件上,强调不法侵害行为已经发生且正在进行中。如斗殴行为中的后下手理直者减等,要求无辜被打时才可以抵抗。对于奸盗凶徒,要求有明确证据证明对方正在实施犯罪行为时,才可以抓捕;当对方持执器械进行抵抗时,可以与其格斗,登时杀伤对方的,才可以依律无罪,强调格斗时致伤行为的“即时”性。司法实践中,一般针对致死者身上伤情来定，如仅一伤致命，一般可以认定为“登时”。对于夜无故入人家的行为，要求对方在进入主人家的过程中，主人才可以抵抗，强调“无故登时”四字，针对的是对方突然进入主人家而主人猝不及防的情形。如果对方来到主人家以叫门或其他方式使主人知晓对方的到来，则不能认定为“无故”。但对于殴打祖父母、父母的，前提条件可以扩展为，子孙听到祖父母、父母喊救，即赶来救护抵抗。对于强奸犯罪的，对方起意图奸之时，就可以进行抵抗，因而致对方死亡的，无罪，但这里的对象仅限定为女性。如果是男子抵抗男子强奸而致人死亡的，要区分年龄而定，15 岁以下具备证据条件的，可以无罪；16 岁以上没有无罪的情形，只有比照擅杀罪处罚或减等处罚的规定。中国古代并没有将女子作为拒奸对象的规定。

在正当防卫的时间条件上，一般强调“登时”，即针对侵犯行为进行格斗的即时性，如果对方已经停止侵害，则按照擅杀罪处理。

在正当防卫的对象条件上，包括了防卫自身和防卫他人，但要区分罪名而定。如斗殴犯罪中，仅限于防卫自身。而在奸、盗、凶徒犯罪中，则本人、家人、亲属、邻佑及旁人都可以对犯罪行为进行抵抗，但历代律例规定有所不同，唐律中规定，对于奸盗凶徒，旁人可以实施防卫；而明清律文并没有规定，在定例中规定对于盗罪和贼罪（相同于杀人伤害类犯罪的凶徒），事主和邻佑可以防卫，而奸罪则仅限于被害人及其近亲属。对于夜无故入人家的防卫主体则仅限于主人一家。对于殴祖父母、父母的，则只有子孙可以防卫；但如果是有服制关系的亲属殴打祖父母、父母的，子孙也不可以实施抵抗防卫，仅能够救护解劝，不能动手殴打。

在正当防卫的主观条件上，对于斗殴行为，只有后下手打人之人理直，才可以视为防卫行为。对于夜无故入人家的行为，主人需知非侵犯而格斗杀死，才可以视为防卫行为。

在正当防卫的限度条件上，古代律例对因抵抗而致伤的各类情形均予以详细列举。如斗殴犯罪中，防卫行为仅限于致伤的情况；如果致死的，则不能视为防卫行为减等处罚。在奸盗凶徒类犯罪中，仅赋予事主、邻佑等旁人的追捕权；只有在对方持执器械抵抗拒捕时，与其格斗过程中才允许格杀勿论;其他情形,则区分具体情节分别按照谋杀、故杀、斗杀、擅杀减等或不减等处理。对夜无故入人家的行为,也仅是允许主家在对方进入之时,与其格斗因此致死对方才可以按律无罪;其他情形,也是区分具体情节分别按照谋杀、故杀、斗杀、擅杀减等或不减等处理。

应当指出,由于受社会制度的局限,中国古代正当防卫的规定,与亲属服制关系、尊卑关系密切相关。而在遇到情理与律文规定相悖或者律文没有规定的情况,可以奏请皇帝裁决,一般都会避开律文规定,制定新的判例与条例,但律文作为总纲性的规定,仍然有着原则性作用。

二是中国古代正当防卫对当今的研究借鉴意义。

中国古代的正当防卫制度,在当今仍具有研究价值和参酌借鉴意义。

首先,在正当防卫立法的立法宗旨上要将保护人的生命权放在第一位,避免引起民间私相杀害,使正当防卫转变复仇行为。如中国古代律文中的斗殴类犯罪中“后下手理直者减二等,至死者不减”,直接明确了因民间纠纷引起的斗殴、寻衅滋事类犯罪中,致死人命的仍要抵命,不能减等处罚。对于情有可原的,实践中可以通过奏报皇帝创制定例,获得免死的减等处罚。但无论有何案件情节,致死人命的都不能按无罪处理。即使对于奸盗凶徒类严重危害人身财产安全的暴力犯罪,中国古代律文也是规定允许被害人及其近亲属、邻佑或道路旁人抓捕,而非直接对打置罪犯于死地,只有在罪犯持武器抵抗拒捕时,有权抓捕之人与其格斗,因为打斗中有武器难免有死伤情况发生,所以才有格杀勿论之条。

其次,在对涉正当防卫案件进行处罚时,中国古代律例既关注对于被害人人身的保护,又注意引导良好社会风气,注意统观全案案情,综合判断犯罪人的主观恶性,及被害人是否存在过错。如强奸案件中,对于因贪图钱财先与人通奸,后因奸夫无力资助,因此拒奸殴死奸夫的,并不按拒奸杀人勿论之例处理。又如对于奸盗凶徒类犯罪,也要统观全案案情,综合考量犯罪人的主观恶性,是否真正属于奸盗凶徒等恶性犯罪的犯罪人,否则也不能按格杀勿论之律处理。

再次,在实施防卫权的主体上,对于不同的犯罪行为,实施防卫权的主体应有所不同。中国古代律例规定,对于一般的不法侵害行为,实施防卫权的主体应仅限于被侵害人自身;对于特定的严重危害人身财产安全的暴力犯罪,才允许被害人及其近亲属、邻佑、道路旁人实施防卫权。

复次,在各类防卫过当行为的处罚上予以细化,列出减轻处罚的情形及所减轻的具体刑罚。如中国古代律例对各类防卫行为,都规定了严格的限制条件,即“无故”“登时”“持械拒捕”等。如果防卫过当,则有详细的减等处罚的各种规定,如唐律对于特定犯罪允许旁人捕捉的律文详细列举了各类防卫过当的刑罚措施,如果犯罪人没有持械,空手抵抗拒捕,被杀死的,处徒二年;如果罪犯已经被拘执以及未作抵抗而被杀死,或重伤的,按斗杀伤论绞;如果罪犯已经被拘执以及不作抵抗,而追捕之人使用金属利器将其杀死的,依故杀伤法处斩等。

最后,对于强奸犯罪的防卫问题。清代定例中明文规定并详细列出了男子强奸男子的情形及其相应的证据要求、刑罚规定,注意到了对男子性权利的保护,特别是对未成年男子性权利的保护。这在当今我国刑法上尚属空白。

A Treatise on Justifiable Defense System in Ancient China: Based on Typical Cases

Sun Qian

[**内容摘要**]中国古代的正当防卫制度,存在针对一般不法侵害行为的防卫和针对特定犯罪行为的防卫。针对一般侵害行为的防卫,主要是指斗殴行为中的无辜被打一方的反击行为,即后下手理直者减二等处罚的规定,这一类行为的正当防卫要求被打一方没有过错,因对方先动手被打方才动手反击,限度条件上要求不能殴打致死对方,如果致死对方的不能减等。同时还特别规定,夺获兵器伤人减一等,祖父母、父母被人殴打,子孙紧急救护致人死伤减等处罚的情形。但上述防卫

行为仅限于普通人之间,如果有服制关系的亲属之间,则有专条规定。针对特定犯罪行为的防卫,主要是对奸、盗、杀人行为,但古代律文规定,对这些行为,被害人及其亲属、邻居、其他人具有抓捕权,如果在追捕时,对方持执器械抵抗拒捕的,在与其格斗时,致其死亡的,无罪,同时规定了严格的限制条件。另外,中国古代律文还专门规定对夜无故入人家这一特殊情形的防卫,与罪人拒捕格杀勿论条一样,规定了严格的限制条件。中国古代的正当防卫制度的立法精神及诸多规范,在当今仍有研究和借鉴的意义。

[**关键词**]斗殴;贼盗罪;奸罪;罪人拒捕;夜无故入人家

Abstract: The justifiable defense system in ancient china also exists defense against general unlawful infringement, as well as defense against specific violence criminal acts. The justifiable defense against general unlawful infringement mainly means the fighting back of the innocently been beaten party in affray crime, the innocent party was given a mitigated punishment. The justifiable defense against general unlawful infringement requests the beaten party for no-fault, not started the assault, not beaten to death as the limited condition. If the innocent party beats the assault started party to death, he cannot be given a mitigated punishment. In addition, the justifiable defense against general unlawful infringement also includes the condition of seizing weapon from the assault started party and wounded him, which was given a mitigated punishment; as well as the condition of grandparents or parents were beaten, descendant saved immediately, which also got a mitigated punishment. But the justifiable defense against unlawful infringement only applies to ordinary people, not applies to relatives in mourning apparel system, which has its own regulations. As to defense against specific violence criminal acts, which is primarily aimed at adulteries, pirates, committing physical assault or murder, mainly means victims as well as their relatives, neighbors and other people can arrest the criminals, if the criminals resisting arrest with weapons, arrester can fight with him, even if causing death to criminals, do not has to bear criminal responsibilities. But there are strict limitations. Besides, there are special regulations about defense against home invasion at the dead of night for no reason, still with strict limitations. The legislative spirit and legal norms of Justifiable defense System in Ancient China still worth study and use for reference in our society today.

Key words: affray crime; pirates and murder; adulteries; criminals resisting arrest with weapons; home invasion at the dead of night for no reason

我国可罚预备行为的立法规定方式检讨*
——可罚预备行为正犯化之提倡

吴亚可**

目　次

预备行为是否具有刑事可罚性,是刑法学理论中一个颇具争议的问题,究其根本实则是自由与秩序之价值立场选择的问题。但是,就我国立法实践而言,《刑法》第22条可罚预备行为的立法规定显然破解了预备行为是否可罚之价值立场博弈上的各说各话,由此,将学者们的研究拉到了同一个对话平台。然而,在已有研究成果中,学者们大多对于我国可罚预备行为的立法规定做出了错误的解读,其中

---

* 本文系国家社科基金一般项目"依法治国背景下的刑法规范确证功能及其实现原则研究"(16BFX086)的阶段性研究成果。在本文的写作过程中,恩师王志远教授对于文章的写作思路、体系安排及行文表述提出了富有启发性和建设性的意见和建议,在此表示诚挚的谢意。当然,文责自负。

** 吉林大学法学院2014级刑法学博士研究生。电子邮箱:wuyake2011@126.com。

一个突出的表现就是:将我国可罚预备行为的立法规定误认为是对预备行为的处罚规定,混淆了预备行为与可罚预备行为的区别;进而,以预备行为一律处罚为立论前提,展开对我国可罚预备行为立法规定的批判,忽视了可罚预备行为立法规定是否能够真正实现可罚预备行为的明确界定这一关键问题,造成了在可罚预备行为立法规定批判上的失焦。因此,本文拟从澄清学者们的误解出发,对我国可罚预备行为的立法规定方式进行立法论审视,补充论证被学者们忽视了的问题。

一、一个误解的澄清:《刑法》第 22 条是可罚预备行为的立法规定

我国《刑法》第 22 条第 1 款规定,为了犯罪,准备工具、制造条件的,是犯罪预备。第 2 款规定,对于预备犯,可以比照既遂犯从轻、减轻处罚或者免除处罚。在对该条规定的理解上,我国传统刑法学理论认为,我国预备犯立法在预备行为的处罚上坚持的是普遍处罚原则,对于犯罪预备行为一律进行处罚。如有学者认为,从我国刑法的规定来看,处罚故意犯罪的预备行为乃是一项基本原则。也就是说,一切故意犯罪的预备行为,都为刑法严加禁止,并要承担刑事责任。[①] 蔡仙博士认为,我国刑法总则确定了预备犯普遍处罚的原则,即刑法分则规定的犯罪的预备行为都是可罚的,无论这些犯罪的性质、社会危害性大小、犯罪的对象、手段。[②] 李梁博士认为,我国刑罚处罚一切犯罪的预备犯,换言之,只要为实施刑法分则规定的犯罪而准备工具、制造条件的,都应当被定罪。[③]

① 谢望原主编:《台、港、澳刑法与大陆刑法比较研究》,中国人民公安大学出版社 1998 年版,第 193 页。

② 蔡仙:《论我国预备犯处罚范围之限制——以犯罪类型的限制为落脚点》,载《刑事法评论》2014 年第 1 期。

③ 李梁:《预备犯立法模式之研究》,载《法学》2016 年第 3 期。

在笔者看来,学者们依据《刑法》第 22 条推导出我国刑法对于预备行为一律进行处罚的结论,在实质上是对该条立法规定的一种误读和歪曲,对该条规定表达的规范意旨产生了错误的认识。也就是说,学者们错误地将预备犯等同于预备行为,混淆了预备行为与可罚预备行为的区别。其实高铭暄先生早已认识到了这一问题,他认为,中国刑法理论在犯罪预备的概念上长期受苏联的影响,把犯罪的预备行为视为犯罪预备形态和预备犯。①

在高铭暄先生观点的指引下,我们尝试着为《刑法》第 22 条正名。按照当前学界的共识性观点,《刑法》第 22 条第 2 款规定的是预备犯的处罚原则,即对于预备犯应当如何进行刑罚处罚。根据"法无明文规定不为罪,法无明文规定不处罚"的罪刑法定原则,只有能够被评价为犯罪的行为才是值得动用刑罚进行处罚的行为。因此,第 2 款规定中的"预备犯"所指涉的就应当是已经成立犯罪的行为。但不容忽视的是,第 22 条规定中分别使用了"犯罪预备"和"预备犯"两个概念,那么二者的关系究竟是什么呢? 一般而言,从解释有利于立法者的立场出发,当同一法律条文中使用两个不同的概念进行规范表达时,我们首先应当推定这两个概念具有不同的内涵和寓意。此外,对于刑法条文中所使用的规范用语的解释,不应当忽视体系性的解释方法,即根据规范用语所处的体系位置,联系条文之间的关系来发现其内涵。

从《刑法》第 23 条和第 24 条的规定来看,犯罪未遂与犯罪中止表达的是行为人已经着手实施犯罪行为之后,因为某种原因(意志以外的原因或者意志以内的原因)而停止下来的行为状态。如此一来,基于关联性考察,我们可以发现,与其处于同等地位的《刑法》第 22 条第 1 款规定中的"犯罪预备"也应当表达的是一种停止下来的行为状态,只是该行为尚未着手实施刑法分则规定的构成要件实行行为。在此意义上,《刑法》第 22 条第 1 款规定中的"犯罪预备"就与预备行为具有了不同的内涵。如王志祥教授认为,从刑法理论上讲,根据行为人的行为是否转入实行阶段,犯罪预备行为分为两种情形:一种情形是基于行

① 高铭暄:《刑法学原理》(第 2 卷),中国人民大学出版社 1993 年版,第 301 页。

为人意志以外的原因,停留在犯罪预备阶段而没有转入实行阶段、为实施和完成犯罪创造便利条件的行为;另一种情形是转入实行阶段、为实施和完成犯罪创造便利条件的行为。作为犯罪停止形态的犯罪预备涉及的犯罪预备行为显然是指前一种情形。至于后一种情形的犯罪预备行为,虽然其是应受刑罚处罚的行为,但因其附属于实行行为而没有独立性,故没有单独处罚的必要,刑法理论上称之为不可罚的事前行为。[①] 在此意义上,《刑法》第22条第1款规定中的"犯罪预备"就具有了自身特定的内涵和意义,特指因意志以外的原因停止在预备阶段的行为状态,与转入实行阶段的预备行为并不相同。

进一步,即使将学者们认为的预备行为限定为未转入实行阶段的预备行为,那么对于这样的预备行为是否一律进行处罚同样是一个值得思考的问题。也就是说,行文至此,引申出了另外一个问题,即作为一种停止下来的行为状态的犯罪预备行为,是不是就一定是《刑法》第22条第2款规定中的"预备犯"。如果答案是肯定的,那么对于预备行为一律进行处罚的传统观点就是成立的,反之则否。对于这一问题,我们认为需要结合中国语境下的罪之立法模式进行分析。

我们知道,中国的罪之立法有一个鲜明的特色,那就是对于犯罪成立条件的规定采用的是"立法定性+定量"的立法模式,而不同于德日等国在犯罪成立条件的规定上采用"立法定性不定量"的立法模式。前者的特点在于犯罪的成立不仅需要满足刑法规定的犯罪构成要件,而且还必须不属于《刑法》第13条"但书"规定的"情节显著轻微,危害不大",否则不成立犯罪;后者的特点在于只要行为人实施之行为符合刑法规定的犯罪构成要件就成立犯罪,而无须考虑其行为的社会危害性程度之"量"。由是以观,在中国的立法语境下,社会危害性程度之"量"渗透于具体的犯罪判断之中,是犯罪自身不可或缺的一项因素。这样一来,对符合《刑法》第22条第1款规定的预备行为是否成立犯罪的考察,就不应当忽视《刑法》第13条"但书"规定的内容。也就是说,

---

① 王志祥:《海峡两岸犯罪停止形态立法比较研究》,载《法商研究》2013年第1期。

必须立基于体系性的、关联性的思考,将符合《刑法》第 22 条第 1 款规定条件的预备行为与犯罪成立条件立法规定模式结合在一起考察,唯有如此,才能够准确地把握住符合前者的行为是否成立犯罪,进而确定是否依据《刑法》第 22 条第 2 款规定进行刑罚处罚。

详言之,在我国的犯罪概念之下,因行为所表征出来的社会危害性程度之“量”发挥着制约犯罪成立范围的功能,因而犯罪预备行为要被评价为犯罪行为,就必须达到立法规定的社会危害性程度之“量”的要求,否则就不能被评价为犯罪行为。但不容否认的是,犯罪预备行为是距离犯罪完成、甚至是距犯罪的着手实行尚有一段距离的行为,因而显而易见的是:一般情况下犯罪预备行为对法益的威胁是非常微小的。[①]此外,按照危险递增理论,危险只有递增到一定量的时候,国家刑罚权的介入才是正当与必要的。[②] 以此推论,如果对于某一犯罪的预备行为进行综合判断之后,其属于《刑法》第 13 条“但书”规定的“情节显著轻微,危害不大”,那么将其作为犯罪进行处理就是不合适的,进而就不能依照《刑法》第 22 条第 2 款规定的预备犯罚则进行刑罚处罚。如郑延谱教授认为,总则体系中被公认为具有出罪机制功能的《刑法》第 13 条关于犯罪定义后半段的“情节显著轻微,危害不大的,不认为是犯罪”的规定说明,即使行为人主观上具有“为了犯罪”的不法目的,客观上实施了“准备工具、制造条件”的行为,在情节显著轻微、危害不大的情况下,也完全具有出罪的合理理由。[③] 王志祥教授认为,联系我国《刑法》第 13 条中的但书以及关于预备犯处罚的概括规定的出台背景来考虑,以总则预备犯的概括规定为根据来推断刑法处罚预备犯的范围,是有悖于该规定的主旨的。[④] 从学者们的表述中不难看出,他们均认为我国预备犯立法坚持的并非是对于预备行为一律进行处罚的原则,“但书”规定在实质上发挥着限定预备行为处罚范围的功能,符合

① 贾学胜:《非犯罪化与中国刑法》,载《刑事事法评论》2007 年第 2 期。

② 李海东:《刑法原理入门》(犯罪论基础),法律出版社 1998 年版,第 138 页。

③ 郑延谱:《预备犯处罚界限论》,载《中国法学》2014 年第 4 期。

④ 王志祥、郭健:《论犯罪预备行为的处罚范围》,载《政治与法律》2005 年第 2 期。

“但书”规定的预备行为是不能被评价为预备犯而给予刑罚处罚的。

在分析这一问题之后,读者们可能会产生这样的疑惑:从体系性的考察得出我国刑法立法并非是对于预备行为一律进行处罚是可以接受的,但是《刑法》第22条第1款规定的意义何在?对于这一疑问,我们想要说的是,从《刑法》第22条第1款规定与第2款规定之间的关系来看,第1款所规定的内容应当是预备犯的成立条件之一,即犯罪预备行为的成立条件,而从规范层面结合犯罪“定量”因素进行划分,犯罪预备行为又可以被区分为不可罚的预备行为和可罚的预备行为两种类型,它们的区别关键点就在于是否符合“情节显著轻微,危害不大”的“但书”规定。进一步说明,立法者出于立法的简洁性和立法技术运用的便宜性,试图在第22条中以第1款规定预备犯的积极成立条件,以“但书”规定作为消极的预备犯成立条件,第2款规定预备犯的罚则。因此,从“但书”内容应当体现在预备犯立法规定之中来看,《刑法》第22条在整体上可以被认为是可罚预备行为的立法规定。就如同《刑法》第234条一样,其规定的构成要件是从正面规定故意伤害罪的成立条件的,“但书”规定的“情节显著轻微,危害不大”则是故意伤害罪的消极成立条件,二者通过“正—反—合”的方式共同规定着故意伤害罪的全部成立条件。在理论研究中,我们一般将《刑法》第234条称之为故意伤害罪的立法规定,当然,这样的概括并不是十分准确,但是从犯罪“定量”因素应当蕴含在该条规定之中来看,也是可以接受的。

综上所述,对于某一刑法条文规定作出何种概括并不重要,关键在于是否能够清醒地认识到犯罪“定量”因素在犯罪成立认定上的作用。因此,基于同样的道理,《刑法》第22条被理解为是可罚预备行为的立法规定也是可以说得通的,并且以可罚预备行为立法规定作为对《刑法》第22条的概括,有助于提醒人们注意到犯罪“定量”因素在预备犯成立认定中的作用。

二、我国可罚预备行为立法规定的技术缺陷及立法成因

《刑法》第22条在本质上是可罚预备行为的立法规定,一般而言

不存在如有学者认为的那样会将不可罚的预备行为纳入处罚范围之内,不当扩大犯罪圈的问题。① 但是,制度设计的美好愿景并不代表制度设计的合理,“不明确即无效”②的现代刑法原理始终检验着立法规定的合理与否。因此,在下文中,笔者将从微观层面对该条规定进行技术性考察,以探寻其是否能够真正实现可罚预备行为的明确界定,并尝试揭示其立法成因。

(一)可罚预备行为立法规定的技术缺陷:可罚预备行为界定不明

根据罪刑法定原则,罪与刑的立法规定应当具有明确性,以此满足国民的预测可能性要求和防止司法者对于国家刑罚权的恣意使用。体现在罪之立法上,就要求立法者在法律条文中使用明确的规范用语将应予刑罚处罚之行为的各种成立条件规定下来。以此度之,我们认为,我国《刑法》在总则中规定可罚预备行为的成立条件,难以满足罪刑法定原则要求的明确性,原因在于该条规定无法真正实现可罚预备行为的明确界定。

1. 预备行为可罚与否会因分则各罪立法规定而摇摆不定

根据罪刑法定原则,只有作为类型化的不法行为定型的实行行为才能明确界定具有可罚性的不法行为范围……才能够平衡法益保护与人权保障两大刑法机能。③ 在罪刑法定主义时代,实行行为的定型性之于刑法立法,有着限制行为被立法者随意入罪化和防止国家刑罚权恣意发动的机能与作用。按照类型化立法方法论的要求,立法者在将前法律意义上的行为类型确立为规范意义上的犯罪类型时,通常的做

---

① 当然,这是从《刑法》第22条可罚预备行为立法坚持预备行为限制处罚理念上作出的推论。

② 张明楷、黎宏、周光权:《刑法新问题探究》,清华大学出版社2003年版,第2页。

③ 梁根林:《预备犯普遍处罚原则的困境与突围——〈刑法〉第22条的解读与重构》,载《中国法学》2011年第2期。

法是将某一类行为的共同特征加以抽象、选择或者增添(减少)新的构成要件要素,从而以构成要件的形式确定下来,而“按照我国刑法学通说,构成要件的中心即实行行为”。① 通过构成要件的类型化,实行行为得以定型,刑法的介入时点得以明确,对于同一类行为的刑法评价基本上可以实现一致性。以“实行行为的开始”作为可罚行为的起点,是一种从拿破仑刑法典开始,并为许多国家刑法典所采用的立法模式。②这一立法样态是以防止刑法过度侵入国民日常社会生活的自由刑法观为立法导向的。

但是,从立法者的价值选择考察,我国可罚预备行为立法规定的最终目的是在一定程度上突破实行行为作为刑罚介入时点的束缚,扩大犯罪圈的范围,有效实现刑法规制社会的机能。因此,如果刑法立法能够准确地将应予处罚的预备行为纳入处罚范围,这样的立法规定也无可厚非。但需注意的是,刑法立法在突破以定型性的实行行为为刑罚处罚介入时点的前提下,就必须明确表明犯罪圈扩张到什么地方,必须明确指出罪与非罪的界限所在。否则,这样的突破就是没有道理的,莫不如坚决坚持实行行为作为刑罚介入时点之要求。因为,坚持实行行为的犯罪化机能可以将那些根本不具有法益侵害危险性的行为一开始就排斥在构成要件之外,有利于思维的经济和诉讼的节俭。③

就我国可罚预备行为立法规定而言,其是在刑法总则中对于可罚预备行为作出规定的,从而对于部分预备行为进行刑罚处罚就有了法律上的依据。但不可否认的是,这一立法规定仅仅是预备犯的概括成立条件规定和处罚原则规定。因为,《刑法》第22条虽然规定了可罚预备行为的成立条件,以预备犯作为可罚预备行为的统称,并规定了相

---

① 高艳东:《规范学视野中预备行为可罚性的反思与重构》,载《现代法学》2005年第1期。

② [意]杜里奥·帕多瓦尼:《意大利刑法学原理》,陈忠林译,中国人民大学出版社2009年注评版,第308页。

③ 何荣功:《论实行行为的概念构造与机能》,载《当代法学》2008年第2期。

应的处罚原则,但是,刑法中并没有预备犯的相应罪名设定和独立的法定刑配置。由此,要对可罚预备行为进行刑罚处罚,就必须以刑法分则各罪设定为依托,将对于某一预备行为可罚与否的判断与分则各罪立法勾连在一起进行,否则预备行为可罚与否的判断就会失去存在的基础和根基。此外,尚处于为了实行犯罪准备工具、制造条件阶段的预备行为,因尚未进入着手实行(实行行为)阶段,就导致其自身缺少刑法分则所规定的实行行为,体现出无类型性、无定型性的特征。如有人认为,我国可罚的预备行为既无限定,亦无定型(无类型),因而无法承认"实行行为性"之存在。[①] 预备行为因为其侵害性特征并不明显,所以其行为难以类型化。无论是准备工具的行为还是制造条件的行为都可以表现得五花八门,有时与犯罪行为无论是从时间上还是空间上都相去甚远甚至遥不可及,如可能与实施犯罪间隔很久的踩点行为、为制造工具而准备工具的行为等。[②] 这样一来,表现为同一样态的预备行为是否具有刑事可罚性,就会因为其所依托的分则具体各罪而发生变化。也就是说,因分则各罪自身严重程度的不同,同一样态的准备工具,制造条件的预备行为就可能被评价为具有不同程度的社会危害性,[③]从而在某一犯罪中可能被评价为可罚的预备行为,但在另一犯罪中却完全可能成为不可罚的预备行为。质言之,在对于同一样态的预备行为是否具有刑事可罚性作出判断时,因其依托基底的不同而致使不同结论的得出。

进一步而言,预备行为因欠缺"类型性、定型性"之要求,导致预备行为内涵不清、外延不明,极易与犯意表示以及日常生活中的行为相混淆,并因此而备受诟病。[④] 换句话说,因犯罪预备行为的多样性,特别

---

① 参见陈子平:《刑法总论》,台北,元照出版有限公司2008年版,第369页。

② 孙万怀:《违法相对性理论的崩溃——对刑法前置化立法倾向的一种批评》,载《政治与法律》2016年第3期。

③ 因为社会危害性是主观恶性与客观危害的统一,既是一种价值事实,也是一种对具体的客观事实的评价。李洁:《论罪刑法定的实现》,清华大学出版社2006年版,第207~208页。

④ 参见阎二鹏:《预备行为实行化的法教义学审视与重构——基于〈中华人民共和国刑法修正案(九)〉的思考》,载《法商研究》2016年第5期。

是因其与刑法所要保护的法益之间还存在相当远的距离，这就导致它往往与国民的日常社会生活行为在外观样态上具有相当程度的相似性，甚至根本无从作出准确的区分，除非有充分的证据能够表明行为人所实施之行为已经表征出与日常社会生活行为具有足够程度的异质性和反社会性。在此意义上，我国可罚预备行为因缺少定性型，其必然无法承担起明确划定刑法介入时点的功能，也不可避免地增加对于相似行为作出准确评价的难度。于是导致了预备犯的认定的随意性、主观性很大，司法实践中的选择性、歧视性执法司法由此而生。①

上述分析揭示出了我国可罚预备行为立法规定无法克服的不安定性，对预备行为可罚与否的判断并不能从该条立法规定中得出必然的结论。简单概括就是：预备行为可罚与否的判断需借助于分则各罪之外力，摇摆不定。

2. 预备行为可罚与否会因犯罪"定量"因素的模糊性而含混不清

在前文中，我们指出，在我国可罚预备行为的立法规定中，划定可罚预备行为与不可罚预备行为之界限的因素之一是犯罪"定量"因素。但是，就犯罪"定量"因素而言，它是否能够承担起明确界定可罚预备行为的范围的任务呢？我们的答案是否定的。

因为，"但书"规定的"情节显著轻微，危害不大"，到底表达的是何种程度的社会危害性？从"但书"规定使用的规范用语来看，这一立法规定其实并不明确，在实质上是一种模糊性的立法语言表达。如有人认为，就我国刑法中犯罪概念的"但书"规定而言，应当说其含义极其模糊：首先，"情节"是一个包罗万象的概念，包括影响行为社会危害性和人身危险性的各种主客观因素，何者应纳入定罪过程中的考量范围，是极不明确的；其次，"显著轻微""危害不大"作为划分罪与非罪的标准，也很难准确权衡。② 还有人认为，关于行为程度的设定方式，在总则的规定上，表现为《刑法》第 13 条的"但书"规定。这种规定是以概

---

① 蔡仙：《论我国预备犯处罚范围之限制——以犯罪类型的限制为落脚点》，载《刑事法评论》2014 年第 1 期。

② 沈海平：《犯罪定量模式检讨》，载《法学家》2015 年第 1 期。

括的形式,高度抽象的语言表述,表明了情节显著轻微时,不成立犯罪的立法意图。[①] 对于这样的观点,笔者认为是对"但书"规定的一种中肯评价,符合实事求是的辩证唯物主义认识论的基本要求。

当然,笔者也认为,法律语言不可能实现绝对的明确性,任何以文字形式书写下来的规范文本都或多或少的存在不明确的地方,这是刑法立法不可避免的一个技术性问题。模糊性以及因模糊性产生的不确定性,是立法的基本特征。[②] 如何将量的要求在立法上准确体现,实在是一大难题。我国虽已有两部刑法典,但应该说,这个问题并没有得到妥善的解决。或者,是否有合适的解决方案本身就是一个问题。[③] 但是,如果从反向视角进行考察,却可以发现哪些规范表达是不符合罪刑法定原则明确性要求的。质言之,如果某一刑法规范文本使用的语言文字在通常的语境下都不可避免地导致规范文本接受者理解上的困难,甚至根本无从知晓其所要表达的规范意旨到底是什么,那么就可以肯定它是一种不明确的规范表达,这样的文本表达就应当是刑法立法极力避免使用的语言表达方式。

因为,在我们看来,无论对立法技术的内涵和外延怎样界定,法的结构营造技术和法的语言表达技术,都是无可置疑的属于立法技术的范畴。[④] 在此意义上,规范表达作为一种立法技术,就应当因时因地制宜地被运用于刑法立法之中,以有效实现规范意旨的清晰表达和宣喻,易于国民理解和接受,避免"立法语言中的模糊性带来的许多问题,例如导致判决的不一致、法律的不确定性、影响社会生活的预见性和稳定性等"。[⑤] 如我国学者周少华认为,表述法律规范的语言本身是否准确

---

① 李洁:《罪刑法定之明确性要求的立法实现——围绕行为程度之立法规定方式问题》,载《法学评论》2002 年第 6 期。

② [英]蒂莫西·恩迪科特:《法律中的模糊性》,程朝阳译,北京大学出版社 2010 年版,导论部分。

③ 李洁:《论罪刑法定的实现》,清华大学出版社 2006 年版,第 165 页。

④ 周旺生:《立法论》,北京大学出版社 1994 年版,第 181 页。

⑤ 参见丁建峰:《立法语言的模糊性问题——来自语言经济分析的视角》,载《政法论坛》2016 年第 2 期。

传达了立法者真实的意图，规范语言的含义是否符合法律自身的目的，不但决定着法律的正当性与合理性，而且也将影响解释结论的妥当性，并进而决定法律适用结果的公正性。①

上述分析证成了语言表达的明确性在犯罪立法上的至关重要性。作为对行为准确定性依据的犯罪立法，就应当使用明确的语言表达哪些行为是刑法禁止的，哪些行为是刑法所不允许的，而不应当发生根据其规定，某一行为既可能被评价为犯罪行为，又可能被评价为一般违法行为这样模棱两可的问题。然而，犯罪"定量"因素的存在，显然会将上述要求弃之不顾，至少在立法层面会给人一种根本不知道何为"情节显著轻微，危害不大"的感觉。因此，我们完全有理由认为，犯罪"定量"因素自身的不明确性必将导致立法者期待通过犯罪"定量"因素来明确界定可罚预备行为的范围的目的落空。②

（二）可罚预备行为立法规定的指导思想："宜粗不宜细"

通过上文的分析，我们不难发现，在刑法总则中对可罚预备行为作出规定，会导致可罚预备行为界定不明的问题。但是，该条立法规定也不是一无是处，至少为处罚部分预备行为提供了法律上的明确依据。其实，以总则立法的形式对可罚预备行为作出概括规定的背后，隐藏着刑法立法粗疏与细密之立法技术选择。

从历史沿革的角度考察，我国1997年《刑法》脱胎于1979年《刑法》，在可罚预备行为的立法规定上，现行刑法承袭了1979年《刑法》的规定：一方面，1997年《刑法》第13条的犯罪概念沿袭了1979年《刑法》第10条的规定；另一方面，1997年《刑法》第22条是对1979年《刑

① 周少华：《刑法规范的语言表达及其法治意义》，载《法律科学》（西北政法大学学报）2016年第4期。

② 在已有研究成果中，我们基于犯罪"定量"因素的模糊性及其所导致的犯罪行为定性不能，以及无益于国民守法意识的养成等方面的考虑，主张废除犯罪"定量"因素，在犯罪的规定上采用"立法定性不定量"的立法模式。参见吴亚可：《我国犯罪定性定量立法模式检视》，载《刑事法评论》2016年第1期。

法》第 19 条规定的承继。我们知道,1979 年《刑法》是新中国的第一部刑法典,是新中国在经历法律虚无主义泛起并产生严重后果的历史大背景下制定的,无论是在立法经验积累方面,还是在立法技能方面,都存在着明显的先天不足。但是,这一时期的新中国已经走向的了改革开放的宽广大道,亟待刑法维护改革开放新秩序的稳定和为改革开放保驾护航。因此,"宜粗不宜细"成为当时包括刑法立法在内的部门法的立法指导思想。如刘守芬教授认为,翻开中华人民共和国的立法史,包括刑事立法在内,始终倡导遵从"宜粗不宜细"或曰"宁疏勿密"之原则。① 赵秉志教授认为:"毋庸讳言,我国现行刑法典(1979 年《刑法》——笔者注)的制定,明显地体现了'宜粗不宜细'的立法技术原则。具体而言,无论是在整体结构上,还是犯罪构成要件、罪状的表述,以及法定刑幅度、处罚情节的规定等方面,刑法典粗疏化的缺点和不足都大量存在。"②

不可否认,"宜粗不宜细"的立法指导思想作为特定历史条件下的产物,有着一定的合理理由,并且在该立法指导思想指导下制定的法律也确实在我国改革开放初期发挥着积极的作用,基本上解决了当时无法可依的现实问题。但是,随着社会的发展,法治思想的启蒙,国民智识的开化,自由刑法观已逐步成为当代刑法立法的基本价值取向。然而,"粗线条"的刑法立法因包容性太强,赋予了司法者较大的自由裁量权,极可能为司法者"借解释之名,行侵害国民自由之实"留下空间,易导致刑法走上过度强调社会防卫和控制的道路。如张明楷教授认为:"可想而知,刑法对犯罪与刑罚的规定越细密,就越有利于保护个人自由;刑法对犯罪与刑罚的规定越粗疏,就越有利于社会防卫。"③赵秉志教授指出:"一言以蔽之,这种立法技术原则下制定的刑事法律既

---

① 刘守芬:《反思"宜粗不宜细"原则,完善刑事立法》,载杨敦先、赵秉志、王勇主编:《刑法发展与司法完善》,中国人民公安大学出版社 1989 年版,第 97 页。

② 赵秉志:《刑法修改中的宏观问题研讨》,载《法学研究》1996 年第 3 期。

③ 张明楷:《妥善处理粗疏与细密的关系　力求制定明确与协调的刑法》,载《法商研究》1997 年第 1 期。

不便于适用,又容易导致刑事司法的随意性,甚至导致法律虚置和有法不依现象的产生。”①

正是意识到了“宜粗不宜细”立法指导思想及其所采用的“粗线条”立法技术存在的问题,1997 年全面修订刑法时,立法者将 1979 年《刑法》中的部分罪名予以了拆分,根据应予规制之行为的类属性性质创制了新的犯罪类型,以此实现刑法条文的细密与明确。“这些修改与改革开放总设计师邓小平同志的立法观念相契合,即现在(20 世纪 70 年代末——笔者注)立法的工作量很大,人力很不够,因此法律条文开始可以粗一点,逐步完善。”②但是,在可罚预备行为的立法规定上,在刑法总则中作出概括规定的方式仍然被保留了下来。因此,在寻根溯源之后,现行《刑法》第 22 条可罚预备行为立法规定的产生就与“宜粗不宜细”立法指导思想有着密不可分的关系,并且在当代中国,“宜粗不宜细”的立法指导思想已经面临着立法条件成熟而应予以修正的时代需要。

三、我国可罚预备行为立法规定的合理化路径探寻:可罚预备行为正犯化

根据前文对于可罚预备行为立法规定存在的技术缺陷及其立法指导思想的分析,笔者认识到,有必要以当代中国社会现实为时代背景,以刑法目的理性观为指导,探寻新的可罚预备行为的立法规定方式,以达致可罚预备行为立法规定方式的与时俱进。

(一)刑法目的理性观与犯罪立法明确性

从价值层面看,刑法立法在国民自由保障与社会秩序维护之间一

① 赵秉志:《刑法修改中的宏观问题研讨》,载《法学研究》1996 年第 3 期。

② 中共中央文献编辑委员会:《邓小平文选》(第 2 卷),人民出版社 1994 年版,第 147 页。

般而言具有价值取向上的一致性。因为无论是国民自由的保障,还是社会秩序稳定的维护,刑法立法者在作出价值取向上的选择时,其最终都是为了创造美好的人类生活图景,促进国民与国民之间、国民与国家之间的良性互动,使人能够在规范共同体状态下过有尊严的社会生活。但是,秩序与自由之间有着相反的属性,存在着悖论关系,①因此从立法者享有的立法特权角度看,刑法立法者完全可以基于特定的规制目的和政策性考量等而在二者之间有所侧重。在自由刑法观占据主导地位的现代民主法治国家,"法律观念的差距或者维护社会秩序的需要,立法者可能将一些社会公众能够接受甚至赞许的行为视为犯罪"。②

其实,该观点背后隐藏着刑法目的理性观的当代选择命题。因为,刑法立法要想将形而上的价值思辨落实到实处,就会要求刑法立法者根据特定时代、特定地域的社会现实需要作出规制目的上的妥当选择。法律是文化现象的一部分,非但不能独立于社会之外,反而与整个社会结构有着千丝万缕的复杂联系。③ 立法者对规制对象和作为法律适用条件的事实特征的选择,不是一个简单任意的过程,他们必须根据社会道德规范、政府的行政追求、原有法律体系、紧迫的现实需要等共同作用形成的"法的规范目的"要求进行评价、整理和取舍。④ 在此认识之下,"时代性意识""本土化经验""中国问题导向"的提出就成为刑法立法者在型构规范意义上的犯罪类型时必须考虑的内容和因素,它们是当代中国刑法目的理性观的应有之义。

遵循这一认识路径,我们认为,在当代中国,刑法目的理性观首要的要求就是刑法应当承担起"有效引导国民守法,培育国民守法意识

---

① 参见高鸿钧:《法律:规制与解放之间——读〈迈向新法律常识——法律、全球化和解放〉》,载《政法论坛》2012年第4期。

② 刘志伟、左坚卫:《徘徊在公正与功利之间的我国缓刑——对我国缓刑立法与司法的反思》,载《郑州大学学报》(哲学社会科学版)2006年第1期。

③ 参见[美]诺内特、塞尔兹尼克:《转变中的法律与社会:迈向回应型法》,中国政法大学出版社2004年版,总序部分。

④ 王志远:《事实与规范之间:当代中国刑法立法方法论批判》,载《法制与社会发展》2011年第1期。

养成”的现实重任。之所以会对我国的刑法目的理性观有如此之认识，是因为强调国民遵法、守法意识的养成，对于实现刑法的法益保护机能有着积极的作用。因为，如果国民不遵守刑事法律规则，立法者期待通过制定刑法保护法益的目的就会面临难以克服的“瓶颈”，甚至难以实现。并且，以型塑国民良性守法意识来减少法益侵害行为发生的目的，从法律实践经验和法学理论研究成果上也是可以得到支持的。简言之，法律规则与国民基本观念之间应当是相互牵引的关系，二者之间必须不断进行调试、协调、相互促进、同步发展，唯有如此，才能够维系整个规范共同体的有序运行和健康发展。

一方面，法律规则需要以国民基本观念为实质依托，否则，与国民基本观念相去甚远的法律规则就会失去赖以生存的正当性根基，从而无法获得国民的认可和接受，进一步导致法律规则的权威性逐步被蚕食，直至荡然无存。因为，现实的人类生存困境并不能直接达致法的规范目的，两者之间必须借助特定法域公民所共同拥有的社会一般观念作为沟通的媒介。[①] 另一方面，法律规则应当承担起塑造国民良性基本观念的重任，引导国民正确辨别规范意义上的“善与恶”“是与非”“好与坏”。否则，法律规则必将因与国民观念之间相脱节而造成权威性的削弱甚至丧失。如此一来，制定法律保护法益的目的必将落空而不可能实现。在此意义上，我们认为，在当代中国，“刑法的主要机能并不在于刑事追诉，而在于第一次性地为市民提供行为的方向”。[②]

为了更为清晰地展示上述观点，让我们结合我国的刑事法治现状进行分析。综观我国三十余年的改革开放历程，可以发现经济社会的快速发展带来了国民智识的开化和法治思想的启蒙。在刑法领域，1997 年《刑法》相较于 1979 年《刑法》，无论是罪刑法定原则的确立，还是刑法规则体系的逻辑自洽，均表征着它在国民自由保障方面取得的

① 王志远：《事实与规范之间：当代中国刑法立法方法论批判》，载《法制与社会发展》2011 年第 1 期。

② 参见[日]高桥则夫：《规范论和刑法解释论》，戴波、李世阳译，中国人民公安大学出版社 2011 年版，第 6 页。

进步和成绩;1997年《刑法》颁布至今的近二十年间,为应对社会变化而作出的九次刑法修正,在形式上说明着刑法立法与社会发展紧密地勾连在一起,扮演着社会纠纷解决者的角色,发挥着社会和谐稳定器的功能。但是,我们却发现,刑法条文数量虽然越来越多,可操作性愈来愈强,针对不同的社会问题均提供了不同的解决方案,但在引导国民守法意识的养成以及培育国民将规范内化为自己的行为准则方面,刑法所起到的功用却是远远不够的,甚至在一定意义上起着反作用,进而导致刑法保护法益机能的实现面临着障碍。

其中,一个突出表现就是刑法规则规定的不明确性造成了国民无法准确理解刑法所宣喻的规范意旨,导致国民根本无从依据有效的刑事法律规则行事。因为,不明确的刑法规范不仅使民众无从把握立法者的真实意图,难以理解刑法的内容及含义,而且还使民众事先不能预测自己行为的性质与后果,导致民众因无法得知是否会受到出乎意料的刑罚处罚而忐忑不安。① 进一步,不明确的刑法规则规定导致了这样一种法治现状:在当代中国,缺少的不是规则,而是遵守规则的国民。② 比如盗窃罪规定中的数额较大,在一定意义上削弱着“不得未经他人允许攫取他人财物”的规范意旨在引导国民守法上的功能。从人类社会起源的角度看,“不得盗窃”应当是规范共同体成员原初的共同认识和最低限度的道德要求,但是在现实社会生活中,小偷小摸现象却屡禁不止,特别是在火车站、商场等人口密集处,小偷小摸现象更是猖獗,在一定意义上架空着“不得盗窃”的规范宣喻,以至于无助于财产法益保护。在我们看来,导致这一不良社会现象的原因在于:因刑法立法在盗窃罪的入罪门槛规定上采用的是不明确的语言表达,如数额较大,模糊了刑事违法行为与一般违法行为的界限,从而极易使人产生小偷小摸仅是行政违法行为而不是犯罪的印象,阻碍着国民守法意识的养成,即行政违法掩盖了盗窃行为的反伦理道德秉性。

因此,笔者赞同王志远教授对于我国法治基本现状的评价,“中国

① 张建军:《反思刑法明确性原则的机能》,载《政法论坛》2013年第1期。

② 吴亚可:《我国犯罪定性定量立法模式检视》,载《刑事法评论》2016年第1期。

法治建设所面临的当代瓶颈,首要的就在于'有规则无规范':从规则建设的角度而言,我国法治建设完全可以说已经达到了'中国特色社会主义法律体系已经基本形成'的程度,但是遵法、守法的基本社会生活态度并未养成,'不守规矩'仍然是社会的常态"。[①] 在此意义上,刑法立法要承担起有效引导国民守法的重任,使规范能够内化为国民的日常社会生活行为准则,养成遵法守法的规范意识,过有规矩的社会生活。然而,要实现这一目的的要求之一就是,刑法必须使用清晰明确的语言文字将其规范意旨表述出来,并清晰地传达给国民,即刑法立法的规范用语应当具有明确性,以此实现"了解和掌握神圣法典的人越多,犯罪就越少"[②]的目的。

(二)预备行为正犯化与刑法目的理性观的契合性

归根结底,预备犯立法是为了实现刑法打击触角前置化的一种制度设计。但是,现有可罚预备行为立法规定因其技术缺陷而难以明确划定应予刑罚处罚的犯罪预备行为的范围。因此,为了使可罚预备行为的制度设计有效契合当代中国刑法的目的理性观,实现立法规定的明确性要求,以法律拟制为法理依据的可罚预备行为正犯化立法也许不失为一种恰当的制度选择。

德国法哲学家拉德布鲁赫认为,法律是人类的作品,而一个无视人类作品价值的思考是不能成立的,因此对法律的或者对任何一个个别的法律现象的无视价值的思考也都是不能成立的。[③] 在刑法领域,犯罪是规范评价的结果,是立法者从其价值判断出发,赋予了某一前法律意义上的行为以规范意义上的"恶"的品性,并采用相应的立法技术进

① 王志远:《从"印证"到"论证":我国传统定罪思维批判》,法律出版社 2016 年版,自序部分。

② [意]贝卡利亚:《论犯罪与刑罚》,黄风译,中国大百科全书出版社 1993 年版,第 15 页。

③ [德]古斯塔夫·拉德布鲁赫:《法哲学》,王朴译,法律出版社 2005 年版,第 5 页。

行规范化处理，在刑法立法中确定下来。就可罚预备行为正犯化立法而言，毫无疑问的是，相较于在总则中对可罚预备行为作出规定，它具有独立的犯罪构成要件，是一种预备行为实行行为化的刑法立法技术运用。因此，对于被实行化了的预备行为之合理性的考察，就需要从该种立法的本质层面进行分析。刑法既然单独地将独立之预备犯罪加以规定，而具体地记述其构成要件，自然显示出其与一般预备犯罪有实质上之差异，因此，可承认其“实行行为性”之存在。① 在笔者看来，可罚预备行为正犯化立法在本质上是一种法律拟制立法技术运用，而该种立法技术的运用有利于实现刑法规整方式与规整目的的有效契合。

从立法技术层面分析，可罚预备行为正犯化立法作为一种对应于规制之可罚预备行为作出规定的立法技术，共享着法律拟制的法理依据。根据德国法哲学家拉伦茨的观点，法学上的拟制是：有意地将明知为不同者，等同视之。法定拟制的目标通常在于：将针对一构成要件(T^1)所作的规定，适用于另一构成要件(T^2)。② 我国学者郑成良教授认为，所谓法律拟制(legal fiction)是指对可能之事不论其真实与否而认作事实的假设。具体地说，即假设一种事实状态真实存在的法律上的硬性规定。③ 我国台湾地区学者黄茂荣教授指出，法律上的拟制是法律观点的表现方式之一，它在立法上构成重要的立法技术。④

从学者们的表述中不难发现，法律拟制是一种“无中生有”的立法技术运用。在此意义上，从可罚预备行为正犯化的立法规定来看，可罚预备行为原本并不具有实行行为的本质属性，只是立法者择取一部分预备行为并赋予其独立的犯罪构成要件，将可罚预备行为实行行为化，因此是一种法律拟制立法技术的运用。而就法律拟制立法技术而言，单纯从立法技术的价值中性角度考察，一般而言无所谓好的法律拟制

---

① 陈子平：《刑法总论》，台北，元照出版有限公司2008年版，第369页。

② ［德］卡尔·拉伦茨：《法学方法论》，陈爱娥译，商务印书馆2003年版，第142页。

③ 郑成良：《无罪推定论》，载《吉林大学社会科学学报》1988年第4期。

④ 黄茂荣：《法学方法与现代民法》，建诚印刷有限公司2011年版，第248页。

立法技术,或曰坏的法律拟制立法技术。因此,对法律拟制立法技术的"好"与"坏"作出评价,就应当从其欲实现的规制目的进行考察。刑法拟制不是与价值无涉的,而是关切着立法者对某种立法政策或价值的考虑,是立法者意图实现某种立法政策或价值的有效途径。立法者明知事实不同却给予同等法律效果,这种对事实不同的有意忽略,是立法意志的体现,其用意就在于实现立法者的某种立法政策或意图。[①] 在此意义上,可罚预备行为正犯化立法的合理与否,也应当从立法者通过其欲实现的规制目的进行考察。

在笔者看来,一面倒向"不处罚"前置行为的立法及实务,未必比较先进。[②] 现有预备犯立法在实质上是为了扩大犯罪圈的范围,与此同时,又限制对犯罪预备行为的打击范围。这显示出立法者在维护社会秩序稳定与保障国民行为自由之间试图作出平衡与协调。因此,从有利于立法者的解读视角考虑,可罚预备行为立法所坚持的价值选择就应当说具有相当程度的合理性,立法者对部分犯罪预备行为进行规制,在一定意义上体现了其规制目的的正当性。

以此观之,对于应予规制的犯罪预备行为采用预备行为正犯化的立法方式,通过在分则中将应予处罚的预备行为予以实行行为化,一方面,可以实现法律语言表达的明确性,将立法者的规范意旨准确地传达给国民,有效引导国民遵法、守法,因为被实行行为化之后的预备行为具有了独立的犯罪构成要件,符合类型化立法方法论的要求,具有最大程度的定型性和明确性;另一方面,将实质上具有刑事可罚性的预备行为拟制为实行行为,使其具有与实行行为相同的构成机能,有利于满足刑事政策对具有严重法益侵害威胁行为进行处罚的要求。[③] 换言之,可罚预备行为正犯化立法可以清晰地划定应予处罚的犯罪预备行为的界限,将刑法触角伸向具有严重社会危害性的犯罪预备行为,而不会像

---

① 苏彩霞:《刑法拟制的功能评价与运用规则》,载《法学家》2011 年第 6 期。

② 林钰雄:《新刑法总则》,中国人民大学出版社 2012 年版,第 277 ~278 页。

③ 李凤梅:《预备犯可罚性的反思与重构:以刑法拟制的视角》,载《北京师范大学学报》(社会科学版)2015 年第 3 期。

在总则中规定可罚预备性的概括成立条件那样,还需求助于分则各罪立法作出可罚与否的判断,导致预备行为可罚与否随分则各罪摇摆不定。由此可以满足刑法最小化侵入国民的自由生活空间的立法要求,相较于总则立法更加有利于国民认可和接受该种立法规定,从而树立法律规则的权威性和证成其正当性。

总之,在预备犯立法有限扩张刑罚权的理念之下,可罚预备行为正犯化立法以其明确性实现着预备行为有限处罚理念制度外化的功能,符合当代中国刑法立法的目的理性观,有利于引导国民守法意识的养成,并且也是当前我国刑法立法中逐渐增多的立法规定方式,有着一定的立法经验支持。①

四、余　　论

简要概括一下前文观点:可罚预备行为的立法规定是立法者在保障国民自由与维护社会秩序之间试图作出平衡与协调的立法理念选择,与刑法立法作为社会治理方式有效规制社会的现实需要相契合。但是,现有可罚预备行为立法规定因存在技术缺陷而无法胜任明确界定可罚预备行为的功能。因此有必要采用以法律拟制立法技术为依托的可罚预备行为正犯化立法来克服总则预备犯立法自身的缺陷,承担起中国语境下刑法有效引导国民守法的重任。

也许有人会针对我们的立法建议提出以下两点质疑:一是采用可罚预备行为正犯化立法会导致依照原有立法规定本可以作为犯罪处罚的预备行为被排除在犯罪圈之外,不当限缩犯罪圈的范围;二是因可罚预备行为被实行行为化之后具有了独立的犯罪构成要件,会因其共犯

---

①　如阎二鹏教授指出,预备行为实行化之立法现象并非《刑法修正案(九)》所独有,在以"犯罪圈扩大化"为立法重心的历次刑法修正案中,通过将预备行为实行化的手段将法益保护前置化是立法者的惯常做法。阎二鹏:《预备行为实行化的法教义学审视与重构——基于〈中华人民共和国刑法修正案(九)〉的思考》,载《法商研究》2016年第5期。

而不当扩大犯罪圈的范围。对于前者,笔者想要说的是,原有入罪的预备行为未必就应当是应予入罪的预备行为,这种不合理的入罪也许正是原有预备犯立法所导致的。对于后者,笔者认为,被拟制为实行行为的预备行为,其自身与实行行为一般而言应当具有一定的等价值性,否则即意味着立法的不当性。由此,被正犯化的预备行为的共犯也具有了与其他犯罪的共犯一样的等价值性,并不存在不当扩大处罚范围的危险。当然,这样的回应还是过于简单,受文章篇幅所限,笔者将另文予以详细探讨。

此外,需要指出的是,有效引导国民守法的刑法立法并非仅有明确性要求一者,刑法规则内容的实质合理、规则体系的逻辑自洽等,也是"刑法有效引导国民守法"的应有之义。可罚预备行为正犯化立法在本质上是一种法律拟制立法技术运用,而法律拟制的"无中生有"本性极易导致立法者以维护社会秩序之名而行侵害国民自由之实,导致立法权行使的恣意性。因此,为了更为实在地使可罚预备行为正犯化立法获得扎实的正当性根基,就需要刑法立法者在自由与秩序的价值选择取向上作出更为慎重、谨慎的考虑,以制定具有实质合理性的刑法立法为依归,以欲实现目的的正当性来证成可罚预备行为正犯化立法的正当性,防止因可罚预备行为正犯化立法的泛化而导致刑法过度侵害国民的自由,避免因可罚预备实行行为化而导致刑法规则体系的内部矛盾与冲突。总之,坚持可罚预备行为正犯化立法的科学性才能够避免预备犯立法重构时"前门驱狼,后门进虎"的可怕局面出现。

Legislative Regulation Review of Culpable Preliminary Conduct: Advocating in the Culpable Preliminary Conduct as Principal Offending

Wu Yake

[**内容摘要**]《刑法》第22条在本质上是可罚预备行为的立法规定。但是,学者们多将该条规定误认为是对预备行为的处罚规定,并以此为立论前提展开对该条立法规定的批判,以至于忽视了该条规定存

在的关键问题:可罚预备行为界定不明。可罚预备行为界定不明的技术成因有二:一是在总则中规定可罚预备行为的概括成立条件,会导致预备行为可罚与否的判断随分则各罪立法规定而摇摆不定;二是预备行为可罚与否会因犯罪“定量”因素的模糊性而含混不清。当代中国刑法的首要任务是引导国民守法,以减少侵害法益行为的发生,而其要求之一就是规范表达具有明确性。因此,有必要采用以法律拟制为法理基础的可罚预备行为正犯化立法技术,来实现可罚预备行为立法规定的明确性。

[关键词]预备犯立法;明确性;法律拟制;可罚预备行为正犯化

Abstract:Essentially,the 22th term of Chinese Criminal Law is the legislative regulation of culpable preliminary conduct which was always considered as a penal regulation in preliminary conduct. Then under such incorrect prerequisite, those scholars criticised the legislative regulation alongside ignorance of the crucial issue: what is culpable preliminary conduct is still ambiguous. Such ambiguity technically contributed to two reasons: first is the overall regulation in General which has made the conviction being vacillated as different regulations in specific provisions; second is the vagueness of quantitative elements. Definite expression of norms is a requisite for the initial assignment of contemporary criminal law-guide people to conform to laws to reduce crimes. Therefore, on the technology of legislation, legal fiction should be adopted as the rationale of culpable preliminary conduct to realize the accuracy of legislative regulations.

Key words: legislation of preliminary offense; accuracy; legal fiction; culpable preliminary conduct as principal offending

减刑、假释的目的探究与制度完善*

——兼与张亚平博士商榷

赵　亮**　张　凯***

目　次

减刑、假释是自由刑行刑过程中非常重要的制度，它们事关自由刑的严厉程度、行刑效果等。随着刑法理论深入发展，对减刑、假释制度的完善意见不断呈现，对减刑、假释目的之讨论也开始逐渐深入。减刑、假释目的系刑法哲学层次问题，对其进行研究有利于具体制度环节的发展完善。张亚平博士在《减刑、假释的目的反思与制度变革》（以

* 本文系 2016 年度全国司法行政系统理论研究部级规划课题"终身监禁行刑疑难问题研究"（16GH011）、2014 年度全国司法行政系统理论研究部级规划课题"新刑罚学时代的减刑、假释问题研究"（14GH2019）、2017 年中央司法警官学院科研创新资助项目的阶段性研究成果。

** 北京师范大学刑事法律科学研究院博士后研究人员，中央司法警官学院副教授，法学博士。

*** 中央司法警官学院副教授，西南政法大学刑法学博士生。

下简称“张文”)中主张:“我国减刑、假释的目的当转向重返社会,并构建以自动给予的减刑为基础的假释制度。”①笔者认为,“张文”中减刑、假释的目的与构建其上的制度有进一步商榷的空间。因此,本文将对这一问题进行阐发,以期求教于张亚文博士及其他学界同仁。

一、我国减刑、假释的目的是惩罚犯罪、矫正罪犯

笔者认为,减刑、假释制度规定于刑事法律规范中,其目的应该与刑事法律规定之目的保持一致,于《刑法》《刑事诉讼法》《监狱法》中寻求依据。

(一)减刑、假释的目的服从于《刑法》

一个法律条文之所以具有了刑法条文的性质,是因为其中包含了违反它就会受到刑罚惩罚的关键内容。罗克辛教授基于德国刑法的规定,将刑罚与保安处分作为定义刑法的标准。他认为:“刑罚和保安处分是全部刑法条文的共同基本点,也就是说,在形式意义上,刑法是由它的惩罚方式进行定义的。一个条文不会由于违反的是应当行为或者没有行为的规定而属于刑法,那种情况在许多民事和行政法规中也会规定,但是,一个条文会由于一种违反规定而受到刑罚或者保安处分的惩罚而属于刑法。”②我国减刑、假释制度规定在《刑法》第四章第六、七节中,它们是刑罚惩罚规定的组成部分,其目的在刑法目的涵盖之下,应该首先服从于刑法目的。

刑法目的中包含了对犯罪的惩罚。《刑法》第 1 条规定:“为了惩罚犯罪,保护人民,根据宪法,结合我国同犯罪作斗争的具体经验及实际情况,制定本法。”条文明确规定了中国刑法制定的目的是“惩罚犯

---

① 张亚平:《减刑、假释的目的反思与制度变革》,载《现代法学》2015 年第 6 期。

② [德]克劳斯·罗克辛:《德国刑法学总论——犯罪原理的基础构造》(第 1 卷),王世洲译,法律出版社 2005 年版,第 3 页。

罪”和“保护人民”。“惩罚犯罪”的目的通过刑法任务来实现,《刑法》第2条规定,“用刑罚同一切犯罪行为作斗争”。国家通过刑法,规定了犯罪是什么,犯罪的行为包含哪些,罪犯应该接受的被剥夺最基本权利的内容是什么来惩罚实施了犯罪行为的人。

“惩罚犯罪”的目的根植于“保护人民”的目的,以保护目的为基础。保护人民,就是保护国家和人民的重要利益。运用刑罚手段打击各种犯罪行为,是为了有效控制犯罪,从而保护需要用刑法保护的利益。在刑罚执行与变更中矫正罪犯,是因为罪犯的行为侵犯了国家和人民的重要利益,矫正罪犯能够防止犯罪行为再次发生,从而避免再次发生对利益的侵犯。我国监狱中关押的罪犯既是被惩罚的对象,也是被矫正的对象,通过惩罚与矫正,实现刑法的目的。

减刑、假释作为刑法中的一种制度,要服从于刑法的目的,在制度的具体运行中实现刑法的目的。减刑、假释中规定了罪犯最低服刑年限后才可以减刑出狱或者获得假释,使其承担一定程度的痛苦,这是对罪犯的惩罚。通过惩罚犯罪,恢复被犯罪行为破坏的利益格局,恢复被犯罪侵犯的法律的权威,从而实现对人民的保护。罪犯在监狱中被剥夺自由,虽然有些罪犯没有被剥夺政治权利,但是政治权利中与自由相关的权利如集会等权利因自由被剥夺而不能行使,这无疑是一种产生痛苦的惩罚措施。

能够获得减刑、假释的罪犯不是罪行极其严重、需要从肉体上被消灭的死刑犯,他们即使曾经实施过犯罪行为,也应该享受罪犯应得的权利。罪犯在监狱中服刑,接受劳动改造、文化教育、职业教育等措施矫正,获得减刑或者假释的机会得以提前出狱,这是对罪犯人权的一种保护,防止“刑罚过剩”。

在法律范围内对罪犯实施减刑、假释,是保护他们人权的奖励、激励措施,是监狱行刑中的重要管理手段。2016年最高人民法院颁布的《关于办理减刑、假释案件具体应用法律的规定》(以下简称《减刑、假释规定》)中,第1条开宗明义指出,“减刑、假释是激励罪犯改造的刑罚制度……最大限度地发挥刑罚的功能,实现刑罚的目的”。罪犯在监狱有不同程度的悔罪或者立功表现,能够获得减刑的幅度、间隔时间都有差异。通过奖励表现良好的罪犯,引导罪犯自我矫正其行为模式,使服从法律法规成为他们的一种习惯,有利于使罪犯出狱后或者假释后不再实施犯罪行为。通过对表现差的罪犯少减刑、不假释,使罪犯认识到其曾经的犯罪行为给社会造成的损害,其现今行为仍然不符合法律法规的要求,从而实现对他们的惩罚,使他们能够开始认罪悔罪。积极的奖励与消极的不奖励,是惩罚与矫正的两个方式,是实现刑法目的的路径之一。

(二)减刑、假释的目的服从于《监狱法》

减刑、假释由自由刑行刑机关——主要是监狱向中级以上人民法院报请。监狱对犯罪人执行刑罚,实施教育改造,对表现良好的罪犯予以减刑、假释。减刑、假释制度不仅规定在《刑法》中,也被规定在《监狱法》中,因此,其目的同样应服从于《监狱法》中的相关规定。

《监狱法》第 1 条明确规定了其目的是“正确执行刑罚”“惩罚和改造罪犯”“预防和减少犯罪”。自由刑抽象规定于刑法条文中,具体实现于判决书中,终将落实在监狱或者其他组织剥夺、限制自由的执法过程。监狱执行死刑缓期执行、无期徒刑、剩余刑期为三个月以上的有期徒刑,实现对犯罪人最基本人权——自由的剥夺。在对罪犯剥夺自由的过程中,实现惩罚和改造罪犯的目的。

监狱中的惩罚和改造目标有机结合在一起,一体两面,不能认为某种做法纯粹是惩罚措施,某种行为纯粹是改造措施,两种措施水火不容,而应当认为惩罚与改造有机融合在各种措施中。在监狱行刑,惩罚中包含了改造,改造中同样包含了惩罚。监狱中改造的主要措施——教育、劳动都建立在剥夺罪犯人身自由的惩罚之基础上。监狱中的教育主要有思想教育、文化教育和技术教育三类。监狱中劳动形式多种多样,有劳动能力的罪犯,都应该参加监狱组织的各项劳动活动。在监狱中,惩罚与改造密切相关,通过共同作用使罪犯最终能够成为国家遵纪守法的公民。

减刑、假释规定在《监狱法》,应服从于监狱法目的之惩罚与改造。

减刑、假释首先建立在剥夺自由的刑罚基础上,是惩罚过程的产物。《监狱法》第三章"刑罚的执行"第四节规定的减刑、假释与第四章"狱政管理"第六节规定的奖惩密切关联。罪犯在监狱表现好,可以获得表扬、物质奖励或者记功,日常考核的计分高,最终可以获得减刑或者假释。罪犯在监狱中表现不同,获得的奖励也有差异,《减刑、假释规定》将其划分为四个层次:确有悔改表现或者有立功表现;确有悔改表现并有立功表现;有重大立功表现;确有悔改表现并有重大立功表现。通过缩短实际执行刑期的方式奖励罪犯,引导罪犯服从管理规定,积极实现自我矫正。罪犯在监狱中表现差,监狱可以给予警告、记过乃至禁闭,扣除日常考核计分,不能获得减刑、假释或者只能获得相对较少的减刑、假释。如果罪犯在监狱内被发现漏罪或者新罪,将导致减刑裁定被撤销、延长再次减刑的时间、缩短减刑幅度等不利后果。

使罪犯不能或者仅能获得很少的减刑或者假释时间,既是一种惩罚方法,也是一种改造方式。控制减刑或者假释,使罪犯在狱内服刑时间相对较长,剥夺自由相对更多,是对罪犯的惩罚。通过狱内服刑时间更长的措施,能够使罪犯得到更多教育与矫正,实现减刑、假释中改造的目的。

(三)惩罚犯罪与矫正罪犯是报应与预防的有机结合

1.应受惩罚的犯罪行为

犯罪侵犯了法律,使法律的权威遭受破坏,如果法律不予报应,必将失去存在的意义,使国家制度得不到有效保障,不能对社会产生应有的影响。黑格尔认为:"犯罪行为不是最初的东西、肯定的东西,刑罚是作为否定加于它的,相反的,它是否定的东西,所以刑罚不过是否定的否定。现在现实的法就是对那种侵害的扬弃,正是通过这一扬弃,法显示出其有效性,并且证明了自己是一个必然的被中介的定在。"①犯罪侵犯了法,是对法的否定,"在犯罪中不论是法本身或我所认为的法

① [德]黑格尔:《法哲学原理》,范扬、张企泰译,商务印书馆1961年版,第100页。

都没有被尊重,法的主观方面和客观方面都遭到了破坏”。① 法通过对否定自己的犯罪的否定,显示了自己的有效性。法否定犯罪的方式,就是用刑罚惩罚犯罪。这种惩罚摆脱了私人复仇的偶然性和随意性,由法官将法律的普遍意志在案件审理中实现,从而达到刑罚的正义。对犯罪行为进行惩罚,不是由个人的思想决定,而是取决于法律的规定。

康德从另一个角度提出了报应的观点。他认为,人因为侵犯了法律所保护的利益而应该受到报应,被刑罚惩罚。“任何一个人对人民当中的某个个别人所作的恶行,可以看作是他对自己作恶。因此,也可以这样说:‘如果你诽谤别人,你就是诽谤了自己;如果你偷了别人的东西,你就是偷了你自己的东西;如果你打了别人,你就是打了你自己;如果你杀了别人,你就是杀了你自己。’这就是报复的权利。不过,还要清楚地了解,这有别于单纯个人的判断,它是支配公共法庭的唯一原则。”“可是,我们如何理解‘如果你偷了别人的,你就偷了你自己’这种说法呢?这种说法表明了,无论谁偷了什么东西,便使得所有人的财产都变得不安全,这样,根据报复的权利,他也就剥夺了自己财产的安全。”②

康德上述论述容易让人误解他是一个等量报应论者,然而事实并非如此。他不同意充满了主观随意性的报复,他从各种犯罪行为背后抽象出共同的特征,侵犯了权利——法律所保护的权利。例如,某人实施了杀人行为,便违反了道德律,侵犯了法律所保护的人的生命,因此需要对这种行为加以惩罚。对犯罪行为的报应、惩罚,是为了保护权益。

对犯罪行为加以惩罚,恢复了被犯罪侵犯的法律权威,使法律对各项权利的保护能够得以重新实现,实现了正义。对犯罪行为加以惩罚,是公众报应意识的要求。“犯罪行为能激起公众对侵犯社会规范的情感,从而引出社会禁令。因此犯罪行为产生了人们预料不到的效

---

① [德]黑格尔:《法哲学原理》,范扬、张企泰译,商务印书馆1961年版,第161页。

② [德]康德:《法的形而上学原理——权利的科学》,沈叔平译,林荣远校,商务印书馆1991年版,第164~165页。

果——造成并强化了保护公共福利的共同规范意识。"①通过对罪犯的惩罚,不仅重新恢复了被犯罪破坏的法律,还实现了公众对法律的尊重,重建了法律秩序。

2. 应得到矫正的罪犯

罪犯为刑法禁止的行为方式应该在行刑过程中得到矫正。梅传强教授认为:"人的社会性决定了人对需要的追求永无止境,而满足需要的手段、方式又必然受到社会的种种限制。如果个体在社会化过程中,没有将社会规范内化为个体意识,出现了人格缺陷,那么,个体在追求自己需要满足的过程中,就可能运用社会不认可、不接受的方式满足自己的需要;当这种方式所导致的对社会或他人的侵害又超过了社会和一般人的社会心理容忍度时,就可能成为犯罪行为。"②由此可见,犯罪的原因不是罪犯的需要得不到满足,而是罪犯满足需要的方式不为社会接受、认可。人的需要没有善良或者邪恶的区分,但是满足需要的方式必将经过社会能否接受的判断。国家无法通过暴力消除一个犯罪人获得尊重的需要,但是可以通过刑罚的惩罚与矫正,使他满足获得尊重这一需要的方式为社会接受。概言之,通过刑罚,矫正罪犯满足需要的不为社会所接受的方式。

矫正犯罪人满足需要的方式的目的在于降低罪犯的人身危险性,避免再次用不符合法律要求的方式满足自身需要。"在刑罚的执行过程(特别是在强制性的劳动教育改造)中,在教育改造机关(如监狱)的各种惩罚改造措施的影响下,行为人对自身的生活习惯、行为准则、价值观念等进行重大调整,重新学习,弃恶向善,重塑健全人格,回归社会后不再犯罪,成为合格的社会成员。"③犯罪人经过在监狱内的各种管理教育转化措施后,基本上都能认识到自己的错误,矫正自己的行为模式。罪犯李某入狱前为国有公司处级领导干部,被判处无期徒刑入狱后坚持认为自己是被冤枉的"好人",不肯认罪悔罪,以至于7年都不

① 陈兴良:《刑法的人性基础》,中国方正出版社1999年版,第310页。

② 梅传强:《犯罪心理生成机制研究》,中国检察出版社2008年版,第78页。

③ 同上书,第251页。

能从无期徒刑减为有期徒刑。监狱对他实施了“集体攻坚,专人负责”的转化方法,以诚待之,以情感之,以理教之。经过干警的不懈努力,李某最终认识到了自己的错误,认罪服判,参加监狱组织的各种学习和劳动,从而开始获得减刑。① 罪犯不认罪悔过,无法认识到自己行为的危害性,将会给国家、社会、监狱等带来各种危险。罪犯认识到自己行为是犯罪行为,不应该实施以及再次实施,则能够使罪犯开始改变行为模式,降低再次犯罪的可能性。

矫正效果的客观考察方式系罪犯计分考核标准。罪犯人身危险性的变化是主观见之于客观的过程,并非不可捉摸。目前对罪犯“确有悔改表现”“没有再犯罪的危险”的考察,除了依据监狱或者看守所等监管人员的主观感受之外,还存在细致入微的计分考核标准。通过罪犯在生产、生活中的表现折合成分数来查验罪犯矫正效果,是目前我国正在运用的最佳方式。笔者在监狱调研中发现,计分考核分数高的罪犯再次实施犯罪的可能性要远远低于分数低的罪犯。这表明,计分考核标准在引导罪犯矫正自身行为模式方面发挥了重要的积极作用。

罪犯接受教育矫正,表现良好,对其最重要的奖励系减刑或者假释。罪犯在服刑过程中,最渴望的不是“饮食男女”这样的人之大欲,而是自由。笔者多次深入监狱调研,参与座谈的监狱干警坦言,在监狱中,所有的口头表扬、安排亲属会见等精神奖励,营养加餐等物质奖励均没有减刑、假释更能让罪犯开心。罪犯接受了惩罚与教育矫正,人身危险性降低,所以可以提前释放出狱,使其早日拥抱自由。

二、我国减刑、假释目的不必然引发“现实问题”

减刑、假释目的是否会引发一些现实问题?“张文”认为,“目的定位所引发的现实问题”包括四种,即“操作与目的错位”“司法腐败”

---

① 参见房玉国:《北京监狱狱政管理实务》,中国财政经济出版社 2013 年版,第 56 页。

"倾斜适用""释放后再犯"。[①] 笔者认为,实践中发生上述现实问题与我国减刑、假释目的之定位并没有必然逻辑关系,教育、重返社会等目的都可能引发各种问题。

(一)信用假释也有可能引发"现实问题"

惩罚犯罪、矫正罪犯目的指引下的减刑、假释制度不必然引发"现实问题"。信用假释以重返社会为目的,其同样能够引发"现实问题"。信用假释要求良好表现与减刑相关,不良表现与撤销减刑或者延迟假释期限相关,"在监禁刑罚执行过程中及社区矫正过程中如有不良表现,可以全部或者部分撤销其减刑,并因而撤销或延迟其假释期限,或重新收监执行原判刑罚"。[②] 按照信用假释制度的设计,罪犯有不良表现的情况,将承担不利后果。

良好表现仅仅是一种外部行为,是否是罪犯"内心悔改"的真实体现在很多考察方式中都难以验证。通过计分考核来检验教育、矫正目的实现程度,考察罪犯的外部表现,如是否积极参加劳动、是否参加"三课"学习等来判断罪犯人身危险性的变化,继而决定罪犯是否能够获得减刑或者假释,是目前能够选择的最不差的方式。现行计分考核虽然会导致大多数罪犯的一切行为都向获得分数靠拢,但是在细致入微的计分考核中,[③]包含了对罪犯行为的矫正,尤其是对罪犯恶习的矫正。罪犯会因多年恶习被矫正而产生不适应的痛苦,但春风化雨的力量在日积月累中使罪犯逐渐摒弃不为社会接受的满足需要的方式,从而实现对行为模式的矫正。"张文"所主张的信用假释同样要以罪犯的表现为参考依据,这种方式依然是引导罪犯按照刑罚执行机关的要求行事,与现行减刑、假释制度的参考标准没有实质差异,在减少罪犯

① 参见张亚平:《减刑、假释的目的反思与制度变革》,载《现代法学》2015 年第 6 期。

② 张亚平:《减刑、假释的目的反思与制度变革》,载《现代法学》2015 年第 6 期。

③ 笔者见到有些省、直辖市、自治区制定的计分考核标准中,会细致到不允许罪犯在开会、学习的时候跷脚,否则以扣分处理。

“表里不一”“唯分是举”方面也不存在优势。

“张文”主张,计分考核中,监狱干警可以通过调换工作岗位等方式给某些罪犯更多加分机会,有些工作岗位工作较为轻松,得到加分更容易,罪犯可以通过贿赂监狱干警获取。这种措施也会导致倾斜适用,犯贪污、贿赂罪的罪犯头脑灵活、善于隐藏伪装,能够获得更多的减刑、假释。信用假释制度的设计中,规定减刑和假释不与计分考核相关联,监管人员只需监督罪犯“遵守规则,履行基本义务”即可,减少了工作上的负担,也能减少权力寻租的空间。

笔者认为,这种制度与以计分考核为基础的减刑、假释在避免腐败方面没有特别大的差别,同样有腐败的可能性。在信用假释制度中,罪犯如果违反了规则,没有履行义务或者没有很好地履行义务,将会被撤销或者延迟假释。可是,如果干警收受贿赂,则能对这些违反规则的情形视而不见,使罪犯享受更多自由,依然不能有效消除权力寻租的空间。因此,希望通过信用假释制度避免监狱行刑中的腐败,同样是较为困难的。将行刑中的腐败问题转化为减刑、假释目的、制度设置不当问题,去重设减刑、假释目的与制度,不考虑对行刑中腐败进行监督,是舍本逐末的做法。

在原有制度基础上加以完善,是一个引发波动更少的良好选择。为了避免职务犯罪、破坏金融管理秩序和金融诈骗犯罪、组织(领导、参加、包庇、纵容)黑社会性质组织犯罪等罪犯通过不正当途径获得高于平均水平的减刑、假释机会,中央政法委于2014年专门发布了《关于严格规范减刑、假释、暂予监外执行切实防止司法腐败的意见》的文件,要求对该类罪犯严格减刑、假释。最高人民法院亦对该问题高度重视,《减刑、假释规定》第3条也专门做出规定,防止上述犯罪人通过不正当手段获得减刑、假释。这种规范减刑、假释的方法同样也能起到防止“司法腐败”“倾斜适用”的作用,无须直接废除减刑、假释制度。

“张文”同其他有些学者一样指出,我国目前减刑、假释后罪犯再次实施犯罪行为的现象比较严重,很多罪犯在减刑出狱后会再次实施犯罪。笔者认为,信用假释制度如果能够得以实施,同样有可能出现罪犯在刑罚执行完毕后再次实施犯罪的现象。原因在于,“如果矫正机构或者社会对犯罪人的教育改造措施不当，就会强化其逆反心理，促使犯罪心理的恶性发展”。[①] 行刑过程中，信用假释制度的操作者——监狱人民警察或者社区矫正工作人员如果有不当的行为，也会引发服刑者的逆反心理，给罪犯种下再次实施犯罪的种子。依照信用假释的构想，罪犯提前出狱，渐进释放，有一定时间适应社会，能减少再次犯罪的可能。但是，如何保障罪犯不是在表演性地遵守规范，寻求假释考验期结束后的犯罪机会，是横亘在信用假释制度面前的“太行、王屋大山”。

（二）引发“现实问题”的原因

引发“司法腐败”“倾斜适用”等问题的原因是多样的，不仅仅是现行减刑、假释制度目的定位“错误”以及两种制度本身出了问题，需要从多角度考察。

1. 人身危险性评估有局限性

因表现良好给予罪犯减刑或者假释，是对罪犯人身危险性降低后的反应，奖励罪犯继续矫正自己不符合法律要求的行为，按照狱内计分考核标准行动。2016 年《关于计分考核罪犯的规定》以及在此基础上细化形成的各省、市、自治区监狱系统罪犯改造计分考核及奖罚规定等规范，既是指引罪犯行为的标准，也是通过加减分考核罪犯人身危险性变化的标准。长期以来，我国对犯罪人人身危险性的评估，具有一定局限性。翟中东教授对比了中国危险评估工作与国际社会危险评估工作的差别后，认为我国的危险评估具有以下特点：第一，定性突出。我国危险评估中的“危险”源于经验上的判断，缺乏“危险源”与“危险”之间的因果关系分析。第二，没有确定危险评估的评估因子。第三，危险评估是监狱干警广泛参与、领导主导的行为，信息传播与获得都因为具有主观性而导致失真度高。[②] 标准较为落后的现状使对罪犯的减刑、

---

① 梅传强：《犯罪心理生成机制研究》，中国检察出版社 2008 年版，第 229 页。

② 参见翟中东：《国际视域下的重新犯罪防治政策》，北京大学出版社 2010 年版，第 217 页。

假释并非建立在高度数字化的科学基础上,往往会发生罪犯出狱后重新犯罪的问题。

在我国尚未建立起有效的人身危险性测试量表并且广泛适用之前,上述现实问题难以改变,对罪犯人身危险性的评估也会存在这样或者那样的问题。减刑、假释工作中的部分问题是危险评估方式的时代局限性引发的,通过计分考核的危险评估方式不能做到极为精确地认定每个犯罪人出狱后重新犯罪的可能性高低。笔者认为,可以通过建立起具有中国特色的危险评估机制来减少罪犯再次犯罪的发生。

2. 权力运行不规范

减刑、假释过程中,之所以会出现腐败问题,不在于计分考核对罪犯减刑、假释的决定作用,更不在于"唯分是举",而在于权力运行不规范。在世界上很多国家,权力运行中都会出现腐败,"某些腐败诸如涉及警察和海关官员的贿赂以及敲诈勒索,或多或少到处可见"。[①] 我国监狱中,在"耳目"使用、工作岗位安排等方面,监狱干警确实有一定权限。有些工种能够获得更多加分且劳动强度较小,如图书室整理等,罪犯可以通过不正当手段获取这些工作岗位。有些立功或者重大立功表现,罪犯存在造假现象,监狱干警或者法官收受贿赂后不予依法审核,而是给予其"一路绿灯"。有些罪犯存在违反纪律甚至违反法律等情形,可能会通过贿赂监狱干警等,不被扣分或者不被追究刑事责任。通过多种非法手段,少数罪犯能够很快获得积分,达到减刑、假释的条件,从而尽快减刑、假释出狱。

综观计分考核制度,目前尚没有一个制度能替代它从而避免腐败现象出现。笔者在监狱部门调研中发现,计分考核制度在实践部门适用中,没有出现不能实现惩罚、矫正罪犯的目的,不能辅助狱政管理的重大问题,总体上运行良好。我们可以通过完善这个制度来避免腐败的出现。2016年7月,司法部颁行新的《关于计分考核罪犯的规定》,代替运行26年之久的原计分考核规定,设计更为科学合理的新规定更

① [美]迈克尔·约翰斯顿:《腐败症候群:财富、权力和民主》,袁建华译,上海世纪出版集团2009年版,第39页。

能减少腐败现象的发生。

为了防止减刑、假释环节腐败现象的发生，最高人民法院、最高人民检察院、司法部等纷纷发布文件，规范减刑、假释各个环节的工作。2014 年最高人民检察院发布《关于减刑、假释法律监督工作的程序规定》《人民检察院办理减刑、假释案件规定》，2014 年最高人民法院发布《关于减刑、假释案件审理程序的规定》，2015 年司法部发布《关于进一步深化狱务公开的意见》，这些增加的监督等措施已经在实践中发挥了良好作用。因为某一项制度可能会出现腐败，就废除这种制度，是因噎废食的做法。用另一种不是很完善，或者没有经过检验的制度来替代现行的计分考核制度，有可能带来更多意想不到的问题。

3. 犯罪原因多样

犯罪人实施犯罪，是自身原因、社会原因与自然原因综合作用的结果。一个罪犯经过减刑或者假释后从监狱走向社会，存在多种不可控制的原因导致犯罪，仅仅归结于减刑、假释目的定位失败是有失公允的。“犯罪学话语的基本特点是实证分析方法。凭借实证分析的原理、方法观察、解读实然的犯罪问题，是犯罪学诉说真理的主要方式。”①认定减刑、假释制度本身有高度导致犯罪的可能性尚未发现数据支撑。2008 年，有部门提出“首要标准”，即“把刑释解教人员重新违法犯罪率作为衡量监狱管理工作的首要标准，以最大限度减少社会不和谐因素”。② 针对监管工作提出的“首要标准”缺乏犯罪学的科学支撑，目前已鲜有人再倡导。既然不能以再犯率衡量监狱工作的成绩，自然不能以再犯率的原因提出废除现行减刑、假释制度，这两种制度是监狱工作中的重点内容。

由于缺乏对犯罪问题的全面、系统公开资料，我们不能完全掌握重新犯罪的各种数据。全国每年减刑、假释的人数；减刑、假释后实施犯

---

① 白建军：《关系犯罪学》，中国人民大学出版社 2005 年版，第 22 页。

② 崔清新：《刑释解教人员重新违法犯罪率将成衡量监管工作的首要标准》，载新华网：http://news. xinhuanet. com/newscenter/2008 - 09/17/content_10054221. htm，最后访问日期：2016 年 12 月 6 日。

罪的时间、人数;减刑、假释罪犯再次犯罪的罪名等均不能获取公开资料,所以,研究多限于局部地区或者个别监狱。在这种基础上,认为"再犯中绝大多数都是减刑后再犯"①具有形式价值而无实质意义。笔者调研中发现,假释在监狱中适用相对较少,有些地方甚至出现了假释停滞的情况,获得假释的罪犯往往也曾经获得减刑,罪犯中获得减刑人数远超过假释人数,当然会出现再犯中获得减刑的人数远远超过获得假释的人数这种现象。减刑、假释后的罪犯再犯,并不能证明减刑、假释惩罚犯罪、矫正罪犯的目的是存在问题的,它们之间没有必然的因果联系。

三、信用假释制度不可行

"张文"建议,建构信用假释制度以实现促进犯罪人重返社会的目的,"犯罪人在被交付执行时,就根据原判刑期确定其可能获得的减刑(具体标准另定),刑期届满后再以假释的形式接受社区矫正。在监禁刑罚执行过程中及社区矫正过程中如有不良表现,可以全部或者部分撤销其减刑,并因而撤销或延迟其假释期限,或重新收监执行原判刑罚"。② 当今国际社会,人类联系的紧密程度已经远远超过前代。我国的刑罚变革不能闭门造车,必须要借鉴先进国家或者社会共有的经验与成果。以本国文化、法律、经济与政治的特殊传统为理由拒绝先进的刑罚哲学与实践,无疑不符合国际化的潮流。但是,"盲目移植西方的刑罚可能破坏社会的正常的秩序控制机制"。③ 信用假释制度在法国有一定优越性,但是其植入是否能够适应我国目前刑罚执行体系,是否能够保证不出现排异都存在一定疑问。我们是否需要为了引入这一不确定的国外制度而改造现行刑罚执行乃至刑罚立法体系呢?笔者对此持保守的态度。

---

① 张亚平:《减刑、假释的目的反思与制度变革》,载《现代法学》2015年第6期。

② 同上。

③ 翟中东:《刑罚问题的社会学思考》,法律出版社2010年版,第248页。

(一)与重返社会目的并无直接联系

使罪犯重返社会的主旨,在于防止罪犯因长期监禁不适应社会生活而再次实施犯罪行为,为此配合了劳动技能学习,提前适应社会生活等措施。但是,笔者认为,减刑、假释的目的并非重返社会,它们与重返社会没有直接联系。

自由刑的使命首推惩罚,离开惩罚的痛苦,无法成为刑罚。矫正、改善等措施以剥夺自由的惩罚为基础,惩罚为水之源,矫正系水上之波。“认为刑罚的目的在于改善、教育的立场出发,认为保持自由刑的刑期幅度,在具有改善、教育效果的阶段上就应该释放的观点毋宁说是当然的。”①从这个角度看待自由刑这种惩罚方式,它就不再是一种单纯的惩罚或者制造痛苦的恶害,而是包含了矫正在内的正义措施。

使罪犯与社会隔离是监禁刑天然的使命,在隔离中产生痛苦,矫正罪犯的错误行为模式。通过隔离使罪犯失去自由,从社会主流人群中的一员变成边缘人,这是对其行为不符合社会规范要求的正当反应。监禁并非永远消灭罪犯,对表现良好的罪犯予以减刑、假释的鼓励或者激励,使其建立其善行与奖励的联系,从而矫正不为社会接受的犯罪行为或者违法行为。

达到罪犯重返社会目的之最理想方法,或许莫过于大学教育。在一个与社会充分接触的大学中,罪犯学习法律法规、伦理道德、职业技能等,与充满阳光活力的大学生交流,表现良好就从校园“减刑”“假释”,参加工作,或许能最充分地重返社会。但是,这样的方式,是否还是监禁,是否还是剥夺自由的刑罚呢?赋予监狱行刑及其过程中的减刑、假释等措施以不合适的目的,有可能损害减刑、假释制度本身,甚至损害监禁刑的正义性。

① [日]山田宽:《犯罪学》,戴波、李世阳译,商务印书馆2016年版,第149页。

(二)增加自由刑的不确定性

我国现行减刑制度,使法院确定的宣告刑刑期不完全等同于执行刑,变成了一种相对确定刑。管制、拘役、有期徒刑的刑期为原判决刑期的1/2以上,原判决刑期以下。经过减刑后,管制实际执行的期限为1个月零15天以上,1年零6个月以下;拘役实际执行的期限为15天以上,6个月以下;有期徒刑实际执行的期限为3个月以上,12年零6个月以下;无期徒刑实际执行的期限为13年以上。如果某罪犯被法庭判处10年有期徒刑,其实际执行的刑期为5年以上10年以下,期间长短,很大程度上取决于其在监狱中的悔罪表现或者立功表现。

从某种意义上,我国的死刑缓期执行也是一种变相的自由刑。我国罪犯被判处死刑缓期2年执行后,将有可能出现9种结局。第一种,在死刑缓期执行期间,如果故意犯罪,情节恶劣的,报请最高人民法院核准后执行死刑。第二种,在死刑缓期执行期间,对于故意犯罪未执行死刑的,死刑缓期执行的期间重新计算,并报最高人民法院备案。第三种,判处死刑缓期执行的,在死刑缓期执行期间,如果过失犯罪,定罪量刑,合并执行死刑缓期执行,2年期满以后,减为无期徒刑。第四种,判处死刑缓期执行的,在死刑缓期执行期间,如果过失犯罪,定罪量刑,合并执行死刑缓期执行,2年期满以后,因重大立功表现,减为25年有期徒刑。第五种,判处死刑缓期执行的,在死刑缓期执行期间,如果没有故意犯罪也没有过失犯罪的,2年期满以后,减为无期徒刑。第六种,贪污犯、受贿犯数额特别巨大,并使国家和人民利益遭受特别重大损失的,被判处死刑缓期执行的,人民法院根据犯罪情节等情况可以同时决定在其死刑缓期执行2年期满依法减为无期徒刑后,终身监禁,不得减刑、假释。第七种,限制减刑的死刑缓期执行的犯罪分子,缓期执行期满后依法减为无期徒刑的,不能少于25年。第八种,限制减刑的死刑缓期执行的犯罪分子,缓期执行期满后依法减为25年有期徒刑的,不能少于20年。第九种,在死刑缓期执行期间,如果确有重大立功表现,2年期满以后,减为25年有期徒刑。

虽然减刑使自由刑、死刑缓期执行具有一定变动性，但是这种变动性具有上限和下限，罪犯在监狱中能有一定稳定感、安全感。通过自己的劳动或者其他表现，获得积分，逐渐获得减刑或者假释，实现自己的预期目标。

信用假释制度使罪犯在不确定的刑期中，在设施内、设施外的场所变换中处于一种更加不确定的状态。罪犯在这种制度构想中，一入狱就知晓了可能获得的减刑，表现不好，有可能被撤销原本给予的部分或者全部监禁。信用假释制度一方面使必然到来的减刑失去确定期限，另一方面又会使设施内服刑没有稳定的日期，这将宣告自由刑的实际执行刑期更加不确定。

我国《宪法》第33条第3款规定："国家尊重和保障人权。"有学者认为："宪法和政府存在的根本目的和价值就在于保护人权，它们自身并无意义，而只是在与人权的关系之中，才能实现自身存在的价值。"①罪犯虽然身陷囹圄，人身自由受到剥夺，但是依然享有作为人应该享有的权利，国家对人权处于极端状态的罪犯应给予充分的关注。一种刑罚惩罚制度是合法地剥夺罪犯最基本的人权，但是除此之外，不能增加罪犯额外的痛苦。信用假释制度，使罪犯在服刑期间不停地出入于大墙内外，往返于监狱与社区两地，忽而享有自由，忽而失去自由，这无疑是一种额外的痛苦，不符合人权保障的需要。

（三）增加监狱行刑难度

现行减刑、假释制度是减少监禁期限以鼓励罪犯改恶迁善、遵守法律、矫正违纪违法犯罪行为的制度。最高人民法院审监庭法官明确指出："为澄清司法实践中对减刑、假释性质的认识偏差并纠正一些不正确做法，《规定》在第1条中即规定'减刑、假释是激励罪犯改造的刑罚

---

① 夏勇主编：《法理讲义——关于法律的道理与学问》（上），北京大学出版社2010年版，第327页。

制度'。罪犯只有积极改造,表现优异者,才能获得减刑、假释。"①《减刑、假释规定》包含着对罪犯善行的鼓励措施,对"确有悔改表现""立功表现""重大立功表现"的罪犯予以减刑、假释。对不思悔改,不弥补自己犯罪行为造成的损害,有能力执行而拒不执行法院判决,继续实施违法犯罪行为或者不积极消除犯罪影响的,《减刑、假释规定》在减刑、假释的幅度、间隔时间、实际行刑的时间、经减刑裁定减去的刑期计算方法等方面均加以严格处理。不减刑、少减刑或者不假释,是对罪犯不立功或者不悔改的一种消极威慑。假释制度是在罪犯服刑一段时间后,有条件的提前释放,在该期间有条件地享有自由。它既包含着对罪犯的鼓励,鼓励罪犯遵守规范;又包含着对罪犯的威慑,如果有违规、违法、犯罪行为的,将被重新收监,失去自由。

这种以罪犯的向善之心以及行为作为减刑或者假释的条件,符合囚徒困境的要求,能够实现有效地管理罪犯。囚徒困境证明,一方采用合作的立场和方式,另一方采用不合作的立场和方式,不合作一方往往会获利更大或者损失更小,这最终导致不合作的出现。在监狱行刑中,如果罪犯对监狱干警的管理采取不合作的态度与行为,而监狱干警却给予罪犯减刑、假释这种合作的优待,则罪犯必然会选择不合作来过上不劳动、不学习的生活。这会导致惩罚、矫正、狱政管理的失败,最终使双方都不能获得合作带来的益处,即警察无法管控罪犯,无法矫正罪犯,罪犯也不会受到惩罚,不会矫正自己的行为。"用我自己的行为对对方的行为进行奖惩,以影响对方的行为向自己期望的方向转变。"②这是正确处理人际关系的通则,对罪犯在监狱中的表现,需要奖善罚恶,才能引导罪犯的行为朝着法律希望的方向前行。

信用假释制度使罪犯在被交付监狱执行的时候就确定了可能获得的减刑。这是一种没有或曰缺少必要原由的奖赏。"赏当其劳,无功

① 乔文心:《最高人民法院出台关于减刑、假释案件的司法解释》,载最高人民法院官网:http://www.court.gov.cn/zixun-xiangqing-30731.html,最后访问日期:2016 年 12 月 16 日。

② 盛洪:《儒学的经济学解释》,中国经济出版社 2016 年版,第 216 页。

者自退；罚当其罪，为恶者戒惧。”①“张文”设计的没有理由的减刑，会变成一种纯粹降低刑期，调节狱内罪犯人数的方法，使法律失去应有的权威，使法院判决变成不值得尊重的决定，使监狱干警失去了在囚徒困境博弈中能够采用的保护自己以及制度的手段。无功而赏，没有办法建立善行、合作与减少惩罚、增加奖励之间的关系，纯粹单方获益的是罪犯，不是作为管理者、矫正者的监狱警察或者监狱机关，也不是法律制度的制定者或者民众。

在不劳而获，无功而赏的模式下，无法使罪犯采用合作策略服从管理与矫正，无法使监狱干警采用不加分、扣分的方式影响减刑、假释来对抗罪犯的不合作，将导致合作失败，惩罚、矫正的失败。只有“以直报怨，以德报德”，②才能使双方的不合作、报复逐渐走向合作。罪犯在监狱中，没有遵守监规、没有悔改、没有立功，就不能获得加分，因而不能提前拥抱自由，这是“以直报怨”，在法律规定的限度内实现对不合作的罪犯的惩罚。反之，罪犯服从管理，则能够获得各种奖励乃至其最需要的自由，就是在法律规定的限度内实现对合作的罪犯的奖励，谓之“以德报德”。只有这样，才能实现监狱内两大矛盾主体的合作共赢。

按照“张文”的设计，在剥夺自由或者接受社区矫正的过程中，因“不良表现”而被部分或者全部撤销罪犯的减刑，成为另一种增加设施内行刑时间的措施。这与减刑一样，是一种行刑威慑，意在使罪犯建立起赏罚与善恶行为间的逻辑关系。罪犯在假释考验过程中，不服从管理，违规、违法、犯罪，不与矫正组织合作，将被收监行刑或者撤销减刑，这是对不合作的一种惩罚。罪犯在接受社区矫正过程中，服从管理，与矫正组织合作，从而不被收监执行刑罚，这就是一种对向善或者善行的鼓励。这种措施是在实践赏善罚恶，也是在寻求使罪犯学会与执法人员、他人、社会、各种规范之间的合作，从而获得最大收益。

无论在现行减刑、假释中，还是在“张文”设计的信用假释制度中，对犯罪人的管理都离不开以自由为奖赏或者惩罚、威慑的制度。在现

① （唐）吴兢：《贞观政要·择官》。

② 《论语·宪问第十四》。

行减刑、假释制度中能更好地体现赏罚、博弈的合作原则,在张博士设计的制度中,该原则只能在局部体现,不利于罪犯管理与矫正。

(四)不利于矫正

重返社会理念在英国与法国的减刑、假释中取得了指导思想的地位,并在具体制度中得以体现,张博士在文中较为详细地进行了介绍。① 英国废除了以善时(或曰善行,good behavior)为基础的减刑、假释制度,转投"不以悔改表现为基础的监禁释放制度""所有被判处监禁刑的罪犯都可以获取一段时间的提前释放"。法国实施信用减刑、额外减刑与特别减刑,"都不考虑犯罪人的悔改表现,因而与教育刑理论基本上没有关系"。在法国,假释制度也与减刑相似,通常不考虑罪犯的悔改表现,全然将关注点放在罪犯重新回归社会的可能性这个角度。美国主要适用善时减刑,罪犯表现良好,则可获得最长不超过54天的减刑。另外,事前给予减刑,如果没有良好表现则可能撤销减刑适用也较多。如果出现了监狱人口极端膨胀的时候,对没有不良表现的罪犯,也进行减刑。

罪犯在刑罚执行完1/2或者一段时间后可以自动释放,有些罪犯需要接受一定社区监督等。无条件释放与善行无关,与悔改、立功无联,如何体现劝善黜恶的区别对待呢?与善行无关的优待会给重返社会的罪犯什么样的启示呢?犯罪去吧,反正会早点儿放出来,无条件!笔者在与监狱干警座谈中了解,确实有少数罪犯将犯罪作为一种生活方式,作为获得生活资料的途径。这类罪犯不怕刑罚,只渴望"干一票大的"就够"吃香的喝辣的"一辈子了,被判了刑无非就是再回监狱"休养度假",无所谓。对这类罪犯,目前需要良好表现才可以获得减刑、假释的制度都已经不能对之矫正,何况无条件的自动释放呢?

"张文"介绍了德国、日本的做法,这两个国家没有减刑,只有条件

① 参见张亚平:《减刑、假释的目的反思与制度变革》,载《现代法学》2015年第6期。

严格的假释制度。对罪犯假释,除了要考察其悔改表现、再犯可能性之外,还要考察假释后的可能性,相关社会成员的认可程度等。综观“张文”的介绍,上述几个国家的减刑或者假释制度,要求罪犯服刑期间的善行还是主要的做法。况且,德国与日本并没有因为法国、英国、美国等国家的“先进”制度而放弃基于本国特色的创造。德国与日本对待他国减刑或者假释的态度比他们的假释制度更加值得我们学习和思考。

信用假释制度的设计,使犯罪人入监服刑时就可以自动获得减刑机会,刑期届满后再以假释的形式接受社区矫正的做法,违背了赏罚的原则。韩非子有云:“功当其事,事当其言,则赏;功不当其事,事不当其言,则罚。”①虽然这句名言系劝诫君主掌控臣子的技术,但是该操作原则符合人类心理,亦可借鉴到对罪犯的减刑、假释规定中。没有原因地减少刑期是一种优待,不会让犯罪人感受到刑罚的宽容,反而会让罪犯感到刑罚的软弱可欺,法院判决的不严肃。罪犯一旦视其为当然,则不能心存感激或者无法建立起来矫正行为模式与奖励之间的联系,不能促进罪犯重新回归社会。

(五)不利于实现刑罚正义

刑罚剥夺人最基本的人权,以正义为基石才能存在且区别于单纯的暴力。报应是刑罚实现正义的途径之一,每个人都应该为自己的行为负责任,其行为应该得到公正的结果。“报应主义所倡导的恢复正义,并不是通过道德谴责或强制使人痛苦进而修补犯罪造成的损害,而是恢复到一种人与人之间的均衡的平等状态。”这种平等状态虽然仅仅是拉德布鲁赫的“一种形式化的观念”,但是它给我们开辟了一条新的路径,“法对正义的追求不是体现为正义之具体结果,而应该是一种实践性的机制,在实践的过程中,法无限地趋向于正义”。② 减刑、假释

① 《韩非子·二柄》。

② 孙立红:《论报应主义刑罚的积极价值》,载《环球法律评论》2015 年第 5 期。

制度是刑罚运行过程中极为重要的一环,制度设计应努力实现刑罚的正义,维护平等这个核心要素。

犯罪行为发生之前,被害人与犯罪人之间保持着一种法律上的平等与利益的平衡,互不侵犯,互不干涉。不法行为实施后,被害人原有稳定的利益体系被打破,其人身权利、财产权利等法益遭到侵犯,不法行为人因此与被害人对立起来。这种犯罪行为造成的不平衡状态,在不能自我恢复或者国家认为有必要干预的时候,就需要依靠国家暴力来重新实现平衡。刑罚会通过均衡状态的重新实现,使犯罪人和被害人脱离报复心理导致的牵连,这就实现了报应的正义。

现代国家中,暴力几乎被全部垄断,私人哪怕使用细微的暴力都有违法犯罪的危险。"暴力垄断强求获得这样一个社会,在这里禁止个别人或者团体用武力解决他们之间的或者更确切地说他们相互对抗的事。偏离这个标准就会受到制裁。"①国家代替犯罪被害人实施暴力复仇,很容易由于刑罚权超越私人主观情感而忽视被害人的情感与利益。如果被害人的利益与情感都被忽视或者没有得到足够重视,将导致被犯罪打破的平衡不能恢复,无法实现平等。因此,刑事立法、司法与行刑中,都应关注被害人利益与情感,以实现刑罚的平等状态恢复功能。

在我国现行的减刑、假释规范体系中,充分注意犯罪被害人的利益与情感,将被害人的利益与减刑、假释进行一定程度的结合。《减刑、假释规定》中,将财产性判项即判决罪犯承担的附带民事赔偿义务判项等与减刑、假释相结合,成为影响减刑、假释的重要因素,实现了被害人、犯罪人、国家暴力机关之间的配合与制约。有能力而拒不履行或者拒不全部履行民事赔偿义务判项,无法恢复被犯罪破坏的平衡状态,不能实现刑罚的正义,因此在减刑、假释的时候应从严掌握。

如果按照"张文"的构想,自动给予罪犯以减刑为基础的假释,过度考虑重返社会,忽视了对被害人利益的考量因素,刑罚的公正性将会受到影响。"虽然在某种意义上是极其非理性的,但刑罚或许还具有

① [德]扬·菲利普·雷姆茨玛:《信任与暴力——试论现代一种特殊的局面》,赵蕾莲译,商务印书馆2016年版,第99~100页。

满足被害人以及一般公众报复感情的功能。通过这一点,朴素的'公平'感、'正义'感被具体化,其结果,就是确认了对刑事司法制度和国家或社会诸制度的信赖。"①被害人将会对这样的做法不能理解,与犯罪人之间的矛盾难以消除。尽管不能过度考量被害人的情感,防止刑罚变成一种私人惩罚,但是被害人的情感抚慰应得到一定程度的认可。犯罪人无缘无故就减少了行刑的期限,不能从这一宽容的措施中感受到刑罚的惩罚性与矫正性,重返社会后亦将难以吸取教训,容易再次实施犯罪。

四、科学评估人身危险性,完善减刑、假释根基

在人类交流日益频繁的今天,外国先进的理念、经验等无疑对我们国家的各个行业、领域有着巨大的冲击,法学与法律概莫能外。但是,我们是否可以因为某一制度貌似在外国运行得颇为不错就用它改造我国现行较为成熟的制度呢?我们是否还要为了这一项制度而改造该制度的系列配套制度呢?答案应该是谨慎的。"全球化没有降低地方的重要性,但它的确令对地方问题和现象的研究被置于广阔的地理和历史背景之下。对于大多数法学者,应该遵循这样的准则,'全球性的思维,地方性的关注'。"②笔者认为,我们需要关注世界刑罚发展的潮流与动向,但是还要立足中国实践,在减少不必要波动的情况下,改革、完善现行减刑、假释制度,而非简单移植某个国家或许也在焦头烂额地正在修补完善的制度。

(一)减刑、假释建立在人身危险性评估基础上

对罪犯进行减刑、假释建立在对罪犯人身危险性评估的基础上,罪

① [日]山田宽:《犯罪学》,戴波、李世阳译,商务印书馆2016年版,第137页。

② [英]威廉·退宁:《全球化与法律理论》,钱向阳译,中国大百科全书出版社2009年版,第323页。

犯受到了基本的惩罚,接受了矫正,在监狱内就会表现良好。罪犯因惩罚与矫正,人身危险性降低,将获得减少服刑期限的奖励,或者得到提前出狱、在监狱外行刑的鼓励。如果有更加科学的人身危险性评估方式,对罪犯的减刑、假释将会更容易实现矫正的目标。“危险评估是危险控制的基础,是危险管理的核心要件之一。危险评估的质量高度决定了危险管理水平的高度。因此,提高危险评估准确度是提高危险管理水平的应有内容。”①我国现行人身危险性评估尚未达到十分科学的程度,既不能满足有效管理的需要,也不能满足减刑的需要,尤其不能充分满足假释对罪犯人身危险性评估的严格需要。

1. 缺乏罪犯统计大数据平台

随着计算机、互联网技术的发达,大数据逐渐开启了这个时代研究犯罪的新转型。通常,我们能够见到的是已经取得了较大成果的随机抽样调查分析。在抽样调查分析的情况下,学者们在某个监狱内随机抽取一定数量的罪犯,通过填写量表等方式进行各种研究。这在数据存储有限、分析能力有限的情况下,代表了先进的方法,其结果也具有一定合理性。② 但是,大数据时代的到来将改变我们的研究方式,研究将引导人们利用一切能够收集到的数据,而不仅仅是一小部分数据的精耕细作。“统计抽样其实只是为了在技术受限的特定时期,解决当时存在的一些特定问题而产生的,其历史尚不足一百年。如今,技术环境已经有了很大的改善。在大数据时代进行抽样分析就像是在汽车时代骑马一样……慢慢地,我们会完全抛弃样本分析。”③虽然不能说在大数据时代研究罪犯问题不再依靠抽样统计解决,但全面收集数据,为研究或者决策打好科学的基础,已经成为一种不可抗拒的趋势。

---

① 翟中东:《矫正的变迁》,中国人民公安大学出版社2013年版,第226页。

② 笔者在多个监狱调研中与监狱干警座谈,较多干警对此研究方法及其结果表示疑问。例如,有监狱干警在带领罪犯填表时,听到罪犯小声嘀咕,“又是哪个学生要毕业了,拉咱们填这个破玩意儿”。在此种状态下填写出来的表格及其反映的问题,需要谨慎对待。

③ [英]维克托·迈尔·舍恩伯格、肯尼思·库克耶:《大数据时代》,盛杨燕、周涛译,浙江人民出版社2013年版,第43页。

我国目前尚没有建立有关罪犯所有数据的大数据库。例如,罪犯的总数量、每个监狱的罪犯数量、罪犯的性别、出生日期、受教育程度、初次违法/犯罪的年龄、实施犯罪的次数、间隔时间等。在大数据时代,应该建立起这样的平台,为人身危险性研究提供资料,为更好地减刑、假释做出科学的准备。

2. 缺乏科学的人身危险性评估工具

人身危险性虽然是一个抽象的概念,但是随着犯罪学与社会学、心理学、统计学等学科的交叉研究,逐渐成为一个可以评估的对象。通过一定可以验证的技术手段对罪犯重新犯罪的可能性进行科学评估,能够为控制犯罪或者假释、减刑提供可资借鉴的依据。"危险评估的对象是各种危险。这些危险包括:重新犯罪的危险;狱内实施暴力的危险;狱内脱逃的危险;社区监禁中失控的危险;社区监督中实施违法犯罪的危险;社区监督中对公众实施暴力的危险;社区监督中实施性侵害行为的危险。"①我国监狱很早就开始对罪犯的人身危险性进行评估,多为监狱干警根据经验进行的预测,尚没有全面推广人身危险性评估工具。司法部预防犯罪研究所以及部分省份的部分监狱在从事这方面的研究与实验,但是目前尚未有成熟的工具被投入大规模运用。

现行减刑、假释的标准,本质上是对罪犯人身危险性变化后的衡量标准。减刑的标准,主要规定在《刑法》《监狱法》《减刑、假释规定》中。"认真遵守监规""接受教育改造""确有悔改表现""立功表现""重大立功表现"是对犯罪人人身危险性降低的高度概括。假释的条件并没有写入《监狱法》,《刑法》中规定的"认真遵守监规""接受教育改造""确有悔改表现"与减刑条件相同,增加了一个更高的要求,即"没有再犯罪的危险"。《减刑、假释规定》、《关于计分考核罪犯的规定》、各省级司法厅/局乃至各个监狱出台的《计分考核奖罚罪犯规定实施细则》等,都有相关规定从各个层面体现罪犯人身危险性的变化,但是这些规定没能达到量化的程度。

---

① 翟中东:《国际视域下的重新犯罪防治政策》,北京大学出版社2010年版,第122页。

(二)科学评估人身危险性的路径

我国人身危险性评估的现状,不能满足减刑尤其是假释的需要,因此需要逐步建立科学的人身危险评估体系。

1. 建立全国罪犯信息平台

大数据时代,为了获取全面的信息以进行科学分析,需要建立全国罪犯信息平台,通过这个平台,研究如何有效实现对罪犯的减刑、假释等。平台建设,既需要监狱自身提供相关数据资料,还需要其他刑事司法机构的协助。例如,公安机关掌握了罪犯违反《治安管理处罚法》因而受到处罚的信息;检察机关掌握了罪犯被起诉的次数信息;法院掌握了罪犯被审判的次数信息;社区矫正机关掌握了罪犯违反社区矫正规定的信息等。目前,各个刑事司法机构都掌握有本部门的信息,出于多种原因不能向社会公开,也不能积极支持学者的调查研究。刑事司法机构之间也存在一定部门利益,不愿或者不能实现信息共享,打破刑事司法机构之间的信息壁垒,需要更高级政法机关的协调。建立全国罪犯信息平台,能为减刑、假释工作提供更多科学依据,对全部刑事司法机构都有益处,对全社会控制犯罪更有益处。

2. 建立人身危险性评估软件系统

危险评估工具在国外研究以及实践运用较多。翟中东教授介绍了这个领域中较有影响力的评估量表,如水平评估量表、历史因素评估工具、精神疾病量表、重新犯罪统计信息量表、"静态-99量表"、性暴力危险量表等。[①] 实践部门并没有百分百地接受外国学者们研究的量表,而是结合实践操作的需要对这些量表进行了修改和完善。美国各个州的监狱或者假释委员会都有自己独具特色的量表,并没有完全统一到联邦假释危险评估工具之下。这表明,罪犯人身危险性评估没有放之四海而皆准的标准,各个研究人员、监狱都有自己的取舍,服务于

---

① 参见翟中东:《国际视域下的重新犯罪防治政策》,北京大学出版社2010年版,第129~142页。

实践中的不同需要。

虽然不能因为国外有某种制度，就在我国也创设这种制度，但是这种定量分析的方法确实有值得借鉴的基础与可能。国外监狱或者社区矫正机构能够使用，我们中国也可以使用这种方法，其能为减刑、假释提供更加科学的依据，能为监狱中、社区矫正中的管理提供可靠依据。据笔者了解，司法部相关部门目前正在着手推进人身危险性评估量表的研发与运用，并且正在河北、浙江、江苏等地进行试点工作，另有若干软件公司参与到此量表软件的开发中。人身危险性评估工具的创造与完善，是减刑尤其是降低假释风险不可或缺的工具。

（三）在人身危险性评估基础上，改良减刑、假释制度

在人身危险性得到较为科学的评估基础上，我们能够以惩罚与矫正为目的，改良减刑、假释制度。

1. 减少部分罪犯的实际服刑年限

通过不完全调研发现，监狱内的间歇性精神病犯、身体残疾（不含自残）犯、老年犯、重病犯、过失犯等人身危险性相对较小，接受惩罚的必要性较小。这类罪犯人数相对较少，再次实施犯罪的可能性远远低于普通罪犯，对他们可以减少监禁年限。例如，可以通过立法提高该类罪犯的减刑或者假释比例，实际服刑期间可以降低到原判决刑期的1/3。降低该类罪犯的设施内服刑年限，增加社区矫正的时间，将社区矫正的时间提高到原判决的2/3等。在人身危险性降低后，减少该类罪犯实际服刑年限，是因为对他们的惩罚已经足够体现国家或者公民的意志，对他们的矫正已经能够收到使其行为不再违背社会共同的规范的效果。

在2016年出台的《关于计分考核罪犯的规定》中，已经开始出现此类端倪。其中第8条显然体现了对老年、身体残疾（不含自伤致残）、患严重疾病等经鉴定没有劳动能力的罪犯的特殊减刑、假释政策。这类罪犯只考核其教育改造的表现，并给予基础分数，基础分数满600，即可获得一次表扬。这意味着上述罪犯如果在6个月内没有违法犯罪现象，就可以获得一次减刑。《减刑、假释规定》中，也提出对这类

罪犯的计分考核从宽,减刑幅度和减刑时间可以适当放宽,这样能减少罪犯实际在监狱中服刑的期限。

2. 扩大假释罪犯的数量

监狱系统提请假释的积极性远远低于学者们的期待,导致假释罪犯的数量太少,在罪犯总人数中比例太低。申报假释,主要是根据包干干警、监区长与指导员及监区其他干警、狱政科、刑罚执行科、主管副监狱长、监狱长等通过各种形式合议,推定某个罪犯"没有再犯罪的危险",层层签字,然后报请人民法院假释。法官没有像监狱干警一样长时间接触、了解罪犯,更加难以判断罪犯再犯的危险大小。笔者在监狱、法院调研中了解到,有的法官在开庭中会问及干警,"你能保证他出狱不会再犯罪吗?"这个问题几乎没有办法回答。在无法得到充分确定的回答后,法官裁定假释的积极性同样会下降。

笔者认为,导致监狱系统在提请假释方面缺乏积极性以及法官谨慎裁定假释的主要原因有两个方面:客观原因与主观原因。客观原因在于,罪犯假释的关键因素——"没有再犯罪的危险"着实难以判断。一个在监狱各方面都表现良好的罪犯,假释后或许会因为一个偶然的意想不到的原因实施犯罪。这是通过监狱干警合议、法官阅卷以及开庭难以推测或者预测出来的。主观原因在于,罪犯假释期间犯罪的责任倒查使监狱干警产生畏难心理。如果罪犯在假释期间实施严重的犯罪,从监狱长一直到包干干警都存在被追究行政责任乃至刑事责任的风险。监狱干警大多数不愿意冒着自己的职业前途风险为一个罪犯办理假释。

《减刑、假释规定》中,对假释的标准已经开始有所松动,开始淡化"没有再犯罪的危险"之色彩。第 20、26、30 条中,体现了对过失犯、中止犯、胁迫犯、防卫过当犯、紧急避险犯、未成年犯、老年犯、严重疾病犯或者身体残疾犯、改造特别突出犯等从宽适用假释,并且有限适用假释。即使在不符合假释条件的情况下,依然要在减刑中从宽处理。这是因为,上述罪犯对抗社会规范的意识相对较弱,再次实施犯罪的能力较低,综合考量的人身危险性更低,应该在减刑、假释中被区别对待。这种规定切实考量到人身危险性的差异对减刑、假释的影响,刑罚目的在这类群体上实现的不同,是一种难得的进步。但是这种方式还是欠缺科学考量的基础。

如果能够研发出可靠的人身危险性评估工具,罪犯在某个数值范围内就可以获得假释,将会极大推动假释工作的开展。在这种基础上,"没有再犯罪的危险"将变得切实可以把握,评估结果体现为对罪犯矫正的成果分值,分数高的,可以参加社区矫正,分数低的继续在设施内矫正。监狱干警受到责任追究的风险也极大降低,有适用假释的积极性。法官也不必像现在一样向监狱干警追问那个几乎无解的两难问题。

目前我国刑法学界对犯罪论的关注与研究远远超过刑罚论。提出刑罚制度改革方案,实属难得。方案的提出需要有针对性与易操作性,笔者同意翟中东教授的建议,即"提高刑罚改革方案科学化的论证水平需要研究人员不断创新方法,更要更新知识,要拿出刑法改革方案接受者所愿意接受的方案,拿出不同于改革方案接受者上传下达公文的研究成果"。[①] 改革往往牵一发而动全身,废除减刑、假释制度,建立以重返社会为目的之信用假释制度,会给刑罚结构、监狱行刑工作、社区矫正工作等带来巨大的影响,应慎行。

Exploration of the Aim and Systematic Perfect of Reduction of Penalty and Parole

Zhao Liang & Zhang Kai

[内容摘要]减刑、假释的目的是惩罚犯罪、矫正罪犯,应当从刑事法律规范中寻找根据。引发司法腐败、重新犯罪等问题的根源不是现行减刑假释的目的定位错误,以自动减刑为基础的假释制度之构想不符合我国刑罚运行基础。科学评估人身危险性,坚持宽严相济的刑事政策,是惩罚与矫正目的下减刑减刑、假释的完善路径。

① 翟中东:《刑罚问题的社会学思考:方法及运用》,法律出版社 2010 年版,第 233 页。

[**关键词**]减刑;假释;惩罚;矫正

Abstract: Reduction of penalty and parole in China aim at punishment and correction, the aim should be found according to the criminal law. The root causes of the problems of judicial corruption and recidivism are not the purpose of the reduction of penalty and parole location error. Parole based on automatic reduction of penalty is not consistent with the operation of penalty in China. Measuring personal dangerousness scientifically, Insist on the Criminal Policy of Temper Justice with Mercy, may be the suitable way to Systematic Perfect .

Key words: reduction of penalty; parole; punishment; correction

涉恐犯罪既遂形态研究

官尔杰[*]　康均心[**]

目　次

一、前　言

2015年11月1日起施行的《刑法修正案(九)》进一步完善了涉恐犯罪的犯罪类型及法定刑幅度,为我国严惩恐怖主义犯罪提供了明确的法律依据。我国刑法规定的涉恐犯罪既可表现为共同犯罪,亦可由单独的个人完成,有的犯罪表现为行为犯,有的则为抽象危险犯。研究犯罪既遂与未遂,能够解决行为人是否应当就其行为根据分则规定的刑罚承担完全刑事责任的问题。在当前我国将依法反恐确定为重要工作原则的背景下,为了准确、有力打击恐怖主义犯罪,必须充分运用法治思维和法治方式惩治涉恐犯罪分子。因此,坚持以事实为根据、以法律为准绳,准确认识和把握恐怖主义犯罪既遂形

---

* 武汉大学法学院博士研究生。
** 中南财经政法大学反恐怖主义研究中心主任、教授、博士生导师。

态的标准就显得格外重要。

二、涉恐犯罪的内涵与特征

(一)恐怖主义犯罪与关联概念的厘清

"恐怖主义""恐怖主义犯罪"这些曾经离我们如此遥远的"概念",通过一次又一次的暴恐袭击事件渗透进了普通中国百姓的生活。"乌鲁木齐七五暴恐袭击事件""北京金水桥暴恐袭击事件""昆明火车站暴恐袭击案"……桩桩件件,表明我国也进入恐怖主义活动的高发期。由此,打击和预防恐怖主义犯罪已成为我国国家安全战略的重要组成部分。认清恐怖主义犯罪的实质,运用法律武器打击和预防恐怖主义犯罪,也成为国际社会反恐的普遍共识。但是目前,不同国家基于本国的国情和国家利益,在定义"恐怖主义犯罪"概念时仍莫衷一是。因此,正确认识和理解涉恐犯罪的犯罪既遂形态,首先要厘清恐怖主义犯罪及与其相关联概念的关系。

1. "恐怖主义犯罪"与"恐怖袭击"

"恐怖袭击"为一般的民间通用语,它既不属于犯罪学上的范畴,也不属于刑法学上的范畴,是对一种行为的直接描述,不带有对行为的评价内涵。而"犯罪"本身就是对一种行为的法律评价,恐怖主义犯罪的不同种类在刑法学上都有相应的概念规定,尤其是成文法国家采用"罪刑法定"原则,严格遵守"法无明文规定者不为罪,法无明文规定者不处罚"。因此,对于某种行为是否为恐怖主义犯罪,需要有非常明确的犯罪构成要件,要经过具体的刑事诉讼程序才能做出最终判定。

"恐怖袭击"则可以分为两种:一种是实际意义上的恐怖袭击,其核心是具有政治主张的袭击行为;另一种是非实际意义上的恐怖袭击,表现为以恐怖的犯罪手段而触犯法律的行为,即对社会公众实施袭击时不附带任何政治主张。通常来看,"恐怖袭击"的提法及范围,比"恐怖主义犯罪"更加宽泛。根据近来各国官方关于涉恐事件的表态,一般情况下,当案件性质初步确定为针对一国政府或社会公众,且是为了制造社会恐慌而实施的危害公共安全或侵犯人身权利等的暴力行为，表达用语采用“恐怖袭击”的居多，毕竟是否构成犯罪，尤其是否为“恐怖主义犯罪”，尚需经过刑事司法程序来认定。[①]

2.“恐怖主义犯罪”与“恐怖犯罪”

1937年日内瓦会议签署的《防止和惩治恐怖主义公约》指出：“恐怖犯罪一词是指直接反对一个国家，而目的和性质是在个别人士、个别集团或公民中制造恐怖的犯罪行为。”[②]《俄罗斯联邦刑法典》规定：恐怖主义犯罪是“指实施爆炸、纵火或者其他具有造成他人伤亡、巨额财产损失危险或造成其他社会危害后果；危害公共安全，侵犯他人或影响政权机关通过决定以及为达到此目的以实施上述行为相威胁的行为”。[③]《美国法典》则将恐怖主义犯罪的内涵明确为：主观上有预谋，具有特定的政治目的，目标是非军事目标，且是一种暴力活动，对社会影响深远。

从上述联合国公约或不同国家法律法规中使用的概念可以看出，“恐怖犯罪”的说辞，是对单纯引起社会心理震荡的犯罪形态的描述，严格说来，“恐怖犯罪”既不是一个具体罪名，也不是一类犯罪，而是从犯罪学的角度按照受害人的心理所划分的一种犯罪现象。“主义”通常具有政治属性的意义，“恐怖主义犯罪”更加强调行为的社会危害性。“恐怖犯罪”有的可能具有特定的目的，但常常不是出于政治目的，也不一定是目的犯。“恐怖主义犯罪”却往往具有特定的犯罪目的，尤其是有组织的恐怖主义犯罪，通常具有针对政党、针对政府、针对社会的特定目的。因此，“恐怖犯罪”的内涵具有不确定性，这种提法较为模糊，不提倡使用。

---

① 在具体的司法实践中，对某种行为是以“恐怖主义犯罪”论，还是称为“恐怖袭击”，很多情形下，并未严格区分，大多有混用的情况。

② 张智辉：《国际刑法通论》，中国政法大学出版社1993年版，第157页。

③ 赵秉志、王秀梅：《论惩治国际恐怖主义犯罪的基本问题》，载《铁道警官高等专科学校学报》2002年第1期。

3.“恐怖主义犯罪”与“暴力犯罪”

随着暴力恐怖事件的频发,“恐怖主义犯罪”概念在我国越来越被人们熟悉和接受,公安机关在行文中使用“暴力恐怖”(恐怖暴力)犯罪一词的频率也越来越高。在我国,绑架、杀人、爆炸等一些暴力型犯罪,常常被统称为暴力犯罪或严重暴力犯罪,司法实践中,约定俗成把故意杀人罪、故意伤害(致人重伤或死亡)罪、放火罪、爆炸罪、投放危险物质罪、抢劫罪、强奸罪、绑架罪等犯罪,统称为“暴力犯罪”。可以明确的是,“恐怖主义犯罪”字面上的含义应指为实现一定的思想信念,为了制造社会恐慌而实施的犯罪行为。也就是说,“恐怖主义犯罪”是以具有恐怖主义意识为前提,而暴力罪并不强调恐怖主义的意识,仅仅是对暴力行为的概括,应主要指向普通刑事犯罪。

(二)恐怖主义犯罪概念定位

国际恐怖主义的现象特征及其当代相关学术研究的成果,揭示出恐怖主义犯罪概念界定的关键,不是恐怖主义势力的政治性暴力或其政治性的目的诉求,而在于恐怖主义犯罪行为本身所指向的目标及其严重的社会危害性。尽管世界各国对恐怖主义犯罪的概念进行规定时,都会根据本国的特殊国情及政治需要、民族文化传统甚至立法技巧,在具体表达时会有不同的侧重。但是,概念本身的核心要素,都会集中在恐怖主义犯罪一定是将平民即普通社会公众作为主要袭击目标这一特征上。而其最终结果只有一个,即恐怖主义犯罪,一定是立足于全社会甚至全世界的对立面,这也应当是判定是否为恐怖主义的核心标准。

笔者认为,给恐怖主义犯罪做出一个明确的概念,要基于以下几方面的基本认识:

第一,恐怖主义犯罪概念本身具有强烈的价值判断内容。尽管自“恐怖主义”一词诞生之日起,恐怖主义就被赋予“贬义”的性质或成分,国际社会普遍将“恐怖主义”的标签与“政治暴力”相提并论。随着社会的发展,尤其是科学技术高速发展进入到“大数据”“互联网+”时期,人们的观念有了颠覆,交流沟通平台有了突破性发展,导致种种新型行为方式或手段纷纷出现,造成的社会危害也远远超出人们的想象。这一时期,恐怖主义的定义也出现被无限扩大的趋势。但是,其本身的基本价值判断尤其是道德价值判断的基本底线不会产生实质性变化。虽然在具体事件的判断中,不乏国家或地区或组织或个人,基于某种特殊的政治性需要,或者个别的私利性需求,对本应认定为恐怖主义犯罪性质的事件,一意孤行地、甚至偏执地认定为普通刑事案件,①但这并不能改变国际社会对恐怖主义具有反人类基本道德、基本价值观的基本判断。

第二,恐怖主义犯罪的实质社会危害性,是非群众性的组织所采取的针对普通民众发起的系统的、大规模的极端暴力。社会公众(有的称为平民)是社会各阶层中的绝大多数,是社会秩序的基础和社会存续发展的中坚力量,甚至可以说是起决定性作用的力量。恐怖主义犯罪常常将实施恐怖暴力行为的对象锁定在普通社会公众身上,导致大量恐怖主义犯罪的最大受害者,是纯属偶然而置身于恐怖事件现场的无辜民众。所以说,恐怖主义犯罪本身的反人民性特征极其明显和突出。也正因如此,恐怖主义犯罪不可能有社会民众支持的基础,而恐怖主义犯罪分子,说到底,是社会现存秩序的破坏者。

第三,恐怖主义犯罪主体常以聚集多人的非法组织形式出现。因为恐怖组织的反社会性、反人民性的特点及其恐怖暴力目标直指普通民众的特性,决定了恐怖组织的非法性,其不可能在国际社会中取得合法的社会身份。随着社会的发展变化,虽然世界各地出现了多起"独狼式"恐怖袭击,②但由于恐怖主义的主体体量能量决定或影响了其对社会的暴力性程度,因此从整体上看,诸如"基地""伊斯兰国"等极端

① 如发生在我国昆明火车站的暴力恐怖事件,有的国家则持双重标准,偏执地认为不是恐怖袭击。

② 美国的"校园航空杀手"西奥多·卡钦斯基,以邮包炸弹的方式制造了一系列爆炸事件,导致3人死亡,23人受伤。事后查明,西奥多·卡钦斯基有目的的制造爆炸事件,只是因为他憎恨高科技社会。西奥多·卡钦斯基被美国社会界定为"独狼式"恐怖袭击者。

组织的作为比“独狼式”恐怖袭击的暴力性程度激烈许多。

第四,恐怖主义犯罪行为的多样化与暴力程度的剧烈性。恐怖主义犯罪常常表现为在组织成立时和大规模行动前的极端秘密性与其行为结果极度扩张性的结合。恐怖主义犯罪的暴力程度具有不加任何限制的特性,恐怖主义犯罪分子正是试图利用任意的暴力恐怖寻求最大的破坏性和震慑性效应,通过屠杀无辜、散布恐慌引发经济混乱,造成社会动荡,从而吸引全社会的关注。

基于上述基本认识,可以将恐怖主义犯罪定义为:为了达到一定的、特别是政治或宗教目的,针对一国政府、社会公众甚至公民个人(不特定的),通过采取暴力、袭击、威吓等方式,制造社会恐慌,造成人员伤亡或重大财产损失的行为。

(三)刑法规范意义下的恐怖主义犯罪概念

“9 · 11”事件之后,美国立即在法律层面进行了积极应对,通过了《爱国者法案》,我国在国际社会也明确表达出坚决打击和严厉惩治恐怖主义犯罪的严正立场。在刑事立法方面,先后通过 1997 年《刑法修正案》、2001 年《刑法修正案(三)》、2011 年《刑法修正案(八)》和 2015 年《刑法修正案(九)》,全方位、系统地体现了我国惩治恐怖主义犯罪的基本立场、基本理念和基本对策。在相关刑法条款中,立法机关结合恐怖主义犯罪的行为特征,规定了具体的法定刑种类和法定刑幅度,为研究涉恐犯罪既遂形态提供了法律基础。例如,2001 年为了回应联合国第 1373 号决议,我国在《刑法修正案(三)》中修改了“组织、领导、参加恐怖组织罪”,增设了“资助恐怖活动罪”,明确该罪的犯罪主体包括自然人和单位,扩大了打击恐怖主义犯罪的范围,加大了惩治恐怖主义犯罪的力度。随着近年来国际恐怖势力不断向我国渗透,“疆独”“藏独”势力采取暴力手段制造恐怖主义犯罪的案件屡有发生,为了更有力地打击恐怖主义犯罪,《刑法修正案(八)》将恐怖活动犯罪列入特殊累犯之中。之后,我国又根据恐怖主义犯罪出现的新情况和新特点,在《刑法修正案(九)》中修改了“组织、领导、参加恐怖组织罪”和“资助恐怖活动罪”，增加了5种新型恐怖主义犯罪情形，同时还修改了第311条“拒绝提供间谍犯罪、恐怖主义犯罪、极端主义犯罪证据罪”和第322条“偷越国(边)境罪”。

为了规制恐怖主义违法行为，《反恐怖主义法》更是将涉恐违法活动进行了高度的细分。如第3条对“恐怖主义”“恐怖活动”“恐怖活动组织”“恐怖活动人员”“恐怖事件”进行了明确的界定。“恐怖主义”是指“通过暴力、破坏、恐吓等手段，制造社会恐慌、危害公共安全、侵犯人身财产，或者胁迫国家机关、国际组织，以实现其政治、意识形态等目的的主张和行为”。“恐怖活动”，是指“恐怖主义性质的下列行为：(一)组织、策划、准备实施、实施造成或者意图造成人员伤亡、重大财产损失、公共设施损坏、社会秩序混乱等严重社会危害的活动的；(二)宣扬恐怖主义，煽动实施恐怖活动，或者非法持有宣扬恐怖主义的物品，强制他人在公共场所穿戴宣扬恐怖主义的服饰、标志的；(三)组织、领导、参加恐怖活动组织的；(四)为恐怖活动组织、恐怖活动人员、实施恐怖活动或者恐怖活动培训提供信息、资金、物资、劳务、技术、场所等支持、协助、便利的；(五)其他恐怖活动”。“恐怖活动组织”，是指“三人以上为实施恐怖活动而组成的犯罪组织”。“恐怖活动人员”，是指“实施恐怖活动的人和恐怖活动组织的成员”。“恐怖事件”，是指“正在发生或者已经发生的造成或者可能造成重大社会危害的恐怖活动。”可以说，《反恐怖主义法》统一了法学理论和司法实践对恐怖主义相关概念界定的基本立场、基本理念和基本认识，也为研究涉恐犯罪的社会危害性程度、确定相关涉恐犯罪的既遂标准奠定了根基。

(四)恐怖主义犯罪的类型划分

为了完成恐怖主义犯罪，涉恐犯罪分子通常还会实施与恐怖主义犯罪有密切关联性的其他犯罪。因此，仅仅打击和惩治恐怖主义犯罪的“主行为”即“暴力袭击”部分是不够的，必须对其“从行为”即为了实施恐怖主义犯罪而实施的准备工具、制造条件、筹措资金、培训训练恐怖分子骨干成员等上游犯罪一并进行打击,才有助于彻底根除恐怖主义犯罪的土壤。为此,我国的刑事立法在结合国外反恐立法和国内恐怖主义犯罪新特点的基础上,先后将近十种犯罪行为纳入到恐怖主义犯罪的范围予以惩治。[①] 这些犯罪特征主要表现在:其一,实施"恐怖主义犯罪"行为的犯罪主体既有组织性严密的犯罪集团,也有临时起意纠结在一起的犯罪团伙,同时也包括单独个人的恐怖主义犯罪("独狼式"恐怖主义犯罪);[②]其二,"恐怖主义犯罪"的行为方式既有常见性的爆炸、放火等行为,也包括为了实施爆炸等主行为同时还实施有恐怖主义性质的从属行为,即被称为恐怖主义犯罪的"上游犯罪"及"下游犯罪"的行为;其三,实施"恐怖主义犯罪"时的主观心理态度为直接故意,即行为人明知自己的行为会造成危害公共安全的后果,造成社会恐慌,仍希望并积极追求或放任(漠不关心)危害结果发生。其中,有的犯罪主体有非常明确的政治诉求或其他希望通过实施恐怖主义犯罪而达到的特定目的,有的犯罪则可能并无任何明确的犯罪目的,只是其行为本身是针对社会公众且造成了严重社会恐慌。笔者结合现行刑法及相关司法解释,将散见于我国刑法分则中有关恐怖主义的犯罪归纳为恐怖主义组织类型犯罪、恐怖主义行为类型犯罪和恐怖主义

---

① 我国刑法先后增设了近十种新型的将以恐怖主义犯罪论的行为。首先,《刑法修正案(三)》在第120条增设了资助恐怖活动罪,为惩治以提供资金、财务等方式资助恐怖活动的犯罪行为提供了强有力的法律武器。其次,《刑法修正案(三)》增设了投放虚假危险性物质罪和编造、故意传播恐怖信息罪两个罪名,为有效惩治故意制造恐怖气氛或者传播恐怖谣言,扰乱社会秩序的行为提供了法律依据。最后,在《刑法修正案(九)》中增设了五类新型恐怖主义犯罪情形,包括(1)为恐怖主义犯罪的进行策划或准备等犯罪预备行为:如准备恐怖活动的犯罪工具、组织或积极参加恐怖活动培训、与境外恐怖组织或人员联络等;(2)制作、散发、宣扬和煽动恐怖主义犯罪的行为;(3)利用极端主义煽动、胁迫群众破坏国家法律确立的婚姻、司法、教育、社会管理等制度实施的行为;(4)强迫他人在公共场所穿着、佩戴宣扬恐怖主义、极端主义服饰、标志的行为;(5)非法持有宣扬恐怖主义、极端主义的物品的行为。

② 在学术界,还有的学者提出"国家恐怖主义"的概念,笔者认为,这种提法的出发点及终极目标等根本性的问题探讨尚不成熟,有待进一步研究。

关联类型犯罪三种情形。①

1. 恐怖主义行为罪

恐怖主义犯罪的主观方面，一定是具有特定的政治目的或反社会的目的，明知自己的行为会给社会造成严重的危害后果且在全社会引发巨大的恐慌，而积极针对国家、政府甚至普通社会公众实施犯罪行为。如前所述，衡量是否成立恐怖主义犯罪的标准，应当立足于行为人实施的社会危害行为，有无造成相当程度或范围的社会恐慌。恐怖主义犯罪的具体行为方式，散见在“危害公共安全犯罪”“侵犯人身权利罪”“妨害社会管理秩序罪”章节。如“危害公共安全犯罪”章节中的“放火罪”“爆炸罪”“投放危险物质罪”“决水罪”“以危险的方法危害公共安全罪”“破坏交通工具罪”“破坏交通设施罪”“破坏电力设备罪”“破坏易燃易爆设备罪”等，及“侵犯人身权利罪”章中的“故意杀人罪”“故意伤害罪”等。必须一提的是，《刑法修正案（九）》针对我国恐怖活动犯罪的新情况、新特点，有针对性地做出了一系列立法反应：例如，除了将资助恐怖活动培训的行为增加为犯罪并进行专门规定外，还特别将“为实施恐怖活动而准备凶器或者危险物品，组织或者积极参加恐怖活动培训，与境外恐怖活动组织、人员联系，以及为实施恐怖活动进行策划或者其他准备等”行为纳入刑法打击的范畴。上述恐怖主义行为方面犯罪的共同特点是暴力恐怖行为一经实施，极易造成不特定多数人的人身伤亡和财产损失，社会危害性极其严重。在我国发生的 2013 年北京金水桥暴恐案、2014 年云南昆明火车站暴恐案等恐怖主义袭击都表现了这一特性。②

---

① 其中，恐怖主义关联类型犯罪的形式主要表现为危害公共安全、侵犯人身权利和侵犯财产权利以及妨害社会管理秩序类的犯罪行为，此类犯罪行为的犯罪既遂形态在司法实践中呈现的犯罪样态甚为普遍，相关刑法理论研究也比较深入。另两类涉恐犯罪是刑事立法新增加的若干新类型犯罪，相关问题的研究尚处于起步阶段，故本文主要聚焦探讨恐怖主义组织类型犯罪和恐怖主义行为类型犯罪的犯罪既遂形态问题。

② 北京金水桥暴恐案、云南昆明暴恐案等恐怖袭击的损害后果的危害性及其对整个社会造成的恐慌程度都十分严重。

2. 恐怖主义组织罪

恐怖主义组织罪,是指组织、领导、积极参加或者参加恐怖组织的行为。需要说明的是,恐怖主义组织罪实际上也属于恐怖主义的关联罪(属于上游犯罪,为实施恐怖主义犯罪的具体行为而做的准备),但由于刑法把组织、领导、参加恐怖组织的行为独立成罪,因而笔者把恐怖主义组织罪作为恐怖主义犯罪的一种表现形式单独加以论述。

司法实践中,恐怖活动往往是寄生于恐怖组织的共同犯罪,实际上是有组织共同犯罪整体活动中的重要组成部分。虽然现实中不乏"独狼式"的恐怖袭击,但其袭击活动的社会危害涉猎面和对社会公众造成恐慌的程度,相对而言是有限的。综观国内外反恐斗争经验,恐怖主义犯罪活动多数是由恐怖组织策划并实施的,该类组织通常具有相当明确的政治目的或特定目的,有明确领导者,组织中的骨干成员稳定,内部分工层级清楚、职责鲜明,组织活动策划周密,人员发展、行动配合甚至惩戒都很有章法。可以说,这种组织从成立起就与一个国家或政府为敌,与社会公众为敌,其以满足其特定需求为最高目标,并为实现企图而不择手段,是任何一个国家或社会存在和发展的毒瘤。①

为了严厉打击恐怖活动组织,我国《刑法》第 120 条明确规定了"组织、领导、参加恐怖主义组织罪",将恐怖活动组织的成员区分为组织者、领导者、积极参加者和其他一般参加者,分别规定了不同的刑罚。《刑法修正案(三)》将组织、领导恐怖活动的刑罚从原来的"3 年以上

---

① 笔者认为,恐怖主义组织的滋生、发展,是一个国家存在发展的毒瘤,必须花大气力、集中力量加以铲除。放眼国际社会,无论是发达国家如英美法德,发展中国家如中国印度与埃及,还是发展相对落后的非洲国家如肯尼亚等国,都面对着如何铲除恐怖主义袭击的严峻考验。例如,索马里政府 1991 年被推翻后,国内长期处于无政府状态。过渡政府于 2004 年成立但无力有效控制全国,中部及南部多地长期为索马里青年党(索马里最大的反政府武装)所控制。2009 年,索马里青年党宣布效忠本 · 拉登,后加入"基地"组织,并不断使用暴力手段制造恐怖主义爆炸事件。2013 年 9 月 21 日,肯尼亚首都内罗毕西门购物中心遭遇恐怖袭击,造成 67 人死亡。2015 年 4 月 2 日,肯尼亚东北部城市加里萨镇莫伊大学遭到武装分子袭击,造成 148 人死亡,百余人受伤。索马里"青年党"承认制造了袭击事件,声称是为了报复肯尼亚政府对该组织的打击。参见 http://news.sohu.com/20150404/n410815957.shtml,最后访问日期:2017 年 4 月 6 日。

10年以下有期徒刑”提高到“10年以上有期徒刑或者无期徒刑；对积极参加的，处3年以上10年以下有期徒刑；其他参加的，处3年以下有期徒刑”。充分体现了《刑法》第5条所规定的“罪、责、刑”相适应的基本原则，即对恐怖主义组织的组织者、领导者从重从严打击。

3. 恐怖主义关联犯罪

恐怖主义关联犯罪，是指与恐怖主义犯罪密切相关的犯罪，通常表现为恐怖主义行为罪的上游犯罪或者下游犯罪。恐怖主义行为罪的上游犯罪、恐怖主义行为罪和恐怖主义行为罪的下游犯罪，三者具有时间上的顺序性。上游犯罪服务于恐怖主义行为罪，又引发了下游犯罪。由于恐怖主义关联罪与恐怖主义行为有着十分密切的联系，恐怖主义行为罪的上游犯罪与下游犯罪，都应属于“恐怖主义犯罪”的范畴。

恐怖主义行为罪的上游犯罪，主要是指行为人为了实施恐怖主义活动而进行的准备工具、制造条件行为所构成的犯罪。例如，某甲为制造恐怖气氛实施爆炸行为，在实施具体爆炸行为之前非法制造了爆炸物，然后实施了爆炸行为。在刑法理论上，这种行为实际属于牵连犯，即其目的行为为爆炸行为，其手段行为为非法制造爆炸物，是手段行为和目的行为的牵连（当然，若某甲的行为符合牵连犯的规定，应按从一重罪处罚的原则处理）。但在具体的涉恐犯罪情况下，非法制造爆炸物罪被归为爆炸罪的上游犯罪。根据我国现行《刑法》的相关规定，被视为恐怖主义行为罪的上游犯罪所涉及的罪名主要集中在《刑法》中的“危害公共安全罪”一章，其中包括：《刑法》第125条规定的“非法制造、买卖、运输、邮寄、储存枪支、弹药、爆炸物罪”和“非法制造、买卖、运输、储存危险物质罪”；第127条规定的“盗窃、抢夺、抢劫枪支、弹药、爆炸物罪”和“抢劫枪支、弹药、爆炸物、危险物质罪”等，实际上都可以认为是实施恐怖主义行为的上游犯罪。至于其他或以非法占有为目的，或为了非法获取财物以及以营利为目的而实施的犯罪行为，由于最终是为了实施恐怖活动而筹措钱、财、物的，实际上亦可归属于恐怖主义行为罪的上游犯罪，如传统犯罪中的“抢劫罪”“盗窃罪”“诈骗罪”“非法经营罪”“走私武器弹药罪、走私核材料罪”等。此外，《刑法》第347条所规定的“走私、贩卖、运输、制造毒品罪”也可能成为恐怖主义行为罪的上游犯罪。

恐怖主义行为罪的下游犯罪,是指行为人在实施恐怖主义行为之后,其他人所实施的与恐怖主义行为罪密切相关的行为所构成的犯罪。这类犯罪主要有现行《刑法》第191条所规定的“洗钱罪”(当然,在有些恐怖主义犯罪案件中,洗钱犯罪也可能是其上游犯罪,如为了实施恐怖主义犯罪而筹措资金过程中,而构成洗钱罪的情况);《刑法》第310条所规定的“窝藏、包庇罪”,主要针对行为人明知是实施了恐怖犯罪行为的人而为其提供隐藏处所、财物,或帮助其逃匿或者作假证包庇的行为,其中要求窝藏、包庇的行为人与恐怖主义犯罪分子事前无通谋,否则就属于恐怖主义行为罪;《刑法》第311条规定的“拒绝提供间谍、恐怖主义、极端主义犯罪证据罪”,主要针对明知他人有恐怖主义、极端主义犯罪的行为,在司法机关调查时拒绝提供所知悉的情况和证据的行为。

三、犯罪既遂形态的概念语境与界定标准

(一)犯罪形态的语境固定

任何犯罪行为本身会经历一个发展过程。通常在故意犯罪中,行为人在内心动机驱动下,会在主观心理层面形成意图通过实施某种犯罪行为而实现一定结果的犯罪目的,而基于这一目的则会外化为客观方面的不同表现:有的行为人为了实施犯罪开始准备工具、创造条件,但由于其主观意志之外的原因而未能进一步着手实施犯罪;有的行为人在准备充分后进入到着手实施的阶段,但由于意志以外的原因却未能得逞;还有的行为人在犯罪过程中(包括着手实施犯罪之前和之后),基于自己意愿自动放弃犯罪或有效地防止犯罪结果的发生;还有的行为人实施了犯罪行为且发生了相应的犯罪结果。也就是说,犯罪行为是一个过程,由于主客观因素的影响,并非任何犯罪行为都能顺利得以实施,并非任何行为人都能实现预期的目的。于是,故意犯罪就出现了犯罪预备、犯罪未遂、犯罪中止和犯罪既遂等不同的犯罪形态。

准确把握涉恐犯罪的既遂形态,首先需要明确犯罪形态的基本概念。从广义上讲,犯罪形态应该是多种多样的,就像世界上不可能出现两片完全的一样的树叶一样,任何一种犯罪行为都会出现多种多样的形态,不可能存在两种形态一模一样的犯罪。① 有学者提出,犯罪形态所反映的是犯罪发展过程中所形成的各种不同行为状态;有学者则认为,犯罪形态就是犯罪的同义语,在某种意义上犯罪形态就是某一种犯罪的状态;还有学者认为,任何犯罪现象都呈现为一定的犯罪形态,犯罪形态实际上就是犯罪构成要件的具体表现形式;或认为犯罪形态是指行为成为犯罪之后的状态,这种状态是犯罪主体与犯罪客体双向作用过程中动态的统一。综合来看,刑法学中所讲的犯罪形态,不是一个犯罪行为由于情节的差异而体现出的形态差别,而是指对处理犯罪具有法律意义的那些形态。因此,犯罪形态被学界定义为:故意犯罪在其发生、发展和完成犯罪的过程及阶段中,因主客观原因而停止下来的各种犯罪形态。② 根据这一定义,犯罪形态应被限定为在故意犯罪过程中所呈现的最后样态,该样态直接影响甚至决定了具体犯罪行为的社会危害性程度高低以及量刑幅度的选择适用。需要强调的是,故意犯罪形态只能存在于犯罪过程中,即犯罪发生、发展和完成所要经过的程序、阶段的总和与整体,以行为人开始实施犯罪的预备行为为起点,至行为人完成犯罪为终点。

(二)犯罪既遂形态的基本特征

1. 犯罪既遂形态只存在于故意犯罪中

通常,根据犯罪行为的性质,可以将犯罪分为单一停止形态的犯罪和多种停止形态的犯罪两种类型。其中单一停止形态类型的犯罪一经成立就只有一种形态,也就无所谓犯罪既遂、犯罪未遂、犯罪预备等多种形态。根据刑法理论通说,犯罪形态作为犯罪过程中最后的停顿状

① 王作富:《刑法》(第5版),中国人民大学出版社2011年版,第105页。

② 赵秉志:《刑法基本理论专题研究》,法律出版社2005年版,第444页。

态,多种停止形态的犯罪应当只存在于故意犯罪中。在过失犯罪中,行为人对自己的行为有可能引起某种危害社会的结果是处于疏忽大意过失或者过于自信过失的状态。对过失犯罪的行为人来说,从心理上是排斥危害结果发生的,行为人没有犯罪目的,也就不会事前准备。因此,过失行为如果没有造成危害社会的实际结果,就不能成为犯罪行为,也就不可能成为犯罪未遂。间接故意犯罪中,行为人主观上对危害结果持放任的心理态度,根本谈不上对完成特定犯罪的追求,因此在结果没有发生时,无法认定行为人的主观心态,自然也就无所谓犯罪未遂、中止等形态。所以,间接故意犯罪也只有犯罪成立不成立的问题,不存在犯罪的既遂、预备、未遂、中止等形态。① 相应地,犯罪既遂是行为人在追求或希望危害结果发生的心理态度支配下完成的,因此只存在于直接故意犯罪中。

2. 犯罪既遂形态的成立是法定的标准

犯罪既遂形态是犯罪的基本犯罪形态,刑法分则规定的犯罪正是以具体犯罪的犯罪既遂形态为标准的。也就是说,犯罪既遂是完全符合分则法定犯罪构成的。犯罪预备、犯罪未遂和犯罪中止虽是未完成状态,但也不能说这种未完成形态不符合犯罪构成的要求,只不过是以刑法分则规定的某种具体犯罪构成为基础,并以刑法总则的有关规定为补充、修改,形成了修正的犯罪构成。② 通常来讲,犯罪停止形态具有终局性和排他性两项特征。所谓终局性,是指犯罪的停顿状态不是暂时性的停止,而是终止性的停止。如果行为在发展过程中由于某种原因暂时停顿下来,等特殊缘由消除后,又重新继续向前发展,则应以继续发展后的最后停顿状态作为其犯罪形态加以评价。排他性则是指,就同一犯罪行为而言,当其停顿在某种犯罪状态之后,就不可能再呈现出其他的犯罪形态。换言之,就犯罪整体而言,当该种犯罪行为达到犯罪既遂后,就不可能再出现犯罪预备或犯罪未遂或犯罪中止的形

① 高铭暄主编:《刑法学原理》(第2卷),中国人民大学出版社1994年版,第269~272页。

② 潘家永主编:《刑法原理与实务》,中国政法大学出版社2014年版,第122页。

态,反之亦然。也就是说,各种犯罪停止形态是相互独立的,是不能相互转化的。一种犯罪最后停顿的状态,就是其唯一的犯罪形态。至于一个具体的犯罪行为最终固定在什么形态上,则取决于该犯罪行为发展过程中主客观因素的影响。①

(三)犯罪既遂形态的界定标准

1. 犯罪既遂形态的概括界定标准

一般认为,故意犯罪形态分为完成形态与未完成形态。犯罪既遂是完成形态,犯罪预备、犯罪未遂和犯罪中止是犯罪的未完成形态。对于犯罪既遂的概念,当前各国只有少数刑法立法例作了直接的规定。大多数刑法立法例(包括我国现行刑法)对犯罪既遂的概念本身并没有直接予以规定,而主要由刑法理论界进行解释。② 目前,我国理论上对犯罪既遂的解释主要有三种观点。一是结果说,该说认为既遂是指故意实施犯罪行为并且造成了法定的犯罪结果。犯罪既遂与犯罪未遂的区别,就在于是否发生了犯罪结果,发生犯罪结果的是犯罪既遂,未能发生犯罪结果的是犯罪未遂。③ 二是目的说,认为犯罪既遂是指以行为人故意实施犯罪行为并达到了其犯罪目的的情况。主张既遂与未遂的区别就在于行为人是否达到了其犯罪目的,达到犯罪目的的是既遂,反之是犯罪未遂。因为,犯罪形态只存在于直接故意犯罪中,每个犯罪都有目的,而犯罪目的的实现,即意味着犯罪愿望的满足,也意味着整个犯罪的完成。④ 三是构成要件齐备说,认为前两种解释都无法运用到分则规定的所有犯罪当中,因此主张犯罪既遂是指着手实行的犯罪行为具备了具体犯罪构成要件全部要素的情况,即既遂与未遂区

① 王作富:《刑法》(第5版),中国人民大学出版社2011年版,第105页。

② 高铭暄、马克昌主编:《刑法学》(第6版),北京大学出版社2014年版,第146页。

③ 同上。

④ 林亚刚:《刑法学教义》(总论),北京大学出版社2014年版,第381页。

别的标志,是犯罪实行行为是否具备犯罪构成的全部要件,具备的是既遂,反之为犯罪未遂。至于犯罪构成要件全部要素是否具备的具体标准,在各类犯罪里则可以有不同的表现。以犯罪行为具备具体犯罪的全部犯罪构成要件要素作为既遂标准,不但有明确统一的法律规定可供司法实践遵循,而且能够适用于一切存在既遂形态的犯罪并区分开犯罪的既遂和未遂。① 实际上,刑法分则对具体犯罪条文规定的犯罪构成的内容及法定刑设置,就是以该罪的犯罪既遂状态为标准确定的。② 因此,笔者赞同采用"构成要件齐备说"作为判断涉恐犯罪既遂的标准。

2. 故意犯罪既遂形态的具体界定标准

故意犯罪种类不同,其犯罪既遂的界定标准有很大差异。通常犯罪的既遂主要有以下几种类型:

(1)结果犯的犯罪既遂标准。结果犯是指以行为人不仅要实施犯罪构成客观要件的行为,还必须发生法定的犯罪结果的犯罪情形。所谓法定的犯罪结果,是专指犯罪行为通过对犯罪对象的作用而对刑法所保护的权益造成的物质性的、可以具体测量确定的、有形的损害结果。

(2)危险犯的犯罪既遂标准。危险犯是指以行为人实施的危害行为造成法律规定的发生某种危害结果的危险状态作为犯罪既遂标志的犯罪情形。只要造成足以发生严重后果的危险状态,无论是否发生实际的损害结果,都成立犯罪既遂,如果发生实际损害结果,则属于实害犯。

(3)行为犯的犯罪既遂标准。行为犯是指以法定犯罪行为的完成作为犯罪既遂标准的犯罪情形。这类犯罪的既遂并不要求行为造成物质性的或有形的损害结果,仅仅是以行为人的危害社会行为是否完成为标志,即只要行为人在着手实行危害行为的情况下,达到了法律规定

---

① 李晓明主编:《中国刑法总论》,清华大学出版社2013年版,第183页。

② 包括我国在内的很多国家的刑法,均未再另行规定既遂犯的特殊处罚原则,而是按照刑法总则的一般量刑原则和刑法分则各具体犯罪的法定刑对其适用。

的程度就是完成了犯罪行为,就应视为犯罪既遂。如果因犯罪人意志以外的原因未能达到法律要求的程度,未能完成犯罪行为,则不成立犯罪既遂。如组织、领导、参加恐怖组织罪应属于行为犯,只要在实施恐怖主义活动的直接故意内容支配下,实施了召集多人发起或者实施招募、雇佣、拉拢、鼓动多人成立恐怖组织的行为,或对恐怖组织的成立以及恐怖活动实施策划、指挥和布置的行为,或明知恐怖组织的性质仍加入其中的行为,上述行为一经实施,即可构成组织、领导、参加恐怖活动罪的犯罪既遂。

(4)举动犯的犯罪既遂标准。举动犯是指依据法律规定,只要行为人一着手犯罪的实行行为即视为犯罪完成并完全符合该犯罪的构成要件而成立犯罪既遂,又称为即时犯。举动犯在我国刑法中主要体现为两类,一类是将原本为犯罪预备行为提升为实行行为,如组织、领导、参加恐怖活动组织罪等。另一类是教唆煽动性质的犯罪行为,如煽动分裂国家罪或煽动民族仇恨罪等。由于这两类犯罪严重的危害性及其犯罪行为的特殊性质,将其认定为举动犯,即只要行为人着手实行犯罪就具备了犯罪构成的全部要件而成立犯罪既遂。举动犯与行为犯之间的主要区别,在于其不需要犯罪行为完成一个过程或达到一定程度,但二者都是以犯罪行为而非结果为既遂标准,因此从一定意义上讲,举动犯也可纳入广义的行为犯概念中。

四、涉恐犯罪既遂形态的司法认定

目前,我国刑法中明确规定的涉恐犯罪有 7 个,[①]即《刑法》第 120 条“组织、领导、参加恐怖组织罪”,第 120 条之一“帮助恐怖活动罪”,

---

① 本文这一提法,来源于《最高人民法院、最高人民检察院关于执行〈中华人民共和国刑法〉确定罪名的补充规定(六)》(法释〔2015〕20 号,2015 年 10 月 19 日最高人民法院审判委员会第 1664 次会议、2015 年 10 月 21 日最高人民检察院第十二届检察委员会第 42 次会议通过)。载中华人民共和国最高人民法院网:http://www.court.gov.cn/fabu-xiangqing-15891.html,最后访问日期:2017 年 8 月 3 日。

第120条之二"准备实施恐怖活动罪",第120条之三"宣扬恐怖主义、极端主义、煽动实施恐怖活动罪",第120条之四"利用极端主义破坏法律实施罪",第120条之五"强制穿戴宣扬恐怖主义、极端主义服饰、标志罪",第120条之六"非法持有宣扬恐怖主义、极端主义物品罪"。需要说明的是,尽管恐怖主义犯罪的"上游犯罪"及"下游犯罪"的行为从广义上应纳入到涉恐犯罪的范畴,但因《刑法修正案(九)》明确规定了涉恐犯罪中"实施杀人、爆炸、绑架等犯罪的,依照数罪并罚的规定处罚",所以恐怖主义关联犯罪的具体犯罪的既遂形态问题,如故意杀人罪、爆炸罪、绑架罪等的犯罪既遂问题,本文不再论及。

(一)涉恐犯罪既遂形态的认定原则

上述7个核心涉恐犯罪,都是2015年《刑法修正案(九)》修改或增加的。而此次反恐刑事立法调整,"进一步严密刑事法网,使刑法治理的范围涵盖人员、物品、资金、信息等多个领域,以及发动暴恐袭击的各个环节,强化了刑法在应对恐怖主义方面的作用"。① 其中,将重大法益提前保护,严密刑事法网成为当前涉恐犯罪刑事治理的重要特征。主要表现在:一是帮助行为正犯化。如通过将"资助恐怖活动罪"修改为"帮助恐怖活动罪",将帮助行为从经济上的物质帮助扩大为提供了帮助行为,并特别规定了资助恐怖活动培训、为恐怖活动组织、实施恐怖活动或者恐怖活动培训招募、运送人员的帮助行为直接正犯化。二是预备行为既遂化。通过设立"准备恐怖活动罪"将为实施恐怖活动准备凶器、危险物品或其他工具、组织恐怖活动培训或积极参加恐怖活动培训等预备行为,直接转化为实行行为。三是增加抽象危险犯。将"宣扬、煽动类"(以制作资料、散发资料、发布信息、当面讲授或音频视频、信息网络等宣扬恐怖主义、极端主义,以及煽动他人从事恐怖活动、参加恐怖组织)、"破坏法律实施类"(利用极端主义思想煽动、强迫他

---

① 赵秉志、杜邈:《中国反恐刑事立法的新进展及其思考——〈刑法修正案(九)〉相关内容评述》,载《山东社会科学》2016年第3期。

人破坏法律实施)、“持有、强制穿戴类”(持有宣扬恐怖主义、极端主义的物品、图书、音频视频资料或强制他人穿戴宣扬恐怖主义、极端主义服饰、标志的)三类抽象危险行为做入罪化处理,使刑法对危险犯、预备罪的处罚由例外变成常态。①

《刑法修正案(九)》新增的涉恐犯罪条文,体现了国家对涉恐犯罪容忍度的降低和刑法对安全秩序价值保护的加强,也表明在安全、公平和个人自由的基本价值平衡中,反恐刑事立法偏重于安全价值。这是因为,恐怖主义犯罪常常表现为组织成立时和大规模行动前的极端秘密性与行为结果极度扩张性的结合,其暴力程度具有不加任何限制的特性,恐怖主义犯罪分子正是试图通过任意的暴力恐怖,屠杀无辜,散布恐慌,引发经济混乱,造成社会动荡,寻求最大的破坏性和震慑性效应,从而吸引全社会的关注。与此同时,其将普通社会公众锁定为袭击对象,令纯属偶然置身于恐怖事件现场的无辜民众成为大量系统的、大规模的极端暴力犯罪中的最大受害者。因此,恐怖主义犯罪本身的反人民性特征极其明显、突出,恐怖主义犯罪分子则是当代社会秩序的最大破坏者。在我国暴力恐怖案件形式多样化、扩散化,并对国家安全、社会稳定、民族团结和人民群众生命财产安全造成了严重危害的大背景之下,在“当代的恐怖主义犯罪、极端主义犯罪已经成为一种难以预测的未知风险,对其除了采取事前控制、预防,将所有的社会成员作为对象,不管有无实际损害或者具体危险,以强制手段对其行为举止进行规制,从而达到有效防范的结果之外,别无良策的现实之下”,将准备实施恐怖活动等7类涉恐行为直接入罪,提前刑法介入时间,将恐怖主义犯罪、极端主义犯罪消灭在萌芽状态,很有必要。②

但是,从上述行为的立法表述来看,由于涉及的范围极为广泛,且

① 张明楷:《论〈刑法修正案(九)〉关于恐怖犯罪的规定》,载《现代法学》2016年第1期。

② 参见黎宏:《〈刑法修正案(九)〉中有关恐怖主义、极端主义犯罪的刑事立法——从如何限缩抽象危险犯的成立范围的立场出发》,载《苏州大学学报》(哲学社会科学版)2015年第6期。

多数条款未在“量”上做“情节严重”之类的限制,此种具有“过度犯罪化”嫌疑的规定,容易给刑罚权的发动带来较大的随意性。① 这是因为,抽象危险犯的处罚根据在于其对保护法益具有的某种侵害可能性,而这种可能性的判断往往是由执法与司法机关根据客观经验和科学法则作为支撑,因而难免存在个人主观色彩。虽然通过前置法益保护、增加抽象法益来实现积极适用刑法的效果已经成为风险社会时代世界各国反恐普遍采取的策略。但是,如果不针对恐怖主义根源性问题采取措施,而是一味强调刑法手段的控制,则容易使刑法成为为了消除表面危机所伴随不安感、恐惧感的工具,从而丧失其存在的本来意义。② 其实,《刑法修正案(九)》在审议讨论的时候,就曾有不少学者提出了“在反恐犯罪方面有过度犯罪化之嫌”的质疑,而国家立法机关经过现实衡量,最终选择了强化刑事治理的路径。在当前刑事立法已成既成事实的前提之下,从保护法益的立场出发,在司法中采取“适度犯罪化的策略”就成为必要。对相关犯罪的认定进行适当限定,也成为必须。正如有学者所言,“根据罪刑法定原则的要求,在现行刑法框架下,不应进行任何形式的法外定罪、法外用刑。在法治国家,刑法始终是刑事政策不可逾越的藩篱”。③ 因此,在惩处涉恐犯罪的司法过程中,首先必须坚持罪刑法定基本原则,对犯罪既遂的认定,应当严格依据法律明文规定构成要件,不能因为反恐严峻形势就破坏无罪推定和程序正义的基本原则。其次,要坚持刑法谦抑性原理和“适度犯罪化”的原则,对部分涉恐犯罪既遂的认定应该注意结合当地当时的社会文化和地理环境,如持有和强制穿戴类犯罪,它本身的立法背景是我国某些地区的特殊情势,所以在适用时应当注意分区域,结合当地当时的反恐形势充

① 梅传强:《我国反恐刑事立法的检讨与完善——兼评〈刑法修正案(九)〉相关涉恐条款》,载《现代法学》2016 年第 1 期。

② 黎宏:《〈刑法修正案(九)〉中有关恐怖主义、极端主义犯罪的刑事立法——从如何限缩抽象危险犯的成立范围的立场出发》,载《苏州大学学报》(哲学社会科学版)2015 年第 6 期。

③ 梁根林:《刑事政策、罪刑法定与严厉打击暴恐犯罪》,载《人民检察》2014 年第 24 期。

分考虑相关行为是否引起了法定的法益侵害危险,①尤其是在反恐形势并没有那么严重冲突的内陆地区,更要严格谨慎认定。②

(二)几类涉恐犯罪既遂形态的认定

1. 组织、领导、参加恐怖组织罪

根据《刑法》第120条的规定,"组织、领导、参加恐怖组织罪"是指组织、领导参加恐怖组织的行为。认定成立该罪的既遂,应当重点把握几点:首先,行为人主观方面必须是故意,即具有借助恐怖组织实施恐怖活动的目的,必须是明知是恐怖组织而自愿参加。对于因受骗而参加,一经发现即脱离关系且实际也没参与实施恐怖活动的,不能认定为犯罪。其次,在客观方面,行为人实施了"组织""领导""参加"恐怖组织的行为。其中,"组织"是指以其为首召集多人发起或者实施招募、雇佣、拉拢、鼓动多人成立恐怖组织的行为;"领导"是指对恐怖组织的成立以及恐怖活动实施策划、指挥和布置的行为;刑法对"参加"行为规定为"积极参加"和"其他参加"两种情形,二者都表现为明知恐怖组织的性质仍然加入的行为,"参加"的认定并不以履行一定的手续、仪式为必要条件。只要行为人实施了上述三种行为之一,即可构成"组织、领导、参加恐怖活动罪"的犯罪既遂。此外,构成此罪还需要以认定"恐怖组织"为前提,此方面应当以《反恐怖主义法》第3条的相关规定为准。

---

① 必须以"公共安全"即不特定或者多数人的生命、身体、财产安全为中心来进行探讨,即有关涉恐犯罪的实行行为,不要求其达到危害"国家安全"即动摇国家主权的独立统一、领土完整、国体和政体的安全的较高程度,但也不能是只要达到危害社会秩序即国家机关或者有关机构对社会日常生活进行管理而形成的有序状态造成威胁的较低程度就可以成立,而必须是一旦实施该种行为,从日常生活的一般经验来看,会对不特定的多数人的生命、身体、财产的安全造成威胁时,才能成立既遂。

② 参见郭泽强、段玉英:《恐怖主义犯罪的刑法规制论衡》,载《第二届中国反恐怖研究学术论坛论文集》(2016),第8页。

2. 帮助恐怖活动罪

根据《刑法》第120条之一的规定,“帮助恐怖活动罪”是指资助恐怖活动组织、实施恐怖活动的个人或者资助恐怖活动培训的行为,及为恐怖组织、实施恐怖活动或者恐怖活动培训招募、运送人员的行为。认定本罪的犯罪既遂,需要把握:首先,行为人主观方面必须为故意,即必须明知其帮助的对象是恐怖活动组织、是从事恐怖活动的个人或者进行恐怖活动培训的组织或个人,不知道对方涉恐性质而由于受欺骗而为其提供帮助的,不能认定为构成本罪。其次是客观方面。所谓“资助”,是指通过提供场所、经费、物资等进行支持和帮助。资助可以是事先提供,事中提供,也可以是事后提供。资助只能是以有形物质性利益进行帮助,即只能是提供经费、活动场所、相关设备等,仅在精神或舆论宣传方面给予帮助,不能认定为本罪中的资助。帮助恐怖活动罪的犯罪既遂形态确定标准,是行为人实施向恐怖组织或个人的恐怖活动或者恐怖活动培训是否现实地提供了资助行为。行为人的“资助”行为必须得到了现实的履行,如提供的经费已到账,恐怖组织或涉恐人员的培训场所已被使用等。如果行为人口头答应了向相关的恐怖活动组织或个人提供“资助”,但由于各种原因在筹资过程中尚未落实“资助”即案发的,即法定的成立“帮助恐怖活动罪”的犯罪构成的“资助”后果尚未发生的,则帮助恐怖活动罪并未达到犯罪既遂,只能成立帮助恐怖活动罪的犯罪预备。所谓“招募”,是指通过表面“合法”或非法途径,面向特定或不特定群体进行募集人员的行为;“运送”则是指用各种交通工具运输人员。

显然,帮助恐怖活动罪在犯罪客观方面仅限于帮助行为,如果行为人超出资助的范围,直接参与组织、领导、参加恐怖活动或实施具体的恐怖活动行为如帮助实施恐怖活动的组织或个人制作、散发宣扬恐怖主义、极端主义的图书、音频视频资料或者其他物品,或者帮助通过讲授、发布信息等方式宣扬恐怖主义、极端主义的,或者煽动实施恐怖活动等行为,则应按其他涉恐罪名定罪处罚。值得注意的是,帮助恐怖活动罪的法定刑幅度为“处五年以下有期徒刑、拘役、管制或者剥夺政治权利,并处罚金;情节严重的,处五年以上有期徒刑,并处罚金或者没收财产”。就“资助”行为而言,多次资助、持续资助或提供巨额资金的资助等情形可以认定为“情节严重”;对于“招募、运送人员”行为,多次招募、运送和招募、运送人员众多等情形应当认定为“情节严重”。

3. 准备实施恐怖活动罪

通常情况下,“准备”行为应属于为实施主要行为的“实行行为”而实施的“预备行为”,在普通刑事犯罪中,多以“犯罪预备”的犯罪形态论处。犯罪预备行为常常被认为不能直接对法益造成侵害结果与具体危险状态,对法益的威胁并不紧迫,大多情况下甚至没有科处刑罚的实质违法性。但由于恐怖主义犯罪本身极其严重的社会危害性,当行为人的犯罪故意内容确定是为了实施恐怖活动而实行的“预备行为”,其“预备行为”的发展,将必然或者极有可能造成重大法益或大量法益的侵害。所以从刑事政策的角度出发,有必要将这种“预备行为”视为“实行行为”予以打击。此外在实践中,还存在“独狼式”、临时纠合式的恐怖活动团伙,这两种情形难以以“组织、领导、参加恐怖组织罪”进行定罪处罚。因此,《刑法修正案(九)》将“准备实施恐怖活动”的这一为了实施恐怖主义犯罪的“预备行为”作为具体的“实行行为”给予单独定罪,并规定了单独的法定刑幅度。

根据《刑法》第120条之二的规定,认定“准备实施恐怖活动罪”既遂,以行为人为了实施恐怖活动而完成了具体的准备工作为判断标准。具体的准备工作包括四种情形:一是行为人为了实施恐怖活动准备凶器、危险物品或者其他工具的;二是组织恐怖活动培训或者积极参加恐怖活动培训的;三是为实施恐怖活动与境外恐怖活动组织或者人员联络的;四是为实施恐怖活动进行策划或者其他准备的。其中,“准备凶器、危险物品或者其他工具”包括制造、购买、运输、实验等一切为实施恐怖活动准备工具的行为,相关工具则包括枪支、弹药、管制刀具、汽油以及各种身份证件、服装及为逃跑准备的车辆等。“组织恐怖活动培训或者积极参加恐怖活动培训”主要包括为恐怖活动培训安排“师资”、食宿、组织学员、编排“教材”科目、当面讲授或利用互联网组织讨论等行为。培训内容可以包括灌输恐怖主义思想、主张,也可以是进行心理、体能训练或传授制造工具、武器、炸弹等犯罪技能,也可以是训练城市潜伏、反侦查等方法。“为实施恐怖活动与境外恐怖活动组织或者人员联络”包括通过电话、邮件、网络通联软件以及直接见面形式与境外恐怖活动组织或人员取得联系,同时还需要具有实施恐怖活动的目的。“为实施恐怖活动进行策划或者其他准备”主要包括选择实施恐怖袭击的目标、地点、时间,明确恐怖活动任务、逃跑路线等准备。本罪的“情节严重”,主要是指准备武器数量巨大或杀伤力大,培训人员数量众多,与境外恐怖组织联络频繁,准备袭击人员聚集等重要目标等情形,具体可由司法机关根据案件情节认定。

澳大利亚在《2004 年第 1 号反恐怖主义法》①中,对帮助恐怖活动之类的犯罪的刑事责任规定十分严格。其中明确规定了“培训恐怖组织或接受恐怖组织培训罪”,即行为人蓄意向恐怖组织提供培训,或蓄意接受恐怖组织的培训,并且行为人对该组织是否是恐怖组织明知存在轻率,即构成犯罪。而且还规定有“联系恐怖组织罪”,即行为人两次以上蓄意联系恐怖组织成员或恐怖组织活动的促进者、领导者;或者行为人先前犯过本罪,并再次蓄意联系恐怖组织成员或恐怖组织活动的促进者、领导者,从而为该组织提供支持,即构成犯罪。“对联系恐怖组织成员或恐怖组织活动的促进者、领导者”但没有其他具体恐怖活动的行为,我国刑法尚未将其纳入涉恐犯罪范畴给予打击。

4. 宣扬恐怖主义、极端主义、煽动实施恐怖活动罪

根据《刑法》第 120 条之三的规定,“宣扬恐怖主义、极端主义、煽动实施恐怖活动罪”的犯罪既遂认定,需要重点把握:客观方面,“制作”是指编写、印刷、复制、出版、录制等行为;“散发”是指传递、邮寄、发送短信或邮件等方式发送,或者通过网络、即时通信软件、聊天工具公开发帖、转载传输,以使他人接触到恐怖主义、极端主义信息的行为;“宣扬”是指对恐怖主义、极端主义的思想内容加以美化、具象化,并通过口头、书面等各种形式的宣传和讲授,影响他人的思想,以诱使、蛊惑他人进行恐怖主义、极端主义的犯罪活动;“煽动”是指鼓动、怂恿、劝

---

① 赵秉志、杜邈:《中国反恐法治问题研究》,中国人民公安大学出版社 2010 年版,第 287 页。

说等行为,其目的行为更加明确,就是指以各种方式引起他人实施恐怖活动行为。实际上,"宣扬"和"煽动"都可以归属为恐怖活动犯罪的教唆犯范畴。宣扬、煽动的方式可以是书面的,也可以是口头的;可以是公然进行的,也可以是暗中进行的;面对的对象可以是不特定的人或者多数人,也可以是针对特定的个别人。主观方面,要求为故意,即行为人在明知自己的行为会使他人实施恐怖主义活动而希望或放任该结果发生。本罪属于行为犯,只要实施了"宣扬"或"煽动"行为,即构成"宣扬恐怖主义、极端主义、煽动实施恐怖活动罪"的犯罪既遂。是否有人看到宣扬内容,或被煽动人是否接受煽动而实施恐怖活动犯罪,不影响犯罪的成立。此外,我国刑法对"宣扬"或"煽动"形式的涉恐犯罪并未细化其"宣扬"或"煽动"的内容。澳大利亚在《2004 年第 1 号反恐怖主义法》中则是采取具体明确规定的形式,认为"煽动"型的涉恐犯罪主要包括以下情况:(1)促使他人颠覆宪政或政府;(2)促使他人干预议会选举;(3)促使社会内的暴力;(4)促使他人帮助敌人;(5)促使他人帮助武装敌对者。有上述 5 种行为之一者,均可处以 7 年监禁刑。[①]这种明确列举式规定"煽动"型恐怖主义犯罪的模式,值得我国司法机关在认定本罪时借鉴。

5. 利用极端主义破坏法律实施罪

根据《刑法》第 120 条之四的规定,"利用极端主义破坏法律实施罪"是指利用极端主义煽动、胁迫群众破坏国家法律确立的婚姻、司法、教育、社会管理等制度实施的行为。认定本罪的既遂,需要行为人在客观方面同时满足"利用极端主义""煽动、胁迫群众""破坏国家法律确立的婚姻、司法、教育、社会管理等制度的实施"三个特征,才能构成本罪。而具体的行为,可以参照《反恐怖主义法》第 81 条列举的利用极端主义破坏国家法律制度实施的行为:(1)强迫他人参加宗教活动,或者强迫他人向宗教活动场所、宗教教职人员提供财物或者劳务的;(2)以恐吓、骚扰等方式驱赶其他民族或者有其他信仰的人员离开

---

① 赵秉志、杜邈:《中国反恐法治问题研究》,中国人民公安大学出版社 2010 年版,第 287 页。

居住地的;(3)以恐吓、骚扰等方式干涉他人与其他民族或者有其他信仰的人员交往、共同生活的;(4)以恐吓、骚扰等方式干涉他人生活习俗、方式和生产经营的;(5)阻碍国家机关工作人员依法执行职务的;(6)歪曲、诋毁国家政策、法律、行政法规,煽动、教唆抵制人民政府依法管理的;(7)煽动、胁迫群众损毁或者故意损毁居民身份证、户口簿等国家法定证件以及人民币的;(8)煽动、胁迫他人以宗教仪式取代结婚、离婚登记的;(9)煽动、胁迫未成年人不接受义务教育的;(10)其他利用极端主义破坏国家法律制度实施的。此处的"煽动"行为方式及法律后果,与前述"宣扬恐怖主义、极端主义、煽动实施恐怖活动罪"中的"煽动"的行为方式一致。"胁迫"是指通过各种方式对他人进行精神挟制,而使他人从事胁迫者希望其实施的特定行为。实践中出现的以关心、亲情为借口,或者通过孤立、排斥等方法施加压力的情况,虽然被胁迫者仍然具有一定的意志自由,但由于受到精神上的强制而处于恐惧状态,因而不得已按照胁迫人的要求行事。

本罪中,行为人一经实施煽动、胁迫行为即成立犯罪既遂,不需要被胁迫或煽动的对象实施破坏国家法律确立的婚姻、司法、教育、社会管理等制度的行为。需要特别指出的是,尽管根据法条规定对于煽动和胁迫行为不需要达到严重的程度,但在实际案件中,还应当妥当把握刑事政策,区分不同情形,对偶尔实施劝说或轻微胁迫行为,情节显著轻微的,不应当认定为犯罪,以处理好打击和分化瓦解的关系。①

6. 强制穿戴宣扬恐怖主义、极端主义服饰、标志罪

根据《刑法》第 120 条之五的规定,认定"强制穿戴宣扬恐怖主义、极端主义服饰、标志罪"的既遂,需要重点把握:主观方面需为故意,即对强制他人在公共场合穿着、佩戴宣扬恐怖主义、极端主义服饰、标志的行为和结果都是明知并且希望或放任结果发生。客观方面,本罪的

① 本罪的认定也是引起学者关注较多的情况,由于因为现实中相关宗教极端行为较为普遍,鉴于不过分扩张刑法打击面,许多学者都主张慎重适用此罪,甚至有学者认为此罪实际上是实害犯(至少是具体危险犯)。参见张明楷:《论〈刑法修正案(九)〉关于恐怖犯罪的规定》,载《现代法学》2016 年第 1 期。

犯罪构成要求其“强制”行为,必须是强制他人在“公共场所”穿戴宣扬恐怖主义的服饰、标志。这里的“强制”行为,既可表现为对身体上的暴力,亦可表现为对精神上、心理上的胁迫。具体可表现为殴打、捆绑、哄骗、利诱等,其“强制”行为本身,既可以发生在公共场所,也可以发生在私密场所,但其“强制”的行为内容,是要求他人在“公共场所”穿戴宣扬恐怖主义的服饰、标志,如果仅仅是要求他人在家中等非“公共场所”穿戴宣扬恐怖主义的服饰、标志的,则不能以本罪论。从刑法条文本身来看,本罪应当属于行为犯,行为人只要实施了强制他人穿戴宣扬恐怖主义、极端主义服饰、标志的行为,即可成立犯罪既遂。但是,从《刑法修正案(九)》设立本罪的目的来看,只有出现“他人”被强制后实际在公共场合穿戴了宣扬恐怖主义、极端主义服饰、标志的情况,才适宜认定既遂。为避免“过度犯罪化”而扩大打击面,对于未实际发生在公共场合穿戴相关服饰标志的情形,则应当结合当地当时的反恐情势,来具体认定犯罪的既遂问题。

7. 非法持有宣扬恐怖主义、极端主义物品罪

“非法持有宣扬恐怖主义、极端主义物品罪”是刑法新增加的一种“持有型”犯罪。刑法理论上对于“持有型”犯罪属于行为还是结果犯存有不同认识。笔者认为,鉴于“持有”的内涵十分特定,即是指行为人对特定的物品进行事实上和法律上的支配、控制。换言之,“持有”实际上就是对某种物品所实施的特殊的行为方式的表现,只要对宣扬恐怖主义、极端主义物品实施了“持有”的行为方式,即应成立非法持有宣扬恐怖主义、极端主义物品罪的犯罪既遂。在认定本罪时应当注意:一是本罪为故意犯罪,行为人对所持有的犯罪对象为“宣扬恐怖主义、极端主义物品”必须明知,如果行为人确实不知道或者不应当知道该物品的真实情况,则不构成本罪。对于明知的认定,应当结合案件的具体情况和有关证据,以行为人的客观行为为基础,根据其一贯表现,具体行为、程度、事后态度,以及年龄、认知和受教育程度、所生活的环境、接触的人群等综合做出判断。二是“持有”行为的合法性问题,如果是因侦查等办案需要而合法持有,研究反恐怖主义的学者为进行学术研究而少量持有,都阻却行为的犯罪性。三是明知是宣扬恐怖主义、

极端主义的图书、音视频或其他物品而非法持有的行为,只有达到"情节严重",才构成犯罪。对于"情节严重"的认定,可以根据行为人所持有相关物品的数量多少,其中所涉及内容的严重程度,是否曾因类似行为受过处罚以及事发后的态度等进行判断。

Research on Accomplished Offense of Terrorist Crimes

Guan Erjie & Kang Junxin

[内容摘要]为了应对日趋严峻的恐怖主义犯罪,我国刑事立法增设了若干恐怖主义犯罪的罪名及相应的法定刑。正确认识和理解涉恐犯罪的犯罪既遂形态,是准确适用法定刑,稳、准、狠地惩治恐怖主义犯罪的前提。司法实践中,需从涉恐犯罪的内涵及特征着手,结合犯罪既遂的基本理论,明确涉犯罪既遂认定的原则。同时,根据刑法分则对几类涉恐犯罪的规定,准确把握相关涉恐犯罪的犯罪既遂形态的认定标准。

[关键词]涉恐犯罪;内涵特征;犯罪形态;犯罪既遂;司法认定

Abstract: In order to cope with the increasingly serious terrorism, China has added several charges of terrorist crimes and corresponding legal sentences in the Criminal Law. Correctly understanding the criminal pattern of terrorist crimes is a prerequisite for accurately applying the statutory sentence to punish the crimes of terrorism. In judicial practice, we should start from the connotation and characteristics of the crimes of terrorism, and combine the basic theories, to clarify the principles of judicial determination of accomplished offense. At the same time, according to the provisions of several types of terrorist crimes in the Criminal Law, to determine the judicial standards of the specific charges.

Key words: terrorist crimes; connotation; criminal pattern; accomplishment of criminal; judicial determination

论《刑法修正案(九)》及司法解释对商业贿赂犯罪的新规定

黄丽勤[*]　周铭川[**]

目　　次

商业贿赂是一种十分古老而普遍的犯罪现象,不仅扰乱市场经济秩序,破坏市场公平竞争,严重损害消费者权益,而且腐蚀政府官员,败坏社会道德和风气,引发社会信任危机,历来是我国刑法打击的重点。《刑法修正案(九)》及相关司法解释的出台,进一步加强了对商业贿赂犯罪的打击力度。正确理解和适用刑法及相关司法解释的新规定,是正确适用刑法打击商业贿赂犯罪的必要前提。

一、商业贿赂犯罪的范围界定

商业贿赂(bribery in business),顾名思义,是指发生在商业经济活

* 同济大学法学院副教授,法学博士。
** 上海交通大学法学院副教授,法学博士。

动中的贿赂,是相对于普通贿赂而言的一个概念。现代意义上的商业贿赂,是随着商品经济的产生而发展起来的,最早出现于19世纪中叶的西方经济活动中,起源于西方国家铁路运输部门为了增加货运量而支付给托运方或其代理人一定数额的回扣,本质上是一种为了获得高额利润而采取的不正当竞争措施。[①] 美国《布莱克法律词典》中认为,商业贿赂(commercial bribery)的含义之一是为了寻求商业竞争优势而贿赂潜在的购买者的雇员或代理人。[②] 如果经营者给予他人利益并非为了取得相对于他人更为优势的竞争地位,比如只是为了加快某种已定事项的完成,由于没有破坏公平竞争的商业经营秩序,并不属于商业贿赂。[③]

在我国,“商业贿赂”这一术语首先是作为学理概念在学者著述中出现的。[④] 1993年9月2日通过的《反不正当竞争法》第8条可以说是关于商业贿赂的最早的立法,但其并没有使用“商业贿赂”概念,其第8条第1款规定:“经营者不得采用财物或者其他手段进行贿赂以销售或者购买商品。在账外暗中给予对方单位或者个人回扣的,以行贿论处;对方单位或者个人在账外暗中收受回扣的,以受贿论处。”接着在第22条规定了经营者采用财物或者其他手段进行贿赂以销售或购买商品的法律责任。国家工商局1996年11月15日颁布的《关于禁止商业贿赂行为的暂行规定》,是第一个使用“商业贿赂”概念并明文规定各种商业贿赂行为的行政规章。该规章第2条详细规定了商业贿赂的定义:“经营者不得违反《反不正当竞争法》第八条规定,采用商业贿赂手段销售或者购买商品。本规定所称商业贿赂,是指经营者为销售或者购买商品而采用财物或者其他手段贿赂对方单位或者个人的行为。前款

① 参见谢望原:《商业贿赂:原因与对策》,载《深圳大学学报》(人文社会科学版)2007年第3期。

② Bryan A. Garner. Black's Law Dictionary. Ninth Edition. Thomson Reuters, 2009. p. 217.

③ 参见张绍谦:《商业贿赂罪与非罪的界限》,载《法学》2006年第7期。

④ 参见黄渝景:《论对商业贿赂犯罪的刑罚配置》,载《政治与法律》2006年第5期。

所称财物,是指现金和实物,包括经营者为销售或者购买商品,假借促销费、宣传费、赞助费、科研费、劳务费、咨询费、佣金等名义,或者以报销各种费用等方式,给付对方单位或者个人的财物。第二款所称其他手段,是指提供国内外各种名义的旅游、考察等给付财物以外的其他利益的手段。”可见,以上规定中的“商业贿赂”的特征有四:(1)主体是经营者,不包括普通消费者;(2)仅包括行贿行为,不包括受贿行为;(3)行贿的目的是销售商品或购买商品,所谓“商品”,根据《反不正当竞争法》第2条第3款的规定,包括“服务”;(4)贿赂方式包括采用财物或其他手段,其中,“其他手段”是指为受贿者提供旅游、考察等各种利益。

这种只包括行贿行为而不包括受贿行为的“商业贿赂”,可以称之为狭义的商业贿赂,这也反映出当时重视打击商业行贿这种不正当竞争行为的立法思想。从本义来看,作为一种为了获得交易机会或商业利益而实施的行为,商业贿赂指的是经营者或决策者暗中给予交易对方有关人员或者能够影响交易的其他相关人员以财物或其他好处的行为。① 商业贿赂的本质在于职务利益上的交换,是行贿方对可以影响交易的交易对方的职员或代理人的收买,被收买者不是交易对方,而是交易对方的代理人或职员,从而构成不正当竞争。② 当然,最终遭受财产损失的,不一定是交易对方,而可能是商品的最终购买者。例如,葛兰素史克(中国)有限公司在向中国医院行贿之后,巨额贿赂费用最终体现在高于成本数倍、数十倍的高价药之中,转嫁到广大患者身上,据保守估计,这种“运营成本”占到药价成本的20% ~30%。③ 另据央视新闻报道,央视记者历时8个月,跟踪调查了上海、湖南6家大型医院和近百名医药代表,发现医生开出处方后,只要患者购买了药品,医药

---

① 参见钟开沐:《论台湾规范商业贿赂的法制改革》,国立中央大学产业经济研究所2007年硕士学位论文,第1页。

② 参见李剑:《反思“雪花”啤酒案:商业贿赂本质的误读》,载《上海财经大学学报》2009年第3期。

③ 参见李建华、田赞、田晖:《在华跨国商业贿赂的根源与治理对策研究——葛兰素史克案反思》,载《东南学术》2014年第2期。

代表就能获取药价总额 10% 左右的提成,开药方的医生则能获取药价总额 30% ~40% 的回扣,回扣一般由医药代表直接用信封装好塞给医生;一些药品经省级药品集中招标采购后,其中标价甚至比市场价高 10 余倍,导致患者和医保基金不堪重负。①

但是,导致商业行贿的原因复杂多样,有的是主动行贿,有的是被动行贿,相关职务人员主动索贿或行业潜规则导致的被动行贿屡见不鲜,②除了商业行贿之外,商业受贿也应作为打击对象。在中共中央办公厅、国务院办公厅 2006 年 2 月 8 日印发的《关于开展治理商业贿赂专项工作的意见》中,商业贿赂是一个广义的政策性概念,是指发生在商业领域的贿赂行为的总称。③ 该意见第 4 条规定:"要严肃查处涉及国家公务员在商业活动中收受贿赂的行为。……要敦促有商业贿赂问题的单位和人员向执纪执法部门主动交代。对主动交代问题并积极退赃的,依法从轻、减轻或免予处罚。"在监察部 2007 年 6 月 13 日印发的《关于深入推进治理商业贿赂专项工作的意见》中,商业贿赂也是一个包括行贿行为和受贿行为的广义概念。该意见第 2 条规定:"要继续围绕工程建设、土地出让、产权交易、医药购销、政府采购、资源开发和经销等领域,进一步加大查办商业贿赂案件的力度,着重查处国家公务员利用审批权、执法权和司法权搞官商勾结、索贿受贿的案件,着力查处严重损害群众切身利益的案件,严肃查处顶风违纪违法的案件。在坚决查办受贿的同时,要依法惩治行贿违法犯罪活动的单位和个人。"之后,最高人民法院、最高人民检察院 2008 年 11 月 20 日颁布的《关于办理商业贿赂刑事案件适用法律若干问题的意见》第 1 条规定,商业贿赂犯罪涉及当时刑法中所规定的所有 8 种行贿和受贿犯罪。截至 2015

---

① 《揭秘高价药惊人真相:有医生拿回扣占药价 30% ~40%》,载网易财经:http://money.163.com/16/1224/13/C928OBI8002581PP.html,最后访问日期:2016 年 12 月 25 日。

② 参见王德华、韩秀华:《基于前景理论的商业贿赂治理分析》,载《福建行政学院学报》2016 年第 3 期。

③ 参见曲新久:《惩治商业贿赂犯罪的基本思路》,载《华东政法学院学报》2006 年第 5 期。

年8月29日《刑法修正案(九)》通过,我国刑法中关于贿赂犯罪的罪名总共有11个,分别是非国家工作人员受贿罪(第163条)、对非国家工作人员行贿罪(第164条第1款)、对外国公职人员、国际公共组织官员行贿罪(第164条第2款)、受贿罪(第385条和第388条)、单位受贿罪(第387条)、利用影响力受贿罪(第388条之一)、行贿罪(第389条)、对有影响力的人行贿罪(第390条之一)、对单位行贿罪(第391条)、介绍贿赂罪(第392条)、单位行贿罪(第393条)。其中,并没有"商业贿赂罪"之类的罪名,因此,学界通说认为,商业贿赂罪不是刑法中的法定概念,而是理论上和实务中对发生在商业领域的各种行贿和受贿犯罪的总称。①

自此,商业贿赂犯罪包括发生于商业领域的行贿受贿犯罪的广义概念逐渐成为通说,犯罪主体不仅包括从事商业活动的经营者,而且包括利用职务便利索取或收受他人财物的国家工作人员。从而,商业贿赂犯罪与腐败犯罪存在着不可分割的联系,国家有关部门也把反商业贿赂犯罪提高到反腐败的高度,②对商业贿赂犯罪进行严厉打击,部署了多项打击行动。如中共中央办公厅、国务院办公厅2006年2月8日印发《关于开展治理商业贿赂专项工作的意见》,之后中央成立治理商业贿赂领导小组,最高人民检察院成立治理商业贿赂领导小组。③ 中央治理商业贿赂领导小组组长何勇2012年4月20日在小组第九次会议会上指出,自2005年7月至2011年12月,全国共查处商业贿赂案件102,214件,涉案金额260.6亿元。④

虽然对商业贿赂犯罪采取广义说是目前通说,但是有必要认识到,

---

① 参见王洪青:《论商业贿赂犯罪之刑事立法完善》,载《政治与法律》2006年第5期。

② 参见梁玉红:《从行贿者入手治理商业贿赂》,载《中共中央党校学报》2013年第5期。

③ 参见徐岱、王军明:《商业贿赂犯罪范畴的源流及立法定位》,载《国家检察官学院学报》2008年第5期。

④ 参见林韵诗:《中纪委:全国六年查处商业贿赂案逾十万件》,载腾讯财经:http://finance.qq.com/a/20120420/008096.htm,最后访问日期:2016年12月27日。

由于《刑法》和《反不正当竞争法》对贿赂的规定不同,前者规定为"财物"而后者规定为"财物"和"其他手段",刑法中商业贿赂犯罪的外延未必大于反不正当竞争法中商业贿赂行为的外延,因为后者还包括以"其他手段"行贿的行为,而在刑法中,作为贿赂犯罪对象的"财物"是否包括性贿赂、入学机会、工作机会、迁移户口等非财产性利益,是一直有争议的问题。

二、《刑法修正案(九)》对商业贿赂犯罪的新规定及评析

《刑法修正案(九)》对商业贿赂犯罪的定罪量刑标准作了重大修改和完善,有利于加大商业贿赂犯罪的打击力度,但仍存在诸多不足,有必要仔细分析。

(一)《刑法修正案(九)》对商业贿赂犯罪的新规定

我国于 2015 年 8 月 29 日通过、2015 年 11 月 1 日起施行的《刑法修正案(九)》对贿赂犯罪的定罪量刑标准作了重大修改,主要修改如下:

第一,对《刑法》第 164 条第 1 款非国家工作人员受贿罪增设了罚金刑,规定对行贿数额较大的,要"并处罚金",之前只是规定对行贿数额巨大的才并处罚金;相应地,该条第 2 款规定的对外国公职人员、国际公共组织官员行贿罪,数额较大的,也增设了并处罚金,因为该款的处罚是"依照前款的规定处罚"。此外,根据《刑法》第 386 条(受贿罪的法定刑指向适用第 383 条)、根据《刑法修正案(九)》第 44 条修正后的《刑法》第 383 条(贪污罪的法定刑)的规定,对受贿罪也增设了罚金刑,使受贿罪由原来的没有财产刑(受贿数额不满五万元时)、"可以并处没收财产"(受贿数额在五万元以上时)、"并处没收财产"(受贿数额在五万元以上并且情节特别严重时),修改为"并处罚金"(数额较大或者有其他较重情节时)、"并处罚金或者没收财产"(数额巨大或有其他严重情节时、数额特别巨大或有其他特别严重情节时)、"并处没收

财产”(数额特别巨大,并使国家和人民利益遭受特别重大损失时)。由于刑法对罚金上限没有限制,法院完全可以根据惩罚和预防犯罪的需要判处巨额罚金,从而有利于从经济上严惩商业贿赂犯罪分子。

第二,由于《刑法》第386条规定对受贿罪要适用《刑法》第383条贪污罪的定罪量刑标准,而《刑法修正案(九)》对《刑法》第383条作了重大修改,因此受贿罪的定罪量刑标准也随之修改,由“具体数额加情节标准”修改为“笼统数额或情节标准”。修改之前是“五千、五万、十万”等具体数额标准加“情节特别严重、情节严重、情节较重”等情节标准,修改之后是“数额较大或有其他较重情节、数额巨大或有其他严重情节,数额特别巨大或有其他特别严重情节”等标准。至于具体数额,则留待司法解释去规定,从而有利于司法解释根据社会经济形势灵活规定具体数额,避免立法规定远远滞后于社会经济发展现实的缺陷。

第三,修改受贿罪的量刑幅度。修改之前是:(1)受贿数额在十万元以上的,处十年以上有期徒刑或者无期徒刑,可以并处没收财产;情节特别严重的,处死刑,并处没收财产。(2)受贿数额在五万元以上不满十万元的,处五年以上有期徒刑,可以并处没收财产;情节特别严重的,处无期徒刑,并处没收财产。(3)受贿数额在五千元以上不满五万元的,处一年以上七年以下有期徒刑;情节严重的,处七年以上十年以下有期徒刑。(4)受贿数额在五千元以上不满一万元,犯罪后有悔改表现、积极退赃的,可以减轻处罚或者免予刑事处罚,由其所在单位或者上级主管机关给予行政处分。(5)受贿数额不满五千元,情节较重的,处二年以下有期徒刑或者拘役;情节较轻的,由其所在单位或者上级主管机关酌情给予行政处分。修改之后是:(1)受贿数额特别巨大,并且使国家和人民利益遭受特别重大损失的,处无期徒刑或者死刑,并处没收财产。(2)受贿数额特别巨大或者有其他特别严重情节的,处十年以上有期徒刑或者无期徒刑,并处罚金或者没收财产。(3)受贿数额巨大或者有其他严重情节的,处三年以上十年以下有期徒刑,并处罚金或者没收财产。(4)受贿数额较大或者有其他较重情节的,处三年以下有期徒刑或者拘役,并处罚金。这样修改,既使受贿罪的法定刑规定更加简约、更具可操作性、不同档次之间能相互衔接,避免了之前不同档次之间法定刑相互重合的弊端,又为司法解释规定具体数额标准预留了空间,从而使受贿罪的定罪量刑规定更加科学合理。

第四,取消受贿罪绝对确定的死刑,由原来的"数额在十万元以上,情节特别严重的,处死刑,并处没收财产"修改为"数额特别巨大,并使国家和人民利益遭受特别重大损失的,处无期徒刑或者死刑,并处没收财产"。判处死刑的标准,也由原来的"数额在十万元以上并且情节特别严重"修改为"数额特别巨大,并使国家和人民利益遭受特别重大损失"。一般来讲,数额标准比情节标准更加明确,因为前者的具体数额可由司法解释明确规定,而后者,要么被司法解释规定为具体数额,要么仍保留笼统含糊的情节特别严重情形。此外,还取消了受贿罪绝对确定的无期徒刑,即修改了原来关于"受贿数额在五万元以上不满十万元,情节特别严重的,处无期徒刑,并处没收财产"的规定。

第五,增设终身监禁这种死刑替代措施,对于罪行极其严重本来应当判处死刑立即执行者,可改为判处死刑缓期两年执行并适用终身监禁。规定对于因数额特别巨大并使国家和人民利益遭受特别重大损失而被判处死刑缓期执行的人,"人民法院根据犯罪情节等情况可以同时决定在其死刑缓期执行二年期满依法减为无期徒刑后,终身监禁,不得减刑、假释"。这样修改,既符合国际社会废除经济犯罪死刑的发展趋势,又有利于缓和民众强烈要求严惩重大贪腐犯罪的心理需求。

第六,扩大受贿罪如实供述、认罪悔改、积极退赃的从宽处罚的适用范围,原来仅是对受贿数额在五千元以上不满一万元者可减轻或免予刑事处罚,现修改为对任何数额或情节均可从宽处罚。对于在提起公诉前"如实供述自己罪行、真诚悔罪、积极退赃,避免或减少损害结果发生"的人,可依情形从宽处罚:数额较大或有其他较重情节的,"可以从轻、减轻或者免除处罚";数额巨大或有其他严重情节的,数额特别巨大或有其他特别严重情节的,数额特别巨大并使国家和人民利益遭受特别重大损失的,均"可以从轻处罚"。这样修改有利于鼓励犯罪分子如实供述其罪行,进而,由于受贿和行贿是对合行为,交代了其受贿行为,事实上即相当于检举、揭发了他人的行贿行为,因此有利于打击贿赂犯罪。

第七,修改行贿罪的处罚标准,加大对行贿罪的打击力度。(1)增设罚金刑。修改之前没有罚金刑,并且情节一般和情节严重的行贿罪都没有财产刑。(2)将情节特别严重情形的财产刑,由"可以并处没收财产"修改为"(必须)并处罚金或没收财产"。修改之前是既可以并处也可以不并处,修改之后是必须并处。(3)在"情节特别严重"一档内增加"使国家利益遭受特别重大损失"的并列情形,从而使第三档的规定与第二档的规定(情节严重的,或者使国家利益遭受重大损失的)相衔接。(4)修改行贿罪的从宽处罚条件,由原来的"行贿人在被追诉前主动交代行贿行为的,可以减轻处罚或者免除处罚"修改为"行贿人在被追诉前主动交代行贿行为的,可以从轻或者减轻处罚。其中,犯罪较轻的,对侦破重大案件起关键作用的,或者有重大立功表现的,可以减轻或者免除处罚"。原来规定对在被追诉前主动交代的行贿者都可以减轻处罚或免除处罚,现在则规定一般只能从轻处罚或减轻处罚而不能免除处罚,只有对其中犯罪较轻的、对侦破重大案件起关键作用的或有重大立功表现的行贿者,才可以免除处罚,这样规定既考虑了民众要求加大行贿罪处罚力度的要求,又兼顾了检察机关侦查贿赂犯罪时希望行贿者积极检举揭发受贿者的客观需要,还体现了立法越来越精细的趋势。此外,《刑法修正案(九)》对《刑法》第 391 条对单位行贿罪、第 392 条介绍贿赂罪,以及第 393 条单位行贿罪中的"直接负责的主管人员和其他直接责任人员",均增设了罚金刑,并且是必须"并处罚金",也体现出加大行贿犯罪打击力度的立法意图,使经济犯罪的立法更加科学。

第八,增设对有影响力的人行贿罪,在《刑法》第 390 条之一规定:"为谋取不正当利益,向国家工作人员的近亲属或者其他与该国家工作人员关系密切的人,或者向离职的国家工作人员或者其近亲属以及其他与其关系密切的人行贿的,处三年以下有期徒刑或者拘役,并处罚金;情节严重的,或者使国家利益遭受重大损失的,处三年以上七年以下有期徒刑,并处罚金;情节特别严重的,或者使国家利益遭受特别重大损失的,处七年以上十年以下有期徒刑,并处罚金。单位犯前款罪的,对单位判处罚金,并对其直接负责的主管人员和其他直接责任人员,处三年以下有期徒刑或者拘役,并处罚金。”此罪中,行贿主体是个人或单位,受贿主体是离职的国家工作人员或其近亲属或其他与其关系密切的人,以及现职的国家工作人员的近亲属或其他与其关系密切的人。所谓其他与其关系密切的人,是指在客观上能够影响国家工作人员职务行为的人,包括国家工作人员的情人、同学、老师、司机、专门介绍行贿受贿的职业掮客等。① 从而在《刑法修正案(七)》增设利用影响力受贿罪之后,就相对合的行贿行为增设罪名,弥补了只惩罚受贿行为而不惩罚相对合的行贿行为的缺陷,也是加大行贿犯罪打击力度的重要体现。

(二)对以上新规定的简要评析

虽然《刑法修正案(九)》对贿赂犯罪的定罪量刑标准作了重大修改和完善,但至少仍存在如下不足:

首先,在学界对贿赂的应有范围长期存在争议的情况下,没有对贿赂的范围进行任何修改,这远远不能满足司法实践的迫切需要。与《反不正当竞争法》将贿赂规定为“财物”和“其他手段”所不同的是,1997 年《刑法》仅将贿赂规定为“财物”,导致贿赂的范围过于狭窄,既与贿赂的本质不符,也与国际惯例不符。从国际上来看,各国和地区大多将“贿赂”规定为各种利益,极少有仅限于“财物”的。在我国 2005 年 10 月批准加入的《联合国反腐败公约》中,行贿是指直接或间接向本国公职人员、外国公职人员、国际公共组织官员、以任何身份领导私营部门实体或为该实体工作的任何人员,许诺给予、提议给予或实际给予该人员本人或其他人员或实体“不正当好处”,以使该人在执行公务时作为或者不作为。简言之,行贿是指给予掌握职务者各种“不正当好处”,“贿赂”是指“不正当好处”。《法国刑法典》第 435－1、435－2、

① 参见黄丽勤:《利用影响力受贿罪主体的实质解释》,载《同济大学学报》(社会科学版)2011 年第 6 期。

435－3、435－4 条中将贿赂规定为"赠礼、馈赠或其他任何好处"。[①]《德国刑法典》第 331～335 条将贿赂(bribes)规定为"利益"(benefit)。我国澳门地区《刑法典》第 337～339 条将贿赂规定为"财产利益或非财产利益"。我国香港地区《防止贿赂条例》将贿赂规定为"利益"(advantage),并将其解释为:(a)任何馈赠、贷款、费用、报酬或佣金,其形式为金钱、任何有价证券或任何种类的其他财产或财产权益;(b)任何职位、受雇工作或合约;(c)将任何贷款、义务或其他法律责任全部或部分予以支付、免却、解除或了结;(d)任何其他服务或优待(款待除外),包括维护使免受已招致或料将招致的惩罚或资格丧失,或维护使免遭采取纪律、民事或刑事上的行动或程序,不论该行动或程序是否已经提出;(e)行使或不行使任何权利、权力或职责;及(f)有条件或无条件提供、承诺给予或答应给予上文(a)、(b)、(c)、(d)及(e)段所指的任何利益,但不包括《选举(舞弊及非法行为)条例》(第 554 章)所指的选举捐赠,而该项捐赠的详情是已按照该条例的规定载于选举申报书内的。《印度刑法典》第 161～164 条将贿赂规定为"酬谢",并且说明:"酬谢不限于金钱酬谢和可以用金钱计算的酬谢。""法官甲在一案件中作出有利于银行家乙的决定,银行家乙在他的银行中给法官甲的兄弟一个职位,作为给法官甲的报酬。甲构成本条规定的犯罪。"[②]可见在印度,提供职位也是一种贿赂方式。《日本刑法典》第 197 条、第 197 条之二～之五、第 198 条,以及我国 1979 年《刑法》第 185 条,均将行贿受贿罪的对象规定为"贿赂",而没有进一步限制贿赂的内容,从而为学界对贿赂的解释预留了广阔空间。例如,我国有学者将"贿赂"解释为"财物或不正当利益";[③]日本也有判例认为,贿赂并不限于财物,还包含能够满足人的需要或欲望的一切利益,除金钱、物品、不动产等有形物之外,诸如代为偿还债务、金融利益、给艺妓的花费等招待、高尔夫俱

① 参见《法国新刑法典》,罗结珍译,中国法制出版社 2003 年版,第 172～174 页。

② 参见《印度刑法典》,赵炳寿、向朝阳、杜利译,四川大学出版社 1988 年版,第 41～43 页。

③ 参见高铭暄主编:《刑法学》,法律出版社 1982 年版,第 562 页。

乐部会员权等财产性利益,以及诸如就斡旋就职的约定、异性之间的肉体交易等,都属于"贿赂"。① 我国台湾地区"刑法典"第 121 ~ 123 条将行贿受贿罪的对象规定为"贿赂或其他不正利益",也是强调了贿赂的利益性质,这种利益当然不限于财产性利益。《保加利亚刑法典》第 259 条将受贿罪对象规定为"礼品或财产上的利益",第 261 条将行贿罪对象规定为"财产上的利益",第 260 条、第 262 ~ 265 条虽笼统地规定为"贿赂",②但联系上下文来看,应当也是指财产上的利益,这与我国目前通说将贿赂犯罪之"财物"解释为财物和财产性利益相当。不过,正如学者们所言,现行立法将贿赂限制在"财物"范围内是明显不妥的,既与贿赂犯罪的本质不符,也不利于发挥刑法遏制权力腐败、维持公务廉洁的功能;法律在规定贿赂时,应当重视其"可以获利"这一本质,而不应纠结于其是财物还是其他利益;无论利益的外部表现形式如何,只要能够被用来收买、换取公权力,就具备贿赂的性质,就应被刑法所禁止。③ 还有许多学者撰文呼吁性贿赂入罪。④

本文认为,在刑法的规定本身没有修改的情况下,对性贿赂等非财产性利益能否解释为"财物",应采取折衷的观点,应从此种贿赂的实际效果来考虑,如果行贿人已经用性贿赂等利益换取到不正当利益,则对行贿受贿双方都有必要定罪量刑,因为这种交易已经侵犯了职务行为的廉洁性,符合贿赂犯罪的本质特征;但是,如果行贿人尚未因为性贿赂等而换取到不正当利益,则由于没有对职务行为产生影响,没有侵

---

① 参见[日]西田典之:《日本刑法各论》,刘明祥、王昭武译,中国人民大学出版社 2007 年版,第 342 ~ 343 页。

② 参见《保加利亚共和国刑法典》,中国科学院法学研究所译,法律出版社 1963 年版,第 67 ~ 68 页。

③ 参见张绍谦、郑列:《"财产性利益"型贿赂相关问题探讨》,载《法学》2009 年第 3 期。

④ 参见孙道萃:《"性贿赂"入罪的法理与路径》,载《南都学坛》2016 年第 3 期;葛正英:《性贿赂应当入刑》,载《黑河学院学报》2015 年第 2 期;聂宇轩:《性贿赂入罪:反腐前沿迫在眉睫的问题》,载《思想战线》2013 年第 2 期;翁里、王梦茹:《性贿赂入罪若干问题初探》,载《公安学刊》2010 年第 5 期;刘正祥:《"性贿赂"入罪问题研究》,载《政法学刊》2009 年第 1 期;等等。

犯职务行为的廉洁性,自然没有必要对双方进行处罚。因此,不分情况一律将性贿赂等利益排除在贿赂之"财物"之外,认为用性贿赂等利益行贿一概不构成犯罪,是"作茧自缚,抱残守缺,死板执法,不求变通……看上去似乎是执法必严,实际上是在损害法律的功能"。[①] 正如丹宁勋爵在《法律的训诫》一书中所言:"一个法官绝不可以改变法律织物的编织材料,但是他可以,也应该把皱折熨平。"[②]实际上,将"财物"解释为包括"财产性利益",本身也是一种扩大解释,[③]进而,将"财物"进一步扩大解释为包括"非财产性利益",[④]也是符合刑法的实质解释精神的。当某种行为并不处于刑法用语的核心含义之内,但具有处罚的必要性与合理性时,可以作出不利于被告人的扩大解释,从而实现处罚的妥当性,对构成要件的解释必须以法条的保护法益为指导,而不能仅停留在法条的字面含义上。[⑤] "从实质解释的观点来看,具有同等法益侵害的行为不可能单纯因行为对象不同而作出区别化处理。"[⑥]从商业贿赂破坏公平竞争的市场交易秩序之本质来看,[⑦]对商业贿赂也不应当"论赃计罪、以财论罪",因为市场竞争优势不能简单地换算成金钱。[⑧] 反之,如果行贿人尚未因为提供性贿赂等非物质性利益而换取到不正当利益,则严格从字面含义来解释"财物"就有其合理性,既

---

① 参见张绍谦、郑列:《"财产性利益"型贿赂相关问题探讨》,载《法学》2009 年第 3 期。

② 参见[英]丹宁勋爵:《法律的训诫》,刘庸安等译,法律出版社 1999 年版,第 13 页。

③ 参见游伟、李长坤:《反腐败 30 年:我国贿赂犯罪立法回顾与前瞻》,载《东方法学》2008 年第 6 期。

④ 参见陈兴良:《贪污贿赂犯罪司法解释:刑法教义学的阐释》,载《法学》2016 年第 5 期。

⑤ 参见张明楷:《实质解释论的再提倡》,载《中国法学》2010 年第 4 期。

⑥ 参见王洪用:《实质解释论视野下受贿罪疑难问题再探讨》,载《法律适用》2015 年第 8 期。

⑦ 参见刘凌梅:《论我国反商业贿赂刑事立法之完善——以〈联合国反腐败公约〉为视角》,载《中州学刊》2008 年第 1 期。

⑧ 参见曾友祥:《论商业贿赂的刑法规制》,载《贵州社会科学》2012 年第 1 期。

没有违背罪刑法定原则之嫌,[①]也实在没有必要进行处罚,正如刑法不处罚男女通奸行为一样。

其次,没有增设对非国有单位行贿罪和非国有单位受贿罪,不利于依法打击商业贿赂犯罪。因为在现实生活中,对非国有单位行贿等现象屡见不鲜,[②]这种行为也具有严重的社会危害性,没有理由不予打击。例如,2006 年 5 月底,重庆市工商局认定华润广安公司商业贿赂事实成立,因为该公司自 2005 年 1 月至 2006 年 6 月,为占领重庆啤酒市场,与重庆 23 个区、县的 3000 多户终端销售商(多为餐饮店经营者)签订合作协议,通过给付进店入场费、开瓶费、附赠现金或物品等手段,达到销售"雪花""蓝剑"系列啤酒甚至获得唯一促销权和专场销售权的目的,共计支付 380 多万元"促销费",销售系列啤酒 500 多万件,销售金额达 1 亿多元;该公司在与终端销售商签订的协议中,明确约定有"禁止销售重庆啤酒及其他品牌啤酒"等排他性内容,在其促销活动申报表中也直接提出要"坚决压制竞争对手"。[③] 简要地说,目前 11 种商业贿赂犯罪之间的区别是主体方面的区别:(1)非国家工作人员受贿罪是非国家工作人员收受个人或单位给予的贿赂;(2)对非国家工作人员行贿罪是个人或单位向非国家工作人员行贿;(3)对外国公职人员、国际公共组织官员行贿罪是个人或单位向外国公职人员或国际公共组织官员行贿;(4)受贿罪是国家工作人员收受个人或单位给予的贿赂;(5)单位受贿罪是国有单位收受个人或单位给予的贿赂;(6)行贿罪是个人对国家工作人员行贿;(7)单位行贿罪是单位对国家工作人员行贿;(8)对单位行贿罪是个人或单位对国有单位行贿;(9)介绍贿赂罪是个人向国家工作人员介绍贿赂;(10)利用影响力受贿罪是对国家工作人员的职务行为有影响力的人收受个人或单位给予的贿赂;

---

① 参见莫洪宪、叶小琴:《贿赂的范围——以"性贿赂"为视角》,载《当代法学》2006 年第 3 期。

② 参见杨涛、陈娟娟:《应规定非国有单位受贿罪》,载《民主与法制时报》2007 年 3 月 12 日,第 A16 版。

③ 参见余继军、张祎、王海军:《雪花啤酒重庆遭禁引争议》,载《人民日报》2006 年 9 月 11 日,第 6 版。

(11)对有影响力的人行贿罪是个人或单位对有影响力的人行贿;其中,国有单位是指国家机关、国有公司、国有企业、国有事业单位、国有人民团体。从这些罪名规定来看,刑法似乎忽略了非国有单位受贿和对非国有单位行贿等贿赂现象,但是,这些犯罪现象也是客观存在的,并且,随着社会主义市场经济的发展,非国有单位只会越来越多,对非国有单位行贿等现象也会越来越多。例如,目前有些医院属于非国有单位,药品生产企业完全可以对这些医院行贿,要求医院只销售它们企业生产的药品,从而达到排挤竞争对手、抬高药价的目的,这种行为既扰乱了公平竞争的市场秩序,也损害了消费者的合法权益,其社会危害性不可能因为行贿对象是国有单位还是非国有单位而存在差异。实际上,刑法规定国家机关受贿能构成单位受贿罪本身没有多大意义,正如学者们所言:"宪政排除了国家机关犯罪的可能,国家机关的运行排除了其承担刑事责任的可能,司法实务否定了国家机关承担刑事责任的可能。"①"刑法处罚国家机关犯罪与合法性理论相冲突,既不符合社会主义社会意识形态,又会阻碍社会主义市场经济建设。"②相比较而言,更应当规定非国有单位受贿罪。设置国有单位受贿罪而不设立非国有单位受贿罪,也违背了法律面前人人平等原则。2004 年《宪法》第 11 条规定:"在法律规定范围内的个体经济、私营经济等非公有制经济,是社会主义市场经济的重要组成部分。国家保护个体经济、私营经济等非公有制经济的合法的权利和利益。国家鼓励、支持和引导非公有制经济的发展,并对非公有制经济依法实行监督和管理。"2007 年《物权法》第 3 条第 3 款规定:"国家实行社会主义市场经济,保障一切市场主体的平等法律和发展权利。"第 4 条规定:"国家、集体、私人的物权和其他权利人的物权受法律保护,任何单位和个人不得侵犯。"这些规定都体现了法律面前人人平等原则,其中的单位并不限于国有单位,对

① 参见贾凌、曾粤兴:《国家机关不应成为单位犯罪的主体》,载《法学》2002 年第 11 期。

② 参见盛茵:《国家机关不能成为单位犯罪的主体》,载《政治与法律》2004 年第 2 期。

非国有单位行贿的,性质上同样属于商业贿赂,同样应当予以打击。

最后,对贿赂犯罪的修改不够完善,显得比较混乱。一是同样是行贿、受贿犯罪,有的是数额犯,有的是情节犯,有的是数额犯或情节犯,作为对合行为的行贿和受贿,连定罪量刑标准的性质都不一样,导致司法解释不得不将行为标准和情节标准都解释为具体数额标准。至于罪名设置重复、法定刑设置混乱等问题,也早为学界所诟病。[①] 具体说来:(1)非国家工作人员受贿罪、对非国家工作人员行贿罪和对外国公职人员、国际公共组织官员行贿罪是数额犯,有数额较大、数额巨大两档;(2)受贿罪和利用影响力受贿罪是数额犯或情节犯,有数额较大或有其他较重情节、数额巨大或有其他严重情节、数额特别巨大或有其他特别严重情节三档;(3)行贿罪和对有影响力的人行贿罪是行为犯、情节犯或数额犯,有基本犯、情节严重或使国家利益遭受重大损失、情节特别严重或使国家利益遭受特别重大损失三档;(4)对单位行贿罪是行为犯,成立犯罪没有数额或情节等要求(尽管实践中定罪时不可能不考虑数额和情节);(5)单位受贿罪、介绍贿赂罪、单位行贿罪是情节犯,只有情节严重的,才构成犯罪。其中,定罪量刑标准最混乱的,是行贿罪和对有影响力的人行贿罪,因为其基本犯的成立,既不要求数额又不要求情节,似乎只要实施行贿行为即可构成犯罪,但实际上这是不可能的,而第二、三档却要求情节标准或使国家利益遭受损失标准。二是同样是受贿罪,索取或收受财物的,要求具备"为他人谋取利益"要件,收受回扣或手续费的,却不要求具备"为他人谋取利益"要件;同样是行贿罪,给予财物的,要求具备"为谋取不正当利益"要件,给予回扣或手续费的,却不要求具备"为谋取不正当利益"要件;同样是受贿犯罪,直接受贿要求具备的是"为他人谋取利益"要件,斡旋受贿和利用影响力受贿要求具备的是"为请托人谋取不正当利益"要件。三是规定个人向国家工作人员介绍贿赂构成介绍贿赂罪,但单位向国家工作人员介绍贿赂、单位向单位介绍贿赂、个人向单位介绍贿赂,却没有规定为

---

① 参见焦占营:《贿赂犯罪法定刑评价模式之研究》,载《法学评论》2010年第5期。

犯罪,似乎忽略了这三种情形,尽管将行贿、受贿的帮助行为设置成介绍贿赂罪的合理性本身值得商榷。四是对非国家工作人员受贿罪没有增设罚金刑,这极不利于依法打击目前广泛存在的医生、教师收受回扣等受贿行为,也与其他行贿受贿犯罪大多有财产刑不协调。五是单位受贿罪的直接负责的主管人员和其他直接责任人员没有规定任何财产刑,并且无论犯罪数额如何巨大、犯罪情节多么严重,法定刑最高只有5年有期徒刑,这与受贿罪的法定刑最高为死刑、非国家工作人员受贿罪和利用影响力受贿罪的法定刑最高为有期徒刑15年并且都有财产刑之间极不协调。根除以上混乱的最好办法是精简罪名,将现有的11个罪名合并精简为行贿罪和受贿罪两个罪名,至于不同性质的主体,则可分别置于不同的法定刑幅度内。

三、相关司法解释对商业贿赂犯罪的新规定及其评析

2015年8月29日《刑法修正案(九)》颁布之后,为了明确贪污贿赂犯罪的具体定罪量刑标准,统一司法适用,最高人民法院、最高人民检察院于2016年4月18日颁布实施《关于办理贪污贿赂刑事案件适用法律若干问题的解释》,对贿赂犯罪的定罪量刑标准作了如下新规定。

第一,规定受贿罪的数额和情节标准,一是将笼统数额标准具体化,二是将情节标准转化为具体数额加若干情节标准。具体包括:(1)受贿数额在3万元以上不满20万元的,属于"数额较大"。受贿数额在1万元以上不满3万元并具有下列8种情形之一的,属于有"其他较重情节":①曾因贪污、受贿、挪用公款受过党纪、行政处分的;②曾因故意犯罪受过刑事追究的;③将赃款赃物用于非法活动的;④拒不交代赃款赃物去向或者拒不配合追缴工作,致使无法追缴的;⑤造成恶劣影响或者其他严重后果的;⑥多次索贿的;⑦为他人谋取不正当利益,致使公共财产、国家和人民利益遭受损失的;⑧为他人谋取职务提拔、调整的。(2)受贿数额在20万元以上不满300万元的,属于"数额巨大"。受贿数额在10万元以上不满20万元并具有以上8种情形之一

的,属于有“其他严重情节”。(3)受贿数额在300万元以上的,属于“数额特别巨大”。受贿数额在150万元以上不满300万元并具有以上8种情形之一的,属于有“其他特别严重情节”。

以上规定的问题在于,一是将有些情节规定为受贿数额的补充情节未必合理。例如,在“曾因故意犯罪受过刑事追究”一项中,一个曾因故意犯罪受过刑事追究的人,是不太可能成为国家工作人员的,此项规定的意义不大。在“将赃款赃物用于非法活动”一项中,如何界定赃款赃物,是指本次受贿的赃款赃物还是也包括行为人贪污、受贿、挪用公款、赌博、贩毒、杀人抢劫等所有违法犯罪的赃款赃物?如何界定非法活动?如何证实非法活动?是要求将全部赃款赃物用于非法活动还是只要求将部分赃款赃物用于非法活动即可?如果“部分”即可,则此“部分”在数额方面有无最低要求?有无必要将此“全部”或“部分”解释为具体数额以及具体数额加其他情节?对非法活动有无质和量的要求等,徒增界定和证明困难而没有任何实际益处。关键问题在于,行为人受贿之后,是将受贿所得用于旅游、购房、买车、补办婚礼等合法消费,还是将受贿所得用于包养情人、赌博、贩毒、购买枪支弹药等非法活动,对于之前已经实施的受贿犯罪没有任何影响,不应反过来作为对行为人受贿犯罪定罪量刑的补充情节。同理,拒不交代赃款赃物去向或拒不配合追缴工作,都只是受贿之后的表现,不应作为行为人是否构成受贿罪或者是否法定刑升格的补充情节。在“为他人谋取职务提拔、调整”一项中,为他人谋取职务“提拔”会影响职务行为的廉洁性,但是,为他人谋取职务调整却不一定会影响职务行为的廉洁性,因为行贿人有可能是从高职位调整到低职位,从权力大油水多的职位调整到权力小油水少的职位。二是同样的情节对于定罪及法定刑升格的影响可能相差太过悬殊。例如,行为人受贿之后,将受贿所得中的1万元用于赌博这一非法活动,或者行为人曾经因贪污、受贿或挪用公款5000元受过党纪处分一次,或者行为人曾经因醉酒驾驶受过免予刑事处罚的刑事责任追究一次,则:如果他受贿1万元,加上该情节,达到“其他较重情节”标准,该情节所补充的是2万元,因为原本受贿3万元才达到定罪数额标准;如果他受贿10万元,加上该情节,达到“其他严重情节”标准,该情节所补充的就是 10 万元,因为原本受贿 20 万元才达到第二档的数额标准;如果他受贿 150 万元,加上该情节,达到“其他特别严重情节”标准,则该情节所补充的就是 150 万元,因为原本受贿 300 万元才达到第三档的数额标准;可见,同一情节,仅仅因为后来受贿数额不同,就分别相当于受贿 2 万元、10 万元和 150 万元,显然不合理;并且,将受贿所得中的 1 万元用于赌博,与用于买凶杀人,其社会危害性不可同日而语,却被无区别地视为补充 2 万元、10 万元、150 万元,也难谓合理。

第二,修改受贿罪判处死刑的标准,并将从宽标准明确化。刑法规定受贿罪判处死刑的标准是“受贿数额特别巨大,并使国家和人民利益遭受特别重大损失”两个条件。司法解释将其修改为“受贿数额特别巨大,犯罪情节特别严重、社会影响特别恶劣、给国家和人民利益造成特别重大损失”四个条件,增加了“犯罪情节特别严重、社会影响特别恶劣”两个限制条件;并且规定,即使符合以上四个条件,如果“具有自首,立功,如实供述自己罪行、真诚悔罪、积极退赃,或者避免、减少损害结果的发生等情节”,也可以从轻判处死刑缓期二年执行,从而可以大大减少死刑立即执行的适用。而在刑法中,这些从宽条件之间到底是同一关系还是择一关系,并不明确。因为,从“如实供述自己罪行、真诚悔罪、积极退赃,避免、减少损害结果的发生”之语词表述来看,认为这些情节实际上属于同一个认罪悔罪情节似乎更合理一些,因为四者都是认罪悔罪不同侧面的表现,且是相互联系的不可分割的统一体。例如,如果不避免或减少损害结果的发生,或不如实供述罪行,或不积极退赃,均足以表明行为人不是真诚悔罪,反之,如果是真诚悔罪,必然会同时实施上述行为。而司法解释却用“或者”将这些条件拆分成了择一关系的并列条件,进而增加“等情节”,为下级法院随意解释预留了空间,因为完全可以将“等情节”解释为还包括以上情节之外的其他情节。由于提高了判处死刑的标准,作为死刑立即执行替代措施的终身监禁的适用标准,也由刑法规定的两个条件提高到了四个条件,从而可以大大减少终身监禁的适用。

以上修改的突出问题在于,一方面为死刑的适用增加了两个限制条件,擅自修改了刑法的规定,属越权解释;但另一方面,除了对“受贿数额特别巨大"作了解释之外,对于其他三个条件都未作解释。虽然司法解释对受贿罪第三档中的"有其他特别严重情节"作了解释,但是却不宜将该解释视为对"犯罪情节特别严重"的解释,因为前者是指"受贿数额在 150 万元以上不满 300 万元并具有 8 种情形之一"的情节,是与"数额特别巨大"标准(数额 300 万元以上)相并列规定的情节,而后者是在满足"受贿数额特别巨大"标准(数额 300 万元以上)的基础上,另外需要具备的判处死刑的三个条件之一。虽然司法解释对行贿罪第三档中的"使国家利益遭受特别重大损失"作了解释,但是却不宜将该解释视为对司法解释擅自增加的受贿罪死刑适用条件中的"给国家和人民利益造成特别重大损失"的解释,一则受贿罪和行贿罪定罪量刑标准的性质、数额、情节等都有重大差异,两者不能通用;二则司法解释完全可以在增加该条件时,对该条件的具体内容作出解释;三则既然司法解释仅对行贿罪的相同情节作了解释而未对受贿罪的该条件作出解释,说明司法解释对两罪的该条件是有所区分的。至于何为"社会影响特别恶劣",司法解释也未作任何解释,从而只能委之于法官裁量。

第三,规定行贿罪的定罪量刑标准。(1)将行贿罪基本犯由行为犯修改为数额犯以及数额犯加情节犯。本来在刑法中,行贿罪的基本犯不是数额犯或情节犯,构成犯罪没有数额或情节要求,而是行为犯,只要实施了行贿行为就可构成犯罪。虽然这样规定很不合理,因为构成行贿罪不可能不要求达到一定数额,但这种立法不合理应当通过立法修改来解决,而不能通过司法解释来修改立法的规定。但是,司法解释将其解释成了数额犯以及数额犯加情节犯,规定行贿数额在 3 万元以上的,或者行贿数额在 1 万元以上不满 3 万元并具有下列 6 种情形之一的,构成行贿罪:①向 3 人以上行贿的;②将违法所得用于行贿的;③通过行贿谋取职务提拔、调整的;④向负有食品、药品、安全生产、环境保护等监督管理职责的国家工作人员行贿,实施非法活动的;⑤向司法工作人员行贿,影响司法公正的;⑥造成经济损失数额在 50 万元以上不满 100 万元的。其中,造成经济损失数额标准估计是为了与第二档、第三档中的造成经济损失标准相衔接。(2)规定行贿罪第二档法定刑的适用标准,将“情节严重”解释为具体数额以及具体数额加若干情节。规定具有下列3种情形之一的,属于“情节严重”:①行贿数额在100万元以上不满500万元的;②行贿数额在50万元以上不满100万元并具有为基本犯规定的前5种情形之一的;③有其他严重情节的;规定造成经济损失数额在100万元以上不满500万元的,属于“使国家利益遭受重大损失”。(3)规定行贿罪第三档法定刑的适用标准,将“情节特别严重”解释为具体数额以及具体数额加若干情节。规定具有下列3种情形之一的,属于“情节特别严重”:①行贿数额在500万元以上的;②行贿数额在250万元以上不满500万元并具有为基本犯规定的前5种情形之一的;③有其他特别严重情节的;规定造成经济损失数额在500万元以上的,属于“使国家利益遭受特别重大损失”。

以上修改的问题在于:一是将有些情形规定为行贿罪补充数额的情节未必合理。例如,在“将违法所得用于行贿”一项中,是用合法收入行贿、还是用违法所得行贿,对于贿赂犯罪的钱权交易本质不会有任何影响,这样规定似乎是鼓励人们使用合法所得行贿,又似乎是为了增加行贿犯罪的认定困难,因为司法机关还得额外提供证据证明行贿人到底是用合法收入行贿还是用违法所得行贿,对何为违法所得也难以界定。在“通过行贿谋取职务提拔、调整”一项中,认为谋取职务“提拔”对行贿人有利可能有一定道理,但是认为谋取职务“调整”也对行贿人有利可能就没道理了,因为行贿人完全可能因为人际关系、家庭需要等原因,而从高的职位调整到低的职位,从权力大油水多的职位调整到权力小油水少的职位,从中心职位调整到边缘职位。二是将“情节严重、情节特别严重”解释为具体数额以及具体数额加若干情节,显得逻辑混乱和不伦不类,虽然数额大小是情节严重与否的重要衡量标准,但数额和情节毕竟不是同一概念,两者的内涵和外延完全不同。三是对《刑法》第389条第2款规定的“以行贿论处”情形的定罪量刑标准未作规定,因为这两种情形是指“在经济往来中,违反国家规定,给予国家工作人员以财物,数额较大的”和“违反国家规定,给予国家工作人员以各种名义的回扣、手续费的”,而司法解释第7、8、9条均只规定了“为谋取不正当利益,向国家工作人员行贿”情形的定罪量刑标准。

未作规定的后果,是使司法实践处于两难境地,如果参照适用上述标准,事实上是无法可依的,有违背罪刑法定原则之嫌,如果不参照适用上述标准,则又无法确定数额标准,导致无法定罪量刑。当然,司法实践中不可能考虑这么精细,肯定会参照适用上述标准,但是,如果有公、检、法以刑法和司法解释没有明文规定为由,拒绝参照适用上述标准,则也无法指责其不遵守法律或有法不依。

第四,规定利用影响力受贿罪的定罪量刑标准参照受贿罪的规定执行,对有影响力的人行贿罪的定罪量刑标准参照行贿罪的规定执行。但是,单位对有影响力的人行贿的,行贿数额在20万元以上时,才能追究刑事责任。换言之,个人对有影响力的人行贿的定罪标准是行贿数额3万元以上,或者行贿数额虽不满3万元但已满1万元并具有6种情形之一,而单位对有影响力的人行贿的定罪标准一律为行贿数额20万元以上,这有鼓励个人成立单位以行贿之嫌。

第五,规定非国家工作人员受贿罪的数额标准按照受贿罪相对应的数额标准的2倍执行,即受贿罪数额较大标准为"3万元以上不满20万元",非国家工作人员受贿罪数额较大标准则为"6万元以上不满40万元";受贿罪数额巨大标准为"20万元以上不满300万元",非国家工作人员受贿罪数额巨大标准则为"40万元以上不满600万元"。

以上规定的问题是,受贿罪尚有"数额特别巨大"一档,司法解释将之规定为"300万元以上",而非国家工作人员受贿罪并无"数额特别巨大"一档,只有"数额较大、数额巨大"两档,因此两罪数额标准无法一一对应。如果非国家工作人员受贿数额超过600万元,将既不属于"数额较大",又不属于"数额巨大",因为司法解释明文规定"数额巨大"是指"40万元以上不满600万元",而"超过600万元"显然不属于"不满600万元",导致该规定无法适用,司法机关不得不公然违背该条规定(司法解释第11条)而将受贿600万元以上者也认定为"数额巨大",这无疑会损害该司法解释的权威性。

第六,规定对非国家工作人员行贿罪中"数额较大、数额巨大"的数额起点要按照该解释第7条、第8条第1款关于行贿罪数额标准规定的2倍执行,即(1)行贿数额在6万元以上的,或者行贿数额在2万元以上不满 6 万元并具有该解释第 7 条第 2 款所列 6 种情形之一的，属于“数额较大”，其中的造成经济损失标准也应随之变为“造成经济损失数额在 100 万元以上不满 200 万元”。(2)行贿数额在 200 万元以上不满 1000 万元的，或者行贿数额在 100 万元以上不满 200 万元并具有该解释第 7 条第 2 款所列前 5 种情形之一的，属于“数额巨大”，不包括该解释第 7 条第 2 款所列第 6 种情形即造成经济损失的情形。

以上规定的问题在于：(1)在刑法中，行贿罪不是数额犯，对非国家工作人员行贿罪则是数额犯，本来不存在数额标准相互对应问题；(2)行贿罪有 3 个量刑档次而对非国家工作人员行贿罪只有 2 个档次，无法一一对应；(3)无论是将“数额较大、数额巨大”解释为具体数额以及具体数额加若干情节，还是将“情节严重、情节特别严重”解释为具体数额以及具体数额加若干情节，均属于逻辑混乱、不伦不类；(4)根据司法解释，行贿数额在 2 万元以上不满 6 万元并且“造成经济损失数额在 100 万元以上不满 200 万元”的，要构成犯罪，但如果行贿数额在 2 万元以上不满 6 万元并造成经济损失超过 200 万元的，能否定罪量刑？因为司法解释规定“数额巨大”中不包含造成经济损失数额标准，而“超过 200 万元”显然又不属于“不满 200 万元”；(5)同理，由于其规定向非国家工作人员行贿数额在 200 万元以上不满 1000 万元属于“数额巨大”，则如果行贿数额超过 1000 万元，是否属于“数额巨大”？因为“以上”的含义与“不满”的含义截然不同。这种逻辑混乱的规定导致司法机关不得不违背它而不予适用。

第七，规定“为他人谋取利益”的具体情形。包括：(1)实际或者承诺为他人谋取利益的；(2)明知他人有具体请托事项的；(3)履职时未被请托，但事后基于该履职事由收受他人财物的；(4)国家工作人员索取、收受具有上下级关系的下属或者具有行政管理关系的被管理人员的财物价值 3 万元以上，可能影响职权行使的，视为承诺为他人谋取利益。其中，第(1)(2)(3)项适用于非国家工作人员受贿罪、受贿罪、单位受贿罪、利用影响力受贿罪，第(4)项只适用于受贿罪。

在第(1)项中，实际为他人谋取利益，是指已经着手实施为他人谋取利益的行为，即使尚未谋取成功，或者已经谋取到一部分，均属于为他人谋取利益;承诺为他人谋取利益,是指已经答应为他人谋取利益。在第(2)项中,明知他人有具体请托事项而收受他人财物,也属于为他人谋取利益,属于默示承诺的情形。早在 2003 年 11 月 13 日,最高人民法院《全国法院审理经济犯罪案件工作座谈会纪要》中就规定:"为他人谋取利益包括承诺、实施和实现三个阶段的行为。只要具有其中一个阶段的行为,如国家工作人员收受他人财物时,根据他人提出的具体请托事项,承诺为他人谋取利益的,就具备了为他人谋取利益的要件。明知他人有具体请托事项而收受其财物的,视为承诺为他人谋取利益。"在第(3)项中,只要基于履职事由收受他人财物,就属于为他人谋取利益,实质上是肯定事后收受财物也要构成受贿罪。但是,如果行为人在实施职务行为时,根本没有想到对方会因此给予他财物,或者虽然想到并且也有"如果给就收下"的想法,也不能肯定职务行为与给予财物之间的权钱交易性质,只有在行为人明知对方必然或有很大可能会给予财物的情况下,才可勉强认定行为人的履行职务与收受他人财物之间具有权钱交易性质。① 因此,司法解释实际上是将"事后受财"拟制为受贿,有违背罪刑法定原则之嫌,不过,对于打击行贿受贿犯罪却相当有利。第(4)项应当属于一种推定,因为在现实生活中,国家工作人员索取、收受具有上下级关系的下属或具有行政管理关系的被管理人员的财物的,一般均具有利用职务之便为下属或被管理人员谋取利益的意图或实际行为,否则,若无利可图,下属或被管理人员不可能给予国家工作人员以财物。但是,在司法实践中,这种权钱交易关系却很难证明,经常是国家工作人员利用逢年过节婚丧嫁娶等名目收取他人财物,在对方需要时再为对方谋取利益,收取财物与谋取利益之间往往不具有一一对应关系,如果要求证明收取财物与谋取利益之间具有因果关系,实际上是放纵犯罪,因此,司法解释的这一规定是极为合理的。

第八,规定行贿罪从宽情节的认定标准。包括:(1)所犯行贿罪

---

① 参见边学文、马忠诚:《"事后受财"行为能否构成犯罪——解一道商业贿赂的法律难题》,载《天津师范大学学报》(社会科学版)2007 年第 2 期。

"犯罪较轻"一般是指所犯行贿罪可能被判处3年有期徒刑以下刑罚。(2)因交代行贿行为而"对侦破重大案件起关键作用"中的"重大案件",一般是指该案件的犯罪人已经或可能被判处10年有期徒刑以上刑罚,或者该案件在本省、自治区、直辖市或全国范围内有较大影响,"对侦破重大案件起关键作用"一般是指具有以下四种情形之一:①主动交代办案机关未掌握的重大案件线索;②主动交代的犯罪线索虽不属于重大案件的线索,但该线索对于重大案件的侦破具有重要作用;③主动交代行贿事实,对于重大案件的证据收集有重要作用;④主动交代行贿事实,对于重大案件的追逃、追赃有重要作用。至于何为"重大立功",因为刑法及其他相关司法解释有明文规定,司法解释未再重复。

第九,规定受贿故意的推定情形。在司法实践中,经常发生国家工作人员与其配偶、子女、情人、司机等特定关系人共同受贿,由特定关系人索取或收受请托人财物,由国家工作人员利用职务便利为请托人谋取利益,但是司法机关却难以证实双方具有共同受贿故意的情况。在这种情况下,特定关系人往往辩称其没有将索取或收受财物之事告知国家工作人员,辩称其没有要求国家工作人员为请托人谋取利益;国家工作人员则往往辩称其没有要求特定关系人去索取或收受请托人财物,特定关系人索取或收受他人财物之事与其无关,其是正当地履行职务,并没有为他人谋取不正当利益,由此导致共同受贿事实难以证实。特别是在特定关系人与请托人事先约好,先由国家工作人员为请托人谋取利益,再收受请托人财物的情况下,收受财物与职务行为之间的对应关系更加难以证实。

为了避免放纵犯罪,司法解释第16条第2款规定:"特定关系人索取、收受他人财物,国家工作人员知道后未退还或者上交的,应当认定国家工作人员具有受贿故意。"从而降低证明要求,只要国家工作人员知道特定关系人索取或收受了请托人的财物却不退还或上交,就直接推定其具有受贿故意,无须提供其他证据予以证明。即使国家工作人员在正当履行职务之后,才知道特定关系人索取或收受了他人财物,只要其不退还或上交,也直接推定其具有受贿故意。虽然这种推定有时与客观实际不符,但国家工作人员知道特定关系人索取或收受了他人财物而不退还或上交,本身即表明其具有利用履行职务行为占有他人财物的故意,因此也还算比较合理。

此外,司法解释第 15 条第 2 款规定:“国家工作人员利用职务上的便利为请托人谋取利益前后多次收受请托人财物,受请托之前收受的财物数额在一万元以上的,应当一并计入受贿数额。”这也属于对受贿故意的推定情形。因为,在受请托之前收受他人财物时,未必具有受贿故意,可能确实不知道他人会提出请托,但是在收受他人财物之后,接受请托并利用职务上的便利为请托人谋取利益,就已经在收受他人财物与为他人谋取利益之间建立起了权钱交易联系,符合行贿受贿的本质,可推定具有受贿故意。只是这种推定是有条件的,只将受请托之前收受财物数额总计 1 万元以上者纳入受贿范围,若一次或几次收受的数额总计低于 1 万元,则不认为是受贿数额,而认为可能确实属于亲友之间的小额馈赠。

第十,规定贿赂犯罪的并处罚金标准。一是规定对犯受贿罪并处罚金的,分为 10 万元以上 50 万元以下、20 万元以上犯罪数额 2 倍以下、50 万元以上犯罪数额 2 倍以下 3 档。二是规定对于其他贿赂犯罪,应当在 10 万元以上犯罪数额 2 倍以下判处罚金。

这一规定是该司法解释中的最大败笔,因为其所规定的罚金数额实在太低,远远满足不了司法实践打击商业贿赂犯罪的需要,应当立即废除。

商业贿赂犯罪之所以屡禁不止,重要原因之一是处罚力度太小,导致违法犯罪成本太低,与行贿受贿所得的巨大收益相比,几乎相当于零成本。与国外动辄以亿元计的罚金相比,我国对犯罪人的金钱惩罚几乎微不足道。例如,美国、德国、英国等国家或地区对行贿者的惩罚极为严厉,如果出现贿赂丑闻,公司面临的不仅是法律责任、商誉损失,还有巨额罚金或罚款,行贿者将得不偿失。2005 年 5 月,美国德普公司中国分公司向美国司法部承认花了 162.3 万美元贿赂中国多家国营医院工作人员以推销其产品并从中赚取 200 万美元,最终协议交纳480万美元的罚款;[①]德国西门子医疗集团在2003年至2007年,向5家中国医院行贿逾千万美元,后于2008年年底被德国法院处以13亿美元罚金;[②]2012年7月2日,英国制药公司葛兰素史克表示,同意支付30亿美元罚款,和美国联邦政府、纽约州政府及哥伦比亚特区达成和解协议,了结美国药品监管机构对其"不择手段进行欺诈营销"的指控,这是当时制药商支付的有史以来金额最高的一笔罚款。[③] 与这些巨额罚金或罚款相比,我国刑法对于商业贿赂犯罪的财产处罚太轻,有的竟然没有规定财产刑。例如,非国家工作人员受贿罪(第163条)至今没有规定罚金刑,只是第二档"受贿数额巨大"才"可以并处没收财产";对非国家工作人员行贿罪(第164条第1款)中"数额较大"一档只是在《刑法修正案(九)》中才增设罚金刑;行贿罪(第390条)、对单位行贿罪(第391条)、介绍贿赂罪(第392条)、单位行贿罪(第393条),均是在《刑法修正案(九)》中才增设罚金刑。其余如单位受贿罪(第387条),虽然对单位只能判处罚金,但是对于其直接负责的主管人员和其他直接责任人员,无论犯罪情节多么严重,都只能判处5年以下有期徒刑或者拘役,并且没有规定罚金刑或没收财产刑。法律法规不健全导致我国对商业贿赂犯罪的处罚重人身自由的剥夺而轻财产刑的惩罚,在财产刑方面明显过轻,无法有效利用财产刑来遏制商业贿赂犯罪的产生发展。因此非常有必要借鉴国外的有效做法,对商业贿赂犯罪判处远远高于常人能够接受程度的巨额罚金,迫使从事商业或经济活动者认真权衡行贿、受贿的成本与收益,做出遵纪守法的理性选择。

---

① 参见梁玉红:《政府反商业贿赂的博弈分析》,载《湖北行政学院学报》2009年第4期。

② 参见周琳、邹伟:《中国已成跨国公司商业贿赂重灾区》,载新浪财经:http://finance.sina.com.cn/china/20130715/073816120792.shtml,最后访问日期:2016年12月26日。

③ 参见《葛兰素史克因欺诈被重罚30亿美元 制药商有史以来最高》,载搜狐新闻:http://news.sohu.com/20120704/n347227363.shtml,最后访问日期:2016年12月26日。

《刑法修正案(九)》出台之后,由于刑法对商业贿赂犯罪基本上都设立了罚金刑或没收财产刑,并且对罚金的上限没有限制,本来是可以用来严惩商业贿赂犯罪的,而该司法解释却违背国际潮流,违反刑法明文规定,对各贿赂犯罪之罚金上限作出“不得超过犯罪数额两倍”之无理规定,实在令人遗憾。2014年9月19日,长沙市中级人民法院对葛兰素史克(中国)投资有限公司(GSKCI)和马克锐(英国籍)等人涉嫌对非国家工作人员行贿罪进行不公开开庭审理并宣判,GSKCI被判处罚金30亿元人民币,这是迄今为止中国法院开出的最大金额罚单。[①] 一审宣判后,葛兰素史克总公司在其官网发布道歉信,表示完全认同中国司法机关依法认定的事实和依据,服从判决,并向中国患者、医生、医院和中国政府深刻道歉。[②] 这次30亿元人民币的巨额罚金具有标志性意义,为中国法院开具远超行贿金额的巨额罚单开了个好头,只有惩罚力度大到足以引起贿赂主体重视,才能产生预防商业贿赂犯罪的预期效果。但是,在该司法解释出台后,由于其规定罚金数额不得超过行贿数额的两倍,而现实生活中行贿数额很少有超过1亿元人民币的,此30亿元人民币罚单恐怕将成为共和国史上唯一的巨额罚单,而商业贿赂犯罪也可能越来越多、越打越多。

四、应灵活运用现有刑法条文打击商业贿赂行为

商业贿赂犯罪屡禁不止,越反越烈,迫使有识之士提出种种对策。例如,制定一部统一的《反商业贿赂法》,[③]制定《反腐败法》作为反腐

---

① 参见苑广阔:《30亿“最大罚单”应成最大警醒》,载《西安晚报》2014年9月20日,第2版。

② 参见杨昌平:《周强谈葛兰素史克案——30亿罚款有标志性意义》,载《北京晚报》2015年3月13日,第6版。

③ 参见程宝库、林楠南:《关于我国反商业贿赂立法的反思》,载《求是学刊》2006年第2期。

败法律体系内的"基本法",[①]在国际合作的基础上制订《海外反商业贿赂法》,[②]借鉴美国《反海外腐败法》的规定将犯罪主体扩大至任何个人、公司、官员、董事、雇员、企业代理人或者任何代表公司行事的股东,[③]借鉴英国《贿赂法》之规定增设商业组织预防贿赂失职罪,[④]等等。不过,在本文看来,中国反腐不力的主要原因不在于无法可依,而在于有法不依,只要认真适用《刑法》并废除不合时宜的司法解释,足以遏制各种商业贿赂犯罪。实际上,除了刑法分则中关于行贿与受贿犯罪的条文,刑法总则中的一些条文也完全可以并且应当用来打击商业贿赂犯罪。

(一)应充分适用短期职业禁止规定

针对利用职业便利实施的犯罪以及违背职业所要求的特定义务实施的犯罪,我国《刑法修正案(九)》增设了禁止犯罪者从事相关职业3至5年的规定。《刑法》第37条之一第1款规定:"因利用职业便利实施犯罪,或者实施违背职业要求的特定义务的犯罪被判处刑罚的,人民法院可以根据犯罪情况和预防再犯罪的需要,禁止其自刑罚执行完毕之日或者假释之日起从事相关职业,期限为三年至五年。"(下文简称短期职业禁止)。并且,法院作出的禁止令是具有强制执行效力的,犯罪者必须遵守,如果违反,则属于拒不履行法院判决裁定的行为,情节严重的,构成拒不执行判决裁定罪。对此,《刑法》第37条之一第2款规定:"被禁止从事相关职业的人违反人民法院依照前款规定作出的

---

① 参见刘艳红、冀洋:《"反腐败基本法"建构初论》,载《行政法学研究》2016年第2期。

② 参见林肃娅、梁田:《论跨国公司对中国商业贿赂的成因及治理对策》,载《西南民族大学学报》(人文社科版)2008年第4期。

③ 参见张卫彬:《跨国公司商业贿赂法律规制的实践模式及借鉴》,载《法学》2014年第9期。

④ 参见魏昌东:《企业自我控制机制与中国商业贿赂犯罪治理构建》,载《求索》2011年第12期。

决定的,由公安机关依法给予处罚;情节严重的,依照本法第三百一十三条(拒不执行判决裁定罪)的规定定罪处罚。”不过,当其他法律、行政法规对禁止从事相关职业的期限另有规定时,则应优先适用其他法律、行政法规中的规定,因为该条第 3 款规定:“其他法律、行政法规对其从事相关职业另有禁止或者限制性规定的,从其规定。”换言之,一方面,对于因利用职业便利或违背职业所要求的特定义务而实施犯罪者,无论其他部门是否根据其他法律、行政法规对犯罪人作出相应行政处罚,人民法院依然可以根据犯罪人的犯罪情况和预防再犯罪的需要对其判处禁止从事相关职业;另一方面,对于禁止从事相关职业的期限,则应优先适用其他法律、行政法规中的规定,而不再适用刑法中关于 3 ~ 5 年的规定。

短期职业禁止属于限制自由的保安处分。从性质来看,我国刑法中规定了两种制裁措施,一是包括主刑和附加刑在内的刑罚处罚,二是包括短期职业禁止、禁止令、政府强制医疗等在内的保安处分。从世界各国立法例来看,有的国家刑法将职业禁止规定为刑罚的执行方式,如法国、匈牙利等,有的国家则将其规定为保安处分,如德国等。所谓保安处分,是指由法院宣告的针对犯罪人将来犯罪的危险而作为刑罚的补充或替代的、伴随有剥夺或限制自由内容的隔离、治疗或者改造。①保安处分与刑罚具有如下不同:(1)目的不同。刑罚的目的主要是一般预防和特殊预防,前者包括积极的一般预防与消极的一般预防,是为了预防一般人犯罪,后者则是为了预防犯罪者本人再次犯罪。保安处分的目的则只包括特殊预防,即预防犯罪者再次犯罪,并伴有对犯罪人的治疗、教育、改善功能。(2)与罪责的关系不同。刑罚的上限以罪责为限,不能超出罪责的限制,保安处分的上限则以预防再犯的需要为限,因而可以不受罪责的限制。在刑罚之外设置保安处分的首要意图

---

① 参见[日]大谷实:《刑事政策学》,黎宏译,中国人民大学出版社 2009 年版,第 158 页。

就是为了避开罪责原则产生的限制,[①]刑罚和保安处分双轨制原则上讲是无可指责的,因为罪责报应和危险预防的性质不同。[②] (3)适用根据不同。刑罚的适用根据是报应,是对已经实施的犯罪行为的报应,保安处分的适用根据则是再犯罪的危险性,是因为犯罪人有再次实施犯罪的可能。显然,对于实施商业贿赂犯罪的犯罪者而言,如果允许他们继续从事相关职业,其再犯罪的危险性是始终存在的,因此有必要考虑对其判处短期职业禁止。

虽然从性质上讲,保安处分与刑罚是两种性质不同的刑事制裁措施,但是在适用效果上,两者都具有预防犯罪的功能;虽然从适用目的上讲,保安处分只应具有特殊预防的目的,但是在适用效果上,保安处分无疑也具有一般预防的效果,对于潜在的犯罪人具有震慑作用。显然,在严格根据罪责原则对商业贿赂犯罪人判处刑罚不足以遏制商业贿赂犯罪的情况下,以犯罪人具有再犯罪的危险性为由对其判处短期职业禁止,将对犯罪人以及潜在的犯罪人产生一定的威慑作用,促使他们认真考虑犯罪的成本和收益问题,从而做出不实施或不再实施商业贿赂犯罪的决定。

对商业贿赂犯罪人适用短期职业禁止完全可行。首先,由于商业贿赂犯罪发生于商业和经济活动领域,均与一定的职业有关,均属于利用职业便利或违背职业特定义务要求而实施的犯罪,能满足短期职业禁止关于“利用职业便利”或“违背职业要求的特定义务”而实施犯罪的要求。其次,商业贿赂犯罪人在重新从事熟悉的相关职业时,为了迅速取得成效,囿于行业普遍存在的行贿受贿潜规则,再次实施商业贿赂行为的可能性非常高,为此,有必要打消犯罪人犯罪后不被抓获的侥幸心理。而判处短期职业禁止,既在一定期限内限制了犯罪人再次实施犯罪的可能性,又对犯罪人敲响了警钟,有利于预防其再次实施犯罪。

---

① 参见[德]冈特·施特拉腾韦特、洛塔尔·库伦:《刑法总论Ⅰ——犯罪论》,杨萌译,法律出版社2006年版,第19页。

② 参见[德]汉斯·海因里希·耶赛克、托马斯·魏根特:《德国刑法教科书》,徐久生译,中国法制出版社2001年版,第103页。

(二)应积极适用禁止令规定

为了鼓励行贿人积极举报、揭发受贿人,《刑法》对行贿人作了一些从宽处罚的规定,例如,《刑法》第164条第4款规定:“行贿人在被追诉前主动交代行贿行为的,可以减轻处罚或者免除处罚。”《刑法》第390条第2款规定:“行贿人在被追诉前主动交代行贿行为的,可以从轻或者减轻处罚。其中,犯罪较轻的,对侦破重大案件起关键作用的,或者有重大立功表现的,可以减轻或者免除处罚。”由于这些规定,行贿人经常被判处管制或缓刑;而由于种种原因,受贿罪犯被判处管制或缓刑的也日益增多,他们无须受到剥夺人身自由的刑罚处罚,而可继续从事曾经得以实施商业贿赂行为的相关职业,这在一定程度上消解了刑罚的威慑效果。为了弥补这种缺陷,可以积极适用禁止令的相关规定,因为对于被判处管制刑和缓刑的犯罪人,《刑法修正案(八)》增设了禁止令的规定。

《刑法》第38条第2款规定:“判处管制,可以根据犯罪情况,同时禁止犯罪分子在执行期间从事特定活动,进入特定区域、场所,接触特定的人。”第4款规定:“违反第二款规定的禁止令的,由公安机关依照《中华人民共和国治安管理处罚法》的规定处罚。”可见,如果犯罪人在管制刑服刑期间违反禁止令,则要受到治安管理处罚,包括警告、罚款、行政拘留等,但此规定的合理性值得商榷,因为其一,无论是否赞同禁止令属于保安处分,毕竟是由人民法院生效的判决裁定所作出,违反禁止令属于拒不履行法院判决裁定的行为,而不属于违反治安管理处罚法的行为;其二,由于《治安管理处罚法》并未针对《刑法》第38条第4款作出配套规定,原先也没有相关规定,导致公安机关根本无法根据《治安管理处罚法》的具体条文来对违反法院禁止令的行为进行处罚。

《刑法》第72条第2款规定:“宣告缓刑,可以根据犯罪情况,同时禁止犯罪分子在缓刑考验期限内从事特定活动,进入特定区域、场所,接触特定的人。”《刑法》第77条第2款规定:“被宣告缓刑的犯罪分子,在缓刑考验期限内,违反法律、行政法规或者国务院有关部门关于缓刑的监督管理规定,或者违反人民法院判决中的禁止令,情节严重的,应当撤销缓刑,执行原判刑罚。”可见,在缓刑考验期限内违反禁止令的,属于违反缓刑监督管理规定的行为,情节严重的,要撤销缓刑,执行原判刑罚。虽然此条文仍然将违反禁止令之拒不履行判决裁定行为归类为违反缓刑监督管理规定的行为,但比起《刑法》第38条第4款将违反禁止令规定为违反治安管理处罚行为要合理一些。

由于商业贿赂犯罪发生于商业和经济活动领域,属于利用职业便利或违背职业特定义务要求而实施的犯罪,如果不对犯罪人从事相关职业或活动进行一定限制,犯罪人很可能重操旧业并继续实施商业贿赂行为,因此,对于那些被判处管制和缓刑的犯罪人,除了依法适用短期职业禁止之外,还有必要积极适用禁止令。最高人民法院、最高人民检察院、公安部、司法部2011年4月28日联合颁布的《关于对判处管制、宣告缓刑的犯罪分子适用禁止令有关问题的规定(试行)》对于“三禁”的具体内容,即禁止从事的活动、禁止进入的区域或场所、禁止接触的人有着比较详细的规定。比如,规定对于实施证券犯罪、贷款犯罪、票据犯罪、信用卡犯罪等金融犯罪的人,可禁止其从事证券交易、贷款申领、票据使用或者信用卡申领使用等金融活动;对于利用特定生产经营活动实施犯罪的人,可禁止其从事相关生产经营活动;禁止犯罪人接触控告人、批评人、举报人及其法定代理人、近亲属以及其他可能遭受其侵害、滋扰的人;禁止犯罪人接触同案犯或者可能诱发其再次实施危害社会行为的人;等等。参照这些规定,对于商业贿赂的犯罪人,也可根据其犯罪情况及预防犯罪的需要判处相应的禁止令。例如,对于从事医药销售而向医院有关人员行贿的人,可禁止其再接触医院相关职位的人员、禁止其进入医院相关科室;对于通过设立旅行社而为其他单位相关人员虚开会议费开票以套取单位现金的人,可禁止其开设旅行社业务;对于为工程中标而向评标委员会成员行贿的人,可禁止其从事投标业务或接触评标委员会成员;对于受贿的评标委员会成员,可禁止其从事招标评标活动;对于受贿的企业高管,可禁止其继续担任企业高管职务;等等。

在性质上,禁止令和短期职业禁止一样,都不属于刑罚或非刑罚的制裁措施,而属于一种保安处分,两者的主要区别,除了内容不同之外,还在于适用时间不同。禁止令适用于管制执行期间或缓刑考验期限以内,执行期限是自管制、缓刑执行之日起计算,具体期限可等于或短于管制执行或缓刑考验期限,但不得短于管制或缓刑的最短法定期限;短期职业禁止则适用于刑罚执行完毕或假释以后,执行期限自刑罚执行完毕之日或者假释之日起计算,具体期限为三年至五年。

由于刑法将短期职业禁止的适用条件限制为"自刑罚执行完毕之日或者假释之日起",而缓刑考验期满的一般法律效果是"原判的刑罚就不再执行",不存在"刑罚执行完毕或者假释"等问题,所以对于被判处缓刑的人,不可以同时判处短期职业禁止,仅可以同时判处禁止令;但是,对于被判处管制的人,则既可以同时判处禁止令,适用于管制执行期间,又可以同时判处短期职业禁止,适用于管制执行完毕以后。不过,由于刑法对禁止令的具体内容并无限制,而职业的内容无非就是各种职业活动,法院完全可以将禁止令的内容规定为禁止从事相关职业活动,比如,禁止行贿的医药代表在缓刑考验期间从事医药销售活动,实际上即相当于禁止其在缓刑考验期间从事医药销售职业,所以,禁止令和短期职业禁止是相得益彰、相辅相成的,可共同发挥预防犯罪的作用。

(三)应善于运用追缴制度剥夺犯罪分子的违法所得

商业贿赂犯罪都是贪利性犯罪,犯罪分子精于计算犯罪的成本和收益,因此,如果能加大犯罪成本,减少犯罪收益,就能有效遏制商业贿赂犯罪的发展蔓延。《刑法》第64条规定的违法所得追缴制度,即能用来减少犯罪分子的犯罪收益,该条规定:"犯罪分子违法所得的一切财物,应当予以追缴或者责令退赔……"

刑法设立违法所得追缴制度的重要理由之一是"不让犯罪分子从犯罪行为中得到利益",这也是一个重要的正义和法律原则。由于犯罪是具有社会危害性的行为,对于犯罪行为除了要依法给予刑罚处罚之外,也不能让犯罪分子在经济利益上谋得好处,无论是为了实现实质公正还是实现预防犯罪目的,都不能让犯罪分子享有源自违法犯罪的利益。[①]“只要刑罚的恶果大于犯罪所带来的好处,刑罚就可以收到它的效果。这种大于好处的恶果中应该包含的,一是刑罚的坚定性,二是犯罪既得利益的丧失。”[②]

对于何为“违法所得的一切财物”,理论上有不同观点。一种观点认为,贿赂案件的违法所得应界定为检察机关在办理贿赂案件过程中发现的,涉案人员基于违反法律、法规、规章、政策、行业规范的行为而获取的不正当利益;不仅包括犯罪所得,也包括未被认定为犯罪所得的、基于违反相关规定而获取的不正当利益。[③]另一种观点认为,职务犯罪违法所得,是指犯罪分子通过职务犯罪行为而获取的违法不当利益,包括案内违法所得和案外违法所得,前者是指检察机关在查办职务犯罪过程中,经由立案侦查、移送起诉并经法院最终认定的贪污贿赂犯罪所指向的涉案款物,主要包括赃款赃物及其孳息;后者主要指检察机关在查办职务犯罪过程中,尚未进入刑事立案程序的初查等环节时扣押追缴的相关款物,以及虽已进入刑事立案程序但没有最终认定为犯罪所得的涉案款物,主要包括以下 4 种情形:不起诉案件中的违法所得、撤销案件中的违法所得、检察机关认定的违法所得、检察机关认定为赃款赃物但移送起诉后未被法院认定为犯罪所得的违法所得。[④]还有一种观点认为,“违法所得的一切财物”是指犯罪所得的赃款、赃物和犯罪收益,其中,犯罪收益包括替代收益、混合收益和利益收益,替代收益是指在犯罪收益部分或全部转变为其他财产的情况下,转变后的

---

① 参见刘清生:《论刑事违法所得的认定与追缴》,载《湖南社会科学》2009 年第 2 期。

② [意]贝卡里亚:《论犯罪与刑罚》,黄风译,中国方正出版社 2003 年版,第 57 页。

③ 参见李晓蕾:《追缴贿赂案件违法所得实务研究》,载《中国检察官》2012 年第 12 期。

④ 参见广州市海珠区人民检察院课题组:《完善职务犯罪违法所得追缴机制的构想》,载《法治论坛》2009 年第 4 期。

财产替代原财产成为犯罪收益,混合收益是指在犯罪收益已经同其他合法财产混合的情况下,混合后的财产被视为犯罪收益,司法机关可以对该财产中相当于原犯罪收益价值的部分进行追缴,而来自于犯罪收益、替代收益或混合收益的收入被称为利益收益,都应进行追缴。① 《联合国反腐败公约》第 2 条中规定:"'犯罪所得'系指通过实施犯罪而直接或间接产生或者获得的任何财产。"

显然,为了有效遏制商业贿赂犯罪的发展蔓延,有必要从宽认定"违法所得"的外延,将其解释为由实施违法犯罪行为所直接或间接地获得的一切收益。凡是直接或间接来源于违法犯罪的、与违法犯罪行为有因果关系的收益,都应当作为违法犯罪的财产性收益予以没收,不能让违法犯罪分子从违法犯罪中获得任何收益。当然,这需要尽快制定合理、完善的追缴制度。

On the New Stipulations about Commercial Bribery Crimes in the Criminal Law of the People's Republic of China and Its Relevant Judicial Interpretations

Huang Liqin & Zhou Mingchuan

[**内容摘要**]《刑法修正案(九)》及相关司法解释对商业贿赂犯罪的定罪量刑标准作了重大修改完善,有利于加大对商业贿赂犯罪的打击力度,但仍存在诸多问题。应扩大贿赂的外延,增设非国有单位受贿罪和对非国有单位行贿罪,取消对罚金数额上限的限制。应充分适用短期职业禁止及禁止令以预防商业贿赂犯罪,并善于适用追缴制度以剥夺犯罪分子的违法所得。

[**关键词**]《刑法修正案(九)》;商业贿赂;行贿;受贿;职业禁止

Abstract: The newest Amendment (Ⅸ) and relevant judicial

---

① 参见张磊:《论我国经济犯罪收益追缴制度的构建》,载《政治与法律》2009 年第 5 期。

interpretations have made major revision and improvement to the conviction and sentencing standards for commercial bribery crimes in China, which is conducive to launching struggles against these crimes. However, there are still many problems in these stipulations. In order to prevent and struggle against commercial bribery crimes, we should expand the extension of bribes, increase the crime of non-state-owned units' accepting bribes and the crime of offering bribes to non-state-owned units, abolish the restriction on the maximum fines of bribery crimes, apply short-term employment prohibitions fully, deprive the offenders' illegal gains by more effective recovery systems.

Key words: the Amendment of Criminal Law (Ⅸ); commercial bribery; accepting bribe; offering bribe; employment prohibition

废除嫖宿幼女罪的理论厘清与理性反思

詹奇玮*

目　　次

一、引　　言

2015年8月29日,第十二届全国人大常委会第十六次会议通过了《中华人民共和国刑法修正案(九)》(以下简称《修九》),对我国刑法典作出了重要修正。其中,《修九》第43条废除了备受争议的嫖宿幼女罪,这是我国立法机关首次通过修法活动废除刑法典具体罪名。随着《修九》的通过与施行,社会各界对嫖宿幼女罪的激烈争论也趋于平复。但是,嫖宿幼女罪的保留与废除,绝不仅仅局限于嫖宿幼女行为是否应由刑法规制、应由刑法如何规制的问题;还涉及具体个罪的法益界定、法条竞合的合理协调、法定刑的科学配置等重要的刑法理论和立法技术问题。在《修九》通过之前,社会各界对嫖宿幼女罪的批

* 北京师范大学刑事法律科学研究院博士研究生。

评与争议主要是围绕三个方面展开的，即（1）嫖宿幼女罪是否存在“污名化”被害幼女的问题；（2）嫖宿幼女罪是否承认幼女具有性自主权的问题；（3）如何协调嫖宿幼女罪与强奸罪之间关系。笔者认为，上述争议是否足以成为嫖宿幼女罪被废除的理论基础，也有待进一步探讨。

事实上，刑法学作为一门法律科学，既要服务于刑法立法和司法实践，同时自身的逻辑结构和理论展开也具有相对独立性。虽然立法机关通过修法活动废除了嫖宿幼女罪，但还需要对已偃旗息鼓但仍纷繁复杂的学术争议进行厘清。嫖宿幼女罪的废除并不代表与之相关的理论争鸣应该终结，嫖宿幼女或者幼女卖淫的现象更不可能因此在社会上消失。就现实层面而言，我国当前的刑法立法活动愈发频繁，犯罪圈呈现不断扩大的趋势，嫖宿幼女罪的废除也从某种程度上凸显出我国刑事立法与司法活动在今后应当重视的一些问题。审视和总结嫖宿幼女罪在存废过程中的经验教训，对嫖宿幼女罪的存废之争进行梳理和厘清，对嫖宿幼女罪存废过程中反映的立法与公众舆论、立法与司法的互动生态进行分析，并着眼于在“后嫖宿幼女罪”时代下如何运用刑法充分保护幼童的性权利，具有重要的研究意义。

二、废除嫖宿幼女罪的理论厘清

（一）嫖宿幼女罪是否污名化被害幼女之厘清

1. 废除论者的主张及其理由

主张废除嫖宿幼女罪的观点认为，嫖宿幼女罪给被害幼女贴上了“卖淫女”的标签。[①] 这是因为，我国刑法典分则是按照同类法益标准对具体个罪进行分类排列的，1997 年刑法将嫖宿幼女罪设置于刑法典分则第 6 章“妨害社会管理秩序罪”中，表明立法者设立的嫖宿幼女罪

① 参见钱叶六：《嫖宿幼女罪废除的价值分析及相关行为的认定》，载《社会科学辑刊》2016 年第 5 期。

主要是着眼于对社会秩序的保护;但是强奸罪作为规制性侵犯罪的基本罪名,则被归入刑法典分则第四章中,这表明强奸罪侵犯的是女性的人身权利,而且奸淫幼女型强奸罪的客观方面表现为与不满 14 周岁的幼女发生性关系,行为人使用何种手段以及幼女是否同意均不影响该罪的成立。据此,行为人在嫖宿幼女场合中以"嫖客"身份与幼女发生性关系的行为,被认为侵犯了嫖宿幼女罪的主要犯罪客体即某种社会管理秩序;而在奸淫幼女场合中,无论行为人与幼女发生性关系的行为是否经过幼女的同意,这种行为均被评价为"强奸行为",也即侵犯了幼女的身心健康。因此,虽然嫖宿幼女罪和奸淫幼女型强奸罪在客观方面均包含与不满 14 周岁幼女发生性关系的行为,但在强奸罪场合中幼女是被强奸的受害者,而在嫖宿幼女罪场合中幼女则具备双重角色,即首先是作为侵犯社会管理秩序的卖淫者,然后才是被嫖客侵犯的受害者。基于上述理解,有观点认为嫖宿幼女罪的存在严重违背了国际公约和《未成年人保护法》优先保护儿童利益的基本精神。① 如果从优先保护儿童利益的立场出发,相较于幼女本身的合法权益,立法者更倾向于优先保护"社会管理秩序"的社会法益和实施嫖宿幼女行为人的权益;而且,幼女在刑法立法中不再是强奸罪的受害人,而是实施破坏管理社会秩序犯罪的"共犯",也即卖淫人员。这正是对被害幼女的污名化,导致社会对嫖宿幼女罪的强烈反感。② 正是因为强奸罪与嫖宿幼女罪被设置于刑法典分则不同章节之中,导致"奸淫幼女"与"嫖宿幼女"之间的区别被固化和强化,而且嫖宿幼女罪的存在也表明立法者在该罪中更倾向于优先保护"社会秩序"而非"幼女的人身权利",幼

① 联合国《儿童权利公约》所倡导儿童利益优先保护原则,要求立法机构、行政当局、司法机关以及社会福利机构等社会各方面应以儿童的最大利益作为对其优先考虑的因素。《未成年人保护法》作为我国保护未成年人的基本法律,其基本理念与《儿童权利公约》相一致,也明确要求国家根据未成年人的特点给予特殊保护,该法第 3 条第 1 款规定:"未成年人享有生存权、发展权、受保护权、参与权等权利,国家根据未成年人身心发展特点给予特殊、优先保护,保障未成年人的合法权益不受侵犯。"

② 参见周永坤:《嫖宿幼女罪之法理学与法社会学思考》,载《暨南学报》(哲学社会科学版)2014 年第 10 期。

女的人身权利完全被漠视。

另外,嫖宿幼女罪的存在造成司法实务机关在现实中对未成年幼女实际情况的判断难度陡升并且混乱丛生。在一个成年男性面前,幼女的思考能力和判断能力极为有限,被欺骗、被胁迫或者被诱惑的可能性是充分存在的。而且,由于有关证据难以查实,就难免不被犯罪嫌疑人的狡辩所“迷惑”,难以根据犯罪嫌疑人的实际犯罪情况处以相应刑罚,导致这些犯罪人“合法”地逍遥法外。在现实中,一些嫖宿幼女的行为人往往不是与卖淫幼女进行“单纯”地性交易,而是通过隐蔽手段,在精心策划下哄骗或强制幼女与其发生性关系,并且事发后对被害幼女进行误导,这种情形对幼女的侵害程度要远远大于普通嫖宿案件中与卖淫女发生性交易的情形。尽管如此,这些行为人避开了强奸罪,借着嫖宿幼女罪之名最多承受15年有期徒刑,而无辜的幼女一辈子都要承受“卖淫”的污名。①

2. 保留论者的主张及其理由

反对废除嫖宿幼女罪的观点认为,嫖宿幼女罪的设立并不存在对被害幼女贴标签或者污名化的问题,具体理由如下:

首先,认为嫖宿幼女罪的存在是立法者对被害幼女的歧视具有夸大之嫌。虽然嫖宿类犯罪确实有可能将女性标签化为妓女,而且妓女这种表述本身就存在性别上的歧视和污名。但是如果按此逻辑去理解刑法条文,可以发现类似情形绝非个例,如刑法典关于拐卖妇女、儿童罪的规定。从人权保护的角度看,任何人都不能被当作物品进行交易,而这种拐卖行为必然需要国家立法的打击。所以,不能因为刑法规定了拐卖犯罪就认为立法者认为人是可以被当作物品进行买卖的。作为法律用语,无论立法者如何推敲其含义,只要形成文字,就必然会导致其语义范围的扩大甚至引发歧义。尤其是在文字表述涉及价值判断时,更加会造成法律用语语义的误解和混乱,但是我们却又不得不面对这种现实,因为文字是我们目前所能使用的表述法律的最有效方式,除

① 参见但未丽:《嫖宿幼女罪存废之再思考》,载《中国刑事法杂志》2012年第12期。

此之外尚无其他更好的方法。[①] 这也可能是此类涉嫌污名化受害人的罪名不得不存在的原因,这是由文字及其表述的局限性所决定的,并非是刑法故意污名化这些被害群体。

其次,从域外法制和国际公约的角度看,一些国家的刑事立法与有关国际公约也通过使用"卖淫"等类似表述描述相关行为并进行规制。例如,日本《处罚有关儿童卖淫、儿童色情等行为及保护儿童的法律》和西班牙刑法典中都有类似"少女或者儿童卖淫"的法律用语;尼日利亚在其刑法典第 223 条中也有"介绍妇女或幼女成为普通娼妓"的表述;法国在其刑法典第 225 条规定了对未成年人实施淫媒谋利犯罪行为的处罚内容。此外,联合国大会 2000 年通过的《〈儿童权利公约〉关于买卖儿童、儿童卖淫和儿童色情制品问题的任择议定书》,也使用了"儿童卖淫"的表述并作出了专门阐释,即"儿童卖淫系指为了报酬或出于任何其他形式的考虑而在性活动中利用儿童"。由此可见,诸如"儿童卖淫"的表述在国外并不会产生所谓"污名化"的诟病,刑法对儿童卖淫行为的规制是为了保护儿童,并非是非难儿童。自《儿童权利公约》公布之后,各国刑法纷纷响应,在其刑法立法中设置了对"儿童卖淫"相关行为的惩治规定,且法网趋于严密。因此,废除嫖宿幼女罪不符合国际刑法的发展趋势,也与我国应承担的国际义务相悖。[②]

最后,幼女卖淫是一种客观存在的现象,嫖宿幼女罪是对这种客观现象的体现与反映。被嫖宿的幼女被称为"卖淫女"的说法来源于社会现实而非法律规定,是社会现实影响了立法的变动,不能因果关系颠倒,让立法者无辜背上骂名。因此,所谓"设立嫖宿幼女罪其实是给幼女戴上了卖淫女的帽子"的说法不能成立。其实,无论是嫖宿幼女罪还是强奸罪,我国刑法条文均将受害人表述为"幼女",而不是使用"妓女"等污名化的词语来指代。对于此类人群,无论是理论研究还是司

---

① 参见蔡道通:《嫖宿幼女罪"污名"化幼女论质疑》,载《国家检察官学院学报》2014 年第 6 期。

② 参见纪欣:《刑法专家反对废除嫖宿幼女罪认为违背国际公约》,载《法制晚报》2014 年 3 月 19 日,第 4 版。

法实践都需要借助特定词语进行表述和认定。即使在立法上真的废除了嫖宿幼女罪，也仍然不能排除被害幼女被污名化的可能性。①

3. 评析与厘清

通过对上述两种观点的考察，笔者认为嫖宿幼女罪污名化幼女的说法是对原《刑法》第 236 条第 2 款的过度解读，该罪并不存在所谓污名化幼女的问题。

一方面，就幼女卖淫现象而言，"雏妓""援交"等社会现象是世界各国普遍存在的问题。幼女卖淫的概念和现象不是因为法律规定而产生的，也不会因为相关罪名的废除而消亡。我国刑法打击的是组织、强迫、引诱幼女卖淫的行为人和嫖宿幼女的行为人，并未将卖淫幼女作为处罚对象；而且，刑法和刑事诉讼法都把卖淫幼女定位于被害人的位置并给予保护，例如，按照刑事诉讼法的规定，嫖宿幼女类案件应当不公开审理，这种考虑就是为了避免案件中的被害幼女在社会上过度曝光和遭受歧视。如果说对嫖宿幼女者适用这一罪名就是对被嫖宿幼女的污名化，那么现实中一些舆论媒体对被侵害幼女的细致采访和深度报道，甚至是基于吸引眼球等意图对案情的不正当炒作，或者一些嫖宿幼女案件中的当事人家属为了达到严惩嫖宿者等目的，主动公开被害人情况等不应公开的案情，更是一种对幼女的污名和伤害。

另一方面，污名作为一种社会现象，其本质是一种消极的刻板印象，被污名者会遭到社会主流群体的厌恶、歧视、回避甚至排斥，从而给被污名者的日常生活、社会交往带来诸多不便。② 也就是说，污名现象表现为社会主流群体因被污名者本身的差异而对其表现出消极的态度。基于此，如果某个幼女是嫖宿幼女案件中的被害对象，人们因其是嫖宿幼女案件中的被害人而对其形成"卖淫女"的消极印象，那么这个幼女所面临的应是被指责、被疏远的艰难处境。但就现实情况而言，社

① 参见刘宪权、房慧颖：《嫖宿幼女罪存废的刑事立法与司法应保持理性》，载《青少年犯罪问题》2015 年第 3 期。

② 参见张宝山、俞国良：《污名现象及其心理效应》，载《心理科学进展》2007 年第 6 期。

会上大多数人并不会认为“被嫖宿的幼女”是活该的、放荡的、令人厌恶的;恰好相反,嫖宿幼女案件中的被害人从社会上得到的是惋惜、同情和关怀的情感反馈。因此,立足于污名现象产生的社会效应,可以发现社会主流群体并不会因为某个幼女是嫖宿幼女罪中的被害人就对其产生歧视。综上所述,嫖宿幼女罪污名化被害幼女的说法不是立法者对“被嫖宿幼女”的固有歧视,也不是刑法具体罪名的适用后果,而是一些学者对嫖宿幼女犯罪的过度解读,以及对污名化现象的产生原因和产生效应的错误理解。

(二)嫖宿幼女罪是否承认幼女拥有性自主权之厘清

1. 理论的争鸣

在讨论嫖宿幼女罪存废的过程中,基于对嫖宿幼女罪犯罪客体的不同认识,刑法学界对嫖宿幼女罪是否承认幼女拥有性自主权的问题形成了三种主要认识,并以此作为应否废除嫖宿幼女罪的重要依据。

第一种观点认为,嫖宿幼女罪的存在意味着我国立法机关承认幼女在此类案件中拥有性自主权,这与强奸罪不承认幼女拥有性自主权的立法理念相背离,因此应当废除嫖宿幼女罪。1997年刑法典将嫖宿幼女罪分立于强奸罪、猥亵儿童罪之外的做法,事实上是将幼女区分为卖淫幼女和单纯受到侵害的幼女。在此基础上,刑法典对与她们进行性交或者其他性活动的行为评价。行为人对卖淫幼女实施性交行为或者猥亵行为的,如果该幼女是自愿的或者是同意的,便不成立强奸罪或者猥亵儿童罪,而应成立嫖宿幼女罪;行为人对非卖淫幼女发生性交或者猥亵行为的,无论是否得到了幼女的同意,一律成立强奸罪或者猥亵儿童罪。这种区别对待的做法前后矛盾,严重损害了刑法典的科学性和权威性,废除嫖宿幼女罪正是为了纠正在该罪事实上承认幼女拥有性自主权的错误观念。①

① 参见钱叶六:《嫖宿幼女罪废除的价值分析及相关行为的认定》,载《社会科学辑刊》2016年第5期。

第二种观点认为,立法机关设立嫖宿幼女罪并未承认幼女具有性的自主决定权,而是为了严惩此类犯罪,因此不应废除该罪。从立法上看,设立嫖宿幼女罪是为了准确打击此类犯罪而从奸淫幼女犯罪中分离出的罪名。根据1997年刑法的规定,只要实施嫖宿幼女行为即构成犯罪,也表明法律并未认为被嫖宿幼女有性自主权。如果立法者认为幼女拥有性自主权,那么对这种行为按照普通的卖淫嫖娼活动进行行政处罚即可,刑法典根本不会将嫖宿幼女行为规定为犯罪。①

第三种观点认为,嫖宿幼女罪的设立本就是为了保护幼女的性自主权,因此这并不能成为废除嫖宿幼女罪的理由。这是因为,虽然幼女没有实施性行为的能力,但这并不意味着幼女没有性自主权,那种认为幼女没有性自主权的观点实际是对幼年人性权利主体资格的否认,而且性自主权作为消极权利的侧面还意味着他人不得主动实施对自身性权利侵犯的行为。虽然幼女在伴随金钱等物质利益的性交易行为中极易做出"同意"决定,但是这种情形与幼女主动或在行为人之引诱下"自愿"与行为人为性行为的情形,以及对幼年人"同意"的滥用和"不同意"的漠视等情形并无实质区别,均侵犯了幼年人的性自主权。因此,无论幼年人出于何种原因事实上"同意"发生性行为的,这种事实上的同意在法律上不具有任何效力。②

2. 评析与厘清

笔者认为,上述三种观点实际上是围绕以下两个问题展开讨论的:第一,幼女是否拥有性自主权;第二,嫖宿幼女罪是否承认幼女拥有性自主权。下面分而论之。

对于第一个问题,应当做出肯定回答,即幼女拥有性自主权。首先,性自主权是一种权利。虽然法学理论对权利的定义存在各种各样的认识,但其基本内容均是指向权利主体可以实施或者不实施某种行

① 参见臧铁伟主编:《中华人民共和国刑法修正案(九)解读》,中国法制出版社2015年版,第293页。

② 参见王焕婷:《性自主权法益观下嫖宿幼女罪之反思》,载《青少年犯罪问题》2015年第3期。

为,或者要求他人实施或者不实施某种行为。因此,性自主权是指权利主体拥有自主决定是否实施性行为,并且排除他人干涉和强迫的权利。其次,从权利的内容与性质上看,性自主权是一种人格权,这种权利由民法所赋予,并应得到刑法的保护。刑法作为规定犯罪、刑事责任与刑罚的法律,其作用在于通过刑罚等惩罚手段对侵犯公民合法权利的严重危害行为进行制裁。但是,公民是否拥有某项合法权利并非由刑法赋予或者确认,而是通过宪法、民法等具有赋权性质的法律得以体现。也就是说,一方面,刑法不是规定和宣示人格权的法律;另一方面,人格权的法律保护离不开刑法的保护,侵害人格权且构成犯罪的行为必须接受刑罚的制裁,因此刑法是人格权的保护法。[①] 我国立法机关将强奸罪、强制猥亵、侮辱妇女罪等一系列侵犯性自主权犯罪放置于刑法典分则第四章"侵犯公民人身权利、民主权利罪",显然表明性侵犯罪正是侵犯了公民的人格权;而且,性自主权在民法理论中是一种与生俱来的神圣不可侵犯的人格权,应为所有的公民平等享有,无论有无民事行为能力,一概皆然。[②] 所以,作为人格权的性自主权,同样也应具有人格权的基本属性,其权利主体具有最广泛的普遍性,不分男女老少人皆有之。

对于第二个问题,应当作出否定回答,即嫖宿幼女罪并未承认幼女拥有性自主权。承前所述,幼女虽然有性自主权,但却没有行为能力。这是因为幼女的身体和心理均出于成长发育阶段,难以充分认识实施性行为的意义和性质,不具有控制自己实施性行为的能力,所以法律并不承认幼女具备相应的行为能力。即使幼女在现实中真心、自愿与他人发生性关系,这种事实上的同意行为在法律上也是不被承认的。如果承认被嫖幼女具有相应的行为能力,那么嫖宿幼女行为就与普通的嫖娼行为一样不构成犯罪,只能对其进行治安管理处罚。

另外,刑法规范的形成是因为立法者将侵犯法益的行为类型化为

---

① 参见杨立新:《人格权法》,中国法制出版社 2006 年版,第 9 页。

② 参见郭卫华:《论性自主权的界定及其私法保护》,载《法商研究》2005 年第 1 期。

犯罪构成要件,并针对符合构成要件的违法、有责行为规定法律后果。① 从规范层面来看,1997 年《刑法》第 360 条第 2 款也没有评价被嫖宿幼女的行为。一方面,关于嫖宿幼女罪的刑法规定没有减轻刑事责任。作为裁判规范的刑法规范,是在司法实践中指导法官和检察官如何裁定、判断行为是否构成犯罪、对犯罪如何科处刑罚的法律规范。虽然现实中一些嫖宿幼女案件的审判情况引起了巨大争议,但是刑法典为嫖宿幼女罪配置的 5 年至 15 年有期徒刑的法定刑幅度,在整体上明显高于奸淫幼女型强奸罪的法定刑幅度,这并不能说明立法者因幼女的卖淫行为而认定其存在过错并而减轻行为人的刑事责任。恰恰相反,立法者正是以此对嫖宿幼女行为实现严厉打击。另一方面,刑法规范作为行为规范,必然禁止实施一定的行为或者命令不实施一定的行为,1997 年《刑法》第 360 条第 2 款所承载的刑法规范,不是为了禁止幼女卖淫,更不是承认幼女能够卖淫,仅是为了禁止嫖宿幼女行为。嫖宿幼女罪的罪刑规范向公民宣示了刑法典对社会管理秩序和幼女合法权益的保护,并且表明实施嫖宿幼女犯罪后将受到严厉的刑事制裁,引导、制止社会上的公民作出不去实施嫖宿幼女行为的意思决定。

需要注意的是,在承认"幼女拥有性自主权,只是没有行为能力"的基础上,还需回答嫖宿场合中的幼女与奸淫场合中的幼女究竟有何不同。虽然该问题因嫖宿幼女罪被废除已经没有现实意义,但是理论上仍然值得研究和厘清。笔者认为,嫖宿幼女罪中的幼女就是指事实上自愿卖淫的幼女。具体可从以下三个方面进行理解:第一,所谓"事实上"是指幼女在现实中的确存在自愿卖淫的行为,但是法律对此并不评价,关于这一点在前文中已经论及;第二,所谓"自愿",是指幼女与嫖宿人发生性关系的意愿是幼女主动萌发的、未受到嫖宿人的引诱、欺骗等,至于幼女卖淫是否基于他人的引诱、欺骗等行为,应由引诱幼女卖淫罪、强迫卖淫罪等其他罪名进行评价;第三,所谓"卖淫",就是以交付金钱或其他财物为代价,与卖淫幼女发生性交或者从事其他类

① 参见张明楷:《刑法学》,法律出版社 2011 年版,第 30 ~ 31 页。

似活动的行为,而且不要求该活动是否发生在通常意义上卖淫场所。总而言之,这种区分并非纯粹意义上的主观评价,需要根据事实进行认定。在上述界定的限制下,即使不存在嫖宿幼女罪这一罪名,这种行为也符合社会意义上"卖淫"的含义。虽然这种评价是负面的,在现实生活中也难以使用其他词汇来描述这种现象。

(三)嫖宿幼女罪与强奸罪关系之厘清

1. 理论的争鸣

根据1997年《刑法》第236条第2款的规定,奸淫不满14周岁的幼女的,可以在3年至10年有期徒刑的量刑幅度内从重处罚;具有"情节恶劣""轮奸"等法定加重情形的,可处以10年以上有期徒刑、无期徒刑或者死刑。但是,嫖宿幼女的罪只有一个档次法定刑,即5年以上15年以下有期徒刑。由于嫖宿幼女罪和强奸罪在法定刑配置方面存在明显差别,刑法学界对嫖宿幼女罪的处罚严厉程度形成了不同认识。有的观点认为,嫖宿幼女罪法定刑过于轻缓,不能充分实现严惩犯罪分子的目的,因此为了保证对幼女合法权益的刑法保护力度,应当废除嫖宿幼女罪,按照强奸罪对犯罪人进行定罪处罚。[①] 也有观点认为,嫖宿幼女罪法定刑过于严苛,因为该罪的起刑点显著高于强奸罪的起刑点,但是其社会危害性并非显著大于强奸罪。[②] 由于对嫖宿幼女行为的危害性及其刑事制裁的严厉性存在不同认识,我国刑法学界曾经在一段时间内展开了轰轰烈烈的讨论,尝试从不同角度对两罪关系进行调和,以科学、准确规制性侵幼女的行为。

第一种观点是互斥关系说。这种观点认为,缺乏有效同意(包括不同意和虽有同意的表面形式但实质无效两种情形)是强奸罪的构成

---

① 参见叶良芳:《立法论视角下嫖宿幼女罪废除之分析——评〈中华人民共和国刑法修正案(九)〉第43点》,载《政治与法律》2016年第3期。

② 参见夏冰:《对嫖宿幼女罪的否定性评价》,载《铁道警官高等专科学校学报》2006年第3期。

要件要素，具备有效同意则是嫖宿幼女罪的构成要件要素。[①] 第二种观点是想象竞合说。这种观点认为，实施嫖宿幼女的行为既符合嫖宿幼女罪的构成要件，也符合奸淫幼女型强奸罪的构成要件，也即行为人的一个行为同时触犯了嫖宿幼女罪和强奸罪。[②] 第三种观点是法条竞合说。这种观点认为，刑法典关于强奸罪的规定与嫖宿幼女罪的规定之间成立法条竞合关系。根据竞合的范围不同，还可分为以下两种意见：第一种意见认为，规定嫖宿幼女罪的法条与规定奸淫幼女型强奸罪的法条是特别法条与普通法条的关系。对嫖宿幼女的犯罪，只能适用嫖宿幼女罪的法条定罪处罚。[③] 第二种意见认为，我国 1997 年《刑法》第 360 条第 2 款规定的嫖宿幼女罪，只能理解为第 236 条第 3 款奸淫幼女型强奸罪的特别条款，而不是整个第 236 条的特别条款。因此，一旦出现第 236 条第 3 款所规定的法定加重情节，对嫖宿人就能够也应当根据该款以强奸罪进行处罚。[④] 第四种观点是交叉关系说。这种观点认为，嫖宿幼女罪和奸淫幼女型强奸罪属于交叉关系，适用嫖宿幼女罪的只有那些与卖淫妇女行为相当、且失足幼女基于事实上的“自愿”而提供性服务的行为；当出现《刑法》第 236 条第 3 款的加重处罚事由时，

---

① 其主要理由在于：嫖宿幼女罪的“幼女”专指自愿进行性交易的“卖淫幼女”，而强奸罪中的“幼女”则指其他情形下的幼女；一个幼女的同意能力在特定的具体案件中不可能既具备又缺乏，所以行为人的行为也不可能既基于无效的同意而触犯强奸罪，又基于有效的同意而触犯嫖宿幼女罪。参见车浩：《强奸罪与嫖宿幼女罪的关系》，载《法学研究》2010 年第 2 期。

② 根据这种观点，与幼女发生性交，既不属于嫖宿幼女，也不具备奸淫幼女的加重情节的，认定为奸淫幼女罪，处 3 年以上 10 年以下有期徒刑；与卖淫幼女发生性交（属于嫖宿幼女），并且不具备《刑法》第 236 条第 3 款规定的加重情节的，认定为嫖宿幼女罪，处 5 年以上有期徒刑；与幼女发生性交，不管是否属于嫖宿幼女，只要具备《刑法》第 236 条第 3 款规定的加重情节之一的，应认定为奸淫幼女罪，处 10 年以上有期徒刑、无期徒刑或者死刑。参见张明楷：《嫖宿幼女罪与奸淫幼女型强奸罪的关系》，载《人民检察》2009 年第 11 期。

③ 参见刘明祥：《嫖宿幼女行为适用法条新论》，载《法学》2012 年第 12 期。

④ 参见劳东燕：《强奸罪与嫖宿幼女罪的关系新论》，载《清华法学》2011 年第 2 期。

根据“从一重处罚”的原则,针对不同情形定强奸罪(处15年有期徒刑、无期徒刑或者死刑)或嫖宿幼女罪(处10年以上15年以下有期徒刑)。①

2. 评析与厘清

虽然现行刑法典规定一切性侵幼女的行为都应按照强奸罪从重处罚,但是在嫖宿幼女罪与强奸罪两罪关系的讨论中却凸显出两个重要的理论问题,即竞合犯的判断和不同罪名法定刑的比较,而这二者仍然值得厘清与反思。

一方面,两罪在犯罪构成方面存在交叉。“嫖宿幼女”和“奸淫幼女”虽然本质上都是性侵幼女的行为,但“嫖宿”与“奸淫”二者在语义上具有明显区别。嫖宿幼女罪在客观方面并不局限于与幼女发生性交行为,也可以表现为类似性交的猥亵行为。但是,由于“奸淫”是指发生性交的行为,所以奸淫幼女型强奸罪的客观方面只能表现为与幼女发生性交的行为。事实上,我国司法机关和行政机关发布的规范性文件均承认这种差别。② 因此,嫖宿幼女罪在客观方面不限于人们通常所理解的与幼女发生性关系,还应当包括以财物等利益交换让幼女供其猥亵的行为。其中,行为人与自愿幼女发生性关系的行为,可以为奸淫幼女型强奸罪的客观方面所包含;行为人与自愿的幼女发生类似性交的猥亵行为,可以被猥亵儿童罪的客观方面所包含,所以嫖宿幼女罪与强奸罪和猥亵儿童罪形成了交叉关系。

另一方面,嫖宿幼女罪的法定刑设置并不影响对嫖宿幼女行为的严

---

① 参见陈伟、谢可君:《嫖宿幼女罪与奸淫幼女型强奸罪的关系新论》,载《青少年犯罪问题》2015年第3期。

② 例如,最高人民法院《关于如何适用〈治安管理处罚条例〉第30条规定的答复》规定,卖淫嫖娼一般是指异性之间通过金钱交易,一方向另一方提供性服务以满足对方性欲的行为,至于具体性行为采用什么方式,不影响对卖淫嫖娼行为的认定。公安部于2001年发布的《关于对同性之间以钱财为媒介的性行为定性处理问题的批复》规定,不特定的异性或同性之间以金钱、财物为媒介发生不正当性关系的行为,包括口淫、手淫、鸡奸等行为,都属于卖淫嫖娼行为。此外,国务院法制办于2003年《对浙江省人民政府法制办公室〈关于转送审查处理公安部公复字〔2001〕4号批复的请示〉的复函》指出,经征求全国人大常委会法工委意见,卖淫嫖娼是指通过金钱交易一方向另一方提供性服务,以满足对方性欲的行为,至于具体性行为采用什么方式,不影响对卖淫嫖娼行为的认定。

厉打击。因为嫖宿幼女罪的基本法定刑幅度为5年至15年有期徒刑,在整体上要高于奸淫幼女型强奸罪3年至10年有期徒刑的基本法定刑幅度。虽然在具备法定加重情形时,按照强奸罪进行定罪处罚存在适用无期徒刑和死刑的可能性,而且按照强制猥亵罪可以在5年至15年有期徒刑范围内从重处罚,此二者都要重于嫖宿幼女罪的处罚力度。但是,因奸淫幼女被判处10年有期徒刑以上刑罚的情况并不多见,现实中适用嫖宿幼女罪对此类犯罪行为打击力度更大、更为严厉。①

三、废除嫖宿幼女罪的理性反思

废除嫖宿幼女罪绝非终点,作为我国《刑法》首个被废除的个罪罪名,无论是规定嫖宿幼女罪的刑法条文,还是该罪名存废所引起的争议和反映的现象,都有值得反思之处。笔者主要从以下三个方面展开讨论:

(一)慎用简明罪状,避免用语模糊

立足刑法条文本身,嫖宿幼女罪的设置并非完全合理,这突出体现为该罪罪状缺乏明确性。作为罪刑法定原则的重要内容,明确性原则要求规定犯罪的法律条文必须清楚明确,使人们能够确切了解违法行为的内容,准确确定犯罪行为与非犯罪行为的界限。但是,1997年《刑法》第360条第2款采用了简单罪状描述嫖宿幼女罪的基本构成特征。一般认为,使用简单罪状一般是因为立法者认为这些犯罪的特征易于被人理解和把握,无须在法律中作具体描述,同时也是为了实现法律条文的简练。② 但就嫖宿幼女罪而言,笔者认为并不适宜采用简单罪状的方式描述该罪的构成特征。原因在于,使用简单罪状固然可以保证刑法规

---

① 参见臧铁伟主编:《中华人民共和国刑法修正案(九)解读》,中国法制出版社2015年版,第294页。

② 参见高铭暄、马克昌主编:《刑法学》,北京大学出版社、高等教育出版社2011年版,第322页。

定的简洁性,但是这种简洁性不应以牺牲刑法条文的易懂性为代价。虽然"嫖宿"一词对于普通人而言并不难理解,但是法律用语与一般生活用语毕竟存在差异,法律用语的斟酌与挑选不仅要考虑词语本身的含义,还应充分考虑到与刑法用语的区别与协调。嫖宿幼女罪是1997年修订刑法典时基于现实考虑从强奸罪中分离出来的罪名,在这种情况下,立法者没有通过法律规定对其做出合理的、权威的阐释,那么也就难免会对其形成各种误解。基于上述所言,笔者认为,考虑到我国当前刑法立法的犯罪圈扩大化、刑法罪名精细化的趋势,在今后的刑法立法活动中应当更加慎用简明罪状。

(二)明确立法原意,防止过度解读

抛去先前的伦理评价与过度解读,客观审视嫖宿幼女罪的理论争议与适用情况,笔者认为该罪名被废除的现实原因不是污名化了被害幼女,而是该罪名被污名化了。"污名"一词最早是指希腊人用画在身体上的标志来标明道德上异常的或者坏的东西,随后扩展为包含所有知觉或者推断偏离规范情况的标记或符号。① 也就是说,污名化体现为将社会中的个人、组织、事件、现象等感知对象符号化,并在主观中投射为厌恶、憎恨、排斥等消极的态度和评价。自1997《刑法》设立嫖宿幼女罪以来,对其批评与指责便不绝于耳,这个罪名成了社会公众和舆论媒体人人喊打的声讨对象,被认为是特权之罪、污名之罪,1997年《刑法》第360条第2款成为了恶法的典型。② 最高人民法院与2013

① 参见管健:《污名研究:基于社会学和心理学的交互视角分析》,载《南开学报》(哲学社会科学版)2007年第5期。

② 具体可参见《嫖宿幼女罪,"恶法"当早除》,载网易网:http://news.163.com/13/1210/00/9FMMNB6T00014AEE.html,最后访问日期:2013年12月10日;《孙晓梅:嫖宿幼女罪恶法不废我就没完》,载网易网:http://lady.163.com/14/0310/13/9MVQ718500264IIU.html,最后访问日期:2014年3月10日;《嫖宿幼女罪:"恶法"当废?》,载法制网:http://www.legaldaily.com.cn/rdlf/content/2012-06/29/content_3674176.htm?node=34010,最后访问日期:2012年6月29日;等等。

年 10 月与最高人民检察院、公安部、司法部联合发布的《关于依法惩治性侵害未成年人犯罪的意见》第 20 条规定，“以金钱财物等方式引诱幼女与自己发生性关系的，知道或者应当知道幼女被他人强迫卖淫而仍与其发生性关系的，均以强奸罪论处”，从而最大限度地压缩了嫖宿幼女罪的实施空间，使其近乎虚设，间接向社会表明了最高司法机关在嫖宿幼女罪存废问题上的态度。在我国政治体制中，立法机关代表人民的意志制定、修改法律，司法机关应该是法律的忠实适用者和执行者，但是司法机关这种迫于社会压力压缩该罪适用空间的做法，不仅大大增加了嫖宿幼女罪作为“恶法”的嫌疑，也将代表人民意志的立法机关置于更加孤立、尴尬的境地。仿佛立法机关不立即废除这个罪名，就难以弥补当年制定“恶法”的过错，就会成为维护社会特权和歧视幼女的“帮凶”。在这种情形下，长期备受诟病的嫖宿幼女罪伴随着在修法之际的强大舆论压力，使得立法机关不得不顺应“民意”，最终取消了这个罪名。

法谚有云：“法律不是嘲笑的对象。”而且，法律也不应是随意解读、指责的对象。从一些网络等媒体关于取消嫖宿幼女罪的舆论中可以看出，一部分人是在利用该罪发泄对社会的不满。将该罪名斥为“恶法”，认为该罪是为“权贵强奸下一代专设的免死通道”。利用一些社会公众对司法公正的忧虑，对个案的判决的不认同，对官员腐败的痛恨，将对嫖宿幼女罪存废的探讨引发为对嫖宿幼女罪这一所谓“恶法”的声讨。[①] 由此可见，在忽视立法初衷的情况下解读法律，就难免会出现各种各样的误解，严重损害我国法制的严肃性与权威性。全国人大常委会法工委组织编写的立法释义中指出，“本条第二款（原第 360 条第 2 款）是关于嫖宿不满十四周岁幼女的犯罪和处罚的规定。嫖宿幼女的行为，极大地损害幼女的身心健康和正常发育，且对幼女的思想具有极大的腐蚀作用，使有不良习性的幼女在卖淫泥潭中越陷越深，有的幼女被染上性病贻害终生。为了严厉打击嫖宿幼女的行为，本款将嫖

① 参见臧铁伟主编：《中华人民共和国刑法修正案（九）解读》，中国法制出版社 2015 年版，第 296 页。

宿不满十四周岁的幼女的行为规定为犯罪。根据本款的规定,行为人只要实施了嫖宿幼女的行为,无论嫖客是否明知嫖宿对象为幼女,均构成本罪,处五年以上有期徒刑,并处罚金"。[①] 全程参与1997年刑法典修订工作的高铭暄教授也确认了这种说法:"当年《刑法》修订时,社会上确实出现了幼女较早熟、嫖客不知情的性交易现象。既然它客观存在,就不得不考虑,不宜再笼统地概之。"设立嫖宿幼女罪的初衷,不是与强奸罪相对应的,而是与一般"不认为是犯罪"的嫖娼活动相对应的。"如果嫖宿已满14岁的少女,不构成犯罪;但如果对象是不满14岁的幼女,不管你知不知情,都要判5年以上,这本身已是一种重罚。"[②]由此可见,所谓"嫖宿幼女罪污名化幼女"的说法,其实是对刑法规定的过度解读,将所有责任一概归咎于立法机关所谓的"私心"不能成立。但是,最高人民检察院于2001年6月发布的《关于构成嫖宿幼女罪主观上是否需要具备明知要件的解释》规定:"行为人知道被害人是或者可能是不满十四周岁幼女而嫖宿的,适用刑法第三百六十条第二款的规定,以嫖宿幼女罪追究刑事责任。"也有观点认为,嫖宿幼女的行为不同于奸淫幼女的行为,将嫖宿幼女行为单独成罪是考虑到嫖宿场合中的被害幼女自身存在一定过错,而且在司法实践中有的卖淫幼女很难从体态特征、行为服饰等推断其确切年龄,嫖宿者的主观心态是否对幼女具有明知的特征也很难确认,若一律以奸淫幼女罪论很难做到罪责刑相适应。[③]

由此可见,无论是适用法律的国家机关,还是理论界的学术观点,事实上都没有对当时的立法目的予以充分坚持,这反映出准确、权威的立法说明对于刑事司法活动和刑法理论研究的重要性。近年来,我国

---

① 全国人大常委会法工委编著:《中华人民共和国刑法释义》,法律出版社2006年版,第545页;胡康生主编:《中华人民共和国刑法释义》,法律出版社1997年版,第517~518页。

② 参见王梦婕:《废除嫖宿幼女罪谁在支持谁在反对》,载《中国青年报》2012年7月20日,第3版。

③ 参见鲍遂献主编:《妨害风化犯罪》,中国人民公安大学出版社2003年版,第186页。

立法机关在刑法立法活动中越来越注重立法说明工作，这对于人们正确理解刑法条文起了积极作用。但是，这些立法说明都是由全国人大常委会法工委作出的，而该机构只是全国人大常委会的法制工作机构，虽然肩负着拟订基本法律草案和对提请全国人大和全国人大常委会审议的有关法律草案进行调查研究、提出修改建议等职责，但毕竟不能等同于立法机关自身对法律所作的解释和说明。而且，法工委作出的立法说明有时候也不能面面俱到，无法对新增、修改的法律条文进行逐条说明。因此，笔者建议今后我国立法机关在新增、修改的刑法条文的同时，对这些条文作出权威、简练的说明，以此作为司法机关适用刑法条文和刑法学界开展规范研究的基本立场和方向指引，亦能够有效避免出现因立法原意不清导致刑法条文被误读的情况。

（三）废除绝非终点，保护任重道远

事实上，废除嫖宿幼女罪在总体上具有一定的合理性和必要性。正如有的观点指出，《修九》取消嫖宿幼女罪的初衷是好的，它既能够较好地实现奸淫幼女行为与嫖宿幼女行为的逻辑一致性，又能够在一定程度上提高对嫖宿幼女行为的刑罚处罚。① 具体而言，该罪本就是从强奸罪分离出来后单独设置的罪名，其立法初衷是为了严厉打击嫖宿幼女犯罪行为，保护幼女的身心健康。但是，从适用情况来看，该罪不仅没能实现当时的立法意图，反而引起了对该罪污名化被害幼女、承认被害幼女性自主权等各种争议。嫖宿幼女罪与奸淫幼女型强奸罪、猥亵儿童罪的基本行为样态没有区别，本质上都是对幼女的性交或者猥亵的行为。因此，取消嫖宿幼女罪并不会形成刑事法网中的“漏洞”或者“空白”。与之相反，该罪的废除消除了刑法理论中存在的诸多争议，在司法适用中统一了性侵幼女行为的入罪门槛和处罚标准。除此之外，以强奸罪对嫖宿幼女行为进行规制，在法律层面的确提高了最高

---

① 参见赵秉志、袁彬：《刑法最新立法争议问题》，江苏人民出版社2016年版，第98页。

处罚力度。

在肯定废除该罪积极意义的同时,还应正视仍然存在的不足之处。虽然《修九》取消了嫖宿幼女罪,但是 1997《刑法》关于惩治利用幼女卖淫的规定和惩治嫖宿幼女罪规定是一个法律组合,如果取消嫖宿幼女罪,就不得不需要同时研究是否取消刑法关于组织、强迫幼女卖淫犯罪,引诱幼女卖淫犯罪等相关规定。这是因为,在《修九》通过之后,如果将嫖宿幼女行为按照强奸罪定罪处罚,那么组织、强迫幼女卖淫的行为也必然构成强奸,但按照《刑法》第 258 条的规定,组织、强迫幼女卖淫的行为应该仍构成组织卖淫罪和强迫卖淫罪,而这两个罪的法定最高刑是无期徒刑,低于强奸罪的法定最高刑即死刑。就此意义而言,《修九》仅废除嫖宿幼女罪的修法举措并不彻底,还应进一步取消引诱幼女卖淫罪,同时明确对组织、强迫幼女卖淫的行为按照强奸罪定罪处罚。

还需注意的是,在后“嫖宿幼女罪”的时代背景下,如何充分保护幼女乃至整个儿童群体的性权益仍然是全社会共同关注的重要问题。2017 年 3 月 2 日,在中国少年儿童文化艺术基金会举办的“女童保护”全国两会代表委员座谈会上发布的《女童保护 2016 年性侵儿童案件统计及儿童防性侵教育调查报告》显示,2016 年发生儿童被性侵案件数量 433 起,受害人 778 人,比 2015 年增加了 93 起。其中,主要是 7～14 岁的中小学生,熟人作案达到七成。此外,官方对儿童性侵案认可的隐案率为 1∶7,因此还有大量的犯罪不为人知。[①] 上述数据所反映的情况说明,仅仅依靠刑法的规制远远不够,还需要从更广、更深入的层面着手解决。

保护儿童任重道远,这不仅是法律应当承担的使命,也是政府、家庭、学校乃至全社会的共同责任。“性”一直为我国传统的儿童教育所避讳,这也导致绝大多数儿童没有接受过系统、科学的性知识教育,缺

---

① 参见张瑞宇:《2016 年性侵儿童案件农村曝光首次高于城市》,载中国青年网:http://news.youth.cn/gn/201703/t20170303_9206786.htm,最后访问日期:2017 年 3 月 6 日。

乏自我保护的意识。因此,学校和家庭要加强对儿童进行性方面的科普教育,增强儿童的辨识能力和防范能力,切实抵御不良诱惑,加强自我防护。此外,遭受侵害的儿童如果在举报揭发作案人的过程中遇到障碍,无论是其家人基于"家丑不可外扬"的愚昧和沉默还是犯罪人的威胁控制都会助长加害行为,甚至出现施暴长期化、反复化的趋势,而司法程序中的反复调查和媒体的追踪报道也都可能在无形中对儿童造成二次伤害。这些伤害也很有可能逼迫其自暴自弃,出于被社会主流群体厌恶孤立的无奈绝望而最终走上卖淫的道路。因此,妥当保护被害儿童的隐私,及时进行心理治疗,对其未来成长同样至关重要。

四、结　　语

我国立法机关出于严厉打击嫖宿幼女现象的考虑,在 1997 年刑法中单独设立了嫖宿幼女罪这一罪名。出人意料的是,该罪名在司法实践当中引起了社会的广泛争议和刑法学界的热烈讨论,并最终导致《修九》废除了嫖宿幼女罪。对围绕嫖宿幼女罪存废的有关争议问题进行研究后,可以发现该罪名并不存在所谓"污名化幼女"的问题,这种争论其实是对 1997 年《刑法》第 360 条第 2 款的过度解读。与此同时,性自主权作为人格权的一项内容,其是否被赋予某一主体并不在于刑法的规定,嫖宿幼女罪也不存在承认幼女性自主权的问题。此外,刑法学界关于强奸罪与嫖宿幼女罪关系的热烈讨论,有的没有全面理解嫖宿幼女罪在客观方面的行为表现,有的则是对两罪法定刑的认识不够妥当。事实上,客观、理性地审视嫖宿幼女罪之存废,可以发现立法机关取消嫖宿幼女罪是因为该罪被污名化了。嫖宿幼女罪的立法规定存在固有缺陷,导致该罪在现实中的适用中出现了各种各样的问题,引起了社会各界的广泛声讨。此外,刑法理论对该罪名的有关讨论并没有从根本上解决问题,反而增加了问题的复杂性。总而言之,种种原因导致嫖宿幼女罪成为一个"人人喊打"的罪名。

嫖宿幼女罪被废除这一立法现象,对我国今后的刑法立法工作具有重要的启示意义,立法者在今后的立法活动中应当坚持科学立法的理念,慎用简明罪状,同时也要更为注重刑法立法说明工作,在刑事司法工作和刑法理论研究中发挥更加积极的指引作用。最后,改善包括幼女在内的儿童群体性侵问题,既需要进一步完善相关立法,更需要社会各方面共同努力,为我国儿童群体的健康成长提供良好的社会环境。

Theoretical Clarification and Rational Reflection of Abolishing the Crime of Sex with Underage Prostitutes

Zhan Qiwei

[**内容摘要**]嫖宿幼女罪虽然已被废除,但是围绕该罪存废的有关理论问题仍然需要厘清。该罪污名化幼女的说法是对1997年《刑法》第236条第2款的不当解读,并不存在污名化被害幼女的问题。幼女拥有性自主权,只是没有相应的行为能力,而且刑法没有评价幼女事实上的卖淫行为。嫖宿幼女罪与强奸罪的犯罪构成存在交叉,前者在现实中的处罚更为严厉。嫖宿幼女罪被废除的现实原因是该罪名被污名化了,这种现象值得反思。在今后的修法活动中,应慎用简明罪状,避免用语模糊。我国立法机关在今后制定、修改法律时可以作出准确、权威的说明,避免法律规定被不当解读。废除嫖宿幼女罪绝非终点,还需进一步删除刑法典关于卖淫犯罪的规定中涉及幼女的内容。在"后嫖宿幼女罪"时代背景下,实现幼女乃至全体儿童的健康成长,需要全体社会共同努力。

[**关键词**]嫖宿幼女罪;污名化;性自主权;立法目的

Abstract:Although the Crime of Sex with Underage Prostitutes has been abolished, the relevant theoretical issues surrounding the crime still need to be clarified. The Crime of Sex with Underage Prostitutes stigmatize the Underage girl is an improper interpretation of the second paragraph of article 236 of the penal code, which does not have the problem of stigmatizing the Underage girl. They have sexual autonomy, but have no corresponding behavioral ability, and the criminal law does not evaluate the actual prostitution of Underage girl. There is a cross between the crime of Sex with Underage Prostitutes and the crime of rape, the former is more severe in reality. The reality reason why this crime being abolished is of the crime was stigmatized, this phenomenon is worth reflecting. In the future revision activities, the legislature should be careful about using the concise crime and avoid using vague language. In the future, the legislative organs of our country should make accurate and authoritative explanations to avoid improper interpretation of the law. Abolishing the crime of prostitution is not the end, and in the further they should remove the articles of the penal code involves Underage girl. Under the background of "after the crime of a post-Sex with Underage", it is necessary for the whole society to make joint efforts to realize the healthy growth of Underage girl and all children.

Key words: the crime of sex with underage prostitutes; stigmatization; sexual autonomy; legislative goal

民间借贷涉罪行为中受害人法律责任的刑民分析*

徐　彰**

目　次

一、前　言

民间借贷是民间金融的重要组成部分，现实中我国的涉众型民间借贷行为经常会发展为非法集资犯罪，而在非法集资犯罪中，每一个具体的借贷行为在民事法律关系上又可能属于合法借款，两者间界限模糊。在目前的法律法规和司法解释下借款人可能构成犯罪，但其不同

* 本文系作者所主持的国家社科基金项目“刑民交叉视野下的互联网金融行为‘罪与非罪’问题研究”（项目批准号：17CFX020）的阶段性成果。

** 南京审计大学政府审计学院讲师，法学博士。

于传统犯罪中加害人对受害人施以侵害时具有强烈的主观恶性，在民间借贷涉罪行为中加害人的主观恶性并不明显，而对于犯罪行为的完成，并不仅仅是由加害人即借款人单方面完成的，在这其中受害人即出借人起到了相当程度的“推波助澜”的作用，因而甚至有观点认为“非法吸收公众存款的犯罪与其他犯罪不一样，其实质是存款人和吸储人共同合作完成的犯罪”。[①] 虽然这样的观点过于偏激，但其中却有值得思考的地方，即在非法集资犯罪中受害人是否存在过错，是否需因该过错而承担民事或刑事上的责任。本文拟从被害人的角度展开研究，明确受害人在民间借贷涉罪行为中的法律责任，这对于维持民间金融秩序，激发民间资本活力具有重要意义。

二、民间借贷涉罪行为中的受害人过错

（一）民间借贷涉罪行为中受害人存在过错

在当下世界整体经济下行的大环境下，我国的经济发展势头也遇到了相当程度的阻力，中国人民银行总行多次施行“双降”即下调金融机构人民币贷款和存款基准利率和降低金融机构的存款准备金率以将更多的资金释放到市场中去促进民间资本的消费和投资，以努力达成国家早先制定的年度经济增长目标。在这样的环境下，商业银行的存款业务虽然风险极小但利率极低，而股市的收益很高但却具有极高的风险性。因而，基于理性、自利的人性特点，社会公众会向往那些收益高而风险小的投资渠道。在这样的情况下，民间借贷进入到这部分亟须投资的民间资本的视野中来。传统由于生活需要而发生的借贷多发生于熟识的亲友之间，这种类型的借贷在民间借贷中所占比例已经非常小，非法集资案件中的受害人选择向集资人借钱，绝大多数是因为集资人承诺的借款利息远高于银行或者正规金融产品中可以获得的收

① 王君悦等：《非法吸收公众存款罪的理论和实践之困惑和思考》，载《长三角法学论坛》2013 年卷，上海人民出版社 2014 年版。

益,为了获取更大的收益,民间资本选择出借资金,进而为非法集资犯罪的实施奠定了基础。

在非法吸收公众存款案件中,存款人是为了谋取高额的利益,同时清楚知晓其所获得的收益明显高于市场平均水平。在形式上,借款行为是双方自愿进行的平等民事行为,但是在承担风险方面则完全不对等。实践中,若存款人按时得到收益则不会存在纠纷,如果有损失则向政府举报以追究吸储人的刑事责任,对于吸储一方的处理显失公平。① "如有的民间借贷犯罪案件,一些受害群众因看到无法挽回自己的损失,要求严惩犯罪者;而有的案件中,受害群众因损失不大或认为尚有偿还可能期待,则要求政府、司法机关对犯罪者轻缓处理;还有的同一案件出现相互矛盾的诉求,由于损失的程度大小不同,损失大无望偿还或偿还难以到位的受害者要求严惩,损失小的则要求轻缓。"②这样的处理方式在司法实务当中大量的存在,明显违背了罪刑法定原则和主客观相统一原则。根据最高人民法院《关于审理民间借贷案件适用法律若干问题的规定》(以下简称《民间借贷规定》)第26条:"借贷双方约定的利率未超过年利率24%,出借人请求借款人按照约定的利率支付利息的,人民法院应予支持。借贷双方约定的利率超过年利率36%,超过部分的利息约定无效。借款人请求出借人返还已支付的超过年利率36%部分的利息的,人民法院应予支持。"可见我国对民间借贷行为施行分段保护,对于那些以民间借贷为名进行的吸金行为,集资人向其承诺的还本付息或是给付的回报大都远远超过了民间借贷的合理区间,在目前央行频繁实行"双降"政策的情况下,各种金融产品的收益都大幅降低,非法集资活动中普遍存在的承诺6%、7%的月利息显然不合理,由此应当认为投资人对于该高回报中存在的风险存在一定程度的认识,在其财产利益最终受损的过程中自身存在一定的过错。

---

① 参见王君悦等:《非法吸收公众存款罪的理论和实践之困惑和思考》,载《长三角法学论坛》2013年卷。

② 方晓林等:《集资类犯罪刑事政策研究》,载《长三角法学论坛》(2013年卷),上海人民出版社2014年版,第50页。

（二）现行法律体系对受害人过错的评价

我国现有的法律制度中并没有关于受害人过错的规定。在不同的案件中，无论受害人对于风险认识的大小以及可能受损的心理预期如何，也不管受害人是具备专业金融理财知识，或是对此一窍不通只是盲目跟风追求高额利润而罔顾其他可能影响收益及本金的信息，当投资的利息或本金在约定期限届满无法从借款人处收回时，绝大多数出借人会要求公安机关立案，或是以受害人身份去当地政府信访，而很少通过民事诉讼的途径解决。这种受害人"只赚不亏"的处理模式在很大程度上是由目前治理非法集资犯罪的法律体系所决定的。在现有的法律框架内，立法者一方面严厉打击非法集资犯罪中的借款人，努力将其纳入刑罚制裁范围，另一方面却给予借贷关系的另一方当事人即出借人毫无底线的宽容和保护。这使得在民间融资过程的一开始当事人双方就处于不对等的地位，一方只需出借资金即可，而不用考虑其他任何事情，只等到期拿钱，将自身的收益完全建立在他人的努力之上，若对方违约或存在其他任何风险，即通过法律或政府等多种途径寻求保护；而另一方借款人借入资金不仅要承担经营风险，还要承担随时可能越界的法律风险。这样的保护方式和取向很明显与《宪法》第6条第2款后段所说的"坚持按劳分配为主体、多种分配方式并存的分配制度"存在冲突。例如，在国务院办公厅《关于依法惩处非法集资有关问题的通知》中，一方面要求"地方各级人民政府、有关部门务必统一思想，提高认识，共同做好工作"，对犯罪分子严肃查处；另一方面则是要银监会牵头"加强舆论引导和法制宣传，提高公众对非法集资的识别能力"，这可以很明显地看出，国家在打击非法集资犯罪中对存在过错的双方采取了不合理的双重标准。

三、明确民间借贷涉罪行为中受害人过错的必要性

我国刑法理论认为，"主客观相统一"是刑事责任的必备前提，它

是指“对犯罪嫌疑人、被告人追究刑事责任,必须同时具备主观与客观两方面的条件”。[①] 这一统一要求“在刑法的立法、司法以及刑法解释的过程中,主观与客观因素在对立中求统一,是一种以具体条件为转移的动态的统一”。[②] 马克思主义辩证唯物论是中国刑法中主客观相统一原则和理论的理论基础。马克思主义辩证唯物论认为,物质决定意识,意识反作用于物质。人的认识并不是完全被动的,人的意识具有主观能动性。人可以根据对客观世界的规律的认识来指导自己的实践活动,不断的改造世界以达到自己的目的。正如恩格斯所说:“在社会历史领域内进行活动的,全是有意识的、经过思虑或凭激情行动的、追求某种目的的人,任何事情的发生都不是没有自觉的意图,没有预期的目的的。”[③]犯罪行为也不外乎是一种实践活动,是在一定的意识和意志支配下进行的,即是一定的客观危害行为和主观罪过的统一。根据马克思主义的基本观点,人的犯罪活动是主客观相统一的反社会的实践活动,认识和判断犯罪的司法活动也是一种主客观相统一的社会实践活动,考察犯罪是否具有再次犯罪的人身危险性仍然是主客观相统一的司法实践活动。所以,虽然在法典中明文规定的刑法基本原则中并未包括主客观相统一原则,[④]但主客观相统一原则在中国的刑事立法、司法中起指导作用,无疑应该成为中国刑法中的一项基本原则。

主客观相统一原则既应体现在定罪的过程中又应当体现在量刑的过程中,由于被害人的过错是衡量行为人主观恶性和人身危险性大小的重要参考依据,因此在给被告人定罪量刑的过程中考虑被害人的过错是主客观相统一原则的必然要求。首先,如果被害人对犯罪的发生存在过错,那么往往是被害人的过错行为和行为人的危害行为竞合才导致发生危害后果,而承担刑事责任的重要基础是行为与结果之间存

---

① 高铭暄、马克昌主编:《刑法学》,中国法制出版社 1999 年版,第 39 页。

② 赵秉志:《刑法总则要论》,中国法制出版社 2010 年版,第 77 页。

③ [德]恩格斯:《路德维希·费尔巴哈和德国古典哲学的终结》,中共中央马克思恩格斯列宁斯大林著作编译局编译,人民出版社 2014 年版,第 352 页。

④ 《刑法》中明文规定的基本原则包括:第 3 条“罪刑法定原则”,第 4 条“平等适用刑法”原则和第 5 条“罪责刑相适应”原则。

在因果关系,既然被害人的过错对于危害结果的发生也具有原因力,那么减轻对被告人的处罚也就理所当然;其次,如果被害人对犯罪的发生存在过错,那么在某些情形下被害人的过错降低了行为人行为的违法性,而由于不法与罪责之间具有正相关性,因此当行为人行为的违法性减低时,其刑事责任自然也随之减轻;最后,如果被害人对犯罪的发生存在过错,基于刑罚的报应性特征,那么刑法对行为人惩罚的依据应该是与被害人的过错责任相抵消后剩余的侵害和对规范的违反。由此可见,"当被害人对犯罪行为的发生存在较大过错时,应当减轻对行为人主观恶性和人身危险性的负面评价,并根据过错程度相应的减轻行为人应当承担的刑事责任,只有这样才符合主客观相统一原则。从某种意义上讲,非法集资行为最终演化为犯罪与被害人自身也存在一定过错是分不开的"。①

四、民间借贷行为中受害人过错的理论适用

(一)民法自甘风险理论的适用

所谓"自甘风险",是指"明知某具体危险状态的存在,而甘愿冒险为之"。② 自甘风险的成立需要有合乎法律规定的基础法律关系,虽然该理论主要适用于过失侵权行为,但其"基础法律关系可以是合同关系,也可以是非合同关系。无论是合同关系还是非合同关系,都要符合法律的规定,没有相关法律规定的,其权利义务关系也不能违反公序良俗。对于基础法律关系,双方都应遵守其衍生的权利义务,在这基础之上,自甘风险行为才有成为抗辩事由的可能"。③

自甘风险理论源自英美法系国家。在美国法中,自甘风险主要分为三种,即明示的自甘风险、主要的默示自甘风险和次要的自甘风险。

---

① 刘宪权:《刑法严惩非法集资行为之反思》,载《法商研究》2012 年第 4 期。

② 王泽鉴:《侵权行为》,北京大学出版社 2009 年版,第 227 页。

③ 陈湘渝:《论自甘风险》,山东大学 2014 年硕士学位论文,第 5 页。

其中,明示的自甘风险是指原告以契约明示的方式在从事某项活动时,明白表示愿意承担该活动所生损害之危险。明示的自甘风险得以排除被告责任的基础,非来自于侵权行为法,而是来自于契约法。在尊重个人意思自由的前提下,基于当事人之意愿,而排除他人之侵权责任。通说认为,被害人的允诺可以阻却加害人行为的违法性。① 而主要的默示自甘风险是指"被告对于原告未负有注意义务,或未违反注意义务而无过失,且因原告自愿参与被告隐含危险之行为或活动,而被推定承诺免除被告之责任"。在美国法,主要的默示自甘风险理论主要适用于运动伤害及娱乐活动运动的案件。② 至于次要的默示自甘风险,是指被告违反法律上义务而致生损害,但原告有意识且故意选择面对该危险,而承担被告引发之损害危险。在次要默示自甘风险的情况下,被告对于原告负有注意义务,且违反该注意义务而引发损害,但原告知悉而且愿意面对系争损害之危险。换言之,被告所引发的危险为原告所知悉,原告评估该损害后,自愿面对该危险,但关于该危险,被告并未免除注意义务。③

对于这三种类型的自甘风险应当加以区分。明示的自甘风险属于被害人允诺的情形,即被害人对于可能发生的危险及该危险对自身可能造成的后果有明确的认识并愿意承担之。允诺阻却违法是各国公认的基本原则,表现为个人主义的精神,使个人得以自由决定如何处理其身体或财产等权益,但该承诺不得违背强制或禁止规定,亦不得违背公序良俗,例如对于让度"生命权"的承诺,违反者不得阻却违法,仍旧构成故意杀人行为。除此外的情形下,被害人允诺可以阻却加害人行为的违法性。在我国,对于明示的自甘风险中的受害人承诺性质的免责条款亦有法律明文,《合同法》第 53 条规定:"合同中的下列免责条款

① 参见史尚宽:《债法总论》,自版 1983 年版,第 123 页。

② Scott v. Pacific West Mountain Resort, Supreme Court of Washington, 1992 (119 Wash. 2d 484, 834 P. 2d 6). See Robert Keeton, supra note 16, at 335.

③ Griffin Toronjo Pivateau, Tackling the Competitive Sports Doctrine: A New Proposal For Sports Injuries in Texas, 9 TEX. REV. ENT. & SPORTS L. 85, 93 (2007).

无效:(一)造成对方人身伤害;(二)因故意或者重大过失造成对方财产损失的。"根据该条规定可以看出,除通说认为的生命权不可放弃外,我国立法者也认为身体权和健康权是不可放弃的,由于"那些构成我的人格的最秘密的财富和我的自我意识的普遍本质的福利,或者更确切些说,实体性的规定,是不可转让的"①,因此受害人对这类人格权做出的免责承诺也是无效的。

有学者认为,"所谓自甘冒险不应定性为被害者的允诺,作为违法阻却的问题,而应将其纳入与有过失的范畴"。② 在这一分类下,明示的自甘风险被纳入被害者允诺的范围内,而自甘风险只包括了主要的和次要的默示自甘风险。然而基于这一划分标准,自甘风险也并非必然纳入与有过失范畴,"主要的默示自甘冒险所探求者,并非在于原告承担危险之行为,而在于被告是否具有注意义务。"③主要和次要的默示自甘风险两者的区别在于:首先,在次要的自甘风险案例中,被告负有注意义务且违反注意义务而有过失责任;但在主要的自甘冒险案例,被告对于原告并无注意义务,或未违反注意义务而无须负损害赔偿责任。其次,在次要的自甘冒险案例,原告对于决定面对危险,具有可归责性,但在主要的自甘冒险案例,原告对于参与危险行为或活动,并无不合理的决定,而无可归责性。由此,某一具体案件究竟应归属于主要的或次要的默示自甘风险,关键在于被告在系争案件中,对于原告是否具有注意义务。关于被告注意义务是否存在,通常应探讨被告是否预见损害存在、原告与被告之关系是否紧密关联、及课予被告注意义务是否合理公平而符合正义要求。④ 美国学界通论认为,次要的默示自甘

① [德]黑格尔:《法哲学原理》,范扬、张启泰译,商务印书馆 1961 年版,第 73 页。转引自徐彰:《关于人格权中财产利益可让与性问题的分析》,载《安徽大学学报》(哲学社会科学版)2015 年第 5 期。

② 王泽鉴:《侵权行为》,北京大学出版社 2009 年版,第 228 页。

③ Perez v. McConkey,872 S. W. 2d 897 (Tenn. 1994). 转引自陈聪富:《自甘冒险与运动伤害》,载《台北大学法学论丛》第 73 期。

④ 参见陈聪富:《侵权归责原则与损害赔偿》,台北,元照出版有限公司 2000 年版,第 17 页。

风险已不再适用自甘风险理论,而排除被告的赔偿责任。在这种情况下,被告对于原告具有注意义务,且违反注意义务而构成侵权责任。被告不得仅因原告知悉危险且自愿承担可能发生之损害,而免除所有责任。惟因原告未尽合理的注意义务而愿意承担损害之危险,具有可归责性,多数法院乃认为,此等案例应适用“与有过失”原则,减轻被告之损害赔偿责任,但并不排除原告全部的损害赔偿请求权。① 次要的默示自甘风险已融入与有过失理论,但主要的默示自甘风险不受与有过失理论影响,仍可阻却原告的损害赔偿请求权。我国民法中虽未明确自甘风险原则,但却肯定了与有过失理论,如《侵权责任法》第 26 条规定:“被侵权人对损害的发生也有过错的,可以减轻侵权人的责任。”

(二)刑法危险接受理论的适用

刑法上存在所谓“危险接受理论”,该理论将传统刑法中以加害人作为单一分析视角发展到以加害人和受害人进行分析的双重视角,指“被害人意识到危险并且自己积极地走进危险,或者被害人单纯被动地意识到危险,从而在被害人和行为人的共同作用下产生了法益侵害的结果”。② 通说认为危险接受包括三种类型,分别是:狭义的自发的自己危险,即被害人在认识到自己的行为对自己的法益具有危险的情况下,仍然实施该行为,进而给自己造成了实害。在这种场合,只有被害人实施了与其法益遭受侵害具有因果关系的行为,因此这一类型的行为不具有刑法上的评价意义,本文不作讨论;自己危险化的参与,指被害人意识到并实施了危险的行为而且遭受了实害结果,但被告人的参与行为与被害人的实害结果之间具有物理的或者心理的因果性。简言之,被告人参与了被害人的自发的自己危险化;基于合意的他者危险化,即虽然给被害人造成实害结果的是他人(被告人)的行为,但被害

① 陈聪富:《自甘冒险与运动伤害》,载《台北大学法学论丛》第 73 期。

② 江溯:《日本刑法上的被害人危险接受理论及其借鉴》,载《甘肃政法学院学报》2012 年第 6 期。

人认识到并且同意被告人行为给自己带来的危险。[①] 后两种类型的危险接受在构成要件适当性与违法性上存在区别,张明楷教授认为:"被害人自己支配了实害结果的发生时,被告人的行为属于自己危险化的参与;被告人的行为支配了实害结果发生时,则是基于合意的他者危险化。"[②]

与民法理论相类似,刑法理论也认为应严格区分受害人承诺与受害人危险接受理论,虽然两者都是受害者对自身权利在一定程度上的出让,然而却并不相同。以生命权为例,某自然人为自身便利节省时间,横穿高速公路,可以认为其对于自身行为可能的危险性即很有可能被高速行驶的机动车撞到的危险有所认识,却并不能因此认为其对于自己被机动车撞到的结果是认可和同意的。受害人承诺和危险接受存在明显的区别,包括"其一,危险接受基本上是就过失犯罪而言;被害人承诺虽然也适用于过失犯,但主要是就故意犯罪而言。其二,危险接受时,被害人只认识到了行为的危险,并没有承诺实害结果的发生,没有放弃自己的法益;被害人承诺时,被害人同意实害结果的发生,放弃了自己的法益"。[③] 对于承诺而言,其"必须总是带有结果。不管是在故意犯,还是在过失犯的场合,都可能发生承诺问题"。[④] 而在危险接受的情况下,危险接受只适用过失犯罪,且被害人只是对于行为的危险性有所认识,却并不希望或放任危险结果的发生,对于结果持排斥和反对的态度,被害人这一主观性与《刑法》第 15 条规定的"过于自信的过失"[⑤]有相似性。过于自信的过失是指"行为人虽已预见到自己的行为可能发生危害社会的结果,但轻信能够避免,以致发生这种结果的心理

① 参见张明楷:《刑法学中危险接受的法理》,载《法学研究》2012 年第 5 期。

② 张明楷:《刑法学中危险接受的法理》,载《法学研究》2012 年第 5 期。

③ 同上。

④ [德]乌尔斯·金德霍伊泽尔:《刑法总论教科书》,蔡桂生译,北京大学出版社 2015 年版,第 118 页。

⑤ 我国《刑法》第 15 条第 1 款规定:"应当预见自己的行为可能发生危害社会的结果,因为疏忽大意而没有预见,或者已经预见而轻信能够避免,以致发生这种结果的,是过失犯罪。"

态度"。[①] 该过失的构成要件在于"应当预见",即行为人应具备预见义务和预见可能性,从整体上而言,过于自信的过失认识到了行为的危险性,但没有认识到结果会发生,它只存在于过失犯罪中,与危险接受理论是以受害人为视角不同,过于自信的过失是以加害人为视角。因此,在危险接受的场合认定被害人承诺了实害结果是不符合事实的。在现实生活中,"冒险"的人不都是愿意接受实害结果的人。如果借用对过失犯的表述,在危险接受的场合被害人主观上只有"过于自信的过失",亦即虽然认识到危险,但误以为危险不会现实化。所以,危险接受案件不同于被害人承诺案件。如果某一行为能评价为被害人承诺,就不宜依照危险接受的法理来处理。

(三)自甘风险、危险接受与民间借贷行为中的受害人过错

从现实情况看绝大多数民间借贷犯罪的顺利进行离不开集资参与人的积极参与和支持,部分非法集资活动演化为涉众型经济犯罪也是因集资参与人自身存在过错所致。在市场经济大潮中,当一些人看到他人发财时便心理失衡,加之受当下社会贫富分化严重现状的刺激,这种心理失衡日益严重,于是就产生了赌博心理。在投资"高额回报,见效快""钱生钱,利滚利"等诸多利诱之下,集资参与人企图以投机方式获取高额回报。此时,他们往往将理性投资的意识抛之脑后,甘冒风险积极配合集资人进行非法集资活动。可见非法集资犯罪的频发与集资参与人自身存在过错也有关系。正如有学者所言,当被害人知道从事某项活动是危险的并使自己承担了这样的危险,那么当危险发生时被害人就不能因此而获得赔偿,也即"自愿招致损害者不构成侵害"。[②] 由此可见,大多数非法集资案中的被害人均是以集资参与人的身份参与集资,并且他们是在暴利的驱动下甘冒风险故意实施相关的行为,从

① 刘艳红主编:《刑法学》(上),北京大学出版社2014年版,第149页。

② 初红漫:《论被害人过错影响刑事责任之正当依据》,载《犯罪研究》2011年第3期。

而直接或间接地促成了非法集资案件的形成。显然,我们应当根据被害人自身存在过错这一事实来调整对行为人主观恶性和人身危险性的负面评价,否则将有违主客观相统一原则。

目前学界关于非法集资活动中受害人过错的分析较少,现实中也缺乏相应的条文支持,因此,讨论民间借贷犯罪中受害人过错问题的关键在于现有受害人过错理论是否可以适用。社会上常见的民间借贷犯罪大都存在一个由量变到质变的过程,即借款人经历了从合法民间借贷到构成非法吸收公众存款再到集资诈骗的过程,由于在行为上存在连续性且民刑交叉情况显著,因此本文将以时间顺序进行分阶段讨论。

首先,行为的第一个阶段即合法民间借贷的期间。在这一阶段,受害人承诺理论并不适用。如前文所述,受害人承诺理论需要受害人对于行为可能面临的风险和行为可能带来的结果都有充分的认识和同意才构成承诺的意思表示,如果只是接受行为的风险而并不接受行为可能的结果则不成立受害人承诺,这正是受害人承诺与自甘风险的最大区别。在现实案例中,如果借款人与出借人达成的借贷合同中有明确的免责条款,如"出借人承诺对出借给借款人的资金可能产生的不归还的结果免除借款人的责任"等,在这样的情形下是否适用受害人承诺理论,笔者持否定观点。第一,诚然在民间借贷合同中尤其是具有投资性质的借贷合同中具有相当的风险性,因为风险是必然伴随着投资行为的,但"契约因当事人互相表示意思一致而成立,一方当事人自己受该契约拘束,并同时因此而拘束他方当事人",该契约自由原则作为私法的基本原则乃是私法自治最重要的内容,由于"个人是自己利益最佳的维护者,契约既因当事人自由意思的合致而订立,其内容的妥当性原则上固可因此而获得保障"。[①] 因此,即使借贷双方在合同中设置了免责条款,也是由双方合意达成的对自己可自由支配的利益的出让,是自由意志的体现,并不存在合同一方主体具备所谓"受害人"的身份,借款人基于合同约定不存在返还金钱的义务,因此也就不存在对出借人利益侵犯的说法。这里的承诺不是行为正当化的事由或是违法阻

① 王泽鉴:《债法原理》,北京大学出版社 2013 年版,第 109 页、第 110 页。

却事由,而是契约内容。第二,所谓借贷合同,是指“当事人一方转移金钱或其他代替物之所有权于他方,而约定他方以种类、品质、数量相同之物返还之契约”。[①] 我国《合同法》中没有规定“借贷合同”,与之相似的是第196条关于“借款合同”的定义,“借款合同是借款人向贷款人借款,到其返还借款并支付利息的合同”。从中可以看出借贷合同中的借款人负有返还借款的义务,如果从结果上借款人不再担负返还借款的义务的话,那么民间借贷发生的法律基本关系就发生了改变,双方当事人之间将不再是借贷关系,而更接近赠与关系。也就是说,在民间借贷关系中,出借人允诺借款人对自己出借财产可能造成的危害结果将导致借贷关系不复存在。第三,除契约自由原则外,民法中尚有所谓“契约正义原则”,它强调一方的给付与他方的对待给付之间应具有等值原则。《合同法》第53条规定,因故意或者重大过失造成对方财产损失的免责条款无效,因此在民间借贷中,如果借款人因重大过错导致对出借人资金造成损失,则该约定本身就是无效的,这一强行性规定也体现出了契约正义原则。因此本文认为,在合法的民间借贷中,受害人不仅认识到行为风险更认可行为结果的受害人承诺理论并不适用。

关于这一阶段中自甘风险理论是否适用的问题,笔者持赞同的态度。虽然现有对于自甘风险的讨论大多集中于侵权法领域中,但并不代表该理论不可以适用于契约法中,而是因为,契约法中蕴含着自甘风险理论是“不言自明”的。正如前文对契约自由原则的论述所言,任何双方权利义务关系的形成均存在风险,契约为主体间意思表达自由的真实体现,当合同成立生效之时,即视为合同双方当然的对合同中可能存在风险的有明确的认识并愿意承担这种风险。在民间借贷关系中,出借人在签订合同之时显然认识到借款人可能会存在不返还本金和利息的情况,因此在合同中约定违约责任,当借款人到期确实不履行还款义务之时出借人可径行主张相对人违约并依据合同条款要求赔偿。问题在于出借人对于风险可能有不同的认识,并且基于主观上的不同的

① 我国台湾地区“民法”第474条第1款。

认识去自甘这一客观上"定量"的风险,因此有学者提出以掌握专业知识多少的不同将出借人区分为一般公众和专业投资人,①对于不同的主体,自甘风险理论的适用并不相同。因此,自甘风险理论可以在民间借贷关系中得到适用,但是该风险仅限于可能发生的违约风险,基于合意产生的民间借贷中出借人并不存在任何的"与有过失"。

其次,在民间借贷犯罪的第二阶段中,当出借人因为生产规模扩大或其他相关原因而增加对资金的需求量的时候,借款的目标往往将由特定主体转向不特定的社会多数人,合法的民间借贷关系逐渐转变为非法集资行为。根据实践经验,第二个阶段往往又分为两个阶段,一是非法吸收公众存款阶段,二是集资诈骗阶段。在非法吸收公众存款阶段中,虽然借贷双方的意思表示真实,不存在任何隐瞒真相或其他欺骗的情况,但由于吸收公众资金行为破坏了金融管理秩序因而可能构成犯罪,其法律关系由之前的纯粹的民事法律关系转变为刑、民法律关系并存,借款人需同时承担借贷违约的民事责任和非法集资的刑事责任。而在集资诈骗阶段,借款人出于非法占有的目的隐瞒真相借助民间借贷的合法形式达到骗取他人财产的结果,受害人基于错误认识做出不真实的意思表示,借款人当然需要承担可能产生的违约责任或者缔约过失责任,同时需要承担诈骗行为所产生的刑事责任。在这一阶段中,笔者认为受害人承诺理论依旧不具有适用的空间,其原因在于受害人承诺的特点是受害人对于危害的结果持希望或放任的态度,而在非法集资中,虽然有部分出借人在面对集资人承诺给付的高额回报时对出借的风险性有所认识,并在侥幸和趋利的心理下依旧选择了出借资金,但这并不意味着出借人做出了愿意承受无法得到利息和本金的结果的允诺。在最高人民法院发布的《关于审理非法集资刑事案件具体应用法律若干问题的解释》(以下简称《非法集资问题解释》)中,利诱性作为非法集资行为的一个特点,被表达为"还本付息或给付回报"。从个人行为角度分析,将个人资产用于投资并希望获得高额回报是非法集资活动中被害人的心理特征,允诺集资人可以不用承担还本付息义务

① 参见彭冰:《非法集资行为的界定》,载《法学家》2011 年第 6 期。

违反了理性人趋利避害的自利特点,缺乏任何的合理性支撑。当然,亦可能存在乐善好施者将自有财产转让他人,但这一行为属于赠与行为,与本文所讨论的法律基础不同,而可能见于有些案例中出借人在出借资金时所言"等有钱了再还"的用语也并不是对于自己财产权利受损的允诺,而更应看作对在规定期间内无法得到还本付息的风险的承认。因此,本文认为,在民间借贷行为引起的犯罪中不存在受害人即出借人允诺的情形。

自甘风险理论和危险接受理论在民间借贷犯罪阶段中可以得到适用。诚如前述,在非法集资活动中,面对集资人给付回报的承诺,出借人可能因自身专业素质、信息不对称等各方面因素的不同而有不同的认识,"投资者的身份和资质显然是用来界定非法集资公开性的最为重要标准之一。一般认为,那些富有经验的投资者可以自己保护自己,因此不需要法律给予的特别保护"。[①] 对于不同受害人的责任应分情况讨论,有学者认为应合理界定非法集资中的"社会公众",因为"有些集资人往往利用信息不对称的优势使投资者在不了解相关信息和潜在风险的情况下盲目进行投资,以致一旦血本无归往往会认为遭受欺诈而极力追讨,从而影响社会稳定。如果集资的对象特定,如仅针对亲友和单位内部员工实施集资,由于信息来源比较对称,特定的投资者对于相关信息和潜在的风险往往都有充分的了解,即使最终投资亏本也会认为那是正常的投资风险,因而不会影响社会稳定"。[②] 在非法集资中,出借人与借款人之间的借贷合同是否具有投资合同的性质在认定受害人过错中具有重要的意义。我国最高司法机关认为,"禁止非法集资的重要目的在于保护公众投资者的利益",[③]因而在非法集资中投资人的身份和资质成为对契约中风险注意义务分配的重要判断标准,

---

① 彭冰:《非法集资行为的界定——评最高人民法院关于非法集资的司法解释》,载《法学家》2011 年第 6 期。

② 刘宪权:《刑法严惩非法集资行为之反思》,载《法商研究》2012 年第 4 期。

③ 刘为波:《〈关于审理非法集资刑事案件具体应用法律若干问题的解释〉的理解与适用》,载《人民司法》2011 年第 5 期。

大部分国家即通过限定投资者的资质来界定私募中的交易范围,从各国经验来看,该资质标准大体包括:“(1)投资经验:主要是金融机构和机构投资者;(2)特殊关系:例如集资者的高级管理人员或者亲友;(3)财富标准:有钱人。机构投资者有丰富的投资经验,显然不需要法律的保护;集资者的高级管理人员和亲友基于与集资者的关系,熟悉集资者的情况,有能力保护自己;基于财富标准的理由则在于:这些投资者即使没有足够的投资经验作出明智的投资判断,也有财力聘请专业机构帮助他们投资,另外,足够的财富也使得他们有能力承担投资风险。”①当投资人满足以上标准的时候即可将其认定为专业的投资者,否则只是一般的社会公众,两者作为投资主体在投资行为中分配到的风险显然不同。个人是其自身利益的最佳判断者,由于在地位上更加的对称和平等,因此专业投资人在投资中享受其投资行为带来的一切收益,并自行承担投资过程中可能存在的全部风险,这一标准大多被运用到不具有公开性的融资行为中,例如,私募、证券和其他民间借贷行为,在这一领域中产生的违约或侵权行为由民事法律调整。而在具有公开性的投融资行为例如存款业务中,对于投资人也就是存款人的资质和身份是不加以区分的,任何人都可以参与这一金融活动。目前我国对于民间借贷中的出借人身份和资质也并未作出区分,曾有学者提出将民间借贷进一步划分为“民事借贷”和“商事借贷”,不同的借贷关系中出借人分别具有一般出借人和专业投资人的地位,进而两者需要承担的风险也应区别对待,笔者认为,这样的划分是有积极意义的,目前处于征求意见阶段的《非存款类放贷组织条例(征求意见稿)》即在一定程度上体现了对出借人身份的区分。

对于危险接受理论是否可以适用到非法集资犯罪中,还存在一个质疑,即“对于侵害公法益的犯罪,不存在危险接受的问题”②。在非法集资犯罪中,犯罪行为侵害的法益包括金融管理秩序和个人财产权,其

① 彭冰:《非法集资行为的界定——评最高人民法院关于非法集资的司法解释》,载《法学家》2011 年第 6 期。

② 张明楷:《刑法学中危险接受的法理》,载《法学研究》2012 年第 5 期。

中金融管理秩序属于公法益,因此危险接受理论是否还有可以适用的余地引起怀疑,对此笔者认为,危险接受理论在完全侵害公法益的犯罪中确实无适用的空间,因为受害人无法放弃或者出让根本就不属于他的权益。但是在非法集资犯罪中,金融管理秩序遭到破坏的基础在于个人财产权受到破坏,如果在个人财产权并未受到侵犯的情况下即以行为破坏了金融管理秩序为由而予以刑法上的干涉,则不仅缺乏刑法介入的紧迫性,无法体现合理性和保障性,更使刑法沦为我国金融垄断现状的"打手",造成民间融资和金融垄断的进一步恶化和对立。因此对于金融管理秩序,应当将其视为由多个个人法益组成的"超个人法益",在消费者利益没有被侵害或具有侵害或侵害危险时,即便是市场机能被侵害或存在侵害的危险,仍不应认定为犯罪,而只需以行政处分进行排除和预防。此外,若认为非法集资犯罪所侵害的法益只是金融管理秩序而不包括个人法益的话,那么是否可以认为,非法集资犯罪的本质是集资人与投资人一起对金融管理秩序实施的共同犯罪行为呢?然而作为共同犯罪人,两者行为的后果却有天壤之别。当然可以将对集资人的行为视为犯罪而不苛责一般投资者的刑事责任视为是一种刑事政策。但该政策的实施并不意味着其不用承担在民事法上存在的过失责任。因此,基于这样的认识,在非法集资犯罪中危险接受理论可以适用。

五、民间借贷行为中受害人的民事与刑事责任

依上文分析所言,基于在基本法律关系上属于民法保护的合法行为,但因为行为方式可能与正规金融行为存在相似导致对金融秩序的破坏而引来刑法的否定性评价,在这样的双重评价体系之下,民间借贷行为中存在自甘风险与危险接受理论的适用空间。对于民间借贷行为中受害人存在过错的情况,受害人需要承担因自身过错而产生的法律责任。

民间借贷行为中受害人的法律责任包括了民事责任与刑事责任。之所以同一行为产生出不同的法律责任,乃是由于现代法律为抽象规

定,并从不同角度规范社会生活,因而常发生同一事实符合数个规范的要件,导致该数个规范皆得以适用的现象,学说上称之为规范竞合。在民间借贷行为引起的犯罪中,一方面当事人因未按约定履行合同义务承担民事责任,另一方面由于侵犯他人财产权益而构成非法集资犯罪承担刑事责任。在这种情形下,刑事法上的刑罚以及民事法上的损害赔偿皆可以适用而互不排斥,盖民事责任及刑事责任各有其目的,前者在于对行为人予以报应,并防止将来侵害的发生,后者则侧重填补被害人的损害,平复过去侵害的结果,两者可以并行不悖。[①] 我国《民法通则》第110条规定:"对承担民事责任的公民、法人需要追究行政责任的,应当追究行政责任;构成犯罪的,对公民、法人的法定代表人应当依法追究刑事责任。"

(一)民间借贷行为中受害人的民事责任

在民间借贷行为中,借贷法律关系双方为平等的民事主体,且意思表示真实有效,在这种情形下借贷双方负有法定及约定达成的义务并可享受权利,即出借人应按约定交付出借资金,而借款人则应在约定时间到期后还本付息,并提供相应担保。由于合法的民间借贷行为系平等的民事主体之间发生的权利义务关系,因而不存在"受害人"的说法,无论是借款人或是出借人,其中一方未按约定履行合同义务的需承担违约责任。依据《民间借贷规定》第13条第1款的规定,民间借贷行为构成犯罪的,其基本法律关系,即民间借贷合同依然合法有效。因此在由民间借贷行为引起的犯罪中,关于受害人民事责任的讨论实质上是对一般民间借贷合同纠纷中违约相对方民事责任的划分。详细而言,这一民事责任不仅是违约责任还包括了侵权责任,属于侵权责任与违约责任的竞合。

侵权责任与违约责任的竞合问题是民法学界长期争论的问题,关

---

① 参见王泽鉴:《契约责任与侵权责任之竞合》,载王泽鉴:《民法学说与判例研究》(第一册),北京大学出版社2009年版,第205页。

于竞合时应如何使用法律这一问题学界主要有三种学说,分别是“法条竞合说”“请求权竞合说”“请求权规范竞合说”。法条竞合说认为同一事实具备侵权行为及债务不履行时,依特别法优于普通法的原则,只能适用债务不履行的规定,因而仅发生契约上的请求权而无主张侵权行为请求权的余地;请求权竞合说则认为,一个具体事实,具备侵权行为债务不履行的要件的,应就各个规范判断之,所产生出的两个请求权独立并存,请求权竞合说又可分为请求权自由竞合说和请求权相互影响说;至于请求权规范竞合说,强调一个具体生活实施符合债务不履行及侵权行为两个要件时,并非产生两个独立的请求权,而是仅产生一个请求权,但有两个法律基础,分别是契约关系和侵权关系。① 我国《合同法》第 122 条规定:“因当事人一方的违约行为,侵害对方人身、财产权益的,受损害方有权选择依照本法要求其承担违约责任或者依照其他法律要求其承担侵权责任。”同时,根据最高人民法院《关于适用〈中华人民共和国民事诉讼法〉的解释》第 247 条关于“重复起诉”所体现出的“一事不再理”原则,应当认为我国对于侵权责任与契约责任竞合的法律适用问题采“请求权竞合说”的观点。

在民间借贷犯罪中,当事人一方面未能按约定履行还本付息的合同义务,另一方面由于自身存在过错导致侵害了相对方的财产权,根据请求权竞合说,同一民间借贷行为产生出两个独立的请求权。在侵权责任中,根据《侵权责任法》第 26 条的规定:“被侵权人对损害的发生也有过错的,可以减轻侵权人的责任。”因此在民间借贷行为中,如果出借人在出借资金时没有履行相应的注意义务,例如,未审慎考察借款人的还款能力、信用状况、投资项目的盈利性等因素导致了自身财产的受损时,可以减轻借款人的侵权责任。而根据《合同法》第 119 条第 1 款,“当事人一方违约后,对方应当采取适当措施防止损失的扩大;没有采取适当措施致使损失扩大的,不得就扩大的损失要求赔偿”以及第 120 条规定的“当事人双方都违反合同的,应当各自承担相应的责

① 参见王泽鉴:《契约责任与侵权责任之竞合》,载王泽鉴:《民法学说与判例研究》(第一册),北京大学出版社 2009 年版,第 210 ~ 214 页。

任”。在民间借贷行为中,出借人往往明知借贷合同中约定的高额利息不符合社会正常情况,存在高度风险,却仍旧相信因合同的存在因而自身利益必然有所保障,当发现相对方无相应履约能力时依旧不采取适当措施予以制止,而在集资人携款潜逃后才选择报案,对于这样的情况,根据法律规定,扩大部分的损失出借人无法主张。总之,在民间借贷侵权责任与违约责任竞合的情况下,由于受害人在借贷过程中存在过错,因而可以减轻犯罪人的民事责任。

需要注意的是,在民间借贷犯罪中,犯罪人并不必然是违约方或是侵权人,同样受害人也并非一定是违约相对方或是被侵权人。在民间借贷中,借款人的行为之所以被认定为构成犯罪,主要原因在于其行为破坏了金融管理秩序,而并非借贷行为本身违法。也就是说,即使行为构成犯罪,但其中的民间借贷合同依然合法有效,合同双方应按约定履行合同,未按约定履行合同的一方需要承担违约责任。因此,虽然借款人行为可能涉及犯罪触犯刑法,但作为受害人的出借人依旧需要履行该合同,否则需要承担相应的民事责任。例如,传统理论中不以资金为限的借贷,贷与人故意不告知借用物存在瑕疵导致借用人受损害的,需承担赔偿责任。《合同法》第 201 条第 1 款也规定:“贷款人未按照约定的日期、数额提供借款,造成借款人损失的,应当赔偿损失。”受害人该民事责任的承担不因民间借贷行为构成犯罪而取消。

(二)民间借贷行为中受害人的刑事责任

民间借贷犯罪位列我国刑法分则第三章“破坏社会主义市场经济秩序罪”中,属于典型的“白领犯罪”,它是指“受社会尊重且具有较高社会地位的人在其职业活动中从事的犯罪活动”。[①] 白领犯罪被害人一般被划分为自愿与非自愿参与犯罪两大主要类型。第一种类型包括诈骗犯和投机者的被害人,这些被害人是自愿参与犯罪行为的。而没

---

① Edwin H. Sutherland, White Collar, Yale University Press, 1983, p. 7.

有自愿参与犯罪的被害人被划归为第二种类型,包括债权人、竞争者、雇员、消费者、公民等。① 就像前文中笔者曾数次指出的那样,民间借贷活动中,投资人的身份和资质是对契约中风险注意义务分配的重要判断标准,因此富有经验的投资者和没有投资专业知识的一般社会公众在民间借贷行为引起的犯罪中作为受害者的过错程度也是不同的。根据对白领犯罪被害人的划分,在金融市场富有专业经验的投资者对于风险具有较为全面的认识,自愿承受这种投资风险并因此获益,应属于自愿参与犯罪行为的受害人;而一般社会公众对于借出款项涉及的投资项目中所含风险并没有专业角度的认识,或者因借款人的欺骗行为做出了不真实的意思表示,对于参与犯罪的情况并不知悉,应当属于非自愿参与犯罪的受害人。因此基于犯罪人学的这一分类,受害人应承担的刑事责任并不相同,应予以分别讨论。

对于能够清楚认识到民间借贷行为中的风险性,或者虽然对风险大小并不清楚了解但基于人类趋利避害的天性而自愿参与犯罪的被害人而言,由"贪利"而"利令智昏"是这一受害人群体的普遍特点,典型行为是犯罪人以高额利息骗取借款,而被害人往往明知该借贷行为可能涉及犯罪但出于贪利心理而仍积极参与。在该类民间借贷犯罪中受害人责任的最极端形态当属受害人与犯罪人共同参与犯罪行为的情况,在这种情况下,受害人被犯罪人编造的骗局所吸引,甘愿一同参与违法犯罪活动以获取想象中的高额经济利益,但最终却成为非法集资的受害人。"在这笔交易的整个过程中,被害人都是积极主动的,显然参与了这笔不光彩的生意。被害人企图轻而易举地赚大钱,甚至不惜采用卑劣手段的奢望,使我们将其视为潜在的诈骗犯。诈骗犯与其被害人构成一对合作者,共同进行同一诈骗活动,为共同的利益而勾结在一起,并因预定一笔大买卖的共同奢望而欢欣鼓舞、骚动不安。但被害人并没有意识到自己不过是服务于诈骗犯的欺骗目的的工具而正在受

① 参见[德]汉斯·约阿希姆·施耐德主编:《国际范围内的被害人》,许章润等译,中国人民公安大学出版社1992年版,第267页。

到愚弄。"[①]对于这种受害人自愿参与犯罪的情况,最高人民法院、最高人民检察院、公安部印发的《关于办理非法集资刑事案件适用法律若干问题的意见》(以下简称《非法集资案件意见》)第3条规定,"在向亲友或者单位内部人员吸收资金的过程中,明知亲友或者单位内部人员向不特定对象吸收资金而予以放任的"属于向社会公众吸收资金。这样的规定将受害人吸收他人资金行为的否定性评价强加给犯罪人,由犯罪人承担了过多的注意义务,不仅需要对自己吸收资金的行为负责,还需要对他人吸收资金的行为负责。而受害人基于贪利的目的参与到吸收资金这一活动中并与他人进行交易骗取资金,这样的行为却被其受害人的身份所掩饰,这样的规定明显的不合理。然而这样的情况民间借贷犯罪的实际案例中却大量存在,例如在造成全国重大影响的"吴英案"中,犯罪人吴某只与11名自然人发生借款,未达到30人的犯罪门槛,且在这11人中有多人与吴某熟识,属于"在亲友或者单位内部针对特定对象吸收资金"的情况,大部分的其他受害人系与这11名直接受害人之间发生借贷关系。检察机关认为在借贷过程中虽然吴某只与11名自然人发生直接的借贷关系,但却通过其中的部分受害人向他人吸收资金,对于这些受害人吸收他人资金的行为持默许和支持的态度,因此实质上吴某的犯罪对象为社会不特定公众且达到了犯罪标准,构成犯罪。[②] 本案中与犯罪人直接发生借贷关系的这11名自然人即属于自愿参与犯罪的受害人,他们在受害人身份掩饰下通过民间借贷手段参与犯罪的情节被犯罪人吴某所吸收。国务院出台《非法金融机构和非法金融业务活动取缔办法》第18条规定:"因参与非法金融业务活动受到的损失,由参与者自行承担。"由此,投资人因参与非法集资活动而受到的资金损失应当自行承担,这一规定体现了在民间借贷犯罪中自愿参与犯罪的受害人责任内容。

① [德]汉斯·约阿希姆·施耐德主编:《国际范围内的被害人》,许章润等译,中国人民公安大学出版社1992年版,第251页。

② 参见庄建南:《刑事案例诉辩审评——集资诈骗罪》,中国检察出版社2014年版,第43页。

除了需要自行承担犯罪行为引起的资金损失,还可能需要以非法集资共犯的身份承担相应的刑事责任。《非法集资问题解释》第8条第2款规定:"明知他人从事欺诈发行股票、债券,非法吸收公众存款,擅自发行股票、债券,集资诈骗或者组织、领导传销活动等集资犯罪活动,为其提供广告等宣传的,以相关犯罪的共犯论处。"同时,《非法集资案件意见》第4条前段规定:"为他人向社会公众非法吸收资金提供帮助,从中收取代理费、好处费、返点费、佣金、提成等费用,构成非法集资共同犯罪的,应当依法追究刑事责任。"据此,对于自愿参与民间借贷犯罪中的受害人,除了需要自行承担资金损失外,还可能作为共犯承担非法集资犯罪的刑事责任,这也充分地体现了罪责刑相适应的原则。

而对于非自愿参与民间借贷犯罪的被害人而言,他们自始至终没有意识到自己受害或者不得不承受损害后果,由于不具备专业的金融理财知识和经验,这部分受害人主观上认为借款人介绍的投资项目与正规金融产品相比并无区别,同时认为基于合同的签订借款人不会违约,没有任何风险意识,在他们眼中看不到犯罪人是谁,遭受损失时则抱怨命运不济或者世道不好。在这样的情况下,犯罪人与受害人的互动看上去并不明显,受害人的刑事责任似乎也无从谈起。然而应当看到,这种犯罪的危害后果因对象人数众多而被极大程度扩散化,因此及于每个具体被害人身上就相对较少,而市场经济秩序或者说国家利益的损害相对则显得突出,犯罪所侵害的主要法益由私法益转向国家法益,国家作为被害人的责任和权利上升为主导地位。在这一类型犯罪中,除了作为直接受害对象的自然人外,国家扮演了不同的角色,既是间接受害人同时也是直接受害人,由于行为对象是不特定多数,甚至所侵犯个体的范围越大犯罪收益越大,国家在双重身份之下有责任积极追诉犯罪,并尽力弥补受害公民的经济损失。①

① 参见王佳明:《互动之中的犯罪与被害》,北京大学出版社2007年版,第145页、第146页。

在现有刑罚体系中,受害人责任作为一种事实责任,其认定是以犯罪人符合犯罪构成为前提的,无犯罪则无所谓刑法领域中的受害人责任,因此受害人责任并不影响犯罪的成立。目前我国的刑事法律体系与世界上其他先进国家一致,完全建立在犯罪中心的基础上,刑事责任专属于犯罪人,这种体系隐含着对被害人人格完美的假设,导致现实中大量的存在较大被害人责任的情况无从得到法律确认,我们当然不应当给予已经承受痛苦的受害人更多责难,因此在法律层面认定受害人责任需要更高的标准或义务要求。如果说犯罪人的责任在于其应当避免一种会被认定为犯罪行为的选择,受害人的责任就在于阻止其自身受害的发生。被害人应当承担何种程度的义务是法律评价受害人行为是否适当的关键,这种义务实质上对犯罪人的犯罪行为起到了现实的影响,只有受害人违反刑事义务达到了激发犯罪的实质影响的时候,才意味着达到了刑法领域中的被害人责任规则所要求的义务违反程度。因此对于非自愿参与民间借贷犯罪的受害人而言,由于并未实际参与到犯罪中或者有自愿参与犯罪的意思表示,故基于其债权人身份,难以苛求其自行承担财产损失或者遭受刑罚。但"不存在无义务的权利",仍然应当分配相应的注意义务于出借人一方,即出借人对于借贷合同是否尽到了其力所能及的查证义务,如借款人的资格条件、信息的真实性、融资项目的真实性、合法性等。当事人应当对与自身利益相关的信息进行积极的核实查证,而对于被害人怠于行使合理注意义务的情况,应根据其"躺在权利"上的时间和程度以及其对犯罪行为的了解程度等过失责任的大小认定其是否存在"危险接受"的情况,如果认定存在,则可以成立刑法中的被害人责任事由,从而在量刑中相应减轻犯罪人的刑事责任。① 量刑情节是将对于刑罚裁量有意义的犯罪情节加以类型化的产物,以刑法有无明文规定为标准,分为法定情节和酌定情节。在传统刑法体系中,作为量刑情节的受害人责任大多属于层级较低的酌

① 参见王佳明:《互动之中的犯罪与被害》,北京大学出版社 2007 年版,第 175 ~ 177 页。

定情节范围,缺乏直接的刑法依据,其适用主要依赖于裁判者的自由裁量。对于非自愿参与民间借贷犯罪的受害人而言,由于传统刑法的思维定式,在法无明文的情况下审判机关往往难以正确认识案件中被害人应承担的责任,因此应当将民间借贷犯罪中的受害人责任明确规定为法定量刑情节,如受害人未履行法定注意义务或者其不当行为对犯罪产生实质性影响,犯罪人仍应承担刑事责任,但可以根据具体受害人过错的大小减轻或者免除处罚。

六、结　　论

通过分析认为,由于民间借贷这一经济市场下的一般行为属于当事人对自身财产权利基于真实意思表示的自由处分,而国家因为刑事政策需要将其中的部分涉众型民间借贷行为规定为犯罪,受到刑事法的制裁,因而在民间借贷行为引起的犯罪案件中普遍存在受害人过错的情况。一方面在民间借贷犯罪的民法部分由于请求权的竞合,使得自甘风险理论可以得以适用;另一方面在民间借贷犯罪的刑法部分由于受害人对加害风险的明确认识导致了危险接受理论经修正后也可予以适用。受害人过错产生出受害人责任,正确认识民间借贷犯罪中受害人的责任对于实现实质正义和保护加害人合法权益具有重要影响,尤其是本应属于私法调整的这一平等民事主体之间的权利义务关系在受到刑法强制性介入的情况下得到恢复有积极作用。通过分析,民间借贷犯罪中受害人存在过错的,需要承担因自身行为导致犯罪人损害赔偿责任得以减轻,同时应根据民间借贷合同约定履行自身义务的民事责任,而在刑事责任方面,笔者认为应根据受害人是否具有专业的金融理财知识和投资经验,将民间借贷中的受害人区分为自愿参与犯罪与非自愿参与犯罪的受害人,对于前一情形受害人需自行承担损失且可能成为犯罪人犯罪行为的共犯,而在后一情形下,受害人过错则可能导致犯罪人刑事责任的减轻。

A Criminal and Civil Analysis of the Legal Liability of the Victim in the Private Lending Crime

Xu Zhang

[**内容摘要**]民间借贷涉罪行为中普遍存在受害人过错的情况,这使得民法中的自甘风险理论和刑法中的危险接受理论在该领域得以适用。民间借贷犯罪中受害人存在过错的,需要承担因自身行为导致犯罪人损害赔偿责任得以减轻,同时应根据民间借贷合同约定履行自身义务的民事责任,同时根据受害人是否具有专业的金融理财知识和投资经验,应将民间借贷中的受害人区分为自愿参与犯罪与非自愿参与犯罪的受害人,自愿参与犯罪的受害人需自行承担损失且可能成为犯罪人犯罪行为的共犯,而非自愿参与犯罪的受害人过错则可能导致犯罪人刑事责任的减轻。

[**关键词**]民间借贷;非法集资;受害人过错;自甘风险

Abstract:The self consistent risk theory and risk acceptance theory may be applied in the private lending crime,for the victims generally have faults. As a result of their actions,the criminal liability for damages can be mitigated and fulfill the obligations according to the contract when the victim has fault in the crime. The victim should be divided into voluntary and involuntary participation in crimes according to he or she has a professional knowledge of financial management and investment experience or not. the victim which voluntary into crimes has to bear the loss by himself and may prove to be the accomplice, and the others may lead to mitigation of criminal liability of offenders.

Key words: private loan; illegal fund-raising; contributory fault; assumption of risk

网络安全的刑法地位探究

李光宇*

目　　次

一、前　　言

网络安全的内涵一直都有技术上的解释和法律规定的解释之别。从技术上来看,网络安全是指网络系统的硬件、软件及其系统中的数据受到保护,不因偶然的或者恶意的原因而遭受到破坏、更改、泄露,系统连续可靠正常地运行,网络服务不中断。我国《网络安全法》第 76 条第 2 项规定,网络安全是指通过采取必要措施,防范对网络的攻击、侵入、干扰、破坏和非法使用以及意外事故,使网络处于稳定可靠运行的状态,以及保障网络数据的完整性、保密性、可用性的能力。本文论述

---

* 安徽师范大学法学院副教授。本文为安徽省高等学校人文社会科学研究项目“网络空间共犯的刑事治理研究”之阶段成果。

的网络安全,笔者将其归属为刑法所保护的犯罪客体,犯罪客体是刑法所保护的而为犯罪行为所侵犯的权益。① 网络安全包含网络空间的公共秩序、网络基础设施安全、网络运行安全、网络信息安全等刑法所保护的权益和价值。笔者认为,当前包括未来的社会发展进程中,鉴于网络安全在国民生活的重要地位和作用,网络安全可以赋予与公共安全相同的刑事地位。

二、网络安全的情势

我国已发展成为全球互联网用户规模最大的国家,据 CNNIC 的数据统计,截至 2016 年年底,我国网民数量达 7.31 亿,其中移动终端用户占到 95.1%。我国的互联网业务呈现规模巨大、种类繁多的特点,也存在业务环境多样、面临安全威胁复杂的情形。② 网络技术日新月异的发展和互联网的普及、推广与应用,给人们的生活带来了极大的便利。时间和空间是人类媒介发展及其研究的终极思考,从默声时代到有声语言时代、印刷时代、电子时代以至于数字时代,人类一直致力于通过媒介跨越时空维度。③ 网络通信、网络办公、网络购物、网络交友等与我们的日常生活融为一体,网络深度融入人们的学习、生活、工作等方方面面,网络教育、创业、医疗、购物、金融等日益普及,越来越多的人通过网络交流思想、成就事业、实现梦想。人们越来越依赖网络,也越来越无法离开网络。伴随着网络应用的普及,网络空间的犯罪发案率显著增加,其表现形式也日益呈现出复杂化、多样化的特征。从国家层面对互联网的管理和发展、网络空间主权的争夺、网络空间的话语权等,再到网络盗窃、网络诈骗、网络赌博、网络色情等渗入到人们的日常

---

① 参见赵秉志主编:《当代刑法学》,中国政法大学出版社 2009 年版,第 179 页。

② 参见国信安全研究院:《2016－2017 年度中国网络空间安全综述》,载国家信息中心:http://www.sic.gov.cn/News/91/8705.htm,最后访问日期:2017 年 12 月 31 日。

③ 参见陈汝东:《论中国的全球话语空间建构》,载《安徽师范大学学报》(人文社会科学版)2017 年第 3 期。

生活,网络安全隐患愈演愈烈的趋势,给人们的网络生活和现实生活都带来了极大的危害。

(一)网络空间面临的威胁加剧

信息技术的广泛应用和网络空间的兴起、发展,极大促进了经济社会的繁荣进步,同时也带来了新的安全风险和挑战。网络空间安全事关人类共同利益,事关世界和平与发展,事关各国国家安全。网络空间属于公共空间,网络秩序是社会公共秩序的重要组成部分。随着信息技术快速发展,信息网络与人们的现实生活已经融为一体,密不可分,维护社会公共秩序是全体网民的共同责任。然而,网络空间面临的威胁和挑战也不断加剧,全球范围内针对关键信息基础设施的网络攻击事件持续攀升,勒索软件病毒呈现爆发性增长态势,电子邮件所导致的安全危害愈发严重。2016年10月至2017年10月,美国、德国、利比亚遭受的大规模DDoS攻击造成大面积电信网络瘫痪。2017年5月12日,一个名为Wannacry的勒索软件攻击了全球网络,100多个国家和地区遭受攻击,包括政府部门、教育、医院、能源、通信、制造业等多个行业的数十万台电脑受到了攻击感染。2017年2月,英国足球明星贝克汉姆因私人邮件泄露导致公众形象严重受损。2017年6月,阿联酋驻美大使电子邮件遭拦截截取,秘密外交信息遭到泄露。针对关键信息基础设施的网络攻击,已严重影响了受攻击的电信、金融、电力、交通、军队等信息系统的正常运转,造成了巨大的经济损失。①网络空间面临的威胁和挑战呈现爆发式的增长,严重干扰了社会的正常秩序。

---

① 参见国信安全研究院:《2016－2017年度中国网络空间安全综述》,载国家信息中心:http://www.sic.gov.cn/News/91/8705.htm,最后访问日期:2017年12月31日。

(二)互联网络与人们生活息息相关

二十多年来,我国互联网从无到有,网络名副其实的如“网”一般,将人们的生活无形的串在一起。在人们还没有习惯如何利用网络空间的时候,网络空间已经与人们的生活联系在一起、密不可分,人们已经生活在网络空间中,却还在怀疑网络空间的存在。网络世界有很多专有的特点与要求。今天的中国,无线网络、有线网络已经遍布了城市生活的各个角落,广袤的农村也都在普及互联网络。人们生活、工作、娱乐等处处离不开网络,很难想象没有网络,今天的生活还能不能正常进行下去。

表 1 中国互联网发展阶段和特征①

阶段	史前阶段	第一阶段	第二阶段	第三阶段	第四阶段
阶段名称		互联网 1.0	互联网 2.0	互联网 3.0	网络空间时代
大致时间	1994 年之前	1996 ~ 2001 年	2001 ~ 2008 年	2009 ~ 2014 年	2015 ~ 2024 年
阶段特性	科研阶段	商业化阶段	社会化阶段	即时化阶段	网络空间阶段
突出属性	学术属性	媒体属性	社交属性	即时属性	网络空间时代
中国网民临界点	无	3%(3370 万,2001 年)	22%(3 亿,2008 年)	50%(7 亿,2015 年)	70%(10 亿,2024 年)
全球网民临界点	0.4%(1600 万,1995 年)	8.6%(5.73 亿,2002 年)	23.9%(15.87 亿,2008 年)	40%(30 亿,2015 年)	65%(50 亿,2024 年)
商业创新	邮件	门户,B2C	博客,视频	微博,微信	变革各行各业
制度创新	科研机构	产业机构	九龙治水	意识形态主导	网络空间治理

① 参见方兴东、潘可武、李志敏、张静:《中国互联网 20 年:三次浪潮和三大创新》,载《新闻记者》2014 年第 4 期。

从表 1 我们可以看出,二十多年来互联网络的发展甚至难以用飞速二字确切描述:目前我们正处于第四阶段——网络空间时代,而其变革推进涉及各行各业,云服务将商业领域与政府机构连在一起,智慧城市将城市建设与民生连在一起,大数据将一切只要能产生数据的事物联系在一起。而对网络安全的理解从最初的计算机系统安全,再到信息与资料的安全,现如今已上升到国家层面,小到发送一条"去哪吃饭"的信息,大到控制一个国家的思想,掌握国家的机密信息,网络安全无处不在。然而,我们离不开网络的同时,却没有习惯去遵守有关网络的规则、道德和法律规定。事实上,网络空间应该具有什么样的规则、道德与法律规定,我们还在摸索和研究中,这也就是当前网络各种不合时宜的现象频发,却无法运用有效的管理手段进行规制的原因。鉴于网络的生活理念与传统的生活理念具有交叉之处,传统的道德、规则和法律制度也就一直在适用。而这一切都将会有所改变,传统的理念必须与时俱进,否则将不能适应网络社会的进步和发展。

(三)网络运行安全面临严峻挑战

威胁网络安全的方式有很多,网络的安全既包含了网络本身技术运行的安全,同时也包含了网络空间所包含信息的安全,另外网络空间作为一种公共性质的空间,其本身亦具有自身的秩序。随着网络应用的普遍性、多样化的发展,网络运行安全面临着更加严峻的态势。既有针对网络空间直接的犯罪,也有利用网络实施的其他犯罪行为。具体而言,仅 2012 年,我国公安机关累计破获涉嫌网络违法犯罪的案件就有 11.8 万余起,抓获犯罪嫌疑人 21.6 万余名。① 2014 年至 2016 年年底,我国已经协调处置各类网络安全事件 9700 余起。2017 年上半年侦破黑客攻击类案件 900 余起,侦破侵犯公民个人信息案件 1000 余

① 参见辛闻:《2012 年中国互联网违法犯罪概况与特点》,载中国警察网:http://special.cpd.com.cn/n15549540/n15549592/c15554725/content.html,最后访问日期:2017 年 12 月 1 日。

起,查获侵犯公民个人信息500余亿条,抓获犯罪嫌疑人4800余名。[①]从抓获的案件和表现形式上,网络空间的犯罪有了显著的变化。

习近平总书记强调指出,没有网络安全就没有国家安全。网络安全事关党的长期执政,事关国家长治久安,事关经济社会发展和人民群众切身利益。自2014年美国正式宣布移交互联网域名和地址分配机构(ICANN)的管理权,世界各主权国家和国际行为体以更加积极主动的姿态融入到互联网治理的国际大棋局中,网络空间国际话语权争夺愈加激烈,网络空间成为大国博弈的主战场。[②] 网络安全涉及的新技术新应用的安全、大数据的保护、工业网络、金融网络、移动互联网等领域,所面临的风险急剧增加。有组织的大规模网络攻击、黑客组织不断增加。网络犯罪团体甚至某些国家成为网络攻击的"新玩家",针对政府部门以及国防、金融、能源、航天、运输等重要行业的企业和机构,实施大规模的攻击。持续性的网络攻击行动,窃取敏感信息数据、瘫痪或摧毁重要目标现象时有发生。2017年5月12日,勒索病毒Wanna Cry通过微软Windows系统高危漏洞"永恒之蓝"(Eternal Blue)在世界范围内爆发,包括美国、英国、中国、俄罗斯、西班牙、意大利等百余个国家均遭受大规模攻击,此事件至今人们还心有余悸。中国虽已经注意到了对网络安全的保护,《网络安全法》亦于2017年6月1日正式实施,但是对于网络安全的法律保护仍然与网络安全的重要地位不相符合。《刑法》对于网络安全的直接规定集中在分则第六章妨害社会管理秩序罪的第285条、第286条、第287条。笔者认为,对于网络安全的保护,无论是目前法条规定的具体内容,还是将网络安全保护集中放置在妨害社会管理秩序罪里的做法,都与网络安全的刑事法地位不相符合,应该对网络安全的刑事法地位进行认真审视。

---

① 参见潘世杰:《细数"网络安全"5年成果》,载中国发展网:http://www.chinadevelopment.com.cn/zk/yw/2017/09/1177530.shtml,最后访问日期:2017年12月1日。

② 参见中国电子信息产业发展研究院编著:《2014－2015年中国网络安全发展蓝皮书》,人民出版社2015年版,第180页。

(四)世界各国重视网络安全

从世界范围来看,网络安全已不再仅是计算机本身发生故障如此简单,现已发展为足以危及全球经济正常运行、政治秩序稳定发展的重要因素,面对如此范围大、关系广的网络安全新挑战,世界各国全都主动出击,争取在网络安全这场战役中获得主动权,以绝对的优势捍卫国家安全和公共安全。

以美国为例,2001年美国政府颁布了《爱国者法案》,2015年美国议会先后通过了《网络安全信息共享法》、《网络安全信息共享法案》(CISA)、《网络安全法》,2016年美国白宫公布了《网络安全国家行动计划》;与此同时,在刑法领域,美国在网络安全方面也全力出击,1988年的《美国联邦计算机欺诈与滥用法案》、1997年的《美国联邦禁止电子盗窃法案》、2006年的《美国联邦禁止网上攻击者法案》、《美国联邦非法互联网赌博执行法案》、《美国模范刑法典》(修订),2013年的第568号法案"橡皮擦法案"以及2014年的《国家网络安全保护法》,此外2015年,美国参议院及众议院提交了《网络安全保护》《网络犯罪》《网络保护》等将近20部有关网络安全的立法。

除美国之外,其他各国也抓紧对网络安全实施立法保障的步伐:如日本的《网络安全基本法》(2014);俄罗斯的《联邦信息、信息化和数据保护法》(2006);加拿大的《信息安全法》(2001)和欧盟在2001年通过《网络犯罪公约》。在这样一个世界各国都争先恐后增强本国网络安全法律保障完善的大背景下,中国也应该迎面而上,经得住新时代的考验。

三、网络安全的内容和地位

网络原指用一个巨大的虚拟画面,把所有的东西连接起来,也可以作为动词使用。网络从一个虚拟的互联网连接方式转变成为一个空间,连接网络的计算机信息系统从犯罪的对象转变成网络空间的载体,网络空间被人们形容为“第五空间”。今天的网络安全不仅仅是互联网本身的安全运行,还包括网络基础设施运行安全、网络信息安全、网络空间的秩序安全等。因此,网络安全具有了新的、丰富的内容。

(一)网络安全的内容

网络安全不仅仅是网络的安全,还关系到千家万户的安宁,影响社会、经济的正常发展,关乎国家和社会的稳定和安全。

1. 网络空间秩序安全

2017 年 8 月,中国互联网络信息中心发布的第 40 次《中国互联网络发展状况统计报告》显示,截至 2017 年 6 月,中国网民规模达到 7.51 亿,占全球网民总数的 1/5。互联网普及率为 54.3%,超过全球平均水平 4.6 个百分点。由网络构建的网络空间已经成为当前中国最重要的空间,这个看似虚拟的空间,已经不知不觉与国家、社会和民众的实体生活紧密结合起来、无法分开。将网络空间视为“公共场所”,网络空间秩序归属于“公共秩序”,使网络空间及其秩序获得了独立的法益地位。[①] 2014 年 2 月 27 日,习近平总书记主持召开中央网络安全和信息化领导小组第一次会议,亲自担任中央网络安全和信息化领导小组组长,展现出非凡的远见和担当。就是在这次会议上,习近平总书记指出,我国互联网和信息化工作取得了显著的发展成就,网络走入千家万户,网民数量世界第一,我国已成为网络大国。当然,网络空间的新秩序仍然处于探索阶段,网络空间的道德、文化、法律体系等,都需要我们努力建设。只有认真维护好网络空间的秩序,才能保证网络的安全。

2. 网络的基础设施安全

网络最重要的作用就是能够连接、传递和储存信息,这既对基础设备提出了要求,也对传递技术提出了要求。20 世纪 90 年代初,互联网

---

① 参见邓婕:《网络空间何以为“公共场所”——关于刑法解释限度的思考》,载《法律方法》2015 年第 1 期。

服务供应商提出了一种利用讯框传送技术和异步传送模式的与之相似的网络架构,但在当时,无论是企业自身还是技术上都无法满足这种网络架构的应用条件。讯框传送技术和异步传送模式是以连接为导向的,通过单一数据传送路径来维持单一连接方式进行交流沟通,这样就很难确保其服务质量。为了克服这一困难,基础设施网络使用了多协议标记交换技术(MPLS),保证了无论利用哪条数据传送路径都能提供相应级别的质量服务和更快的数据传送。

网络基础设施至今已经更新换代了多次。基础设施网络是一个通用的、公共的、数据包交换网络补充设施,可以为企业和高要求的私人用户提供一个高安全性、灵活性和高质量服务的网络环境。公共通信和信息服务、能源、交通、水利、金融、公共服务、电子政务等重要行业和关键领域的信息基础设施,需要刑法高度关注。关键的网络信息基础设施遭到破坏、丧失功能或者数据泄露,可能会严重危害国家安全、国计民生、公共利益。《网络安全法》第 31 条对此作了比较详细的规定。只有基础设施运行安全才能够有效保障网络空间的安全运行。

3. 网络的运行安全

网络的运行安全是当前刑事法律保护的重点,因其涉及社会、经济等的正常发展。大数据、云计算、移动互联网、工业、金融互联网等这些我们最熟悉的陌生术语直接影响着我们的生活。还有与技术相关的对信息的可获取性、完整性、真实性和保密性的威胁都属于网络安全的范畴,比如病毒、勒索软件、DDoS 攻击、钓鱼软件、恶意代码、黑客或僵尸病毒等。①

能够影响网络运行安全的因素很多,除却网络自身系统、软件和基础设施的正常运行,更大的危害是外来的攻击。2016 年 10 月 21 日,美国遭受大规模 DDoS 攻击,大量网站瘫痪,攻击来自千万级别 IP 地址,其中大部分来自 Mirai 僵尸网络感染的网络摄像头。2017 年 2 月,全球 16 万台联网打印机被一名黑客控制打印了 ASCII 艺术图。2017 年

① 参见袁正清:《网络安全治理的东盟方式》,载《当代亚太》2016 年第 2 期。

3月,瑞士安全研究人员指出99%的智能电视能被恶意的数字视频地面广播信号远程劫持。俄罗斯卡巴斯基实验室称,2017年以来监测到的超过200万次的攻击中,超过63%的攻击来自数字视频录像机和IP摄像机,近20%的攻击来自路由器和其他网络设备。以上数据充分说明了网络运行安全所面临的威胁和挑战,也直接影响了网络的安全发展。

4. 网络信息安全

网络信息安全是一个关系到国家安全和主权、社会稳定、民族文化继承和发扬的重要问题,随着全球信息化步伐的加快,其重要性越来越显著。随着计算机技术的飞速发展,信息网络已经成为社会发展的重要保证。信息网络涉及国家的政府、军事、文教等诸多领域,存储、传输和处理的许多信息是政府宏观调控决策、商业经济信息、银行资金转账、股票证券、能源资源数据、科研数据等重要的信息。其中有很多是敏感信息,甚至是国家机密,所以难免会吸引来自世界各地的各种人为攻击(如信息泄露、信息窃取、数据篡改、数据删添、计算机病毒等)。通常利用网络犯罪很难留下犯罪证据,这也大大刺激了网络犯罪案件的发生。网络犯罪率的迅速增加,使各国的网络系统面临着很大的威胁,并成为严重的社会问题之一。

(二)网络安全的刑法地位

习总书记曾在2014年召开的中央网络安全与信息化领导小组第一次会议上指出,“没有网络安全,就没有国家安全;没有信息化,就没有现代化”,将网络安全的地位再次上升,网络安全势必需要更多的法条作为后盾保障。网络安全涉及的范围和包含的内容纷繁、复杂、多样,面临的侵犯、挑战也来自多个方面。但是刑法对于网络安全的保护比较简单,刑法典把对涉及侵犯网络安全的犯罪行为规定在第六章妨害社会管理秩序的第一节扰乱公共秩序罪中,网络安全的刑事法地位有被降低之嫌,如图1所示。

从图1可得出网络安全从广义上可分为网域安全即网络空间和载

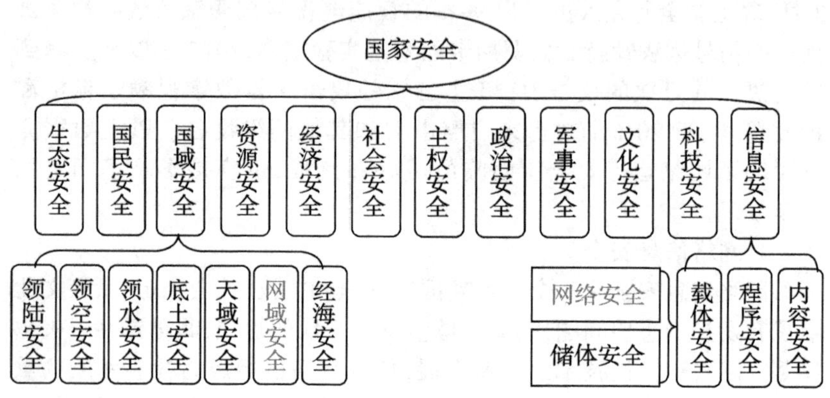

图 1 国家安全分类

体安全下的网络安全,分别属于国家安全下的二阶因素和三阶因素。"网络全球化"的蓝图正在逐渐规划,作为首要因素的网络安全不容忽视,新型的网络犯罪大有席卷全球的趋势,其影响力超过任何一种传统犯罪。在这种网络安全问题不断冲击、不断转型、不断进化的情形下,其所包含的问题也已从单个系统上升到国家安全的层面。由此可见,网络安全所关切的权益直接影响到国家和社会的安全。笔者认为,网络安全应该可以纳入公共安全的范畴。

四、网络安全相关刑法规定之检讨

1997 年《刑法》初建规范计算机信息系统犯罪的蓝图。2009 年《刑法修正案(七)》在《刑法》第 285 条中增加两款作为第 2 款、第 3 款,对网络信息数据安全以及网络帮助犯进行了明文规定,进一步充实了计算机犯罪的内容和罪名的构成。2015 年《刑法修正案(九)》继续增加关于网络犯罪的规定,详细规定了网络服务提供者的责任与义务以及新型网络犯罪的刑事法律责任,扩大了网络安全的包涵范畴,进一步充实了网络犯罪的罪名构成。

2016年11月7日，全国人大常委会表决通过了《网络安全法》，该法于2017年6月1日起实施，这标志着我国在网络安全立法方面取得了重大突破。《网络安全法》的出台具有重要意义，使网络安全有法可依，其确立了网络空间安全的基本原则包括网络空间主权原则、网络安全与信息化发展并重原则、共同治理原则，明确了政府各部门的职责权限，实行网络安全等级保护制度和安全审查制度，强化网络运行安全，将监测预警与应急处置措施制度化、法制化。

另外关于网络安全出台的其他法律法规和规范性文件还有：《最高人民法院、最高人民检察院关于办理侵犯公民个人信息刑事案件适用法律若干问题的解释》《网络产品和服务安全审查办法（试行）》《互联网新闻信息服务管理规定》《互联网信息内容管理行政执法程序规定》《国家网络安全事件应急预案》《工业控制系统信息安全防护指南》等，在公开征求意见阶段的制度文件有：《互联网域名管理办法（修订征求意见稿）》《民航网络信息安全管理规定（暂定）（征求意见稿）》《密码法（草案）》《个人信息和重要数据出境安全评估办法》等，这些已经或即将出台的法规制度，将共同构建起网络空间治理的法律保障体系。

尽管相关刑事法律条文已经基本搭建起对于计算机网络安全的保护框架，但是，我们也要清楚地意识到，对于计算机网络安全保护的刑事法律规定还有许多需要完善的地方。以下详细论述：

（一）刑法保护网络安全的范围需要扩大

1. 计算机基础信息系统的保护领域狭窄

《刑法》第285条将非法侵入计算机信息系统作为犯罪，并明确规定侵入的是“国家事务、国防建设和尖端科学技术”三个领域的计算机信息系统，把“经济建设的计算机信息系统领域”排除在外，这主要考虑到“经济建设”的范围太宽，可能会扩大打击面。但是这样规定又使经济建设中的一些相当重要的领域得不到保护。例如，金融系统目前在社会经济生活中已有着重要的地位和作用，其计算机信息系统涉及国家和公众的经济利益,一旦其安全受到威胁,后果是非常严重的。由此有必要对金融机构的计算机信息系统加以刑法保护。

另外,证券股票交易系统,邮电、交通、医院、劳动与社会保障以及其他公共部门的计算机信息系统都涉及社会公众的合法权益,也同样需要刑法予以保护。还有,对于个人来讲,其计算机里面的信息和系统就能够随便侵入而不需要给予处罚吗?现代社会的网络交流日益频繁和普及,在某种程度上,计算机办公已经成为现代办公必不可少的条件,有些工作就是通过个人的电脑完成的,现在有些白领已经把“办公室”搬到家里,形成一种崭新的办公模式。此时的个人计算机里面的资料难道就能够随意地侵犯?这个问题由来已久,然而立法机关在通过修正案修改相关法条之时,对此并没有进行修整。笔者认为随着个人、公司、社会信息化的发展,对相关计算机信息系统的保护也需要重视起来。

2. 犯罪客体错位

从我国刑法条文的规定可以看出,直接涉及计算机网络安全保护的第 285 条、第 286 条、第 287 条都规定在第六章妨害社会管理秩序中。我国的传统的刑法理论认为,犯罪客体就是指我国刑法所保护的而为犯罪行为侵犯的社会关系。① 犯罪行为侵害的社会关系不同,其社会危害性就不同,因而其犯罪的性质也就不同。刑法分则关于具体犯罪划分的十大类,基本上以犯罪行为侵犯的社会关系进行分类,以社会危害性的大小进行排序。网络安全的重要性已经上升到了国家安全和社会安全的地位,仍然将涉及侵犯计算机网络安全的罪行全部规定在第六章妨害社会管理秩序罪中,与实际情形有脱节之嫌。

另外,第 285 条、第 286 条、第 287 条所涉及的 8 个罪名,其保护的社会关系也明显与妨害社会管理秩序有别,下文以第 286 条破坏计算机信息系统罪为例进行说明。破坏计算机信息系统罪在客观行为上有三种表现形式:一是对计算机信息系统功能进行删除、修改、增加、干

① 参见高铭暄主编:《刑法学原理》(第 1 卷),中国人民大学出版社 1993 年版,第 484 ~ 485 页。

扰,造成严重后果的行为;二是对计算机信息系统中存储、处理或者传输的数据和应用程序进行删除、修改、增加的操作,后果严重的行为;三是故意制作、传播计算机病毒等破坏性程序,造成计算机信息系统不能正常运行,后果严重的行为。上述三种行为的社会危害性及其犯罪性质是不同的,但刑法却将其笼统归纳在妨害社会管理秩序这一同类客体中,显然是犯罪客体错位。笔者建议,应该将规范侵犯网络安全犯罪行为的条文放置于危害公共安全一章,以此才可以体现网络安全的重要性,同时亦符合司法实践的实际情况。

(二)网络主体定位不明

1997 年《刑法》规范计算机网络犯罪的时候,并没有意识到计算机网络会发展得如此迅速。而且,当时的科技发展和时代背景,也无法预期网络空间犯罪主体的变化和特征。《刑法修正案(九)》增加了网络犯罪的主体范围,但并没有从根本上改变对于犯罪主体的认识。具体如下:

1. 犯罪主体是特殊主体还是一般主体

《刑法》第 286 条共有三款,第 1 款是指破坏计算机信息系统功能的行为,第 2 款指的是破坏计算机信息系统的数据和程序的行为,第 3 款是指制作、传播计算机病毒的行为。第 3 款的规定清楚明了,在司法操作上不会存在疑义。但第 1、2 款在犯罪客体方面容易引起歧义,这就涉及一个问题,是谁对计算机系统功能实施"删除、修改、增加、干扰"的活动就构成本罪?当年 3721 公司的创始人周鸿祎就曾在网络上向网友道歉,他在 3721 发展的阶段,设计一种强迫安装程序,即用户根本就没有办法拒绝,该程序能自动装载于计算机内。目前的 360 软件、雅虎助手、dudu 加速、一搜等程序,仍然还在做这样的事情。有的流氓程序在安装到用户的计算机上的同时,还要卸载用户计算机本身自带的一些程序,给计算机用户带来很大的烦恼,有的甚至把用户的重要材料都删除掉,这样的行为算不算是犯罪呢?如果是犯罪,谁是这种行为的实施者呢?其主观上的意图又该怎么样界定?实施该行为的后果应该如何处理？这些问题还需要学界认真思索。笔者认为网络犯罪既可由一般主体构成也可以由特殊主体构成，我们应该重视一些特殊主体实施的网络犯罪，对于需要其特殊的身份才能够实施的网络犯罪，刑法应该加大处罚力度，甚至对其施以职业禁止，以此才能够做到罪责相适应。

2. 网络犯罪主体的低龄化

2011 年 1 月至 2017 年 8 月，广州海珠区法院共审结涉网络犯罪案件 249 件，判决被告人 507 人。从案件数量看，以侵财类犯罪为主，居前三位的分别为：诈骗、盗窃、敲诈勒索，其中诈骗类的有 86 件，占全部涉网络犯罪案件总数的 34.54%。涉网络犯罪案件中共涉及 507 名被告人，其中初中及初中以下文化水平的被告有 366 人，占比 72.19%，由此可见，被告人文化水平总体不高。①

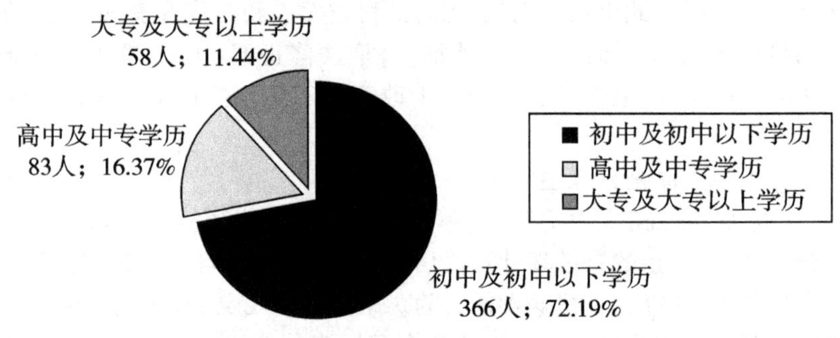

图 2　网络犯罪主体学历水平

计算机犯罪主体的低龄化是一个不可忽视的趋势。世界各国的学校教育都将计算机操作作为一种基本内容加以普及，这对于社会的技术化进程无疑具有巨大的推动作用。随着计算机的普及和计算机教育的发展，已有一大批未成年人掌握和精通计算机，其中有些人凭着他们

① 参见广州海珠法院：《广州海珠法院网络犯罪审判工作白皮书(2011 年 1 月－2017 年 8 月)》。

丰富的计算机知识和编程才能，制作、传播计算机病毒等破坏性程序，进行计算机网络犯罪。在西方国家，这已成为社会问题。[①] 我国的教育制度现在也强调此种教育，因而此种主体低龄化的趋势也可能在我国发生，至少未成年人制作计算机病毒的案件就已发生多起。[②] 然而，我国《刑法》第 17 条第 2 款规定："已满十四周岁不满十六周岁的人，犯故意杀人、故意伤害致人重伤或者死亡、强奸、抢劫、贩卖毒品、放火、爆炸、投放危险物质罪的，应当负刑事责任。"这就是说，除了该条款中规定的几种犯罪以外，该年龄段的人实施的任何危害社会的行为都不作犯罪处理。因而，我国刑法中的非法侵入计算机信息系统罪、破坏计算机信息系统罪的主体不包括该年龄段的未成年人。

但从司法实践来看，实施网络犯罪的行为人，有相当一部分不满 16 周岁，这就对我们提出了一个新的问题，如何对未成年人进行的计算机犯罪进行防治？鉴于病毒等破坏性程序可能带来的严重后果，有人认为已满 14 周岁不满 16 周岁的人也应成为计算机犯罪的主体，对其犯罪行为承担相应的刑事责任。[③] 也有学者认为，应把已满 14 周岁不满 16 周岁未成年人纳入计算机犯罪的主体范围，在处理时应严格按照刑法关于未成年人特殊保护的规定，从轻或者减轻处罚，在刑种上可以创制"禁止使用计算机设备"等特殊的资格刑。[④]

笔者认为，降低刑事责任年龄牵一发而动全身，在目前情形下刑事责任年龄不宜轻易降低。尽管当前网络犯罪人的年龄呈现出来低龄化，但作为降低刑事责任年龄的理由还稍显不够。从网络犯罪的表象上看，其紧迫性较差，基本上也不存在暴力性犯罪的可能。而且，能够轻松容易的掌握网络技术的天才少年毕竟不多，我们也无须过于紧张盲目地以偏概全，降低刑事责任年龄。当然这也不是放任

---

① 参见孙伟平：《猫与耗子的新游戏》，北京出版社 1999 年版，第 241 页。

② 参见于志刚：《计算机犯罪研究》，中国检察出版社 1999 年版，第 31 页。

③ 参见刘广三：《计算机犯罪论》，中国人民大学出版社 1999 年版，第 189 页。

④ 参见李文燕主编：《计算机犯罪研究》，中国方正出版社 2001 年版，第 72 ~ 74 页、第 318 ~ 316 页、第 319 页。

青少年网络犯罪不加以管理,我们可以通过完善行政法规,加强青少年上网管理,做好网络安全等级的划分等措施,管理网络犯罪低龄化的现象。

(三)刑罚的设置与网络犯罪社会危害性不相符合

我国刑法对网络犯罪规定的法定刑较低(第 285 条仅规定 3 年以下有期徒刑或拘役;第 286 条对一般情形只规定 5 年以下有期徒刑或拘役,对造成严重后果的,亦只规定 5 年以上有期徒刑)。这一刑罚制度在日益猖獗的网络犯罪面前,威慑力不足,从而使刑罚效果大打折扣,不利于对谋取非法利益的犯罪人的有效打击和预防,也不利于对犯罪的未成年人采取较轻刑罚的特殊保护措施,影响用刑的效果。

1. 刑罚处罚较低

从刑法的法定起刑点看,第 286 条规定,破坏计算机信息系统罪"后果特别严重的,处五年以上有期徒刑",第 285 条规定,非法侵入计算机信息系统罪的法定刑是"处三年以下有期徒刑或者拘役"。这样的量刑标准会导致两个问题。第一,量刑不准,刑法体系出现混乱。第 124 条规定,破坏广播电视设施、公用电信设施罪"后果特别严重的,处七年以上有期徒刑",同样具有危害公共安全的性质和特别严重的后果,而破坏计算机信息系统罪的法定最高起刑点较轻。第二,量刑过低可能会导致失去管辖权,危害国家和公民的安全。根据《刑法》第 7 条和第 8 条的规定,中国公民在我国领域外犯罪的,按刑法规定最高刑为三年以下有期徒刑的,可以不予追究;第 8 条规定外国人在我国领域外对中华人民共和国国家或者公民犯罪,按刑法规定的最低刑为三年以上有期徒刑的,可以适用我国刑法,但是按照犯罪地的法律不受处罚的除外。而我国《刑法》第 285 条规定非法侵入计算机信息系统罪处三年以下有期徒刑,因此,我国公民或者外国人向我国领域内实施的非法侵入计算机信息系统的跨国犯罪,由于法定最高刑是在三年以下有期徒刑,往往不能追究其刑事责任,不利于严厉打击常见的"黑客"实施的非法侵入的犯罪活动。

2. 刑罚种类少

计算机犯罪的主体往往是掌握计算机技术的智能型犯罪人,其犯罪目的通常是谋取非法利益或进行技术挑战。而为了打击计算机犯罪,必须从根源上对计算机犯罪实施的条件和环境进行综合治理。目前的刑种仅仅是自由刑,不能很好地打击和预防计算机犯罪。为了有效地打击、威慑和预防此类犯罪,应对现行刑法的刑种作出调整,增设以下财产刑和资格刑。适时修改完善惩治网络犯罪的法律规定,形成惩治网络犯罪的高压态势,是网络时代刑法扩张的应有之义。

《刑法修正案(九)》突出了对网络犯罪的关注,多个条文与网络犯罪相关,涉及新增犯罪、扩充罪状、降低入罪门槛、提升法定刑配置和增加单位犯罪主体等多种方式。[①] (1)设财产刑。加大经济上的限制,能够使犯罪分子失去继续犯罪的物质条件。计算机犯罪往往和获得经济利益相结合,当获得经济利益的风险大于其所获得的利益,所失大于所得,在一定的程度上会起到减少计算机犯罪发生的效果,刑法也就可以起到惩戒和预防犯罪的双重效果。(2)设置资格刑。剥夺犯罪人的职业资格,例如剥夺从事与计算机相关行业的资格等。这主要适用于对计算机形成瘾癖的所谓"网虫"的犯罪人。美国曾经出现这样一批计算机犯罪嫌疑人,这样的犯罪者只要在释放以后,给他接触电脑的机会,他就会不由自主的犯罪。美国联邦调查局最后对他的处罚就是:剥夺其从事与计算机行业相关资格。

(四)罪名设置不合理

网络犯罪的罪名偏少,不能全面覆盖网络犯罪行为入侵的全部领域。[②] 网络犯罪已经从纯粹的以计算机信息系统为犯罪对象的"高科

---

① 参见喻海松:《网络犯罪的立法扩张与司法适用》,载《法律适用》2016 年第 9 期。

② 参见寇桂君:《论网络犯罪立法完善的必要性》,载《民主与法制》2013 年第 1 期。

技"犯罪,逐步转变为以计算机为工具实施的传统犯罪。而且在这一演变过程中,两种网络犯罪形式由互为一体逐渐相互分离,并逐渐形成自己所独有的领域和范畴。[①] 在我国第一部刑法(1979 年《刑法》)立法时,由于当时的计算机发展水平不高,计算机在我国的应用范围极其有限,故该部刑法未对计算机犯罪作出任何规定。随着计算机技术的不断发展和应用范围的不断扩大,1986 年在深圳发生了我国首例以计算机为犯罪工具的金融诈骗案件。[②] 此后,类似的案件不断增多。1979 年《刑法》就没有办法打击和预防计算机犯罪,针对这种冲击,修订后刑法(1997 年《刑法》)作出了一定的回应,以第 285 条和第 286 条专门规定了非法侵入计算机信息系统罪和破坏计算机信息系统罪两个罪名。但是,由于计算机犯罪随着计算机的发展而迅速的发展,而立法的速度却没有办法跟上计算机犯罪,加之立法经验和立法水平不足,这两个罪名的立法本身就不尽完善。尽管《刑法修正案(七)》《刑法修正案(九)》增加了罪行和罪名的规定,但刑法在层出不穷的计算机网络犯罪面前总是显得相对滞后。这种滞后在罪名问题上主要表现为:

1. 已有罪名的立法缺陷已日益显现

首先,《刑法》第 285 条规定,违反国家规定,侵入"国家事务、国防建设、尖端科学技术领域的计算机信息系统,处三年以下有期徒刑或拘役"。如上文所述,该法条将非法侵入计算机信息系统罪的犯罪对象仅限于国家事务、国防建设和尖端科技领域的计算机信息系统,保护范围显得过于狭窄。这种规定明显落后于时代发展的需要,与计算机技术日新月异的发展及其在我国各行各业的广泛应用状况极不相称。目前我国许多单位,尤其是金融、邮电、医疗、交通、高校等部门都建立了计算机信息系统。这些信息系统关系到社会生活的各个方面,许多系统与公众利益息息相关,如果我们对这些计算机信息系统不从刑法上加以保护,那么对这些系统的非法侵入将无法用刑罚加以制裁,这极不

---

① 参见于志刚、于冲:《网络犯罪的裁判经验与学理思辨》,中国法制出版社 2013 年版,第 20 页。

② 参见康树华:《犯罪学通论》,北京大学出版社 1992 年版,第 330 页。

利于打击犯罪,不利于保护国家、社会和个人的合法权益。因此,在刑法中对其保护范围作适当的扩大,显得很有必要。

再者,根据《刑法》第286条的规定,破坏计算机信息系统罪,是指违反国家规定,对计算机信息系统功能进行删除、修改、增加、干扰或对计算机信息系统中储存、处理、传输的数据和应用程序进行删除、修改、增加的操作,或故意制作、传播计算机病毒等破坏性程序,影响计算机系统正常运行,造成严重后果的行为。本条旨在保护计算机信息系统安全,但该条的规定也显示出一些不足之处。本条将传播计算机病毒的行为规定为实害犯,即需要造成严重后果的才能构成犯罪。这一规定不尽合理。计算机病毒往往具有潜伏性,使得感染病毒的计算机系统不一定立刻受到病毒的影响。如风行全球的CIH病毒,就经历了一个较长的潜伏期之后,才全面爆发。如果按本条的规定以实害犯标准加以衡量,那么在潜伏期内就看不出其实质的危害结果,从而很难适用本条对其加以惩处。但如果以危险犯标准,即计算机病毒可能给信息系统造成多大危害来加以衡量,则可以通过估测病毒感染的范围以及从程序代码的分析结果中估测其可能具有的破坏力大小,只要其对计算机信息系统安全的威胁达到一定程度就能成罪。因而,若将本条中传播计算机病毒的行为由实害犯改为危险犯并单独成罪,则更加合理、可取。

2. 罪名类型归属不当,应作调整

现行刑法将计算机犯罪归属于分则第六章妨害社会管理秩序罪当中,这一归类不甚妥当。具体原因请见上文。另外将传播计算机病毒,或者利用危害程序侵犯计算机程序危害公共安全的罪名,完全放在破坏计算机程序罪中与司法实践不相符合。

五、网络安全刑法地位完善建议

网络安全法律在国家治理体系和治理能力现代化,以及全球互联网治理体系变革中处于关键地位,既要通过法律法规来惩处危害网络安全的行为,又要通过促进网络技术的发展以掌控网络的新技术,从而保障我国网络空间的安全,最终目标是维护国家网络空间主权、安全和发展利益。①

(一)刑法总则增加网络安全的内容

笔者建议在刑法总则中增加网络安全的相关内容,提升和促进人们对于网络安全的认识、了解和重视,同时在今后的立法、修法和守法的工作中,也要突出网络安全的重要地位。具体理由如下:

1. 网络安全已经成为新的国家安全观的重要内容

新的国家安全观与传统的安全观不同,新安全观还包括非传统领域的安全,目标是构建集政治安全、国土安全、军事安全、经济安全、文化安全、社会安全、科技安全、信息安全、生态安全、资源安全、核安全等于一体的国家安全体系。清华大学法学院院长王振民教授认为,新的国有安全法规定,国家建设网络与信息安全保障体系,并加强网络管理,防范、制止和依法惩治网络攻击、网络入侵、网络窃密、散布违法有害信息等网络违法犯罪行为,维护国家网络空间主权、安全和发展利益。如今,互联网已经变成国家非常重要的基础设施。中国境内的网络,当然属于国家主权管辖范围,我国有权对境内的互联网通过立法、司法进行管理。这是第一次明确提出了"网络空间主权"这一法律概念,这可以理解为国家主权在网络空间的体现、延伸和反映。

2. 网络安全对建设网络强国具有重要意义

习近平强调,要理直气壮维护我国网络空间主权,明确宣示我们的主张。现在,各级领导干部特别是高级干部,如果不懂互联网、不善于运用互联网,就无法有效开展工作。网络强国的首要关键就是要保证网络的安全,也只有保证网络安全的正常运作,才能够开始建设网络、利用网络和发展网络。各级领导干部要学网、懂网、用网,积极谋划、推动、引导互联网发展。要正确处理安全和发展、开放和自主、管理和服

① 参见李欲晓等:《论我国网络安全法律体系的完善》,载《中国工程科学》2016年第6期。

务的关系，不断提高对互联网规律的把握能力、对网络舆论的引导能力、对信息化发展的驾驭能力、对网络安全的保障能力，把网络强国建设不断推向前进。

3. 网络安全直接影响国家安全和公共安全

网络安全不止关乎互联网的安全，更不只是单纯的互联网命题或技术命题，当前，我们有理由以更为开阔的视野审视网络安全。网络安全不仅是网络本身，而是包含社会安全、基础设施安全、人身安全等在内的"大安全"概念，迫切需要建立与之相适应的保障体系。把网络安全上升到"大安全"的高度，上升到与公民权益、国家利益息息相关的高度，就必须让其获得更为广泛的关注。没有网络安全就没有国家安全，网络要发展，更要保安全。在建设网络强国的路上，必须意识到网络安全的重要性，网络安全为人民，网络安全靠人民，维护网络安全是全社会的共同责任。要实现这一目标，从政府到企业，从学校到社会组织，从主管部门到执法部门，都需要做到守土有责、守土负责、守土尽责。同时，作为最直接受益者的广大网民，也需要参与其中。在网络空间命运共同体的召唤下，一起构筑网络安全防线，才能享受到更有品质的网络生活。

（二）将危害网络安全犯罪的法条调整至危害公共安全章节中

危害网络安全的犯罪侵犯的权益涉及公共安全，如上文所述，网络安全已经不限于计算机网络本身的安全，还包括公共安全。把涉及网络的相关犯罪行为都放在妨害社会管理秩序一章，降低了网络安全的刑法地位。笔者建议调整相关的法律条文至危害公共安全罪一章。理由如下：

第一，制作、传播计算机病毒的犯罪行为侵犯的同类客体应该是社会公共安全。《中华人民共和国计算机信息系统安全保护条例》第 28 条第 2 款规定："计算机病毒，是指编制或者在计算机程序中插入的破坏计算机功能或者毁坏数据，影响计算机使用，并能自我复制的一组计算机指令或者程序代码。”根据该规定,我们能够看出,计算机病毒一旦发生作用,所带来的危害是难以计算、无法估量的,对社会造成的危害也是很严重的。社会公共安全即指不特定多人的生命、健康、重大公私财产以及公共生产、工作、生活的安全,而故意制作、传播计算机病毒的犯罪行为侵犯的犯罪客体符合“社会公共安全”这一概念。可见,计算机病毒与其他计算机破坏性程序比较,可能会侵害公众利益,其社会危害性比其他破坏性程序更大,具有危害公共安全的性质。

第二,制作、传播计算机病毒行为对社会公共安全的危害性并不比破坏公用电信设施行为小。《刑法》第 124 条第 1 款规定:“破坏广播电视设施、公用电信设施,危害公共安全的,处三年以上七年以下有期徒刑;造成严重后果的,处七年以上有期徒刑。”根据刑法的规定,破坏正在使用的公用电信设施属于危害公共安全这一类罪,只要危害公共安全,即使没有造成严重后果,也要受到刑事处罚。因为公用电信设施一旦受到破坏,可能会使公众的通信安全受到威胁,也有可能对人民群众的人身和财产安全造成危害。故意制作、传播计算机病毒也可以造成严重后果,如可以使通讯、金融、交通的计算机及其信息系统在瞬间陷入瘫痪,从而造成巨大的财产损失,甚至导致人身伤亡或者其他后果,也可以直接损坏成千上万台正在使用的计算机及其相关设备,造成难以估量的财产损失。所以,制作、传播计算机病毒行为对社会公共安全的危害性不比破坏公用电信设施行为小,将其纳入危害公共安全这类犯罪是适当的。

第三,国外的立法借鉴。如日本刑法就将计算机犯罪根据侵犯不同的法益分别规定在不同的章节中:电子计算机损坏等业务妨害罪规定在针对名誉、信用的犯罪中;在针对财产的犯罪中规定了电子计算机使用诈欺罪以及在针对公共信用中规定了电磁记录不正制作罪、不正制作电磁记录供用罪等。①

---

① 参见[日]大塚仁:《刑法概说 · 各论》(第 3 版),冯军译,中国人民大学出版社 2003 年版,第 167、262、462 页。

六、结　　语

网络安全对于国家、社会和个人的重要作用已经不言而喻,随着科技的发展和社会的进步,网络与我们每一个人的关系将会更加紧密。未来网络会发展到什么阶段,无人能够准确预期。2016 年 3 月,阿尔法围棋与围棋世界冠军、职业九段棋手李世石进行围棋人机大战,以 4 比 1 的总比分获胜;2017 年 5 月,在中国乌镇围棋峰会上,它与排名世界第一的世界围棋冠军柯洁对战,以 3 比 0 的总比分获胜。围棋界公认阿尔法围棋的棋力已经超过人类职业围棋顶尖水平。当机器人第一次战胜人类的时候,我们每一个人都意识到一个崭新的时代到来了。这个时代充满了未知,也充满了挑战。我们无法预知未来网络会是什么样,我们也无法得知网络与人工智能联系在一起会起到什么样的化学反应。我们只需要让人们认识到网络安全在我们生活中的重要地位,利用好、管理好、规制好网络,促进网络安全、稳定运行,以实现国家和社会和谐、有序发展。

Research on the Status of Cyber Security in Criminal Law

Li Guangyu

[**内容摘要**]网络安全包含网络空间的公共秩序、网络基础设施安全、网络运行安全、网络信息安全等刑法所保护的权益和价值。网络安全涉及的范围和包含的内容纷繁、复杂、多样,面临的侵犯、挑战也来自多个方面。网络安全不仅仅是互联网本身的安全运行,还包括网络基础设施运行安全、网络信息安全、网络空间的秩序安全等。因此,网络安全具有了新的、丰富的内容。没有网络安全,就没有国家安全;没有信息化,就没有现代化。网络安全的刑事法地位与现实不相符,相关的法律规定亦需完善。刑法总则增加网络安全的内容,侵犯网络安全的犯罪行为可以放置刑法分则第二章进行规制。

[**关键词**]网络安全;互联网;刑法

Abstract: Network security includes cyberspace public order, network infrastructure security, network operation security, network information security and other criminal law protection of rights and interests. The scopes and contents of cyber security are numerous, complex and diverse, and the challenges of encroachment also come from many aspects. Network security is not only the safe operation of the Internet itself, but also includes the operation of network infrastructure security, network information security, cyber space security and so on. As a result, cyber security has new, rich contents. Without cyber security, there is no national security; without information, there is no modernization. The position of criminal law on cyber security does not accord with the reality and the relevant laws and regulations need to be perfected. Criminal law should increase the general contents of network security, criminal activities that infringing on network security can be placed second chapter criminal law provisions.

Key words: cyber security; internet; criminal law

帮助信息网络犯罪活动罪的教义学展开*

赖早兴** 孙 禹***

目 次

《刑法》第287条之二的帮助信息网络犯罪活动罪规定:“明知他人利用信息网络实施犯罪,为其犯罪提供互联网接入、服务器托管、网络储存、通讯传输等技术支持,或者广告推广、支付结算等帮助,情节严重的,处三年以下有期徒刑或者拘役,并处或者单处罚金。”从罪状表述来看,本罪采用了“明知+特定帮助类型”的高度概括形式。构成要件的概括性以及与帮助犯的相似性,使得帮助信息网络犯罪活动罪所规制的行为类型较为模糊。正是由于这一原因,司法机关在适用本罪时产生了不同的理解,主要体现在以下四个方面:(1)认定某一网络犯

* 本文为司法部国家法治与法学理论研究项目“行政法与刑法衔接问题研究”(13SFB3012)、湖南省社科基金项目“行政罚与刑罚衔接问题研究”(201211000902003)阶段性成果。

** 对外经济贸易大学法学院教授、博士生导师。

*** 对外经济贸易大学法学院博士生,德国马普刑法所联合培养博士。

罪帮助行为同时构成帮助信息网络犯罪活动罪与其他网络犯罪(如网络诈骗)的帮助犯,按照从一重处断的原则进行定罪处罚;①(2)在认定成立共同犯罪的前提下,各共同犯罪人适用不同罪名,将网络犯罪的帮助行为单独认定为帮助信息网络犯罪活动罪;②(3)以犯罪参与程度为判断标准,将参与程度较为深入的帮助行为认定为帮助犯,反之则构成帮助信息网络犯罪活动罪;③(4)未进行区分,将本可以作为帮助犯进行处罚的行为按照帮助信息网络犯罪活动罪处罚。④ 出现上述状况的根本原因在于帮助信息网络犯罪活动罪的性质尚未明确。故有必要在确定本罪性质的基础上,进一步明确适用对象和范围,以保障适用的准确性。

一、帮助信息网络犯罪活动罪的性质

帮助信息网络犯罪活动罪的性质是理解和适用罪名的前提,故犯罪性质的判断具有重要意义。而犯罪性质的判断涉及两个层次的问题:第一,设立本罪的实际效果是什么,是规制新的网络帮助行为类型还是对网络帮助行为处罚力度的调整?第二,本罪所针对的行为对象是什么?如果认为本罪是对网络帮助行为处罚力度的调整,其规制对象则是网络犯罪的帮助犯;如果认为本罪是将新的网络帮助行为犯罪化,那么还需要进一步明确其行为类型。

---

① 参见新疆生产建设兵团第七师中级人民法院(2016)兵06刑终22号二审刑事裁定书,(2016)冀1102刑初202号一审刑事判决书,(2016)浙06刑终307号二审刑事判决书。

② 参见(2016)粤0304刑初1663号一审刑事判决书。

③ 参见(2016)粤03刑终1884号二审刑事裁定书,(2016)粤0306刑初350号一审刑事判决书。

④ 参见(2017)鄂09刑终15号二审刑事判决书。

(一)立法定位之明确

目前学界对于帮助信息网络犯罪活动罪的立法定位存在两种理解:一种观点认为本罪实际上是针对网络犯罪帮助犯设立的独立量刑规则,即"只是因为分则条文对其规定了独立的法定刑,而不再适用刑法总则关于帮助犯(从犯)的处罚规定";①另一种观点则认为本罪的设立遵循了共犯正犯化的立法思路,将特定的帮助行为作为实行行为处理,即认为这一立法是一个新的犯罪化。② 而所谓的共犯正犯化,简而言之,是指将网络中具有严重危害性的帮助行为独立入罪,使针对帮助行为的惩罚摆脱对于被帮助者所实施的犯罪行为的依赖。③ 两种观点争论的核心在于本罪是否通过将新的帮助行为犯罪化从而扩大了犯罪圈。

如何看待这两种观点?就量刑规则说而言,通过一个新的立法来描述与构成要件无关的量刑规则,既不合立法例也缺乏必要性。④ 进一步来看,如果说帮助信息网络犯罪活动罪本质上是网络犯罪帮助犯的特殊量刑规则,那么该规则的预期效果应排斥刑法总则关于帮助犯的一般处罚规定。但其作为特殊量刑规则是否恰当以及能否真正发挥作用是值得质疑的。首先,这一立法作为量刑规则缺乏合理性。相对于诈骗罪、盗窃罪等常见网络犯罪,其设置的法定刑偏低。即使是诈骗罪或盗窃罪的帮助犯,在实践中也可以被判处三年以上有期徒刑。如果将网络接入、服务器托管、网络储存、通讯传输等技术支持或者广告推广、支付结算等形式的网络犯罪帮助犯按照特殊的量刑规则进行处罚,必然会导致对于这类帮助犯的量刑偏低,实际上会起到不当地限制

① 张明楷:《论帮助信息网络犯罪活动罪》,载《政治与法律》2016 年第 2 期。

② 参见于志刚:《网络空间中犯罪帮助行为的制裁体系与完善思路》,载《中国法学》2016 年第 2 期。

③ 参见于志刚:《网络犯罪与中国刑法的应对》,载《中国社会科学》2010 年第 3 期。

④ 参见聂立泽、胡洋:《帮助信息网络犯罪活动罪的规范属性及司法适用》,载《上海政法学院学报》2017 年第 1 期。

处罚力度的作用。其次,这一所谓量刑规则实际上也并不能排他地确定网络犯罪帮助犯的刑罚。帮助信息网络犯罪活动罪的第 3 款规定,"有前两款行为,同时构成其他犯罪的,依照处罚较重的规定定罪处罚"。当网络犯罪的帮助犯应被判处三年以上有期徒刑时,该规则无法发挥量刑的功能;而当需要判处三年以下有期徒刑时,这一量刑规则与帮助犯的处罚无实质区别。这会导致实践中认定网络犯罪帮助行为性质的逻辑错误——根据需要判处的刑罚来确定罪名(认为需要对于帮助行为判处三年以上有期徒刑时则不适用帮助信息网络犯罪活动罪),而不是在确定罪名的基础上进行量刑。

共犯正犯化的观点认为帮助信息网络犯罪活动罪是一个全新、独立的犯罪化,犯罪化的内容是原有的帮助行为,即共犯行为。共犯正犯化原本是针对网络中出现的新状况——犯罪帮助行为超越实行行为的危害性以及突破传统从属地位的独立性所引发的规制困境——而提出的立法上的解决方案。具体而言,危害性的超越是指帮助行为的技术性使其相对于实行行为而言在实现法益侵害时发挥更关键的作用;其独立性主要体现在主客观两个方面,主观上缺乏与实行行为人的意思联络,客观上表现为"一对多"的特殊行为样态。① 然而,帮助信息网络犯罪活动罪似乎并没有回应帮助行为危害性提升的状况。因为,帮助行为的独立入罪反映的是行为的应罚性,而不是危害性程度。而且从本罪的刑罚设置来看,其最高法定刑为三年有期徒刑,惩罚力度上也没有体现出帮助行为危害性提升的特征。另外,"超越实行行为的危害性"以及"突破从属地位的独立性"也不足以作为单独处罚帮助行为的依据。首先,帮助行为危害性的提升是指帮助行为的危害性大于实行行为,主要体现为帮助行为在共同实现法益侵害时发挥的作用更大,而并不意味着帮助行为可以独立侵害法益。其次,即使网络中的帮助行为确实具有一定程度的独立性,但行为的独立性并不等同于独立的法益侵害。一般而言,在缺乏实行行为的情况下,帮助行为本身无法导致

---

① 参见于志刚:《共犯行为正犯化的立法探索与理论梳理》,载《法律科学》(西北政法大学学报)2017 年第 3 期。

实害后果。如果说,网络犯罪帮助行为具有独立的法益侵害性,则需要明确其如何独立实现法益侵害以及侵害了何种法益。

相比较而言,将帮助信息网络犯罪活动罪定位为一个新的犯罪化更为合理。如果认为这一立法是量刑规则,则实际只是对需要判处三年以下有期徒刑的帮助犯适用了不同的罪名,并无实质性意义。所以,只有将其解释为犯罪圈的扩大,才可能使这一立法发挥功能。另外,虽然共犯正犯化的立法建议在结论上与帮助信息网络犯罪活动罪的设立是一致的,都要求单独对帮助行为进行处罚,但是有关共犯正犯化的相关论述并不能准确反应帮助信息网络犯罪活动罪设立的原因以及针对的行为类型。

(二)犯罪类型之判断

如果说帮助信息网络犯罪活动罪是犯罪圈的扩大,即将特定的帮助行为纳入刑法的处罚范围,那么还需要进一步确定这种帮助行为的犯罪类型。

从法条的表述来看,一方面帮助信息网络犯罪活动罪的构成要件规定了技术支持、广告推广以及支付结算三种形式的帮助行为,而没有要求特定危害后果的发生;但另一方面还规定了"情节严重"的要求。由此而产生的疑问是:本罪究竟是属于抽象危险犯还是情节犯。就两者的关系而言,存在两种观点:情节犯排斥抽象危险犯,如果在罪状中添加"情节严重"的描述就会使抽象危险犯转化为"情节犯"或者"结果犯",无法实现法益前置保护的效果;①也有学者认为"情节犯"和"危险犯"并不冲突,"情节犯"也可以体现危险犯的性质。② 实际上,罪状中关于情节方面的要求并不能否定危险犯的性质。例如,在危险驾驶

① 参见黎宏:《〈刑法修正案(九)〉中有关恐怖主义、极端主义的立法——从如何限缩抽象危险犯的成立范围的立场出发》,载《苏州大学学报》(哲学社会科学版)2015 年第 6 期。

② 参见李川:《危险犯扩展逻辑与正当性思考》,载《法学评论》2017 年第 3 期。

罪的罪状中也存在“情节恶劣”的要求,但这并没有影响学者将其认定为抽象危险犯。[①] 因为情节方面的规定本身就是比较模糊的,并不能决定犯罪的性质,其内容反而依赖犯罪的性质。故正确的思路应是先明确犯罪性质,然后再决定“情节严重”的内容。[②]

在无法通过罪状表述准确判断帮助信息网络犯罪活动罪性质时,有必要结合其他材料进行分析。应该认为,本罪是抽象危险犯。首先,从社会客观现实,即网络犯罪的现状来看,存在设立抽象危险犯的必要性。目前,犯罪产业链已经成为多种网络犯罪的存在形式,特别是各种帮助形式的行为在犯罪链中扮演了重要的角色。这不仅体现在帮助行为的技术性方面,更体现在各种犯罪帮助行为的普遍性上。普遍存在的犯罪帮助行为会使网络犯罪的实施更为容易,促使更多的人实施犯罪行为,而更多的犯罪行为也会进一步刺激网络帮助行为的增加,从而形成一种恶性循环。所以,当前刑法所面对的挑战,并不是个别的帮助行为在个案中通过正犯行为而实现的法益侵害或者威胁,而是犯罪帮助行为泛滥的宏观态势所产生的安全危机。这些帮助行为在整体上削弱了网络中的安全状态,侵害了法益自由支配所需要的条件。[③] 在这种背景下设立的帮助信息网络犯罪活动罪,所保护的应是超个人法益的抽象法益,即网络中的一般安全状态。

其次,从刑法的体系性来看,抽象危险犯的解释也是协调性的要求。共同犯罪一般原理已经对部分网络犯罪帮助行为,即帮助犯进行了处罚,那么帮助信息网络犯罪活动罪所规制的帮助行为及其依据必然有所不同,否则其便失去了存在的意义。而且,立法者本来也希望通

① 参见王耀忠:《危险驾驶罪罪过问题等规范研究》,载《法律科学》(西北政法大学学报)2012年第5期;刘军:《危险驾驶罪的法理辨析》,载《法律科学》(西北政法大学学报)2012年第5期。

② 参见姚诗:《非法行医罪“情节严重”的解释立场和标准》,载《政治与法律》2012年第4期。

③ 参见[德]金德霍伊泽尔:《刑法总论教科书》,蔡桂生译,北京大学出版社2015年版,第67页。

过设立帮助信息网络犯罪活动罪来对共犯理论进行一定程度的补充。[①] 一般认为,帮助犯是惩罚的扩张事由,其可罚性从属于正犯。而帮助信息网络犯罪活动罪则突破了这种从属性的限制,其对帮助行为的处罚并不以正犯行为为条件,而是注重帮助行为自身的特性以及这种特性对网络安全产生的威胁。将帮助信息网络犯罪活动罪解释为抽象的危险犯,可以在保证刑法体系协调性的前提下,实现帮助犯基础上网络犯罪帮助行为处罚范围的扩大。

最后,从本罪所规范的特殊领域来看,抽象危险犯的设定是信息与风险社会中刑法的新趋势。"传统刑法以此实现法益保护的任务:通过对犯罪行为人施加惩罚的威胁(特别是已经实现的法益损害),阻止犯罪行为人和其他人在未来实施犯罪行为。而在现代信息与风险社会,刑法越来越多地直接承担预防性任务,通过设置抽象的危险行为以及超个人法益的犯罪行为,将可罚性转移至真正的法益损害之前。"[②] 这种预防性刑法的发展在网络犯罪的领域尤为明显,例如,《刑法》第285条对于提供入侵、非法控制计算机信息系统程序、工具行为的处罚,以及《刑法修正案(九)》新增的287条之一对于设立用于实施诈骗等违法活动的网站的处罚,都将处罚移至法益损害之前(如计算机系统的非法控制与破坏、诈骗行为的实现)。同理,网络犯罪帮助行为的犯罪化,并不是因为这类行为已经具有紧迫的法益威胁,而是立法者基于预防刑法的理念,根据一般生活经验选择出网络中与法益损害联系密切的帮助行为,并在立法上拟制为危险行为。

如果帮助信息网络犯罪活动罪是抽象危险犯,则此处的情节缺乏具体的法益损害标准来实质化结果要素,因此只能用来表征行为的性质。[③] 故"情节严重"是对帮助行为危险属性的要求,而非可能造成法

① 参见臧铁伟、李寿伟:《中华人民共和国刑法修正案(九)条文说明、立法理由及相关规定》,北京大学出版社2016年版,第233页。

② *Sieber*, Allgemeine Probleme des Internetstrafrechts, in: Hoeren/ders./Holznagel (Hrsg.), Handbuch Multimedia-Recht, C. H. BECK, 2001, § 19.1 Rn. 4.

③ 参见李川:《寻衅滋事罪情节犯属性认定与缩限适用探究——以拟制抽象危险犯为视角切入》,载《法学》2015年第12期。

益损害的严重程度。“情节严重”的要求在也在一定程度上表明,具有抽象危险的帮助行为在立法上的类型化并不明确,还需要在司法上进行进一步的判断。① 但这并不意味着帮助信息网络犯罪活动罪是具体危险犯,因为这种危险尚停留在行为本身。由此可见,帮助信息网络犯罪活动罪实际上属于一种特殊的抽象危险犯——准抽象危险犯,只要帮助行为具有立法者所规定的危险属性即成立犯罪,其危险属性虽然需要一定程度的具体判断,但无须达到现实化、紧迫性的程度。②

二、帮助信息网络犯罪活动罪的具体适用

从前文可知,帮助信息网络犯罪活动罪规定的帮助行为属于抽象危险犯。这意味着只要行为人实施了构成要件所规定的危险行为即具备了追责的条件,并不依赖于正犯行为。那么,如果某一帮助行为既符合本罪的构成要件,又通过正犯行为实现了法益侵害或威胁,是否属于本罪与帮助犯的竞合？笔者对此持否定意见。因为此时帮助行为的抽象危险已转化为实际的法益损害或威胁,前者的危险能够为后者所吸收和评价,这种情况应只按照帮助犯进行处罚,正如刑法在处罚犯罪既遂时并不会考虑犯罪未遂的危险。故在适用本罪时,有必要先根据帮助犯的处罚条件,排除性地确定本罪的适用范围,然后再根据构成要件的要求及其保护的法益进行具体判断。

(一)适用的范围——帮助犯之外的帮助行为

我国刑法理论关于共同犯罪的认定标准存在不同的观点,致使帮助犯的规制范围存在争议。根据通说,成立共同犯罪需具备三个条件:两个以上具有责任能力的犯罪主体、共同的犯罪行为以及共同的犯罪

① 参见张克文:《危险驾驶罪的客观不法与主观罪责》,载《环球法律评论》2013 年第 6 期。

② 参见陈洪兵:《准抽象危险犯概念之提倡》,载《法学研究》2015 年第 5 期。

故意。[①] 据此,以下三类帮助行为无法作为帮助犯处罚:(1)被帮助者没有实施构成要件行为;(2)被帮助者已经实施了构成要件行为,但因刑事责任年龄等方面的原因而免予刑事处罚;(3)帮助者与被帮助者之间缺乏犯意联系。然而,传统共同犯罪理论早已饱受批判,许多学者认为其在解决部分案件情况时存在缺陷,进而主张在共同犯罪理论中引进德日刑法的阶层化思维,[②]即在构成要件符合性、违法性以及有责性的三阶层结构中,将共同犯罪的认定置于违法性层面。只要参与人对于正犯结果具有因果性,则在不法层面成立共犯,至于各参与人的责任则分别判断。这就意味着三种情况中的后两种帮助行为也可以按照帮助犯来处罚:对于第二种情形来说,只要正犯的行为符合构成要件且违法,则可以在满足其他条件的情况下追究帮助者的刑事责任;对于第三种情形,"在帮助行为与正犯结果具有因果性的场合,只要帮助者认识到正犯的行为及结果,即使事前没有与正犯同谋,也成立帮助犯"[③],意思联络不再是必要条件。

一般而言,司法实践更倾向采用传统共同犯罪的认定标准,而理论上更推崇阶层化的共犯认定方法。实践与理论上的分歧导致第二、三种情形中的帮助行为的可罚性较为模糊。在这种情况下,将缺乏意思联系等存在惩罚争议的帮助行为纳入帮助信息网络犯罪活动罪的处罚范围,来弥补因不确定性而产生的惩罚漏洞,似乎是正确的罪名定位。[④] 但这实际上是从立法上否定了多数学者所提倡且在理论上普遍接受的阶层性共犯认定标准,限制了共犯理论的发展空间。而且,

---

① 参见高铭暄、马克昌主编:《刑法学》,中国法制出版社 2007 年版,第 190 ~ 192 页。

② 参见张明楷:《共同犯罪的认定方法》,载《法学研究》2014 年第 3 期;钱叶六:《我国犯罪构成体系的阶层化及共同犯罪的认定》,载《法商研究》2015 年第 2 期;陈洪兵:《两人以上故意犯罪的再解释——全面检讨关于共同犯罪成立条件之通说》,载《当代法学》2015 年第 4 期。

③ 张明楷:《论帮助信息网络犯罪活动罪》,载《政治与法律》2016 年第 2 期。

④ 参见于志刚:《共犯行为正犯化的立法探索和与理论梳理》,载《法律科学》(西北政法大学学报)2017 年第 3 期。

这种定位也使帮助信息网络犯罪活动罪无法真正发挥作用，因为其所规制的行为原本可以通过共同犯罪理论来解决。所以，从长远的角度来看，第二、三种情形中的帮助行为应在共犯理论的规制范围之内。在上述三种情形中，只有在被帮助者没有实施构成要件行为的情况下，帮助行为无法被评价为帮助犯，存在适用帮助信息网络犯罪活动罪的可能。

除上述三种情形之外，还存在一种无法评价为帮助犯的特殊情形。由于我国刑法分则条款存在关于罪量因素的规定，因此会产生“个体实行行为危害性不足以成立犯罪的特殊情况”①。具体而言，这种情况是指网络帮助行为所对应的犯罪实行行为没有达到刑法分则条文所设定的数额要求而无法构成犯罪时，帮助行为无法作为帮助犯来处罚。出现这种特殊情况是因为我国刑法的犯罪定义采取了不同于外国刑法“立法定性”+“司法定量”二元定罪模式的“立法定性+定量”一元定罪模式。近年来罪量因素的体系定位逐渐明确，学者倾向于将其归属为构成要件要素。② 这意味在我国的刑法中，正犯行为没有达到刑法分则规定的数额要求，相当于正犯行为没有充足构成要件的要求，因而不具有违法性。此时，根据限制从属性的原则，帮助者也不具有可罚性。故这种特殊情况也存在适用帮助信息网络犯罪活动罪的可能。

综上，帮助信息网络犯罪活动罪的适用应被限定到以下范围之中：被帮助者没有实施构成要件行为或者（因罪量因素）没有充足构成要件的情形。虽然这种定位会导致罪名的适用范围较为狭窄，但至少不会存在处罚上的冲突和漏洞。而且，这种解读也与罪名所设置的三年以下有期徒刑的惩罚力度相符——这两种情形中的帮助行为都距离实际的法益损害较远，所受到的处罚也应该较轻。

---

① 于志刚：《网络空间中犯罪帮助行为的制裁体系与完善思路》，载《中国法学》2016 年第 2 期。

② 参见梁根林：《但书、罪量与扒窃入罪》，载《法学研究》2013 年第 2 期；王强：《罪量因素：构成要素抑或处罚条件？》，载《法学家》2012 年第 5 期。

(二)适用的标准——帮助行为的抽象危险

对于符合适用范围的帮助行为,其是否可罚应以立法者所规定的抽象危险为依据。立法者已试图在构成要件中描述具有抽象危险的帮助行为:明知他人利用信息网络实施犯罪,而提供特定类型的帮助行为。从构成要件的定义方式来看,行为的性质似乎主要是通过行为人的主观特征来体现的,但实际并非如此。因为在对帮助行为的客观特征进行描述时,立法者为了尽可能地将更多的行为方式纳入规制范围而采用了“技术支持”“支付结算”“广告推广”等概括性较强的中性词语。由于这些中性的描述无法体现法益威胁的特征,才需要通过主观的态度来明确行为的性质。从本质上看,立法者所欲强调的抽象危险是行为人主客观特征所共同体现的犯罪帮助的倾向,至于更侧重主观特征还是客观特征、被帮助者是否实施了犯罪行为以及帮助行为是否具体促进了犯罪行为的实施,对于本罪的成立并不重要。

当然,立法者对这种帮助犯罪的倾向进行了限制,不仅要求这种倾向要在行为人明知的支配下外化为具体的行为,还要求其达到“情节严重”的程度。此处的“情节严重”是针对于帮助行为的危险性质而言的,应从两个方面进行理解:第一,就程度而言,行为人帮助犯罪的倾向应较为明显,行为人主观上明知的程度、客观上帮助行为与犯罪行为的联系或者两者共同所有表现的犯罪帮助的倾向至少要超越一般行为中存在的犯罪帮助风险;第二,就行为本身而言,帮助行为须具有促进犯罪的实际能力,这意味着帮助行为至少在一般情况下对犯罪实施有促进作用,如果行为人故意提供的帮助行为完全对犯罪活动不可能有促进作用则不具有可罚性。

根据前文所确定的范围,本罪的适用对象包括介入正犯行为的帮助行为(正犯因为罪量因素而没有充足构成要件)以及独立的帮助行为(被帮助者没有实施构成要件行为)。对于前者而言,行为人的犯罪帮助倾向是相对明显且容易理解的。因为被帮助行为介入正犯行为以后,可以根据正犯行为与帮助行为的关系以及其他具体情况综合判断帮助行为的性质。例如,行为人明知他人要求制作的网站为仿照其他公司的虚假网站而仍然提供帮助,而且其制作的虚假网站被用于网络诈骗活动。[①] 此时可以根据被帮助者行为的性质(诈骗行为)、其他特殊情况(虚假网站)以及行为人的知情,认定帮助行为的性质。根据“情节严重”的要求,只要这一虚假网站是可以访问的,无论其是否具有较强的迷惑性以及被帮助者是否成功实施诈骗行为且达到数额的要求,都可以认为行为人已经提供了可罚的帮助行为。

但当被帮助者没有实施构成要件行为时,是否可能存在立法者所要求的犯罪帮助倾向,即行为人在对他人实施犯罪活动明知的情况下提供帮助行为?从构成要件来看,本罪明知的对象是“他人利用信息网络实施犯罪行为”。需要明确的是,这里的犯罪行为并不是指违法有责的行为,而是构成要件层面的抽象犯罪概念。而且这也并不意味着帮助行为必须以他人着手实施犯罪行为为前提。因为认识对象不仅可以是过去或者正在发生的事情,也可以是未来尚未发生的事情。[②] 所以,即使在正犯没有实施构成要件行为的情况下,行为人也可以因对他人可能利用信息网络实施犯罪的认识而具备构成要件所要求的明知。对于尚未发生的事情而言,还涉及认识程度的问题,即帮助行为人在多大程度上认为他人可能实施犯罪行为。根据构成要件可知,本罪在主观上要求行为人具有间接故意。而由于间接故意更注重认识因素,故对认识程度的要求更高。而且,本罪只要求行为要素而不要求结果要素,行为人成立故意只需要对行为事实和性质存在认识和意欲。这意味着,只要行为人在认识到帮助行为及性质的情况下仍然提供帮助的,其主观态度即为故意。[③] 所以,在这种情况下更应严格把握本罪所要求的明知程度。

---

① 被告人汪某明知被告人张某要求其制作的“北京高赏珠宝有限公司”等网站为虚假网站,而向其提供帮助。参见(2017)鄂 09 刑终 15 号刑事二审判决书。

② 参见邹兵建:《“明知”未必是“故犯”——论刑法“明知”的罪过形式》,载《中外法学》2015 年第 5 期。

③ 同上。

针对间接故意,根据占主导地位的"可能性理论",帮助行为人需要认识到他人利用信息网络实施犯罪是具体可能的。具言之,行为人必须具有某些确定的判断依据,而不是抽象地认为无论如何会存在他人实施犯罪的风险。① 这种判断依据既是行为人认识他人实施犯罪可能性的依据,也是判断行为人是否存在明知的依据。首先,根据对常见网络犯罪案例的总结,在被帮助者没有实施构成要件行为的情况下,帮助行为人明知的依据有以下三种来源:(1)帮助行为人与他人的交涉;(2)帮助行为人的其他行为;(3)帮助行为自身的特殊性。可以明确的是,如果行为人在与他人交流的过程中知悉他人的犯罪意图或者与他人共谋实施犯罪,则其必然可以认识到他人将要实施犯罪行为。其次,在缺乏交流的情况下,如果行为人在提供帮助时单方表明帮助行为可以促进犯罪活动,也表明行为人明知他人可能实施犯罪行为。例如,在出售域名时,行为人在出售广告中强调其所出售域名的名称与其他知名网站具有相似性,因此而适用于网络诈骗或者其他犯罪活动。最后,如果某一帮助行为与犯罪行为表现出极强的关联性,也可以据此推定提供该种帮助的行为人对他人可能实施犯罪存在明知。帮助行为犯罪关联性的判断可参考以下三个因素:(1)是否属于常见网络犯罪链的环节之一;(2)是否会有针对性地促进某种网络犯罪的实施或者结果的实现;(3)是否缺乏其他合法使用可能性。② 当某一行为满足上述三个条件时,则可以推定行为人知道其行为主要服务于犯罪行为。以设立钓鱼网站的行为为例,钓鱼网站被认为是网络盗窃犯罪地下产业链的常见环节之一,③犯罪行为人一般通过钓鱼网站获取被害人银行账

① 参见[德]金德霍伊泽尔:《刑法总论教科书》,蔡桂生译,北京大学出版社 2015 年版,第 143 页。

② 美国最高法院在索尼案件中所确立的规则,当产品被广泛地用于合法、恰当的目的,或者实际上仅仅具有重大合法使用的能力,就不能认为对于这种产品的商业销售存在促进非法活动的故意。See Sony Corp. of Am. v. Universal City Studios, Inc., 464 U.S. 417, 440 – 42 (1984).

③ 参见诸葛建伟:《中国互联网信息安全地下产业链调查》,载《信息安全与通信保密》2012 年第 9 期。

号、密码以及身份证相关信息,从而实现他人资金的非法转移。[①] 而且,钓鱼网站除了用于盗窃、诈骗以外几乎没有合法使用的可能。鉴于这种客观上的犯罪关联性,可以认为行为人在提供钓鱼网站相关帮助时——例如出售钓鱼网站源代码或者帮助搭建钓鱼网站——就已经认识到他人将要利用信息网络实施犯罪活动。对于明知的证明,可借用英美法系中的证明方法,即当存在"有意识的盲目"(willful blindness)或"故意的忽视"(deliberate ignorance)情形时,可以认定行为人对相关事实存在明知,具体表现为:(1)意识到相关事实存在的高度可能性;(2)故意避免去确认相关事实或者有意地导致调查的失败从而避免对事实的确认。[②] 所以,即使在被帮助者没有实施构成要行为的情况下,如果行为人在一定程度上明知他人可能实施犯罪而提供帮助的,也具有可罚性。

三、帮助信息网络犯罪活动罪适用范围限制

由于立法者在对构成要件行为的客观特征进行描述时采用了偏中性的网络技术性和服务性术语,该罪规定的各种行为类型与网络服务提供者的常见业务行为在形式上十分相似,如互联网接入、服务器托管、网络储存、通信传输等。鉴于这种相似性,网络服务提供者很容易成为罪名规制的对象。尤其是当存在网络服务提供者的业务行为被滥用的前例,且服务提供者因此对于其业务行为促进犯罪的可能性存在一定认识时,网络服务提供者的业务行为似乎符合明知他人利用信息网络实施犯罪,而提供技术支持的构成要件。而且,有学者认为网络服务提供者将个别违法犯罪行为的危害性放大,对法益形成了更严重的危害,[③]这似乎也使其行为符合本罪情节严重的要求。但网络服务提

① 参见(2012)刑初字第 162 号一审刑事判决书。

② Joshua Dressler, *Understanding Criminal Law*, Matthew & Bender, 2012, p. 128.

③ 参见王霖:《网络犯罪参与行为刑事责任模式的教义学塑造——共犯责任模式的回归》,载《政治与法律》2016 年第 9 期。

供者行为的性质本身就较为复杂,一般认为其行为属于"中立帮助行为",通常不应该受到处罚。[①] 所以,对于帮助信息网络犯罪活动罪是否可以适用于这种特殊情况,有必要进一步分析。

关于本罪对网络服务提供者的适用性,目前存在以下三种观点:(1)"单纯提供网络技术的'中立帮助行为'(经营行为),原则上就不能处罚"[②],即帮助信息网络犯罪活动罪原则上对此不具有适用性;(2)虽然这一罪名对于网络服务提供者的业务行为存在适用的可能性,但极有可能不当地扩大处罚范围,因此应对这一罪名在服务提供者的适用上进行限制;[③](3)帮助信息网络犯罪活动罪可以适用于网络服务提供者,而且这一罪名有效地超越了在传统共犯结构下分析业务行为刑事归责的局限。[④] 由此可见,鉴于控制处罚范围的考虑,虽然多数学者不赞同帮助信息网络犯罪活动罪适用于网络服务提供者,但也承认实际上存在适用的可能性。笔者认为,帮助信息网络犯罪活动罪能否适用于服务提供者,须以其所保护的法益以及构成要件为主要判断依据。从帮助信息网络犯罪活动罪所保护的法益来看,立法者通过帮助信息网络犯罪活动罪设置了具有抽象危险的帮助行为,旨在保障网络的一般安全状态。虽然网络服务提供者的行为存在促进他人的犯罪行为的可能性,但这是其业务行为不可避免的一般风险。这种危险并没有越过法律界限而对网络安全产生特别的威胁。可以说,以社会有益性为主要特征的服务提供者行为与帮助信息网络犯罪活动罪所针对的具有明显犯罪帮助倾向的行为具有质的区别。因此,有必要从根本上排除帮助信息网络犯罪活动罪对于服务提供者的适用性。

进一步来看,网络服务提供者的行为通常也不符合本罪关于"情

① 陈洪兵:《中立的帮助行为》,载《中外法学》2008 年第 6 期。

② 周光权:《网络服务商刑事责任的范围》,载《中国法律评论》2015 年第 2 期。

③ 参见刘艳红:《网络犯罪帮助行为正犯化批判》,载《法商研究》2016 年第 3 期;张明楷:《论帮助信息网络犯罪活动罪》,载《政治与法律》2016 年第 2 期。

④ 刘宪权:《论信息网络技术滥用行为的刑事责任——〈刑法修正案(九)〉相关条款的理解与适用》,载《政法论坛》2015 年第 6 期。

节严重”的要求。“情节严重”要求行为人主客观共同体现出明显的犯罪帮助倾向。对于网络服务提供者而言,其行为在客观上主要表现为正当业务行为,如果要认定其犯罪帮助的倾向则需要从主观方面入手。一般而言,网络服务提供者可以根据以往自己服务被滥用的经验认识到这种情况可能再次发生的可能,即抽象地认识到存在帮助犯罪的风险。但这并不足以使服务提供者认识到他人利用自己的服务实施犯罪是具体可能的。因为,从网络服务提供的方式来看,服务提供者通常利用计算机程度实现面向海量用户的自动性服务。一方面,由于用户以及服务量的庞大,服务提供者无法顾及每一项具体业务行为;另一方面,由于业务行为自动化的特点,服务提供者无法像一般网络犯罪帮助行为的实施者一样具体把握帮助行为的动态。例如,服务提供者基于数据传输、缓存、主机储存而实现的各种具体服务都是在用户的请求下自动提供并完成的,服务提供者既不知道具体的情况,也无法在个案中进行选择和判断。所以,因先前发生的服务被滥用的情况而产生的业务行为可能促进犯罪的抽象认识,并不能等同于具体情况中对他人实施犯罪的明知。那么,从整体上而言,网络服务提供者的主观认识不足以否定其行为的合法性质。换言之,网络服务提供者的行为并不具有明显的犯罪帮助倾向。

此外,从网络服务提供者刑事责任的连接点来看,其积极行为一般不是刑罚的切入点。而帮助信息网络犯罪活动罪所惩罚的对象是具有抽象危险的积极行为,这也从侧面印证了本罪不适用于网络服务提供者。如德国学者 Sieber 指出,“根据主流观点,依照从德国的判例发展出来区分作为与不作为的‘可谴责的重点’基本原则可以得出接入提供者和储存提供者的行为属于控制措施不作为的结论;(通常存在于通过第三方传播违法信息之前的)积极设立有益于社会的技术设施的行为因此不能成为刑事归责的对象”。[①] 这种观点实际上也得到了普遍的认同,许多国家都通过设置特殊规则在一定范围内保护网络服务

---

① *Sieber*, Die Verantwortlichkeit von internet Providern im Rechtvergleich, ZUM (1999),196ff.,198ff.

提供者的积极业务行为,否定其违法性。作为互联网发源地的美国,最早于 1996 年制定的《通讯规范法》(Communication Decency Act)230 条中规定了服务提供者积极业务行为的责任豁免条款:"交互性计算机服务的提供者或者用户不应被视为他人提供的信息的发布者或发言人。"①这一条款的设定使得交互性计算机服务提供者通常不会为第三方用户所发布的信息内容承担责任。②德国也属于较早针对网络服务提供者制定特殊规则的国家,在 1997 年制定的《信息与通信服务法》(Informations-und kommunikationsdienste-Gesetz-IuKDG)的第 1 条也就是《电讯服务法》(Teledienstgesetz)中,设置了服务提供者的特殊责任规则:对于提供的他人内容,服务提供者只有在对特定内容存在认识,并且对实施阻止措施具备技术上的可能性以及可期待性时,才可能承担责任。此后,德国为了转化 2000 年的欧盟《电子商务指令》,于 2001 年对《电讯服务法》③进行了修订,分别从信息传输、缓存、储存等方面规定了服务提供者的免责特权。以信息储存为例,第 11 条规定服务提供者对于为用户储存的信息不承担责任,只要其对于违法内容或行为不知情或者在获得明知后立即采取行为屏蔽信息或者阻止访问。修订前后服务提供者责任豁免的排除条件是相同的,即在获得对违法内容认识的情况下,没有采取相关阻止行为。④ 这表明,服务提供者之所以承担刑事责任并不是因为其在明知他人将要实施犯罪的情况下提供了帮助行为,而是在知道自己的服务促进了违法活动且这种状态依然存在时,没有采取相关行为进行阻止。

---

① 47 U. S. C 230 § (c)(1).

② See Michael L. Rustad, *Global Internet Law. West Academic* 2016, p. 516.

③ 《电讯服务法》于 2007 年与《媒体服务州际协议》(Mediendienste-Staatvertrag)合并,统称为《电讯传媒法》(Telemediengesetz),但关于服务提供者的特殊责任规则并没有变化。

④ Vl. *Sieber/Höfinger*, Allgemeine Grundsätz der Haftung, in: Hoeren/ders./Holznagel (Hrsg.), Handbuch Multimedia-Recht, C. H. BECK, 2001, § 18.1 Rn. 82.

四、结　　语

帮助信息网络犯罪活动罪的设立是刑法对近年来网络犯罪帮助行为高发态势的积极回应,其在共犯理论的基础上进一步扩大了犯罪帮助行为的处罚范围。这种惩罚的扩张主要体现为,除了依据帮助行为通过正犯行为实现的法益侵害或危险而对其处罚以外,还单独根据帮助行为本身的危险性质而对其进行处罚。这两种处罚表现为相互补充和配合的关系,故在适用本罪时首先需要处理其与帮助犯的关系,然后再判断可罚与否。另外,由于本罪构成要件在表述上的概括性,容易致使惩罚的范围超过保护法益所需的必要限度,不当地抑制网络中的合法行为,阻碍网络技术的进步与发展。故对于本罪的认定而言,应以立法者规定的危险性质为依据,同时通过情节严重的要求进行限制。尤其是在处理网络服务提供者刑事责任的问题上,应特别注意对网络服务提供者正当业务行为的保护,区分具有危险性质的帮助行为与存在一般风险的业务行为。

Dogmatical Unfolding of Crime of Helping Network Crime

Lai Zaoxing & Sun Yu

[**内容摘要**]帮助信息网络犯罪活动罪本质上是抽象危险犯,其在帮助犯的基础上扩大了对网络犯罪帮助行为的处罚范围。立法者以"明知+特定行为类型"的形式设定了具有抽象危险的帮助行为。同时,为了限制处罚范围而通过"情节严重"对行为的危险性质提出了要求。网络服务提供者的行为虽然在形式上符合本罪的行为构成,但实际上并不符合"情节严重"的要求,故不属于本罪的规制对象。

[**关键词**]帮助信息网络犯罪活动罪;抽象危险犯;帮助犯;网络服务提供者

Abstract: The crime of helping network crime is substantially abstract endangerment crime, which expands the punishment extent on the basis of aiding and abetting. Legislator defines the abstract endangerment of helping behavior in forms of "Acknowledge + Specific Behavior". In order to restrict of punishment extent, "serious circumstances" are to be required for the measurement of endangerment. The behavior of internet service provider superficially meets the objective requirement of crime of helping network crime, which in fact does not meet the requirement of "serious circumstances", so internet provider should not be the object of this crime.

Key words: the crime of helping network crime; abstract endangerment crime; aiding and abetting; internet service provider

〔外国刑法〕

刑法立法向法益保护原则的体系性回归

储陈城*

目　　次

一、脱离法益保护原则的活性化刑事立法

“近年来,国内外的刑事立法非常活跃,刑法已经由解释的时代转向立法的时代。”①在我国的法律中,《刑法》是应用最为频繁的法律之一。1979年《刑法》颁布以后,一方面是社会急剧转型,出现了一些新的犯罪类型;另一方面是发生了一些引起世人关注的案件,迫使政府做

* 安徽大学法学院副教授,硕士生导师。

① 张明楷:《法益保护与比例原则》,载《中国社会科学》2017年第7期。

出及时的回应。[①] 有鉴于此,自 1999 年《刑法修正案(一)》起,到 2015 年《刑法修正案(九)》止,根据《宪法》赋予的权力,立法机关对刑法进行了频繁的修改。[②] 对我国历次刑法修正案进行统计分析可见,我国刑事立法的主要特征之一是犯罪化。比如,从《刑法修正案(六)》开始,增补及修改罪名的数量均达到两位数,特别是《刑法修正案(九)》新增、修改的罪名达到 44 个。特征之二是重罚化,比如《刑法修正案(三)》中提高了恐怖活动犯罪的法定刑。《刑法修正案(六)》规定《刑法》第 186 条"向关系人发放贷款的",依照向非关系人发放贷款的规定"从重处罚"。《刑法修正案(七)》第 395 条之罪的法定最高刑由有期徒刑 5 年提高到 10 年等。[③]

曾经日本的刑事立法活动被比喻为安静得如"金字塔"一般。[④] 一直以来,"日本的刑法修正都迟迟无法推进,对社会上时有发生的当罚的(新型的)危害社会的行为,都是通过刑法的柔性解释、适用来进行解决,这是日本刑事司法的特色之一"。[⑤] 然而,最近日本刑事立法进入了活性化时代,刑法典被修改了 20 余次,特别刑法中也出现了大量立法,可以说日本迎来了刑法立法的新时代。最近日本刑法典修正扩大性犯罪的范

---

① 如引发社会热议的四川成都的孙伟铭案和浙江杭州的胡斌案,促成了《刑法修正案(八)》危险驾驶罪的设置,参见赵秉志、赵远:《危险驾驶罪研析与思考》,载《政治与法律》2011 年第 8 期;在日本也是如此,比如发生的三鹰尾随杀人案引发社会关注,使日本政府认为有必要针对"报复性色情"进行立法,于是在 2014 年制定了《因隐私性画像的提供行为等受害防止法》,参见上田正基:《その行為、本当に処罰しますか——憲法的刑事立法論序説》,弘文堂 2016 年版,第 1 页。

② 参见方忠耀、刘丹红:《刑法修改的立法技术评析》,载《中国刑事法杂志》2011 年第 12 期。

③ 参见齐文远:《修订刑法应避免过度犯罪化倾向》,载《法商研究》2016 年第 3 期;刘艳红:《〈刑法修正案(八)〉的三大特点》,载《法学论坛》2011 年第 5 期。

④ 松尾浩也教授指出,当"(刑事)立法像'金字塔'一样沉默时,判例就会如同'狮身人面像'一样活跃"。参见松尾浩也:《刑事訴訟法判例百選》(第 4 版),有斐閣 1981 年版,第 5 页。

⑤ 曾根威彦:《現代の刑事立法と刑法理論》,《刑事法ジャーナル》2005 年第 1 号。

围以及引入共谋罪,引起了日本学界的强烈反应。① 目前对日本刑事立法现状的评价,大多数刑法学者所使用的关键词是“刑法积极主义”或者“政治化色彩”,②认为立法者对于刑事立法有一种非合理性的狂热。③

德国也是如此。德国比日本更早地制定并颁布了以“保护法益的扩散”和“处罚的早期化”为特征的一系列刑事立法,原本的行为规范论也更加积极地对法益概念和法益保护原则展开批判。④ 德国刑事立法中已经包含了大量对社会中的不道德、消极情绪的感情或者气氛予以保护的条文,比如德国《刑法》第 140 条规定的对犯罪行为支付报酬及赞同罪、第 183 条 a 的激起公愤罪等,都不是值得刑法进行保护的价值受到侵害的问题。因为,在多元主义的社会中,和平的共存,必须要以对不符合自己价值观的行为样态保持某种程度的宽容为前提。另外,最近德国已经或者将要修改的领域当中,如性犯罪、恐怖主义犯罪、贪腐犯罪以及网络犯罪等,都有诸多突破法益保护原则的迹象。⑤

综上所述,20 世纪 90 年代以来,无论是我国抑或是德国、日本,新的刑事立法相继出台。这些刑事立法大多是将之前没有明确为具有他害性而不被视为犯罪的行为,升格为犯罪,将之前就认定为是犯罪的行为加重刑罚。

① 关于性犯罪的争论,参见嘉門優:《法益論から見た強姦罪等の改正案》,《犯罪と刑罰》2017 年第 26 号;島岡まな:《性犯罪の保護法益及び刑法改正骨子への批判的考察》,《慶應法学》2017 年第 37 号等。关于共谋犯罪的争议,参见高山佳奈子:《共謀罪の何が問題か》,《法律時報》2017 年第 10 号;亀井源太郎:《共謀罪あるいは「テロ等組織犯罪準備罪」について》,《慶應法学》2017 年第 37 号;白取祐司:《共謀罪法で日本社会はどうなる?》,《神奈川大学評論》2017 年第 87 号。

② 参见高山佳奈子:《「政治」が主導する近年の日本の刑事立法》,《月旦法學雜誌》2009 年第 172 号。

③ 参见亀井源太郎:《刑事立法と刑事法学》,弘文堂 2010 年版,第 8 ~ 10 页。

④ Vgl. Roland Hefendehl/Andrew von Hirsch/Wolfgang Wohlers,Die Rechtsgutstheorie: Legitimationsbasis des Strafrechts oder dogmatisches Glasperlenspiel? Nomos/Auflage (2003),S. 100ff.

⑤ Änderungen an dem Strafgesetzbuch (StGB), https://www. buzer. de/gesetz/6165/1. htm.

这种国家刑罚权的扩大、强化,是在所谓的为了保障市民的安全、安定的生活,认为必须通过国家刑罚权抑制违法这一意识支配下产生的。对于超越个人和压制个人的国家权力的扩大和强化的警惕意识却比较单薄。这种所谓保障个人/市民的安全所必要的,推进他害性尚不明确的行为予以犯罪化、全体重罚化的立法,也被称之为市民主义的治安立法。另外将他害性尚不明确的行为作为刑事规制的对象的动向,也被称之为刑法的预防主义化或者预防主义刑法。① 治安立法或者预防主义刑法由于会危及国民的自由,一直以来都是被否定并批判的对象,然而20世纪90年代以后,对于这种治安立法或者预防主义刑法予以默示认可的倾向越来越明显。

由于在政治、经济政策中,新自由主义成为支配性思潮,因此,"从事前规制到事后规制的转换""从大政府向小政府转换"②常被言及。话虽如此,国家刑罚权力当中,"规制的事前化、预防主义化"③被急速地扩大、强化,监狱犯人过剩也成为一个需要解决的问题。

但是新自由主义本来就意味着针对治安、防卫,国家要发挥作用。而且新自由主义的规制缓和论、小政府论都是为了最大限度保障资本自由活动的政策论。实行这一政策的话,市场竞争中因弱肉强食而导致社会的不安定,治安恶化的风险,这一点在当初就已经被考虑过。参照这些事实,新自由主义却招致国家刑罚权的扩大、强化,没有比这更奇怪的了。④

---

① 参见刘艳红:《象征性立法对刑法功能的损害——二十年来中国刑事立法总评》,载《政治与法律》2017年第3期;何荣功:《预防刑法的扩张及其限度》,载《法学研究》2017年第4期。

② 参见木村弘之:《刑事司法における合理的選択理論の思潮》,《犯罪社会学研究》1997年第22号;胡澎:《从"中央集权"到"官民共治" 日本社会治理的新走向》,载《国家治理》2014年第23期。

③ 生田勝義:《刑罰の一般的抑止力と刑法理論——批判的一考察》,《立命館法学》2005年2·3号。

④ 参见生田勝義:《法意識の変化と刑法の変容:ひとつの覚書》,《国際公共政策研究》2002年第2号。

然而,事态并不那么单纯。社会不安是和犯罪直接相关吗?这一疑问还尚残存。20世纪90年代的美国尤为显著,即便采取了新自由主义的政策,犯罪不仅没有增加,而且还在减少,这已经有事实证明。[①]但是另一方面,尽管如此,监狱中被关押的受刑者数量持续增加,比如美国甚至因为监狱的增加而出现了监狱产业化的现象。[②]

鉴于这一事实,首先作出如下说明。也即,近年来之所以出现刑罚权力的扩大、强化,与其说是现实的犯罪的凶恶化、激增化,倒不如说人们对于犯罪被害幻想的恐惧感和不安感才是真正的原因。可以说这和危险社会所对应的刑法以及象征刑事立法有着共同面,也即为了预防现代新型的风险的现实化,将和危险相隔甚远的行为也作为刑事规制的对象。[③] 但是仅此还不能够说明20世纪90年代以后的刑事立法状态。也就是说,不仅是不安感,或者说除了不安感之外,规范意识或者与规范相关的内心感觉的变化也是推进犯罪化和重罚化的因素之一。这种规范意识、情感到底是一种什么样的存在?是如何产生的?对于这些问题的分析,是极有必要的。

二、刑事立法脱离法益保护原则的基本样态

自20世纪90年代以后,中、日、德三个国家一直在进行决堤式的刑事立法。在对20世纪90年代以后的刑事立法予以评价之前,可以概览一下一直以来现代刑法的基本样态之内容,需要说明的是这些基本样态并不是相互独立的,而是相互关联、相互渗透的。

---

① See Alfred Blumstein, The Crime Drop in America (Revised Edition), Cambridge University Press, 2005, p. 330.

② 参见蒋红珍:《美国司法机构职能外包的质疑和回应——聚焦“政府固有职能”》,载《当代法学》2016年第1期。

③ 金尚均:《危険社会と刑法—現代社会における刑法の機能と限界》,成文堂2001年版,第15~33页。

(一)刑法的积极的一般预防化

首先,现代刑法是和近代刑法对比时所使用的概念。其次,这种近代刑法,至少在理念上,必须以自由为基础来构筑。这种意义下的近代刑法,也可以称之为自由主义刑法。

近代自由主义刑法主张只要不伤害他人的权利,就是人的自由,只将具有他害性的行为予以犯罪化。并且,刑法是在规定权利内容的民法等第一次法的基础上,只有侵害权利的行为是社会中无法继续容忍的、重大的有责行为,才将其作为犯罪进行处罚的第二次法。也就是说,犯罪是以故意犯为原则,刑法是民法等第一次法的担保法,是一部事后的制裁法。

与此相对,现代刑法虽然基本维持了近代刑法的基本特征,但是开始向积极的一般预防方向倾斜。"积极的一般预防"或者"积极的一般预防论"这一语词,原本是在德国刑法学中常被使用的概念,在日本和我国也逐渐普及开来,并且在立法当中不断体现出来。① 以积极的一般预防目的为根据而处罚行为人,不得不说只是将行为人当成对其他人(规范的规制对象)实现政策上的目的的手段而已。这种所谓为了社会稳定利益而采用的工具主义将个人手段化,被有些学者批判为在侵害个人的尊严这一点上,其与以威吓国民进而实现犯罪预防目的的"消极的一般预防并无太大的差异"。②

另外,还有观点认为,所谓积极的一般预防或者积极的一般预防论,旨在通过刑罚的存在而促成人们形成道德观念。③ 这里所谓的形

① 积极的一般预防在我国的刑事立法上,尤其体现在最近的《刑法修正案(八)》和《刑法修正案(九)》之中。参见周光权:《积极刑法立法观在中国的确立》,载《法学研究》2016 年第 4 期;于改之、蒋太珂:《刑事立法:在目的和手段之间》,载《现代法学》2016 年第 2 期;赵秉志:《关注刑法改革是刑法理论的重要使命》,载《人民检察》2016 年第 1 期等。

② 参见曾根威彦:《刑法学の基礎》,成文堂 2001 年版,第 48 页。

③ 参见松宫孝明:《刑事立法と犯罪体系》,成文堂 2003 年版,第 18 页。

成道德观念既包括形成目前社会中尚不存在的道德或者规范,也包括让人们形成对社会已经存在的道德或者规范予以遵守的意识。套用所谓的“社会教育说”的说法,①即教育社会成员确立新的规范和教育人们遵守既有的社会规范。

如果积极的一般预防是第一种内涵的话,那么就和“基于刑法而形成规范的机能”②具有同样的意义了。这很容易让人产生这样的印象,即国家及其统治者,通过刑罚来达到教育和指导国民的目的。因此积极的一般预防,一方面,为推进担保社会中尚不存在的新规则或者行为规范的刑事立法摇旗助威;另一方面,也成为为了国家或社会的维持和繁荣而由国家任意地控制个人行动的“集体主义”的支撑,这些都是自由主义倡导者所厌恶的对象。

如果积极的一般预防是第二种内涵的话,因为是一般预防,就会以社会上的公民作为对象。然后,以存在和人们的遵守意识相区别的社会规范存在为前提。这仿佛给人这样的印象,即社会规范和社会成员的意识处于不同的维度中,这种和人们遵守意识完全不同的规范,需要由刑法来向公民进行灌输。这样的话,积极的一般预防既推进保证既有的保守的规范的刑事立法,又支撑着为繁荣国家和社会而任意控制个人自由的“集体主义”。

然而,有研究借用心理学的实证方法来检视积极的一般预防的道德观念促成效果,得出的结论是:关于通过刑事立法来实现规范意识之涵养效果,实证研究表明,预防效果难以令人信服。试图通过刑罚来达到维持、恢复和强化规范意识之目标的积极一般预防论,在心理学上并不能得到支持。③ 基于积极的一般预防论,刑事立法又显示出另外一个特征,即法益保护的早期化/法益的抽象化。

---

① 参见曽根威彦:《刑法学の基礎》,成文堂 2001 年版,第 48 页。

② H. Welzel, Das Deutsche Strafrecht, 11. Auflage (1969), S. 3.

③ 参见本庄武:《刑罰の積極的一般予防効果に関する心理学的検討》,《法と心理》2002 年第 1 号。

(二)法益保护的早期化/法益的抽象化

法益保护的早期化特征具体包括:(1)为了保护法益,等到犯罪实行的话为时过晚。比如要对犯罪实行者背后的幕后大人物进行逮捕,也即共犯处罚的提前化,也就是将教唆、煽动、阴谋等进行独立处罚或者按照共谋来处罚。(2)结果犯、具体的危险犯对于法益保护来说过于迟延,因此向抽象的危险犯和预备罪方向进行扩张。其中第一个具体特征,在"二战"后的联邦德国,典型地表现为禁止特定目的的结社的刑法,当然这包含了本来就具有犯罪特质的,为实施犯罪或者破坏宪法而进行的结社行为。但是这一规定显然会和结社自由之间产生冲突,可以说这与"二战"以后联邦德国特有的反纳粹等民主主义结社状态有关联。① 在日本,为了消除公民恐惧感而制定的《破坏活动防止法》也是如此,该法对开展暴力主义破坏活动的团体进行活动限制和解散处分,违反这种处分的规定了相应的刑罚。在我国,法益保护早期化的典型例子是恐怖主义犯罪的预防。比如为了对恐怖主义犯罪进行提前防控,《刑法修正案(九)》中增加的第120条之六规定:"明知是宣扬恐怖主义、极端主义的图书、音频视频资料或者其他物品而非法持有,情节严重的,处三年以下有期徒刑、拘役或者管制,并处或者单处罚金。"②

第二个具体特征表现为,在刑法的保护法益当中,一般、抽象的法益所占比例呈现扩大的倾向,也就是"法益一般化、抽象化"的特征。这一特征在治安立法中可见一斑,其将"自由民主主义的宪法秩序""公共的安宁"等都作为配的保护法益。③ 另外,在保护"竞争的经济秩

① 相关西德时期的立法状况,参见内藤謙:《西ドイツ新刑法の成立改正刑法草案との比較法的検討》,成文堂1977年版,第1~54页。

② 参见张明楷:《论〈刑法修正案(九)〉关于恐怖犯罪的规定》,载《现代法学》2016年第1期。

③ 参见嘉門優:《行為原理と法益論》,《立命館法学》2009年第5·6号。

序”的经济刑法、[①]保护“生物多样性”等的环境刑法当中尤为明显。[②]即便是没有侵害具体的财产利益和没有危险性的行为,但是只要被认为是有害竞争秩序的行为的话,都可能构成犯罪。秩序侵害行为构成作为秩序违反的行为。也就是说,违反了为维持竞争而设定的规则的行为样态,被作为犯罪予以规定。[③] 将违反规则的行为样态予以类型化规定为犯罪的手法,实际上和将抽象的危险犯予以刑事处罚的手法是一样的。虽然不是用法益保护的前置化的形式,但是改头换面试图用一般的、抽象的法益的创设来使得刑事法介入前置化,本质上是一样的。这种方法和抽象的危险犯一样,只规定违反规则的行为样态的类型,对于法益是否具体受到实际的侵害并不关心。如果想在侵害客体如此暧昧的情况下确保刑罚法规的明确性,那么是否构成犯罪的基准不能求诸于刑法自身,只能求诸于行政法,这是以环境刑法为典型的行政从属性问题。法益保护的早期化/法益的抽象化的最大危害是存在对公民私权利侵害的巨大隐患。以日本最近刑法修正新增的共谋罪为例,日本刑法一直以处罚既遂为原则,法律所保护的法益受到现实的侵害,发生危害结果时,才对行为进行处罚。未遂只有在法律有特别规定时,才进行处罚,是例外情形。而对预备的处罚,相对于未遂来说更是例外中的例外,只有杀人、抢劫、放火等重大犯罪的场合才可能处罚。[④] 现在,对于预备的一种——共谋进行处罚,可以说是对“危险意图”的处罚。因为共谋罪的证明非常困难,它是将人和人的沟通、交流作为犯罪进行处罚的行为,所以要想检举、控告共谋犯罪,作为收集证据的重要手段,最为有效的方法就是室内监听。这可能会导致侦查机关对公民日常的隐私生活进行监视性侦查,进而严重侵害到公民的基本人权。另外团体活动的共谋也可能会被处罚。比如劳动组织进行罢工,其中计划将工厂封锁,就

① 参见芝原邦爾:《経済刑法研究(上)》,有斐閣2005年版,第6页。

② 参见刘艳红:《环境犯罪刑事治理早期化之反对》,载《政治与法律》2015年第7期。

③ 参见芝原邦爾:《経済刑法》,岩波書房2000年版,第1~10页。

④ 参见山口厚:《刑法総論》(第3版),有斐閣2016年版,第279页;高橋則夫:《刑法総論》(第3版),成文堂2016年版,第384页等。

可能构成逮捕监禁罪的共谋罪。那么侦查机关针对公民活动团体、劳动组织等,就可能会以涉嫌共谋罪进行检举,进而使得共谋罪成为阻碍宪法权利维护的爪牙。[①] 与法益保护的早期化/法益的抽象化息息相关的另外一个立法特征就是象征化立法。

(三)刑事立法象征化

20 世纪 60 年代,在北美的政治学、社会学、刑事法学当中,政治和象征相关的探讨盛行。在当时的争论中被确立下来的,不仅是政治和权力以及各种利益之间的关系,还有配置象征或者维持象征。"象征"一词来源于希腊语中的"symbolon"或者拉丁语中的"symbolum"。谈及内涵,首先被举出来的是"附着的特征",其本来是指"关联的事宜"。象征这一语词,在诸多学问的领域当中,尤其是在神学、哲学、心理学以及生态学当中,按照不同的意义被使用,显然无法得出统一的意思内涵。无论如何,所谓象征,即可以通过它能够推论或者认识某一事物的符号,作为超越被推论本体的符号来理解。象征是和事实本体不同的表面事物,也常常带有虚伪、虚构的意思。[②] 20 世纪 70 年代以后,在德语圈国家当中,法社会学、批判刑法学领域对于这一问题又展开了相关争论。在 20 世纪 80 年代末,将这一概念放在刑法当中进行特别化争论,引起了全体刑法学界的热烈关注,[③]并且进一步扩展到其后刑法的

---

① 参见高山佳奈子:《共謀罪法案の提出に反対する刑事法研究者の声明 解説と補論 共謀罪立法はなぜ不要か》,《世界》2017 年第 893 号。

② See Dwyer, John P. The Pathology of Symbolic Legislation, Ecology Law Quarterly, Vol. 17, Issue 2 (1990), pp. 233 – 316. Koch, Larry W., Galliher, John F. Michigan's Continuing Abolition of the Death Penalty and the Conceptual Components of Symbolic Legislation, Social & Legal Studies, Vol. 2, Issue 3 (September 1993), pp. 323 – 346.

③ See Seihr, Angelika. Symbolic Legislation and the Need for Legislative Jurisprudence: The Example of the Federal Republic of Germany, Legisprudence, Vol. 2, Issue 3 (2008), pp. 271 – 306.

诸多新的领域当中。在这一时期,对于这一主题的争论主要集中在立法方面。作为结果就是“象征性立法”开始引起学界的讨论。①

目前现代刑法的倾向就是向新的领域扩张。扩张的表现之一是超越法益保护原则的界限,利用抽象的危险犯实现处罚的早期化。象征的刑法也可以说是现代刑法的危机现象之一。很多刑法学者认为,在很多领域当中,为了解决一定的社会问题,刑法往往是作为一种象征来予以利用,尤其是针对环境破坏、组织犯罪、恐怖主义、非法入境、贪污腐败、遗传工程学等具有较大风险的现代问题。② 另外,在政治上往往倾向于认为,刑法是解决危机问题的柔软且及时性的手段。作为象征性刑法的典型例子,经常会提及的就是环境刑法。环境的保护,在很多国家都是备受国民和社会关心的重大事宜。空气、水、土壤被污染后会充满危险有害的物质。另外,臭氧层破洞继续扩大,导致森林被破坏,动物物种面临灭绝的危机,海洋受到污染等。但是,另外,以环境犯罪的具体案例来进行考量的话,被追诉为环境犯罪的具体犯罪行为根本没有触及环境犯罪的核心问题,更谈不上解决了环境污染问题中的核心部分。象征性刑事立法还体现在性犯罪和其他危险犯罪的防止性刑法立法、恐怖主义犯罪等的立法。

刑事立法的象征化何以产生?以恐怖主义为例,在出现严重的事件及之后的事态的变迁,政府会直接遭受批判,会传出要求立法者进行立法的声音。此时,媒体经常会起到推波助澜的作用。它们会通过诸如“安全神话的崩溃”等表述,来使原本理性的议论感情化。因此,社会各界都会对于政府的行动能力施加更大的压力。政府的政策在应对国民的期待和不安之时,就显得别无他法,捉襟见肘。此时,所作出的政策,即便是在暂时的压力之下,也会在强力且急躁的行动主义之下被

① Vgl. Hassemer, Winfried: Das Symbolische am symbolischen Strafrecht. In: Festchrift für Clause Roxin zum 70. Geburtstag. Berlin, New York(2001), SS. 1001 – 1019.

② Hans Joachim Hirsch, Aktuelle Probleme rechtsstaatlicher Strafgesetzgebung, in ; HJ Hirsch, G Kohlmann, H Lilie (Hrsg.), Strafrechtliche Probleme (2009), Duncker und Humblot, S. 40.

促成。法律匆忙被制定,法案越来越迅速地在议会的讨论下被通过。在法律行动主义之下,法律因为具备这样的特征,即政治的信号或者作为象征性意义,已经或多或少被公然地予以肯定了。在生态学中,将这种状况描述为代偿反应。所谓代偿反应,就是在动物世界当中,当该动物无法实际进行战斗的时候,采取没有实际威慑力的姿态,或者没有意义的样态。因此,象征性刑事立法并不是以法益保护为前提的,而只是应对国民的处罚感情的手段。可以说这只是政治为了收买选民的欢心的工具。① 如果将刑法如此运用,就会使刑法的基本性格土崩瓦解,并使得这种性格出现巨大的变更。那么如何判断刑事立法是否是象征性的呢?这就需要借助法律以及其他措施所拥有的效果的考察方法。也就是说,法律对于结果来说具有何种效果,即法律具有何种产出。这种方法是经验型的,其和仅以理论体系内部的整合性作为问题的纯规范性分析方法比起来,是一种相当新颖的方法。因此,需要区别通过采取某种法律上的措施,能够实现某种效果,抑或者是只停留在没有任何效果的象征行为的层面上。刑法规范到底是不是象征性的,需要从规范的显在性功能和潜在性功能来进行解释。所谓显在性功能,是指直接从规范中产生的机能。潜在性功能是指规范内容之外所产生的功能,其中包括现实行动要求的满足,国民的平息化,甚至包括展示国家的强大等。当潜在的机能超越了显在的机能的话,那么就可以说这一立法是象征性的立法。

三、用法益保护原则界定刑法立法的体系性要素

(一)法益保护原则中法益概念的展开

"什么样的行为值得处罚,什么样的行为不需要处罚,或者说,在什么样的场合使用刑罚比较好"这些问题,在如今正是需要予以回答

① 参见生田勝義:《刑罰の一般的抑止力と刑法理論——批判的一考察》,《立命館法学》2005 年 2・3 号。

的难题。“刑法的肥大化,对刑法产生过度的期待的话,不仅会危及国民的人权,而且也会导致刑法自身的危机。”①因此对刑法“介入主义”应当持批判的态度。刑法介入的界限,必须从刑法的社会任务中推导出来。刑法的目的是,当无法通过侵害性相对较小的手段实现社会主义的时候,出面保障公民的和平、自由、安全状态。根据社会契约论,作为国家权力主体的公民,只有在为实现自由、和平的共同生活之必要,且这一目的通过较为稳健的手段无法实现的时候,才将刑法的介入权,委诸于立法者。② 因此,对于个人所必要的国家保护和个人自由保障的形式上,必须要建构国家权限介入和个人自由的均衡。

在启蒙时期,通过“没有对社会产生有害性的话,国家就没有处罚权”这样的行为原理(社会损害说),来将可罚性限定在社会侵害之中,尤其带来了对宗教犯罪和破坏社会风俗犯罪的量刑的减轻。③ 将这种启蒙主义理论引入到刑法解释论的学者之一是费尔巴哈。费尔巴哈将犯罪理解为对权利的侵害,使得中世纪以来被扩张的和暧昧的犯罪概念被一定程度地予以限定,防止国家权力的恣意和刑法的不安定,意图保护作为个人的市民的自由。④

为了进一步限定刑罚,便衍生了法益的概念。法益概念的原型是纳坦 · 比恩鲍姆(Nathan Birnbaum)所提出的“法之财”概念,这一概念是在对费尔巴哈的权利侵害说进行批判和修正的基础上形成的。⑤ 一直以来,法益侵害说都被认为继受了有权利侵害说的历史的自由主义的内容。有这种历史的自由主义的所谓的前实定的法益概念,为立法者提供了合理的具有使用可能的判断标准。另外,对于判断的正当性,法益因为带来了外在的证明标准而收获了大量的支持者,持续地成为

① 生田勝義:《行為原理と刑事違法論》,信山社 2002 年版,第 54 页。

② 参见卢梭:《社会契约论》,何兆武译,商务印书馆 2005 年版,第 49 页。

③ 参见クヌート · アメルンク:《法益保護と社会の保護(一)》,甲斐克則訳,《九大法学》1983 年第 45 号。

④ 参见内藤謙:《刑法理論の史的展開》,有斐閣 2007 年版,第 73 页;苏青:《法益理论的发展源流及其启示》,载《法律科学》2011 年第 3 期。

⑤ Vgl. Birnbaum, Archiv des Criminalrechts, Neue Folge, Bd. 15, S. 149.

评判立法内容的立法者的判断标准。法益定义也多种多样，比如利益、客体或者状态等。另外，有人认为前实定的法益概念的内容是从人类或者个人中所导出的概念，Marx 认为："国家、法秩序、经济秩序等所服务的对象都是人类，它们只有在服务于人类的时候，才具有法益的性质。"另有学者将个人法益和普通法益做一元化的理解，即人格法益论，也就是说，认为法益来源于人格，普遍的法益只有在对人格发展有益时，才能够被认为是法益。① 在这一前提之下，规范保护被正当化的对象，就是所谓的法益，它是由生命、身体的完整性、财产的处分权能等所现实赋予的。当然，法益未必一定具有物质的现实性。比如财产处分的可能性、意思实现的自由，虽然都不是有形的客体，但是也是经验现实的一部分。人格的自由发展、表达的自由等基本权或者人权，也因侵害会导致社会生活现实上的困境，所以也是法益。同样，司法、货币制度等公共法益虽然也不是有形的客体，但是生活上必要的现实存在，侵害这些法益也会损害社会的活动能力和市民的生活。因此，能被称之为法益的，最终都意味着对每一个人有所助益，即必须要和人类相关联。法益存在的正当性，本来就是来源于和人类的关联性。如前所述，法益（rechtsgut）的概念，也是来源于财产（gut），即类似于财产所有权。"所有"只有在财物的使用、收益、处分权能的所有者产生关系才能够成立。同样，法益一般也是只有在法益客体——受益关系——法益主体有机地结合时才能够成立。

综上所述，法益可以作如下定义，即对于构建个人所有的人权、市民权受保障的安全、自由的社会生活来说，以及对于在这一目标设定之下所设立的国家制度来说，都是必要的前提条件或者目的设定。这里所说的前提条件和目的设定，分别对应的是先于立法者的法益和为立法者所创设的法益。这一法益概念，被有些学者认为从属于被展开的人格法益概念。这一法益概念不仅只是个人法益，还包括公共法益，公共法益只有在最终为每个市民发挥作用时才能够被正当化。如前所

① Vgl. Michael Marx, Zur Definition des Begriffs Rechtsgut, ZStW 84 (1972), S. 62.

述,司法和货币制度的根本是因为对个人自由的社会生活来说有必要,才会被保护。这种人格法益概念正是自由的法治国家的体现。只有这样的法益概念,才能起到对立法者明示正当处罚的界限之目的,才是具有立法批判功能的法益概念。

(二)法益保护原则的反面类型化

20世纪70年代以后,日本刑法学围绕着违法的实质是法益侵害说还是规范违反说(结果无价值——行为无价值)为轴心,展开了争论。①

这一学说对立,当初不仅体现在解释论领域,还体现在立法论当中。提出这一争论的平野龙一博士认为,规范违反说主张将刑法的目的视为维持社会伦理,即从社会伦理主义的角度来总结;与此相对,法益侵害说主张将刑法的目的视为保护法益,即从法益保护原则的视角来归纳。在此基础上,从坚持后者的立场来看,对刑法修改草案呈现出的社会伦理主义倾向提出评判,要求将一部分犯罪予以非犯罪化处理。② 在此可见,对于法益概念拥有立法批判机能产生全面的信赖。另外,法益保护原则通过具体的、事实的对象——法益的现实保护,在实证和经验的层次上的效果,来实现刑法的正当化这一点,也是功能主义刑法学上的体现。③

但是,之后本打算基于刑法修改草案对刑法进行全面大修的计划被搁置,结果无价值和行为无价值之争,伴随着对立法论关心的淡化,成为纯粹专门针对解释论或者体系理论的问题。一方面,在价值观的维度上,刑法脱伦理化获得广泛的支持,作为理念的法益保护原则,超

---

① 参见内藤謙:《戦後刑法学における行為無価値論と結果無価値論の展開(一)(二)》,《刑法雑誌》1977年第4号,1978年第1号。

② 参见平野龍一:《現代における刑法の機能》,载《刑法の基礎》東京大学出版会1966年版,第93页。

③ 参见松澤伸:《機能的刑法解釈論の方法に関する一考察》,《刑法雑誌》2004年第3号。

越违法论相关立场上的不同,成为共同的前提。即便是在规范违反说的倡导者当中,也否认行为规范是实现法益保护的手段,①违法性判断是将指向法益侵害行为或者含有法益侵害危险性行为作为对规范的违反。因此,围绕刑法的目的或者功能之争应和围绕违法性实质的对立分离开来。

但是,以20世纪90年代开始的"刑事立法的活性化"②为契机,法益概念的立法批判功能再次成为问题呈现在学界面前。以所谓的风险社会理论为背景的现代刑事立法,从以所谓公共的稳定、保护对制度的信赖等保护规定可见的法益内容自身的扩散,以及从对持有犯罪工具予以处罚的规定可见的处罚早期化为特征,这些立法的过程、其正当性的论证中法益概念能否有效地发挥功能,需要进行检讨。

众所周知,法益保护原则是和罪刑法定主义、责任主义③并列的刑法学的三大基本原则之一,简言之,"刑法必须要保护法益"。那么法益到底包括哪些内容?反对法益概念的观点认为,"法益概念是不明确的,所以这个以侵害法益作为刑罚化的前提和以这种方式设立刑法处罚权限的尝试必定失败"。要找出一个可以被接受的法益定义是根本不可能的,也即法益概念具有模糊性、广义性和相对性。④

为了更好地理解法益以及法益保护原则的内容,比起探寻它们积极追求什么,不如去探讨其排除的是什么,即从反面来进行考察是不是更好。那么从反面来看法益保护原则的话,就可以归纳为,"刑法不保护法益以外的事物"。⑤ 这里所谓的"法益以外的事物"最先能够想到的就是和法益对立的道德。那么,法益保护原则的主要的内容,可以说是刑法不保护道德,聚焦于法和道德的区别这一哲学命题。那么,为什么必须要维持这一哲学命题呢?所谓道德,即便为社会多数派所支持,

---

① 参见井田良:《刑法総論の理論構造》,成文堂2005年版,第8页。

② 井田良:《刑事立法の活性化とそのゆくえ》,《法律時報》2003年第2号。

③ 小林憲太郎:《刑罰に関する小講義(改)》,《立教法学》2010年第78号。

④ 参见Claus Roxin:《法益讨论的新发展》,许丝捷译,载《月旦法学杂志》2012年第211期。

⑤ 小林憲太郎:《「法益」について》,《立教法学》2012年第85号。

归根结底不过是一定的价值观。如果国家通过法的强制来保障这种价值观,那么就是国家将一定的价值观强加于个人,就会侵害公民的自觉性。那么具体来说,什么是法益保护原则所排斥的内容呢?罗克信教授提出了九种类型:①

第一,纯粹以意识形态为动机的刑法规范,以及侵害基本人权的刑法规范都不能获得认同。比如处罚对体制的批判言论,显然违反了表达自由;处罚不同民族间的通婚则违反了法治之下的平等。第二,只是对立法目的换了一种说法,不能成为法益。比如对自己使用之目的而获取大麻的行为进行处罚(《麻药取缔法》第 29 条),是将"毒品不蔓延的社会"作为保护的法益,对基于移植的目的而买卖脏器进行处罚(《脏器移植法》第 17 条、第 18 条),将"排除脏器提供中的商业主义"作为保护的法益,虽然如此,但是这些都只是立法者的期许而已,这样的规定不能被正当化。第三,对单纯的伦理违反行为予以刑罚处罚也不能正当化。如果不对他人的自由、安全造成侵害的话,就不能认定构成法益侵害。第四,即便是违反了人的尊严,仅此也不能说是法益侵害。在尊严时代的今日,尊严这样的辞藻具有极强的魅惑性影响。但是,尊严不仅不受所谓的高度抽象性、概念性、经验的验证等批判性观点的约束,反倒因为其崇高性,对于价值的验证也置之不理,因此对其的使用需要格外地注意。比如日本《克隆规制法》于 2001 年开始实施,其目的是"保持人的尊严、人的生命以及身体的安全,以及维持社会秩序"。将人类克隆胚移植作为刑罚处罚的对象(同法第 3 条、第 16 条),该罪的保护法益是出生的个体的个性,还是人类基因的多样性,抑或是关于生命诞生的人的信仰、信条?目前尚不明确。再比如德国《胚胎保护法》将人类生殖细胞的基因信息加以变更,以违反了人类的尊严为理由予以犯罪化。但是,本罪的法益侵害应该是将要出生的孩子,因为对基因信息加以改变的操作,使得胚胎自由发育成长的可能性受到侵害。但是为了避免重大的遗传性疾病而进行基因操作,对于要

① 参见[德]克劳斯·罗克信:《刑法的任务不是法益保护吗?》,载陈兴良主编:《刑事法评论》(第 19 卷),北京大学出版社 2007 年版,第 152 ~156 页。

出生的孩子来说,对其生长发育而言有益无害,就不会存在法益侵害。第五,感情一般不应当作为法益来保护。现代也可以被称之为感情的时代,感情不仅对于每个人来说是千差万别的,本来感情就是感情持有者自身应该控制的东西,很难通过刑法来保护。虽然有人认为,色情物品的发布、贩卖罪保护的法益是不想见到这些物品的人的感情,但是为什么只有尊重不想见到色情物品的人的感情呢,这一点并没有明确。将感情作为法益是不是真的完全没有余地了呢。目前虽然还有探讨的余地,至少不能全面地承认因心情不愉快而用刑法处罚某种行为。在感情当中,刑法只有在对恐惧心理进行保护时是可以被正当化的,因为保障公民安定的社会生活是国家的任务,对于露阴行为的处罚(德国《刑法》第 183 条)是考虑到在这种场合下,女性会产生是不是要受到袭击的恐惧心理,所以能够被正当化。其他的感情则不应该通过刑法进行保护。现代的多元社会,是以宽容对待不同价值观的态度为前提而成立的。因此,现行德国刑法对于引起他人愤怒的公然性行为(德国《刑法》第 183 条 a),以及对他人(没有要求发送情色图片的情况下)发送情色图片的行为德国(《刑法》第 184 条第 1 项第 6 号),进行处罚显然有过宽之嫌。在这些仅仅是感情受侵害的场合中,因为完全可以通过转移视线或者删除的方式(发过来的图片)来解决问题,无所谓损害了自由、安全的共同生活,因此对其实施刑罚显然是反应过度了。第六,所谓法益保护,是对他人法益的保护,并不是对自己本身的保护,因此对有意识的自损行为等就没有施以刑罚的必要。国家的家父主义,只有在针对未成年人、精神障碍者等不具有自律能力的人的时候,才具有正当性。自杀帮助,只要是在自杀者自我答责的基础上,就应该根据现行刑法不予处罚。比如在危险的体育竞技中发生事故,只要是被害者自身能够认识到危险,则主办方就不应担责。为自己吸食而少量获取毒品也是如此。[①] 第七,象征的刑罚法规,并不利于法益保护。所谓象征的刑罚法规,对于和平的共同生活之保障来说,并不是必须的。其

① Achtes Gesetz zur Änderung des Arzneimittelgesetzes vom 7. September 1998, BGBI. I S. 2649.

更像是当权者为了追求自己感情的姑息、国家层面的演出等刑法以外的目的,而制定的刑罚法规。比如说现行德国刑法当中,对否认纳粹体制下屠杀实施的言行进行处罚(德国《刑法》第 130 条第 3 项),但是对于这些历史实施予以否定的言行,并没有对现在活着的人的共同生活造成侵害。本规定的真正目的在于将现在的德国展现成对于希特勒时代的犯罪不再沉默,焕然一新的现代国家。即便认可国家的这一目标设定,由于这并不是法益保护的目的,因此无法论证刑法投入的正当性。第八,禁忌也不能够被称为法益,不能作为刑法保护的对象。比如亲属间的性行为(《刑法》第 173 条),只要是成年人合意之下进行的,就无所谓法益侵害,处罚也就不能被正当化。关于亲属间性行为进行处罚,是为了防止出生儿有遗传上的缺陷之说法,也没有说服力。究其原因,一是因亲属间不生孩子是通例,二是使孩子出现基因缺陷也是极其稀少的。为了防止基因缺陷就投入国家刑罚权,显然是违反了对私人领域的尊重。第九,过于抽象的保护对象,也不能够认定为是法益。比如"扰乱公共安宁"(《刑法》第 130 条、第 166 条)等规定,并没有阐明具体的法益。对过于抽象的保护对象严重缺乏明确性,往往会导致公民行为预测的不准确性。

(三)法益保护原则的宪法关联

法益保护原则何以能够强制立法者认真审视其所确立的范围,进而限定刑事立法的边界呢？这就涉及法益保护原则的规范性效力。在此不得不提德国的兄弟姐妹乱伦案。本案的一方当事人 A(兄)于 1976 年出生,自小受到父亲的虐待,3 岁时即被送到福利院并在此生活,7 岁时被一对夫妇收养成为他们的养子,其后再也没有和生父母有过接触。另一方当事人 B(妹)1984 年出生,一直跟随母亲生活。A 对于自己有妹妹一事并不知悉。A 和 B 于 2000 年时初次见面,当年其母亲去世,二人便开始一起生活,并发生性关系。二人育有四个子女,其中两人存在先天性疾病。根据德国《刑法》第 173 条的规定,有血缘关系的兄弟姐妹之间发生性行为,参照与有血缘关系的直系尊亲属发生性关系进行处罚,即构成近亲属间性行为罪。A、B 二人被定罪后,就本案上诉到德国联邦法院,要求德国宪法法院判定《刑法》第 173 条所规定的罪名违反宪法而无效。①

2008 年德国联邦宪法法院就近亲属之间的乱伦案作出判决,联邦宪法法院就本案处罚的合宪性进行判断,使本案的探讨进入到法益保护原则的现代意义的层次。本判决中分为多数意见和少数意见,持少数意见的是本案的审判长,其是拥护法益保护原则的代表性人物。审判长的反对意见认为,德国《刑法》第 173 条只是将社会道德观视为禁忌,不能将其作为合理的刑事司法的目的,并基于这一主题展开了讨论。对此,多数意见认为,对于立法者的判断的界限,应该只能求助于宪法。因此,在时至今日的联邦宪法法院的所有判例当中,都没有接受将法益保护原则作为适法刑罚化的前提,无论是在关于处罚成年人的同性性行为的合宪性审查②还是在处罚持有毒品的合宪性审查③的判例中,都没有采用法益保护的概念的先例,那么在涉及本案当中的处罚问题时,联邦宪法法院的裁判也应当和法益保护原则保持一定的距离。④

由此便引发出一个根本性问题,法益保护原则要想限定立法者,进而防止刑事立法过度扩张就必须要有规范的根基。无论如何,最终决定是否立法的还是立法者,能够约束国家立法者的只有宪法。各国刑法制定的根基都是宪法性法律,比如我国《刑法》第 1 条就开宗明义,"为了惩罚犯罪,保护人民,根据宪法……制定本法"。因此,法益保护原则要想实现立法批判的功能,其规范根基必须与宪法有明显的关联。那么,法益保护原则是否有宪法性根据呢?

以我国台湾地区为例,台湾地区"宪法"第 22 条规定"凡人民之其

---

① BVerfGE 120,224,Beschl. v. 26. 2. 2008. 转引自上田正基:《その行為、本当に処罰しますか——憲法的刑事立法論序説》,弘文堂 2016 年版,第 9 ~ 10 页。

② BVerfGE 6,389 ff.; 36,41 ff.

③ BVerfGE 90,145 ff.

④ 参见[德]克劳斯·罗克信:《对批判立法之法益概念的检视》,陈璇译,载《法学评论》2015 年第 1 期;グンナー・ドゥトゲ:《可罰的な兄弟姉妹間の性交処罰の正統化への疑念》,嘉門優 訳,《龍谷法学》2012 年第 2 号。

他自由及权利,不妨害社会秩序公共利益者,均受宪法之保障”。以此条来保障基本权利,而又通过第23条来限定权利的行使,即“以上各条列举之自由权利,除为防止妨碍他人自由,避免紧急危难,维持社会秩序,或增进公共利益所必要者外,不得以法律限制之”。在《中华人民共和国宪法》当中也有同样的规定,即“中华人民共和国公民在行使自由和权利的时候,不得损害国家的、社会的、集体的利益和其他公民的合法的自由和权利”。反过来说,只有公民行使自由和权利损害到国家、社会和集体的利益时,才有可能受到刑法的规制。总而言之,国家只有在具备条文所列要件之一的情况下,才可以制定法律限制人民的自由权利。法益保护原则即是基于宪法这样的规定衍生而来。

刑法的处罚效果,是剥夺犯罪行为人的生命权(死刑)、人身自由权(无期徒刑、有期徒刑、拘役)及财产权(罚金),因此刑法是宪法中所谓的限制人民自由权利的法律。基于宪法中限制自由的条款,刑法中的所有处罚规定的目的都应该是保障其他国民的利益(防止妨碍他人自由、避免紧急危难、维持社会秩序、增进公共利益等);基于保护法益的目的,刑法才可以限制犯罪行为人的自由,这就是“法益保护原则”的意义。①

由此可知,国家只有在为了维护他人的法益时,才能通过刑法规定怎样的行为构成犯罪(如杀人者,构成杀人罪)及该犯罪处以如何的刑罚(如犯杀人罪者,处死刑)。再详言之,法益保护原则的意义就是:刑法所规定的每一个犯罪及其刑罚(或保安处分),均须有其所欲保障的法益,如果没有所欲保障的法益,刑法就不能规定该行为构成犯罪。

(四)钳制法益保护原则的原则——比例原则

立法者可以为了防止妨碍他人自由、避免紧急危难、维持社会秩序或增进公共利益,在“必要”程度内,以法律限制之。虽然前面已经通过反向类型化大致界定了法益保护的范围,但显然还比较粗糙,不具有

① 参见王正嘉:《风险社会下的刑法保护机能论》,载《法学新论》2009年第6期。

稳定性,容易被立法者进行变异解释,将不属于法益范围的内容解释到法益保护之中来。如何精准且规范地界定法益的范围,防止法益保护原则变成仍由立法者打扮的小姑娘,就需要对这其中的"必要"进行界定。这里的"必要"就是指"比例原则",坚守比例原则能够防止法益保护原则的左右摇摆。

比例原则是德国公法学界发展出来的理论,比例原则最早滥觞于德国警察法学,后通过普鲁士高等行政法院的判决,成为德国行政法上的"帝王条款"。德国基本法制定出台以后,通过其第1条和第20条将比例原则升格为一项宪法原则,成为涉及人权的公权力。从"法治原则""自然权利"等源出或相互作用,至今促成了一种所谓"新宪政主义"的现象。[①] 我国宪法当中虽无明显的"比例原则"表述,但是我国宪法以及立法法中的诸多规定都具有导出比例原则的可能。[②] 比如有学者指出《立法法》第6条第1款规定的"立法应当从实际出发,适应经济社会发展和全面深化改革的要求,科学合理地规定公民、法人和其他组织的权利与义务、国家机关的权力与责任",实际上就是要求立法者在立法时应遵循比例原则。[③]

那么比例原则如何在刑事立法审查当中发挥过滤功能呢?德国联邦宪法法院所采用的审查框架是包括三阶段审查和比例原则的组合模式。[④] 这种模式的逻辑性和阶层性具有一定的启示性意义。

所谓三阶段审查是指按照以下顺序来对处罚进行审查。第一,某个宪法上的权利保障什么(保护范围);第二,法律以及国家的具体措

① 参见陈新民:《德国公法学基础理论》(下册),山东人民出版社1997年版,第36~37页。

② 参见门中敬:《比例原则的宪法地位与规范依据——以宪法意义上的宽容理念为分析的视角》,载《法学论坛》2014年第5期。

③ 参见陈新民:《中国行政法学原理》,中国政法大学出版社2002年版,第42页。

④ Vgl. Thomas Weigend, Der Grundsatz der Verhältnismäßigkeit als Grenze staatlicher Strafgewalt : Festschrift für Hans Joachim Hirsch zum 70. Geburtstag, 1999, S. 917. 转引自上田正基:《その行為、本当に処罰しますか——憲法的刑事立法論序説》,弘文堂2016年版,第10页。

施有没有对这样的保护范围施加约束(制约);第三,这种制约在宪法上是否可能正当化。[①] 而比例原则作为前述第三个阶段所适用的基准。显然在这一组框架当中,占据核心的地位。因为比例原则的内涵包括有效性原则(适当性原则)、必要性原则及衡平性原则(利益衡量原则)。该原则作为判断正当性的基准,其具体表现是:有效性原则指一个刑罚规定必须能有效地达到保护法益的目的;必要性原则指该刑罚规定必须对行为人所造成的损害程度最少;衡平性原则指该刑罚规定所保障的法益,必须大于其所牺牲的法益(对行为人所造成的损害)。

举例来说,窃盗罪的处罚规定所欲保护的法益,是个人法益中的财产法益,因此刑罚的手段,必须能有效地达到保护财产法益的目的,才算是符合有效性原则。如果今天刑法规定窃盗罪只处六个月以下有期徒刑,小偷们可能觉得罚得太轻,仍然值得冒险一偷,那么该规定就不足以吓阻小偷的犯罪,也无法有效达到保护被害人财产法益的目的,因此不符合有效性原则。由此可知,在决定一个刑罚规定要对犯罪行为人处以多重的处罚时,首先须考量的是该刑罚规定是否已经达到足以吓阻犯罪之目的,唯有如此,法益才能有效地获得保障。

其次,我们要判断的是,一个刑罚规定是否符合必要性原则,也就是是否对犯罪行为人所造成的损害是最少的。仍以窃盗罪为例,如果刑法规定犯窃盗罪者,处五年以下有期徒刑,已足以达到吓阻犯罪之目的,那么刑法就不应该规定犯窃盗罪者,应处以死刑或十年以下有期徒刑。因为基于必要性原则,刑法必须选择一个对犯罪行为人损害程度最少的手段,因此在这么多足以有效保护法益的手段中,应该采取对犯窃盗罪者只处五年以下有期徒刑的手段。

最后,当一个刑罚规定符合有效性原则及必要性原则后,我们还要判断它是不是符合衡平性原则。衡平性原则主要是在判断一个刑罚规

---

① 参见クラウス・シュテルン:《ドイツ憲法Ⅱ基本権編》井上典之ほか編訳,信山社 2009 年版,第 324 页;小山剛:《憲法上の権利の作法》,尚学社 2011 年版,第 10 页、第 14 页。

定究竟“经不经济”，如果它所保障的法益大于所牺牲的法益，那么就是经济的；相反的，如果它所保障的法益小于所牺牲的法益，那就是不经济的，该规定就会被认为不符合衡平性原则。在窃盗罪当中，该刑罚规定所保障的是不特定被害人的财产法益，所牺牲的是犯罪行为人“偷东西”的自由及最高五年的人身自由（五年以下有期徒刑），只有当前者的总价值（保护法益：众多被害人的财产法益）大于后者的总价值（牺牲法益：行为人偷东西的自由及人身自由）时，这个刑罚规定才能被认为符合衡平性原则。

当一个刑罚规定同时符合有效性原则、必要性原则及衡平性原则时，该刑罚规定才会被认为符合比例原则。否则，该刑罚规定将会因违背比例原则而被认为违反宪法，进而被宣告为无效。

为了保护全体国民的法益，刑法可以限制行为人的自由（法益保护原则），但是为了避免行为人的自由受到过度限制，刑法所采取的手段必须要在“必要”程度内为之（比例原则），所以我们可以这样说：比例原则是法益保护原则运作上的重要钳制；法益保护原则保障的是全体国民的自由权利；比例原则保障的是犯罪行为人的自由权利；只有当二者同时运作时，全体国民及犯罪行为人的自由权利才可以得到均衡且妥适的保障。

四、结　语

随着风险社会的到来，刑事立法越发活跃。不断扩张的刑事立法不仅会使自由的空间越来越小，也会让国人的活动在犯罪标签化的中国社会变得谨小慎微。刑事立法的正当性必须遵守“以保护法益作为唯一前提”。而为了防止法益概念被作扩张性和变异性解读，首先，需要将法益概念类型化，鉴于正向类型化的困难性，反向类型化是可取之策；其次，法益保护原则要想对立法者产生实际影响，必须帮助法益保护原则寻找宪法根基；最后，通过比例原则的判断框架，最精确地过滤掉无须动用刑事立法的危害行为。

Criminal Legislation should adhere to the Principles of Protection of Legal Interests

Chu Chencheng

[内容摘要]无论是中国、德国抑或是日本都进入到刑事立法的活跃期。在风险社会的刺激下,三国的刑事立法都出现了脱离法益保护原则的迹象。这些迹象总体来说,表现为积极的一般预防化、法益保护的早期化(法益的抽象化)和刑事立法象征化倾向。这些倾向显然为进一步扩张刑法势力添加了注脚,亦埋下了伏笔。防止刑法过度扩张侵蚀公民的基本自由,必须要让刑事立法回归法益保护原则。而由于法益概念的可塑造性、范围的模糊性和宪法关联的孱弱性,致使法益保护原则的确立需要体系性扶持。这需要在学理上将法益概念唯人格属性化,法益保护原则反向类型化,框定法益保护的基本范围。在规范上,寻找法益保护原则的宪法关联,保障法益保护的基本能力。进而通过比例原则的适用审查刑法立法的正当性。

[关键词]刑事立法;法益;立法批判;宪法;比例原则

Abstract: The criminal legislation has begun to be active in China, Japan and Germany. In the background of risk society, the criminal legislation does not obey the principles of protection of legal interests strictly in these countries. This is mainly shown in three aspects: active general prevention, early protection of legal interests and symbolic legislation. The aggressive criminal law may limit the freedom. The appropriate criminal legislation should adhere to the principles of protection of legal interests sternly. Therefore, we should delimit the scope of legal interests clearly, find the constitution connection for the principles of protection of legal interests, and utilize the proportionality in the process of criminal legislation exactly.

Key words: criminal legislation; legal interests; critique to legislation; constitution; proportionality

俄罗斯前科制度研究*

庞冬梅**

目　　次

一、引　　言

根据俄罗斯内务部官方网站的犯罪统计数据表明,2014 年度俄罗斯联邦境内共登记了216.64 万起犯罪,其中的53.7%犯罪是由以前有过犯罪经历的行为人实施的。与此同时,危险累犯与特别危险累犯实

* 本文系 2016 年度国家社会科学基金重点项目“俄罗斯刑法总则制度研究”(项目编号:16AFX008)的阶段性成果。

** 黑龙江大学法学院教授暨俄罗斯法研究中心主任,法学博士。

施犯罪的数量较 2013 年呈同比增长趋势。① 此外,俄罗斯司法实务中的实证数据表明,2013 年法院通过判决执行程序审核的案件材料共 69.9 万件(2012 年共 79.3 万件),其中,依据《俄罗斯联邦刑事诉讼法典》第 400 条的规定而撤销前科的案件数量为 1.86 万件,占审核案件总量的 0.9%;2012 年法院撤销前科的案件数量与比率分别为 1.67 万件和 0.8%。根据俄罗斯联邦最高法院审判司提供的数据,2008 年至 2012 年法院审核通过的提前撤销前科的服刑期满人员的数量分别为:2008 年 14,883 人、2009 年 13,059 人、2010 年 12,893 人、2011 年 4204 人、2012 年 6701 人。② 可见,前科是俄罗斯刑事司法实践中适用率较高的一种刑法制度。

二、俄罗斯前科制度概述

根据俄罗斯刑法学通说观点,前科是因实施犯罪和被判刑的事实所引起的、行为人所处的一种法律状态。根据《俄罗斯联邦刑法典》第 86 条第 1 款的规定,因实施犯罪而被判刑的人,自法院的有罪判决生效之日起至前科消灭或撤销之时止,被认为有前科。可见,前科状态存在于犯罪人整个服刑期间以及服刑后或刑罚执行的法定期限之内。换言之,前科的期限由两部分构成:(1)主刑以及附加刑的服刑期间;(2)服刑期满后的一段时间。此外,被判缓刑的人,前科存在于缓刑考验期内并随着缓刑考验期满而随之消灭(《俄罗斯联邦刑法典》第 86 条第 3 款第 1 项)。与此同时,被免除刑罚的人不认为有前科(《俄罗斯联邦刑法典》第 86 条第 2 款)。

俄罗斯现行刑事立法中规定的前科终止路径有两种:前科消灭

---

① См.: Ефремова В. А. Актуальные вопросы погашения и снятия судимости в уголовном праве Российской Федерации // Актуальные вопросы борьбы с преступлениями. 2016 № 1. С. 83.

② См.: Статистические отчеты Судебного департамента при Верховном Суде РФ // Судебный департамент при Верховном Суде РФ. URL: http://www.cdep.ru/.

(погашение судимости)和前科撤销(снятие судимости)。

前科消灭的条件除了前述提到的被判缓刑的人因考验期满前科消灭的情形外,还包括:被判处比剥夺自由刑更轻刑种的人,服刑期满后过1年前科消灭;因轻罪或中等严重的犯罪被判处剥夺自由刑的人,服刑期满后过3年前科消灭;因严重犯罪而被判处剥夺自由刑的人,服刑期满后过6年前科消灭;因特别严重的犯罪被判处剥夺自由刑的人,服刑期满后8年前科消灭(《俄罗斯联邦刑法典》第86条第3款第2、3、4、5项)。此外,俄罗斯刑法还规定:"如果被判刑人按法律规定的程序提前免于服刑或者未服满的部分刑罚改判较轻刑种,则前科消灭的期限根据实际服完的刑期自免于服主刑和附加刑之时起算。"(《俄罗斯联邦刑法典》第86条第4款)

前科终止的另外一种形式是前科撤销。前科撤销的方式有两种,第一种撤销方式需要通过法院实现,即"如果被判刑人在服刑期满之后表现良好,则法院可以根据他本人的请求在前科消灭期限届满之前撤销前科"(《俄罗斯联邦刑法典》第86条第5款);第二种前科撤销的方式是通过大赦或特赫的程序来实现的,即"……对刑满人员,大赦令可以撤销其前科"(《俄罗斯联邦刑法典》第84条第2款)、"……对刑满人员,特赦令可以撤销其前科"(《俄罗斯联邦刑法典》第85条第2款)。

俄罗斯学者一般将前科的后果分为两大类:道义上的后果与法律上的后果,其中,后者又分为一般法律后果与刑事法律后果。①

前科的道义上的后果主要体现为:社会公民基于对实施犯罪的事实持否定评价的心理而对被判罪人怀有不信任、警惕的态度。正是基于此种原因,被判过刑而有前科的人在刑满释放后往往很难适应社会并找到合适的工作。

前科的一般法律后果首先体现在劳动关系领域。俄罗斯某些规范法案中包含对有前科的人在从业禁止方面的明确规定,比如,禁止他们

① См.: Уголовное право России. Часть Общая и Особенная: учебник / под ред. А. В. Бриллиантова. – 2 – е изд., перераб. И доп. – Москва: Проспект, 2016. С. 292.

从事律师、法官、检察官以及内务机关和其他护法机关的工作;有贪利性犯罪前科的人无权在政府机关担任与物资分配相关的职务;禁止因故意重罪或特别重罪被判刑且前科未消灭或未撤销的人从事教育领域工作(《俄罗斯联邦劳动法典》第331条);禁止接收因故意犯罪前科未消灭或未撤销的人担任空乘人员(《俄罗斯联邦航空法典》第52条第3款);剥夺因故意实施侵犯生命或健康类犯罪而有前科之人的收养权利(《俄罗斯联邦家庭法典》第127条第1款),等等。此外,俄罗斯法律还对于实施某些特定种类犯罪而有前科的人规定有特别的行政监督方面的限制性规定,比如,有此类前科的人无权获得持有武器的许可,不能应征服兵役等。

前科的刑事法律后果主要是行为人实施新罪情形下应当考量的要素。前科既可能成为免除行为人刑事责任的阻碍因素(《俄罗斯联邦刑法典》第75条、第76条),同时也是认定累犯时所必须考虑的要素,并进而对被判处剥夺自由刑的被判刑人的服刑机构类型产生影响,等等。根据俄罗斯联邦现行刑事立法的规定,前科消灭或撤销后,与前科相关的一切法律后果随之消灭(《俄罗斯联邦刑法典》第86条第6款)。此款规定显然与俄罗斯现行的其他联邦法律中有关前科一般法律后果的规定相背离,是俄罗斯刑事立法与其他部门法在前科规定方面的规范冲突,需要进一步予以完善。

三、前科的概念与本质属性

(一)前科概念

对俄罗斯学界有关前科问题研究成果的分析表明,俄学者在前科概念与本质的理解上存在着不同的理念。扎戈罗德尼科夫(Н. И. Загородников)将前科界定为法律所规定的承受判罪否定后果的义务;①塔尔哈诺夫(И. А.

① См.: Загородников Н. И. Советское уголовное право. Общая и Особенная части. М.: Юрид. лит.,1975. С. 223.

Тарханов)认为,前科是行为人被判处一定刑罚措施的事实所引起的刑事法律负担,以及由此而引发的针对行为人的一系列法定的、具有一般社会性质与法律性质的不利后果。① 此外,俄国刑法学论著还将前科定义为:行为人因实施犯罪而被官方认定的、产生某种法律后果的判罪事实。② 马尔科夫(В. П. Малков)认为前科是指具备因实施犯罪而被判罪的事实,法院据此以国家的名义对被判刑人的行为予以否定的道德、政治评价,并基于行为人对社会和国家具有社会危害性而需要将其置于国家监督之下,直至确保改造结果的完全实现。③

从一般法学理论(其中包括有关法律事实学说)的基本立场出发,波尼亚托夫斯基(Т. Г. Понятовская)与绍塔耶娃(Г. Х. Шаутаева)将前科界定为与某种刑事法律关系自身(基于对被判刑人的后犯罪行为进行社会法律监督而形成的关系类型)的产生、存在与终止相伴而生的权利变更之法律事实。基于此种观点,前科是指行为人因实施犯罪而被判处的、能够引起某种刑事法律性质后果和一般法律性质后果的具有期限性的法律事实(体现为法院作出的发生法律效力的有罪判决)。申言之,这里的前科既指适用俄罗斯联邦刑法总则规定而定罪判刑的一次性法律事实,也指这样一些接续发生的法律事实,即作为对被判刑人后犯罪行为适用社会法律监督之法律根据的法律事实,以及联邦立法针对有前科或曾经有过前科的人所规定的一般法性质的限制性规定的法律事实。④

---

① См.: Уголовное право России. Общая часть: учебник / по ре. В. П. Малкова, Ф. Р. Сундурова. Казань: Изд - во Казан. ун - та, 1994. С. 405.

② См.: Курс советского уголовного права. Т. 3: Часть Общая. Наказание / А, А, Пионтковский, Н, А, Стручков, П. С. Ромашкин и др. М.: Наука, 1970. С. 310; Уголоный кодекс Российской Федерации: науч. - практ. Коммент. /под ред. Л. Л. Кругликова, Э. С. Тенчова. Ярославль: Влад, 1994. 175.

③ См.: Малков В. П. Повторность преступлений (Понятие и уголовно - правовое значение). Казань: Изд - во Казан. Ун - та, 1970. С. 54.

④ См.: Понятовская Т. Г., Шаутаева Г. Х. Правовое значение судимости: монография. Ижевск: Детектив - информ, 2003. С. 19, 20.

叶拉克辛(В. В. Ераксин)和波母恰洛夫(Л. Ф. Помчалов)在其合著中将前科界定为"法律所规定的、能够引起某种刑事法律后果和一般法律后果的、因实施犯罪行为而被法院判处一定刑罚措施的判罪事实所引起的行为人所处的法律状态"。① 特卡切夫斯基(Ю. М. Ткачевский)在前科概念的界定上也持同样的观点。②

俄罗斯当代及以前的学术论著中关于前科概念的界定上都存在着这样的观点,即认为前科是因实施犯罪而被判罪的事实引起的行为人所处的法律状态。③ 持此种观点的戈林娜(В. В. Голина)将前科的概念界定为"因行为人实施犯罪而被法院判处具体刑罚措施并引起某种法定的一般法性质和刑法性质后果的法律状态,是敦促刑罚目的实现的法律手段";④泽里多夫(С. И. Зельдов)认为,前科是"法院基于行为人实施犯罪而判处某种刑罚措施的事实所形成的行为人所处的法律状态";⑤乌里扬诺夫(А. В. Ульянов)将前科界定为"行为人因实施犯罪而被法院判处发生法律效力之实际刑罚的有罪判决所产生的一种法律状态,此种法律状态在法律规定的条件下,甚至于在服刑之后可能引起针对行为人的刑事法律后果以及某些一般法律性质的限制性规定"。⑥

俄罗斯学界之所以在前科概念的解读上存在着各种不同的观点,

---

① См.: Ераксин В. В., Помчалов Л. Ф. Погашение и снятие судимости в советском уголовном праве. М.: Изд – во Моск. ун – та, 1963. С. 15.

② См.: Курс уголовного права. Общая часть. Т. 2. Учение о наказании: учебник для вузов / под ред. Н. Ф. Кузнецовой, И. М. Тяжковой. М.: ЗЕРЦАЛО. 1999. С. 279.

③ См.: Советское уголовное право. Общая часть. М.: Юрид. лит., 1977. С. 457.

④ См.: Голина В. В. Погашение и снятие судимости по советскому уголовному праву. Харьков: Изд – во Харьков. ун – та, 1979. С. 9.

⑤ См.: Зельдов С. И. Уголовно – правовые последствия судимости: учеб. пособие. Орджоникидзе, 1986. С. 3.

⑥ См.: Ульянов А. В. Судимость и правовые последствия ее реализации: автореф. дис. ... канд. юри. наук. М., 2006. С. 4.

一方面是因为前科这种法律现象具有复杂性与多面性,另一方面是由于俄罗斯现行刑事立法有关前科的规定存在一定的缺陷,需要进一步完善。俄罗斯关于前科的官方释义首次出现在《俄罗斯联邦宪法法院决议》第1.2项的规定中,即"前科是法院因行为人实施犯罪而依法判处刑罚的事实所引起的、在其再次实施犯罪时引发相应刑事法律后果的某种法律状态;如果行为人有未消灭或未被撤销的前科,则会引起某种特殊的、基于刑事法律调整而形成于行为人与国家之间的公法关系,这种法律关系在此行为人实施新罪的时候将成为评判其人身及所实施犯罪而具有较高社会危害性并因此而应当适用更严厉刑事责任措施的根据"。①

(二)前科的本质属性

无论是俄罗斯学界,还是俄官方文件中的有关前科概念的界定都不同程度地反映了此种制度的本质特征。然而,俄罗斯刑法学界在前科本质属性的界定上并未达成共识。

有学者认为前科是刑罚的实质要素,持此种主张的代表学者有诺伊(И. С. Ной)、祖布科娃(В. И. Зубкова)、库兹涅佐娃(Н. Ф. Кузнецова)和尼科诺夫(В. А. Никонов)。诺伊认为刑罚中刑事惩罚的本质主要体现为这样几点:(1)代表国家谴责实施犯罪的犯罪人;(2)最严厉的惩罚方式;(3)刑罚只适用于实施犯罪的犯罪人;(4)只有依据法院的判决才能适用刑罚;(5)产生前科这样不可避免的刑事惩罚后果。② 祖布科娃主张前科是刑事惩罚所特有的显著标志,前科的本质属性体现为它是对被判刑人、服刑人员或者曾经的服刑人员的某种权利限制,"因为前科将记入那些暂缓性刑罚种类的服刑期限之

① См.: Постановление Конституционного Суда РФ от 19 марта 2003 г. №3 – П // Собрание законодательства РФ. 2003. №14. Ст. 1302.

② См.: Ной И. С. Вопросы теории наказания в советском уголовном праве. Саратов. Изд – во Сарат. уни – та. 1962. С. 125.

内……它在这里可以看成是刑罚的构成要素。至于那些即时执行的刑罚,则前科应当产生于刑罚执行完毕之后”。[①] 库兹涅佐娃教授在对刑罚概念问题进行深入研究的基础上指出:“更多的论据证明前科是刑罚的要件。”[②]根据尼科诺夫的观点,“前科的出现,其实质并非是对犯罪人增加某一种法律规制措施,而是因实施犯罪而产生的某种必然后果,是刑罚的重要组成部分之一”。[③]

对上述主张持反对立场的俄罗斯学者则认为,前科实质上是与刑事责任和刑罚之间存在着密切联系的一种独立现象,并且前科本身并不是刑罚的构成要件。持此种观点的米茨克维奇(А. Ф. Мицкевич)就前科内涵与刑罚内容之间的区别提出了四点立论基础:(1)基于前科所产生的权利限制的性质与范围并非取决于所实施的犯罪与犯罪人的人身特征;(2)前科还存在于被判处缓刑、延期服刑的情形中,而这两种刑事法律规制措施在法律属性方面并不等同于严格意义上的刑罚;(3)前科的期限在某些特殊情形下实际上可以通过法院延长(参见《俄罗斯联邦刑法典》第 74 条第 2 款),而此类情形不可能出现在法院判处刑罚的过程当中;(4)前科置于刑罚执行期限之外,但此种情况下构成前科内涵的限制性规定则同样适用于刑罚执行期间以及服刑完毕之后。[④] 换言之,前科作为一种法律状态不仅存在于法院判处实刑的情况下,而且也适用于其他刑事法律性质措施的情形。前科不因实际刑罚服刑完毕而终止,而是在前科消灭期限结束之前继续发生“效力”。某些含有剥夺与限制被判刑人权利和自由的刑罚种类的惩罚要

---

① См.: Зубкова В. И. Уголовное наказание и его социальная роль: теория и практика. М.: НОРМА. 2002. С. 51.

② См.: Курс уголовного права. Общая часть. Т. 2. Учение о наказании: учебник для вузов / под ред. Н. Ф. Кузнецовой, И. М. Тяжковой. М.: ЗЕРЦАЛО. 1999. С. 10.

③ См.: Никонов В. А. Уголовное наказание. Поиск истины. Тюмень: Юрид. ин – т МВД России. 2000. С. 13.

④ См.: Мицкевич А. Ф. Уголовное наказание: понятие, цели и механизмы действия. СПб,: Юрид. центр Пресс,2005. С. 23 – 25.

素区别于构成前科内涵的权利限制范围，由此可以得出前科不是刑罚的实质构成要件。

笔者赞同第二种观点，认为前科并非刑罚的构成要素，而是基于法院的定罪判刑而使行为人处于不利法律状态的相对独立的刑法制度，是刑事责任实现的方式之一。

四、前科的法律属性

（一）前科与刑事责任之间的关系

刑事责任作为刑法的基本范畴，俄学界在其内涵的理解、刑事责任产生与终止的时间界定及其实现方式方面都存在着不同的主张。从实质内容的角度，一般将刑事责任界定为：产生于违法者与国家之间的法律关系（惩罚性的刑事法律关系）；[①]刑事法律关系主体的权利与义务的实现；[②]刑事法律关系、刑事诉讼法律关系与劳动改造法律关系的实现；[③]实施了犯罪的人遭受（承担）规制措施的责难；[④]国家以判决与附

① См.: Ткачевский Ю. М. Уголовная ответственность // Уголовное право. 1999 №3. С. 18; Дуюнов В. К. Механизм уголовно – правового воздействия: теоретичекие основы и практика реализации автореф. дис... д – ра юрид. Наук. М., 2001. С. 12.

② См.: Журавлев М., Журавлева Е. Понятие уголовной ответственности и форма ее реализации // Уголовное право. 2005. № 3. С. 28.

③ См.: Стручков Н. А. Уголовная ответственность и ее реализация в борьбе с преступностью. Саратов, 1978. С. 51.

④ См.: Брайнин Я. М. Уголовная ответственность и ее основания в советском уголовном праве. М., 1963. С. 25; Тащилин М., Гоило Н. Уголовная ответственность и формы ее реализации // Уголовное право. 2004. № 4. С. 54; Карпушин М. П., Курляндский В. И. Уголовная ответственность и состав преступления. М., 1974. С. 39.

随刑罚或其他刑法性质措施的方式对行为和行为人的谴责;[①]犯罪人承受刑事法律规范法定刑框架内所规定的剥夺型与权利限制型强制措施;[②]在具备刑事法律根据的情况下,行为人能够感知的主观的(内部的、心理的)和/或客观的(外部的/社会的)认同性或谴责性的影响。[③]

俄罗斯学界有关刑事责任问题的争议无疑具有非常现实的意义,因为它从不同的角度阐释了刑事责任这种复杂法律现象的重要特征。毋庸置疑,刑事责任不仅与产生刑事法律关系的犯罪实施事实之间存在着不可分割的联系,而且是对社会危害行为及行为人的否定的公法评价(谴责),这种否定性评价体现在法院作出的剥夺与限制犯罪人权利和自由的判决以及其他刑法性质措施当中。

在刑法理论视阈内,刑事责任的产生(实现)与犯罪实施时间、追究被告人责任的时间、法院有罪判决发生法律效力的时间之间有着非常密切的关系。俄罗斯刑法学界对于刑事责任产生时间的问题并没有达成一致,这必然导致对于刑事责任内容及其是否涵盖刑事诉讼强制措施等问题作出不同的释义。俄罗斯多数刑法学者赞同刑事责任产生于法院有罪判决生效之时,因为此种主张不仅能够全面反映《俄罗斯联邦宪法》第49条第1款有关只有通过法院审判才能追究责任的原则性规定,而且也明确体现出刑法中的罪过原则,即《俄罗斯联邦刑法典》第5条规定的“只有实施社会危害行为(不作为),并确定因其罪过而发生社会危害后果的人,才应承担刑事责任”。

此外,有关刑事责任终止时间的确定问题也具有重要意义。俄

---

① См.: Кропачев Н. М., Прохоров В. С. Мезанизм уголовно – правового регулирования: Уголовная ответственность: учеб. Пособие. СПб.: Изд – во Санкт – Петербург. гос. ун – та, 2000. С. 44.

② См.: Кругликов Л. Л., Васильевский А. В. Дифференциация ответственности в уголовном праве. СПб.: Юрид. Центр Прес, 2002. С. 34.

③ См.: Сверчков В. В. Концептуальные основы решения пробем освоождения от уголовной ответственности: автореф. дис... д – ра. Юрид. наук. Н. Новгород, 2008. С. 7.

罗斯学者对此问题持这样一些不同观点：刑事责任终止于刑罚开始之时；[①]刑事责任止于前科消灭或撤销之时；[②]刑事责任止于刑罚与行为人前科之刑事法律后果以及其他刑法性质措施结束之时；[③]刑事责任止于刑事法律措施实现之时，或者前科消灭，抑或追究刑事责任的时效届满之时。[④]

鉴于俄罗斯刑事法律所规定的刑事责任实现方式的多样性，有俄罗斯学者主张应当根据所适用刑法性质措施是否附随前科来确定刑事责任终止的时间，即如果所适用刑法性质措施伴随有前科的规定，则刑事责任止于前科的消灭或撤销之时；反之则止于刑法性质措施实现之时，[⑤]因为刑事责任的实现方式虽然存在着差异，但均体现为对实施犯罪的有罪之人权利和自由的某种程度的剥夺。库兹涅佐娃教授认为，刑事责任可以体现为这样两种形式：(1)无实刑的判罪（通过对犯罪人判罪、谴责他的行为和前科予以实现）；(2)有实刑的判罪（判罪、服刑和前科的实现路径）。[⑥] 塔希林（М. Тащилин）和果季洛（Н. Годило）将刑事责任实现方式区分为五种：(1)采取刑事诉讼强制措施；(2)采

---

① См.：Журавлев М.，Журавлева Е. Понятие уголовной ответственности и форма ее реализации // Уголовное право. 2005. № 3. С. 31.

② См.：Кропачев Н. М.，Прохоров В. С. Мезанизм уголовно – правового регулирования：Уголовная ответственность：учеб. Пособие. СПб.：Изд – во Санкт – Петербург. гос. ун – та，2000. С. 45；Кругликов Л. Л.，Васильевский А. В. Дифференциация ответственности в уголовном праве. СПб.：Юрид. Центр Прес，2002. С. 44.

③ См.：Сверчков В. В. Концептуальные основы решения пробем освоождения от уголовной ответственности：автореф. дис... д – ра. Юрид. наук. Н. Новгород，2008. С. 8.

④ См.：Тащилин М.，Гоило Н. Уголовная ответственность и формы ее реализации // Уголовное право. 2004. № 4. С. 54.

⑤ См.：Шаутаева Р. Х. Судимость как форма реализации уголовной ответственности // Вестник удмурткого университета. 2010. Вып. 2. С. 104.

⑥ См.：Курс уголовного права. Общая часть. Т. 2. Учение о преступлении：учебник для вузов / под ред. Н. Ф. Кузнецовой，И. М. Тяжковой. М.：ЗЕРЦАЛО. 1999. С. 192.

取免除刑罚的刑法性质措施;(3)判处刑罚;(4)服刑;(5)前科。①

与前述学者的观点相反,茹拉夫廖夫(М. Журавлев)与茹拉夫廖娃(Е. Журавлева)的合著中将刑事责任实现方式分为:适用刑罚;强制性教育措施;刑事责任免除制度与刑罚免除制度。他们反对将前科归于刑事责任实现方式之列,指出“前科是刑事责任的法律后果,而非其内容”。② 然而,此种主张与现行俄罗斯刑事立法的规定相矛盾,因为根据《俄罗斯联邦刑法典》第 86 条第 1 款的规定,前科作为一种法律状态,自法院的有罪判决生效之日起持续至前科消灭或撤销之时止。在前科整个期限持续时间内,犯罪人承受着一般法意义上的剥夺与限制和刑事法律性质的剥夺与限制。因此,可以得出结论认为:前科不是刑事责任的后果,它作为刑事责任实现的一种独立形式,决定着定罪判刑的范围与持续时间的长短。正如俄罗斯学者涅切普连科(А. А. Нечепуренко)所言,前科是“刑事责任的属性特征与主要实现方式,由此可以在对实施犯罪的人适用刑事强制措施的过程中实现社会正义中非常重要的衡平理念”。③

前科作为刑事责任实现的方式,在俄罗斯联邦现行刑事立法规定中体现为这样几种情况:(1)法院作出的发生法律效力的具有量刑因素(根据《俄罗斯联邦刑法典》第 73 条、第 82 条的规定实际服刑或延期服刑)的有罪判决中的针对行为人定罪判刑的事实;(2)基于定罪与判处具体刑罚的事实而决定的行为人所处的法律状态(地位);(3)对被判刑人实现后犯罪社会法律监督的法律根据。据此,可以认为前科作为一种综合性法律制度,其内容涵盖了俄罗斯联邦立法所规定的一

① См.: Тащилин М., Гоило Н. Уголовная ответственность и формы ее реализации // Уголовное право. 2004. № 4. С. 54.

② См.: Журавлев М., Журавлева Е. Понятие уголовной ответственности и форма ее реализации // Уголовное право. 2005. № 3. С. 29–31.

③ См.: Нечепуренко А. А. Основы правового статуса личности и институт судимости // Конституционные основы уголовного права. Материалы l Всероссийского конгресса по уголовному праву, посвященного 10 – летию Уголовного кодекса РФ. М.: ТК Велби, 2006. С. 425.

般法性质的限制性规定和刑事法律性质的限制性规定。

(二)前科的刑事法律意义

前科的法律意义通常与前科所引起的相应法律后果密切相关,即前科事实与法规范的适用和行为人法律地位所产生的影响存在着紧密联系。一般认为,前科的刑事法律意义体现在《俄罗斯联邦刑法典》第86条第1款与第6款的规定中,即"在认定累犯和判处刑罚时应当考虑前科;前科消灭或撤销后,与前科有关的一切法律后果归于消灭"。然而,通过对《俄罗斯联邦刑法典》总则的立法规定进行系统分析,可以认为前科的刑事法律意义并不止于前述刑事立法规定,还涉及刑事法律调整范畴内其他问题的解决,这主要体现于俄罗斯联邦现行刑事立法有关前科刑事法律后果的下列规定当中:

- 前科是《俄罗斯联邦刑法典》第17条规定的作为多数犯罪种类(вид множественности преступлений)之一的数罪(совокупность преступлений)构成的阻滞因素,《俄罗斯联邦刑法典》第69条第5款①规定的除外;
- 前科是作为多数犯罪种类之一的累犯的认定根据(《俄罗斯联邦刑法典》第18条②);
- 在判处"剥夺专门称号、军衔或荣誉称号、职衔和国家奖励"刑的附加刑时,前科是犯罪人人身认定的评判因素之一(《俄罗斯联邦刑法典》第48条③);
- 对依照合同服兵役的列兵和军士实施普通刑事犯罪的,在解决以军纪管束刑替代不超过2年剥夺自由刑的问题时,前科是评判

① 根据《俄罗斯联邦刑法典》第69条第5款的规定,如果在法院对案件作出判决之后又确认被判刑人在法院作出判决之前犯有其他罪行的,按照数罪并罚论处。

② 《俄罗斯联邦刑法典》第18条第1款规定:"因实施故意犯罪而有前科的人又实施故意犯罪的,是累犯。"

③ 《俄罗斯联邦刑法典》第48条规定:"对严重犯罪或特别严重犯罪处刑时,法院可以考虑犯罪人的人身,剥夺其专门称号、军衔或荣誉称号、职衔和国家奖励。"

犯罪人人身特征时可以考量的因素之一(《俄罗斯联邦刑法典》第 55 条①);

• 前科是对被判处剥夺自由刑的被判刑人选择适用改造机构时考量的要素(《俄罗斯联邦刑法典》第 58 条);

• 前科是适用量刑一般原则时评判犯罪人人身特征应当考量的要素(《俄罗斯联邦刑法典》第 60 条②);

• 前科是适用特殊量刑规则时应当考量的要素(《俄罗斯联邦刑法典》第 62 条"在有减轻情节情况下的处刑"、第 67 条"共同犯罪的量刑"、第 68 条"数罪并罚"的规定);

• 前科是加重刑罚情节中累犯认定的要素(《俄罗斯联邦刑法典》第 63 条第 1 款第 1 项);

• 前科是适用缓刑时评判犯罪人人身危险性的考量要素(《俄罗斯联邦刑法典》第 73 条);

• 前科是因积极悔过和与被害人和解而免除刑事责任的阻滞因素(《俄罗斯联邦刑法典》第 75 条、第 76 条);

• 前科是适用假释时的考量要素(《俄罗斯联邦刑法典》第 79 条第 3 款第 3 项);

• 前科是因情势变迁而免予服刑的阻滞因素(《俄罗斯联邦刑法典》第 80－1 条);

• 前科是适用大赦和特赦法案时应当考量的要素(《俄罗斯联邦刑法典》第 84 条、第 85 条);

• 前科是对未成年被判刑人判处剥夺自由刑(《俄罗斯联邦刑法典》第 88 条第 6 款)时的考量要素,同时也是在解决有关被判处缓刑的

---

① 《俄罗斯联邦刑法典》第 55 条第 1 款规定:"对应征服兵役的军人,可以判处军纪管束,对依照合同服役的列兵和军士,如果他们在法院作出刑事判决之时尚未服满法定持应征兵役的期限,也可以判处军纪营管束。在本法典分则相应条款对军职罪规定的情况下,以及犯罪的性质和犯罪人人身能够证明可以用相同期限的军纪营管束替代不超过 2 年剥夺自由刑时,可以判处军纪营管束,期限为 3 个月以上 2 年以下。"

② 《俄罗斯联邦刑法典》第 60 条第 3 款规定:"在量刑时应考虑犯罪社会危害性的性质和程度以及犯罪人的人身,包括减轻刑罚和加重刑罚的情节……"

未成年被判刑人在考验期内又实施不属于特别严重犯罪的新罪而再次适用缓刑的问题时应当考量的因素(《俄罗斯联邦刑法典》第 88 条第 6－2 款);

• 年满 18 岁不满 20 岁未成年人实施犯罪而追究刑事责任与适用刑罚时,在对其适用特别规定的情形下,前科是应当考量的要素(《俄罗斯联邦刑法典》第 96 条)。

可见,俄罗斯联邦现行刑事立法总则中的诸多规范均涉及前科要素,而《俄罗斯联邦刑法典》第 86 条第 1 款有关"……在认定累犯和判处刑罚时,均应依照本法典的规定考虑前科"的规定并不能全面体现此种刑法制度的刑事法律意义。因此,有俄罗斯学者基于与前科相关的刑法规范适用的准确性与一致性,提出将前述立法规定修订为"……在本法典总则规范所确定的规定范畴内考虑前科"。[①]

(三)前科的一般法律意义

根据俄罗斯联邦宪法法院 2003 年 3 月 19 日出台的第 3 号《决议》的规定,"前科是法院因行为人实施犯罪而依法判处刑罚的事实所引起的、在其再次实施犯罪时引发相应刑事法律后果的某种法律状态"。基于此《决议》对前科概念的阐释,可以认为俄罗斯联邦宪法法院仅将前科看作是刑法学范畴的概念。然而,正如前文提及,俄罗斯国内其他部门法中存在着诸多超出刑法范畴的有关前科后果的法律规定,其中,对于未撤销前科或者前科未消灭的公民的限制性规定体现为以下诸多方面:

• 不能担任国家与市政部门的某些职务(1991 年 4 月 18 日公布实施的第 1026－I 号俄罗斯联邦《警察法》第 19 条第 2 款;1992 年 1 月

① Понятовская Т. Г., Шаутаева Г. Х. Правовое значение судимости: монография. Ижевск: Детектив－информ, 2003. С. 52－53. 转引自: Шаутаева Р. Х. Судимость как форма реализации уголовной ответственности // Вестник удмурткого университета. 2010. Вып. 2. С. 106.

17日公布实施的《俄罗斯联邦检察院法》第40-1条第2款;1997年7月21日公布实施的第114号联邦法律《俄罗斯联邦海关法》等);

• 不能担任法官(1992年6月26日公布的第3132-I号《俄罗斯联邦法官地位法》第4条第1款第2项);

• 无权获得律师资格(2002年5月31日公布实施的第63号联邦法律《俄罗斯联邦律师活动与律师法》第9条第2款第2项);

• 不能担任陪审员和陪审员候选人(2004年8月20日公布实施的第113号联邦法律《俄罗斯联邦普通管辖法院陪审员法》第3条第2款第2项);

• 不能担任仲裁陪审员(2001年5月30日公布实施的第70号联邦法律《俄罗斯联邦各主体仲裁法院仲裁陪审员法》第2条第2款第1项);

• 不能担任俄罗斯联邦社会事务协会理事(2005年4月4日公布实施的第32号联邦法律《俄罗斯联邦社会事务协会法》);

• 因实施故意侵害他人生命或健康犯罪的被判过刑的人,不能被指定为监护人或受托人(《俄罗斯联邦民法典》第35条第2款);

• 不能应召服兵役(1998年3月28日公布的第53号联邦法律《军人职责与兵役》第23条第3款第2项);

• 不能获得武器持有许可证(1996年12月13日公布实施的第150号联邦法律《武器法》第13条第15款);

• 没有权利成为收养人(《俄罗斯联邦家庭法典》第127条第1款第10项);

• 不能从事与国家秘密相关的工作(1993年7月21日公布的第5485-I号法律《国家秘密法》第22条);

• 因实施重罪、特别重罪或者极端主义犯罪而被判过刑的人,没有被选举权(2002年6月12日公布实施的第7号联邦法律《俄罗斯联邦人民选举权与全民公决权基本保障法》第4条第3-1款第1、2项);

• 因实施重罪或者特别重罪而被判过刑的人,不允许从事教育活动(《俄罗斯联邦劳动法》第331条第2款)。

由此可见,根据俄罗斯联邦现行立法的规定,对于处在前科效力期限内,甚至于前科消灭或撤销后的许多情形下的被判刑人,其权利限制规定不仅局限于刑事立法的规定，而且也体现在其他部门立法规范当中，此即前科的一般法律意义，或称前科的一般法律后果，其存在的立法根据是《俄罗斯联邦宪法》第55条第3款的规定，即“人和公民的权利和自由，只能在捍卫宪法制度基础、人的道德、健康、权利和合法利益、保证国防和国家安全所必须的限度内，由联邦法律予以限制”。换言之，俄罗斯联邦立法机关有权依据宪法对从事特殊领域活动的人员规定特别要求，也就是说，对于那些从事具有特殊意义工作的人群，俄罗斯法律可以根据其工作的特殊性而进行限制性规定。

《俄罗斯联邦劳动法典》针对实施某些种类犯罪而有过前科或者曾经有过前科的人从事教育活动规定了某些限制条件，此类犯罪包括：侵犯人的生命、健康以及个人自由、荣誉和尊严类犯罪，侵犯个人的性不可侵犯性与性自由犯罪，侵害家庭和未成年人类犯罪，侵害居民健康以及社会公德类犯罪，侵犯宪法制度基础和国家安全类犯罪，以及侵害公共安全类犯罪(《俄罗斯联邦劳动法》第331条)。《俄罗斯联邦劳动法典》第351条对于犯有重罪以下(不包括重罪)而有前科或有过前科的人，在从事未成年人教育、培养、发展及其休闲、保健、医疗保障领域活动，以及有未成年人参与的青少年体育、文化和艺术工作方面作了专门的限制性规定。与此同时，俄罗斯劳动法还规定，对于那些因犯重罪而有前科或有过前科的人，严格禁止他们从事前述领域的工作。

俄罗斯现在正在生效的某些联邦法律，不仅对有前科的，而且对那些曾经有过前科，即前科已经消灭或撤销的人规定了诸多法定限制条件，这些规定不仅体现在前述《俄罗斯联邦劳动法典》中(第331条、第351条)，而且还存在于其他法律法规中。这些法律包括：1992年1月17日出台的第2202－I号联邦法律《俄罗斯联邦检察院法》；1992年6月26日出台的第3132－I号联邦法律《俄罗斯联邦法官地位法》；1995年4月3日出台的第40号联邦法律《联邦安全部门法》；1997年7月21日出台的第118号联邦法律《法警法》；2011年11月30日出台的第342号联邦法律《关于俄罗斯联邦内务机关职责以及修改俄罗斯联邦单行立法法案法》；2010年12月28日出台的第403号联邦法律《俄罗斯联邦调查委员会法》以及《俄罗斯联邦家庭法典》(第127条)，等等。

根据前述联邦法律的规定,法官候选人应具备的条件之一是没有前科或不曾有过前科,以及不能有过被刑事追诉的经历(《俄罗斯联邦法官地位法》第4条);[①]在俄罗斯内务机关任职的法定限制条件是:首先,不能有前科(包括前科撤销或消灭的情形),其次,即使是因时效届满、当事人和解(除自诉刑事案件外)、大赦、积极悔过而中止刑事追诉的人也不能在内务机关任职,这里只有一种例外,即以前受过刑事追诉的行为,根据现行立法不认为是犯罪的情形(《关于俄罗斯联邦内务机关职责以及修改俄罗斯联邦单行立法法案法》第14条第1款第2、3项)。

《俄罗斯联邦家庭法典》(2010年12月23日由第386号联邦法律修订)规定,不仅限于有前科的人,曾经有过前科或者因实施侵犯人的生命、健康以及个人自由、荣誉和尊严,侵犯个人的性不可侵犯性与性自由,侵害家庭和未成年人类,侵害居民健康以及社会公德类,侵犯国家安全以及侵害公共安全犯罪而受到刑事追诉的人都不能成为收养人(第127条第1项第10段)。

综上,俄罗斯一般法律性质的限制性规定具有例外特性,其前提是为了保障国家的政治、经济与社会安全,并且这种限制性规定是在刑法规制以外予以实现的。其他部门法对于某些从事特定领域活动的人具有特殊要求,规定了超出刑法规制范围的前科的其他法律后果。前文已有所提及,即使是已经消灭或撤销的前科,也可以成为非刑法调整的社会关系中限制公民权利的根据。

五、前科制度立法规范之违宪审查

(一)前科制度立法规范违宪诉讼之驳回

前述关于有前科公民在相关立法规定中的某些限制性条款,在司

① 此条规定的例外是具有法定复权的根据,即如果行为人被追究过刑事责任,但根据《俄罗斯联邦刑事诉讼法典》第24条第1款第1、2项以及第27条第1款第1项的规定中止了刑事追诉,换言之,即根据法律认定,行为人没有实施犯罪,也没有参与犯罪实施,是法律追诉错误(非法追诉或者没有根据的追诉)。

法适用过程中成为了此类违宪诉讼的对象,其中包括俄罗斯公民针对《俄罗斯联邦劳动法典》第331条第2款的限制性规定向俄罗斯联邦宪法法院提起的违宪诉讼,其诉讼理由是此款规定限制了公民可以自由支配自己的劳动能力与选择活动种类的宪法权利。俄罗斯联邦宪法法院在2010年1月26日发布的第127号《决定》中驳回了前述诉讼请求,同时指出:《俄罗斯联邦宪法》第37条的规定所赋予的自由签订劳动合同,以及雇主、雇员之间根据其所签订合同解决劳动关系等问题的宪法权利,与联邦法律中对某些岗位人员规定特殊要求之间并不冲突,因为联邦法律之所以对某些岗位从业人员有某些限制性规定,主要是由这些劳动活动的性质、任务以及组织与实现原则具有特殊性所决定的(参见俄罗斯联邦宪法法院于2002年10月3日公布的第233号《决定》、2003年1月14日的第32号《决定》和2009年6月23日的第1012号《决定》)。因此,立法机关履行自己的职权,对于那些因实施故意重罪和特别重罪而存在没有撤销或未消灭前科的人员,在其从事教育活动的权利方面进行相应的限制性规定是合宪的。俄罗斯联邦宪法法院进一步阐明,此类限制性立法规定是由教育活动本身所具有的特殊性所决定的,而教育活动的内容又是基于道德以及对法律及他人权利尊重的公认价值观教育、培养公民,以保护公共利益和受教育者的权利不受侵犯,所以此类限制性立法规定与《俄罗斯联邦宪法》第55条第3款的规定之间并不冲突。

那么,这里自然会产生这样的问题,即在前科消灭或者被撤销的情况下,是否与之相关的一切权利限制都随之消灭了呢?或者说在这种情况下国家对于公民在法律上的谴责是否完结了呢?

根据《俄罗斯联邦刑法典》第86条第6款的规定,前科消灭或者撤销则意味着与前科相关的一切法律后果随之消除。此条款规定似乎较为绝对与明确,然而,与此同时,俄罗斯其他部门法在调整社会关系的过程中,甚至将已消灭或被撤销的前科作为公民某些权利限制性规定的根据。例如,通过法院判决认定公民为犯罪人的事实本身将成为其进入警察队伍、检察官、法官队伍的终身障碍,此种权利限制是法律上不可逾越的禁止性规定。这种法律现状被某些俄罗斯学者称为“立法者的缺位”(俄文表达为“недомолвка законодателя”),即认为《俄罗斯联邦刑法典》第 86 条第 6 款的规定存在立法漏洞。

俄罗斯联邦最高法院也以司法解释的形式对《俄罗斯联邦刑法》第 86 条第 6 款的规定在刑事法律关系范畴内的适用进行了限制解释,即“法院在审理案件过程中不应当将依法消灭或被撤销的前科作为认定被告人具有否定性人身特征的证明材料,同时也不能将其作为认定累犯成立的依据”,①但是,俄罗斯联邦最高法院的司法解释中却没有提及已消灭或被撤销的前科在什么条件、限度内可以成为非刑事法律关系范畴内限制公民权利的合法依据。

这样一来,有公民基于俄罗斯联邦《警察法》第 19 条第 2 款关于禁止有前科或曾经有过前科(即届时前科已消灭或撤销)的公民入职内务机关工作的法律规定,向俄罗斯联邦宪法法院提起违宪诉讼。俄罗斯联邦宪法法院于 2002 年 12 月 18 日发布的第 353 号《决定》中驳回了前述公民的诉讼请求,其法律依据是 1995 年 6 月 6 日俄罗斯联邦宪法法院公布的第 7 号《决议》中所阐述的法律立场,即内务机关所履行职责的特殊性决定了警务人员所处的特殊法律地位,因此,国家在调整内务机关职务关系,包括内务人员解职根据等事务时,可以在其职权范围内制定某些特殊规则,只要这些规则本身不违反《俄罗斯联邦宪法》第 19 条(第 1 款)、第 37 条(第 1、3 款)和第 55 条(第 2、3 款)的规定,并且与国际劳工组织 1958 年出台的第 111 号公约(《就业与职业歧视公约》)的相关规定相适应,即为合法。根据前述《公约》的规定,基于某些工作对于专业化(职业性)的特殊要求,在其就业与职业方面适用某些区别性对待、特殊要求或者优先任用等不属于歧视性待遇。申言之,前述所引法律立场具有普遍适用的性质,基于此,立法机关有权对内务机关从业人员,包括对从业人员的人身特性方面规定特殊要求。这样的特殊法律规定同样适用于俄罗斯公民基于《警察法》中其他相关限制性规定提起违宪诉讼的驳回根据。

---

① 详见俄罗斯联邦最高法院 2009 年 10 月 29 日公布的第 20 号《关于量刑与刑罚执行司法实践若干问题的决议》第 6 项。

俄罗斯联邦宪法法院于2009年6月23日发布了第1012号《决定》,实际上是对前述第353号《决定》阐述的理由进行了补充。《决定》中强调:内务机关工作是国家特殊工作种类,其职责目的是保障公共利益的实现,因此担当此类职责的警务人员需要具有特殊法律地位,而这种特殊法律地位又是以宪法所赋予的、其履行保障法秩序与公共安全的重要功能为前提的。立法机关在规制内务机关人员的法律地位时,有权对其人身和事务属性进行特殊要求方面的规定。这些具有特殊要求的立法规定,包括前述争议规范中规定的此类特殊限制,是由护法机关的职责任务、组织原则与功能所决定的,同时也必须以公民对警务人员的公信力为必要前提,其立法宗旨是为内务机关人员有效履行其职业活动创造条件。

俄罗斯联邦宪法法院解决上述问题的路径,可以看作是对著名德国政治活动家、哲学家和语言学家威廉·冯·洪堡①1792年所著的《国家活动界限》一书中所提出思想的进一步发展。洪堡认为,国家的权利和义务是保护公民免受"嫌犯"(包括实施犯罪的罪犯)侵害,其中的一条路径即是依法规定某些阻却事由,以阻止这些人担任某些政府职务,禁止他们拥有对儿童的监护地位等。洪堡所述的此类限制性法律规定即是国家对公民财产安全与公民自身安全予以关注的一种体现。②

此外,前述俄罗斯法律针对俄护法机关与法官在任职方面所规定的无任何前科经历等方面的特殊要求,连同保障其自身权威的必然需要,成为以特殊刑事法律措施保障此类人员生命与健康的前提条件。基于此,俄罗斯联邦刑法对于侵害法官、检察官、侦查人员、调查人员生命(第295条),侵害内务机关人员生命(第317条),旨在妨碍前述人

① 威廉·冯·洪堡(Wilhelm von Humboldt)(1767年6月22日—1835年4月8日),生于德国波兹坦(Potsdam),是柏林洪堡大学的创始者,也是著名的教育改革者、语言学者、哲学家及外交官。

② См.: Гумбольдт В. Ф. О пределах государственной деятельности / пер. с нем. Челябинск,2009. С. 181.

员的合法活动或对这种活动进行报复的行为，无论是否造成被害人死亡，均处剥夺自由刑以上刑罚，直至终身剥夺自由刑甚至于死刑。与此同时，对于那些没有前述特殊法律地位的公民，若实施了无加重责任构成的故意杀人行为，其法定刑为 6 年以上 15 年以下剥夺自由刑(《俄罗斯联邦刑法典》第 105 条第 1 款)。

接下来，我们考察一下其他国家在宪法监督层面解决此类问题的路径。意大利宪法法院在其 1993 年 11 月 5 日发布的《决定》中指出，在任何情况下，拒绝接收、开除或者临时撤职都必须通过相应机关行政部门下达决定的方式予以实现，而此类决定中必须考虑前科对于具体利害关系人履行国家职责所产生的影响。因此，意大利宪法法院认定：禁止所有因实施故意犯罪而服过监禁刑的人参与内务机关职位竞争的法律规范不符合《意大利宪法》第 3 条(保证平等)和第 27 条第 3 款(保证被判刑人的社会再教育)的规定，因为这些法律规范中没有关于相应行政部门出具有关候选人为参与相应职位竞争所达到社会再教育程度的意见书方面的规定。①

以色列最高法院于 1993 年 3 月 23 日发布的《决议》②中指出，必须明确制定一些标准，以供各级政府行政部门在委任公民担任某公共职务时予以参照。以色列最高法院还指出，尽管立法规范中没有规定禁止政府部门委任有犯罪经历的候选人任职，但是政府在任命相应职位时，应当考察这一犯罪经历。在研究决定公民的犯罪经历是否会成为委任公职的阻碍因素时，政府部门不仅应当以考虑违法者“康复”以及助力其“社会康复”为必要，而且要兼顾公职之社会公信力的重要性。因此，政府若要启用有违法经历的公民担任公共职位，为了所作出的决定理由充分，应当事先考查后续所列要素，以便保障民主社会竞争机制的理性平衡。这些要素包括：违法的性质与严重性；其违法行为实

① См.: Конституционный суд Итальянской Республики и некоторые его решения за 1993 – 1996 годы // Зарубежная практика конституционного контроля. 1998. Вып. 22.

② 此《决议》是针对当时住建部总经理任命一案出台的。

施的目的是一己私利还是为公职所需;违法者实施违法行为时的年龄;违法者是否具有悔过情节;违法行为实施后历经时间;所竞争职位的特性以及是否有其他潜在竞争者及其相关情况等。以色列最高法院据此得出结论认为,实施过具有加重情节犯罪的候选人不能任命其担任公共职位领导职务,因为这样的候选人不足以为其属下起表率作用,这样的候选人很难符合任何公共职位的基本要求,也无法取得公众的信任。①

可见,不同国家从宪法监督层面对于是否允许有过前科的人担任公职问题的解决方式是有差异的。此类问题的解决不可能存在唯一正确的途径,各个国家应当立足于本国国情寻求最佳路径,以达到私人利益与公共利益的合理平衡。这里应当指出的是,即使是欧洲人权法院在面对私权利与公共利益发生冲突时也不总是能够找到"足够稳定一致的共识"。②

可以认为,俄罗斯联邦宪法法院考虑到此类问题的特殊性以及案件的实际情况,在俄罗斯本国法律框架下所采用的解决路径还是较为合理合法的。首先,意大利宪法法院的做法在俄罗斯是行不通的,因为意大利宪法法院在解决此类问题时直接引用了其宪法规范中"保证被判刑人的社会再教育"的明文规定,而俄罗斯宪法中并没有规定类似规范。其次,如果按照以色列最高法院的细化路径的做法,那么在接受有前科的公民入职,其中包括入职警务人员序列时,需要考察其之前所实施犯罪的种类与严重程度、罪过形式以及其他因素,这必然要求对事实的每一个具体情形进行研究和评判,从而必定会涉及相应执法部门的主观考量,并因此而导致宪法法院针对于具有相似案情的公民候选人做出不一样的决定。此外,以色列最高法院所下《决定》的案件诉讼对象是有前科公民入职住建部职位的问题,而住建部属于行政机关,其职责并非是维护法律秩序、国家法制与保护公民权利。

---

① См.:Верховный суд Государства Израиль и некоторые его решения за 1993 – 2003 годы // Зарубежная практика конституционного контроля. 2006. Вып. 109.

② См.:Chapman v. UK. Решение ЕСПЧ от 18 января 2001 г.

综上所述,俄罗斯大部分学者认为,如果允许接收有过前科的公民入职护法机关或是入职法官,则必将会对俄罗斯的国体与社会安宁带来一系列不利的社会后果,每一次这样的任命都有可能引起社会公愤。① 因此,他们对俄罗斯联邦宪法法院解决此类案件的做法持肯定态度,认为如果司法实践中前科消灭或撤销,则与之相关的一切刑事法律后果随之消除,而有过前科的公民在其他联邦法律有特别规定的情况下,则被终身剥夺从事护法机关工作的权利以及担任法官的权利。这种解决方式之所以是必要的、合理的,而且不与俄罗斯联邦宪法规定相冲突,主要是因为此种解决路径是以相应护法机关与法院在保障国家履行维护法律秩序、公共安全与保障公民权利的宪法义务框架内所处的特殊地位与特别重要意义为前提的。当然,若是有过前科的公民在俄罗斯刑事诉讼法所规定的程序内得以完全“康复”,则可以此为根据剔除俄罗斯联邦法律中所包含的前述一系列限制性规定。此外,俄罗斯联邦宪法法院解决此类问题的法律立场具有判例性,可以扩展适用于《俄罗斯联邦检察院法》与《俄罗斯法官地位法》中的相关立法规范的合宪性审查。

(二)违宪审查视阈下前科制度立法规范之修正

俄罗斯司法实践中曾发生过一个真实的案例,②俄罗斯联邦公民 A 曾因实施故意中等严重损害他人健康罪而受过刑事追究,但此案因双方当事人和解而中止了刑事追诉,之后 A 想要收养年幼的继子,却由于前述《家庭法》的相关规定而被拒绝。A 因此就《俄罗斯联邦家庭法典》的规定违宪而向俄罗斯联邦宪法法院提起诉讼。俄罗斯宪法法

① См.: Елинский А. В. Неуголовно – правовые последствия прежней судимости в свете решений Конституционного Суда РФ // Журнал российского права. 2010. № 7. С. 83.

② См.: Гравина А. А. Институт судимости и ее правовые последствия // Журнал российского права, 2015. № 5, С. 89.

院就此类案件所涉及的法律冲突问题进行了审理,并且就前述联邦法律(《俄罗斯联邦家庭法典》)的合宪性专门出台了一系列《决定》。①

《决定》明确了俄罗斯联邦宪法法院在此类问题上的立场,认为完全剥夺因实施犯罪而有过前科公民收养权的禁止性规定是违宪的,此类禁止性规定只应适用于那些实施过重罪或特别重罪以及实施了侵犯个人的性不可侵犯与性自由类犯罪而有过前科的人。宪法法院前述立场的根据是:由于之前的绝对性禁止规定使得法院在审理收养案件时(尤其是面对那些能够完全保障被收养人身心健康发展且不再受外来侵害危险的潜在收养人,即在收养人与被收养幼童之间已形成事实上的收养关系时),无法全面考察体现收养人人身特性的诸多情形(比如其曾经实施犯罪时的具体环境、主观罪过程度、犯罪后的表现以及其他重要情节等)而行使法官的自由裁量权。基于此,俄罗斯联邦宪法法院决定对《俄罗斯联邦家庭法典》进行相应的修订。

在对前述《家庭法》进行正式修改前,俄罗斯联邦宪法法院下达决定指出,法院在审理收养案件的过程中,适用《俄罗斯联邦家庭法典》第127条第1项第10段的规定时,除了涉及实施重罪或特别重罪以及侵犯个人的性不可侵犯与性自由类犯罪而有过前科或受过刑事追诉的人以外,无权直接否定他们的收养诉求,而应该对此类案件进行全面实质审查。与此同时,法院必须对这些潜在的收养人所实施过的犯罪以及再犯的可能性进行全面评估,据以判定收养关系的成立与否,以最大限度地保证被收养人的身心健康发展免受外来侵害的危险。可见,收养关系问题的解决需要根据不同情况区别对待,前科消灭或撤销的情形不再是否定收养权的绝对依据。

前述立场还体现于俄罗斯联邦宪法法院2013年7月18日出台的《决定》中。宪法法院在该《决定》中明确规定,在教育部门及其他从事未成年人培养、教育工作的职业领域,对那些因实施过侵害人的生命、健康以及俄罗斯《劳动法典》第331条和第351-1条规定的其他犯罪

① 俄罗联邦宪法法院2013年7月18日的第19号《决定》、2013年10月10日的第20号《决定》和2014年1月31日的第1号《决定》。

且其犯罪性质为重罪或严重重罪而有过前科的人,以及那些非因无罪而中止刑事追诉的人规定一些限制性条件是合理的。然而,这些限制性规定是以前述人群对未成年人可能构成危险的评估为基础的,以力求在未成年人身心健康的保护与立法所做的限制性规定之间达到一个平衡点。

上述法律规范曾一度被认为是违反俄罗斯联邦宪法的,因为这些规范中涉及未成年人身心健康教育活动领域的限制性规定过于绝对化并且没有期限限制。此外,前述规范并未对实施过重罪或特别重罪以及性侵犯罪的被判刑人予以特别规制。因此,根据宪法法院出台的《决定》,应当对前述法律规范进行相应修改。

根据 2012 年 5 月 2 日出台的《俄罗斯联邦人民选举权与全民公决权基本保障法》第 40 号联邦法律的规定,那些曾经因实施重罪和(或)特别重罪而被判剥夺自由刑的公民,是没有候选人资格的,但现行刑事立法不认为是重罪或特别重罪的除外。这便为实践中代议机关代表以及政府部门领导的候选人资格的确定提供了法律上的依据,即凡是曾因实施重罪或特别重罪而被判剥夺自由刑的公民,即使选举时其前科已消灭或撤销,也没有资格成为候选人。这即是一种消极选举权的限制。

俄罗斯联邦宪法法院认为,上述法律规定并不违背《俄罗斯联邦宪法》,但同时强调,联邦法律关于消极选举权的限制性规定是前科的一般法律后果,而非前科的刑事法律后果,并且这种限制不应当是无期限的,也不能是“一刀切”式的,因为终身剥夺某部分俄罗斯联邦公民的消极选举权与法治民主国家的原则背道而驰。

俄罗斯联邦法律中关于公民消极选举权限制性规定的期限,一般情况下应当按照俄罗斯联邦《刑法》中规定的前科期限予以确定,对于那些犯重罪或特别重罪的人,基于其具有特别严重的社会危害性,可以特殊情况特殊对待,但对于此类公民消极选举权限制期限的确定,应当遵循俄罗斯联邦宪法的相当性与必要性标准。2014 年 2 月 21 日颁布的第 19 号联邦法律对前述联邦法律进行了相应的修改,将剥夺候选人资格的公民限制在曾因实施重罪和(或)特别重罪而被判剥夺自由刑并且在选举表决当时其前罪的前科未消灭或未撤销的范畴之内。

六、俄罗斯前科制度刑事立法缺陷及完善路径

前科与前科消灭制度一直是俄罗斯学界争议的热点问题之一。在制定1960年《苏俄刑法典》的过程中,学界曾对前科制度的取消进行过非常激烈的讨论,①但是取消前科制度的建议并没有达成共识,因此,也没有被当时的立法机关采纳。1960年《苏俄刑法典》对不具有前科的情形以及提前撤销前科的根据进行了明确的规定(第57条),之后生效的1996年《俄罗斯联邦刑法典》对前科的法律性质及其法律后果进行了明确界定。新法典明确规定:在认定累犯时和在判处刑罚时均应考虑前科(见《俄罗斯联邦刑法典》第86条第1款)。与前部刑法典相比,新刑法显著缩减了前科认定的范围,并且前科计算期限在实施新罪时并不中断,此外,每个被判刑人都有权提出提前撤销前科的申请。因此,可以说,1996年《俄罗斯联邦刑法典》在某种程度上改善了犯罪人的处遇。

俄罗斯不同部门法对于前科已消灭或撤销的人的法律地位的规定是存在区别的:一方面,根据俄罗斯联邦刑事法律的规定,前科消灭或撤销就意味着与其相关的一切法律后果自动消除;而另一方面,其他部门立法却对此类人群规定了特殊的限制性规范。因此,可以认为这是俄罗斯立法在前科规定方面的漏洞所在,俄学界与实务界多次提出完善此部分立法规定的建议。

俄罗斯联邦议会国家杜马代表科斯杜诺夫(И. Е. Котунов)与果罗夫佐夫(Д. Е. Горовцов)拟定并提交了关于《俄罗斯联邦刑法典》第

---

① См.: Кудрявцев В. Н., Никифоров Б. С. Ограничение прав по проекту основных начал уголовного законодательства Союза ССР и Союзных Республик // Советское государство и право. 1958. № 7. С. 112 – 114; Пионковский А. А. Основные вопросы уголовного права в проекте основных начал уголовного законодательства Союза ССР и Союзных Республик // Советское госуарство и право. 1958. № 9. С. 86.

86 条的修改建议稿,旨在对此条中有关前科消灭或撤销的法律规定进行修订,增加例外情形的规定。立法修订草案中建议在《俄罗斯联邦刑法典》第 86 条第 6 款规定的“与前科相关的……”表述后面增加“如果联邦法律没有例外规定”。前述立法草案的拟定者认为,现行《俄罗斯联邦刑法典》第 86 条第 6 款的规定过于绝对,与其他联邦法律的规定不相符。持反对意见的俄学者认为,根据其他联邦立法的规定而对《俄罗斯联邦刑法典》第 86 条第 6 款进行例外式规定的修订,不仅会扩展空白罪状在俄刑事立法中的使用率,而且会导致俄刑事立法规定品质的下降,同时还可能造成行为人前科期限的无限延展,最终必定侵犯公民的宪法权利。①

俄罗斯刑法学者塔耶娃(Н. Е. Таева)在俄罗斯联邦现行刑法中有关前科后果的释义中指出:“相对于各级代表、法官、检察官、警察,内务机关成员,教育工作者以及其他职业人群所规定的、与当事人过去实施犯罪相关的一系列限制性规定表明,前科消灭并非意味着与前科相关的一切法律后果的不复存在(现行《俄罗斯联邦刑法典》第 86 条第 6 款的规定),而只是与前科相关的刑事法律后果归于消灭,这些刑事法律后果指的是量刑时需要考量的情形、认定累犯的条件等。”②与此同时,有俄罗斯学者一再强调,即使是基于保障国家政治、经济、社会安全的角度考虑,以联邦法律的形式出台的与前科相关的某些限制性规定属于特别立法规范,其调整范畴为刑事法律调整的范畴之外。至于前科制度本身,则应仅限于刑事法律范畴,由刑事立法予以调整,其效力范围也应由《俄罗斯联邦刑法典》确定。

综上所述,俄罗斯联邦刑事立法一贯将前科制度与法院作出有罪判决、行为人实施犯罪而受到刑罚处罚之间密切关联。实施犯罪与判

---

① См.: Гравина А. А. Институт судимости и ее правовые последствия // Журнал российского права, 2015. № 5, С. 92.

② См.: Таева Н. Е. К вопросу о конституционности норм, ограничивающих пассивное избирательное право граждан, осужденных когда – либо к лишению свобобы за совершение тяжких и (или) особо тяжких преступления // Актуальные проблемы российского права. 2013. № 9. С. 1080 – 1088.

处刑罚这两个因素相互结合便衍生出一种特别的法律状态——前科。如果一个人被判了刑,即意味着他将受到一系列权利限制,这些权利限制既体现于服刑期间,也包括服刑期满后作用于行为人的其他不利法律后果。被认定为有前科的人的不利法律后果往往体现在其他联邦法律法规的特殊规定当中。然而,只有俄罗斯联邦刑事立法有权规定前科期限届满的法定程序,以及通过消灭或撤销的路径而取消前科。根据俄罗斯联邦现行刑事立法的规定,前科消灭或撤销后,与前科有关的一切法律后果随之消灭,但是,基于俄罗斯其他联邦法律中存在着某些与前科相关的限制性法律规定,这样俄罗斯联邦刑法就与其他联邦法律规定之间存在着冲突。为解决前述法规之间的冲突,俄罗斯有关部门和学界提出对《俄罗斯联邦刑法典》第86条第6款进行修订,即将现行的“与前科有关的一切法律后果……”修改为“与前科有关的一切刑事法律后果……”应当说,此种立法完善建议较前述俄杜马代表提出的通过例外式规定的修订方案更趋合理。

七、结　　语

前科在质的规定性方面是一种具有综合、复杂特性的刑法制度。从《俄罗斯联邦刑法典》第86条的规定可以得出,此项刑法制度的实质内涵在于对被判刑人产生一定的负面法律后果。这些法律后果在《俄罗斯联邦刑事诉讼法典》第179条中有明确的阐述,即“刑罚执行完毕的人,在承担俄罗斯公民应当履行的义务与享有相应权利的同时,还应当遵守联邦法律针对有前科的人所规定的限制性规范”,即前科制度本身包含着某些权利限制。申言之,前科是一种独具特色的刑事法律规制措施,它以一种特有的方式对社会危害行为的实施作出相应的反应,具有对某些处于行动自由状态的人施以某种特殊权利限制的功能,而这种权利限制又以行为人实施社会危害行为的事实为前置依据。尽管前科制度的地位具有一定的“依附性”,并且有关前科及其内涵的法律界定目前在俄学界还未达成共识,然而,前科在俄罗斯刑法中始终占有一席之地,是俄罗斯刑事立法与司法领域的重要规制措施之一。

The Research on the Institutions of Prior Conviction in Russia

Pang Dongmei

[内容摘要]俄罗斯联邦现行刑事立法明确规定了前科与前科终止制度。前科作为俄罗斯刑事立法与司法中一项重要法律制度,是不同历史时期保障俄罗斯社会与国家免受犯罪侵害的重要法律规制手段之一。俄罗斯学界在前科概念、本质属性的界定,前科后果的认定与界分,以及前科与刑事责任之间关系等问题上存在不同主张。俄罗斯各时代刑法学者依托于各自学术立场阐释出各具特色的前科理论界说,客观上促进了前科制度在当代俄罗斯刑事立法与司法适用进程中的不断完善。与此同时,俄罗斯前科制度之自身法律属性决定了其法律后果不仅体现于俄刑事法律范畴当中,而且还反映在其他民事法律关系领域。俄罗斯联邦宪法法院和最高法院、俄罗斯联邦国家杜马、司法部等相关职权部门对于前科及前科消灭制度的相关立法规定均阐明了各自不同立场。俄相关法律法规对有前科公民的某些限制性规定已然成为俄罗斯联邦宪法法院违宪审查之特别诉讼对象。

[关键词]前科消灭;前科撤销;刑事责任;违宪审查

Abstract: The institutions of prior conviction and its termination is expressly provided for the existing criminal legislation of the Russian Federation. A Prior conviction as an important legal Institute is one of the important methods of legal regulation in the Russian criminal law and pravosudia for maintaining the Russian society and state from criminal attacks in different historical periods of Russia. In the circle of Russian theorists are present different views on the definition and essential features of Prior conviction, identify the effects of a Prior conviction, and relationship between the prior conviction and criminal responsibility. Russian scientists of criminal law in different times on the basis of their scientific positions presented peculiar doctrines of prior conviction, which objectively contributes to continuous improvement of the Institute of prior conviction in today's process of the Russian criminal legislation and judicial application. At the same time, its own legal attribute of the Institute of prior conviction in Russia determined, the legal consequences of prior conviction are reflected not only in the Russian criminally-legal category, but also in other legal relationships. The constitutional Court of the Russian Federation and the Supreme Court of the Russian Federation, the State Duma, the Ministry of justice and other competent authorities have different attitudes on the relevant legislative provisions about prior conviction and termination of a prior conviction. Some statutes about restrictions on rights of citizens, that are associated with a prior conviction, was the subject of consideration by the Constitutional Court of the Russian Federation.

Key words: the cancellation of prior conviction; the removal of prior conviction; criminal responsibility; the consideration of the constitutional court

〔比较刑法〕

资助恐怖活动犯罪行为与对策考察
——比较视野下的刑事立法展开*

贾　宇**　李　恒***

目　　次

一、引入规范:将资助恐怖活动行为界定为刑事犯罪

"恐怖主义"一词源自于18世纪法国大革命期间的白色恐怖政治

---

* 本文系国家社会科学基金重点项目"建设高素质法治工作队伍研究"子课题"反恐怖主义法治人才培养研究"(编号:14AZD151)、四川省社会科学基金项目"'藏独'势力之网络分裂活动与对策研究"(立项号:SC17B060)、四川警察执法研究中心重点项目"国家安全领域下的反恐情报法律适用与实施问题研究"(编号:JCZFZD1702)的阶段性成果。

** 浙江省人民检察院检察长,西北政法大学教授、博士生导师,中国刑法学研究会副会长。

*** 西北政法大学反恐怖主义法学院法学博士研究生。

活动,现代恐怖主义则始于20世纪60年代晚期中南美洲国家劫机事件。恐怖活动原为毫无组织的反叛阴谋,后来被民族主义者、叛乱分子及流氓国家所利用,近年来有转变为激进宗教极端组织或叛乱团体的"政治武器"的趋势。任何恐怖活动组织与个人的存在和运作都需要资金支持。联合国《制止向恐怖主义提供资助的国际公约》(International Convention for the Suppression of the Financing of Terrisom)(以下简称《公约》)要求各国将恐怖主义、恐怖活动组织与个人的行动予以刑法罪行化进行法律规制,并指出任何提供帮助筹集资金或明知资金会被用于进行任何恐怖活动而进行资助的行为均属犯罪行为。《公约》不仅规定惩罚向恐怖主义行为提供资金等帮助行为,还本着对恐怖主义行为进行全面谴责的精神,授权各国应当对无论是何种性质的恐怖主义行为的组织与个人进行司法审判。《公约》还呼吁各缔约国,对于合法筹集资金的公益性慈善募捐、公益活动及教育文化活动等,或是非法毒品交易、绑架人质及走私武器弹药等违法犯罪行为,均应当制止恐怖活动组织与个人从中获得资金。此立法开启了国际社会打击资助恐怖活动犯罪的先河。

《公约》对资助恐怖活动犯罪行为定义为:"任何人以任何手段直接或间接及故意提供帮助或筹集资金,意图将全部或部分资金用于实施恐怖主义犯罪,致使平民或在武装冲突情形下为未积极参与敌对行动的其他人死亡或重伤的行为,最后达到威胁个人或迫使一国政府或一个国际组织采取或不采取任何行动的目的。"按照此定义,资助恐怖活动行为背后的犯罪要件包含两个层面的内容:第一,行为人实施的具体行为须是出于主观故意。第二,行为人的主观故意是以将资金用于为未来实施恐怖主义行为而提供资助为目的。《公约》第5条规定,每一缔约国有义务采取必要措施,以使当一个负责管理或控制设在其领土内或根据其法律设立的法律实体(alegal entity)的人,在以该身份犯下了本公约第2条所述罪行时,得以追究该法律实体的责任,这些责任可以是刑事、民事或行政责任,规定缔约国有义务追究法人(legal persons)及其他组织的责任。

联合国安理会随后通过的第1373号决议指出,"资助"是指提供资金、物质支持和其他相关物质服务的一切帮助行为,包括为其洗钱、从事庇护、提供通信与网络支持,甚至直接参与活动等行为。同时,1373 号决议也要求各国将“本国国民或在本国领土内,以任何手段直接间接故意提供或筹集资金,意图将这些资金用于实施恐怖主义行为或明知这些资金将用于实施此种行为”的行为定义为犯罪行为。[①] 除要求各国将资助恐怖主义行为刑法罪刑化外,还要求缔约国采取下列立法行动:一是拒绝以任何形式支持恐怖组织,防范和制止资助恐怖主义行为发生;二是禁止提供庇护或支持恐怖分子,包括冻结涉及恐怖行动的个人、组织或法人团体的财产,冻结参与恐怖活动者直接或间接拥有的实体单位资金、资产等,包括所产生的孳息;三是禁止主动或被动协助恐怖分子,禁止本国或外国国民以任何直接或间接手段,故意提供并筹集资金,意图将该类资金用于恐怖活动或明知资金将用于恐怖活动的行为;四是国家(地区)之间对预备性恐怖主义犯罪开展调查及情报共享合作。但可以看到,由于恐怖主义活动对各国在政治、宗教和民族方面的影响存在很大差异,恐怖主义的含义也并不被普遍接受,并非所有缔结公约的国家都对具体来讲哪些行为构成恐怖主义达成了共识,加之因量刑幅度属于各国家立法机关的职责范畴,所以各缔约国需要根据本国社会实际和惩治恐怖主义犯罪的国际义务,制定相应的刑事法律措施予以规范。同时,《打击跨国组织犯罪公约》(Convention against Transnationa1 organized Crime)提出了恐怖活动组织内部举报人阻止恐怖活动组织或个人实施恐怖行动等刑事责任问题。一些国家的立法机关在量刑方面规定给予该类个人宽大处理,例如法国、意大利、英国等把悔过作为免除刑罚或减轻刑罚的理由。目前,国际社会呼吁各国将针对恐怖活动组织与个人的反恐行动扩展到非营利性社会组织(NGO),特别针对公益慈善事业、替代性金钱交易或跨境汇款等行为,打击资助恐怖分子活动确保 NGO 不被直接或间接利用于资助恐怖活动。

基于此,《中华人民共和国国家安全法》第 28 条规定:“国家反对

---

① 参见联合国第 1373(2001)号决议。

一切形式的恐怖主义和极端主义……依法取缔恐怖活动组织和严厉惩治暴力恐怖活动。"第77条第2款规定:"任何个人和组织不得有危害国家安全的行为,不得向危害国家安全的个人或者组织提供任何资助或者协助。"同时,《中华人民共和国反恐怖主义法》于2016年1月1日起在全国施行,该法是我国第一部全面、系统规范反恐怖主义工作的法律,对贯彻落实总体国家安全观,构建反恐怖主义法治体系,防范和惩治恐怖活动,维护国家政治稳定、公共安全和人民生命财产安全,具有现实意义。该法从法律层面对涉及恐怖融资的监管、调查和资金冻结作出了相关规定,明确授权中国人民银行(以下简称人民银行)、国务院有关部门等依法对反洗钱义务机构履行反恐怖主义融资情况进行监督管理。人民银行发现涉嫌恐怖主义融资的,可以依法进行调查,采取冻结等措施;国务院有关部门可以根据国务院授权参与反恐怖融资国际合作。2015年,中国反洗钱监测分析中心接收涉及恐怖融资类可疑交易报告1529份,向国内有关部门移送和通报可疑资金交易线索140份,协助相关部门开展涉及恐怖融资等资金核查41件;人民银行各级分支机构经分析调查向侦查机关移送线索134份,协助侦查机关调查涉及恐怖融资案件338起。检察机关批准逮捕涉嫌资助恐怖活动罪的案件92起181人,提起公诉71起167人。审判机关以资助恐怖活动罪审结案件55起,生效判决涉及罪犯51人。①

目前,国际恐怖组织体系更加严密,自筹财源与国际性网络组织联系密切,宗教等意识形态主导趋向明显,不同恐怖主义组织跨国联系、军事训练、筹集资金、技术转移、独狼袭击等合作行动愈发突出,世界各国面临的恐怖袭击威胁空前加大,没有一国能够独善其身。加强反恐刑事立法、预防和打击恐怖主义犯罪是法治国家的必要之举也是大势所趋。

---

① 参见《中国人民银行反洗钱报告》(2015年版),载《中国人民银行金融服务报告》2016年第2期。

二、现实比较:资助恐怖活动犯罪行为性质之考察

(一)恐怖活动组织与个人的资金来源与用途性质之考察

恐怖主义活动的资金流动可以分为上、中、下游三个阶段。上游是资金的供给与筹集,中游是资金用于恐怖分子的招募与训练,下游是资金用于恐怖活动的实施。其中,最为重要的阶段是恐怖活动资金的供给与筹集。恐怖组织一旦获得资金资助,并不一定急于使用,因为部分资金很可能来源于非法渠道,恐怖组织必须通过正常金融流通抑或通过洗钱实现“漂白”,才能将该资金转变为正常资金,以便实施后续计划。恐怖活动组织常常使用表面合法的商业手段筹集资金,比如设立空壳公司、海外信托机构等筹集资金、隐藏财产、隐匿身份、隐藏其他资助者的信息。例如,新加坡内政部发现,伊斯兰祈祷团下所经营的企业必须提存全部盈余的10%,供应其组织购买武器弹药、执行日常活动、支援菲律宾及阿富汗等恐怖组织训练基地。① 又如,“基地组织”本身除了依靠伊斯兰公益慈善组织捐助外,还使用贵重金属交易、进出口贸易、金融商业投资等多种方式,建构灵活、缜密、多样的融资、洗钱网络来筹集资金。② 据报道,自20世纪90年代中后期,恐怖组织已使用黄金、钻石及其他贵重宝石作为筹集、保值与转移资金的主要载体。③ 无论资金的来源是否合法,隐匿资助恐怖活动的资金来源渠道十分重要。资金来源一旦被成功隐匿,这些资金将会源源不断地提供给恐怖活动

---

① Aurel Croissant & Daniel Barlow, “Terrorist Financing and Government Responses in Southeast Asia,” in Jeanne K. Giraldo & Harold A. Trinkunas, Terrorism Financing and State Responses-A Comparative Perspective. Stanford: Stanford University Press, 2007, pp. 211－212.

② Basile, “Going to Source: Why Al Qaeda's Financial Network is Likely to Withstand the Current War on Terrorist Financing,” pp. 171－174.

③ Jeanne K. Giraldo, & Harold A. Trinkunas, “The Political Economy of Terrorism Financing,” p. 15.

组织。因此,恐怖活动组织若能隐匿对这些资金的使用途径,则整个恐怖活动的资金流动将难以被侦查机关发现。[①] 在全球化趋势下,国际金融交易的流动性显著增强,使恐怖组织的资金转移变得更加迅捷。恐怖主义的资助通过国际金融体系、境外金融中心与非正式地下金融通道,严重危害了国际金融市场的正常运行,也给国际社会打击资助恐怖主义犯罪带来了新挑战。[②]

恐怖组织的金融流动包括以下四个层次:一是恐怖活动资金的筹集;二是维持与保护这些资金来源,以免被司法机关侦查;三是将资金分配到全球恐怖组织的分支机构;四是将资金用于恐怖活动的执行。[③] 恐怖组织对资金的需求,包括恐怖组织日常生存、基础设施的维护及执行恐怖活动的费用。依据学者威廉姆斯(Williams)的观点,恐怖组织对资金需求可细分为五大类:一是恐怖活动组织与个人的基本生活开销;二是日常特殊训练的学费;三是武器弹药的经济花费;四是通信等其他费用;五是其他必要支出。[④] 国外智库研究发现,恐怖主义的支持者利用公益慈善组织筹集、移转非法资金或通过地下钱庄资助恐怖分子,然而这些资金尚难以支撑恐怖组织的日常训练、成员招募、武器购买、交通工具、生活住所、网络宣传及执行恐怖行动等活动经费,仍需另辟财源才能维持。因毒品在任何国家都有市场需求,尤其是通过贩毒

---

① Paul Allan Schott,"Reference Guide to Anti-Money Laundering and Combating the Financing of Terrorism"(Washington,D.C.:The International Bank for Reconstruction and Development/World Bank/International Monetary Fund,2006),pp.1-5.

② 林泰和:《国际恐怖主义的资金流动》,载《问题与研究》2011年第1期。

③ 2016年7月26日,被告人马胜利使用"马龙师傅"的微信号与被新疆阿瓦提县公安局以分裂国家案列为网上追捕对象的境外涉恐人员吐尔洪在微信通联中确认相互身份,并商定由马胜利向其提供资金帮助。2016年7月30日至31日,马胜利使用自己开户的云南省农村信用社银行卡通过手机网银转账的方式,先后向微信中提供的两个银行账户进行转账14次,每次1000元,因账户与姓名不符,未转账成功。后马胜利通过微信转账的方式,两次向吐尔洪所使用微信号转款,并于8月1日16时23分,成功由对方接收人民币。经查,吐尔洪多次煽动并帮助他人出境,且使用微信号接款成功后,使用该资金向其他多名涉恐关系人员提供通信等资金帮助。

④ Phil Williams,"Warning Indicators and Terrorist Finances",pp. 80-81.

可使恐怖组织快速获取庞大资金,近年毒资已成为恐怖组织的主要资金来源。如"基地组织"曾长期从事有组织犯罪活动,包括毒品买卖、钻石买卖、制造伪钞、伪变造证件、经营二手车、操纵股汇市以诈骗巨额款项等。[①] 恐怖主义组织的资金主要用于准备实施恐怖行动和恐怖组织日常开销等。

(二)资助恐怖活动犯罪与洗钱犯罪行为性质之比较

金融行动特别工作组(Financial Action Task Force,FATF)作为专门打击洗钱犯罪和打击资助恐怖主义的国际组织,设定了相关国际法准则,并根据全球经金融形势及时改进策略。随着网络科技的飞速发展,恐怖活动组织日常行为包括资金筹集、个人招募、技术训练、技能养成、行动实施等,通过洗钱方式资助恐怖活动犯罪更具复杂性。《联合国反洗钱与打击资助恐怖主义特别建议》要求缔约国针对资助恐怖活动刑法罪行化;建立冻结、扣押没收资助恐怖分子的机制;加强金融监理,预防金融机构遭到恐怖分子利用并发掘异常金融交易线索;提高海关执行跨越国境现金转移检查,发挥金融情报中心分析与发掘资助恐怖分子犯罪线索的能力;强化国际司法互助及国际对等单位情报交换等协作。FATF于2012年发布《防制洗钱及打击资助恐怖主义与武器扩散国际标准》第40项建议,其中第3项建议专门将洗钱行为的处置(placement)、分层化(layering)与整合(integration)三种阶段纳入洗钱行为模式,建议内容包括风险识别、政策统合与协调、法制与执法、预防与监理、法人及信托透明化、国际合作等六大方面,特别以提升洗钱犯罪追诉可能、建构透明化资金流轨迹、提升洗钱防制体制机制、强化国际合作与契机为主要目标。例如,《美国法典》第18章第2339A节规定了"向恐怖主义分子提供物质支持"罪名,该罪不仅包括《公约》所禁止的提供或者筹集资金的行为,还扩大到针对所有形式的物质支持和

① 汪毓玮:《恐怖分子金融与美国反制作为的研究》,载《台湾"2010非传统安全——反洗钱、不正常人口移动、毒品、扩散"学术研讨会论文集》。

隐瞒这种支持的行为。该条认为：凡提供物质支持或者资源，或者隐瞒或者掩盖物质支持或者资源的性质、地点、来源或者所有权系的，如果知道或者今后将其用于准备或者实施一项违法行为……或者准备、实施隐瞒或者逃避所犯下的任何这种行为。该条中，“隐瞒或者掩盖物质支持或者资源的性质、地点、来源或者所有权关系的”构成资助恐怖主义罪。[①] 洗钱与资助恐怖活动均会隐匿资金来源，洗钱者通过各种洗钱通道“漂白”不法收益，其目的是要与“上游犯罪”分离，而资助恐怖活动亦通过同样方式进行洗钱，让他人无法追踪资金来源，两者最大的不同是洗钱者的洗钱标的来自犯罪所得，而资助恐怖活动的洗钱标的可能来自合法收益或其他违法所得。

洗钱犯罪行为可能为恐怖活动及其他犯罪提供途径。跨国洗钱与资助恐怖主义已形成全球化、组织化、区域化、网络化等特征。例如，恐怖组织所筹集的资金，若为非法犯罪所得，则必须经过洗钱行为的“漂白”过程才能转化为“正当收入”，以便用于各类消费、储蓄与再投资。若资金来源为合法所得，合法资金通过转移变成非法资助恐怖活动的资金，被称为“反向洗钱”。[②] 银行等金融机构会成为恐怖分子洗钱及资金转移的最佳工具，银行应承担打击洗钱及资助恐怖主义之重任。欧盟理事会通过的《打击利用金融系统洗钱以及资助恐怖主义》法令的第1条第1项规定：“成员国有义务禁止洗钱以及资助恐怖主义。”第2条第2项将下列行为认定为洗钱行为：(1)对于财物的交换或移转，明知其为犯罪所得或参与此种行为或对于违法财物的来源隐匿、掩饰或帮助参与该犯罪行为的人不受法律的追诉；(2)是对于源自违法行为或参与该行为的财物的真正的本质、来源、状态，提供、隐匿、掩饰或移动该财物、权利、所有权；(3)是取得、占有或使用该财物，若在当时已知该财物源自于违法所得或参与该行为的财物；(4)是参与上述行

① 于志刚：《恐怖活动犯罪中资助行为入罪化的价值取向——与传统洗钱罪的冲突与整合》，载《中国检察官》2006年第6期。

② 蓝家瑞：《国际社会打击资助恐怖分子要求标准与执行情形的探讨》，载《台湾第三届恐怖主义与国家安全学术研讨会论文集》。

为者,包括共同实施该行为、未遂、帮助、教唆或对于该行为提供咨询建议或使其更容易达成该行为。另外,该法令第2条第3项规定,资助恐怖主义包括资金的提供或筹集、实施的方式、直接或间接、对于全部或部分行为的意图及认识的认定均有详细规定。为防止并遏制对恐怖活动组织与个人的资助行为,维护国家安全和社会经济安全,打击资助恐怖分子应当以资金流动轨迹为重心,避免因资金流断点产生资助恐怖活动及洗钱风险。我国制定了《反洗钱法》等相关法律法规,规定了金融机构负有客户身份识别制度、客户身份资料和交易记录保存制度、大额交易和可疑交易报告制度等,《刑法》也对洗钱犯罪进行了立法规定。①

① 为惩治恐怖活动犯罪,维护国家安全和经济社会稳定,2001年12月29日第九届全国人大常委会第25次会议通过了《刑法修正案(三)》,将《刑法》第120条第1款修改为:"组织、领导恐怖活动组织的,处十年以上有期徒刑或者无期徒刑;积极参加的,处三年以上十年以下有期徒刑;其他参加的,处三年以下有期徒刑、拘役、管制或者剥夺政治权利。"在《刑法》第120条后增加1条,作为第120条之一:"资助恐怖活动组织或者实施恐怖活动的个人的,处五年以下有期徒刑、拘役、管制或者剥夺政治权利,并处罚金;情节严重的,处五年以上有期徒刑,并处罚金或者没收财产。单位犯前款罪的,对单位判处罚金,并对其直接负责的主管个人和其他直接责任个人,依照前款的规定处罚。"2003年9月和12月,中国先后加入了《联合国打击跨国有组织犯罪公约》和《联合国反腐败公约》,为了顺应国际潮流,也为严格履行国际公约的义务,2006年6月29日第十届全国人大常委会第22次会议通过了《刑法修正案(六)》,将《刑法》第191条第1款修改为:"明知是毒品犯罪、黑社会性质的组织犯罪、恐怖活动犯罪、走私犯罪、贪污贿赂犯罪、破坏金融管理秩序犯罪、金融诈骗犯罪的所得及其产生的收益,为掩饰、隐瞒其来源和性质,有下列行为之一的,没收实施以上犯罪的所得及其产生的收益,处五年以下有期徒刑或者拘役,并处或者单处洗钱数额百分之五以上百分之二十以下罚金;情节严重的,处五年以上十年以下有期徒刑,并处洗钱数额百分之五以上百分之二十以下罚金:(一)提供资金账户的;(二)协助将财产转换为现金、金融票据、有价证券的;(三)通过转账或者其他结算方式协助资金转移的;(四)协助将资金汇往境外的;(五)以其他方法掩饰、隐瞒犯罪所得及其收益的来源和性质的。"

(三)资助恐怖活动犯罪与跨国有组织犯罪之比较

恐怖活动组织与普通跨国有组织犯罪具有相似性,资金的供给和资金来源渠道均为非法所得。比如贩毒、走私等,涉案数额都十分庞大。恐怖活动组织与个人利用网络筹集资金的趋势明显,恐怖分子擅长在政府控制较薄弱的地域尤其是偏远、贫穷等地,通过国际金融机构合作银行(correspondent banks)从事非法洗钱等金融活动。① 跨国有组织犯罪与恐怖活动组织的差异在于犯罪动机,跨国有组织犯罪的犯罪动机侧重于金钱或报复社会;而恐怖活动组织的犯罪动机在于宗教信仰、民族问题以及意识形态等主张。以美国全国情报理事会(National Intelligence Council)的报告为例,恐怖活动组织与跨国组织犯罪者的关系仍是基于部分共同特征而相互利用。例如,跨国有组织犯罪个人可以提供伪造文件、走私武器弹药或为恐怖组织提供资金等帮助,但不可能与恐怖组织形成长期合作关系。② 恐怖活动组织与跨国有组织犯罪行为最大的差别在于恐怖活动资金的流向最后进入实际行动和下级分支组织中,主要用于执行恐怖袭击计划;而普通跨国犯罪组织的资金最后流向正常的经济实体或个人。跨国有组织犯罪资助恐怖主义行为包括:(1)传统类型犯罪与毒品犯罪竞合取得资金,一些恐怖组织通过传统犯罪手法而取得所需活动经费,或是与毒品犯罪组织合作牟利实施洗钱;(2)通过偷越国边境等组织犯罪而取得资金,恐怖主义组织通

---

① Ed Jurith: "Acts of Terror, Illicit Drugs and Money Laundering," Journal of Financial Crime, Vol. 11, No. 9 (2003), pp. 158 – 159; R. Barry Johnston & Oana M. Nedelescu, "The Impact of terrorism on financial markets," Journal of Financial Crime, Vol. 13, No. 1(2006), p. 18; Winer & Roule, "Fighting Terrorist Finance," pp. 89 – 91; Patrick Hardouin & Reiner Weichhardt, "Terrorist fund raising through criminal activities," pp. 306 – 307.

② National Intelligence Council, Mapping the Global Structure, National Intelligence Council's 2020 Project, Dec. 2004, p. 96. http://www.foia.cia.gov/2020/2020.pdf, Accessed on May 3, 2010.

过偷越国边境、走私武器弹药以及帮助他人非法偷渡出境等取得所需活动经费;(3)为涉恐个人或极端个人提供所在控制地区的日常生活安全保护而取得活动资金;(4)非法录制、传播、贩卖暴恐极端音视频,以及侵犯知识产权等高利润而低风险的活动。有案例显示,恐怖分子也介入贩卖盗版影片以取得活动所需经费,使用盗版影片通过网络媒体进行宣传,以招录支持者、训练成员、发布信息等行为。①

三、对比审视:国内外资助恐怖活动犯罪之立法考察

(一)国际公约对资助恐怖活动犯罪的立法考察

《公约》对资助恐怖活动行为纳入刑事处罚有两大内容:第一,明确将资助恐怖活动行为列入《公约》的主要内容并进行细化阐释,比如:明确将资助恐怖活动组织、实施恐怖活动的个人的;资助恐怖活动培训的;资助危险敏感物品、提供武器训练、筹集资金;为恐怖活动组织、实施恐怖活动或者恐怖活动培训招募、运送个人提供资助的;为实施恐怖活动资助凶器、危险物品或者其他工具的等,这些资助或帮助行为应当被刑法规定为独立犯罪。由于并非全球所有国家都是该《公约》的缔约国,所以该《公约》对某一国家而言,只适用于该国所批准的犯罪行为。第二,针对资助的任何下述行为都应定为恐怖主义犯罪:采用或者主张采用暴力、破坏、恐吓等手段,引发社会恐慌、影响政府决策,企图分裂国家、颠覆政权、制造民族仇恨、传播宗教极端的思想、主张和行为。就性质和背景而言,该行为旨在恐吓民众,或迫使某个政府或国际组织完成或放弃完成某一主张和行为。就主体要件而言,资助恐怖活动有两个层面:首先,行为必须是故意;其次,行为人必须是故意将资金用于资助恐怖活动,或者明知资金将要用于实施恐怖活动之目的。简单来说,即故意和知情是两个必要条件。在对象方面,可以追究

① Gregory F. Treverton, Carl Matthies, and Karla J. Cunningham, et al., Film Piracy, Organized Crime, and Terrorism, RAND Corporation, 2009, p. 18.

组织、领导、参加恐怖活动主要成员或首要分子的刑事责任，前提是行为人明知资金的用途；也可以追究提供资助恐怖活动的行为人，只要行为人明知自己实施了以恐怖活动为目的的资助行为，而无论是以有价证券形式还是以实物资助形式，也无论其是否为个人或单位。在处罚方面，《公约》第4、5、8条均规定各国应制定相关法律，将打击资助恐怖活动行为列入犯罪，并制定严厉的处罚措施进行惩治。其中第5条敦促各国根据国内法律对单位、法人进行刑事制裁，且不能出于政治、宗教、种族或其他因素为资助恐怖活动犯罪进行辩护。

（二）《德国刑法》对资助恐怖活动犯罪的立法考察

《德国刑法》立法者认为恐怖主义犯罪是极其严重的犯罪行为。资助恐怖活动的行为实质上是针对尚未进入实际着手阶段而加以事前帮助恐怖活动实施的行为。为阻止和预防恐怖主义犯罪的发生，国家希望通过刑法和刑事诉讼法相关条文让侦查机关可以提早进入侦查阶段，并对资助恐怖活动在刑事处罚上加以前置化规范。《德国刑法》认为，应当将准备出境到外国的参战或参加训练、资助恐怖活动等出于恐怖主义动机的犯罪前置阶段纳入抽象危险犯领域，但要惩罚恐怖主义行为人则必须按照法定程序实施。司法机关先期采取措施时应具备刑事法律授权的正当性，涉恐违法犯罪嫌疑的证据存在与否，都应按照“证据确实充分”或“排除合理怀疑”的标准实施。

《德国刑法》针对资助恐怖主义犯罪的立法规定引起了理论界和实务界的争议，部分学者认为将资助恐怖主义犯罪行为的可罚性前置化，存在一定的风险刑法实施危险，有安全政策取代刑事政策的潜在目的。安全政策一旦取代刑事政策，将会出现刑法可罚性不断前置化，任何司法机关的先期侦查行为很可能对刑法惩罚犯罪目的与立法初衷产生风险挑战。由于实施恐怖主义的行为人大多出于政治、民族、宗教等意识形态方面的动机，部分“独狼式”恐袭按照自己的意志主张实施暴恐行为，借以此制造人心恐惧，影响公共安全的社会效果，即可认定恐怖分子的标准，并非在客观上以手段凶残与否作为认定依据。对比我国,根据权力性质的不同,我国采取的是行政认定与司法认定的"双轨制"认定模式,目的是确认恐怖行为的性质,追究行为人的刑事责任。[①]

刑法作为国家强制力保证实施的最后手段,行为人即便尚未造成危害社会的结果,但只要实施了刑法分则规定的前置化的推定危险行为,以惩罚犯罪为目的的刑事司法力量可以按照程序发动,就可以被认定具有恐怖活动犯罪嫌疑,进而通过法定程序对行为人采取相应的刑事处罚。[②] 目前,资助恐怖活动的行为已被《德国刑法》纳入洗钱犯罪的前置行为。在我国,恐怖主义犯罪也被刑法界定为洗钱犯罪的"上游犯罪"。依德国联邦最高法院对《德国刑法》第 89a 条的解释,行为人必须在出境时就具有涉恐犯罪故意,明知自己将要实施恐怖主义等危害国家安全、公共安全等暴力犯罪,或在外国恐怖组织接受训练。恐怖分子可能因为他们实施了更接近损害法益的行为而被定罪,但只要这些涉恐行为人已经着手实施了刑法分则条文中规定的推定具有恐怖主义危险的行为,司法机关就将按照刑事诉讼有关程序启动侦查措施,包括实施技术侦察、跟踪监听等措施。

依《德国刑法》第 129 条和第 129 条 a 项的规定,对恐怖活动个人并不需要着手实行恐怖犯罪活动,只要成立加入、支持、帮助以恐怖主义犯罪为目的之行为,就符合该犯罪构成要件。从《德国刑法》第 89a 条第 2a 项(基于恐怖活动为目的而出境罪)、第 89c 条(资助恐怖主义罪)立法来看,《德国刑法》已将前置犯罪扩展到基于恐怖活动目的而出境以及资助财物等行为,相较于早期犯罪数额的规定,资助恐怖主义犯罪行为不再排除较小数额的财产资助,犯罪客体可能是资助价值不大的制爆原材料等。在资助的财产价值大小和实施恐怖行动之间并不需要存在必然的关联性。在打击其他恐怖主义犯罪方面,针对恐怖主义犯罪刑事处罚完全体现在预备行为实行化即

---

① 贾宇、李恒:《恐怖活动组织与人员认定标准研究——从恐怖主义再界定谈起》,载《西北大学学报》(哲学社会科学版)2017 年第 3 期。

② 吴俊毅:《犯罪、资助恐怖活动与洗钱——如何有效追诉犯罪?》,新学林出版社 2017 年版,第 91、131 页。

推定危险行为积极入罪化。

(三)我国针对资助恐怖活动犯罪立法规范

第一,关于资助恐怖活动犯罪的构成要件。资助恐怖活动是指故意资助恐怖活动组织、实施恐怖活动的个人,或者资助恐怖活动培训,以及为恐怖活动组织、实施恐怖活动或者恐怖活动培训招募、运送个人等提供帮助的行为。所谓"资助"是指筹集资金和提供资金,既可是直接或间接地向恐怖活动组织或者实施恐怖活动的个人提供资金,也可以是以任何手段为其募集资金。① 更加详细分析,"资助"包括为恐怖活动组织、实施恐怖活动的个人或者恐怖活动培训筹集、提供经费、武器装备与技术、物资(如通信设备、设施)或者提供活动场所、训练场地、交通运输工具等支持、协助以及其他物质便利的行为。资助的具体方式没有限制,国际社会普遍认为利用经济手段资助是主要表现形式,但精神上的帮助不属于本罪的资助行为。恐怖活动组织,既包括境内的恐怖活动组织,也包括境外的恐怖活动组织;既包括由联合国安理会、国际社会普遍认定的恐怖活动组织,也包括未经司法机关或行政机关认定的恐怖活动组织。实施恐怖活动的个人,包括预谋实施、准备实施和实际实施恐怖活动的个人,而无论其国籍、民族、种族、宗教信仰等。资助恐怖活动日常训练,既包括为实施恐怖活动而资助组织培训的行为,也包括资助参加接受恐怖活动培训的行为,无论恐怖培训组织是否接受提供的资助行为。资助"招募"是指通过各种途径、方法、渠道,面向特定或者不特定的群体筹集、征集、吸纳个人并为之提供资助的行为。资助"运送"是指利用交通工具为恐怖组织招募的个人而提供资助的行为。②

本罪只能由故意构成。无论实施哪一种资助或帮助行为,行为人

① 王新:《零适用的审判现状:审视资助恐怖活动罪的适用》,载《政治与法律》2012年第7期。

② 张明楷:《刑法学》(第5版),法律出版社2016年版,第704~705页。

都必须认识到所资助的是恐怖活动组织、实施恐怖活动的个人或者为恐怖活动训练培训;为招募、运送个人等提供帮助行为。必须明知自己是为恐怖活动组织、实施恐怖活动或者恐怖活动培训而招募、运送个人而提供资助或帮助行为,自己的行为会造成危害社会的结果,希望或放任危害结果的发生。行为人若故意隐瞒资金来源渠道,对后续资助恐怖活动具体行动便具有实际意义。同样地,恐怖分子隐匿其资金来源及用途,便可避免在筹资过程中被侦查机关发现。"倘若行为人或其中间人试图将犯罪所得加以掩饰或将金钱传递资助给恐怖活动组织或恐怖分子,将使金融体系的国际声誉及信任度受到严重的损害。"①我国《刑法》第120条之一第1、2款规定:"资助恐怖活动组织、实施恐怖活动的个人的,或者资助恐怖活动培训的,处……为恐怖活动组织、实施恐怖活动或者恐怖活动培训招募、运送个人的,依照前款的规定处罚。"恐怖活动罪的罪状规定较为抽象,"两高"发布的《关于执行〈中华人民共和国刑法〉确定罪名的补充规定(六)》将原罪名"资助恐怖活动罪"改为"帮助恐怖活动罪"。由此,根据我国刑法规定,行为人只要主观上有资助恐怖活动的目的,而为之提供金钱、财物或其他资助行为,就符合犯罪构成要件。②

第二,关于资助恐怖活动犯罪的认定。我们知道,恐怖主义犯罪行为一旦着手实施或既遂,反恐工作可以说是失败了。反恐部门应当尽可能将犯罪行为打击在行为着手前置阶段,侦查机关可按照法定程序提前通过技术侦察或预防性羁押等措施让潜在的恐怖分子无法实施行动。刑法理论界将以预防为导向的刑法思想和法规范前置化现象称为"预防性刑法"(Preventive Criminal Law),以区别于传统以法益损害事实发生后才被动介入的"事后干预性刑法"。③"预防性刑法"在资助

① 马耀中:《两岸洗钱刑法的比较研究》,载《2009年海峡两岸刑事法学新趋势学术研讨会论文集》。

② 黎宜春:《论帮助恐怖活动罪的法律适用——以反恐怖主义融资为视角》,载《学术论坛》2016年第5期。

③ 何荣功:《"预防性"反恐刑事立法思考》,载《中国法学》2016年第3期。

恐怖活动犯罪适用中，主要体现在资助恐怖活动行为可罚性前置化和资助行为正犯化两方面。

一方面，资助恐怖活动行为可罚性前置化，即通常所说的犯罪预备行为入罪化。预防刑法在《刑法修正案(九)》对于恐怖主义犯罪的相关规定中就得到了突出的规范化、类型化、整体性呈现，[①]将那些资助、帮助或准备实施恐怖活动的前期行为定为独立的犯罪构成要件。根据罪刑法定和罪责刑相适应原则，涉恐嫌疑人在真正实施恐怖活动犯罪之前，就存在可能被刑事追诉的情形，并且可以据此形成合理性怀疑。通过可罚性前置化，让侦查机关在获取确切情报信息后，提前采取刑事诉讼法上的技术侦查措施，如隐匿身份侦查和控制下交付等，以便及时固定犯罪证据。

另一方面，资助行为正犯化。可以认为，资助恐怖活动罪的主要内容是帮助行为的正犯化。因此，资助行为本身就是正犯行为。这种行为对国家安全、公共安全、人民生命财产安全虽然只存在抽象的危险，但由于恐怖主义犯罪具有极大的法益侵害性和恶劣的社会影响性，加之恐怖活动组织本身具有实施恐怖主义犯罪的极大危险性，一般预防与特别预防的必要性明显增大，所以将这种抽象的危险行为规定为刑事犯罪具有正当性。资助恐怖活动的行为性质就是正犯行为，因此，关于帮助恐怖活动罪中资助行为的成立，以恐怖活动组织或个人是否具体实施了恐怖活动为犯罪构成要件之前提。例如，只要行为人实施了提供资金的行为，抑或资助恐怖活动组织或个人偷越国边境等行为就成立本罪的既遂。又如，只要恐怖活动组织或个人接收了行为人所提供的资金等，行为人就成立本罪的既遂犯，即使行为人所提供的资金等资助行为没有被恐怖活动组织或个人接收的，也应当成立本罪的未遂犯。基于同样的理由教唆或者帮助他人实施本罪的资助行为成立本罪的教唆犯与帮助犯。[②] 刑法由野蛮迈向文明的标志就是刑法的触角退

---

① 何荣功:《预防刑法的扩张及其限度》,载《法学研究》2017 年第 4 期。

② 张明楷:《刑法学》,法律出版社 2016 年版,第 703 ~708 页。

出思想领域,不再惩罚思想犯。①

四、借鉴调试:国内外刑事打击资助恐怖活动犯罪对策考察

(一)国际公约刑事打击资助恐怖活动犯罪对策考察

通过对国际社会打击资助恐怖活动的立法进行考察发现,只有切断资金流通渠道,才能有效遏制资助恐怖活动的发生,最有效的方式就是扣押、冻结、没收和追缴违法所得。《公约》要求各缔约国采取措施来确认(identification)、破获(detection)、冻结(freezing)、没收(seizure)、扣押(forfeiture)用于或准备用于实施《公约》要求各国认定为恐怖主义犯罪的资金。《公约》同时确立了普遍义务,即各缔约国应要求金融机构采取一切切实可行的措施确认客户和受益人的背景信息,对于可疑交易予以重点关注,及时检举可疑交易行为;要求各缔约国积极开展合作,包括在必要时修改其国内立法,防止和遏制在其境内或境外实施这些罪行。② 1373 号决议规定了冻结涉恐资产的一般性义务,类似于《公约》中所包含的内容,要求各缔约国采取措施冻结用于或准备用于实施恐怖活动行为的资金,并通过法律程序禁止向恐怖主义提供任何资助。在制定冻结、扣押和没收制度上,1373 号决议要求冻结疑似恐怖活动组织与个人的有关资产。

FATF③ 颁布了 40 项建议和打击资助恐怖活动犯罪的 9 项特别建议,要求各缔约国做好打击资助恐怖活动犯罪立法对策。第一,各国将资助恐怖活动组织或个人的行为罪刑化并列为洗钱犯罪的前置犯罪。

---

① 赵秉志、牛忠志:《〈反恐怖主义法〉与反恐刑法衔接不足之探讨》,载《法学杂志》2017 年第 2 期。

② 汪毓玮:《恐怖主义威胁及反恐政策与作为》,台北,元照出版有限公司 2016 年版,第 1277 ~ 1288 页。

③ FATF:反洗钱金融行动特别工作组(Financial Action Task Force on Money Laundering)。

第二，各国针对反恐进行司法互助或情报交换的合作，必须基于有关司法互助条约、协定，对于有关恐怖活动或提供恐怖活动资金的行为开展刑事、民事执行或行政上调查、询问或法律程序，采取对其他国家最大可能的协助。第三，各国应拒绝提供恐怖活动或提供恐怖活动资金犯罪嫌疑人安全的庇护所，并订定相关程序以引渡犯罪嫌疑人。第四，各国应监督、管理非营利单位或公益慈善机构等资助恐怖主义的行为，并重新评估有关组织的法令是否有被提供恐怖活动资金而不当利用，并应确保非营利组织无被不当利用的情形。监控个人携带现金或无记名可转让金融工具跨国流动，权责机关有权要求携带者提供有关该笔现金或无记名可转让金融工具具体来源等。

《公约》还将利用金融机构资助恐怖活动的行为列为打击恐怖主义的对象。银行等金融机构打击洗钱与资助恐怖行为机制概括为：一是风险管理及内部控制。包括风险评估、内部控制制度和建立“三道防线”。内部控制制度包括确认客户身份；客户交易有关对象的姓名及名称审核；账户及交易的跟踪监控；往来银行业务的汇款记录；记录保存；大额金额交易申报；疑似洗钱或资助恐怖活动可疑交易申报；制定防制洗钱和打击资助恐怖活动专责责任；员工遴选和任用程序；持续性员工训练计划；测试防制洗钱及打击资助恐怖活动系统有效性的审核功能等。“三道防线”包括银行各单位就其自主权限及业务范围承担各自日常事务为第一道防线；法律遵循与风险管理为第二道防线；单位内部核查则为第三道防线。第一道、第二道防线进行风险监控，第三道防线进行内部监督。[①] 二是确认客户身份及客户履职调查。依照巴塞尔银行监理委员会发布的“银行客户调查”（customer due diligence for banks）文件来看，包括客户是否接受文件所规定的法律政策；客户身份信息识别；对账户和交易持续监控和客户风险分析与管理。三是针对可疑交易监控及资金轨迹记录跟踪。包括交易监控措施、交易记录留存、记录跟踪管理等。四是展开调查、申报及处置。包括可疑大额

① 杨云骅、王文杰：《新洗钱防制法——法令遵循实务分析》，台北，元照出版有限公司 2017 年版，第 60 ~ 70 页。

交易报告、可疑交易申报、扣押与冻结措施等。

(二)美、日等国刑事打击资助恐怖活动犯罪对策考察

美国于"9 · 11"后颁布的《国际打击恐怖主义宣言》中呼吁各国落实 1373 号决议以便共同打击资助恐怖活动犯罪。美国海关部门开展针对机场、港口及入境旅客的随身行李检查,并配合 FBI 清查恐怖分子及可疑人员的洗钱、资助恐怖活动行为等。税务部门针对可疑恐怖活动组织的收益、税款及大额资金流向等进行监管追踪,以了解有无进行洗钱、资助恐怖活动的可疑交易。缉毒部门负责调查、收集国外及中东地区等恐怖组织贩卖毒品、从事洗钱及资助恐怖活动的情报,呼吁执法单位紧密配合,压缩涉恐嫌疑分子以洗钱、资助恐怖活动空间。在涉恐资金情报搜集研判方面,美国《爱国者法案》对反恐情报信息进行了有效管理和改革,完善了反恐情报的具体框架,重新设立反恐情报的分析综合和协调机制,积极扩大跨区域、跨国情报交流机制。[①] 美国还积极推动建立全球反恐联盟网络、切断恐怖分子的资金来源、扩大国际引渡与合作、拓宽国际间恐怖分子相关情报合作等司法国际协作,力争切断恐怖分子的资金来源,禁止对恐怖活动组织与个人实施资助行为,同时赋予执法部门冻结涉恐可疑资产等权力。

美国移民与海关执法局推广的贸易透明交易系统(trade transparency unit)及韩国海关建构的可疑交易自动识别系统(suspicious trader selecting system、automatic targeting)等,由海关实行即时线上监控、比对分析可疑交易数据,防止跨国洗钱与资助恐怖活动行为发生。韩国海关的可疑交易识别系统和美国贸易透明交易系统都运用了红色警示措施(red flags),从交易的资金流动来侦查发现洗钱、资助恐怖活动等可疑行为。该红色警示措施包括:一是关注交易本身。包括货物价值与报关实际价值是否存在差异;货物的数量与申报数量

① 李恒:《反恐怖警务工作实践研究》,中国人民公安大学出版社 2017 年版,第 69 ~ 70 页。

是否一致；是否经由涉恐高风险地区或高危避税地区从事交易；交易物是否属于从事洗钱、资助恐怖活动活动的敏感管控产品，如贵重金属、稀有金属、电子产品、非法出版物、暴恐音视频光盘、制爆原材料等；接受资金或开展贸易所载明的收货人是否重大可疑或缺乏密切关系。二是关注可疑资金交易动向，包括由无密切关系的可疑第三人代为付款；信用证承兑、托收与其他交易资料单证不符；频繁更换使用多个银行账户交易；大量资金在多个不相关联的个人与公司账户间异常流动；同一笔交易有数个存款人；资金接收账户设在涉恐高危或避税地区；交易人拒绝透露资金合理来源；账户资金交易不同于一般客户模式；资金的数额与申报的商业经营业绩不符等。①

为防止恐怖事件发生，日本也专门针对资助恐怖活动资金等帮助行为修订了《恐怖主义特别措施法》。日本刑法认为，没收、冻结诸如资助恐怖活动罪的对象包括构成犯罪行为的财物；供犯罪行为使用或将要供犯罪行为使用的财物；犯罪行为发生过程中产生、取得的财物；作为犯罪行为的报酬而获得的孳息等财物；通过实施犯罪行为产生对价所取得的财物等。② 日本先后通过了《处罚提供协助公众为目的犯罪行为资金法》《金融机构确认顾客法》，并修订了《组织犯罪处罚法及规范犯罪收益法律》，特别将提供资助恐怖活动行为列为犯罪，随后又制定了《犯罪收益移转防制法》，防止组织犯罪所得收益进行非法转移，通过公权力实施没收、追缴等程序来剥夺犯罪收益，并详细规定了特定个人对顾客身份的识别、交易记录的保存及因应疑似洗钱、资助恐怖活动交易处理流程等。

（三）我国刑事打击资助恐怖活动犯罪对策考察

危害安全的犯罪和扰乱秩序的犯罪均具有重大社会影响性，也是

① 杨云骅、王文杰：《新洗钱防制法——法令遵循实务分析》，台北，元照出版有限公司2017年版，第45~49页。

② 西田典之：《日本刑法总论》，台北，元照出版有限公司2012年版，第13页。

刑法惩治的重点。[①] 我国《刑法修正案(六)》和《刑法修正案(九)》制定了有关洗钱罪、掩饰隐瞒犯罪所得罪、帮助恐怖活动罪的条款,为打击洗钱和恐怖融资犯罪奠定了法治基础。《反恐怖主义法》制定了反恐怖融资监管和涉恐资产冻结制度。《反恐怖主义法》第 14 条规定:"金融机构和特定非金融机构对国家反恐怖主义工作领导机构的办事机构公告的恐怖活动组织和个人的资金或者其他资产,应当立即予以冻结……"第 24 条第 2 款规定:"国务院反洗钱行政主管部门发现涉嫌恐怖主义融资的,可以依法进行调查,采取临时冻结措施。"《反洗钱法》第 16 条规定了金融机构应当按照规定建立客户身份识别制度。金融机构应充分掌握客户基本信息、交易内容等情况,如客户是否有特殊职业身份,交易是否符合客户以往的交易惯例,开户者是否为未成年人开户使用等。执法部门和金融机构应当建立资金流轨迹协作共享机制,对客户信息背景审查、交易记录保存、大额通货交易通报及可疑交易查控进行规范。应大力推进反洗钱、反资恐数据信息共享机制建设。将反洗钱、反资恐信息共享的主要政务信息纳入企业注册信息、税务登记信息、公安综合信息、征信信息、海关申报信息等数据资源。

我国台湾地区"洗钱防制法"第 11 条规定:为配合防制洗钱及打击资助恐怖活动国际合作,金融主管机关得自行或经法务部调查局通报,对洗钱或资助恐怖活动高风险国家或地区,采取下列措施:第一,令金融机构强化相关交易的确认客户身份措施。第二,限制或禁止金融机构与洗钱或资助恐怖活动高风险国家或地区为汇款或其他交易。第三,采取其他与风险相当且有效的必要防制措施。前项所称洗钱或资助恐怖活动高风险国家或地区是指下列之一者:一是经国际防制洗钱组织公告防制洗钱及打击资助恐怖活动有严重缺失的国家或地区。二是经国际防制洗钱组织公告未遵循或未充分遵循国际防制洗钱组织建议的国家或地区。三是其他有具体事证认有洗钱及资助恐怖活动高风险的国家或地区。运用正规渠道或非正规渠道将违法犯罪所得资金跨境"漂白"转移是洗钱和恐怖融资活动逃避法律制裁的惯用伎俩,一旦

---

① 陈兴良:《虚拟财产的刑法属性及其保护路径》,载《中国法学》2017 年第 2 期。

洗钱所得资金或涉恐资金转移出境，相关执法机关的监控和追缴难度将大增。由此，跨境资金转移交易长期以来是反洗钱、反恐融资资金监测的重点。

为规范我国金融机构大额交易和可疑交易报告行为，人民银行制定了《金融机构大额交易和可疑交易报告管理办法》（以下简称《办法》），《办法》于 2017 年 7 月 1 日起施行，其中第 11 条规定："金融机构发现或者有合理理由怀疑客户、客户的资金或者其他资产、客户的交易或者试图进行的交易与洗钱、恐怖融资等犯罪活动相关的，不论所涉资金金额或者资产价值大小，应当提交可疑交易报告。"[①]打击资助恐怖活动的主要措施包括资助恐怖活动名单筛查与预警、资助恐怖活动交易行为的侦查与辨识、资助恐怖活动交易的申报与认定、资助恐怖活动财物的扣押与冻结等。同时，执法机关应当强化监管资源保障，建立对非营利性组织、房地产中介机构、贵重金属经营机构、会计师事务所、律师事务所和公证机构的反洗钱、反恐融资监管机制。因此，我国执法机关和金融机构应完善跨境异常资金流动监控机制，综合运用跨境人民币交易监测、外汇交易监测、可疑交易监测和反洗钱、反恐融资资金交易监测等情报信息，健全完善各类资金交易监测分析数据模型，提高反洗钱、反恐融资等资助恐怖活动违法犯罪行为的发现能力，阻断恐怖活动组织与个人和恐怖训练等资金供给。同时，执法机关应当会同人民银行等金融机构，协调开展涉恐资金流动转移的动态监控机制，运用大数据、云计算等信息化技战法，依法加强可疑交易线索分析研判、调

① 《金融机构大额交易和可疑交易报告管理办法》第 18 条第 1 款、第 2 款规定："金融机构应当对下列恐怖活动组织及恐怖活动个人名单开展实时监测，有合理理由怀疑客户或者其交易对手、资金或者其他资产与名单相关的，应当在立即向中国反洗钱监测分析中心提交可疑交易报告的同时，以电子形式或书面形式向所在地中国人民银行或者其分支机构报告，并按照相关主管部门的要求依法采取措施。（一）中国政府发布的或者要求执行的恐怖活动组织及恐怖活动个人名单。（二）联合国安理会决议中所列的恐怖活动组织及恐怖活动个人名单。（三）中国人民银行要求关注的其他涉嫌恐怖活动的组织及个人名单。恐怖活动组织及恐怖活动个人名单调整的，金融机构应当立即开展回溯性调查，并按前款规定提交可疑交易报告。"

查和线索移送,依照法定程序对洗钱和资助恐怖活动等犯罪行为开展侦查、起诉和审判,加大对各类犯罪资产、收益和工具没收力度,严厉打击资助恐怖活动等犯罪行为。

当前对恐怖主义犯罪的治理应强调社会政策的结构性反应,而非仅倚重刑法手段。鉴于当前全球反暴恐形势,对于每个国家而言,有效打击资助恐怖分子无论是对国际或国内都具有现实意义。对我国而言,反洗钱与打击资助恐怖活动犯罪是建设中国特色社会主义法治体系和现代金融监管体系的重要内容,是推进国家治理能力现代化、维护经济社会安全稳定的重要保障,是履行国际公约的重要义务,也是参与全球治理的重要手段,我国当前自身面临的洗钱、恐怖主义等风险不应忽视。据统计,2016 年我国进出口贸易总额达 24 万亿元人民币,随着"一带一路"沿线国家投资贸易、经济建设等金额的快速增长,资金跨境流动中也潜藏着一些洗钱、资助恐怖活动等非法资金流动,可能对我国金融秩序的安全甚至宏观经济造成不利影响。因此,完善金融机构申报制度有利于执法机关掌握相关基础信息、收集固定违法犯罪证据,维持好金融机构和经济市场的持续稳定,向国内金融机构提供风险管理技术、增进自由市场交易秩序等对抑制恐怖犯罪行为发生具有重要作用。

五、结　　语

法律是制度化政治过程中的产物。打击资助恐怖活动是一场智慧较量,亦是跨国性与团体性合作的组织战,要构建一个打击资助恐怖分子的有效机制,必须在法律架构、金融情报、强力执法与国际合作等方面齐头并进,让金融单位和私人企业都能深刻认识到洗钱与资助恐怖分子的重大危害性。[①] FATF 已于 1989 年成立,是迄今国际上最具影响力的政府间反洗钱和反恐怖融资国际组织,其发布的国际标准已经

① 马耀中:《经济刑法——全球化的犯罪抗制》,台北,元照出版有限公司 2017 年版,第 397、421 页。

获得联合国、国际货币基金组织、世界银行等充分认可,并在全球190多个国家(地区)施行。我国于2007年正式加入FATF,并在2012年成功完成第三轮互评估工作。FATF于2014年正式启动了新一轮互评估工作。接受FATF互评估是每个成员国应尽的义务,也是检验各成员依法打击洗钱和恐怖融资犯罪是否完善的重要手段。反洗钱和反恐怖融资互评估是指国际金融行动特别工作组(FATF)按照其制定的国际标准,由加入的成员国之间定期开展的相互评估机制,以便提升各成员国提升反洗钱、反恐融资工作水平。我国应积极参与反洗钱国际标准的制定、研究、监督与执行,积极参与国际反洗钱、国际反恐组织的重大决策,拓宽与部分重点国家的反洗钱、反恐怖主义双边和多边交流与合作机制,配合"一带一路"倡议,做好与沿线国家(地区)的沟通协调,利用国际金融情报交流协作平台,拓展情报来源渠道,扩大司法合作渠道,进一步强化反恐刑法和《反恐怖主义法》的贯彻与执行,为维护我国国家安全和推动总体国家安全战略奠定坚实基础。①

Investigation of Crimes and Countermeasures in Aiding Terrorist Activities
—On the Criminal Legislation from a Comparative Perspective

Jia Yu & Li Heng

[**内容摘要**]源于宗教和种族冲突的恐怖主义,已对国际秩序与国家安全的构成重大威胁。联合国《制止向恐怖主义提供资助的国际公约》指出任何以资助或明知资金会被用于进行任何恐怖活动的行为均属犯罪行为。资助恐怖活动行为是针对尚未进入实际着手阶段而加以事前帮助恐怖活动实施的行为,已包括中国在内的多个国家已将资助恐怖活动行为界定为刑事犯罪予以立法规制。通过对资助恐怖活动犯罪行为、资金来源与用途性、洗钱犯罪性质之比较,对比审视国内外资

① 贾宇、李恒:《恐怖活动对"一带一路"倡议实施的威胁评估与对策研究》,载《宁夏社会科学》2017年第1期。

助恐怖活动犯罪之刑事立法与对策考察,加强反恐刑事立法、预防和打击恐怖主义犯罪是法治国家的必要之举也是大势所趋。

[**关键词**]反恐怖主义;资助恐怖活动;反洗钱;可罚性前置化;预防刑法;刑事立法

Abstract: Terrorist activities stemming from religious and ethnic conflicts have posed a significant threat to the international order and national security. The United Nations International Convention for the Suppression of the Financing of Terrorism states that any act of financing or knowing that funds will be used to carry out any terrorist act is a criminal offense. The act of financing terrorist activities aims at helping the terrorists to carry out acts that have not yet been put into practical use. Some countries, including China, have already legislated the financing of terrorist activities as criminal offenses. Through the comparison of the criminal behaviors of terrorist financing, the sources of funds and the nature of money laundering, comparing the criminal legislation and countermeasures at home and abroad in the financing of terrorist activities, strengthening criminal legislation against terrorism and preventing and combating terrorist crimes is a necessary move is the trend of the times.

Key words: anti-terrorism; financing of terrorist activities; anti-money laundering; precautionary punishment; criminal law prevention; criminal legislation

〔国际刑法〕

论国家的国际刑事责任*

郭世杰**

目　次

现代意义上的国际刑法,起源于对个人严重违反国际法行为的国际刑事责任追究。个人的国际刑事责任最早可以追溯到1919年《凡尔赛和平条约》,随后在《纽伦堡国际军事法庭宪章》(以下简称《纽伦堡宪章》)、《远东国际军事法庭宪章》(以下简称《东京宪章》)、《南斯拉夫国际法庭规约》和《卢旺达国际法庭规约》的审判实践中得到进一步确认、发展和成熟。在以条约性国际法和和强行法为根据的场合,个人是国际刑事责任的适格主体已经基本为国际社会所公认。然而,除了个人以外,民族解放组织、叛乱团体、革命运动组织以及国家能否成为

* 本文系国家社会科学基金一般项目"恐怖主义犯罪的立法与司法研究"(项目编号:18BFX090)的阶段性成果。

** 国际关系学院法律系讲师,美国加州大学伯克利分校访问学者。

国际刑事责任的适格主体,却是聚讼纷纭。对这个问题的回答,在一定程度上,取决于回答者是国际公法学者身份还是刑法学者身份以及来自罗马法和日耳曼法传统国家还是普通法传统国家。

一、领先的实践:国家的国际刑事责任的国际法实践

国家是否具有独立的意志能力和行为能力从而能否实施国际违法、犯罪行为,国家是否具有国际刑事责任能力以及国家的国际刑事责任如何得到实现,国家是否享有完全的豁免权以及应当在多大范围上享有豁免权?这一系列问题已经引起国际社会的足够重视,联合国国际法委员会 1983 年第 35 届会议和 1985 年第 37 届会议甚至已经在讨论是否将国家的国际刑事责任写入《危害人类和平与安全治罪法典草案》(以下简称《和平与安全治罪法典草案》)。在现代国际社会中,国际刑法学者不仅应当从应然和价值层面来论证国家应当承担国际刑事责任,还应当特别关注从实然和实践层面来考察国际刑事责任的具体实践。

(一)国家的国际刑事责任在第一次世界大战后的践行

第一次世界大战结束后,一反以往国际性战争停战协议中规定赦免条款的惯例,同盟国缔结的《凡尔赛和平条约》第 227 条规定,应当组织特别法庭对德国皇帝威廉二世和其他主要战争罪犯进行审判;第 231 条规定,德国要接受其与同伙对同盟国及相关政府和人民所造成的损失与破坏的责任,必须向战胜国赔偿损失和战争费用。根据《凡尔赛和平条约》,德国约 1/8 的领土被分割,丧失所有海外殖民地;被废除普遍义务兵役制,将陆军控制在 10 万人以内,不得拥有空军;被解除武装,并禁止拥有坦克、装甲车、军用飞机、潜水艇,禁止改进军事装备等;此外,德国还被禁止在莱茵河流域保留部队和设置堡垒。《凡尔赛和平条约》创造性地规定了战争罪行的双重责任原则,即一方面肯定个人的国际刑事责任并予以追究,另一方面也明确将侵略战争的责任

归咎于国家并追究其发动战争的责任。遗憾的是,国际法庭并没有按《凡尔赛和平条约》的计划建立,对个人刑事责任的追究也没有得到执行,威廉二世获得荷兰提供的避难权从而避免了任何法庭的审判。

为共同防御侵略和以非暴力方法解决争端而成立的国际联盟,以《国际联盟盟约》为依据,对危害国际社会整体利益的国家武力或者威胁行为实施强制。《国际联盟盟约》第 11 条和第 12 条规定,国际联盟及其成员国对关涉国际关系的任何足以扰乱国际和平或者危及国际和平的情势可以进行约束、提交仲裁、法律裁判或行政院审查,并且在相关决定做出之前禁止发动战争。作为违反该规定的后果,第 16 条第 1 款规定,成员国如不顾约定而从事战争,应视为对联盟所有其他成员国有战争行为,其他成员国应立即与之断绝各种商业上或财政上之关系,禁止其人民与破坏盟约国人民之各种往来,并阻止其他任何成员国或非成员国之人民与该国人民之财政上、商业上或个人之往来。第 16 条第 2 款和第 4 款更是明确规定,在战争情形下,行政院有权敦促成员国派遣陆海空军以组织军队维护联盟盟约,对违反联盟盟约者经法定程序可开除出盟。这些条款共同构成了一个完整的包括行为模式和法律后果在内的义务性法律规范,并且这种法律后果是发动侵略战争等危害和平的国际罪行所引起的。另外,条约赋予国际联盟及其成员国对战争国采取的国际制裁、集体军事行动和驱逐出盟等措施,在惩罚力度上已经远远超出违反一般国际法义务所承担的恢复原状、补偿或赔偿等形式的国家责任。在这个意义上,无论是《凡尔赛和平条约》的具体执行,还是《国际联盟盟约》的相关规定,都可以视作国家的国际刑事责任的一次伟大实践。

(二)国家的国际刑事责任在第二次世界大战后的践行

第二次世界大战结束后,苏、美、英、法四国签订了《关于控诉和惩处欧洲轴心国主要战犯的伦敦协定》,筹划建立国际军事法庭来“审判那些罪行没有特殊地理位置的战犯”,而无论他们是以个人身份被起诉,或者是以团体或组织成员的身份被起诉,或者是同时以两种身份被起诉。该协定在国际刑法的发展历程上第一次将团体或组织等非自然人实体与犯罪联系起来,这是典型的普通法系的实用主义思维,考虑到了国际社会中存在的无法用自然人犯罪来解释的现象。秉承这一精神,《纽伦堡宪章》第 9 条第 1 款和第 10 条进一步明确规定,法庭在审判任何团体或组织中的个人时,可以宣布其所属之团体或组织为犯罪组织,而后,任何签字国之主管当局有权在国内军事法庭或占领法庭中使该组织中的个人接受审判,并且"该团体或组织之犯罪性质既经确定,自不容怀疑"。事实上,历时将近一年的纽伦堡审判最后认定了纳粹党的领袖集团、盖世太保、党卫队和保安处为犯罪组织。与《凡尔赛和平条约》只注重执行具有实质刑罚内容的惩罚措施相比,纽伦堡审判还在国际刑事审判历史上第一次公开地、明确地向国际社会宣告:团体或组织可以是犯罪组织,并将犯罪组织理解为类似于刑法上的共谋(conspiracy),它们紧密结合在一起,为了共同目的而组织,其形成或运作与宪章规定的犯罪相关。① 当然,这并不等于说,法庭可以根据一个自然人是犯罪组织的成员就认定其构成犯罪,而仅仅意味着检察官可以在这一事实的基础上启动刑事调查和起诉程序,最终定罪的标准仍然是该自然人是否参与犯罪活动事实及罪行的严重程度。

国际联盟的崩溃和第二次世界大战的爆发,共同促使了联合国的诞生。《联合国宪章》第 23 条和第 27 条规定,联合国实行"大国一致"原则和"大国否决权"制度,从而赋予安理会就战争与和平问题作出决定并采取强制措施的唯一有权主体地位。这就意味着,在大国一致同意和联合国授权下,除了可以对自然人判处刑罚外,还可以对其所属国家施加战争赔款、军事管制和限制主权等惩罚性手段。例如,纽伦堡和东京国际军事法庭不仅审判了法西斯轴心国的主要战争罪犯,还对实施了破坏和平罪、战争罪和反人道罪的德国和日本实行了军事占领和军事管制,由同盟国管制委员会代为行使国家的最高权力,并要求战争赔偿。其中,日本的主权被限制在本州、北海道、九州、四国和其他一些

① [美]M. 谢里夫·巴西奥尼:《国际刑法导论》,赵秉志等译,法律出版社 2006 年版,第 74 页。

小岛，并被完全解除武装力量而只能组建自卫队。在这个意义上，无论是《联合国宪章》的规定，还是纽伦堡和东京审判，都是追究国家的国际刑事责任的又一次光辉实践。

（三）国家的国际刑事责任在现代国际社会中的践行

如果说国家的国际刑事责任在两次世界大战后的践行，都无法摆脱战胜国对战败国“胜利即正义”的强权法则阴影，其在现代国际社会中的生动实践，则值得国际刑法学工作者予以特别关注。例如，联合国安理会在20世纪70年代依据《禁止并惩治种族隔离罪行国际公约》（以下简称《种族隔离罪行公约》）对实施种族隔离罪行的南非进行了制裁，在90年代对非法入侵和兼并科威特的伊拉克先后通过了12个谴责和制裁其侵略行为的决议，而且相关的制裁措施直到2003年仍在继续。

1993年，波斯尼亚和黑塞哥维那政府（以下简称波黑政府）向联合国国际法院（International Court of Justice）提出诉讼，控告前南斯拉夫已经并继续违反《防止及惩治灭绝种族罪公约》（以下简称《灭绝种族罪公约》）第1条至第5条规定的应当采取一切措施防止灭绝种族罪行发生的法律义务，通过预谋、协助煽动他人、直接公然煽动、直接参与和共谋等形式，实施了灭绝种族罪。前南斯拉夫对管辖权提出了反对意见，但该反对意见于1996年被驳回。国际法院认为，无论平时或者战时，无论国际武装冲突或者国内武装冲突，实施灭绝种族行为都是国际法上的犯罪，每一个国家都有防止及惩治灭绝种族罪的普遍性义务，在这一点上，公约的适用不受地域限制，因此，前南斯拉夫的管辖权异议并不成立。前南斯拉夫还提出，国家不应承担刑事责任，国际法院对此予以有力驳斥。国际法院认为，《灭绝种族罪公约》第9条肯定了国家“统治者”和“公共官员”实施的灭绝种族罪，但“某一国家对于灭绝种族罪或第3条所列任何其他行为的责任”这一表述并没有排除国家承担刑事责任的可能，也没有排除国家对其机构做出的行为应负的责任。这就意味着，国际法院旗帜鲜明地支持国家应当履行《灭绝种族罪公约》规定的义务,否则国家就要承担自身以及自己的代表人物实施的灭绝种族罪行所引起的国际责任,而且,这种责任是一种刑事责任。这是国际法院第一次以司法裁决的形式确立了国家的国际刑事责任。

此外,国际法院将前南斯拉夫是否实际实施了发生在波黑政府领域内的灭绝种族罪行判断为"实质性问题",留待日后解决。2007 年,国际法院对这一实质性问题做出了终审判决:①首先,国际法院在 1996 年针对国家责任的裁定是已决事宜,无须重新审理。其次,《灭绝种族罪公约》将灭绝种族行为界定为"国际法上的罪行",缔约国签字同意就意味着应当承担起防止及惩治灭绝种族行为的相关义务,从而能够合乎逻辑地得出国家本身也被禁止实施灭绝种族罪行的结论,因此,防止及惩治灭绝种族罪是一种明示的义务,禁止国家实施灭绝种族罪则是一种隐含的义务。最后,《灭绝种族罪公约》第 3 条第 2 项至第 5 项所使用的概念,属于典型的刑法范畴,能够没有争议地适用于个人刑事责任的追究,但并不能因此否定国家实施该条禁止行为所应承担的责任。因此,不仅在法律上归属于国家的个人或团体实施的灭绝种族行为应当由国家承担"国际责任",国家实施的灭绝种族罪及其协从犯罪同样也可以引发国家的国际责任。国际法院在分析灭绝种族罪的行为要素、心理要素和考察前南国际刑事法庭相关案例的基础上,判决塞尔维亚与黑山没有因阴谋采取或煽动他人采取种族灭绝行为而构成灭绝种族罪的共谋罪,也没有通过机关或个人的行为构成灭绝种族罪,但要求塞尔维亚保证不再重犯并且积极与前南国际刑事法庭合作并递交通缉人员,否则将很难得到经济援助、加入欧盟或者重返国际社会。

我们可以看出,与 1996 年对管辖权异议的裁决不同,国际法院 2007 年的最终判决对国家的国际刑事责任问题采取了回避处理,仅仅

---

① Case Concerning the Application of the Convention on the Prevention and Punishment of the Crime of Genocide (Bosnia and Herzegovia v. Serbia and Montenegro), Judgement of 27 Feb. 2007. 资料来源:http://www.un.org/chinese/ga/62/docs/4/5_1.html,最后访问日期:2017 年 12 月 2 日。

在判决书中指出国家在事实上可以实施灭绝种族罪及其协从犯罪,并且这种实施犯罪的行为可以引发国家的"国际责任"。但是,这种"国际责任"是一种传统国际法意义上的恢复原状、补偿和赔偿责任,还是一种刑法意义上的刑事责任,或者是一种自成体系(sui generic)的责任,国际法院并没有予以明确。同样可以看出的是,国际法院毕竟明确指出了作为国际法最重要主体的国家是可以实施灭绝种族罪的,同理,国家当然也可以实施其他国际罪行,与犯罪直接相联系的责任就必然是一种刑事责任,而无论该刑事责任的最终实现形式是如何的。国际法院的这一判决,标志着国家的国际刑事责任实践已经发展到了一个全新的阶段,不再局限于特定的军事法庭或者特别法庭,而是上升到了国际的和全球的层次,这无疑"是国际法发展史上的重要突破,对研究国家的刑事责任问题具有重要的意义"。①

二、滞后的理论:国家的国际刑事责任的理论纷争

国家的国际刑事责任在近代和现代国际社会中得到了有力践行,但是,相关的理论研究却仍然处于相对薄弱和滞后的状态。在这个意义上,国家国际刑事责任的践行,能够实实在在地倒逼和有力地推动该理论的深入研究。

(一)国家的国际刑事责任的理论纷争

国家能否成为国际罪行的行为主体并承担相应的国际刑事责任,是国际公法学者和国际刑法学者共同关注的问题。一般来说,国际公法学者往往从传统的国际法思维出发,认为国际社会以国家主权的平等为基础,尽管国家可以被认定为实施了国际不法行为,但只能引致道义上的或者物质上的相应补偿和赔偿责任,而天然地排斥国家的国际

① 刘大群:《国际法上的国家刑事责任问题》,载陈兴良主编:《刑事法评论》(第21卷),北京大学出版社2007年版,第605页。

刑事责任。刑法学者则从行为与责任的角度出发,认为国际不法行为与国际犯罪行为并不存在明显的界限,基于罪责相当原则,国家不应当只对其国际犯罪行为承担非刑事的国家责任。例如,国际刑法协会前主席、美国国际刑法学家巴西奥尼教授负责起草的国际刑法典草案就在《总则》第 5 条第 2 款明确规定了国家的刑事责任,在权威人士代表国家或者以国家名义实施犯罪行为,个人或团体以官方资格实施了可归咎于国家的犯罪行为,以及国家不履行国际刑法规定的义务而构成国际犯罪时,国家均应当承担刑事责任。大体来看,在国家的国际刑事责任问题上,存在着赞成、反对和折中三类观点。①

赞成国家的国际刑事责任的学者认为,国家不仅能够实施国际罪行,而且那些最严重的国际罪行,如灭绝种族罪、危害人类罪、战争罪和侵略罪等,往往都是由国家实施的,或者是国家推行其政策的结果;而且,从危害后果上来说,国家实施的犯罪,往往违反了强行法或者一般性国际义务,在规模、残酷性和对国际社会共同利益的危害程度方面远远超过了个人实施的国际犯罪,不承认国家的国际刑事责任而只追究个人的国际刑事责任,无异于舍本逐末。例如,英国学者劳特派特认为,如果国家以及代表国家行为的人实施了严重违反国际法的行为,并且该行为由于严重性、残忍性和对人类生命的蔑视而被列入文明国家的法律公认的犯罪行为,国家以及代表国家行为的人就应负担刑事责任。②

反对国家的国际刑事责任的学者认为,国家只是一种抽象实体,本身没有意识和行为能力,因此,国家对于国际不法行为和犯罪行为根本不存在故意或过失,也不具备相应的刑事责任能力,无法承担后续的刑事责任;国家是国际法的主体,国际法只能调整具有平等主权的国家之间的相互关系,尽管可以强制制裁那些实施国际不法行为

---

① 有学者曾整理关于国家的国际刑事责任的国内外观点,参见马呈元:《国际刑法论》,中国政法大学出版社 2008 年版,第 449 ~ 513 页。

② 参见[英]劳特派特修订:《奥本海国际法》(上卷,第一分册),王铁崖、陈体强译,商务印书馆 1981 年版,第 264 ~ 265 页。

的国家,但制裁的性质是赔偿损害。例如,法国国际法学家波利蒂斯认为,只要国际法是主权国家之间的法律,它就不可能产生适当的制裁国家的刑法制度。

持折中观点的学者可以细化为两类,一是赞成国家能够成为国际犯罪的主体,但却无法成为,也不可能成为国际刑事责任的主体;二是承认国家能够成为国际犯罪的主体和国际刑事责任的主体,但认为这种国际刑事责任是虚置的,根本无法实现。总的来说,持折中观点的学者认为,虽然国家对其实施的国际罪行应承担责任,但这种责任主要表现为政治上、经济上和道义上的责任,而并非采取自由刑、死刑等传统意义上的刑事责任实现方式,因为这些传统的刑罚措施无法适用于作为抽象实体的国家身上,最终只能落在国家的决策者和主要执行者身上。例如,前苏联国际法学家童金认为,国际法上的国家责任,有的是一般地违反国际法而引起的,有的则是起因于严重影响国际和平的行为,但是后一种责任并不是国家的刑事责任。①

(二)豁免权、国家主权与国家的国际刑事责任

国际法上豁免的最有力的根据就是国家主权平等,国家主权具有对内最高性、对外独立性的特点,任何国家都不能在判决中高于另一个国家(par in parem non habet iudicium)。但是,这并不意味着国家在实施了国际不法行为甚至是国际犯罪行为时就应当绝对适用国家豁免,从而使得国家无法成为国际刑事管辖的对象。在更准确的意义上,国际法上的豁免,通常是指以国家元首、外交官、政府首脑和外交部长等特定官员享有的不在外国法庭,尤其是外国的刑事法庭,被起诉的权利。然而,随着国际法的发展,即便是这种意义上的豁免,也已经明确受到《纽伦堡宪章》《东京宪章》、前南斯拉夫和卢旺达法庭的严格限制。《国际刑事法院罗马规约》(以下简称《罗马规约》)进一步继承了

① 参见马呈元:《国际犯罪与责任》,中国政法大学出版社 2001 年版,第 369 ~ 370 页。

对豁免的严格限制,在第27条第1款通过列举的方式指出,国家元首或政府首脑、政府成员或者议会议员、选任代表或者政府官员,虽然原则上被赋予属物理由的豁免,但这种豁免并不包括本规约规定的灭绝种族罪、危害人类罪、战争罪等犯罪行为,从而在任何情况下都不得免除其刑事责任,也不得构成减轻刑罚的理由。

将豁免想当然地直接移用于国家承担刑事责任的场合,更是一个明显错误的做法。在传统的国际法中,强制性地对违反国际法罪行的国家进行战争或者其他报复行动,一直都被认为具有天然的正当性,在殖民主义和帝国主义时代里,这种战争或者报复行动,还经常被用作发动对外侵略和扩张势力范围的借口。尽管在现代国际法语境下,战争或者报复行动已经被明确禁止,但是,国家对其国际不法行为承担相应的责任,而不是绝对适用豁免,显然已经成为一项国际公认的规则。现代国际法理论认为,尽管国家是国际法最重要的主体,国家的主权也受到国际法的保护,但是,国家同样要受到国际法的管辖,坚持绝对的主权将会否定国际法的存在。因为,国际法的实践表明,国际社会中并不存在一个具有权力上的"纵向(vertical)结构"的权威性政府,国际社会的秩序是各国以国家实力为后盾而与其他国家互相制约和妥协形成的,与国内秩序相比,它极为脆弱,特别容易因为一国政策和政局的变动而引发国际冲突或矛盾,甚至导致国际社会秩序的动荡和全面崩溃。

在现代国际社会中,对国家主权进行必要的限制,在一定意义上,已经成为维持国际社会秩序的一个重要举措。例如,对基本人权的保护是国际强行法规定的事项,即便是在一国境内,大规模的种族歧视、种族隔离和种族灭绝等严重侵犯人权的行为也会被国际社会公认为违反国际法的罪行,前南非白人政权就因为其种族隔离政策而被国际社会施加了严厉制裁。德国国际法学者赫蒂根在论及欧洲共同体法时指出:"各个成员国已经通过组建这样一个共同体——它有着自己的机构、有着自己的权利能力与行为能力、有着自己的国际行为能力、特别是确确实实地限制了成员国主权,或者通过成员国向共同体让渡主权而让共同体自己享有自己主权——限制了成员国家自己的神圣主权,并形成了这个法律实体,对于这个法律实体,(即使是在一些特定的领域内)各成员国自己以及它们的国民也受到约束。”①因此,豁免权和国家主权并不是影响国家的国际刑事责任的根本因素,相反,对国家的国际刑事责任的承担不但不会影响国家主权的崇高和神圣,反而会增强和巩固国家在国际社会中负责任的良好形象。

(三)抽象实体、犯罪意图与国家的国际刑事责任能力

来自罗马法和日耳曼法系国家的学者一般都认为,国家是一个抽象实体,本身没有意思和意识,也就不可能具有犯罪意图(mens rea),进而不可能具有实施国际犯罪行为的能力和承担国际刑事责任的能力。但是,现代国际法的理论和实践均承认,国家是国际人格者,具有完全的国际法主体地位,具有充分的权利能力和行为能力,应当并且可以对其实施的国际不法行为承担相应的国际责任。

国家的国际责任是国际法中一项历史悠久的重要原则,国家的行为如果违反了国际法义务,损害了他国的公民人身权或财产权,就构成一项国际不法行为(unlawful act),国家要承担相应的国际责任。从理论上来说,国际不法行为和国际犯罪行为之间并不存在不可逾越的鸿沟;从实践中来看,极大地危害国际社会共同利益和破坏国际社会正常秩序的严重国际犯罪,往往都是“国家行动”的产物或者是“国家政策允许”而造成的结果,远远超出了个人的行为和意志范围。德国纳粹分子基于扩展日耳曼民族生存空间的国家政策而实施了清洗犹太人运动和发动了第二次世界大战,准军事团体和武装民兵团在前南斯拉夫的冲突中实施了大多数的危害人类罪行,胡图族平民在国家的煽动下用砍刀和步枪“广泛地或系统地”杀害了约占卢旺达全国人口1/4的80万图西族平民。因此,仍然坚持国家只是“某些从事犯罪的个人所利用的工具”的观点,不仅是苍白无力的,同时也丧失了理论本身所应当具有的解释和指导实践的品格。

法人刑事责任(corporate criminal responsibility)理论的提出,为国

---

① [德]马迪亚斯·赫蒂根:《欧洲法》,张恩民译,法律出版社2003年版,第63页。

家的国际刑事责任提供了理论根据。早在审判期间,纽伦堡国际军事法庭就已经认识到这个问题,并在判决书中特别指出:"如果本法庭认为任何组织或集团符合犯罪组织的条件,那么,本法庭绝不能因为'团体犯罪'是一种新理论,或者因为这种理论会被以后的法庭不公正地使用,而迟疑宣告该组织或集团为犯罪组织。"①在《罗马规约》的制定过程中,法国代表团曾提议在刑事责任条款中加入法人犯罪的概念,但基于这样做很容易导向针对国家的刑事责任而没有被最终采纳。值得注意的是,《罗马规约》第25条第4款的规定为国家承担相应的国际责任,包括国际刑事责任,保留了可能空间,该条规定"本规约关于个人刑事责任的任何规定,不影响国家依照国际法所负的责任。"事实上,不仅普通法系国家的刑事司法实践普遍地承认了法人刑事责任,罗马法和日耳曼法系国家在防止和惩治有组织犯罪、腐败犯罪和毒品犯罪方面,"法人不能犯罪"的信条也已经出现了明显松动。②

(四)执行机构与国家的国际刑事责任的实现

国家主权的平等决定了在现代国际社会中不可能由一个国家审判另一个国家实施的国际罪行,因此,国家国际刑事责任的实现,需要一套类似于国内刑事司法所配备的侦查、检察、审判和执行体系。目前来看,联合国大会及其安理会只是在《联合国宪章》授权范围内活动的政治性机构,并不适合担任居中裁决的角色;作为联合国主要司法机关的国际法院,根据《国际法院规约》,其管辖权以当事国自愿接受和承认为前提,因此,国际社会并不存在一套执行国家刑事责任的机构体系。

尽管没有针对国家行使刑事管辖权的国际执行机构,但前述国家的国际刑事责任的国际法实践表明,国家的国际刑事责任已经以不同

---

① 王世洲主编:《现代国际刑法学原理》,中国人民公安大学出版社2009年版,第317页。

② See Report of the World Ministerial Conference on Organized Crime, U. N. GAOR, 49th Sess., Annex, Agenda Item 96, U. N. Doc. A/49/748(1994).

的形式在实质上得以实现了。例如,对构成战争罪的国家,无论是《国际联盟盟约》第 16 条,还是《联合国宪章》第 7 章,都规定了不同的惩罚性制裁方式。值得注意的是,早在 1926 年,在布鲁塞尔召开的第一届国际刑法大会就审议并通过了国际刑法学会前会长、国际刑法学家佩拉的一项建议,建议指出,常设国际法院不仅应当有权审理个人平时和战时实施的侵略罪和违反国际法罪行,还应当有权审理"针对由于非正义的侵略和违反国际法的国家刑事责任的所有案件"。因此,应当制定国际公约以明确国际法院所管辖的罪行和刑事处罚,对国家的刑事处罚由国际联盟执行,对个人的刑事处罚由选定的国家在国际盟联理事会的监督下执行。此外,在 1948 年,联合国大会通过决议,由国际法委员会研究建立一个国际审判机构用来审判实施灭绝种族罪或其他国际罪行的可能性。

2002 年成立的国际刑事法院已经开始在国际社会中发挥重要作用。例如,联合国安理会依据《罗马规约》第 13 条第 2 款在 2005 年通过决议,将苏丹达尔富尔从 2002 年 7 月 1 日以来的情势提交给国际刑事法院检察官调查,并于 2009 年 3 月 4 日由第一预审法庭以涉嫌 7 项罪名为由对其总统发出逮捕令。尽管苏丹不是《罗马规约》的缔约国,但国际刑事法院对该事件的管辖得到了几乎全世界的认可。针对国家的国际刑事责任问题,在国际刑事法院内部设立一个专门机构来具体落实,或许是解决如何处罚实施国际犯罪的国家的一个可行途径。

三、纠结的国际法委员会:国家的国际刑事责任的相关规定

1947 年 11 月 17 日,联合国大会通过第 174(Ⅱ)号决议,决定成立国际法委员会,以促进国际法的渐进发展和编纂。在此之前,国家的国际刑事责任虽然没有被明确提出,但一些国际公约的规定中也隐含着追究国家责任的价值意蕴。例如,《1908 年关于陆战法规的海牙公约》规定,违反公约条款的敌对一方有责任视情况支付赔偿,并且应当对其武装部队部分成员实施的所有行为负责。该公约肯定了国家应当对违

反公约的行为和可以归咎于国家的行为承担国家责任，但是，这种责任的性质并没有得到明确，既可以从当时的国际法传统理解为单纯的民事责任，也可以根据语义法则理解为包括刑事责任。

在 1948 年联合国大会第 3 届会议通过《灭绝种族罪公约》之前，世界各国代表团曾就公约涉及的国家犯罪和国家的国际刑事责任问题进行过激烈争论。英国代表团提议，应当在公约第 2 条和第 4 条明确规定，国家、政府以及国家或政府的机构或当局实施灭绝种族的行为，应当像个人和团体那样承担刑事责任；实施灭绝种族行为的国家、政府及其机构或代理人应当受到将来成立的国际刑事法院的管辖，并由后者采取必要措施制止灭绝种族行为；即便无法对国家进行刑事处罚，也应要求其解散犯罪组织、冻结财产和赔偿受害国。但是，以美国为代表的大多数代表团都认为，灭绝种族罪只能由个人实施，还有部分代表团认为国家对灭绝种族罪行仅承担民事责任。最终，英国代表团的提议没有被采纳，但其和比利时代表团共同提出的将国家责任争端加入第 9 条的建议却得以通过。公约第 9 条规定："缔约国关于本公约的解释、适用或实施的争端，包括关于某一国家对于灭绝种族罪或第三条所列任何其他行为的责任的争端，经争端一方的请求，应提交国际法院。"由此可见，公约明确赞成对可以归咎于国家的灭绝种族罪行或其他行为由国家承担责任，但却在国家承担的责任是民事还是刑事性质这一问题上进行了模糊处理。

1947 年国际法委员会成立伊始，即被要求借鉴纽伦堡审判来制订《和平与安全治罪法典草案》。此时的国际法委员会对国家的国际刑事责任抱有极大信心，在报告中建议，计划成立的国际审判机构不但要对个人行使管辖权，还要对国家行使管辖权，有关国家或个人的罪行将会得到规定。国际法委员会在随后的编纂过程中遭遇到了许多困难，以致不无悲观地认为，根据当前的国际法实践和纽伦堡审判，确立国家刑事责任的做法尚不可取。国际法委员会的法典草案工作，也由于各国代表在侵略罪问题上的严重分歧而搁置下来，直到 1981 年才重新启动。国际法委员会在 1987 年通过的法典草案第 3 条中仍然保留追究国家的国际刑事责任的可能性："对犯有危害人类和平与安全的个人进行追诉,并不免除一国对归咎于其的某一作为或不作为依照国际法应负的任何责任。”1991 年的法典草案第 4 条坚持了同样的立场,认为个人承担危害人类和平与安全罪行责任的事实并不能影响到国际法规定的国家责任的任何问题。但是,在 1996 年的法典草案中,国家法委员会却回避了国家的刑事责任这一棘手的问题,而仅仅在第 4 条“国家责任”中规定,本法典规定个人承担危害人类和平与安全罪行责任的事实,并不歧视依据国际法所提出的国家责任的任何问题。

1953 年,国际法委员会开始按照联合国大会决议的要求,着手制订有关国家责任的国际法原则。1973 年,国际法委员会将有关国家责任的条款称为“国家从事国际不法行为的责任”。1976 年,国际法委员会旗帜鲜明地将国家实施国际犯罪的刑事责任规定在《关于国家责任的条文草案》第 19 条之中,①该条第 2 款规定,一项国际义务对于保护国际社会的根本利益是如此重要,以至于整个国际社会公认违背该义务是一种罪行时,一国违反该义务的国际违法行为(wrongful act),就构成一项国际罪行。第 3 款进一步规定,根据第 2 款和现行国际法规则,国际犯罪可以特别产生于严重违反对维持国际和平与安全具有根本重要意义的国际义务,如禁止侵略的义务;严重违反对保障各国人民自决权具有根本重要意义的国际义务,如禁止以武力建立或维持殖民地统治的义务;大规模地严重违反对保护人类具有根本重要意义的国际义务,如禁止奴隶制度、灭绝种族和种族隔离的义务;严重违反对保障和维护人类环境具有根本重要意义的国际义务,如禁止大规模污染大气层或海洋的义务。国际法委员会将国家列为某些国际罪行的主体并责令国家承担刑事责任的立场,积极地回应了赞成国家的国际刑事责任的非政府组织和各国学者,也得到了包括丹麦、意大利、希腊、墨西哥和蒙古等国家的支持,是国际社会和国际法在国家刑事责任问题上迈出的一个有力步伐。但是,1976 年的条文草案遭到了大多数国家的

① See Draft Articles on State Responsibility, art. 19, in Report of the International Law Commission to the General Assembly, U. N. Doc. 1/31/10 (1976) II (Pt. 2), T. B. I. L. C., pp. 95 - 122.

强烈反对,在这种情形下,国际法委员会在 2001 年批准的条文草案中,放弃了"国际罪行"的表述,改用"严重违反根据一般国际强制性规范应当承担的义务",从而避开了与"国际罪行"直接相对应的刑事责任问题,放弃了国家的国际刑事责任的立场。①

与 1973 年国际法委员会明确支持国家应当对其实施的国际不法行为承担相应责任的立场相呼应,1973 年 11 月 30 日联合国大会通过的《种族隔离罪行公约》也明确规定了法人犯罪问题。该公约第 1 条第 2 款规定,缔约国宣布实施种族隔离罪行的组织、机构或者个人均构成犯罪,显然,"组织"和"机构"两个词语至少在语义学上能够涵盖官方的和民间的各种组织与机构。如果我们对此还抱有疑问的话,第 2 条在表述时使用的"任何立法措施及其他措施"则确定无疑地是指国家或者政府的行为。公约第 3 条还进一步规定,任何个人、组织或机构的成员,或国家代表,无论出于何种动机,如果实施、参与、直接煽动(incitement)或者共同策划灭绝种族罪行,或者直接教唆(abet)、怂恿或帮助实施种族隔离罪行,即应负国际罪责,而不论是处于行为发生地的国家或其他国家的领土之内。

2002 年生效的《罗马规约》在第 25 条第 1 款和第 2 款中明确规定,国际刑事法院依据本规约对自然人享有管辖权,实施管辖范围内罪行的人应依据本规约承担个人责任并接受处罚。可见,《罗马规约》规定的仅仅是个人的刑事责任,实施规约规定罪行的国家、政府及其他法人、组织或团体都不能成为国际刑事法院的管辖对象。有意思的是,《罗马规约》第 25 条第 4 款规定,本规约关于个人刑事责任的任何规定不影响国家依照国际法所负的责任,似乎为国家的国际刑事责任留下了进一步的发展可能和发展空间。

总体而言,国际法委员会自 1947 年成立以来,就在关注国家的国际刑事责任问题,它曾经旗帜鲜明地表明支持并将其规定在《和平与安全治罪法典草案》和《关于国家责任的条文草案》之中,也曾经为了

---

① See Report of the International Law Commission, Fifty-third sess. (April 23-June 1 & July 2-August 10, 2001), U. N. Doc. A/56/10 and Corr. 1(2001).

避免激烈的争议对草案通过的影响而予以回避,还曾经耐人寻味地在《种族隔离罪行公约》和《罗马规约》中为国家的国际刑事责任保留了进一步发展的可能。国际法委员会在一个草案文本中确立国家的国际刑事责任,在另一个文本中故意予以回避,在其他的文本中又言辞模糊,尽管使人们对其工作的前后一致性产生怀疑,但也的确反映了国际法委员会在该问题上的纠结态度与煞费苦心。毕竟,在现代国际社会中,对仍相对不成熟的国家的国际刑事责任问题,最明智的做法或许就是保持等待,等待相应实践的进一步演化和理论的进一步发展。在这个意义上,国际法院依据《灭绝种族罪公约》在 2007 年对波黑政府诉塞尔维亚和黑山案做出的判决,是对国家的国际刑事责任的一个有力推动。因为,国际法院在判决中明确肯定国家能够实施灭绝种族罪,那么,与灭绝种族罪这一国际罪行相对应的当然是国际刑事责任了。

四、国家的国际刑事责任的重新解读与实现方式

反对国家的国际刑事责任的观点一般认为,作为一个抽象实体或者拟制存在,即便承认国家能够实施国际罪行和承担国际刑事责任,这种刑事责任最终也无法以剥夺生命或者自由的刑罚处罚方式得以实现;国家承担责任的形式包括限制主权、恢复原状、赔偿损失和道歉等,并不具有刑事制裁的性质。解决这个问题的关键在于,我们如何理解与刑事责任直接相关联的刑罚的本质和目的。

(一)国家的国际刑事责任的重新解读

刑罚的一般理论认为,刑罚的本质在于对犯罪的惩罚性,这是任何刑种都具有的属性。① 也就是说,作为犯罪的法律后果的刑罚,本质上是一种惩罚和痛苦,如果一项刑罚不能够给刑事责任的承担者带来相

① 参见马克昌主编:《刑罚通论》,武汉大学出版社 1999 年版,第 39 页。

应的生理的、经济的、名誉的或行动的痛苦,那么该刑罚就失去了得以存在的正当性和合理性基础。在这个意义上,限制主权、没收财产、赔偿损失、恢复原状、道歉和罚金等可以是国家的国际刑事责任的实现方式,经济制裁、空中禁运、海上封锁等国际制裁手段同样也可以是国际刑事责任的承担方式。这些措施在本质上都能够给实施国际罪行的国家带来不同程度的痛苦和损失,如军事占领、军事管制、国家武装力量的限制、财政收入的减少和国际形象的损毁等,符合刑罚的惩罚性特征,能够作为国家的国际刑事责任的刑罚后果。有学者从惩罚性的角度出发,认为目前国际法实践中采取的一些制裁措施已经明显不同于传统意义上以补偿和赔偿为特征的民事责任承担方式:对于战争罪行,《国际联盟盟约》第16条和《联合国宪章》第7章规定的制裁部分地具有惩罚性,联合国安理会对某些实施此类严重国际不法行为的国家所采取的制裁措施,首先是为了恢复国际和平,同时也在惩罚那些严重违反国际义务从而构成国际罪行的国家,而不仅仅是要求赔偿。①

值得注意的是,责任的性质和责任的形式是两个完全不同的范畴。承认国家能够实施国际罪行,与之相匹配的国家责任在性质上就应该是刑事责任,而实现刑事责任的方式则是多种多样的,就像法人、组织和团体在实施犯罪的情形下,其相应的刑事责任实现方式也只是罚金、没收财产、赔偿和吊销执照等,但没有人认为这些措施在性质上是民事责任。有学者认为,传统意义上的刑罚已不再是实现刑事责任的唯一方式,非刑罚的处罚方法也可以成为刑事责任的实现方式,国际性的法律制裁或经济制裁,同样可以理解为是对国家的惩罚,从而是国际刑事责任的内容之一。② 因此,我们不能简单地将自然人与法人、组织、团体和国家的刑事责任承担方式互相生搬硬套,责任的形式并不能决定

① See John Dugard, International Criminal Responsibility, in M. C. Bassiouni (ed.) International Criminal law, Vol. 1, 2nd ed., Transnational Publishers, 1999, pp. 239-253.

② 参见赵秉志、王秀梅:《伊拉克战争涉及的国际法和国际刑法问题》,载《河北法学》2004年第1期。

责任的本质,非刑罚的处罚方法能够成为刑事责任的实现方式,也在一定程度上印证了传统的刑罚种类是在随着社会发展而逐步变化和演进的。

刑罚的目的在于报应和一般预防、特殊预防。现代国际刑法实践表明,在个人实施国际罪行并承担国际刑事责任方面,国际社会已经建立起相对成熟和完善的制度,甚至国际社会也已经逐步承认法人、组织和团体能够实施国际罪行并承担国际刑事责任。两次世界大战和前南斯拉夫、卢旺达等事件,证明了那些最严重地侵害国家社会共同利益的行为通常都是"国家行动"的产物或者是"国家政策允许"的结果,承认国家的国际刑事责任并成立专门组织或者机构对国家进行刑事追究,是最大限度地实现刑罚的报应目的和维护正义的要求。基于此,在南斯拉夫国际法庭的判决书中,"报应""威慑"和"矫正"被一再地作为判处刑罚的主要目的。

《罗马规约》序言第五句强调,惩罚能够"预防这些犯罪"。从预防的角度来说,承认国家的国际刑事责任并成立专门组织或者机构对国家进行刑事追究,相较于只追究个人的国际刑事责任,具有更为重要的意义。首先,只有确立国家的国际刑事责任,才能够顺理成章地对国家实施包括限制主权、限制国家武装力量和国际制裁在内的各种刑事处罚,剥夺和削弱国家再次实施国际罪行的行为能力。其次,对国家施加的刑事处罚,根据《罗马规约》第 27 条"官方身份的无关性"规定,并不免除国家元首或政府首脑、政府成员或议会议员、选任代表或政府官员的相应刑事责任,这会警醒他们绝对不能采取严重违反国际法义务并构成国际罪行的方式来发起国家行动或者制定和推行国家政策,从而预防此类行为的发生或重复发生。最后,确立国家的国际刑事责任,能够起到一种法律定性和评价的效果,避免实施国际罪行的国家的民众产生不正确的认识,从而有利于国家及其民众对其罪行进行深刻的反省。在这一点上,德国对其纳粹行径的真诚悔罪和日本对其军国主义的执迷不悟,是国际刑法学工作者应当特别注意的。

(二)国家的国际刑事责任的实现方式

在符合刑罚本质和满足刑罚目的的情形下,国家的国际刑事责任的实现方式,依照国际法的实践是多种多样的。国际法委员会在《关于国家责任的条文草案》中曾试图制定出分别适用于国际罪行和国际不法行为的责任制度,对国家承担国际罪行和其他国际不法行为引致的责任时分别适用不同的刑事责任实现方式。依据条文草案,国际不法行为的后果包括停止不法行为与以恢复原状、赔款、满足和保证不再重犯等单独或组合的方式向受害国提供充分赔偿;国际罪行则不仅引致其他国际不法行为的一切法律后果,还会带来第 52 条和第 53 条规定的其他后果。其中,第 52 条规定,在受害国主张恢复原状而不要求赔款所获得的利益与行为国因此而受到的负担不成比例时,以及在受害国主张恢复原状会严重危害行为国的政治稳定或经济独立而不恢复原状却不致给受害国造成此类影响时,受害国仍然可以主张恢复原状;受害国要求满足的权利也不受到不得伤害行为国尊严的限制。第 53 条规定,一国的国际罪行引起任一其他国家的下列义务:不承认国际罪行造成的状况为合法;不帮助或协助实施该罪行的国家维持因此而造成的状态;同其他国家合作履行前两项义务;以及同其他国家合作实施旨在消除该罪行后果的措施。

尽管《关于国家责任的条文草案》尚未通过,但其在“国家责任的内容、形式和程度”部分规定的国家责任的实现形式,不仅具有理论上的范本意义,还在一定程度上发挥着指导国际法实践的作用。目前来看,国家的国际刑事责任可以通过以下方式实现:

1. 限制主权。这是国家的国际刑事责任最严厉的实现形式,多适用于实施侵略罪、战争罪和灭绝种族罪等严重国际罪行的国家,一般由国际法院判决,由国际社会共同执行,直接干涉到行为国的政治、经济、军事和外交等各个方面。根据国际法实践,限制主权包括但不限于以下具体措施:直接对罪行国实行军事占领或者军事管制,限制或者代为行使行为国的国家权力,强制销毁行为国的一切大规模杀伤性武器,限制行为国武装力量的数量和武器装备的质量,降低行为国的国际地位和外交级别等。例如,第二次世界大战后,法西斯德国和日本就曾被采取代为行使国家权力、限制武装力量和实施军事管制等惩罚性措施。限制主权还会影响行为国的主体人格,从而剥夺其参与国际活动的权利,使其陷入孤立无援的状态并逐步走向衰败。

2. 武力制裁。武力制裁应当以维持或恢复国际和平与安全为目的,并且被严格限制在维持或恢复国际和平与安全的范围之内。武力制裁在所有的刑事责任实现手段中处于最后的保障地位,在其他所有的制裁手段不足以或者已被证明无法实现合理目的时,才具备动用武力的正当性,这是其实质的侧面;具备正当程序和合法形式则是其形式的侧面。例如,《联合国宪章》第 42 条规定:"安全理事会如认为第 41 条所规定之办法为不足或已经证明为不足时,得采取必要之空海陆军行动,以维持或恢复国际和平与安全。此项行动得包括联合国会员之空海陆军示威、封锁及其他军事行动。"

3. 国际制裁。依据国际法实践,国际制裁的具体方式可以由受害国决定采取,也可以由区域性或普遍性的国际组织决定采取,它包括但不限于以下具体措施:断绝经济或者外交关系,实施物资禁运或者经济封锁,断绝交通、通信等信息交流和采取军事封锁等。例如,《联合国宪章》第 41 条规定:"安全理事会得决定所应采取武力以外之办法,以实施其决议,并得促请联合国成员国执行此项办法。此项办法得包括经济关系、铁路、海运、航空、邮、电、无线电及其他交通工具之局部或全部停止,以及外交关系之断绝。"伊拉克就由于侵略科威特而受到包括强制销毁大规模杀伤性武器和部分领空管制在内的全面制裁,这些措施直接导致了伊拉克长达几十年的贫穷与落后。

4. 赔偿。赔偿是国际法实践中最普遍采用的责任实现形式,主要指依据造成损失的具体情形而强迫行为国给予受害国一定数量的物质或金钱。赔偿最严厉的形式是没收财产,通常由国际法院做出判决,在保证行为国普通民众正常生存、生活和生产所需的前提下,没收行为国的部分财产交付给特定机构。赔偿与国际不法行为所带来的损害赔偿不同,它更多地具有惩罚性因素,是一种刑罚方法;赔偿也不同于战争赔款,它并不仅仅局限于对造成损失的恢复原状或者补偿。值得注意的是,在现代国际法实践中,基于"集体惩罚"的批评,国际法院已经很少采用此种责任形式。

5. 宣告性判决(declaratory judgement)。宣告性判决是指由权威机构发布声明,判断争讼双方的是非对错或者对某一事件发表立场性意见,它往往采取判决、道义谴责、联合谴责、共同声明等形式,给予行为国或者其他当事方以否定性评价,从而给行为国加上耻辱性标记,迫使其承受相应不利后果。例如,纽伦堡军事法庭就以宣告性判决的形式宣布了纳粹党的领袖集团、盖世太保、党卫队和保安处为犯罪团体。在现代国际法实践中,宣告性判决是国际法院经常采取的一种刑事责任实现方式。

此外,满足(satisfaction)也可以成为国家的国际刑事责任的实现方式。满足主要是指在采取其他责任承担方式以外,还应当照顾受害国的精神层面,责令行为国就其实施的国际罪行向受害国道歉或保证不再重犯。例如,责令行为国对受害国公开道歉、向受害国的国旗致敬和在国际社会上发表认罪声明、悔罪声明等。

我们应当清醒地认识到,世界各国在国家的国际刑事责任问题上还存在着种种分歧,但国家实施国际罪行,无论在过去、现在,还是未来,都有可能发生。美国刑法学者乔治 · 弗莱彻在《刑法的基本概念》中表示要寻找共通的刑法概念以建立国际刑法基础,随后在《刑法的语法:美国法、比较法和国际法》中设计了一个宏大构想,那就是寻找一些能够为世界各国所共同接受的刑法范畴,从而在此基础上建立一起部具有普适性意义的刑法(规范)。① 在这个意义上,对国家的国际刑事责任的全面的、深入的、透彻的研究,是时代赋予国际刑法学工作者的一种责任和使命。

① See George P. Fletcher. Basic Concepts of Criminal Law. Oxford University Press, 1998; George P. Fletcher. The Grammar of Criminal Law: American, Comparative and International. Vol. I: Foundations. Oxford University Press, 2007.

On the International Criminal Responsibility of the State

Guo Shijie

[**内容摘要**]国际社会在国家的国际刑事责任问题上尚未达成共识,然而,国家的国际刑事责任却以各种形式在两次世界大战后和现代国际社会中得到了具体落实。豁免权和国家主权不应成为国家的国际刑事责任的障碍,抽象实体和犯罪意图也不是影响国家的国际刑事责任能力的因素,中立、权威的执行机构有助于国家的国际刑事责任的实现。国际法委员会在几部法典草案制定过程中对国家的国际刑事责任问题的赞成、放弃和回避,集中体现了其纠结的态度。刑罚的本质是惩罚和痛苦,刑罚的目的在于报应和预防,在这个意义上,限制主权、武力制裁、国际制裁、赔偿、宣告性判决和满足都是国家的国际刑事责任的实现方式。

[**关键词**]国际刑事责任;国家主权;犯罪意图;刑罚本质;刑罚目的

Abstract: International community has not reached a consensus on the issue of international criminal responsibility of the state, however, the international criminal responsibility of the state has been concretely implemented in various forms after World War I, II and in modern international community. Immunity and Sovereignty should not be an obstacle to the international criminal responsibility of the state. Neither Abstract Entity nor Criminal Intention is a factor influencing the state's capability of international criminal responsibility. Neutral and authoritative implementing agencies contribute to the realization of the international criminal responsibility of the state. The International Law Commission conveyed its approval, abandonment and avoidance on the issue of the international criminal responsibility of the State in the process of drafting several code drafts and embodied its tangled attitude. The essence of penalty is punishment and pain, the purpose of the penalty is retribution and prevention. In this sense, the limitation of sovereignty, sanctions of force, international sanctions, compensation, declaratory judgement and satisfaction are ways in which the State's international criminal responsibility is realized.

Key words: international criminal responsibility; sovereignty; criminal intention; essence of penalty; purpose of penalty

死刑立法考虑民意问题的新维度
——国际人权法发展的新动向

党和苹*

目　　次

众所周知,民意发展和基本人权准则不总是步调一致。比如,民意可以表现为基于种族、性别、年龄、健康、性取向等因素的歧视性社会态度。那么人权发展是否要完全受制于民意呢?比如人权准则的建立和发展是否要简单、完全建立在“民意喜欢或不喜欢”的基础上?国际人权法如何看待这个问题,又如何看待民意和人权准则的关系?根据政治学和社会学研究,民意的定义和测量是个复杂的问题。不同的测量方法可能揭示民意的不同侧面,也都有各自的局限。有研究甚至断言现实中也许没有办法找到绝对真实、准确的民意。① 基于这些发现,如

* 香港中文大学(深圳)人文社科学院讲师。

① 关于民意的不同定义和测量方法,请参见 Heping Dang, *International Law, Human Rights and Public Opinion*: *The Role of the State in Educating on Human Rights Standards* (Routledge 2017)。

果政府仅以民意测验的数字为由,那么民意的说服力可能会有所下降。比如,联合国人权委员会在 1998 年和 2008 年两次重申:对于人权和人权准则的保护,不能完全由民意、尤其是由民意调查数字显示的民意来决定。① 在日本根据《公民权利与政治权利国际公约》提交其履约报告时,联合国人权委员会的评论包括以下警告:反复以民意统计的结果为自己的消极不作为背书,可能违反了《公民权利与政治权利国际公约》的义务。②

有趣的是,在死刑问题之外,比如种族歧视或针对妇女的歧视,国际人权法的态度非常明确,各国需积极引导民意向支持族群、性别平等的方向发展。各国政府也不会以国内存在歧视性社会态度为由,停止或延缓采取反歧视措施的脚步。以《消除一切形式种族歧视国际公约》为例,国际法赋予国家与种族歧视作斗争的最重要的武器,一为法律,二为教育。其中第 4 条规定主要为法律措施:国家应谴责宣扬种族优越性的理论、谴责辩护或提倡种族仇恨或歧视的人,并将煽动种族优越、种族仇恨的行为规定为犯罪,将宣传、提倡、煽动种族歧视的组织确认为非法组织并加以禁止。根据《消除一切形式种族歧视国际公约》第 7 条,缔约国有教育义务:有责任宣扬与消除种族歧视相符的理念,同时通过讲授、教育、文化及新闻等教育性措施打击种族歧视或偏见。此外,联合国《消除对妇女歧视宣言》第 3 条直接规定,国家有责任引导舆论,带领民众扫除针对妇女的偏见和观念。可见国际法在歧视问题上,明确要求国家积极引导民意。而各国在实践中对这一点也鲜有质疑。国家对死刑和歧视的民意问题为何态度大不相同?也许在这些国家看来,国际法还没有普遍地强制各国废除死刑,但却普遍地要求各国反对歧视。那么,随着废除死刑日益被纳入基本人权准则的范畴,国际法是否会跟随歧视等人权问题的步伐,要求国家对死刑民意采取更积极的引导措施?也就是

① UN Doc. A/HRC/WG. 6/2/JPN/2, para. 35; UN Doc. CCPR/C/79/Add. 102, para. 7.

② Ibid.

说,在国际人权法上,国家是否将越来越难在死刑民意问题上采取中立态度?

一、民意成为各国政府的废死障碍

截至2017年,约有50个国家及地区保留死刑,其余的国家都已从法律上或事实上废除了死刑。在这其余的国家中:约有100个国家从法律上废除了死刑;约有10个国家废除了普通犯罪的死刑,死刑罪名只包括战时的军事犯罪和针对国家的犯罪(如叛国、恐怖活动、武装暴动);①超过30个国家已超过10年没有执行死刑或者官方宣布了暂停执行死刑(这30多个国家被称为事实上废除了死刑的国家,虽然实践中这些国家仍有恢复死刑执行的可能性)。②

在这些保留死刑的国家中,有不少都把民意作为保留死刑的原因。背后的一个可能逻辑是,其他的理由已逐渐失去其市场。这里的其他理由包括:是否保留死刑是国家主权范围内的事;③死刑的威慑力;以及死刑属于人权还是刑法问题。④ 目前在国际范围内仍被诸多国家引用的保留死刑理由,一是"民意",二是宗教。在某些伊斯兰国家如科威特和利比亚,保留死刑的原因被归咎到伊斯兰法,因此保留死刑的决定被这些国家认为是对宗教信仰自由的尊重。⑤

东亚地区和美国多因民意的原因保留死刑。东亚地区被认为是"下一个讨论在法律和政策层面废除死刑的前沿阵地"。⑥ 美国似乎也倚赖民意决定死刑的命运。美国在死刑问题上的立场与西欧、加拿大、澳大利亚、新西兰这些传统上和它有类似政治和法律文化的国家不太

① UN Doc. E/2010/10, para. 3.

② Ibid.

③ UN Doc. A/63/293, para. 23.

④ UN Doc. A/HRC/WG. 6/11/SGP/1, para. 120.

⑤ UN Doc. A/63/293, para. 25.

⑥ David T. Johnson, Franklin E. Zimring, *The Next Frontier, National Development, Political Change, and the Death Penalty in Asia* (Oxford University Press 2009), p. 3.

一样,这被认为是一种“美国例外”现象。① 一些仍然保留死刑国家的认为,政府需要尊重“民众的意愿”,不经过民众同意的废除决定会伤害人民对法治的信心,甚至导致私力救济的出现。② 有时,这样的论述甚至得到了一些已经废死国家的支持。比如,委内瑞拉在19世纪就废除了死刑,但在2008年回复联合国秘书长有关暂缓执行死刑问题时写道,“任何有关改变死刑现状的决定必须考虑各国国内的价值观和信仰”。③

(一)保留死刑的国家

联合国的普遍定期审查机制(Universal Periodic Review)是联合国大会2006年建立的审议各国人权义务履行状况的机制。④ 这一机制的建立目的是有效补充联合国各公约监督机构的工作。在这个特殊的机制中,各国无论大小、是否签署某项国际公约,都必须在此机制中报告该国如何履行人权保护义务,并回答各联合国成员国的疑问。普遍定期审查机制自2008年开始第一轮审议,目前已处在第三轮审议。在这个机制中,很多亚洲国家表示,死刑存在的理由是国内民意。比如,我国虽然还没有批准《公民权利与政治权利国际公约》,但仍在人权理事会组织的普遍审查机制中两次回答了有关死刑的问题。⑤ 2009年,中国表示现在的客观条件不允许废除死刑。⑥ 这个客观条件之一,被

---

① Roger Hood and Carolyn Hoyle, *The Death Penalty: A World-wide Perspective* (Oxford University Press 2008), p. 354; Carole Steiker, “Capital Punishment and American Exceptionalism” (2001) 97 Oregon Law Review 81,114.

② UN Doc. E/CN. 4/Sub. 2/1987/20, p. 24; G. Picca, “La peine de mort: Un problème politique et social” (1987) 68 *Revue Internationalale de Droit Pénal* 435,448.

③ UN Doc. A/63/293, para. 24.

④ UN Doc. A/RES/60/251.

⑤ UN Doc. A/HRC/11/25; UN Doc. A/HRC/25/5.

⑥ UN Doc. A/HRC/11/25.

解读为国内民意对死刑的压倒性支持。[①] 在2013年,中国再次确认"根据目前的社会发展阶段严格控制死刑执行"。[②] 日本在2008年和2012年两次普遍定期审查中都确认:国内大多数民众都认为对极其严重的犯罪处以死刑是"不可避免"的;而违反大多数民众的意愿废除死刑是不合适的。[③] 但日本在2012年承认,在死刑问题上应在国内开展更大范围的讨论。[④] 黎巴嫩、马来西亚、新加坡在2008~2011年都表示,民意是该国保留死刑的原因。[⑤] 马来西亚尤其强调,"作为一个民主国家,政府政策应考虑大多数选民的意见"。[⑥] 我国台湾地区的立场没有显示在联合国普遍定期审查机制的文件中,不过当局在2006年作出承诺,如果获得80%民众支持,就废除死刑。[⑦] 由此可见,台湾当局也同样将民意作为废死的一大障碍。

在美洲,美国在2011年的普遍审议中,在与联合国成员国的互动问答中表示,死刑问题目前正在国内进行激烈地讨论。[⑧] 早前在2005年回复联合国秘书长关于死刑问题时,美国就曾做如下解释:"大多数公民通过他们自由选举的官员,选择为最严重的犯罪保留死刑;在民主社会中,整个犯罪系统(包括对最严重的犯罪处以什么刑罚)都应反映人民的意愿,由人民选举的官员执行。"[⑨]圣基茨和尼维

---

① Dietrich Oberwittler and Shenghui Qi, Public Opinion on the Death Penalty in China (Max-Plank Institute for Foreign and International Criminal Law, Freiburg 2009), p. 6; Hu Yungteng, "On the Death Penalty at the Turning of the Century" in Manfred Nowak and Xin Chunying (eds), "EU-China Human Rights Dialogue: Proceedings of the Second EU-China Legal Experts" (2000) (Seminar held in Beijing on 19 - 20 October 1998), pp. 88 - 94.

② UN Doc. A/HRC/25/5, para. 84.

③ UN Doc. A/HRC/8/44, para. 9; UN Doc. A/HRC/22/14, paras. 15 and 67.

④ UN Doc. A/HRC/22/14, para. 32.

⑤ UN Doc. A/HRC/18/11, para. 87; UN Doc. A/HRC/WG. 6/9/LBN/1, para. 31; UN Doc. A/HRC/11/30, para. 55.

⑥ UN Doc. A/HRC/11/30, para. 55.

⑦ 台北时报,2006年1月2日。

⑧ UN Doc. A/HRC/16/11, para. 55.

⑨ UN Doc. E/2005/3/Add. 1, para. 17.

斯在2011年承认,死刑可能并没有所谓的威慑力,但自觉从现行法律中把死刑剔除存在困难,因为"社会上有很大的声音希望保留它"。[①]古巴在2013年递交给人权理事会的国家报告中写道,古巴在"理念上反对死刑",但废除死刑需要"条件合适"。[②] 巴巴多斯在2009年、2013年提交的国家报告中重申,通过民意调查得到的民意,正是该国保留死刑的原因。[③]

在欧洲,白俄罗斯是唯一执行死刑的国家。白俄罗斯在2010年对人权理事会表示,死刑存废仍然取决于其主流民意是否希望保留这一刑罚。[④] 白俄罗斯宪法法院提出了相反的建议,但该政府仍然保留了维持死刑存在的立场。[⑤] 在非洲,博茨瓦纳在2009年表示,保留死刑是源于民意,因为政府"应回应人民的需求,而不能采取措施伤害人民的利益"。[⑥] 博茨瓦纳在2013年做过全国范围的公众咨询,其结果是大多数的国民希望保留死刑。[⑦] 2010年,几内亚对人权理事会表示,死刑问题应该等到国家"回到正常的宪法轨道"以后再考虑,现在想象一个还不存在的讨论是不成熟的。[⑧] 此外,大洋洲的汤加在2008年回答联合国成员国的提问时说,死刑问题有待于其国内对于此问题的讨论发展情况。[⑨]

---

① UN Doc. A/HRC/17/12, paras. 9 and 36.

② UN Doc. A/HRC/WG. 6/16/CUB/1, para. 98.

③ UN Doc. A/HRC/10/73/Add. 1, para. 12; UN Doc. A/HRC/23/11, para. 20.

④ UN Doc. A/HRC/15/16, para. 54; UN Doc. A/HRC/15/16/Add. 1, paras. 2, 46 and 47.

⑤ UN Doc. A/HRC/15/16, paras. 45 and 53.

⑥ UN Doc. A/HRC/10/69, para. 9.

⑦ UN Doc. A/HRC/23/7/Add. 1, para. 5.

⑧ UN Doc. A/HRC/15/4, para. 40; UN Doc. A/HRC/15/4/Add. 1, paras. 22 – 23.

⑨ UN Doc. A/HRC/8/48, para. 66.

(二)事实上废除死刑的国家和已在普通犯罪中废除死刑的国家

虽然大多数的国家已经在司法实践中停止适用死刑、或者在普通犯罪中废除了死刑,但这些国家中仍对进一步推动死刑废除抱有疑虑,不愿官方宣布暂停适用或者全面废除死刑。同样,民意被这些国家列为最重要的废死阻却理由。俄罗斯已经超过10年没有执行过死刑了,但仍然不同意在民众反对的情况下废除死刑,因为"政府和议会的职责是尊重民意而不是强制推行民意反对的措施";①"是否最终废除死刑,仍需要民意决定"。② 韩国表示,"从立法角度考虑,民意能给立法者造成极大压力,无疑是废死过程中面临的最大障碍";③"而国内共识的建立和研究的深入,需要时间"。④ 哈萨克斯坦在给人权理事会的国家报告中表示,该国执行的是逐渐废除的策略,因为通过民意调查显示的民众意见还是两极的。⑤

在非洲,喀麦隆已经暂停执行死刑超过20年了,但仍对全面废除死刑抱有疑虑。喀麦隆认为原因是考虑"民众对某些犯罪的感受",⑥并且"法律应该表达人民意愿,政府也应该考虑选民的意见,无论政府本身的意见为何"。⑦ 赞比亚在2013年也基于民意原因,拒绝了普遍定期审议机制中其他联合国成员国提出的有关进一步推动废除死刑的建议。⑧ 赞比亚也认为:"民主的政府需要尊重人民的意见,即使政府

---

① UN Doc. CCPR/C/SR. 2664, para. 5.

② UN Doc. A/HRC/11/19/Add. 1/Rev. 1, p. 2.

③ LJC, 2006: 37.

④ UN Doc. A/HRC/8/40, paras. 7 and 27.

⑤ UN Doc. A/HRC/WG. 6/7/KAZ/1, paras. 36 and 37.

⑥ UN Doc. A/HRC/11/21, para. 38.

⑦ UN Doc. A/HRC/24/15, para. 58.

⑧ UN Doc. A/HRC/8/43/Add. 1, p. 2; UN Doc. A/HRC/8/43, para. 5; UN Doc. A/HRC/22/13/Add. 1, para. 33.

自身的意见并非如此。”[①]在普遍定期审查机制中,布基纳法索、[②]中非共和国、[③]肯尼亚、[④]马达加斯加、[⑤]马里、[⑥]坦桑尼亚[⑦]和突尼斯[⑧]都把保留死刑的原因指向民意。有趣的是,刚果(金)在递交《联合国反酷刑公约》执行报告时回应了死刑问题,尽管死刑是否属于酷刑或不人道刑罚还未有普遍的国际共识。刚果(金)同样把保留死刑的原因归结到民意。[⑨] 在美洲,圭亚那认为死刑现状的改变必须得到人民的支持。[⑩] 圣卢西亚已经超过15年没有执行过死刑,但仍不愿建立法律上的中止执行制度,因为“在民主社会中,政府应该跟随被统治者的许可行动”。[⑪] 同样在人权理事会,牙买加表示,很难改变死刑的现状,因为民意强烈地要求保留死刑。[⑫]

(三)小　　结

确实,政治家很难挑战民众的倾向性意见,尤其是在犯罪与刑罚问题上,即使民众的意见并未经过深思熟虑、未有过充分地了解分析。[⑬]很多国家将民意列为保留死刑的理由,但是很少有国家承认,国内支持废除死刑的民意也是存在的。更少有国家表示,决策者不同意民众的

---

① UN Doc. A/HRC/22/13/Add. 1, p. 6.

② UN Doc. A/HRC/WG. 6/BFA/1, para. 55; UN Doc. A/HRC/24/4, para. 64.

③ UN Doc. CCPR/C/CAF/CO/2, para. 13.

④ UN Doc. A/HRC/15/8, paras. 49 and 104.

⑤ UN Doc. A/HRC/14/13/Add. 1, para. 18.

⑥ UN Doc. A/HRC/WG. 6/2/MLI/1, para. 118.

⑦ UN Doc. A/HRC/19/4, para. 23.

⑧ UN Doc. A/HRC/21/5, para. 39.

⑨ UN Doc. CAT/C/SR. 687, para. 23.

⑩ UN Doc. A/HRC/15/14, paras. 18 and 52.

⑪ UN Doc. A/HRC/17/6, paras. 38 and 66.

⑫ UN Doc. A/HRC/16/14, para. 37.

⑬ David A Green, “Public Opinion Versus Public Judgment: Correcting the ‘Comedy of Errors’” (2006) 46 British Journal of Criminology 131, 131.

看法,尽管结果仍是会执行“民众的意见”。只有牙买加、肯尼亚和赞比亚表态,政府不同意民意的倾向性意见,但仍会执行“民众的意见”。[①] 在这些国家的表态中,几乎没有提及他们如何得出民众的倾向性意见,也没有论证他们的民意调查能在多大程度上代表国内民众的意见。众多的社会学研究已经揭示,民意调查在客观充分表达民意上存在诸多缺陷。即使民意调查能够揭示某种程度的民意,但可能无法显示民众的“终极意见”。

何为民众的终极意见?比如,法国在1981年选择了废除死刑,但当时民意倾向性地支持保留死刑。[②] 做出这个“不受欢迎”决定的政治家,并没有因此遭受不利的政治后果。François Mitterrand 总统在竞选时就明确表达了这一“不受欢迎”的计划,结果他当选了。他上任后果然执行了这一计划,执行之后,还获得连任。这一过程说明,法国人民的“终极意见”是,即使他们不喜欢废除死刑的决定,但不妨碍他们继续支持这届政府,因为在影响选票的因素中,死刑的重要性比其他很多问题低得多。更何况,很多民众在表达对死刑的态度时,对相关问题的了解非常之少。针对这个问题,美国最高法院法官马歇尔提出了著名的“马歇尔猜想”,其核心假设是:如果民众充分了解了死刑各方面的信息,会转而反对死刑。[③] 诸多的社会学研究对马歇尔猜想展开测试,结果对这一猜想是相对支持的。[④]

二、国家有责任通过教育推动民意发展

本文不打算进一步分析如何得出准确的民意和死刑存废决策应在

---

① UN Doc. A/HRC/15/8, paras. 49 and 104; UN Doc. A/HRC/22/13/Add. 1, para. 33; A/HRC/24/15, para. 5.

② Robert Badinter, *L' Abolition* (Fayard 2000), p. 301.

③ *Furman v. Georgia*, 408 U. S. 238 (1972), pp. 232、363.

④ John K. Cochran and Mitchell B. Chamlin, "Can Information Change Public Opinion? Another Test of the Marshall Hypotheses" (2005) 33 Journal of Criminal Justice 573, p. 574.

多大程度上参考民意,而试图从国际法角度分析,民意是否是个正当的理由,是否可以合理延缓死刑废止的进程。国际法通过对教育目的和内容的规定以及在人权公约中普遍存在的教育条款,对各国提出了直接的教育责任:希望各国采取措施培育国内的人权文化,营造对人权更加友好的社会氛围。[①] 类似的责任是否可以应用在死刑问题上、或者终将应用在死刑问题上,是本文希望探讨的核心问题。

(一)《世界人权宣言》

1948 年 12 月 10 日由联合国大会通过的《世界人权宣言》奠定了当代国际人权法体系的基石。[②] 在该文件的序言中,宣告了教育是提高社会对人权尊重的重要途径之一。在有关教育权的描述中,该宣言定义教育的目的和内容包括通过国家的渐进措施"促进对权利和自由的尊重"。[③] 对于生命权,宣言第 3 条未设置任何的限制和例外:"人人有权享有生命、自由和人身安全。"[④]这一条文在较早期的解释中,有时被认为是对死刑采取了"中立"的态度,比如 1980 年第六届联合国预防犯罪和罪犯处遇大会秘书处的工作文件就持这一态度。[⑤] 但更近期和更普遍的意见正好相反。威廉 · 夏巴斯认为第 3 条通过在死刑问题上的沉默,以不设例外条款的形式预见和支持了死刑的废除。[⑥] 正因如此,在近几十年死刑废除运动如火如荼的发展历程中,宣言第 3 条时常被人们引用,始终保持了它的重要地位。为了实现没有例外和限制

---

① Heping Dang, *International Law, Human Rights and Public Opinion: The Role of the State in Educating on Human Rights Standards* (Routledge 2017).

② UNGA Res. 217 A (III), UN Doc. A/810.

③ The Universal Declaration of Human Rights, article 26.

④ The Universal Declaration of Human Rights, article 3.

⑤ William Schabas, *The Abolition of the Death Penalty in International Law* (3rd edn, Cambridge University Press 2002), pp. 42 –43; UN Doc. A/CONF. 87/9, para. 5.

⑥ William Schabas, *The Abolition of the Death Penalty in International Law* (3rd edn, Cambridge University Press 2002), pp. 42 –43.

的生命权，各国所采取的公众教育措施，包括提高公众对死刑问题的认识、破除对死刑威慑力的迷思以及宣传人权研究成果的行动，都可以在宣言第26条中找到合法性背书，因为该条规定了教育的目的包括了“加强对人权和基本自由的尊重”。

（二）逐步实现生命权

在《世界人权宣言》的基础上逐渐发展出了4个国际公约，分别是《公民权利与政治权利国际公约》、《经济、社会和文化权利国际公约》《公民权利和政治权利国际公约任选议定书》（1966）以及旨在废除死刑的《公民权利和政治权利国际公约第二任择议定书》（1989，以下简称《第二任择议定书》）。这4个文件被合称为“国际人权宪章”。在这一人权体系中，《公民权利与政治权利国际公约》第6条中提到了死刑是公约追求的目标。《第二任择议定书》进一步确认了这一目标，直接要求缔约国废除死刑。《经济、社会和文化权利国际公约》强调通过教育逐步提高对人权的尊重。需要强调的是，《公民权利与政治权利国际公约》与《经济、社会和文化权利国际公约》不能被认为是两个毫不相干的公约。他们本是因操作问题而被人为分开，因而后者关于教育的目的和内容，可以为前者的死刑和民意问题提供思考的线索。

《公民权利与政治权利国际公约》鼓励死刑的废除，其第6条第6款规定：“本公约的任何缔约国不得援引本条的任何部分来推迟或阻止死刑的废除”。人权委员会在1982年发布的有关《公民权利与政治权利国际公约》的第6项一般性意见，以及在1981年对巴巴多斯和马里履行该公约情况的专门性意见中，都重申了对废除死刑的鼓励性立场。① 人权委员会是《公民权利与政治权利国际公约》的监督执行机

① UN Doc. CCPR/C/SR. 264, para. 22; UN Doc. CCPR/C/SR. 284, para. 20; CCPR general comment No. 6: Article 6 (Right to Life), Human Rights Committee, para. 6.

构,其发布的"一般性意见"被作为公约条文的官方或授权解释。[①] 在第6项一般性意见中,人权委员会认为,"任何旨在废除死刑的措施都应被认为是推动生命权的进步",然而根据各国履约报告显示,旨在推动废除或限制死刑适用的渐进性措施,数量非常有限。[②] 人权委员会在2009年评估格林纳达执行公约情况,作出观察性意见时重申"任何旨在废除死刑的措施都应被认为是推动生命权的进步"。[③]《第二任择议定书》在序言中再次表达了这一确信。《公民权利与政治权利国际公约》和《第二任择议定书》均要求成员国向人权委员会报告他们如何渐进式推动生命权的发展。[④]

基于以上分析,死刑废除可以被看作人权发展的目标之一,而旨在实现这一目标的措施可以被看作推动了生命权的渐进式发展。如果民意被政府列为死刑废除道路上的障碍,那么采取措施引导民意的行为首先可以从《经济、社会和文化权利国际公约》第13条有关教育的目的和内容中找到行为正当性背书。该条规定,教育目的和内容包括"加强对人权和基本自由的尊重"。其次,尽管《公民权利与政治权利国际公约》在条文中没有直接提到教育,但人权委员会在指导成员国如何履行公约汇报义务时,明确要求成员国在普通大众中促进对人权的认识,并将其促进措施向委员会报告。[⑤] 具体来说,成员国在递交其履行公约情况的定期汇报中,应包括以下信息:旨在提高人权意识的教育项目和政府赞助的公共信息,任何旨在提高对人权尊重的教育

---

① William Schabas, The Abolition of the Death Penalty in International Law (3rd edn, Cambridge University Press 2002), p. 94; purposes of these general comments can be found: UN Doc. HRI/GEN/1/Rev.9 (Vol. I), pp. 172 – 173; UN Doc. A/36/40, Annex VII.

② CCPR general comment no. 6: Article 6 (Right to Life), Human Rights Committee, para. 6.

③ UN Doc. CCPR/C/GRD/CO/114 (emphasis added).

④ The International Covenant on Civil and Political Rights, paragraph 1 of article 40; the Second optional Protocol to the International Covenant on Civil and Political Rights Aiming at the Abolition of the Death Penalty, article 3.

⑤ UN Doc. HRI/GEN/2/Rev.6, p. 12.

项目和培训信息，包括政府资助的公众宣传活动；通过媒体传播人权信息、提高民众对人权认识的措施。[①] 与此问题相关，俄罗斯在报告《公民权利与政治权利国际公约》的履约情况时，就的确被问到了这一问题。1999 年，俄罗斯在第六次定期汇报过程中，被责问了为了实现废除死刑的目标，该国在教育体系和新闻媒体中到底做了何种准备措施。[②]

（三）禁止不人道或有辱人格的处罚

欧洲人权法院已经宣告死刑是一种残酷、不人道和有辱人格的处罚。[③] 死囚现象，指的是死囚犯遭遇的一系列客观环境，包括监狱客观环境不好、[④]长时间地等待执行、执行方式带来极大痛苦等。死囚现象被欧洲人权法院和一些权威的宪法法院认为违反了基本人权。[⑤] 2012 年，联合国人权理事会酷刑问题特别调查员不仅证实了死刑问题正在被放在"禁止酷刑、不人道或有辱人格的处罚"规则下进行讨论，并预见性地指出这是一个讨论死刑合法性的新的途径。[⑥] 目前，死刑的讨论大多集中在《公民权利与政治权利国际公约》的生命权项下，作为生命权的例外条款。但是对于禁止酷刑、不人道或有辱人格的处罚，在该公约的框架下没有任何的例外条款，不容许任何的减损执行。如果从这个路径讨论死刑，逻辑上更倾向于废死的目标。但目前从这条路径研究死刑的还不多。

---

① UN Doc. HRI/GEN/2/Rev. 6, p. 12.

② UN Doc. CCPR/C/SR. 2664, para. 27.

③ *Öcalan v. Turkey*, (App No. 46221/99, ECtHR, 12 March 2003).

④ *Francis v. Jamaica* (No. 320/1988), para. 12. 4.

⑤ *Soering v. United Kingdom and Germany*, *Catholic Commission for Justice and Peace in Zimbabwe v. Attorney-General et al.*; *Pratt et al. v. Attorney General for Jamaica et al.*; *Andrews v. United States* (*Case No.* 11. 139), *Report No.* 57/96, 6 *December* 1996; *United States v. Burns*, [2001] 1 *SCR* 283.

⑥ UN Doc. A/67/279, para. 74.

人权委员会作为监督《公民权利与政治权利国际公约》执行情况的授权机构,并没有完全同意这个新路径。人权委员会并不认为死囚现象本身构成了残酷、不人道或有辱人格的处罚,①除非该现象伴随有"其他令人瞩目的情况"。② 这些条件包括:长时间在恶劣的环境中被监禁;③或造成严重医疗后果的监禁;④或缺乏精神方面治疗;⑤或者有证据证实狱监有殴打和损坏个人物品的情况。⑥ 也就是说,人权委员会有条件地承认死囚现象构成残酷、不人道或有辱人格的处罚。人权委员会采取这样的立场,是因为《公民权利与政治权利国际公约》第 6 条还没有禁止死刑,所以希望死囚犯尽可能长地被保留在监禁的状态下,而不是被执行。

在国家的理解和执行层面,刚果(金)在没有直接提到死刑的《禁止酷刑和其他残忍、不人道或有辱人格的待遇或处罚公约》(以下简称《反酷刑公约》)机制下回答了有关死刑的问题。这又是一个有趣的国

---

① *Pratt and Morgan v. Jamaica* (No. 210/1986 and 225/1987), para. 13. 6; *Barrett and Sutcliffe v. Jamaica* (No. 271/1988), para. 8. 4; *Kindler v. Canada* (No. 470/1991), para. 15. 2.

② *Simms v. Jamaica*, para. 6. 5; *Berry v. Jamaica*, para. 11. 8.

③ *Edwards v. Jamaica*, para. 8. 3.

④ *Henry and Douglas v. Jamaica*, para. 9. 5; *Brown v. Jamaica*, para. 6. 13; *Whyte v. Jamaica*, para. 9. 4; UN Doc . 53/40, para. 458.

⑤ *Williams v. Jamaica*, para. 6. 5.

⑥ *Collins v. Jamaica* (No. 240/1987), paras. 8. 6 – 8. 7; *Francis v. Jamaica* (No. 320/1988), para. 12. 4; *Bailey v. Jamaica* (No. 334/1988), para. 9. 3; *Hylton v. Jamaica* (No. 407/1990), para. 9. 3; *Raphael Thomas v. Jamaica* (No. 321/1988), UN Doc. A/49/40, Vol. II, p. 1, para. 9. 2; *Sterling v. Jamaica*, paras. 2. 2 – 2. 3, 3. 2 and 8. 2; *Spence v. Jamaica*, paras. 3. 2 and 7. 2; *Reynolds v. Jamaica* (No. 587/1994), paras. 10. 2 – 10. 4; *Walker and Richards v. Jamaica*, para. 8. 1; *Young v. Jamaica*, para. 5. 2; *McTaggart v. Jamaica*, para. 8. 7; *Chung v. Jamaica*, para. 8. 2; *Jones v. Jamaica*, para. 9. 4; *Deidrick v. Jamaica*, para. 9. 3; *Everton Morrison v. Jamaica*, para. 23. 3; *Leslie v. Jamaica*, para. 9. 2; *Whyte v. Jamaica*, para. 9. 4; *Nicholas Henry v. Jamaica*, para. 7. 3; *Colin Johnson v. Jamaica*, para. 8. 1; *Floyd Howell v. Jamaica* (No. 798/1998), para. 6. 2.

际司法实践。刚果(金)在2005年首次向反酷刑委员会报告其公约执行情况时,欢迎各方向就如何引导死刑民意问题提出建议。①《反酷刑公约》本身并没有直接讨论民意,其原因是酷刑主要是由于执法官员问题造成的,所以《反酷刑公约》主要讨论的是改变执法官员而不是民众的观念。比如,《反酷刑公约》第10条第1款规定了国家有责任在执法官员中通过教育、培训和发布信息,提高认识、引领观念改变。然而更有趣的是,《反酷刑公约》在执行过程中,反酷刑委员会仍然发展出了教育大众的意涵。比如,反酷刑委员会在第二项一般性意见中,鼓励国家提高大众对酷刑定义和范围的认识。人权委员会虽然对死刑是否属于不人道、有辱人格的处罚附加了认定条件,但仍鼓励各成员国发布有关不人道、有辱人格处罚相关的信息,向大众普及相关知识,并为执行逮捕、拘留和徒刑的官员提供培训。②

三、国际法期待国家引导死刑民意

(一)"采取必要的步骤"废除死刑

《公民权利与政治权利国际公约》第2条第2款要求各国"采取必要的步骤"实现公约规定的权利。"采取必要的步骤"容许了权利的逐渐实现。在权利体系中,生命权一直占据非常重要的地位。生命权常被冠以"至高的权利"③"最重要的权利之一"④"最基本的权利"⑤"最

① UN Doc. CAT/C/SR.687, para. 23.

② CCPR general comment No. 20, para. 10.

③ *Human Rights Committee general comment* 6, *UN Doc. HRI/GEN/1/Rev.* 9 (*Vol. I*), p. 176; *UN Doc. A/37/40*, *p.* 93; *de Guerrero v. Colombia* (*Communication No. R.* 11/45, 31 *March* 1982), *para.* 13.1; *UN Doc. A/37/40*, p. 137.

④ *Stewart v. United Kingdom* (App. No. 10044/82, ECtHR, 10 July 1984), p. 169.

⑤ Theo C. Van Boven, "The Need to Stop Deliberate Violations of the Right to Life" in Daniel Prémont (ed.), *Essais sur le concept de "droit de vivre" en mémoire de Yougindra Khushalani* (Bruylant 1988), p. 285.

初的权利"[①]"所有权利的基础"[②]"人权的根本"等。[③] 生命权的内涵正逐渐纳入废除死刑的要求,人权委员会也承认死刑在某些情况下构成了残酷、非人道和有辱人格的处罚。[④]

在《公民权利与政治权利国际公约》的起草过程中,曾经有过关于是否允许渐进式实现公约权利的讨论。讨论的关键点在于是否要求成员国最迟在批准或加入公约前必须改变国内立法以适应公约规定。[⑤]在这个问题上,常设国际法院的判决和意见认为:国内法的改变不是一个国家是否受国际条约规制的前提条件;除非条约有例外规定,国家在批准或加入条约后改变国内法是国家承担国际责任的常态。[⑥]当然在讨论过程中,有反对意见质疑应给予多久时间让成员国适应国际公约。经过折中讨论,《公民权利与政治权利国际公约》草案第2条第2款的"逐渐实现"表述被保留,但草案中的"合理时间内"被删除,以防有国家以"合理时间"为由拖延或不执行公约内容。[⑦]

生命权及禁止残酷、不人道或有辱人格的处罚的规则内涵还在不断发展之中。《公民权利与政治权利国际公约》第2条第2款要求各国"采取必要的步骤"实现公约规定的权利。"采取必要的步骤"以实现公约规定的权利和自由,这样的条文内容能够鼓励国家采取

---

① Bertrand G. Ramcharan, "The Concept and Dimensions of the Right to Life" in Bertrand G. Ramcharan (ed.), *The Right to Life in International Law* (Martinus Nijhoff 1985), p. 12.

② Annual Report of the Inter-American Commission on Human Rights (1986 - 1987), OAS Doc. OEA/Ser. L/V/II. 71, doc. 9 re. 1, p. 271.

③ General Comment 14 (23), UN Doc. A/40/40, Annex XX; UN Doc. CCPR/C/SR. 563, para. 1.

④ *Simms v. Jamaica*, para. 6. 5; *Berry v. Jamaica*, para. 11. 8.

⑤ UN Doc. E/CN. 4/116, p. 2; UN Doc. E/CN. 4/374.

⑥ The Advisory Opinion in the "Case relative to the Exchange of Greek and Turkish Populations", PCLJ, Series B, No. 10, p. 20; Advisory opinion on "Jurisdiction of the Courts of Danzig", PCLJ, Series B, No. 15, pp. 4 - 47; Judgment in case concerning German interests in Upper Silesia, PCLJ, Series A, No. 7, p. 81; UN Doc. E/CN. 4/116, para. 2.

⑦ UN Doc. E/1371, p. 28; UN Doc. A/2929, Chapter V, paras. 8, 9 and 165.

具体措施以营造有利于实现基本权利的社会氛围。尤其对以民意为由保留死刑的国家,采取措施营造与实现基本权利相适应的社会舆论,显得十分必要。在《公民权利与政治权利国际公约》的基础上,《第二任择议定书》直接以在第1条明文规定,国家应该"采取一切必要措施废除死刑"。①

在《公民权利与政治权利国际公约》的国家报告机制中,日本提出:民意是保留死刑的原因。人权委员会立即建议其采取措施为废死目标而努力。② 如果民意是保留死刑的原因,那么对应的措施理应包括引导民意。在联合国的普遍定期审查机制中,很多国家在提出保留死刑的理由为民意后,其他成员国都建议这些国家采取具体措施为实现废死而努力。收到建议的国家包括阿尔及利亚、巴巴多斯、博茨瓦纳、布基纳法索、喀麦隆、古巴、俄罗斯、韩国、汤加、突尼斯和赞比亚。③ 古巴在2013年接受了这项建议。④ 突尼斯在2012年回应这一建议时表示,该国一直呼吁国民就死刑问题展开公开、坦诚和有建设性的讨论。⑤ 综上,如果民意确实是废除死刑的障碍,那么采取措施建立讨论的平台、公布更多的相关信息,便可以成为"必要措施"中的部分内容。

---

① The Second Optional Protocol to the International Covenant on Civil and Political Rights Aiming at the Abolition of the Death Penalty, article 1.

② UN Doc. CCPR/C/79/Add. 28, para. 18; UN Doc. CCPR/C/79/Add. 102, para. 20.

③ UN Doc. A/HRC/23/11, para. 102, recommendation 64; UN Doc. A/HRC/24/4, para. 137, recommendations 13 and 15; UN Doc. A/HRC/24/14, para. 140, recommendation 100; UN Doc. A/HRC/24/15, para. 131, recommendation 92; UN Doc. A/HRC/24/16, para. 170, recommendation 134; UN Doc. A/HRC/22/10, para. 124, recommendation 35; UN Doc. A/HRC/22/13, para. 103, recommendation 38; UN Doc. A/HRC/21/5, para. 116, para. 8; UN Doc. A/HRC/21/13, para. 129, recommendation 90; UN Doc. A/HRC/23/4, para. 81, recommendations 15; UN Doc. A/HRC/23/7, para. 117, recommendation 4.

④ UN Doc. A/HRC/24/16/Add. 1.

⑤ UN Doc. A/HRC/21/5/Add. 1, para. 3.

(二)明确提出"引导死刑民意"

1980 年,联合国第六届预防犯罪和罪犯处遇大会在其秘书处的工作文件中明确表示,政府在教育公众"死刑的威慑力具有不确定性"上,可以发挥重要作用。① 这是本研究中,国际机构第一次建议各国积极行动、应对死刑民意。进入 2000 年以后,国际组织和已经废死的国家越来越频繁地鼓励那些因为民意而保留死刑的国家:尝试改变民意、提高公众对死刑问题认知,鼓励民众对死刑展开全方位的讨论。

1.《公民权利与政治权利国际公约》机制下

俄罗斯在 2010 年陈述其《公民权利与政治权利国际公约》履约情况时,人权委员会委员 Abdelfattah Amor 建议道:"国家试图改变死刑民意,而不是一味听从民意,不代表这个国家是不民主的。国家的角色是举足轻重的因为它有能力通过立法改变社会及其风气。"②在该公约的国家报告机制中,非政府组织也可以提交报告供人权委员会参考。于是蒙古在 2010 年做第 5 次陈述时,其国内非政府组织递交报告,询问政府"采取了何种措施预防公众的负面回应",又询问"采取了何种措施提高公众对废死问题的认知"。③

已有一部分国家在报告中提及,他们已经对死刑民意展开行动,尽管措施还停留在鉴定现存民意是什么。这些国家包括博茨瓦纳、日本和韩国,分别出现在博茨瓦纳 2007 年的首次报告,④日本 1997 年和 2007 年的第四次和第五次报告,⑤以及韩国 2005 年的第 3 次报告中。⑥有的国家做了进一步的表态,比如肯尼亚在 2010 年表示,该国已经"根

① UN Doc. A/CONF. 87/9, para. 68.

② UN Doc. CCPR/C/SR. 2664, para. 27.

③ Civil Society Report on the Implementation of the ICCPR (Replies to the List of Issues CCPR/C/MNG/Q/5), p. 8.

④ UN Doc. CCPR/C/BWA/1, para. 143.

⑤ UN Doc. CCPR/C/115/Add. 3, para. 62; UN Doc. CCPR/C/JPN/5, para. 130.

⑥ UN Doc. CCPR/C/KOR/2005/3, para. 112.

据国际准则和趋势,教育民众有关废除死刑的必要性"。[①] 当然我们不能因为政府的一句表述,就认为该措施在国内得到实际、全面、充分地落实。但这至少表明,该国政府认可应该这样去做。蒙古也在2011年表示愿意创建支持废死的文化,甚至要求总统也在其中发挥重要作用。[②] 随后的第二年,蒙古批准了《第二任择议定书》,从而废除了死刑。赞比亚从1998年开始了鉴定本国民意的过程,认为这是鼓励讨论、建立共识的第一步。[③]

人权委员会通过对成员国的履约报告的观察性意见,对死刑民意旗帜鲜明地表达了自己的态度。人权委员会在2006年对中非共和国因为民意问题不能废除死刑的立场表达了担忧;[④]在2008年建议日本无论民调结果如何,告知民众政府对废除死刑的倾向性立场;[⑤]在2012年建议肯尼亚加强对民众的宣传活动,力求改变民众支持死刑的观念。[⑥] 当赞比亚表示国内已经存在关于死刑的讨论时,人权委员会指出这个讨论还没有建立在充分信息沟通之上,并建议政府准确地呈现死刑不同层面的信息,尤其是需告知民众逐步实现生命权的重要性和最终批准《第二任择议定书》的目标。[⑦] 人权委员会对博茨瓦纳做了类似的建议。[⑧]

2. 普遍定期审议制度框架下

普遍定期审议制度是联合国大会在2006年建立的。[⑨] 该制度审议的国家人权责任来源包括联合国宪章、国际人权公约、《世界人权宣言》中的习惯法规则以及各国的自愿性承诺。普遍定期审议制度非常

---

① UN Doc. CCPR/C/KEN/3, para. 38.

② UN Doc. HR/CT/732.

③ UN Doc. CCPR/C/ZMB/3, para. 151.

④ UN Doc. CCPR/C/CAF/CO/2, para. 13.

⑤ UN Doc. CCPR/C/JPN/CO/5, para. 15.

⑥ UN Doc. CCPR/C/KEN/CO/3, para. 10.

⑦ UN Doc. CCPR/C/ZMB/CO/3, para. 17.

⑧ UN Doc. CCPR/C/BWA/CO/1, para 13.

⑨ UN Doc. A/RES/60/251.

有效地反映了死刑问题的发展新动向。联合国各成员国在这个平台上交换对死刑和民意的看法,回应其他成员国的提问和建议。[①] 比如,有一些国家表示,他们已经开始教育民众、开展有关废止死刑的全国讨论。在非洲地区,布基纳法索承认本国民意反对废除死刑、国内民众不熟悉人权准则,于是召开了系列咨询会,希望为废死准备好民意基础。[②] 在与其他成员国的互动过程中,该国被问到究竟采取了什么具体措施改变民众的观念,[③]并被建议应该有更细致的"准备"措施。[④] 截至第二轮普遍定期审议结束时,布基纳法索没有回应这一建议。肯尼亚表示正在和本国国家人权机构一起努力创造支持废死的民意基础。[⑤] 马里说也表示在就废死问题教育民众。[⑥]

当博茨瓦纳收到教育民众的建议时,做出承诺考虑废死前展开宣传教育活动,并同意引导、推动公众对死刑的讨论。[⑦] 马达加斯加采取了类似的立场,表示在准备新的废除法案之前,会开展公众教育活动,组织官方和民众共同参与死刑讨论。[⑧] 突尼斯表示已经明确地号召民众对死刑问题展开公开、坦诚、富有建设性的讨论,以求达成共识。[⑨] 摩洛哥同意就死刑问题继续展开讨论。[⑩] 阿尔及利亚表示目前就死刑问题全国已经展开了公众讨论。[⑪] 当然也有表达不同意见的国家,津巴布韦拒绝了其他成员国所提的"更公开透明地深入展开现有死刑讨

---

① UN Doc. A/HRC/RES/5/1, Annex, I, A, 1.

② UN Doc. A/HRC/WG. 6/16/BFA/1, paras. 55 and 87.

③ UN Doc. A/HRC/24/4, para. 61.

④ UN Doc. A/HRC/24/4, para. 137, recommendation 10.

⑤ UN Doc. A/HRC/15/8, paras. 49 and 104.

⑥ UN Doc. A/HRC/23/6, para. 15.

⑦ UN Doc. A/HRC/10/69, para. 63; UN Doc. A/HRC/23/7/Add. 1, para. 5; UN Doc. A/HRC/23/7, para. 115, recommendation 59.

⑧ UN Doc. A/HRC/14/13, para. 34; A/HRC/14/13/Add. 1, para. 20.

⑨ UN Doc. A/HRC/21/5/Add. 1, para. 3; UN Doc. A/HRC/21/5, paras. 39 and 110.

⑩ UN Doc. A/HRC/21/3, para. 129, recommendation 59.

⑪ UN Doc. A/HRC/WG. 6/13/DZA/1, para. 45.

论”的建议。①

在亚洲，黎巴嫩表示已经针对死刑民意展开公众教育活动。② 马来西亚保证会就死刑替代措施继续与民众展开交流。③ 泰国认为，在全国范围内就死刑问题展开咨询，这一过程非常重要。④ 韩国被直接询道，“采取了什么具体的措施推进社会中存在的死刑讨论”。⑤ 挪威正面肯定了印度国内存在的有关死刑的公众讨论。⑥ 日本的态度比较特殊，不仅认为民意是其保留死刑的原因，而且以民意为由拒绝在国内建立平台讨论死刑制度，⑦也拒绝就死刑问题展开全国范围内的对话。⑧ 欧洲地区唯一仍在适用死刑的国家是白俄罗斯，白俄罗斯在普遍定期审查机制中表示，正在通过媒体和公众宣传活动试图影响民意。⑨ 根据白俄罗斯的陈述，其官方媒体已经开始定期发布死刑信息。⑩ 在加勒比海地区，安提瓜和巴布达有意引导民意接受死刑的废除。⑪ 圣卢西亚计划在民众中展开广泛的咨询活动。⑫ 巴巴多斯接受了其他联合国成员国提出的“开展并推动国内死刑讨论”的意见。⑬

3. 欧安组织与欧洲议会框架下

在联合国系统之外，欧洲政府间组织也长期致力于推动还没有废

① UN Doc. A/HRC/19/14, para. 95, recommendation 25.

② UN Doc. A/HRC/WG. 6/9/LBN/1, para. 31.

③ UN Doc. A/HRC/WG. 6/17/MYS/1, para. 46.

④ UN Doc. A/HRC/WG. 6/12/THA/1, para. 33.

⑤ UN Doc. A/HRC/8/40, para. 38.

⑥ UN Doc. A/HRC/21/10, para. 118.

⑦ UN Doc. A/HRC/22/14/Add. 1, pp. 7 and 9.

⑧ UN Doc. A/HRC/22/14, paras. 87, 92 and 147, recommendations 93 and 113; UN Doc. A/HRC/22/14/Add. 1, pp. 7 and 9.

⑨ UN Doc. A/HRC/15/16, para. 54.

⑩ UN Doc. A/HRC/15/16/Add. 1, para. 48.

⑪ UN Doc. A/HRC/19/5, para. 34.

⑫ UN Doc. A/HRC/17/6, para. 66.

⑬ UN Doc. A/HRC/23/11, para. 102, recommendation 70; UN Doc. A/HRC/23/11/Add. 1, p. 3.

死的成员国和观察国在死刑问题上引导民众、推动民意发展。2000 年 3 月，欧洲安全与合作组织在维也纳的会议中呼吁还没有废除死刑的成员国以废死为目标，与民众展开讨论。① 欧安组织甚至建议了引导死刑民意的具体措施和方向，包括：(1)让公众意识到死刑的威慑力无法证实；(2)教育公众死刑的相关问题，包括废除的必要性，鼓励公众人物加入宣传活动，为废除死刑的伦理性和道德性背书；(3)明确民众在什么条件下会接受废死；(4)探明民意究竟对刑事政策和国际人权准则理解如何。② 2009 年，欧安组织大会鼓励保留死刑国家与欧安组织的活动机构、欧洲议会合作，开展公众宣传活动，发动媒体、执法官员、决策者与大众参与讨论，减少民众对死刑的心理依赖。③

欧洲议会人权总干事在 2000 年联合国人权委员会第 56 次大会中提到，根据欧洲的经验，死刑的废除之前通常需要引导和准备民意。④ 欧洲议会 2001 年大会向日本和美国两个观察国表态：大会承认民意是两国废死的障碍，但要求两国“必须克服这个障碍”。⑤ 同年，欧洲议会大会和法律与人权委员会分别向日本和美国派出了工作组，希望能找到影响官方和民意的方式及途径。⑥ 工作组在其报告中坚信，在死刑问题上，需要“引导而非一味顺从民意”。⑦ 该工作组组长，也是不久后成为欧洲议会日本使团总干事 Renate Wohlwend，建议日本提出废死

---

① OSCE Supplementary Human Dimension Meeting on Human Rights and Inhuman Treatment or Punishment, March 2000, pp. 13 – 14.

② OSCE Supplementary Human Dimension Meeting on Human Rights and Inhuman Treatment or Punishment, March 2000, pp. 13 – 14.

③ HDIM. OSCE. PA/0164/09, OSCE Parliamentary Assembly: Resolution on a Moratorium on the Death Penalty and Towards Its Abolition, para. 44; the OSCE's Office for Democratic Institutions and Human Rights: The Death Penalty in the OSCE Area: Background Paper 2010, Annex I, p. 19.

④ UN Doc. E/CN. 4/2000/SR. 19, para. 7.

⑤ Parliamentary Assembly of the Council of Europe Resolution 1253 (2001), Abolition of the Death Penalty in Council of Europe Observer States.

⑥ Council of Europe Doc. 9115, IV, A, para. 5.

⑦ Council of Europe Doc. 9115, para. 23.

法案,即使法案不通过,也能推动民意进一步思考死刑问题。[①] 有趣的对比是,日本没有接受联合国其他成员国的建议,但此时接受了欧洲议会的建议。[②]

四、结 论

"人权"一词已经逐渐成为全球通用的语言,虽然其内涵未必被全球普遍接受。[③] 无论哪国政府都至少宣称自己尊重国民人权。除了科索沃、北塞浦路斯等个别区域外,每个国家、文化和民族,都在人权机制的覆盖之下。[④] David Weissbrodt 甚至认为国际人权已成了世界上第一共同的意识形态。[⑤] 当然,人权是否具有普适性在学界一直存在争论。[⑥] 比如 Rhoda Howard 认为,很多人类社会无论过去和现在都没有

---

① K. Kikuta, *Q&A: Shikei Mondai no Kiso Chishiki* (Akashi Shoten 2004), pp. 87–88.

② Ibid.

③ Austin Sarat and Thomas R. Kearns (eds.), *Human Rights: Concepts, Contests, Contingencies* (University of Michigan Press 2001) 2.

④ Johannes Morsink, *The Universal Declaration of Human Rights: Origins, Drafting, and Intent* (University of Pennsylvania Press 1999) x.

⑤ David Weissbrodt, "Human Rights: An Historical perspective" in Peter Davies (ed), *Human Rights* (Routledge 1988) 2.

⑥ Jack Donnelly, *Universal Human Rights in Theory and Practice* (Cornell University 2013) 75–112; Yvonne Donders, "Do Cultural Diversity and Human Rights make a good match?" (2010) 6 (199) International Social Science Journal 15; Richard Mullender, "Human Rights: Universalism and Cultural Relativsm" (2003) 6 (3) Critical Review of International Social and Political Philosophy 5; Richard Wilson, *Human Rights, Culture and Context: Anthropological Perspectives* (Pluto Press 1997); Fernando R. Tesón, "International Human Rights and Cultural Relativism" (1985) 25 Virginia Journal of International Law 869; Jack Donnelly, "Cultural Relativism and Universal Human Rights" (1984) 6 Human Rights Quarterly 400.

人权的概念,何谈人权的普适性。[①] 但无法否认的是,自《世界人权宣言》以来的国际人权公约、条约、宣言等,确实深刻地影响和改变了国际社会的视阈。[②] 在这个背景之下,本文试图分析在死刑问题上,国际人权法是否发展出了、或者正在发展出国家有引导死刑民意向国际准则靠拢的责任。

至于为什么以国家为研究重点?因为国家是国际条约的签署和执行人,是承担保护和促进人权发展的第一责任人。同时,此研究也是为了回应由国家提出的"民意是保留死刑的理由"这一现实问题。本文试图从国际法角度分析,国家是否能否把民意视为不可逾越的大山,还是说面对民意有某些积极作为的义务和责任?从理论和实证研究上看,马歇尔猜想告诉我们,如果民众充分了解死刑问题,对死刑的支持会大大减少。日本律师协会也曾向联合国第七次全球死刑调查提供报告,其中写道:"日本迄今仍然保留死刑的一个重要原因,就是大众对死刑体系和死刑的后果基本一无所知,也无从展开充分地讨论。"[③]

如何对待死刑民意,从国际法来看,一方面,国家有责任通过公众教育推动民意向支持基本人权准则的方向发展。无论是生命权还是禁止不人道或有辱人格的处罚,都有趋势逐渐纳入废除死刑的要求。这些基本权利的实现,无论是即刻还是渐进式地实现,都要求国家以公众教育作保障。教育的对象,无疑包括民众。另一方面,国际法越来越直接呼吁那些以民意作为废死障碍的国家,采取措施引导民意,而不是扮演一个"中立"的角色。尤其是 2000 年之后,联合国等国际组织、已经废死的国家、甚至保留死刑的国家内部,都越来越频繁地提出:如果民

---

① Rhoda Howard, "Dignity, Community, and Human Rights" in Abdullahi A. An–Na'im (ed.), *Human Rights in Cross-Cultural Perspectives: A Quest for Consensus* (University of Pennsylvania Press 1992) 80.

② Johannes Morsink, *The Universal Declaration of Human Rights: Origins, Drafting, and Intent* (University of Pennsylvania Press 1999) x.

③ Roger Hood and Carolyn Hoyle, *The Death Penalty: A World-wide Perspective* (Oxford University Press 2008), p. 94.

意是废死的障碍，那国家应承担引导民意的责任。这是国际人权法理论和实践发展过程中的一个重要的新动向。

Capital Punishment and Public Opinion

—From the Dimension of International Human Rights Law

Dang Heping

[**内容摘要**]很多国家将民意被视为死刑废除道路上的一大障碍。从国际人权法的角度看，国家有责任通过公众教育推动民意向支持基本人权准则的方向发展。无论是生命权还是禁止不人道或有辱人格的处罚，都有趋势逐渐纳入废除死刑的要求。更近期的发展趋势是，国际法越来越直接呼吁将民意作为废死障碍的国家，采取措施积极引导民意，而不只停留在“中立”的角色。尤其是2000年之后，以联合国为代表的国际机构、已经废死的国家，甚至保留死刑国家内部，都越来越频繁地提出这一要求。这是一个值得关注的国际人权法发展新动向。

[**关键词**]国际人权法；死刑；民意；国家责任

Abstract: Many states consider public opinion as a pediment on the way to the abolition of capital punishment. From the dimension of international human rights law, stats have a duty to mould public attitude in favour of core human rights standards, through the way of educating the public, among others. The abolition of capital punishment is gradually moving towards a requirement of core human rights standards, included in the content of the right to life and the prohibition of inhuman and degrading punishment. Lately, international institutions frequently call on states that have invoked public opinion to maintain the punishment, to take positive measures in order to educate the public. Particularly after 2000, these requests were raised by international institutions, states that have abolished the death penalty, and those that remain such a penalty. States will find it hard and harder to keep a neutral stance on capital punishment and public opinion. This is an interesting development in international human rights law.

Key words: international human rights law; capital punishment; public opinion; state duty

〔犯罪学与刑事政策〕

大数据背景下网络交易平台诈骗犯罪的治理路径*

皮　勇**　汪恭政***

目　　次

通信技术的进步、互联网络的普及和电子商务的兴起，对网络交易平台的发展起了推波助澜的作用。然而，随着网络交易发展的深入，网络交易平台诈骗犯罪已成为新的诈骗形式，与传统诈骗犯罪相比，网络交易平台诈骗犯罪面临新的挑战。大数据背景下，网络交易平台作为海量个人数据汇聚和众多用户集结的"场地"，为犯罪主体不当利用被害人个人数据实施诈骗犯罪提供了空间。因此，有必要

---

* 本文系国家社会科学基金重点项目"全球化信息化社会环境中的新型恐怖活动及其整体法律对策研究"（项目号13AFX010）阶段性研究成果。

** 武汉大学法学院教授、博士生导师，中国犯罪学学会副会长。

*** 武汉大学法学院刑法学博士研究生。

从网络交易平台管理和个人数据保护角度出发,实现对网络交易平台诈骗犯罪的防控。

一、新挑战:大数据背景下网络交易平台诈骗犯罪

网络交易平台,是为网络交易提供网络空间以及技术和交易服务的计算机网络系统,"以电子技术集散、处理海量信息为特征"①,其在助推平台经济发展的同时,也引发了大量犯罪。其中,网络交易平台诈骗犯罪尤为突出。为深入了解该类犯罪,有必要结合案例加以研讨。为此,笔者在中国裁判文书网上,将"交易平台"和"诈骗"作为关键词,以 2012 年 1 月 1 日至 2017 年 4 月 10 日为样本选取时间,共检索出 328 份刑事判决书。② 从裁判年份看,2012 年有 9 份,2013 年有 12 份,2014 年有 58 份,2015 年有 67 份,2016 年有 131 份,2017 年(截至 4 月 10 日)有 16 份。通过甄别、筛选现有的 328 份判决书发现,有 150 份可用于本文研究。其中,一审有 136 份,占 90.67%;二审有 14 份,占 9.33%。自 2012 年开始,网络交易平台诈骗犯罪案件在我国逐年递增,已成为新的诈骗形式。面对网络交易平台上海量个人数据的累积和用户数量的增长,网络交易平台诈骗犯罪面临诸多挑战。

(一)发案领域相对集中

在现有样本中(如图 1 所示),网络交易平台共有 17 种类型,其中,贵金属类、游戏类、农产品类网络交易平台占主体,数量分别达到 35、33、27 个。总体来看,网络交易平台诈骗犯罪发案领域主要集中在游

---

① 赵鹏:《私人审查的界限——论网络交易平台对用户内容的行政责任》,载《清华法学》2016 年第 6 期。

② 由于裁定书仅决定程序问题和部分实体问题,判决书中关于事实的认定和规范的适用相比裁定书更为详细,故本文仅选判决书作为样本研究。另外,2012 年为裁判年份最初显示时间,在此之前刑事判决书无法显示,故不在统计之列。

戏类网络交易平台、综合电子商务类交易平台、①投资理财类网络交易平台、②其他类型网络交易平台③四大领域。

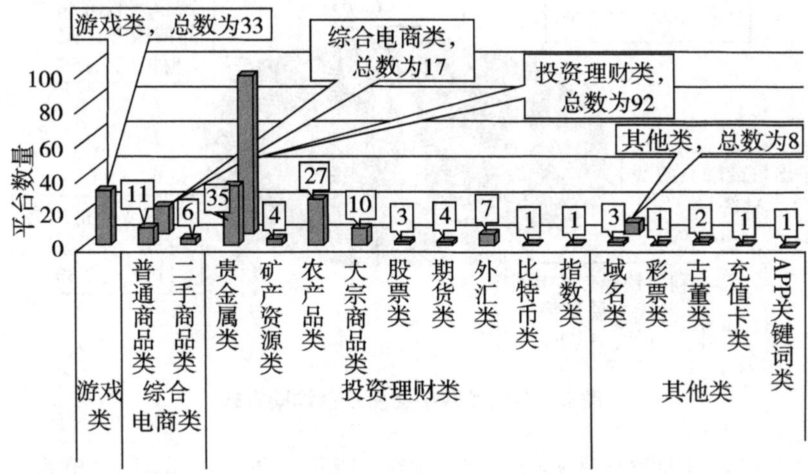

图1 网络交易平台类型

游戏类网络交易平台诈骗案目前有33件(如图2所示),占样本总数的22%。该类犯罪主要表现为创建或提供虚假游戏交易平台、发布虚假游戏产品或者服务、④假冒客服人员购买游戏产品、出售或低价出售游戏产品、利用钓鱼软件操作游戏交易以及出售或购买游戏账号6种诈骗方式。其中,较为严重的是出售或低价出售游戏产品和创建或提供虚假游戏交易平台诈骗,分别有11件和9件,占比达33.33%和27.27%。

---

① 综合电商类交易平台包括普通商品类和二手商品类网络交易平台两种。

② 投资理财类网络交易平台包括贵金属、农产品、大宗商品、虚拟货币、指数、期货、股票、外汇、矿产资源网络交易平台。

③ 其他类网络交易平台包括域名类、彩票类、古董类、充值卡类和APP关键词类五种。其中,本文的APP关键词是指推广或者索引智能手机或平板电脑上用户端软件(应用软件)名称的重要词汇。

④ 游戏产品指游戏装备或者游戏币;游戏服务通常指代练游戏。

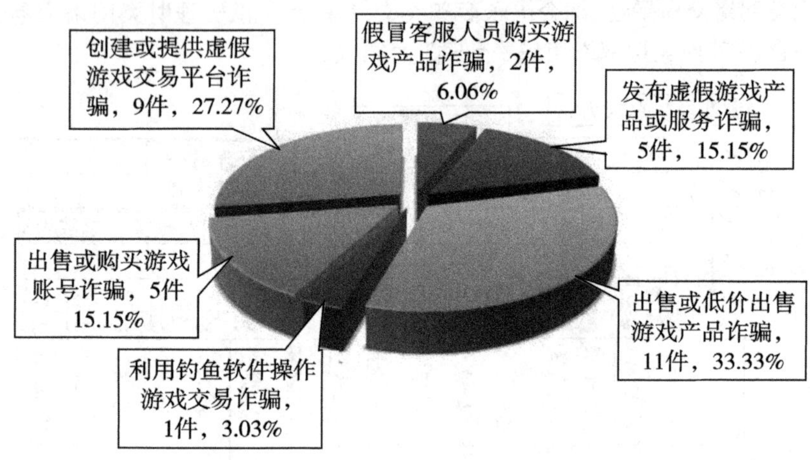

图2 游戏类网络交易平台诈骗方式

综合电商类交易平台诈骗(如图3所示),更多的是利用“出售—购买”商品或服务信息的不对称性实施。具体表现为利用网络交易平台发布虚假商品、虚假二手商品、低价商品诈骗,利用虚假网络交易平台、利用网络交易平台伪造已付货款和利用网络交易平台虚开网店诈骗,以及假冒平台客服人员诈骗。在现有的17份判决书中,利用真实网络交易平台发布虚假商品、虚假二手商品信息诈骗最为普遍,分别有7份和5份,共占70.59%(各占41.18%和29.41%)。

投资理财类网络交易平台诈骗犯罪是网络交易平台诈骗犯罪的主体(如图4所示),有92件,占案件总数的61.33%。该类型诈骗分工明确,犯罪主体购买他人信息,设立投资理财类公司,与第三方支付平台搭建资金转账接口,并将支付接口接入网络交易平台网站,通过代理商诱骗被害人在平台上投资理财,先以小额“送金”方式让被害人获益,等被害人加大投入后以控制理财产品价格涨跌曲线等方式反向操作,最终以“杀金”方式使被害人遭受巨额亏损,达到非法占有其财物的目的。实践中,有冒名代理商诈骗、以真实代理商身份诈骗、非法设立客服中心诈骗、利用操盘手身份诈骗、设立或利用真实理财公司诈

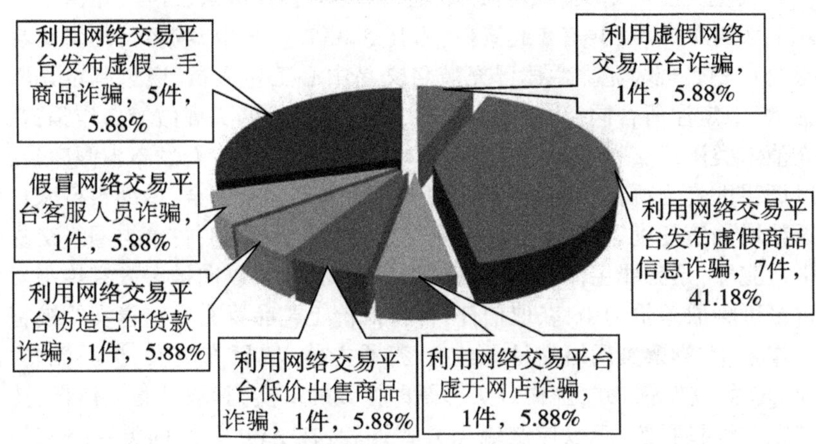

图3 综合电商类交易平台诈骗方式

骗、非法设立理财公司诈骗等 6 种方式，其中设立或利用真实理财公司、以真实代理商身份以及非法设立理财公司诈骗最为典型，三类案件总数达到 76 件，占比 82.60%。

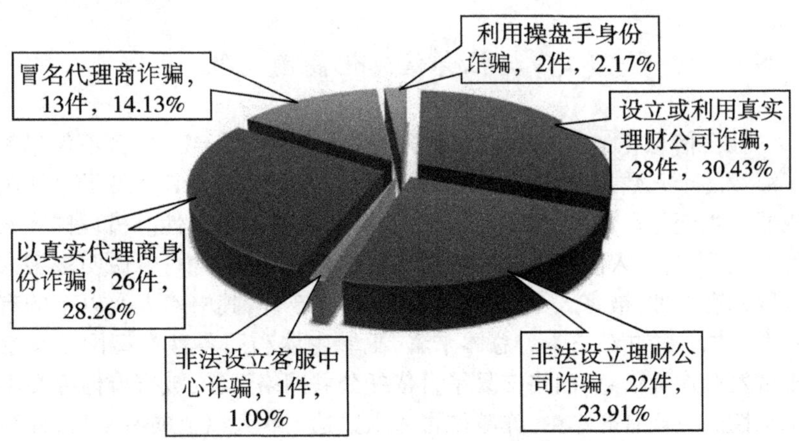

图4 投资理财类网络交易平台诈骗方式

其他类型网络交易平台诈骗主要涉及域名、彩票、古董、充值卡和 APP 关键词领域,共有 8 起案件,占比 5.33%。其中,域名类网络交易平台诈骗表现为犯罪主体冒充域名交易中心工作人员,通过制定诈骗话术、拟定注册合同、注册域名事项,诱使被害人购买虚假域名诈骗;在充值卡类网络交易平台中,犯罪主体在网络交易平台上发布虚假广告,以即买即卖为诱饵,鼓励被害人购买充值卡本金及佣金,借助银行账户返款增加信任度,再将卡号及卡密转换充值提现诈骗;古董类网络交易平台犯罪,是犯罪主体假冒收藏或拍卖公司职员,以向被害人宣传买卖古董可赚取差价为由,获取信任,再将低价工艺品冒充古董售卖给被害人诈骗;在彩票类网络交易平台上,犯罪主体以"冒充美女,扔漂流瓶、加 QQ 好友"等方式,虚构购买彩票即挣钱的事实,骗取被害人信任,让其充钱购买彩票,后以控制输赢方式诈骗;在 APP 关键词类网络交易平台中,犯罪主体设立经营 APP 关键词推广的网络交易平台,虚构有买家高价购买 APP 关键词产品的事实,并以帮助 APP 关键词持有者同意推广的名义诈骗。尽管这 5 种诈骗方式因交易对象不同而有所差别,但都假借投资理财名义实施,与投资理财类网络交易平台诈骗犯罪具有相似性。

(二)与社会信息化高度关联

社会信息化的发展推动交易向网络平台模式转变,平台不仅累积了海量的个人数据,也集结了大量的用户、资金,使网络交易平台诈骗犯罪发生变化。首先,被害对象人数较多,存在不特定性。梳理样本发现,被害人为 1 人的仅有 35 件,在其余 115 件判决书中,未说明被害人人数的有 7 件,被害人 2 人及以上的高达 108 件,其中 4 人及以上的有 83 件,占总数的 53.3%。总体来看,犯罪主体利用各种类型网络交易平台发布诈骗信息,网络交易平台依托公共网络运转,被害群体存在不特定性。在现有样本中,诈骗被害人人数达 100 人以上的有 9 件,最高的达 991 人。在诈骗未遂的案件中,犯罪主体冒充平台客服人员向不特定被害人拨打诈骗电话次数最高的达5625次。①

其次,资金流转的电子化,使得诈骗数额大。在现有判决书中(如图5所示),3万元以上的有123件,占总数的82%。其中,3万元以上50万元以下的有59件;50万元以上的有64件,占数额巨大案件数的52.03%;诈骗数额1000万元以上的有10个,②占比6.67%。其中网络交易平台诈骗数额最高的达60,837,082.69元,平均每件案件诈骗数额达2,866,594.19元。

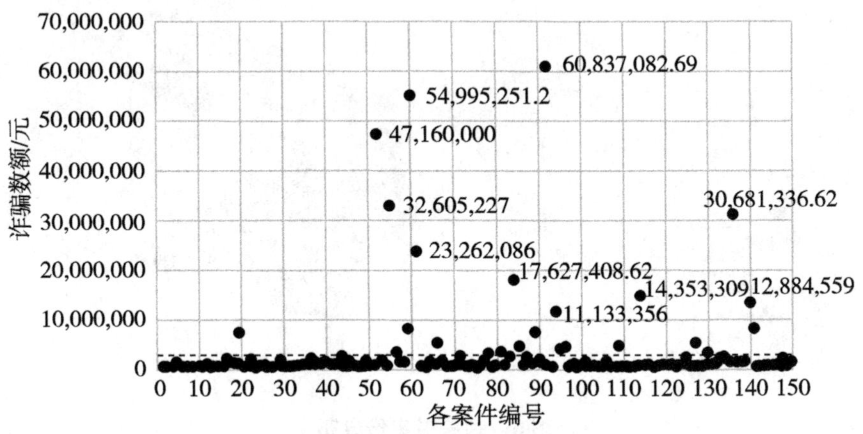

图5 各案诈骗数额分布

最后,犯罪地区分布与社会信息化发展程度密切相关。从判决书的分布省份看(如图6所示),涉案共计23个省,③其中,浙江、广东、重庆、江苏分列前四位,分别占比33.33%、14%、10%、9.34%。紧随其后的是河南、福建、安徽、海南,各发生7、6、5、5起,占比4.67%、4%、

① 具体参见福建省安溪县人民法院(2015)安刑初字第681号刑事判决书。

② 本图将现有150份样本编号,并以各案最高诈骗数额计数。囿于散点图格式所限,仅标明1000万元以上的诈骗数额。

③ 涉案省份(自治区、直辖市)分别是海南、浙江、四川、陕西、辽宁、甘肃、重庆、福建、内蒙古、广东、河南、江苏、北京、湖南、天津、安徽、江西、湖北、上海、吉林、山西、山东和新疆。

3.33%、3.33%。从分布地区看(如图 7 所示),①信息化程度较高的华东区、华南区成为“重灾区”,涉案分别有 65、32 件,共占比 64.66%,而华中区、西南区、华北区、东北区、西北区依次递减,分别涉案 18、17、8、6 和 4 件,比例为 12%、11.34%、5.33%、4%、2.67%。简言之,社会信息化发展程度不一,使网络交易平台诈骗犯罪呈现西北“低”、东南“高”的区域性差异。

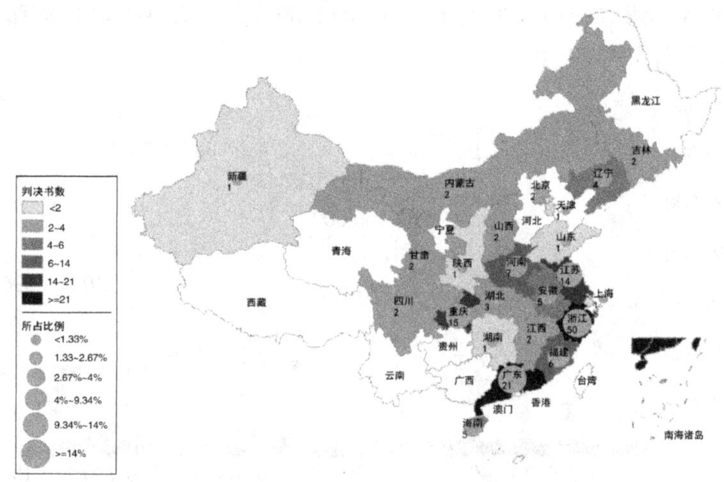

图 6　判决书省份分布

此外,随着社会信息化步伐的加快,诈骗犯罪行为与结果的空间分离特征明显,被害对象开始向境外蔓延。在样本中已明确的 69 件案例中,犯罪行为地与结果地不一致的有 54 件,占比 78.26%,诈骗跨地域

① 根据重复率较高的区域划分方法,我国可分 9 个地区:东北区包括辽宁、吉林、黑龙江和内蒙古东四盟;华北区包括北京、天津、河北、山东、山西和内蒙古中部;华东区包括上海、江苏、浙江;华中区包括河南、湖北、湖南、安徽和江西;华南区包括广东、广西、福建、海南、香港特别行政区、澳门特别行政区;西北区包括陕西、甘肃、青海、宁夏、新疆和内蒙古西部阿拉善旗;西南区包括重庆、四川、贵州、云南和西藏;新疆、西藏可以单列第 8、9 区。参见胡兆量、韩茂莉主编:《中国区域发展导论》,北京大学出版社 2008 年版,第 77 页。本文参考上述方法,将我国划分为 7 个地区,其中,新疆、西藏不再单列,内蒙古全部划入华北区,香港特别行政区、澳门特别行政区则不在此次研究之列。

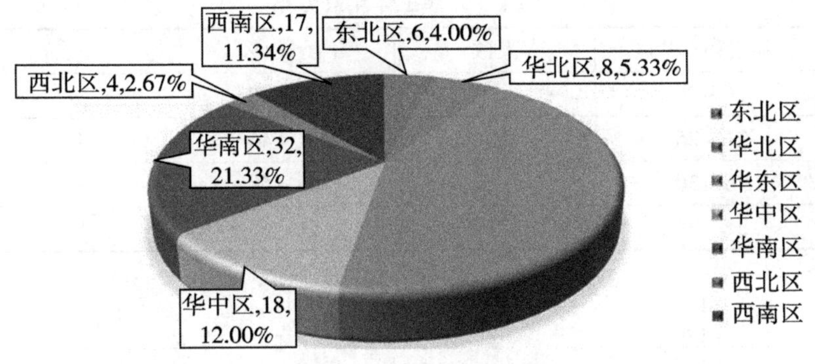

图7　判决书地区分布

性明显。在26件明确有境内受骗地的案件中,受骗地点2个以上的达12个,最多的跨15个省分布在24个市县。① 同时,网络交易平台诈骗犯罪被害对象开始向境外蔓延,其中,综合电商类网络交易平台诈骗尤为突出,有7件是对境外用户诈骗。

(三)犯罪主体门槛低

梳理样本发现(如表1所示),当前网络交易平台诈骗犯罪主体门槛低,体现在:第一,犯罪主体呈年轻化趋势。据统计,在已有判决书中(如图8所示),年龄明确的案件有71件,占47.33%,涉及267名被告人,其中265人有年龄显示,比例为99.25%,其中最小年龄19岁,最大年龄51岁。总体来看,年龄在21~35岁的最多,总数有241人,比例达90.94%。可见,犯罪主体年龄偏低,青年已成为该类犯罪的"主力军"。

---

① 被害地点为山东省东营市、江西省吉安市、辽宁省鞍山市、云南省昆明市、四川省德阳市、江西省峡江县、辽宁省东港市、广东省江门市、黑龙江省牡丹江市、河南省固始县、新疆乌鲁木齐市、陕西省西安市、云南省昆明市、湖北省当阳市、河南省滑县、湖北省蕲春县、河北省承德市、河北省唐山市、四川省德阳市、江西省宜春市、安徽省凤台县、浙江省乐清市、安徽省合肥市、福建省泉州市。参见新疆生产建设兵团五家渠垦区人民法院(2016)兵0601刑初1号刑事判决书。

表1　犯罪主体年龄分布

年龄段(岁)	人数	年龄段(岁)	人数
16~20	5	36~40	13
21~25	53	41~45	4
26~30	115	46~50	1
31~35	73	51~55	1

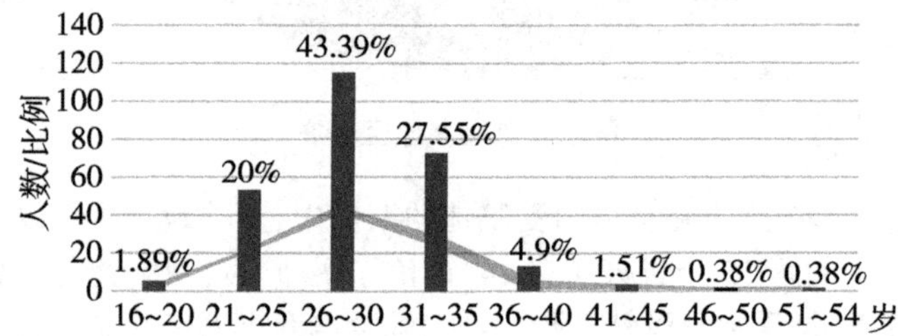

图8　犯罪主体年龄分布比例

第二,犯罪主体普遍为中等学历,犯罪技术要求有限。样本中学历明确的案件有68件,占45.33%,涉及273个被告人,其中266人有学历显示(如表2所示),占比97.44%。总的来看,初中、专科和高中学历占比较大(如图9所示),分别达到34.96%、32.71%和18.8%。我国经过多年的教育改革,中等教育已普及,犯罪主体整体学历不高表明此类诈骗犯罪的技术要求有限。

表2　犯罪主体学历分布

学历	人数	学历	人数
小学	8	专科	87
初中	93	大学	27
高中	50	硕士	1

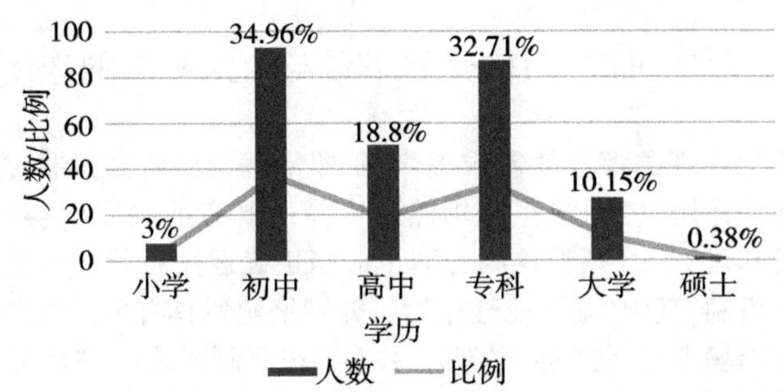

图 9　犯罪主体学历分布比例

第三,犯罪主体身份主要以农民、无业人员和企业人员为主。在现有样本中(如图 10 所示),身份明确的案件有 70 件,占比 47. 67% ,涉及的被告人有 264 人,其中 256 人有身份显示,比例达 96. 97% 。在犯罪主体的所有身份中,农民和无业人员最多,各有 61 人,约占总体的一半(各为 23. 83%),其次是企业管理人员和公司职员,均有 57 人,各占 22. 27% 。

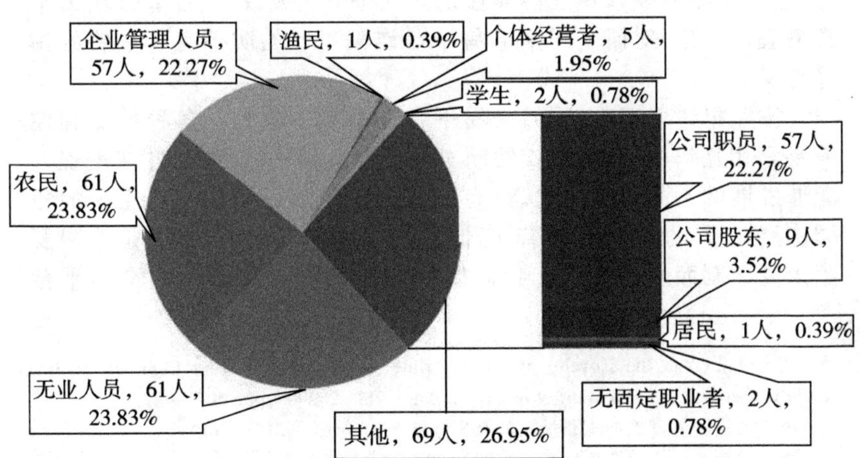

图 10　犯罪主体身份分布及比例

二、形成机制:网络交易平台与个人数据的作用

任何犯罪现象都有其形成规律,犯罪学理论对研究犯罪对象具有重要的指导作用。“网络犯罪仍然可以借助既有的犯罪学类别、模式予以分析和理解”,[①]研究网络犯罪也应当正确运用犯罪学理论深入分析其形成机制,其中,犯罪场理论对研究网络犯罪具有重要的理论指导作用。犯罪场理论,将“场”的理论引入到犯罪研究之中,[②]由储槐植教授在研究犯罪原因系统理论基础上提出,是指“存在于犯罪主体体验中、促成犯罪原因实现为犯罪行为的特定背景,是一定的社会客体间社会能量和动量相互作用的领域”。[③] 犯罪场理论有两大构成要素:一是(潜在)犯罪主体,即“在一定的犯罪原因影响下已具有犯罪意识的人”;[④]二是特定背景,一般包括时间、空间、被害人、社会控制疏漏等因素。[⑤] 该理论认为,犯罪的发生离不开犯罪主体与特定背景的互动。犯罪主体的犯罪行为是在时空、被害人和社会控制疏漏等因素相互作用下形成的。犯罪场理论是在研究物态社会环境下的犯罪中提出的,它关于犯罪要素相互博弈在不同状态下达成致罪、控罪作用力平衡的理论构建,对研究网络交易平台诈骗犯罪的防控有着重要的指导意义。

按照犯罪场理论,网络交易平台诈骗犯罪也是在各种致罪和控罪要素相互作用、此消彼长的动态发展中达到平衡状态,外在表现为犯罪发展的不同阶段性状态,有的是控罪要素遏制住犯罪主体的犯罪决意而没有发生犯罪或者降低所发生犯罪的危害,有的是致罪要素未受压制而发生犯罪。我们用“水桶原理”来分析网络交易平台

---

① Majid Yar, the Novelty of “Cybercrime”: An Assessment in Light of Routine Activity Theory, *European Journal of Criminology*, Vol. 2, 2005, pp. 407 - 427.

② 参见周密:《论证犯罪学》,群众出版社 1991 年版,第 136 ~ 140 页。

③ 储槐植:《犯罪场论》,重庆出版社 1996 年版,第 2 页。

④ 同上书,第 3 页。

⑤ 同上书,第 33 ~ 31 页。

诈骗犯罪中各类要素及相关作用方的相互影响关系，致罪和控罪要素就像组成“水桶”壁的“木板”，共同组成一个容纳不同水量的“木桶”（犯罪场），其装入的“水量”反映的是犯罪的危害性程度，超过一定水量的即构成刑法规定的犯罪。在前述“木桶”中，决定其装水量的是“最短木板”。虽然可以通过加强所有控罪要素进而降低所有致罪“木板”的高度来遏制犯罪发生，但在一定的社会环境下，选择控制致罪要素或者加强控罪要素，取决于“最短木板”的高度，进而将犯罪控制在危害性较低的状态，或者将严重犯罪的发生控制在小概率状态。基于以上构想，本文对网络交易平台诈骗犯罪的各类因素设定变量（如表3所示），以此分析犯罪场作用关系，并探索控制犯罪形成机制的有效路径。

表3　变量定义

P	引发社会危害的单位程度	a	控罪要素弥补损失的可能性系数
V	引发犯罪的危害增量	j	影响犯罪的致罪要素变化次数
V_j	j次变化下引发犯罪的危害增量	V_c	犯罪发生的危害临界值
S	犯罪实施的现实可能性	H_1、$H_2 \cdots H_n$	由低到高排列的致罪要素
n	致罪要素个数	H_x	犯罪主体致罪要素
L	单个致罪要素作用的基本限度	H_y	网络交易平台致罪要素
$L\sum_{i=1}^{n} H_i$	犯罪作用条件	H_z	被害人致罪要素
C	犯罪发生机制系数	H_c	决定犯罪发生的致罪要素

假设存在H_1、$H_2 \cdots H_n$等n个致罪要素引发犯罪危害增量的变化，

如下所示：

$$V_1 = P \cdot S \cdot H_1 - a(S + L \cdot \sum_{i=1}^{n} H_1) \tag{1}$$

其中，$P \cdot S \cdot H_1$ 为致罪因素所引发的危害，$a(S + L \cdot \sum_{i=1}^{n} H_1)$ 为控罪因素所弥补的损失，以下类似情形的，原理相同。

$$V_2 = P \cdot S \cdot H_2 - a[S + L(\sum_{i=1}^{n} H_i + H_2 - H_1)] \tag{2}$$

$$V_2 - V_1 = a \cdot L \cdot (P \cdot S/a/L - 1)(H_2 - H_1) \tag{3}$$

各种犯罪要素经过第 j 次变化，得出

$$V_{j+1} - V_j = a \cdot L \cdot (P \cdot S/a/L - j)(H_{j+1} - H_j) \tag{4}$$

当 $V_{j+1} - V_j = 0$ 时，$\because H_{j+1} - H_j \neq 0$，$\therefore P \cdot S/a/L = j$，即 $P \cdot S/a/L/j = 1$

令 $C = P \cdot S/a/L/j$，当 $C > 1$ 时，表明社会危害实现的增量增加，当 $C < 1$ 时，则社会危害减少。本文为研究方便，将 C 界定为犯罪发生机制系数。C 值越大，不法行为引发社会危害增量越大，造成法益侵害的程度便越大。

网络交易平台诈骗犯罪的发展过程可以用上述公式的数值变化来表达。决定网络交易平台诈骗犯罪发生与否的关键，在于各块木桶板的高度，即 H 的作用。通过前文分析，网络交易平台诈骗犯罪的致罪要素主要是犯罪主体、网络交易平台和被害人，即网络交易平台诈骗引发社会危害增量达到应受刑罚处罚程度，是由犯罪主体、网络交易平台和被害人共同作用决定的，即存在 H_x、H_y 和 H_z 三个致罪要素。在网络交易平台诈骗未构成犯罪之前，各致罪要素引发的社会危害增量小于犯罪发生的危害临界值 V_c。当犯罪主体、网络交易平台和被害人彼此之间相互作用，满足 $C > 1$ 时，表明网络交易平台诈骗引发的社会危害增量逐渐增加，在未得到及时防治的状况下，一旦满足 $H_c = \min(H_x, H_y, H_z)$，便达到犯罪发生的危害临界值 V_c 水平，网络交易平台诈骗犯罪便会大量出现，具体如图 11 所示。

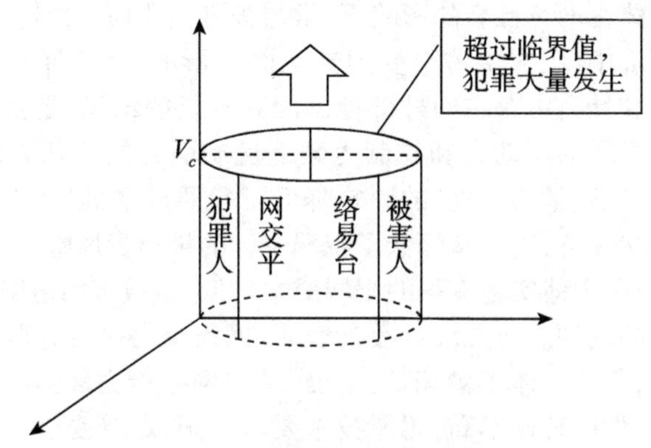

图 11　网络交易平台诈骗犯罪形成机制

在网络交易平台诈骗犯罪中，网络交易平台是诈骗犯罪的关键致罪要素。犯罪主体和被害人汇聚在网络交易平台上，通过平台交流信息、发生交易，平台对诈骗犯罪的寻找、确定以及诈骗活动的实施及完成起关键作用，没有全功能的网络交易平台服务，网络交易平台诈骗犯罪就不可能发生。网络交易平台诈骗犯罪是犯罪主体、网络交易平台和被害人三要素彼此作用的结果，在相互作用过程中，这些要素对犯罪的发生发挥了不同作用，左右着犯罪发生的过程和最终状态，反映了他们对犯罪结果的影响力大小。

（一）犯罪主体成为网络交易平台诈骗犯罪的核心力量

由于犯罪主体是网络交易平台诈骗犯罪必不可少的致罪要素，通过前述公式分析：

当 $\min\{H_x,H_y,H_z\}=H_x$ 时，$V=P\cdot S\cdot H_x-a(S+LH_x+LH_y+LH_z)$

当 $C>1$ 时，V 递增，存在 V 趋近 V_c 的可能　　（5）

$$V_c=P\cdot S\cdot H_c-a(S+LH_c+LH_y+LH_z) \quad (6)$$

$$V_c-V=(P\cdot S-aL)(H_c-H_x)=0，即\ H_c=H_x \quad (7)$$

犯罪主体在网络社会的影响下,常与被害人非面对面性接触,而在具体犯罪环境中,犯罪主体也受到其他因素影响。“犯罪是个人内在的控制能力和社会中存在的外部控制因素缺乏的结果,是由推动和引诱个人进行犯罪的驱动力和控制力缺乏遏制引起的。”①现实中,犯罪主体由于受年龄、学历、身份的影响降低了犯罪成本,以及在规范约束机制有限的状况下,进一步降低了犯罪主体的被追责风险。

第一,犯罪主体实施诈骗的犯罪成本较低,得益于网络交易平台技术工具利用的便利。前文统计数据表明,网络交易平台诈骗犯罪多数由青年实施,犯罪主体年龄偏低,接受、适应网络能力较强。从学历层次看,被告人学历普遍不高,犯罪技术要求有限,尽管受过高等教育的群体较少,但中等教育阶段的网络普及教育足以降低罪犯的学习成本,犯罪的知识能力门槛低。从职业身份看,主要由农民、无业人员和企业人员组成,农民并非以从事农业生产为主要活动,而是进城务工的群体,多数情况下处于待就业状态,同无业人员类似,闲暇时间充裕,犯罪的时间成本低;企业管理人员、公司职员,常是投资理财类网络交易平台公司化运作的参与主体,参与平台活动利用平台技术工具的便利性降低了犯罪成本。

第二,网络交易平台的自我封闭性及电子证据的取证困难,使犯罪主体实施诈骗的被追责风险较低。众所周知,被追责风险由刑事规范规制力度决定。在刑事实体上,网络交易平台诈骗犯罪产业链化趋势明显,罪犯利用非法手段获取不特定被害对象数据,再利用电话、短信等通信手段诈骗,对达到法定数额的尚且难以有效规制,对于“小额”“多次”但整体社会危害性更大的犯罪更难以实现有效打击。在刑事程序上,侦查取证技术要求高,罪犯被追责风险降低。诈骗犯罪的认定不仅要对犯罪所得、被害人损失侦查取证,也要对被害人身份、被骗财物性质作出判别,这都需要发挥技术侦察取证的作用。而且,网络交易平台诈骗犯罪分工明确,样本中获罪总人数达 569 人,被告人为 1 人的

① 吴宗宪:《西方犯罪学》,法律出版社 1999 年版,第 515 页。

有 59 件,其中 37 件有同伙参与作案,[①]在余下的 91 件案件中,3 人及以上人数的案件达 73 件,占 2 人及以上人数的 80.22%,10 人及以上的有 12 件,占比 13.19%,最高的达 31 人,每个案件平均有 3.79 人参与,已形成搜寻被害对象、沟通以撮合交易、控制诈骗资金的分工流程。再者,查明网络交易平台诈骗犯罪离不开对电子证据的收集、认定,[②]然而,该类犯罪的境外蔓延性、网络隐蔽技术[③]的利用以及交易信息的分散性,会加大取证的困难。与此同时,网络交易平台诈骗犯罪现场证据少,样本中采用电子证据定案的达 100%,但用户注册信息、聊天记录、交易记录、汇款记录等电子证据易毁灭,不易保存,一旦遭破坏会增加查究难度。

(二)网络交易平台为诈骗犯罪提供便捷空间

网络犯罪发生在网络空间中,网络交易平台为诈骗犯罪提供了便捷空间。正如爱德华、A. 卡瓦佐和加菲诺 · 莫林所说,网络空间是计算机网络化把人、机器、信息都连接起来,形成的一种新型社会生活和交往空间。当网络交易平台致罪要素 $H_y = \min\{H_x, H_y, H_z\}$ 时,类似于公式(5)(6)(7),则 H_y 影响"桶水"的上升。然而,在网络交易平台内部,H_y 又受不同因素影响。

1. 不同网络交易平台反映犯罪主体实施诈骗能力的强弱。网络平台是基于互联网形成的平台化组织,通过一系列的接口或界面为平台用户提供一整套解决问题的方案,网络平台的运营是建立在平台体系架构这一基石之上的,平台体系架构界定了网络平台的技术、产品、服

---

① 判决书写明有同伙,但并未对同伙作出定罪规定,为加强样本研究的准确性,仅列明同伙参与作案事实。

② 电子证据指通过使用电子设备而产生、存储或传递的可被法院采信的信息。United Nations Office on Drugs and Crime (UNODC), *Comprehensive Study on Cybercrime* (Draft), February, 2013, p. 157.

③ 网络隐蔽技术包括利用"钓鱼网站"链接、"木马"程序链接和网络渗透等。

务和组织之间的边界。① 网络交易平台隶属于网络平台,其运营离不开平台体系架构的支撑,而这又与计算机系统、网络服务器相连。总体而言,基于网络交易平台交易汇聚的作用,网络交易平台诈骗犯罪体现出用户对平台的高度依赖性,同平台议价的能力缺乏。但是,不同类型的网络交易平台内部架构又有区别,进而影响犯罪主体的控制程度。游戏类、综合电商类交易平台更多的是由"实力雄厚"的网络服务提供者提供,犯罪主体对平台的直接控制力较弱;而投资理财类和其他类网络交易平台则由犯罪主体租用网站服务器而建,形成由犯罪主体主导的网络空间,通过诱骗被害人进入交易环节,操纵平台交易,以实现对其所投入资金的控制。前者犯罪空间的公共生活性较强,游戏玩家、电商消费用户和诈骗主体共存于同一空间,罪犯通过了解被害人的游戏、购物需求,以交易所需产品、服务为名,采取诈骗手法使其陷入错误认识获取钱财;而后者犯罪空间则由犯罪主体主导,犯罪的关键在于吸引不特定被害人进入空间。虽然以上犯罪空间存在不同,但都为诈骗犯罪累积了海量个人数据,吸引了大量用户,被害人一旦进入空间交易,便进入被骗的环境中。

2. 诈骗资金电子化、信息交流网络化、平台空间缺场化为犯罪主体诈骗提供方便。从样本上看,平台上的资金已实现电子化,且都是通过电子银行、第三方支付平台流通。犯罪主体利用各类平台以交易为名诈骗,所获赃款通过金融机构或者第三方支付机构的支付链接转移。在犯罪主体与被害人的信息交流上,犯罪主体购买或利用其他非法手段获取被害人数据,利用平台发布诈骗信息,方便与被害人进行交流。另外,网络交易平台的缺场化,也进一步促使诈骗机会的出现。在物态社会中,资金流通、信息交流是在特定地域中产生,"空间和地点总是一致的,因为对大多数人来说,在大多数情况下,社会生活的空间维度

① Iansiti M & Levien R, *The Keystone Advantage*: *What The New Dynamics of Business Ecosystems Mean for Strategy*, *Innovation and Sustainability*, Cambridge, MA: Harvard Business School Press, 2004, p. 145.

都是受'在场'(presence)及地域性活动支配的"。[①] 但在网络社会里,人们交往具有隐蔽性、跨时空性和数据流动性。"网络空间中,人与人的交流不是当面进行,而是需要通过数据传输来实现。同时,网络空间又具有虚拟性,不仅犯罪主体不会在其中使用真实身份,被害人的网络身份与真实身份也常常不一致。"[②]"不用直接接触而在网络上成立的人际关系在多种场合变得很重要,不当获得他人的ID和密码后登录网站的行为('冒充'行为),是各种网络犯罪的手段……以这种'冒充'行为为手段的网络犯罪是一种重要的犯罪类型,以诈骗罪为首的网络交易及决算相关犯罪以及窃取信息等。"[③]在150份样本中,犯罪主体使用通信电话、电子邮件等非面对面交流工具成为常态。其中,通信电话涉及121件,QQ聊天工具达73件,平台社交软件、微信聊天工具、电子邮件和MSN聊天工具分别为23、10、6、1件,利用两种以上诈骗工具的有86件,占57.33%。

3.前置性规范供给不足导致网络交易平台责任落实受限。当前,前置性规范更多地规定网络交易平台民事责任,对包括诈骗在内的违法犯罪活动的预测、监控和举报缺乏规定。就《互联网信息服务管理办法》而言,[④]第13条虽然指出平台上提供的信息必须合法,却未对发布诈骗等违法、犯罪活动的信息作出调整。尽管第16条指出发现传输符合第15条规定信息的,"应当立即停止传输,保存有关记录,并向国家有关机关报告",但对投资理财类、其他类网络交易平台,特别是以诈骗为目的而设的网络交易平台,很难形成有效监管。而且,"向国家有关机关报告"的"国家有关机关"并不明确,实践中管理互联网信息服务涉及互联网信息管理、电信、公安等多个部门,报告机关不明可能为选择性执法提供土壤。

---

① [英]安东尼·吉登斯:《现代性的后果》,田禾译,译林出版社2000年版,第16页。

② 季境、张志超:《新型网络犯罪问题研究》,中国检察出版社2012年版,第28页。

③ [日]上田宽:《犯罪学》,戴波、李世阳译,商务印书馆2016年,第307页。

④ 《互联网信息服务管理办法》的调整范围不仅涵盖所有互联网信息服务提供者,而且对网络交易平台的调整起基础性作用。

(三)被害人个人数据成为网络交易平台诈骗犯罪的关键

被害人是特定背景中的重要致罪要素,当被害人 $H_z = \min\{H_x, H_y, H_z\}$ 时,类似于公式(5)(6)(7),则 H_z 影响"桶水"上升。在网络交易平台诈骗犯罪中,被害人并非以物理形态出现,而是以数据形式再现。由此,被害人个人数据则是引起 H_z 变动的关键。具体而言,大量、不特定被害人个人数据的利用为犯罪主体实施诈骗提供合适的犯罪目标,而且被害个人数据保护制度的不完善也增加其受骗的可能性。

1. 被害人个人数据的不当利用为犯罪主体诈骗提供犯罪目标。"犯罪目标是特定时空位置中常面临犯罪侵害的物或人。"①对于犯罪目标——物而言,是综合电商类、投资理财类产品抑或游戏类、其他类网络交易平台提供的商品或服务,具备"有价值性(value)、可移动性(inertia)、易发现性(visibility)和可接触性(access)"②四大特征。对于犯罪目标——人而言,指汇聚于平台的被害人。随着被害人个人数据在网络交易平台上的广泛集聚,方便了犯罪主体与被害人的互动,使诈骗犯罪日渐生活化,"犯罪被视为一种平凡无奇的行为形式,例行地自当代的常态社会与经济生活模式中产生出来。犯罪因此不需要出自特殊的动机或性格,不必是异常或者病态"。③ 被害人个人数据,包括身份数据、联系数据汇聚在网络交易平台上,已成为网络交易平台和用户之间相互作用的联系点。通常表现在犯罪主体利用钓鱼软件等非法手段掌握其个人数据,了解其交易偏好,再借助网络通信设备,如样本中的移动互联网,微信、QQ等社交软件等与其沟通,建立信任,待关系密切时诈骗。

---

① Marcus Felson, Ronald v. Clarke, Opportunity Makes the Thief-Practical Theory for Crime Prevention, *Police Research Series* Paper 98(1998), p. 5.

② Ibid.

③ David Garland:《控制的文化:当代社会的犯罪与社会秩序》,周盈成译,台北,巨流图书有限公司2006年版,第172页。

2. 缺乏有效的个人数据保护制度，增加被害人受骗的可能性。被害人在网络交易平台上易受骗和遭受财产损失，常与个人数据保护制度的不完善有关联，表现在：保护个人数据的立法制度面临不足，目前针对个人数据的保护主要分散在《刑法》《消费者权益保护法》《关于维护互联网安全的决定》《电信条例》等规范中，缺乏专门性法律保护。尽管《网络安全法》以专章的形式维护网络信息安全，并在第 40 条明确"网络运营者应当对其收集的用户信息严格保密，并建立健全用户信息保护制度"，但内容抽象，缺乏违反后具体责任的落实。与此同时，保护个人数据的执法制度存在不足，虽然罪犯利用被害人个人数据诈骗受到执法机关关注，但主要采取分散管理模式保护，公安、司法、电信和互联网信息管理等部门都有执法权限，这种"多头管理"易陷入"职责不明"的"僵局"。

三、防控体系：以网络交易平台管理和个人数据保护为核心

"控制犯罪的捷径是控制犯罪场，甚至可以说，犯罪控制就是犯罪场的控制"，"控制犯罪场的任一构成因素便能收到控制犯罪的效果"。[①] 由此，控制网络交易平台诈骗犯罪场，应加强控罪要素和控制致罪要素，而尤为重要的是应以网络交易平台管理和个人数据保护为核心，以降低犯罪形成机制系数。

（一）提高犯罪主体的犯罪成本与风险

前文统计数据表明，网络交易平台诈骗犯罪主体相对年轻、犯罪成本低廉，且基本都受过普法教育，理性判别能力较强，防控的重点应在刑事实体和刑事程序层面提高犯罪主体的犯罪成本和被追责风险，以降低 H_x 的作用。

① 储槐植：《犯罪场论》，重庆出版社 1996 年版，第 3 页。

一方面,在刑事实体上。远期来看,可从立法上设置“网络交易禁止资格刑”,即将其列入禁止网上交易名单,要求网络交易平台不为其提供网络平台服务;近期来看,由于网络交易平台诈骗犯罪侵害法益的多重性,相比普通诈骗危害更大,应降低入罪门槛,建议将“小额”“多笔”的诈骗行为入罪。另外,对于网络交易平台团伙诈骗犯罪,传统上主张按共同犯罪的分工主次处罚,本文认为“主犯对从犯”的中心化格局在发达的网络社会中逐渐消逝,更多地呈现去中心化格局,犯罪成员之间往往无明确的主从分工,甚至基于网络的即时性,无须事先的共谋与实行的沟通。因而,建议改变仅从主从分工的单一角度认定犯罪危害程度大小的局面。①

另一方面,在刑事程序上。在证据收集上,应重点搜查犯罪嫌疑人的身份证件、银行卡、交易账单、电脑、手机等物品,确保与侦查阶段所获证据相匹配,形成关联。同时,应从浏览网站历史记录、网络游戏发布及交易记录、网银操作记录、QQ联系记录、手机短信和木马植入记录中搜集证据,形成完整的证据链。② 在证据认定上,司法人员依照法定权限和程序,对犯罪手段、犯罪过程、被害人身份、被骗财物性质等证据予以认定,改变仅有被害人陈述、证人证言、被告人供述与辩解等言辞证据的单一认定模式。关于网络交易平台诈骗犯罪的管辖问题,若犯罪行为地与结果地不一致的,公安司法机关应整合侦查资源,以便宜管辖为原则,③并以“便于查清案件事实”“便于刑事诉讼”为指引侦办案件。关于网络交易平台诈骗犯罪的被害人涉外问题,司法机关应同被害人所在国(国籍所在地或经常居所地)在网络交易领域加强执法、司法合作,依照国际条约、刑事司法协助或者平等互助协议,为执法信息分享、电子证据收集、嫌疑人定位、侦破协作、引渡、犯罪收益分享等

① 比如,建议改变最高人民法院、最高人民检察院、公安部《关于办理电信网络诈骗等刑事案件适用法律若干问题的意见》第4条关于共同犯罪的规定。

② “证据链”常指证据之间用以证明事实所形成的逻辑关联。栗峥:《证据链与结构主义》,载《中国法学》2017年第2期。

③ 关于便宜管辖原则,应以方便网络交易平台诈骗案件的侦办为主。

方面的合作提供制度性框架。

(二)规范对网络交易平台的管理

优化网络交易平台诈骗犯罪的防卫空间,降低 H_y 的作用,应规范对网络交易平台的管理。具体而言:第一,改造、升级管理网络交易平台的相关技术。对于游戏类、综合电商类交易平台,应要求平台服务提供者对平台上发布虚假或低劣产品与服务、虚开网店的行为作出技术性预警,以提醒用户注意。同时,建议平台服务提供者在网络交易页面建立"筛查中心",拦截可疑交易的产品或服务,并将其纳入"筛查中心",降低被害人受骗风险;对于投资理财类、其他类网络交易平台,由于是犯罪主体成立公司租用或者自行组建而成,应建议网络行政管理部门依照国家标准或者行业标准确立"可信网络交易平台"标识,并辅以配套性可信认证等级技术,增强网络交易的可信度。

第二,对网络交易平台和资金流通进行规范性治理。其一,网络交易平台的规范性治理方面。对于仅提供撮合交易的平台服务提供者,如游戏类、综合电商类网络交易平台,应规定平台对违法犯罪内容的监管、举报义务;对于为交易自行设立网络交易平台的,则应承担更多的信息网络安全管理义务;对于以犯罪为目的设立的平台,直接依法取缔并追究刑事责任;对于依法设立后再从事网络交易平台诈骗犯罪的,依照犯罪性质追究相应刑事责任。以前述《互联网信息服务管理办法》为例,建议在该办法中明确互联网信息管理、电信、公安等部门的职责,将第16条中的"国家有关机关"细化为"互联网信息内容管理部门和公安机关",规定从事互联网信息服务应获电信主管部门颁发的互联网信息服务增值电信业务经营许可,未经许可不得从事信息内容服务。同时,为防止犯罪主体以诈骗犯罪为目的增设网络交易平台,建议区分互联网信息服务提供者和互联网接入服务提供者,并要求上游的互联网接入服务提供者依照法律、行政法规查验互联网信息服务提供者的合法资质,不得为未取得合法资质的服务提供者提供网络接入服务。其二,资金流通的规范性治理方面。针对通过金融机构或第三方支付机构的支付链接帮助转移诈骗所得的情形,由于现有法律对金融机构反洗钱义务的规定较为明确,直接依法查办即可。但对包括第三方支付机构在内的非金融机构反洗钱规范尚有不足,应增加非金融机构的反洗钱责任,建议将其纳入反洗钱义务的法律体系,形成以《反洗钱法》为主体,行政法规与部门规章相补充的规范体系。此外,囿于网络空间的缺场化和信用机制的不足,应在建立个人数据保护制度的基础上,①推行"前台匿名、后台实名"的间接网络实名制,即网络交易平台前台用户可用匿名方式登录、享受网络交易服务,但网络交易平台后台必须留存用户真实身份信息。

第三,营造安全的网络交易平台环境。公共网络的普及,平台上犯罪目标具有易暴露性,这与交易的日益网络化分不开。因此,降低网络交易平台诈骗犯罪的目标,重点在于提升网络用户(包括被害人)自我预防的能力。由于诈骗方式的多样性、复杂性,网络用户辨识诈骗难度大,在当前网络社会结构中,网络行政管理部门应加强宣传。比如,会同第三方反网络诈骗机构建立专门性网络交易平台诈骗举报网站,定期发布各类型网络交易诈骗犯罪的被害情况和作案手法,提高用户的辨识、防范能力。值得肯定的是,目前建立的"网络违法犯罪举报网站""中国互联网违法和不良信息举报中心""中国反诈骗联盟"等网站②对反诈骗违法犯罪工作已起到一定的积极作用,建议以上机关在加强反诈骗信息共享、建立联动处置工作机制③的同时,也对不同的诈骗方式作区别性宣传,以增强预防工作的针对性。此外,网络行政管理部门应建立诈骗防范预警与典型案例发布平台,协助被害人识破网络交易平台诈骗伎俩,建立诈骗被害的救济渠道,确保及时止损。

---

① 皮勇、胡庆海:《论网络实名制不应"独行"》,载《信息网络安全》2006年第5期。

② "网络违法犯罪举报网络"隶属于公安部网络安全保卫局;"中国互联网违法和不良信息举报中心"是国家互联网信息办公室的直属事业单位;"中国反诈骗联盟"是国内最早开创防诈骗宣传的非官方综合性网站;其他与网络诈骗犯罪相关的非官方网站有"腾讯举报受理中心""猛犸反欺诈"等。

③ 邹伟、王茜:《两部门启动网络诈骗举报联动处置机制》,载《检察日报》2016年7月7日,第1版。

(三)明确对个人数据的获取、分析和保护制度

降低被害人 H_z 的作用,应明确对被害人个人数据的获取、分析和保护制度。大数据系统是一个复杂的、提供数据生命周期(从数据的产生到消亡)的不同阶段数据处理功能的系统,对于不同的应用,大数据系统通常也涉及不同阶段,①包括数据生成、数据获取、数据存储和数据分析四个阶段。② 其中,数据获取、分析阶段最为重要。网络交易平台作为海量个人数据汇聚的场地,不仅为犯罪主体诈骗提供机会,也为办案机关实时获取、分析平台上的个人数据提供便利,并对犯罪的预测、应对起积极作用。然而,不当获取、分析个人数据易侵害用户权益,有必要予以完善。首先,办案机关应依照职责、权限向不同类型的网络交易平台收集数据,以形成网络交易平台诈骗犯罪数据库。在游戏类网络交易平台中,与被害人相关的游戏网络、游戏产品或服务、钓鱼软件数据收集是重点;在综合电商类交易平台中,应关注用户买卖虚假、低价商品相关的数据;投资理财类则应重点收集频繁、异常交易的数据。其次,办案机关应综合运用多种技术完善对个人数据的分析。"数据分析是大数据技术领域最核心、产生直接价值的部分。通过数据分析的结果,可以揭示不为人知的有价值的规律和结果,并可以辅助人们进行更为科学和智能化的决策。"③大数据分析,考量的是技术运用,包括预测分析、数据挖掘、统计分析、人工智能、自然语言处理、并行

---

① Fisher D, Deline R, Czerwinski M, et al., *Interactions with big data analytics*, Interactions, 19(2012), pp. 50 - 59.

② 数据生产阶段关心的是数据如何产生;数据获取阶段指获取信息的过程,可分为数据采集、数据传输和数据预处理;数据存储解决的是大规模数据的持久存储和管理;数据分析利用分析方法或工具对数据进行检查、变换和建模并从中提取价值。参见李学龙、龚海刚:《大数据系统综述》,载《中国科学:信息科学》2015 年第 1 期。

③ 张锋军:《大数据技术研究综述》,载《通信技术》2014 年第 11 期。

计算等方面技术的运用。[①] 办案机关应以犯罪场理论为指导,分析控制要素和致罪要素中的结构化和非机构化数据。[②] 具体来说,在预测犯罪主体方面,以"金钱数字"为主要指标,分析犯罪成本,考虑罪犯是否作出诈骗选择;在犯罪行为上,对不同类型的网络交易平台,办案机关应对可疑交易进行智能排查、筛选,并与既有被骗用户相关数据关联比对,以找出潜在被骗人,为针对性防控做准备。

完善个人数据的保护制度应从立法、执法两方面展开。在立法上,尽快出台个人数据的专门性法律,在明确个人数据范围、类别的同时,对个人身份数据和联系数据分离保存作出规定,统一规范网络交易平台(网络服务提供者)收集、保存、公开、使用个人数据的权利、义务。做好与《刑法修正案(九)》侵犯公民个人信息未达"情节严重"入罪门槛的衔接,将不当利用个人数据的行为纳入前置性规范的治理范围,形成罪前预防。在协助、合作执法上,对于游戏类、综合电商类网络交易平台服务提供者,应注意审查平台是否滥用或不当利用个人数据,协助执法机关执法;投资理财类和其他类网络交易平台在履行协助执法义务时,应积极配合执法机关的调查、检查。此外,面对执法"部门多头""条块分割""各自为战"的不利局面,在犯罪预防阶段,应以网络行政管理部门为主体,加强不同行政管理部门之间关于个人数据保护的合作,确保执法数据共享;在犯罪治理阶段,则应采取公安司法机关为主、网络行政管理部门为辅的治理模式;对于涉外的,则应开展国际性交流与合作。

四、结 论

通信技术的进步、互联网络的普及和电子商务的兴起,推动了网络

---

① Manyika J, Chui M, Brown B, et al., *Big data: the next frontier for innovation, competition, and productivity*, Mckinsey Global Institute, 2011, pp. 27 – 33.

② 结构化数据能够用数据或统一的结构表示,如数字、符号;非结构化数据是指其字段长度可变,并且每个字段的记录又可由可重复或不可重复的子字段构成的数据,包括所有格式的办公文档、文本、图片、XML、HTML、各类报表、图像和音频、视频信息等。

交易平台的发展。然而,网络交易平台在给人们生活带来便利的同时,也引发了大量犯罪,尤其是网络交易平台诈骗犯罪。大数据背景下,网络交易平台诈骗犯罪面临发案领域相对集中、与社会信息化高度关联以及犯罪主体门槛低等诸多挑战。网络交易平台是平台经济发展的产物,研究网络交易平台诈骗犯罪,需要探究其形成机制,而这离不开犯罪场理论的指导。时代变迁,诞生于物态社会的犯罪场理论在网络社会中发生变化,网络交易平台诈骗犯罪与犯罪主体、网络交易平台、被害人三种致罪要素的作用休戚相关,表现在:犯罪主体成为网络交易平台诈骗犯罪的核心力量;网络交易平台为诈骗犯罪提供便捷空间;被害人个人数据的不当利用成为该类犯罪的关键。面对平台上海量个人数据的汇聚和众多用户的集结,控制网络交易平台诈骗犯罪场,关键在于加强控罪要素和控制致罪要素,而尤为重要的是应以网络交易平台管理和个人数据保护为核心,提高犯罪主体的犯罪成本与风险,规范网络交易平台的管理,明确对个人数据的获取、分析和保护制度,以降低犯罪发生机制系数。

Governance Paths of Fraud Crime on the Internet Presence in Big Data

Pi Yong & Wang Gongzheng

[**内容摘要**]大数据背景下,网络交易平台诈骗犯罪面临发案领域相对集中、与社会信息化高度关联和犯罪主体门槛低等诸多挑战。上述挑战与网络社会中的犯罪场理论密切关联,其形成机制与犯罪主体、网络交易平台、被害人三个致罪要素的作用紧密联系。加强控罪要素和控制致罪要素,构建网络交易平台诈骗犯罪的防控体系,应在以网络交易平台管理和个人数据保护为核心的基础上,提高犯罪主体的犯罪成本与风险,规范网络交易平台的管理,明确对个人数据的获取、分析和保护制度,从而有效控制该类犯罪场。

[**关键词**]网络交易平台;诈骗犯罪;犯罪场理论;大数据分析

Abstract: The fraud crimes on the internet presence are facing many challenges such as relatively concentrated crime scene, high correlation with social informatization and low threshold of criminal subject in big data. The above challenges are closely linked with the Crime Field Theory in cyber society. The formation mechanism of the crime is linked with criminal subject, the internet presence and victim. To strengthen the elements of controling and leading to the crime and establish the prevention and control system of fraud, effective control of the field is necessary by managing the presence, protecting personal data, improving the criminal costs and risks of the subjects, regulating online transactions and establishing a clear personal data acquisition, analysis and protection system.

Key words: internet presence; fraud crime; crime field theory; analysis of big data

诈骗罪被害人被害分析与预防

邱　刚*

目　　次

随着社会科学研究的领域和范围空前发展，如果犯罪学仍然只关注犯罪人、犯罪人的罪行和罪责而忽视犯罪被害人，则它显然是不完整的。在西方国家，被害人学是在传统的以犯罪人为角度的犯罪学无法达到抑制犯罪的良好效果的背景下产生的一门新兴学科。被害人学在20世纪40年代开始迅速发展，德国犯罪学家亨蒂希是被害人学的先驱者之一，他对被害人问题的研究在被害人学的发展史上占有重要地位。早在1941年，亨蒂希就发表了题为《论犯罪人与被害人的相互关系》的文章，第一次提出犯罪概念中包含着"犯罪人"与"被害人"这两个搭档的观点。[①] 此后，以色列律师门德尔松发表了一篇题为《被害人

---

* 北京市海淀区监察委员会干部。

① 吴宗宪：《西方犯罪学史》，警官教育出版社1997年版，第348页。

学——生物、心理、社会学的一门新学科》①的论文,明确提出“被害人”这一问题。后经各方学者的研究,迅速成长出了一门新的学科——“被害人学”。被害人学的产生和发展,为犯罪学的理论研究开拓了一个新的领域,在犯罪人与被害人的相互作用关系的理论基点上,通过对被害人的研究,从而达到控制犯罪的目的。而我国学术界对于被害人的关注则始于最近二十年,从最初的翻译或介绍外国著作,到后来的展开实地调查并著书,都促进了被害人学在我国的研究和发展。基于此,本文决定以此为切入点,从被害人的角度来研究诈骗罪,找出诈骗罪中被害人被害的一般规律,为预防被骗找出更好的应对策略。

之所以选取诈骗罪作为研究对象,是因为诈骗罪是一种典型的犯罪人与被害人之间存在互动关系的一种犯罪类型。同时,诈骗罪也是典型的传统罪名之一,历史久远。诈骗罪是日常经济生活中较为常见、社会公众较为熟悉的一种犯罪。诈骗罪的发生不仅同犯罪人有关,而且同被害人的心理和行为相联系。在某些诈骗犯罪中,被骗人甚至还是诱发因素。这些都反映了研究诈骗罪被害人的重要意义之所在。

本文的研究思路是,研究诈骗罪被害人的特征以及探讨影响诈骗罪互动关系的因素,得出一般民众逐步陷入泥淖终至成为被害人的演变脉络模式,然后从被害人角度提出诈骗防控建议。本研究以北京市某基层检察院近五年来办理的二百余件典型诈骗案件为研究样本,经过统计分析获得结论。其中人口特征变量包括被害人性别、被害年龄、教育程度、收入及婚姻状况等,案件互动变量包括被害主体类型、过错与否、被害特定情况及被害反应等。通过分析,本研究发现诈骗罪的被害人大多具有贪婪和轻信的心理,他们在主观上绝大部分具有过错;此外,性别在受骗中没有显著差异;年龄在受骗中有一定的差异性,即中青年龄段易具有较多的被害性;中等教育程度和已婚人士容易具有被害性。本研究将诈骗罪的互动过程分为四个阶段:包括(1)接触阶段;(2)信任阶段;(3)行骗阶段;(4)脱逃阶段。在此基础上,笔者从互动变量的四个方面对这些阶段的互动关系进行了分析。

① 赵可主编:《被害者学》(第 1 版),中国矿业出版社 1989 年版,第 4 页。

本文本着价值中立的立场发现,虽然贪婪存在每个人的内心深处,却有预防的可能。本研究也从被害前防控和被害后防控两个阶段提出了被害预防措施,主要包括国家应注意防诈骗行为的教育、诈骗方法的及时公开、建立被害过错责任机制等。

一、诈骗罪被害人研究概述

所谓诈骗,是指以虚构事实、隐瞒真相或其他欺骗性方法,骗取公私财产的一种犯罪行为。由于各国刑法对诈骗罪的规定并不相同,这一定义不一定能概括每个国家刑法所规定的诈骗罪,但对绝大多数国家的诈骗罪是适合的。① 如我国现行《刑法》第 266 条明确指出,诈骗罪是指以非法占有为目的,采用虚构事实或者隐瞒真相的方法,骗取数额较大的公私财物的行为。

诈骗罪是一个古老的罪名,在我国的历代文献中均有所涉及。西周《尚书·费誓》中的“窃马牛,诱臣妾,汝则有常刑”是我国最早的有文字记载的诈骗罪立法规定。② 唐代的《唐律》中“诈伪律”明确规定,“诸诈欺官、私,以取财者,准盗论”,意思是将诈骗罪按盗窃罪论处。《唐律疏议》解释说:“诈谓诡诳,欺为诬罔。”诡诳指说假话、撒谎;诬罔指虚构事实,将无作有,两者并无根本区别。这是唐律对诈骗罪的规定。③ 而清末《大清新刑律》分则第三十三章也有“关于诈欺取财之罪”的规定。④ 此外,在一些文人的著作中也有诈骗词语的出现。如清代的顾炎武的《与人书》中记载“又审出此书即系去年斩犯陈天甫诈骗吴中翰之书”。孙犁《耕堂读书记》中有“因此,每逢这种现象出现,诈骗者会越来越不可一世”。

在资本主义国家,因其崇尚“私有财产神圣不可侵犯”的立法理

① 刘明祥:《财产罪比较研究》,中国政法大学出版社 2001 年版,第 207 页。

② 张志勇:《诈骗罪研究》,中国检察出版社 2007 年版,第 8、9 页。

③ 高绍先:《中国刑法史精要》,法律出版社 2001 年版,第 361 页。

④ 周密:《中国刑法史纲》,北京大学出版社 1998 年版,第 356 页。

念,因而对诈骗罪这种侵犯私人财产的行为有着更加具体的规定。如英国《盗窃罪法》(1968)第15条规定:凡以任何欺骗手段,诈取他人财产,意图永远剥夺他人对财产的所有权,构成应予以起诉罪,即诈欺罪,可判处10年监禁。1871年《德国刑法典》对诈欺及背信等罪也作了详细的规定等。[①]《日本刑法》也规定,“欺诈他人而骗取财物的,处十年以下惩役”;“利用未成年人的见识肤浅或乘他人处于心神耗弱的状态而使其交付财物或获得财产上不合法的利益,或使他人获利的,处十年以下惩役”。日本和韩国刑法典还规定了“诈欺与恐吓罪”专章。其他资本主义国家也均将诈骗罪作为独立罪名规定在侵犯财产罪中。[②] 由此可见,有关诈骗罪的规定在中外法律和文献中有着悠久的历史。

(一)诈骗罪被害人的概念争论

“被害人”一词来自拉丁文中的victima,原意有二:一是宗教仪式上向神供奉的祭品;二是因他人的行为而受伤害或受阻碍的个人、组织、道德或法律秩序。[③] 对于被害人的概念,不同学者有诸多论述,主要观点如下:被害人是指正当的权利或者合法的权力遭受犯罪行为或不法行为侵犯的人,是诉讼法的当事人之一;[④]被害人是指正常的权利或合法的权力遭受到犯罪行为或违法行为侵犯的人;[⑤]被害人是指人身权利和财产权利等受到犯罪行为直接侵害的人;[⑥]被害人是指因各种原因而遭受伤害、损失或困苦的人;各种事故的受害者,自然灾害的受害

① 陈盛清主编:《外国法制史》,北京大学出版社1987年版,第309、270页。

② 马克昌等主编:《刑法学全书》,上海科技文献出版社1993年版,第713页。

③ 郭建安主编:《犯罪被害人学》,北京大学出版社1997年版,第5页。

④ 参见《法学辞典》(修订版),上海辞书出版社1994年版,第797页。

⑤ 汤啸天、任克勤主编:《刑事被害人学》,中国政法大学出版社1989年版,第2页。

⑥ 杨春洗等主编:《刑事法学大辞典》,南京大学出版社1990年版,第16页。

者,种族或性别歧视的受害者和被犯罪侵害等都可以称为被害人。[①]

对于被害人,以上概念虽然着眼点不同,但他们都有一个相同之处,即他们都是在广义上界定了被害人的范围。而从狭义的角度来看,犯罪被害人是指合法权益或正当活动受到第三人犯罪行为侵害或干扰的自然人、法人或国家。基于此,有学者将诈骗罪被害人定义为:由于自身的一些弱点,致使犯罪人以虚构事实或隐瞒真相的方法,骗取了财物或某种信任而受到损害的被害人。[②] 结合以上观点,笔者将诈骗罪被害人的概念界定为:遭受诈骗行为侵害,而在财产权益或其他合法权益等方面受到一定损失的个人、组织或国家。具体而言,诈骗罪被害人的构成条件主要有:(1)具有诈骗犯要侵害的财产或其他权益,但是主要表现在财产方面。被害人由于在生活中不经意的显露财富给诈骗犯提供了侵害信息,激发了诈骗犯的欲望。(2)具有诈骗犯罪被害的被害原因,即被害人具有诈骗犯可以利用的空隙、漏洞、弊端或心理弱点等诈骗被害性因素。(3)与诈骗犯具有相互间的人际交往关系。主要包括犯罪人主动建立、被害人主动建立和经由他人介绍而形成的三种人际交往方式。诈骗罪被害人的上述三个条件往往是相互起作用的,缺少任何一环都难以形成被害结果。由此观之,在诈骗犯罪过程中,被害人与犯罪人是互动的关系,正是由于这种互动关系才产生的诈骗的后果,两者缺一不可。

(二)不同的诈骗罪被害人的类型划分

从犯罪学的观点来看,被害人可以划分为广义的被害人和狭义的被害人。广义的被害人是指合法权益受到犯罪行为侵害的人,狭义的被害人是指犯罪行为侵害的自然人,即仅仅局限于个体被害人的范围内。可见,在犯罪学中,被害人的范围是相当广泛的。而根据不同的标

① 参见本杰明·门德尔松在1947年参加罗马尼亚精神病学会上做的《国际犯罪学与警察技术评论杂志》讲座。

② 康树华等主编:《犯罪学大辞书》,甘肃人民出版社1995年版,第213、1130页。

准我们可以得到很多被害人分类的模型。被害人学的最初发展也正是建立在对被害人的描述性分类之上的。因此要研究诈骗罪被害人,分析诈骗罪被害人分类显得尤为重要,而对于该类犯罪被害人的分类应该结合被害人的一般分类和诈骗罪被害人的特有情况来综合考量。

综观各学者对于被害人分类的论述,对诈骗罪被害人类型的划分,大体上可以归结为以下几种:

第一,以被害人的心理特征为标准的分类。有三类人容易成为诈骗罪的被害人:(1)“贪婪型”的被害人,这类人对利益的过度渴望,妨碍了他们的智慧、商业经验和内在准则在人际交往中发挥作用,使他们容易受各种以微小利益为诱饵的骗局的侵害,成为多种诈骗犯罪的被害人。(2)“孤独型”的被害人,孤独感会使这些人产生冲破孤独、寻求刺激的欲望,孤独削弱了他们的一些重要功能,如个人分析能力、判断能力等,孤独者还缺乏警戒和老练。这些孤独产生的效果容易使他们成为诈骗犯罪的被害人。(3)“贫困型”的被害人,指那些在商业活动中陷入困境,自己难以挽救局面,以致在急于或盲目寻求帮助中受到进一步侵害的人。这些人由于急欲摆脱困境,因而只注意可能对自己有利的因素,丧失了冷静的思考与判断能力,从而处于最容易受骗的心理状态之中。①

第二,以被害人责任为标准的分类。犯罪学家门德尔松对犯罪中被害人责任的大小和犯罪人责任进行了比较,将被害人划分为六类,其影响很大,至今仍是最重要的被害人分类模型之一。具体表现为如下几种类型:(1)完全无罪的被害人。这类被害人对于犯罪人的侵害行为没有表现出任何激发和促进行为;(2)有轻微过错的被害人。这类被害人只是无意中使自己在被害发生时处于一个不利的境地;(3)罪责与犯罪人相等的被害人,这类被害人自发地参与了犯罪过程,典型的就是各种无被害人犯罪案件;(4)罪责大于犯罪人的被害人。包括具有诱发性的被害人和轻率鲁莽的被害人;(5)罪责最大的被害人,比较典型的就是正当防卫情况中的最初攻击者;(6)冒充的被害人,这一类

① 吴宗宪:《西方犯罪学史》,警官教育出版社1997年版,第350~351页。

型包括因精神状况异常而想象自身被害的被害人和伪装被害以误导司法机关的被害人。[①] 鉴于诈骗罪被害人在犯罪中所发挥的作用，比照以上分类，可将诈骗罪被害人划分为如下四类：有轻微过错的诈骗罪被害人，罪责与犯罪人相等的诈骗罪被害人，罪责大于犯罪人的诈骗罪被害人和罪责最大的诈骗罪被害人。

第三，以加害—被害互动关系为标准的分类。有学者以此分类方法为标准将所有的犯罪分为被迫被害的犯罪、缺席被害的犯罪和交易被害的犯罪，[②]他认为诈骗是一种交易型被害的犯罪，被害人在犯罪过程中起了关键作用。(1)被迫被害的犯罪。在这种互动关系中，被害人是在完全不情愿的情况下直面加害行为，这种被害是在最大限度上对犯罪侵害的消极服从。在我们熟悉的犯罪中，杀人、伤害、强奸、抢劫、爆炸、纵火等，都属于这种互动中的犯罪类型。(2)缺席被害的犯罪。在这种互动关系中，被害人是在不在场的情况下受到侵害的，这种被害是在较大程度上对犯罪侵害的消极服从。如盗窃、贪污、侵占、剽窃等都可以归入这种互动中的犯罪类型。(3)交易被害的犯罪。在交易型互动中，被害人是在面对面与犯罪人进行交易的情况下受到侵害，因而是被害人有机会但没有有效运用自身判断力的情况下对犯罪侵害的“积极”服从。如诈骗、招摇撞骗、伪造、诱拐等行为，都属于这种互动中的犯罪。

此外，诈骗罪被害人还可以进行其他多种分类：从被骗主体属性上看，可以分为个体被害人、团体被害人、社会群体被害人；从被害人有无过错上，可分为有过错的被害人、无过错的被害人；从被骗状态上，可分为既遂被害的人、正在既遂被害的人；从被骗次数来看，可分为重复被害人、单一被害人；从被害后对犯罪和破案的行为反应来看，可分为消极的被害人、积极的被害人。总之，对诈骗罪被害人从不同角度进行划分，对于有针对性地被害预防具有积极的作用。

综上所述，我国学术界目前对诈骗罪被害人的研究非常缺乏，虽然

---

① 吴宗宪：《西方犯罪学史》，警官教育出版社 1997 年版，第 869 ~ 870 页。

② 白建军：《从犯罪互动看刑罚立场》，载《北大法律评论》第 5 卷第 2 辑。

取得了一定的成果,但研究成果并不丰富。这些研究大多是从刑法学的角度出发,所以成果也大多集中于对诈骗被害人概念的探讨和类型的划分上,即使涉及实证研究,也只是从单个变量的描述中进行简单的定量分析。正是认识到这样一种现象,笔者将从被害人的角度,在已有学术研究成果的基础上,主要运用多变量的交互分析等实证研究方法,探讨诈骗罪被害人的被害原因及犯罪人与被害人的互动关系,希望能够通过这种方法发现诈骗被害的某些规律,为诈骗罪的被害预防提供实践基础。

(三)本文研究方法说明

本文主要采用实证分析的研究方法。所谓实证分析,是指按照一定程序性的规范进行经验研究和量化分析的研究方法。实证分析并不是简单地罗列现成的统计数字,仅有现成的统计数字,并不是实证分析法。因为如果没有通过一定的程序规范、形式逻辑来进行数据分析,数字本身没有任何实际意义。实证分析方法是目前犯罪学研究的主要方法之一。统计研究法又是其中的一种基本方法,它是在科学的犯罪指标体系基础上,运用各种具体的统计分析方法,对犯罪现象的数量关系及数量特征进行研究的方法。① 本文主要运用各种统计分析方法,通过对诈骗罪的被害人因素进行分析,并从被害人因素对犯罪人因素、被害人与犯罪人之间互动关系出发,揭示被害人因素在犯罪原因系统中的作用问题。本文研究的工具为专业统计软件SPSS,即社会科学软件统计包。该软件广泛应用于自然科学和社会科学研究领域,不仅可以进行一般的频数分析、百分比计算,而且还可以展现不同变量之间的相关程度。本文将运用该软件进行基础统计分析,主要运用描述性统计方法中的频数分析和交互分析等功能,对诈骗罪的被害人问题开展一定的研究。

本文的研究样本数据均取自经济发达的北京市,因而这些诈骗案

---

① 张远煌:《犯罪学原理》,法律出版社2001年版,第27~37页。

例具有很大的新颖性和前沿性,有些诈骗手法已经在我国其他地区相继出现。正如法国著名犯罪学家塔尔德在其著作《模仿律》中指出:人的一切社会行为都是模仿,而且认为“模仿 = 传播”,他将模仿的重要性推向极致,他说:“模仿是不可抗拒的,社会就是模仿,模仿仿佛是梦游症。一切或几乎一切社会相似性都来自于模仿,正如一切或几乎一切生物相似性都是靠遗传获得的。”因此,从这个角度来看,这部分案例的选择对于保证本研究成果的现实性和前瞻性具有重要的意义。而从样本的容量来看,统计学将个体数目超过 30 个样本的称为大样本,等于或小于 30 个样本的称为小样本。样本越大,对总体的代表性就越强。[①] 本文选取了二百余个样本数作研究,样本个体数目较大,已具有统计学上的意义,完全可以作出统计报告。同时需要说明的是,由于客观条件所限,本文研究的抽样方法并不是随机抽样,而是采用非概率抽样中的偶遇抽样法。所谓偶遇抽样法是指研究者将一定时间、一定环境里所能遇见到或接触到的人均选入样本的方法。它的优点是方便省力,但样本的代表性差,有很大的偶然性。[②] 因此,严格来讲,本文研究的结论只能代表该批样本所反映的实际情况,如果想要将该结论推及一般,还需进一步验证。

选定样本仅仅是诈骗罪被害人的实证分析的开始。要想完成诈骗罪被害人详细信息的获取,关键还要设计一些合理的变量。所谓变量,是指事物在运行过程中随时可以发生变化的量。对于诈骗罪被害人的分析,笔者具体从两个方面设计变量:

1. 诈骗罪的被害人因素变量

这里的被害人因素,是指被害人方面影响犯罪原因作用力的外部因素,具体从被害主体类型、被害人特定情况、被害心理表现、被害行为反应四个角度展开描述。这些变量因素从不同的角度反映了被害人在诈骗犯罪过程中的形态或作用。

被害人主体类型,是从社会属性角度对被害人所作的分类,具体包

---

① 张厚粲主编:《心理与教育统计学》,北京师范大学出版社 1993 年版,第 18 页。

② 袁方主编:《社会研究方法教程》,北京大学出版社 1997 年版,第 221 页。

括自然人和单位两个取值。

被害人特定情况,是指被害对象的广泛性程度,包括特定和不特定两种情况。被害人特定就是犯罪行为只针对具体的被害人;被害人不特定就是犯罪行为针对不特定的多数被害人。

被害心理表现,是被害人在遭遇诈骗侵害时所表现出来的主观心理特征。它包括过错与否和被害心理特征两个变量。过错与否,包括无过错和有过错。在犯罪过程中,无过错的被害人在被潜在犯罪人选择为侵害对象的过程中完全是被动的,是纯粹中性的被反映客体,仅因为的某些特征在犯罪人的犯罪意识赋予犯罪价值而产生诱发犯罪的吸引力。而有过错的被害人是指他的过错行为足以产生诱发潜在犯罪人的犯罪意识,其特殊之处在于,它向潜在犯罪人发出的犯罪诱发信息本身就具有犯罪的价值取向。① 在诈骗行为的发生过程中,被害人的心理反应是异常复杂的,但其中一定有着起主导作用的心理状态。笔者通过观察案例的具体细节,以被害人心理的主要表现为该变量的取值,将被害心理变量具体化为无过错、贪利、轻信、好意施惠和其他五种心理状态值。

被害行为反应,是指被害人在受骗过程中对加害行为的反应。通过笔者的总结,可将其划分为积极配合型和消极随附型两种取值。积极配合型被害反应是指诈骗罪被害人积极地接近犯罪人或收到诈骗分子传递的虚假信息后做出配合、协助的反应,直接导致被害事件发生的行为方式。消极随附型是指被害人对诈骗犯罪行为表现出无意识地顺从或接应,间接地造成被骗结果的行为方式。设计此变量是为发现被害人的行为特征,从而进一步观察被害人行为反应与犯罪人因素、互动关系之间的相关程度。

2. 诈骗罪的被害人与犯罪人的互动关系变量

本文主要将诈骗犯罪发生的过程分为四个阶段:(1)接触阶段;(2)信任阶段;(3)行骗阶段;(4)脱逃阶段。而这四个阶段中的第一阶段和第三阶段对于诈骗犯罪的发生具有重要作用。因为第二阶段和第

① 储槐植主编:《犯罪场论》,重庆大学出版社1996年版,第70页。

四阶段的成功有赖于第一阶段和第三阶段的成功。由此,为了分析这两个阶段的特点,笔者设计了如下两类变量:

在接触阶段,笔者主要引入了三种变量形态来分析诈骗罪犯罪人与被害人开始接触的方式,主要包括犯罪人主动、被害人主动和经人介绍三种方式。而在行骗阶段,笔者引入了两种变量形态,一类是犯罪人与被害人之间存在交易的关系,犯罪人在交易的过程中骗取被害人的钱财,为了论述的便利姑且称之为"交易型诈骗";另一类是犯罪人通过给予或许诺给予有利于被害人的某种现实利益而骗取被害人的钱财等,在这姑且称之为"给予型诈骗"。

通过以上变量的设计,笔者从两个方面解析了诈骗犯罪的整个过程,这两个方面的因素分析也基本涵盖了诈骗罪被害人研究的内容。

二、诈骗罪被害人分析

根据犯罪学的观点,社会上的每个人都不可能置身于犯罪行为之外。因为每个社会成员都面临犯罪的威胁,他们都可能受到犯罪的直接侵害,因此每个社会成员都是潜在的被害人。从这样一个结论看来,有的人也许会追问"为什么有人受到诈骗""为什么是某人而不是其他人受到诈骗"。德国犯罪学家汉斯·冯·亨蒂希在其《犯罪与其被害人》中通过分析被害人的种种特征后认为,被害人往往似乎是天生的,他们往往是由社会制造的。① 这种通过实证研究的方法所得出的结论均不可避免地受到其时代背景的局限,或许这可称之为时代的局限性。但是这种寻找犯罪原因的方法却具有划时代的意义。现在,我们可以不同意他的观点,通过借鉴已经比较成熟的犯罪学、刑法学概念以及发挥被害人学和实证分析来对此作出解释,来分析诈骗罪中被害人的具体特征。由于受到现实研究条件的限制,笔者所收集的案例中有关被害人的特征很少,无法得出一些准确的数据支持。幸运的是,国内外学者在

① 亨蒂希:《犯罪与其被害人》,英文版,第 385 页,转引自吴宗宪:《西方犯罪学史》,警官教育出版社 1997 年版,第 350 ~ 351 页。

这方面有着详细的实证研究,对于笔者的研究具有很好的参考作用。就此,笔者主要借鉴中美两国有关学者的研究成果,通过对比研究的方法,来获得诈骗罪被害人所具有的一些基本特征。

(一)诈骗罪中被害人的特征分析

就美国而言,为了分析哪些人更容易受到诈骗行为的侵害,美国犯罪学者肯特·克里(Kent Kerley)和海森·科帕斯(Heith Copes)将被调查者以年龄、性别、种族、教育程度、收入、婚姻状况及与犯罪人的关系来探讨哪些人是容易受到诈骗的对象。从年龄方面来分析,与其他组相比,18~24 岁的人更容易遭受一次诈骗,而 25~34 岁的人则更容易反复遭受诈骗。有意思的是,55 岁以上年龄组的人最不容易受到诈骗行为的侵害。这个结果与目前较流行的观点有点不一致,即老年人更容易遭受诈骗。从表 1 可看出,性别与种族与遭受诈骗并没有什么太大联系,他们遭受诈骗的概率是一样的。而就受教育程度来说,高学历的人最不容易遭受诈骗。收入方面,中产阶级更容易反复遭受诈骗。在被害人心理特征方面,作者认为"冒险性"增加了受骗的概率,"因此,爱冒险的特点可能增加了受骗的概率,即使这个人曾经受骗并因此损失了一大笔钱。这也可以用来解释年龄稍长者受到较少诈骗的理由,因为他们较年轻者没有那么爱冒险"。[①] 而其他因素比例都比较平稳,对于促使遭受诈骗的影响较均衡。

就我国而言,我国学者郭建安教授对诈骗罪的被害人特征作了定量分析。他的研究成果表明,诈骗罪被害人有如下特征:[②]在性别特征方面,诈骗罪的被害人绝大多数为男性。这与人们多认为女性容易受骗和轻信的观念并不一致。但女性在一次受骗后,更容易再次受骗。

---

① Kent Kerley and Heith Copes, "Personal Fraud Victims and Their Official Responses to Victimization," *Journal of Police and Criminal Psychology* 2002 Volume 17, Number 1 page 31.

② 郭建安主编:《犯罪被害人学》,北京大学出版社 1997 年版,第 116~117 页。

在年龄特征方面,诈骗罪被害人的总体年龄以 26～45 岁的年龄段最多。在婚姻状况方面,诈骗罪被害人中已婚者所占的比例极高。在社会阶层方面,研究者从职业和文化程度两个角度展开分析。其中,工人和职员成为诈骗罪被害人的可能性较大。初中、高中以上文化程度的人员更容易成为诈骗罪的被害人。而在行为特征方面,诈骗罪被害人的一个普遍特点就是贪图利益,而且是轻而易举便能获得的利益,结果往往上当受骗。另外,被害人往往因为贪利而利令昏智,对于一些经常发生且低能的骗局由于贪利心切而不能识别以至于陷入骗局。

从以上两国学者的研究结果对比分析可以发现一些诈骗罪被害人所共同具有的特征。在诈骗罪被害人性别方面,两国学者的研究结果有些许不同,美国学者的结论是女性多于男性,而中国学者的结论是男性多于女性。然而从两者的数据比例显示,差异并不很大,这可能与被访问者的男女比例有一定的关系。基于此,笔者认为性别在诈骗罪被害人中没有太大的差异性,两者受诈骗侵害的危险性基本相同。而在年龄段方面,两者有共同之处,即中青年人受骗概率较高,与人们普遍认为老年人易受骗的观点不一致。笔者分析这可能与这个年龄段的青壮年从事的经济活动最多以及他们相对其他年龄组的人员来说拥有较多的财产有关。当然这也与这部分人的自以为成熟而放松警惕性的心理特点有关。在婚姻状况方面,两者的结论也是一致的,即诈骗罪被害人中,已婚者所占的比例均极高。这与其年龄段上升和财产的实际拥有情况及从事经济活动的情况方面的特征一致。在文化程度方面,两者的结论也具有一致性,即高中文化程度以下的人员容易成为诈骗罪的被害人。这应该与文化程度越高,人对事物的判断能力越为理性有一定的关系。而在心理特征方面,两者均认为诈骗罪被害人具有贪利性和爱冒险性的普遍特征,这两种心理特征对于激发诈骗罪被害人与犯罪人积极互动发挥了巨大作用,使犯罪人与被害人形成一种紧密地刑事伙伴关系。

(二)诈骗罪中被害人的被害原因分析

诈骗罪的发生有着多方面的原因,有社会原因、犯罪人方面的原因还有被害人方面的原因。而犯罪学历来所主要关心的,都是有关犯罪人素质和环境等的问题。有关被害人的研究,提出了应该注意由被害人本身所引起的刺激犯罪行动的诱因,这是有一定意义的。① 在被害人学中,被害原因是指被害人的言行及其周围环境中存在的诱发或者强化犯罪人的犯罪动机的事情和状态。② 而在犯罪学的研究历史中,最早关注被害人在犯罪原因论中发挥作用的,也是德国犯罪学家亨蒂希。他认为,被害人在犯罪行为的发生中起着不同程度的促进作用,从而提出了“犯罪行为的动态概念”。从社会学和心理学方面来看,在许多案件中,被害人可能起着决定性的作用。而从心理学方面仔细研究犯罪人与被害人之间的关系就会发现,很难明确区分谁是犯罪人,谁是被害人,因为从表面上看,犯罪行为是由犯罪人实施的,但是,犯罪人实施犯罪行为的动机却可能是由被害人激起的,被害人的消极甚至是有害的作用在犯罪行为实施之前就已经发生。所以,亨蒂希认为在这个意义上来说,被害人塑造和造就了犯罪人。③ 亨蒂希开创性的研究为犯罪原因理论的研究开辟了新的道路,更为现代犯罪学的犯罪原因研究奠定了犯罪人与被害人二元互动的理论基础。

而罪前情景理论就是现代版的犯罪原因理论之一。罪前情景是指个体所面临的直接促使其形成犯罪动机和将这种动机转化为侵害行为的外在形势。④ 实际上罪前情景考量的是哪些人具有犯罪被害性,因此在罪前情景的各种因素中,被害人问题是重要的组成因素之一。将受害者视为犯罪行为产生过程中的一个能动因素,而基于对犯罪行为

---

① [日]菊田幸一:《犯罪学》,海沫、刘铎等译,群众出版社1989年版,第409页。

② 张智辉、徐名涓编译:《犯罪被害者学》,群众出版社1989年版,第44页。

③ 吴宗宪:《西方犯罪学史》,警官教育出版社1997年版,第348~349页。

④ 张远煌:《犯罪学原理》(第1版),法律出版社2001年版,第239页。

的现实考察，不难发现在众多的场合下，被害人自身认识上的、情感上的、道德或法律上的“过错”，对犯罪行为的产生或最终过渡产生了直接或间接的影响。如由于被害人社会阅历、认识水平、行为习惯等方面的影响，被害人未能对自己的人身或财产予以应有的注意和警惕，从而在一定时空条件下将自己置于浑然不知的危险状态之中，并在客观上为犯罪行为的转化提供了某种便利条件。罪前情景是犯罪发生的必要条件，是主体与客体之间的一种关系。总的来看，罪前情景的结构是潜在犯罪人与犯罪情景因素的结合。被害人因素是作为特定情景因素之一而存在的，其中被害人的被害原因则是被害人方面影响潜在犯罪人的主要因素。

诈骗行为是典型的互动型犯罪，因此诈骗行为的完成需要被害人的紧密配合。在被害人层次上，被害人如何配合犯罪人，笔者认为可从两个方面加以分析，即可从被害心理和被害行为反应两个方面加以分析。被害心理，即被害人在被害过程中表现出来的认识过程、情绪反应和意志选择，以及支配这些内心活动的个性心理特征。[①] 当被害人接收到犯罪人实施诈骗而传递的虚假信息时，其心理必然会受到一定程度的刺激，这些外在的刺激与被害人内在的某些不良心理特质相作用，形成稳定的被害心理表现。而其中被害人的个人倾向性和性格结构不良因素，将在诈骗犯罪的过程中被凸显出来。诈骗犯罪人正是通过利用这些不良心理因素，从而设计出一个个精良的骗局。被害人仅具有心理上的原因是不够的，被害人的互动还需要行为上的配合，即被害行为反应。诈骗罪的进行，离不开被害人与犯罪人的交往行动，犯罪人和犯罪被害人只有在他们对于犯罪行为的反应过程中才能确定，他们是在彼此互动的过程中来定义自身与对方的。[②] 因此，研究被害人被害时的反应，是探寻被害原因不可或缺的重要一环。

在被害心理方面，笔者通过对收集到的二百余例诈骗实例总结发

---

① 张智辉：《理性地对待犯罪》，法律出版社 2003 年版，第 137 页。

② ［德］汉斯·约阿希姆·施奈德主编：《国际范围内的被害人》，许章润等译，中国人民公安大学出版社 1992 年版，第 3 ~4 页。

现,诈骗罪被害人的被骗心理原因按性质的不同大致可以分为以下三类:(1)应该受到谴责的被骗原因,是指由于被害人的个人因素而诱发了诈骗犯罪的实施,此时,被害者本身也具有加害者的因素。主要表现为被害人主观上具有贪利的心理。(2)可以受到谴责的被害原因,指在当时的具体条件下,被害人本来可以避免上当受骗,而并没有采取有效的措施来防范。主要表现为被害人主观上具有轻信犯罪人的心理。(3)不应该受谴责的被骗原因,指被害人没有任何应当受非难的理由,但仍可被认为是受骗原因,最典型的是出于好心帮助而上当受骗,如一些人被假扮成不幸者的骗子蒙骗。主要表现为被害人主观上出于好意施惠的心理。

从上面论述的三种情形来看,被害人的被害心理在受骗过程中发挥着十分重要的作用。

从总体来看,诈骗罪被害人一般均存在导致被害的过错因素。诈骗罪被害人的心理基本表现为有过错,其比例高达96.3%;被害人没有过错的仅占3.7%(见表1)。因此,诈骗罪中被害人存在过错具有普遍性,同时也表明存在主观过错的被害人容易成为诈骗罪侵害的对象。而在被害人有过错的诈骗案中,被害人心理表现为轻信的最为多见,达半数以上,占所有诈骗案的55.3%;其次为贪利的心理,占总体的31.7%;而出于好意施惠而受骗的仅占11.3%;至于被害人出于其他心理的,如迷信等而受骗的占1.7%。

表1 诈骗罪被害人过错心理统计

<table>
<tr><th colspan="2"></th><th>百分比</th><th>过错类型</th><th>百分比</th></tr>
<tr><td rowspan="5">过错与否</td><td rowspan="4">有过错</td><td rowspan="4">96.3%</td><td>轻信心理</td><td>55.3%</td></tr>
<tr><td>贪利心理</td><td>31.7%</td></tr>
<tr><td>好意施惠心理</td><td>11.3%</td></tr>
<tr><td>其他</td><td>1.7%</td></tr>
<tr><td>无过错</td><td>3.7%</td><td colspan="2"></td></tr>
</table>

由此可见,具有轻信或贪利心理的被害人往往容易成为诈骗犯罪

侵害的对象。这也与瑞士学者克莱瑞克的观点相一致,早在1926年,他在其论述诈骗犯罪的论文中,即论及被害人在诈骗犯罪中起着很大的作用。他认为,轻信和利欲是被害人在诈骗成功的犯罪中被害的主要原因。① 在诈骗案中,犯罪人总是想方设法运用各种伎俩,以博取被害人对其的信任。在这个意义上来说,诈骗罪被害人一般具有不同程度的轻信心理。而在某些情况下,被害人贪利的心理则决定了其与犯罪人继续交往的受骗过程。正如一些诈骗犯罪人所说,他们不可能欺骗一个不追求非法所得的人。② 诈骗犯罪人诈骗成功的关键因素在于他们成功地利用了被害人的心理弱点,博取了被害人的信任,进而使被害人心甘情愿地交付自己的财物。

在被害行为反应方面,被害人受骗时的行为绝大多数反应为积极配合型,占90.7%;被害反应为消极随附型的诈骗案,仅占9.3%(见表2)③。这说明诈骗罪的完成大多离不开被害人的积极交往和默契配合,在现实生活中"愿者上钩"的被害人并不少见。犯罪人正是赢得了被害人与其交往的"真心",才好把握有所收获的机会。

为进一步观察被害人心理的具体表现与被害行为反应之间的关系,笔者将被害心理与被害反应两个变量作交互分析,得出如下表(见表2)。从纵比来看,在被害人无过错的诈骗案中,其行为反应均为消极随附型。与此相对的是,在被害人有过错的诈骗案中,被害行为反应均表现为积极配合型。其中,被害人有贪利心理的,其行为绝大多数表现为积极配合型,占96.9%;被害人因轻信而受骗的,其行为出现为积极配合型的也占较高的比例,达93.9%;被害人因好心而被骗的,其行为表现为积极配合型的比例也高达85.7%。从横比来看,被害反应为积极配合型的诈骗案中,有一半多案件被害人是因轻信而被骗的,占58.0%;被害人因贪利而受骗的机会占29.0%。

① 康树华主编:《比较犯罪学》,北京大学出版社1994年版,第444页。

② 郭建安主编:《犯罪被害人学》,北京大学出版社1997年版,第168~172页。

③ 为制图的美观和论述的便利,此处纵比即纵百分比的简写,而下文所述的横比是横百分比的简写。

表2　被害人心理表现与行为反应关系

			被害心理类型					
			无过错	贪利	轻信	好心	其他	合计
被害反应	积极配合型	频率		31	62	12	2	107
		横比		29.0%	58.0%	11.2%	1.8%	100.0%
		纵比		96.9%	93.9%	85.7%	50.0%	90.7%
	消极随附型	频率	2	1	4	2	2	11
		横比	18.2%	9.0%	36.4%	18.2%	18.2%	100.0%
		纵比	100.0%	3.1%	6.1%	14.3%	50.0%	9.3%
合计		频率	2	32	66	14	4	118
		横比	1.7%	27.1%	55.9%	11.9%	3.4%	100.0%
		纵比	100.0%	100.0%	100.0%	100.0%	100.0%	100.0%

这说明被害心理状况与被害人在受骗中的行为反应有着重要的影响。被害人无过错的诈骗案中没有一起是积极配合型反应的。这也是合乎情理的,因为既然被害人没有出现诈骗犯罪过程中的心理错误认识,则其对犯罪人的诈骗行为也就不会表现出相互配合的反应,也就不会遭受诈骗的侵害。而被害人因轻信犯罪人或贪图名利而落入骗局的,则大多积极反应,能顺利完成与犯罪人之间的互动。可以看出,有轻信或贪利心理并积极配合的被害人是诈骗犯物色的主要目标。

三、诈骗罪被害人与犯罪人互动关系分析

犯罪并不是犯罪人自身素质、条件的单独结果,而是犯罪人自身原因与被害人的被害性在一定情境条件下相互作用的结果。犯罪人与被害人也是一个不可分割的对立统一体。[①] 显而易见,诈骗罪是在犯罪

① 白建军:《犯罪学原理》,现代出版社1992年版,第116页。

人行为与被害人行为相互并行的互动过程中完成的。大体上,被害人与犯罪人的互动关系可分为四个阶段:一是接触阶段。罪犯有意接近他所选定的目标。罪犯的技巧在于他必须把这种有意地接近安排的“无意”、自然,如有礼貌地向对方询问或看对方的书报等,随即搭上话。然后根据接触的反应,再判断对方是否为合适的诈骗对象,如果对方防范心理很强,罪犯一般就放弃这一目标另行物色别的对象,反之就转入获得信任阶段。二是信任阶段。为了骗取诈骗对象的信任,罪犯必须“投其所好”,如对贪利者夸口自己有门路能赚大钱;对想调动工作或升学的,又吹嘘自己有路子、能办到,等等。罪犯为进一步取得被害人的信任,不惜牺牲自己的利益,对被害人施以小恩小惠。三是行骗阶段。这一阶段是关键性阶段。一旦罪犯认为被害人已完全没有防范心理而充分信任自己时,便会立即编造谎言,骗取钱财。被害人的判断能力、对罪犯的信任程度、处理问题的谨慎程度,决定了罪犯行骗的难易及其后果。四是脱身阶段。罪犯一旦得手,便会立即编造谎言脱身,或不辞而别。

(一)被害人与犯罪人在接触阶段的影响因素分析

人与人之间进行有意义的交往是人类社会生活的前提。诈骗案件的被害人都有同诈骗犯罪分子接触的过程,在这一过程中必然存在一种社会人际关系,存在着社会交往的因素。① 在犯罪人与被害人的接触阶段,犯罪人一般在察言观色,寻找目标,而被害人则大多具有戒心,保持警惕。接触阶段的成功与否直接关系到诈骗的成功,同时犯罪人与被害人的互动也主要集中在这一阶段,其他阶段是这一阶段的必然结果。因此,本文主要对这一阶段的互动特征进行分析以揭示诈骗行为形成的特性。在这一阶段中,影响两者进行深入交往的因素有:个人特质、相似性、互补性、熟悉性和接近性。总的来看,影响两者交往的个人特质包括三个:个人的温暖、能力和外表的吸引力。当人们对其他人

① 任克勤主编:《被害人心理学》,警官教育出版社 1997 年版,第 159 页。

有正性态度时便表现出温暖,而温暖的人较受欢迎。人们还往往比较喜欢有能力的人,能力所涉及的范围很广,比如智力、社会技巧等。人们容易注意到的是他人的外表,在其他条件相当的情况下,漂亮的人更招人喜爱。相似性因素说明人们倾向于喜欢在态度、价值观、兴趣、背景及人格等方面与自己相似的人。互补性因素,可以解释为异性相吸的人际交往。熟悉性能导致人们增加对他人的喜欢程度。从社会交往的观点看,物理距离上的接近使人们更易获得来自他人的好处,与这样的人交往可以用较小的代价换取较多的好处。[①] 在诈骗案中,犯罪人正是通过利用各种因素,或投其所好,或亲近接触,给被害人留下良好印象,开始施展自己的骗术。

在接触阶段,笔者主要从被害人的主体类型、被害特定情况、被害人过错与否以及被害人被害反应四个变量来考察诈骗罪中加害—被害双方的接触关系形态,从而揭示这一阶段犯罪人与被害人之间的关系特征。

表3反映了被害人主体类型与诈骗案加害—被害双方之间的接触关系。从纵比来看,自然人受骗时,绝大多数案件是从犯罪人主动接触被害人开始的,占90.7%;单位被害的诈骗案则全部因犯罪人主动接触而开始。从横比来看,在所有犯罪人主动的诈骗案中,被害人为自然人的比例较高,占71.6%。在被害人主动或双方经人介绍开始交往的,被害人为自然人的比例占绝对优势。

由此可知,被害人主体类型的不同,极大影响着诈骗案加害—被害双方之间的接触关系。一般来说,自然人受骗的案件中,各种接触方式均能促成犯罪人与被害人之间的互动过程,其中以犯罪人主动的情况最为常见。单位被骗的,则全部可以从诈骗犯的主动接触中找到解释。

① 侯玉波:《社会心理学》,北京大学出版社2002年版,第136~141页。

表3　被害人主体类型及被害特定情况与诈骗罪加害—被害双方的接触关系

<table>
<tr><td colspan="3" rowspan="2"></td><td colspan="2">被害人主体类型</td><td></td></tr>
<tr><td>自然人</td><td>单位</td><td>合计</td></tr>
<tr><td rowspan="9">接触方式</td><td rowspan="3">犯罪人主动</td><td>频率</td><td>78</td><td>31</td><td>109</td></tr>
<tr><td>横比</td><td>71.6%</td><td>28.4%</td><td>100.0%</td></tr>
<tr><td>纵比</td><td>90.7%</td><td>100.0%</td><td>93.2%</td></tr>
<tr><td rowspan="3">被害人主动</td><td>频率</td><td>6</td><td>—</td><td>6</td></tr>
<tr><td>横比</td><td>100.0%</td><td>—</td><td>100.0%</td></tr>
<tr><td>纵比</td><td>7%</td><td>—</td><td>5.1%</td></tr>
<tr><td rowspan="3">经人介绍</td><td>频率</td><td>2</td><td>—</td><td>2</td></tr>
<tr><td>横比</td><td>100.0%</td><td>—</td><td>100.0%</td></tr>
<tr><td>纵比</td><td>2.3%</td><td>—</td><td>1.7%</td></tr>
<tr><td colspan="2" rowspan="3">合计</td><td>频率</td><td>86</td><td>31</td><td>117</td></tr>
<tr><td>横比</td><td>73.5%</td><td>26.5%</td><td>100.0%</td></tr>
<tr><td>纵比</td><td>100.0%</td><td>100.0%</td><td>100.0%</td></tr>
</table>

表4反映了被害人的被害特定情况与诈骗案加害—被害双方之间的接触关系。从该表纵比来看,不特定被害人受骗时,案件全部表现为犯罪人主动地类型。被害人特定的诈骗案中,犯罪人主动的方式也占绝对多数,达91.4%。从横比来看,在所有犯罪人主动接触的诈骗案中,被害人特定的比例较高,占82.5%。

表4 被害人主体类型及被害特定情况与诈骗罪加害—被害双方的接触关系

			被害特定情况		
			不特定	特定	合计
接触方式	犯罪人主动	频率	18	85	103
		横比	17.5%	82.5%	100.0%
		纵比	100.0%	91.4%	92.8%
	被害人主动	频率	—	6	6
		横比	—	100.0%	100.0%
		纵比	—	6.5%	5.4%
	经人介绍	频率	—	2	2
		横比	—	100.0%	100.0%
		纵比	—	2.1%	1.7%
合计		频率	18	93	111
		横比	16.2%	83.8%	100.0%
		纵比	100.0%	100.0%	100.0%

从以上分析可以得出,被害人特定情况对诈骗案加害—被害双方的接触关系有一定的影响力:被害人不特定受骗的,全部是从犯罪人主动接触开始的;而被害人特定受骗的,各种接触方式均有出现,但主要表现为犯罪人主动的类型。

表5说明的是被害人心理形态与诈骗案加害—被害双方之间的接触关系。从纵比来看,在犯罪人与被害人接触的诈骗案中,被害人绝大多数是有过错的,占96.1%;在被害人主动找上犯罪人或经人介绍接近犯罪人的诈骗案中,被害人则全部表现为有过错。从横比来看,在被害人有过错的诈骗案中,绝大多数案件是从犯罪人主动接触开始的,占86%。

表5 被害人过错与否与诈骗罪加害—被害双方的接触关系

			接触方式			
			犯罪人主动	被害人主动	经人介绍	合计
过错与否	无过错	频率	4	—	—	4
		横比	100.0%	—	—	100.0%
		纵比	3.9%	—	—	3.3%
	有过错	频率	98	14	2	114
		横比	86.0%	12.3%	1.7%	100.0%
		纵比	96.1%	100.0%	100.0%	96.7%
合计		频率	102	14	2	118
		横比	86.4%	11.9%	1.7%	100.0%
		纵比	100.0%	100.0%	100.0%	100.0%

由此可知,被害人过错对诈骗案加害—被害双方的接触关系有一定的影响,被害人要么自己主动或有他人引见接近犯罪人而在自己的有过错表现中受骗,要么经犯罪人引诱而出现过错心理,最终受骗。在犯罪人主动接近的诈骗案中,被害人还能有一定的防范心理,但在自己有求于人或经人引见的情况下,被害人则本身就存在一定的责任,警惕性大大降低。一般而言,犯罪人需要在特定的方面具有或制造一定的优势,在接触过程中吸引被害人的注意。而被害人则为了摆脱困境,或有意追求不正当利益或非法所得,从而为犯罪人接触到被害人创造了有利条件。

表6说明的是被害人被害反应与诈骗案加害—被害双方之间的接触关系。从纵比来看,在犯罪人主动与被害人接触的诈骗案件中,被害人行为绝大部分表现为积极配合型,占89.0%;在被害人主动找上犯罪人而受骗的案件中,被害人积极配合的也较多。占57.1%;而在经人介绍的诈骗案件中,被害人全部表现为积极配合型。从横比来看,在被害人积极配合的诈骗案件中,绝大多数案件是犯罪人主动接触开始的,占94.1%。在消极随附型的诈骗案件中,犯罪人主动接触的,也占

很大比例,为80.0%。

表6 被害人被害反应与诈骗罪加害—被害双方的接触关系

			接触方式			
			犯罪人主动	被害人主动	经人介绍	合计
被害反应	积极配合	频率	97	4	2	103
		横比	94.1%	3.9%	2.0%	100.0%
		纵比	89.0%	57.1%	100.0%	87.3%
	消极随附	频率	12	3	—	15
		横比	80.0%	20.0%	—	100.0%
		纵比	11.0%	42.9%	100.0%	12.7%
合计		频率	109	7	2	118
		横比	92.4%	6.0%	1.6%	100.0%
		纵比	100.0%	100.0%	100.0%	100.0%

从以上分析可以看出,被害人被害反应在接触阶段也具有重要意义。一般来说,绝大多数的诈骗案是犯罪人主动与被害人接触,而被害人也积极配合反应。在各种接触方式中,被害人经人介绍开始与犯罪人接触的,全部表现为积极配合型。这说明在第三人引见的情况下,被害人更容易盲目信从,积极受骗。

(二)被害人与犯罪人在行骗阶段的互动关系分析

犯罪人在接触阶段获得成功后,即获得了被害人的信任,随即开始行骗。如果在接触阶段因被害人反感犯罪人或识破其目的,信任关系难以建立,那么行骗就此结束。行骗阶段关系着犯罪人诈骗行为的实现,因此这一阶段在诈骗过程中发挥着重要的作用。在这一阶段,犯罪人充分利用被害人的弱点,施展表演天分,被害人则配合默契或附和跟从。难怪说,诈骗犯总是具有欺骗被害人的超群才干。他能够对他人产生强烈的影响，是一个善于观察人们的反应和建立良好的人际关系的优秀的心理学家，善于捕捉他的潜在被害人。① 在行骗阶段，通过对收集的案例的整理总结，笔者将犯罪人的行骗方式大致分为两类，一类是犯罪人与被害人之间存在交易的关系，犯罪人在交易的过程中骗取被害人的钱财，为了论述的便利姑且称之为"交易型诈骗"；另一类是犯罪人通过给予或许诺给予有利于被害人的某种物品而骗取被害人的钱财等，在这姑且称之为"给予型诈骗"。在所有收集到的案例中，前一种类型的诈骗方式大约占到75%以上。此外还有其他类型的诈骗方式，如被害人好意施惠而被骗，但这仅占有很小的一部分，没有进行统计分析的意义。在此笔者仅对前述两种诈骗方式分别从被害人的主体类型、被害特定情况、被害人过错与否以及被害人被害反应四个方面来加以分析。

表7　被害人主体类型与诈骗罪加害—被害双方的行骗类型

			被害主体类型		
			自然人	单位	合计
行骗方式	交易型	频率	27	66	93
		横比	29.0%	71.0%	100.0%
		纵比	33.8%	100.0%	79.5%
	给予型	频率	53	—	53
		横比	100.0%	—	100.0%
		纵比	66.2	—	20.5%
合计		频率	80	66	146
		横比	54.8%	55.2%	100.0%
		纵比	100.0%	100.0%	100.0%

① ［德］汉斯·约阿希姆·施奈德主编：《国际范围内的被害人》，许章润等译，中国人民公安大学出版社1992年版，第252页。

表 7 反映了被害人主体类型与诈骗案加害—被害双方之间的行骗方式关系。从该表纵比可见,自然人受骗时,大多数案件的加害—被害双方是给予型的诈骗方式,占 66.2%。单位被害的诈骗案中,几乎全部是交易型的诈骗方式。这与单位的性质有莫大的关系,单位以追求经济效益的最大化为目的,他们均处于经济交往的活动之中。而从横比来看,在给予型的诈骗方式案件中,被害人为自然人的比例及高,被害的几乎全部为自然人。

这说明不同的被害主体类型对诈骗加害—被害过程中的诈骗类型有着不同的影响。对于自然人而言,他们可能因各种方式而被骗,其中主要是给予型的诈骗方式。自然人由于与犯罪人交易而被骗的情形是其因由犯罪人给予型诈骗方式的 2 倍多。因为自然人作为有生命的个体,在社会生活中存在着各种需求。美国人本主义心理学家系统提出了需要层次理论,指出只有低级需要基本满足之后,才会出现高一级的需要,也就是说,人的基本需要是由低级向高级发展的,具有连续性。[①] 诈骗犯罪人正是抓住并利用了一部分人在满足各种需求过程中所反映出的消极或积极因素,制造假象,设计骗局,使自然人逐步落入他们的圈套之中。

与自然人不同,单位受骗的情形则主要表现在交易型的诈骗方式中。这与单位参与经济活动有关。一般而言,诈骗罪犯罪人正是利用经济条件下贸易交换渠道的多样性,通过各种形式与被害单位发生经济往来,进行虚假交易,最终套取单位被害人的钱财。此外,还与某些单位的集体决策形式和内部监督机制不够完善有着密切联系。

表 8 反映了被害人的被害特定情况与诈骗案加害—被害双方之间的行骗类型关系。从该表纵比可见,不特定被害人受骗时,案件几乎全部表现为交易型的诈骗方式。在被害人特定的诈骗案中,交易型的诈骗方式比例也较高,占 73.1%。从横比来看,在所有交易型的诈骗方式中,被害人特定的案件出现的可能性较大,占 80.0%。而在给予型

---

① [美]津巴多:《心理学与生活》(第 16 版),王垒等译,人民邮电出版社 2003 年版,第 346 页。

的诈骗方式中,被害人则全部表现为特定的。

表8 被害特定情况与诈骗罪加害—被害双方的行骗类型

			被害特定情况		
			不特定	特定	合计
行骗方式	交易型	频率	17	68	85
		横比	20.0%	80.0%	100.0%
		纵比	100.0%	73.1%	77.3%
	给予型	频率	—	25	25
		横比	—	100.0%	100.0%
		纵比	—	26.9%	22.7%
合计		频率	17	93	110
		横比	15.5%	84.5%	100.0%
		纵比	100.0%	100.0%	100.0%

由此分析可以看出,被害人特定情况对诈骗案加害—被害双方之间的行骗类型有着重要的影响。不特定多数人被骗的案件,加害—被害双方之间差不多就是以交易型的诈骗方式展开互动的;被害人特定受骗的,其与犯罪人之间则大多是基于交易型的诈骗方式展开互动的。这表明特定个人或不特定多数人都容易在交易型的诈骗方式中受骗,只是不特定被害人更容易落入交易型的诈骗方式中。这更加说明了犯罪人多利用不特定多数人的贪利心理来实施诈骗活动,也说明了不特定被害人与犯罪人之间有着互惠互利的关系。

此外,在加害—被害双方相互交换利益的互动活动中,被害人特定的情况都比较多,其中给予型诈骗方式的案件完全可以从被害人特定的情况中得到解释。这与诈骗案加害—被害双方的关系比较具体明确有关。

表 9 被害人过错情况与诈骗罪加害—被害双方的行骗类型

			过错与否		
			无过错	有过错	合计
行骗方式	交易型	频率	2	76	78
		横比	2.6%	97.4%	100.0%
		纵比	100.0%	76.8%	77.2%
	给予型	频率	—	23	23
		横比	—	100.0%	100.0%
		纵比	—	23.2%	22.8%
合计		频率	2	99	101
		横比	1.9%	98.1%	100.0%
		纵比	100.0%	100.0%	100.0%

表 9 反映了被害人的过错情况与诈骗罪加害—被害双方之间的行骗类型关系。从纵比来看,在被害人无过错的诈骗案件中,犯罪人与被害人之间有几乎全部处于交易型的诈骗方式中。在被害人有过错的诈骗案中,加害—被害双方则大多是交易型的诈骗方式,占 76.8,而给予型的诈骗方式,占 23.2%。从横比来看,交易型的诈骗案中,被害人有过错的概率极高,几乎全部是有过错的;给予型的诈骗案中被害人则全部是由过错的。

从以上分析可以得出,在各类诈骗方式的诈骗案中,被害人有过错的案件出现的概率都非常高,交易型的诈骗案基本上可以从被害人有过错的心理中得到解释,给予型的诈骗案件也同样可以从被害人的心理过错中得以说明。这从一定程度上说明了被害人的过错因素与诈骗犯罪的行骗方式有着重要的联系。

表10 被害反应与诈骗罪加害—被害双方的行骗类型

			被害反应方式		
			积极配合	消极随附	合计
行骗方式	交易型	频率	78	5	83
		横比	93.9%	6.1%	100.0%
		纵比	74.3%	35.6%	71.6%
	给予型	频率	27	9	33
		横比	81.2%	18.8%	100.0%
		纵比	25.7%	64.4%	28.4%
合计		频率	105	14	116
		横比	90.6%	9.4%	100.0%
		纵比	100.0%	100.0%	100.0%

从表10的纵比来看,在被害人反应为积极配合型的诈骗案中,大部分案件的行骗方式是交易型的,占74.3%;给予型的诈骗方式也占有一定的比例,为25.7%。在消极随附型的诈骗案件中,加害—被害双方的行骗方式有35.5%的比例表现为交易型。而从横比来看,以交易型的诈骗方式为主,占93.9%。在给予型的行骗方式案件中,被害人绝大多数表现为积极配合型,占81.2%。

由上分析可知,被害人因积极配合而受骗的,加害—被害双方行骗的方式主要表现为交易型。加害—被害双方进行各种互动交往的案件中,被害人积极配合反应的情形均占有很大的比例。换句话说,在加害—被害双方之间的互动过程中,双方是在融洽的关系中结束交易的,被害人似乎是在自愿与合作的情景下被骗的。

在以上两节中,笔者将诈骗案件的互动过程分为四个阶段,即加害与被害双方的接触阶段、取得被害人信任阶段、犯罪人行骗阶段以及犯罪人脱逃阶段。在这四个阶段中,有意义的是第一和第三两个阶段,这两个阶段的成败与否直接关系到诈骗行为的成功。从本文以上对这两个阶段的分析可以看出,诈骗罪被害人与犯罪人是在互动关系中存在的。在这种互动关系中,被害人自身的一些因素影响着互动关系的起因、类型和方式等,同时其自身也在互动中不断变化着。实际上,在诈骗罪中,被害人与犯罪人就是在相互的动态关系中影响着对方,接纳着对方。由于被害人因素的刺激,使犯罪人以相应的方式来迎合被害人的需求来接触被害人,通过不断的接触又逐渐获得被害人的进一步信任,最后通过相应的行骗方式来使被害人心甘情愿地交付财产,使得诈骗行为成功。这里的互动是时刻存在的,诈骗行为是一个犯罪人与被害人反复互动相互作用的过程。

总的来看,诈骗罪犯罪人与被害人之间是一种惺惺相惜、默契配合的互动关系。在现实生活中,诈骗犯手段多变,而受骗者频频落入其中。也许被害人能吸取教训,但由于内心贪欲的作祟以及诈骗犯手法的与时俱进,使得被害人难以分辨最终还是时有中招。这种互动过程就好似一场竞技比赛,是一场心态、智力和经验等方面的较量。

四、诈骗行为的被害预防

犯罪学研究历来十分重视对犯罪或者犯罪人的研究,以探寻引发犯罪的原因。这种研究方法固然对于犯罪的预防有着重要意义,因为犯罪行为是由犯罪人主动去行使的。然而,这种犯罪原因研究方法并不完善,因为作为犯罪行为三个构成因素之一的被害人因素被严重的忽略了。虽然他们其中也有学者对于被害人问题有所提及,但也是将其视为一个单纯而被动的对象,只是犯罪所造成的危害的表现形式之一。显然这种只研究犯罪人一方的研究方式,严重遗漏了犯罪行为的重要组成部分的被害人与被害因素,因而没有全面把握犯罪的形成机制。正如前文所述,犯罪行为的发生,是犯罪人与被害人之间互动的结果。不同的犯罪类型的诈骗案,犯罪人与被害人所起的作用也不相同。在一些犯罪行为中,被害人因素可能起着决定性的作用。正是由于被害人自身的一些特征,激起了犯罪人向其实施犯罪行为。因此,在这种意义上说,被害人造就了犯罪人。而诈骗就是这种典型的加害—被害互动型犯罪,被害人在犯罪互动关系中起着积极的作用。因此从被害人的角度对诈骗罪进行防控具有重要的意义。诈骗行为的发生是一个动态的发展过程,因此对于诈骗行为的被害防控可以从被害前防控及被害后救济两个阶段实施。

(一)诈骗行为的被害前防控

被害前防控是指在诈骗行为发生前,当然也包括诈骗行为着手后得逞前,通过一定的宣传教育使潜在被害人避免受到诈骗行为的侵害的措施。通过上文对诈骗被害人特征的分析,我们可以发现那些容易受骗的人即潜在被害人是我们需要在诈骗行为发生前重点关注的对象,因此预防工作对他们应该有所倾斜。总的来说,在这一防控阶段,我们应该做好如下工作:

第一,要在全社会加强诈骗被害教育,提高公民防诈骗的意识。因为在犯罪人有了诈骗犯罪意图以后,他能否着手犯罪行为,还要看有没有合适的犯罪时机、条件和犯罪对象。如果这时所诈骗的被害人有贪利、贪财等易受骗的心理,诈骗犯罪的发生就顺理成章了。因此有无防范意识在一定条件下甚至可以决定诈骗犯罪是否发生。前文通过统计分析发现,诈骗犯罪人主要利用被害人贪利和轻信的心理,通过与被害人进行交易或给予被害人以好处,来骗取被害人的钱财。因此对潜在诈骗被害进行教育的目的是使易受骗的人提高自己的防被骗意识,并将这种意识贯穿于一定社会交往中。这种防被骗的意识应该是从小逐渐形成的,在小学教育中,应该纳入“防骗教育”的内容。虽然这与我国几千年的“与人为善”的教育观念有一定的冲突,同时也受到一些学者的反对,但是我们不能忽视“防骗教育”所具有的积极意义。因为教育的目的是使人能够更好地适应这个社会,而一个社会总有他不可摆脱的现象,诸如各种犯罪、谎言和欺骗等。通过一定的“防骗教育”使人们从小就有一个社会的概念,对一些诈骗行为有一定的免疫力。当然,这种早期的“防骗教育”应该巧妙运用一些教育手法,例如可以采用“案例讨论”的方式和孩子分享大人们的体会,让孩子慢慢学会识别、分辨人和事,逐步适应社会,而切不可急于求成。当然,这种方法只能使我们具有防骗意识,然而犯罪的手段在不断变化,防骗是一个系统工程,我们还需要采取一些其他的方法。

第二,大力普及各种预防诈骗的方法和知识,定期发布新型诈骗手段。笔者主要将诈骗方式分为交易型的诈骗方式和给予型的诈骗方式。前者主要发生在经济活动领域,通过上文的统计分析可知,单位是这类诈骗方式的主要受害者,对于这种诈骗方式应主要在保证经济活动安全上下手。在笔者所收集的二百余起诈骗案例中,自然人受骗的案例大部分集中在网络交易中。如在互联网上开设出售特别廉价商品的虚假信息网页诱骗被害人与之交易来骗取钱财。对于这类案件,应该在交易时看清交易的网址,一般来说,可以在交易前通过搜索引擎使用关键词搜索到与该网址有关的交易情况,来综合判断该网址的安全性,是否是假冒的网址。此外,对于网络交易,应该选择安全的交易方式和有信誉的卖家进行交易,尽量使用中介转账或者货到付款的方式,而不要直接将钱打给卖方。对于需要使用银行交易验证码的情形,一定要谨慎,不要告知第三人或在网上进行输入。而对于单位交易型被骗案件来说,单位应该加强资金使用监管机制的建设,避免资金的随意使用。总之,对于交易型的诈骗案件来说,我们应该注意经济活动的安全。

而对于给予型的诈骗案预防来说,就显得相对复杂一些。一般来看,给予型的诈骗案可以细分为如下几种方式:(1)针对惧损心理设计诈骗陷阱。如虚构银联卡(信用卡)消费信息;虚构返还话费、水电费、购车退税、退医保金信息;虚构事主身份证被人冒用安装电话并欠下高额话费,诱骗事主到ATM转账存款到所谓的“安全账户”等方式来诈骗。(2)针对被害人贪奖占利型心理设计诈骗陷阱。例如假称彩票中奖、电话号码中奖、虚构QQ号码中奖;办理低息、无息贷款的虚假信息诈骗等方式来行骗。(3)针对救助型心理设计诈骗陷阱。例如虚构亲属、朋友遭到绑架、恐吓的求助信息;虚构亲属、朋友生病或出车祸的求助信息;冒充被害人熟友谎称急需钱款救急的求助信息等方式来进行诈骗。(4)针对特殊需求型心理设计诈骗陷阱。例如给予虚假的征友求婚信息;提供虚假"色情、暧昧内容"的信息;设置虚假维权网站并冒充网络警察等方式来实施诈骗活动。这些诈骗手段都基本带有时代的特征,是犯罪人自己创造的结果。对于这些诈骗手法,只要了解了,基本就可以予以避免。因此,对于此类诈骗方法,有关部门应该及时发布警情通告,让老百姓及时了解这些手段,从而降低此类诈骗案件的发生。

第三,在犯罪人实施诈骗活动的过程中,被害人一方应该对整个事件有一个自我评估。被害人一方对整个事件进行回想后,如果觉得事件的任何一点不太符合常理,那么就应该怀疑整个事件的真实性。这时最好向有丰富经验的单位或个人咨询请教一下,以得到比较客观的判断,有条件的话可以上网搜索一下他人是否有这种相似的经历。在互动型犯罪活动中,犯罪人与被害人总是处于一种相互影响和作用的状态。因此如果诈骗被害人在被骗时有求助的条件,应当尽量向司法机关、亲朋好友或者网络求取帮助。如果本身没有条件取得任何帮助,那么就应该随机应变,用智慧与犯罪分子斗智,创造条件而求助于外界的帮助以逃离圈套或者直接揭穿骗子的把戏。如果实在无法脱身,可以暂且满足犯罪分子的要求,在摆脱犯罪分子后,向公安机关及时报案。总之,在遭遇诈骗犯罪时,我们的原则就是尽量避免被骗和减轻被骗受害的程度。

(二)诈骗行为的被害后防控

诈骗行为的被害后防控是指诈骗罪被害人在遭受诈骗后,通过对被害人采取一定的措施,防止被害人再次被骗的防控方法。与被害前防控相比,被害后防控属于特殊预防的范畴,它针对的是特定的被害人,即已经遭受诈骗的被害人。对于被害后防控而言,结合前文的统计分析,重点做好以下工作:

国家相关部门可以制定相应保护和规制诈骗被害人的法律法规,鼓励被害人报案和建立被害人过错责任机制。在前文的探讨中,绝大部分的诈骗罪被害人对于诈骗行为的发生都有过错。这就导致他们在被骗后,大多不愿意向公安机关报案,特别是那些损失不太大的案件,他们一般会选择与诈骗分子私了。这样很不利于公安机关对诈骗分子的追诉打击,放纵了他们的诈骗行为,也使自己再次遭受诈骗的可能性增加。正确的做法是被害人在被骗后,主动向公安机关报案,使公安机关在最佳时机打击犯罪人,也可以使犯罪分子的诈骗手法及早向公众曝光,提高整个社会的诈骗防控力。

同时,在一般民众的观念中,对于犯罪人及其犯罪活动是深恶痛绝的,对于被害人一方则充满了的同情。正如前文所分析的那样,在某些犯罪活动中,被害人在一定意义上塑造了犯罪人。从这种情形来说,我们如果一味同情被害人,不仅显得有失公平,而且容易对其他公众心理产生不良的影响,从而使他们放松警惕,将自己置身于易受害的环境中,导致被害的发生。我们应该在给予被害人一定的安抚和帮助的同时,帮助被害人认识和反思其在诈骗犯罪过程中的过错。这不仅可以使被害人吸取教训,防止其再次被害,也可以使社会公众意识到被害人也应承担一定的过错责任,从而谨慎约束自己的言行,积极预防自身受害,做到防患于未然。

五、结　　语

诈骗罪被害人与犯罪人在从犯罪行为发生到结果出现的过程中,都处在相互影响的关系中,是双向的两个互动主体。在诈骗罪被害人研究中,通过对被害人特征因素分析、被害人因素与犯罪人因素的状态分析以及双方之间的互动关系分析,我们可以直观地认识诈骗犯罪过程中的被害规律,更有价值的是,我们可以在诈骗罪发生前阻断或降低诈骗犯罪的概率。在这个较新的领域中,笔者做出了自己的努力,有所探索,有所收获。但限于个人能力、时间及案例收集不太充分等各方面的原因,论述和分析可能并不透彻,甚至不完全正确。此外,还有许多问题有待进一步地研究和阐释,但只能就此搁笔,希望能以此抛砖引玉,对相关的研究有所帮助。

Analysis and Prevention of Victimization of Victims of Fraud

Qiu Gang

[内容摘要]诈骗罪是一项古老而传统且在司法实践中常见的侵财型犯罪,刑事立法对它的规范由来已久,有关诈骗罪的刑法理论的发展较为成熟,然而从被害人方面对诈骗罪的研究却很少。这也与犯罪学研究的侧重点有关,因为大量的对犯罪的研究主要集中在对犯罪人的特征和类型的分析。这些信息固然重要,但是在有些犯罪中,被害人扮演了极其重要的角色,研究他们如何与犯罪人之间进行互动显然也很重要。本文通过对被害人因素与互动关系的实证分析来揭示诈骗犯罪的全过程,从而为预防犯罪提供实践基础。因此,最后笔者从被害前防控和被害后防控两个阶段提出了被害预防措施,主要包括国家应注意防诈骗行为的教育、诈骗方法的及时公开、建立被害过错责任机制等。

[关键词]诈骗罪被害人;互动关系;被害预防

Abstract: The crime of fraud is an ancient and traditional crime in the judicial practice. The criminal legislation has a long history of its regulation. The theory of criminal law related to fraud is developing very fast. However, there are few researches about the crime of fraud from the perspective of victims. This is also related to the emphasis on criminology, because a large number of studies on crime mainly focus on the analysis of the characteristics and types of the offender. These information is important, but some victims play a very important role in crime. It is also very important to study how they interact with criminals. In this paper, the whole process of fraud crime is revealed through empirical analysis of the victim factors and interaction relationship, so as to provide a practical basis for the prevention of crime. Therefore, at last, the author puts forward the victim prevention measures from two stages, namely, the prevention and control of victimization and the prevention and control of victimization, including the state's attention to the education of fraud prevention, the timely disclosure of fraud methods, and the establishment of the liability mechanism of victim's fault.

Key words: the victim of the crime of fraud; the interactive relationship; the prevention of the victimization

国内外反恐怖融资研究现状、原因及对策分析*

兰立宏**

目　　次

一、前　　言

金融反恐与外交、司法、情报、军事反恐一起，构成了当前国际社会应对恐怖主义的五大战略。通过预防和打击恐怖主义融资，切断、追查恐怖活动组织或个人的资金来源，以限制其实施恐怖活动的能力，锁定恐怖分子及其支持者，挫败恐怖分子的阴谋，是有效预防和打击恐怖主义的治本之策。联合国《制止向恐怖主义提供资助的国际公约》、安理

* 本文系作者主持的2017年度国家社科基金一般项目“国际法视域下我国反恐怖融资法律机制完善研究”（批准号：17BFX141）的阶段性成果。

** 公安部铁道警察学院副教授、法学博士，跨国犯罪与恐怖主义研究中心主任，加拿大麦吉尔大学法学院访问学者。

会相关决议、金融行动特别工作组相关建议及巴塞尔银行监管委员会的相关指引,构成了国际社会公认的反恐怖融资国际标准。特别是自 2014 年以来,金融行动特别工作组针对恐怖融资问题发布了一系列建议、战略、报告,形成了新的国际反恐怖融资标准,并将定期对我国反恐怖融资机制的技术合规性和内容有效性进行评估。

自 2013 年"10·28"北京金水桥恐怖袭击事件以来,暴恐活动逐步形成向内地蔓延扩展之势,资助恐怖活动与"迁徙圣战"、网络恐怖主义等问题交叉,国内反恐形势日趋严重。我国近期通过了《反恐怖主义法》《刑法修正案(九)》《慈善法》《境外非政府组织境内活动管理法》《金融机构洗钱和恐怖融资风险评估及客户分类管理指引》等新法律法规,在恐怖活动组织和个人的认定、涉恐资产的冻结、反恐怖融资的监督管理、涉恐融资的处置、财税领域与海关的反恐怖融资、帮助恐怖活动罪的界定、慈善组织与境外非政府组织的反恐怖融资监督管理、金融机构恐怖融资风险评估等方面,首次作出规定或作出补充性规定。这些规定与《反洗钱法》《涉及恐怖活动资产冻结管理办法》《金融机构报告涉嫌恐怖融资的可疑交易管理办法》等法律法规一起构成了我国反恐怖融资法律体系。但是该体系整体上比较原则化、粗线条,与新的国际反恐怖融资标准仍有较大距离。金融反恐在我国的国家金融安全战略中仍处于缺位状态,无法满足应对严峻恐怖形势的迫切需要,其实施有效性亟待提升。我国银行业服务企业在走出国门的过程中,也面临反恐融资合规方面的挑战。《国民经济和社会发展第十三个五年规划纲要》明确提出,要"完善反洗钱、反恐怖融资系统""完善反洗钱、反恐怖融资、反逃税监管措施,完善风险防范机制体制"。《国务院办公厅关于完善反洗钱、反恐怖融资、反逃税监管体制机制的意见》(2017)从总体要求、健全工作机制、完善法律制度、健全预防措施、严惩违法犯罪活动、社会国际合作、创造良好社会氛围等七个方面,对未来三年在"三反"监管体制机制方面要求进行了明确规定。因此,我国反恐怖融资机制亟待对照相关国际标准并借鉴其他国家的良好做法予以完善。

二、反恐怖融资国内研究状况

(一)专门研究反恐怖融资问题的文献较少

反恐怖融资问题尚未引起反恐怖研究领域和反洗钱研究领域学者应有的重视,专门研究反恐怖融资问题的文献较少,而且主要是从反洗钱的视角研究反恐怖融资问题,以反恐怖融资的角度研究反洗钱问题或者以反恐怖主义的视角研究反恐怖融资的文献更少,反恐怖融资机制的独特性和体系性未引起应有的重视。通过在中国知网上进行高级检索,在篇名中分别输入"恐怖融资""恐怖主义融资""反恐融资""资助恐怖活动""金融反恐"等字眼但不含"洗钱"字眼,检索统计到的期刊论文仅有 47 篇,硕士学位论文 9 篇;在篇名中分别输入"恐怖融资""恐怖主义融资""反恐融资""资助恐怖活动""金融反恐"等字眼并含"洗钱"字眼,检索统计到的期刊论文则有 41 篇;而输入"洗钱"进行篇名检索,检索到的期刊论文有 4186 篇,硕士学位论文有 433 篇,博士学位论文 21 篇。

(二)专门研究反恐怖融资问题的文献较为分散

国内学界专门研究反恐怖融资问题的少量文献较为分散,分别集中在刑法学、金融学、国际法学、国际政治学等学科。刑法学学者主要运用刑法学原理,结合相关国际立法与外国立法,从协调资助恐怖活动罪与洗钱罪及相关罪名关系的角度,探讨了资助恐怖活动罪的犯罪构成、法定刑、法律适用、刑事政策及其完善之道。这类代表性文献包括于志刚的《资助恐怖犯罪中资助行为之内涵——从国际社会立法差异性角度进行的分析》、①莫洪宪的《略谈我国的金融反恐》、②王新的《零

① 于志刚:《资助恐怖犯罪中资助行为之内涵——从国际社会立法差异性角度进行的分析》,载《云南大学学报》(法学版)2006 年第 2 期。

② 莫洪宪:《略谈我国的金融反恐》,载《法学评论》2005 年第 5 期。

适用的审判现状:审视资助恐怖活动罪的适用》、[①]黎宜春的《论帮助恐怖活动罪的法律适用——以反恐怖主义融资为视角》[②]等论文。这为下一步继续结合恐怖融资刑事定罪国际新标准探讨我国恐怖融资刑事定罪的完善之道提供了坚实的刑法理论基础。

金融学学者是我国研究反恐怖融资机制的主体,其对反恐怖融资机制的探讨整体上较为全面系统。金融学学者运用经济学原理,根据国际反恐怖融资标准的要求,提出了评估恐怖融资威胁及我国反恐怖融资机制有效性的理论模型,并结合我国实际国情予以验证,在此基础上提出了完善我国反恐怖融资机制特别是恐怖融资犯罪预防机制并提升其有效性的建议,如侯合心的《〈全球洗钱及恐怖融资威胁评估体系〉解析与借鉴》、[③]童文俊的《基于层次分析法的中国反恐怖融资机制研究》、[④]张梅琳等的《国际金融反恐:现状与启示》[⑤]等论文。这种紧跟反恐怖融资国际标准、紧贴我国金融工作实际、提出针对性建议的研究方法,非常值得借鉴和学习。也有人提出了针对性强的机制完善建议,但这些建议整体上较为原则和粗线条,有待法学学者从更加微观和具体的角度对科学有效的反恐怖融资法律机制进行深入研究和设计。

国际法学界从履行国际反恐怖融资义务的角度,运用国际法和比较法的研究方法,对国际反恐怖融资机制的内容、问题与原因、完善之道及对我国的启示进行了研究,特别是对联合国定向金融制裁决议的国内实施、涉恐资产的冻结管理等制度进行了深入研究,取得了不少高质量的成果,如赵秉志、王剑波的《金融反恐国际合作法律规范及其执

---

① 王新:《零适用的审判现状:审视资助恐怖活动罪的适用》,载《政治与法律》2012 年第 7 期。

② 黎宜春:《论帮助恐怖活动罪的法律适用——以反恐怖主义融资为视角》,载《学术论坛》2016 年第 5 期。

③ 侯合心:《〈全球洗钱及恐怖融资威胁评估体系〉解析与借鉴》,载《云南财经大学学报》2012 年第 6 期。

④ 童文俊:《基于层次分析法的中国反恐怖融资机制研究》,载《金融理论与实践》2013 年第 11 期。

⑤ 张梅琳等:《国际金融反恐:现状与启示》,载《上海金融》2007 年第 6 期。

行情况之考察》、[①]黄风的《金融制裁法律制度研究》[②]和《国际金融制裁法律制度比较研究》、[③]孙昂的《联合国安理会制裁机制的正当程序》[④]等。在国际反恐怖融资法律实施机制十分独特和有效的今天，这些研究成果对我国相关机制的完善和发展具有重要的参考和推动作用。但是，我国国际法学界对国际反恐怖融资机制的研究整体上系统性和深入性不够，目前尚缺乏此方面的专著，而且现有研究成果从反洗钱角度进行研究的特点较为明显，对反恐怖融资机制独特性的重视不够。

此外，国际政治学界也运用国际关系理论，对国际反恐怖融资机制的内部互动与外部互动、实效、问题及改进之道进行了探讨，如王文华的《论国际金融反恐的现状与反思》(2008)、[⑤]朱杰进的《G20与中国反恐怖融资体系建设》。[⑥] 这种运用国际关系理论与国际法学跨学科研究的方法，有助于了解国际反恐怖融资机制在国际社会实施的路径、效果、挑战与发展方向，应该是研究国际反恐怖融资机制实施问题的一件利器，但同样对国际金融反恐机制的具体内容缺乏详细深入的解剖。

(三)从法学角度系统深入研究反恐怖融资问题的文献缺乏

国内学界关于反恐怖融资问题的专著仅有两部：一是上海大学法治建设与法学理论研究部级课题组的《金融反恐趋势与对策：以指标

① 赵秉志、王剑波：《金融反恐国际合作法律规范及其执行情况之考察》，载《刑法论丛》2016年第4卷。

② 黄风：《金融制裁法律制度研究》，中国法制出版社2014年版。

③ 黄风：《国际金融制裁法律制度比较研究》，载《比较法研究》2012年第3期。

④ 孙昂：《联合国安理会制裁机制的正当程序》，载《国际法研究》2015年第6期。

⑤ 王文华：《论国际金融反恐的现状与反思》，载《国际论坛》2008年第3期。

⑥ 朱杰进：《G20与中国反恐怖融资体系建设》，载《外交评论》2011年第3期。

检测法分析》,[①]二是童文俊的《恐怖融资与反恐怖融资研究》。[②]《金融反恐趋势与对策:以指标检测法分析》一书从金融学和法学的角度对金融反恐(反恐怖融资)与反洗钱的关系、部分国家(美国、瑞士等国)的金融反恐机制、金融反恐检测指标的建立、金融反恐的发展趋势、我国金融反恐体系的完善等问题进行了较为系统的介绍和探讨,有助于更加深入地了解金融反恐的特征、国内外金融反恐体系的整体框架、金融反恐可疑交易指标的设立及我国相关体系的弊端与完善路径。但是,该书整体上是在反洗钱的框架内探讨金融反恐问题的,对金融反恐的独特机制及其实施效果缺乏关注,而且也未探讨联合国、金融行动特别工作组等国际组织的金融反恐机制,因而对于探讨建立科学有效的反恐怖融资机制作用有限。

《恐怖融资与反恐怖融资研究》(2012)一书则克服了上述著作的缺陷,以反恐怖融资的视角,结合金融行动特别工作组发布的相关建议、报告、指引等,从恐怖融资资金的来源、转移及转移掩护三个方面,对恐怖融资的具体风险、手段、模型进行了详细分析,进而从反恐怖融资法律执行机制和行政监管机制两个方面,阐释了金融行动特别工作组、联合国等国际组织的相关要求,并提出了构建我国反恐怖融资战略和实施机制的建议。该书在一定程度上弥补了我国在反恐怖融资研究方面的空白,有助于在了解国际反恐怖融资标准和要求的基础上,结合恐怖融资的具体风险,构建科学有效的反恐怖融资机制,这种研究反恐怖融资机制的视角和思路非常值得学习和借鉴。但是,该书存在的缺陷也是明显的:(1)该书主要从金融学的视角研究反恐怖融资问题,而不是从法学的角度开展研究,由于学科研究视角和方法的局限,对金融行动特别工作组、联合国等国际组织及部分代表性国家的反恐怖融资机制内容缺乏系统深入的研究,未对相关国际机制及外国机制的利弊得失进行客观评价。尽管对我国反恐怖融资机制的缺陷提出了独到、

① 上海大学法治建设与法学理论研究部级课题组:《金融反恐趋势与对策:以指标检测法分析》,华东理工大学出版社 2008 年版。

② 童文俊:《恐怖融资与反恐怖融资研究》,复旦大学出版社 2012 年版。

深刻的见解,也就克服缺陷的路径给出了中肯的原则性思路和建议,但是未对我国反恐怖融资法律机制的具体完善和设计问题进行深入探讨。(2)该书成书于2012年,自2012年以来,国际反恐怖融资形势、国际标准、国家做法均发生了较大变化,面对新的恐怖融资威胁,需要结合新的国际反恐怖融资标准及相关国家的良好做法,提出完善国际及我国反恐怖融资法律机制的针对性建议。《恐怖融资与反恐怖融资研究》一书显然没有反映这种新变化,反恐怖融资研究亟待更新和深化。

三、反恐怖融资国外研究状况

(一)政府间国际组织主导研究

目前,由于反恐怖融资问题具有很强的政治性、涉密性、专业性和国际性,所以国际社会关于反恐怖融资机制的研究主要由专业的政府间国际组织主导。事实上,联合国、金融行动特别工作组、巴塞尔银行监管委员会既是反恐怖融资机制研究的主导者,又是国际反恐怖融资标准的制定者。联合国通过了《制止向恐怖主义提供资助的国际公约》(1999),联合国安理会通过了1267号决议(1999)、1333号决议(2000)、1373号决议(2001)、2178号决议(2014)、2199号决议(2015)、2252号决议(2015)等反恐怖融资决议,规定将资助恐怖行为进行刑事定罪、建立反恐怖融资监管机制、认定恐怖组织、实施定向金融制裁、开展国际合作等国际义务,确立了国际反恐怖融资机制的基本框架;联合国反恐执行工作组通过了《恐怖融资处置》(2009),对恐怖融资的刑事定罪、国际国内合作、涉恐资产冻结及易于遭受恐怖融资滥用的价值转移系统的反恐怖融资防范策略进行了探讨,有助于更好地理解和履行相关国际义务。

特别是金融行动特别工作组通过了反恐怖融资《九条特别建议》(2001)、《金融机构监测恐怖融资指引》(2002)、《恐怖融资》(2008)、《金融行动特别工作组建议:打击洗钱、恐怖融资与扩散融资的国际标准》(2012)、《与恐怖主义和恐怖主义融资有关的定向金融制裁国际最佳做法》(2013)、《非营利组织的恐怖主义滥用风险》(2014)、《打击非营利组织滥用的最佳做法(建议八)》(2015)、《新兴恐怖融资风险报告》(2015)、《对恐怖组织“伊斯兰国”的资助报告》(2015)、《金融行动特别工作组反恐怖融资统一战略》(2016)、《关于代理银行服务的报告》(2016)、《恐怖融资刑事定罪指引(建议五)》(2016)等建议、指引、报告,对恐怖融资监测中的客户正当注意义务、恐怖分子的资金需求、涉恐资产的筹集与转移、非营利组织的风险与管理、新兴恐怖融资风险与挑战、代理银行风险防范等方面进行了全方面深入的探讨,既反映了国际社会在反恐怖融资研究方面取得的共同进展,也建立了最权威、最综合、最具针对性的反恐怖融资国际标准。其中,2012 年以来的建议、指引和报告与之前的相比发生了较大变化,代表了最新的国际反恐怖融资标准,而目前国内对这些新标准的系统深入研究较为缺乏。这些新标准既是本文深入系统研究恐怖融资问题的主要资料来源,又是探讨我国反恐怖融资机制完善之路的主要依据标准。

(二)重视研究反恐怖融资机制的独特内涵和重要价值

与我国国内反恐怖融资研究多数体现在有关洗钱与反洗钱的研究之中不同,国外学术界特别是欧美学术界较早关注反恐怖融资机制的独特内涵和重要价值,自 2001 年“9 · 11”恐怖袭击事件以来,从有效反恐的目的出发,对恐怖融资的资金来源、资金转移渠道以及反恐怖融资机制的内涵、作用、发展历程、有效性、消极影响、完善之道等方面进行了较为全面深入的探讨。

国外学界对恐怖融资与反恐怖融资机制的探讨主要有五种思路:一是在分析恐怖融资内涵的基础上,考察不同地区或国家恐怖融资的现状,并比较其反恐怖融资战略的内容和有效性。例如,珍妮 · 吉拉尔多(Jeanne Giraldo)等在论文集《恐怖融资与国家应对:比较的视角》①

① Jeanne Giraldo et al., Terrorism Financing and State Responses: A Comparative Perspective, Stanford University Press, 2007.

中,运用理性选择等政治学理论,从政治学角度对恐怖融资的政治经济、恐怖融资与犯罪、恐怖组织的脆弱性与低效率等问题进行了探讨,在了解恐怖融资实质的基础上,分别介绍了基地组织、真主党等恐怖组织及东非、欧洲、拉美、中东及东南亚等地区的恐怖融资情况,并分析了这些地区反恐怖战略的演变与有效性及其政府对恐怖融资的应对。这有助于了解世界不同地区恐怖融资的现状及其应对策略,为我国探讨科学有效的恐怖融资应对策略提供了丰富的信息和资源。

二是对洗钱与恐怖融资、反洗钱与反恐怖融资的关系进行深入剖析,强调要在了解恐怖融资的基础上建立独特的反恐怖融资机制,并结合反恐怖融资机制的实施效果,提出在制定和实施反恐怖融资战略的过程中注意平衡维护国家安全与保护公民权利间的关系。例如,科林·金(Kolin King)等的《反恐怖融资:一种多余的碎片化?》①一文对反洗钱政策和反恐怖融资政策间的关系进行了探讨,在分析国际反恐怖融资法律的奇特发展路径的基础上,比较了反恐怖融资与反洗钱在资金来源、资金数量、风险为本方法的适用、提供非法资助的方法等方面的差异性和独特性,并结合英国相关法律分析了二者在战略、法律和操作层面上的汇合之处。该文有助于全面深刻地理解反恐怖融资机制的独特性和发展趋势,关于从加强反恐怖融资机制的角度探讨反洗钱问题的建议,与本文的研究视角和思路不谋而合。再如,阿摩司·贵奥拉(Amos Guiora)等在《使用和滥用金融市场:作为恐怖主义要害的洗钱》②一文中,对"9·11"恐怖袭击事件后美国传统反洗钱措施在反恐过程中的有限作用进行了分析,在此基础上指出建立专门的反恐怖融资制度的必要性,进而对美国反恐怖融资措施与美国宪法规定的宗教自由(以宗教名义捐赠而不受政府干扰或监控的权利)的关系进行探

① Colin King & Clive Walker, Counter Terrorism Financing: A Redundant Fragmentation?, New Journal of European Criminal Law, Vol. 3, 2015(3).

② Amos Guiora et al, Using and Abusing Financial Markets: Money Laundering as the Achilles' Heel of Terrorism, University of Pennsylvania Journal of International Law, Vol. 1, 2010.

讨,提出反恐怖融资措施的实施要注意国家安全利益与个人宗教自由间的平衡。该文有助于更加深刻地理解恐怖融资与洗钱、反恐怖融资与反洗钱的不同之处,同时提醒我们在建立完善独特的反恐怖融资机制的过程中注意维持国家安全维护和公民个人权利间的适当平衡。另外,劳拉·多诺霍(Laura Donohue)的《英国和美国的反恐怖融资战略》[①]一文,在回顾英国和美国反恐怖融资机制发展历程的基础上,着重分析了反恐怖融资措施给反恐怖工作及对公民权利所带来的消极影响,指出反洗钱机制不适合反恐怖领域是产生消极影响的重要原因。该文有助于全面了解英国和美国反恐怖融资机制的发展历程及其优缺点,可以为提出完善我国反恐怖融资机制的建议提供借鉴和启发。

三是从正当程序和公民权利保护的角度,对联合国安理会恐怖主义制裁机制及其国内实施机制的正当性和协调性进行了探讨,并提出完善联合国和国内恐怖组织或个人认定机制及涉恐资产冻结机制的建议。例如,克雷格·福赛斯(Craig Forcese)等的《跌跌撞撞地走进未来:处于十字路口的联合国 1267 恐怖主义列名程序》[②]一文,分析了联合国安理会制裁委员会恐怖主义列名及除名程序在决定主体政治性、列名证据保密性等方面存在的正当程序缺失问题,并探讨了欧盟、美国、加拿大等国试图通过国内或跨国正当程序克服上述问题所做的努力,指出由于情报证据保密性的局限,这种正当程序“双轨制”将继续存在,并使国际国内恐怖主义列名程序在艰难中向前发展。该文指出了联合国及国家恐怖主义列名程序存在的顽疾,有助于启发探讨联合国及国家的恐怖组织或个人认定和涉恐资产冻结程序完善之道之思路。再如,彼得·马古利斯(Peter Margulies)的《一个愚蠢决定的后果:“卡迪二审”案件之后的联合国恐怖主义制裁机制》[③]一文,结合欧洲法

---

① Laura Donohue, Anti-Terrorist Finance in the United Kingdom and United States, Michigan Journal of International Law, Vol. 1, 2006.

② Craig Forcese et al., Limping into the Future: The U. N. 1267 Terrorism Listing Process at the Crossroads, George Washington International Law Review, Vol. 3, 2010.

③ Peter Margulies, Aftermath of an Unwise Decision: The U. N. Terrorist Sanctions Regime After Kadi II, *Amsterdam Law Forum*, Vol. 2, 2014.

院在“卡迪二审”案件中所作出的关于冻结可疑恐怖融资者的决定，对联合国安理会制裁委员会及其监察员办公室的恐怖组织与个人认定制裁机制的完善问题进行了探讨。该文强调了关于恐怖组织或个人认定及其资产冻结的国际机制与国内机制保持协调对接的重要性，为探讨联合国安理会反恐怖融资机制的完善路径提供了思想启迪。

四是对国际社会及部分国家在某一方面的反恐怖融资措施的有效性和影响进行评估，在此基础上提出完善反恐怖融资措施的建议。例如，妮娜·克里姆（Nina Crimm）在《反恐怖融资措施的道德风险：破坏公民社会和国家利益的可能性》①一文中，指出国际社会严格综合的反恐怖融资机制对穆斯林公民社会慈善捐赠带来了消极影响，会适得其反破坏国家安全，建议建立完善更加细致、更具针对性的反恐怖融资机制。该文有助于了解国际社会规制非营利组织恐怖融资风险的措施所具有的消极影响，强调了建立适当有效的反恐怖融资机制的重要性。再如，希玛·巴拉达仁（Shima Baradaran）等的《资助恐怖主义》②一文，在分析恐怖分子可使用的金融工具的基础上，对美国及国际社会在反恐怖融资方面特别是在防止成立空壳公司方面的努力及国内瑕疵进行了探讨，进而用田野调查的方法对这些努力的有效性进行了调查统计，最后提出了完善美国金融反恐战争策略之建议。

五是以某一国提出的“金融反恐战”要求为标准，对国际组织及部分国家的反恐怖融资制度的有效性进行评估，在此基础上，提出完善反恐怖融资制度之建议。例如，尼古拉斯·莱德（Nicholas Ryder）在《金融反恐战：2001 年以来的反恐怖融资战略回顾》③一书中，对美国提出的“金融反恐战”的内涵及其要求进行了界定，之后对照此要求，对联合国、金融行动特别工作组、欧盟、欧洲理事会等国际组织及美国、英

① Nina Crimm, The Moral Hazard of Anti-Terrorism Financing Measures: A Potential to Compromise Civil Societies and National Interests, Wake Forest Law Review, Vol. 2, 2008.

② Shima Baradaran et al., Funding Terror, University of Pennsylvania Law Review, Vol. 3, 2014.

③ Nicholas Ryder, The Financial War on Terrorism: A Review of Counter-Terrorism Financing Strategies since 2001, Routledge, 2015.

国、瑞士和沙特阿拉伯等国家反恐怖融资措施的有效性进行评估,并提出了完善反恐怖融资措施之建议。尽管该书有助于了解国际社会反恐怖融资措施的内容及其效果,但是其以美国的“金融反恐战”要求为评估标准,且没有紧密结合新兴恐怖融资风险带来的挑战及金融行动特别工作组最近两年发布的反恐怖融资指引和报告,因而其提出的建议科学性有限。

四、国内外研究异同之原因

(一)国内外研究之异同

1. 国内外研究之差异

国内外研究的最大差异之处在于对反恐怖融资机制独特性及其系统研究的重视程度不同。总体而言,国内学界对恐怖融资与洗钱的区别、反恐怖融资与反洗钱的区别、恐怖融资的刑事定罪、反恐怖融资的监督管理、恐怖活动组织或个人的认定、涉恐资产的冻结管理等问题进行了一定探讨,取得了重要的研究成果,为我国反恐怖及反洗钱法律机制的发展发挥了重要的参考和推动作用,但是由于反恐工作重要性的逐步变化、反洗钱工作重心的逐步转移、国际反恐怖融资制度的快速更新及研究学科视角的局限等原因,目前从有效地预防和打击恐怖主义的视角系统研究反恐怖融资机制完善的成果,或者在反恐怖融资框架下研究反洗钱问题而不是在反洗钱框架下研究反恐怖融资问题的成果较少,反恐怖融资机制的独特内涵和重要价值尚未引起实务界和理论界的高度重视。

国际社会关于反恐怖融资机制的研究由主要的政府间国际组织主导,以学术界相对独立、富有批判精神的成果为补充。国外学术界较为重视反恐怖融资机制的独特内涵和重要价值,在对洗钱与恐怖融资及反洗钱与反恐怖融资进行区分的基础上,对反恐怖融资机制的内涵、特征、效果、完善路径等方面进行了较为全面深入的探讨。但是由欧美国家掌握国际话语权的国际学术界,在评估国际及国内反恐怖融资机制的有效性与影响的时候，具有鲜明的霸权主义和国家利益至上的特点，既没有严格以联合国和金融行动特别工作组的国际标准为准则，又没有深度关注中国反恐怖融资机制的发展进程。

2. 国内外研究之共同缺陷

国内外学界研究之共同缺陷在于，均未对2012年以来特别是近两年来出现的国际反恐怖融资新标准进行系统深入的研究，对恐怖融资风险较大的代理银行业务、非营利组织、虚拟货币的反恐怖融资问题尚未开展深入研究，尚未对"伊斯兰国"恐怖融资、外国恐怖战斗人员"迁徙圣战"的资助、利用伊斯兰教天课筹集资金、利用网络筹集和转移资金等新兴恐怖融资威胁的应对之策进行系统深入的研究。

(二)国内外研究异同之原因

国内外学界在反恐怖融资研究方面存在差异的主要原因，与反恐怖工作在国家事务中的地位、反洗钱工作的重心、反恐怖法律的发展程度等因素有关。长期以来，我国反恐怖融资研究主要在反洗钱的思维框架下进行，而非在反恐怖主义的理论框架下进行，主要有两方面的原因：一方面，长期以来，暴恐活动主要集中在新疆、西藏等边疆地区，直到"10·28"恐怖袭击事件后，才形成向内地蔓延、严重危及国家安全的暴力犯罪，引起了中央政府及学界的高度重视，再加上实施国际反恐怖融资标准的压力，反恐怖立法由此再次启动并向前推进，并于2015年年底诞生了我国首部综合的反恐怖法律——《反恐怖主义法》。该法对反恐怖融资制度仅作出了粗线条规定，与之相适应，从反恐怖的视角研究反恐怖融资问题的文献较少。另一方面，长期以来，反腐败是我国反洗钱工作的重点，通过预防和打击旨在清洗腐败犯罪所得及其收益的洗钱行为，以有效地预防和打击作为上游犯罪的贪污贿赂犯罪，是反洗钱工作的主要考虑；尽管包括资助恐怖活动犯罪在内的恐怖活动犯罪也是洗钱罪的七种上游犯罪之一，但是由于反恐怖工作长期以来未上升为国家的重大关切，再加上基于反恐怖融资工作与反洗钱工作二者关系的错误认识，反恐怖融资工作长期以来被当作反洗钱工作的一部分,反恐怖融资机制的独特内涵和重大价值并未引起实务界和学术界应有的重视,因此少有的反恐怖融资研究也是在反洗钱框架下进行的,从而在反恐怖融资框架下研究反洗钱问题或者将反洗钱作为反恐怖融资策略一部分的研究如凤毛麟角。

国外学术界之所以较为重视反恐怖融资机制的独特内涵和重要价值,而且对反恐怖融资问题进行了较为系统深入的研究,是因为自 2001 年"9·11"恐怖袭击事件以来,反恐怖工作在西方国家的国家事务中占据重要地位,而有效地预防和制止恐怖融资是有效地预防和打击恐怖主义的重要手段,反洗钱是有效应对恐怖融资的重要手段,但由于恐怖融资和洗钱在资金来源、资金筹集和转移渠道等方面存在一定差异,反洗钱措施在应对恐怖融资方面存在不力之处。"9·11"恐怖袭击事件后,美国迅速通过了《爱国者法案》(2001),作为一部专门的国家反恐法律,该法案首次将反恐融资与反洗钱放在一起,通过加强反洗钱措施,以达到预防和打击恐怖融资的目的。为了有效应对恐怖融资,金融行动特别工作组于 2001 年发布了反恐融资《九条特别建议》,明确指出该建议与反洗钱《四十条建议》一起构成了国际社会监测、预防和制止恐怖融资的基本框架,并于 2012 年将这两部建议整合发展为《金融行动特别工作组建议:打击洗钱、恐怖融资与扩散融资的国际标准》。

国内外学界之所以未能对国际反恐怖融资新标准及新兴恐怖融资威胁的应对之策进行深入系统的研究,一方面是因为这些新标准和新威胁出现较晚,学界尚未来得及深入研究;另一方面是因为新兴恐怖融资威胁往往具有跨国性、高技术性、隐蔽性等特点,很难在短期内构思出有效应对之策。因此,以国际反恐怖融资标准特别是最新的国际标准为依据,参照其他国家的良好做法,结合我国实际国情,对我国独特的反恐怖融资法律机制的构建进行深入探讨,提出完善我国反恐怖融资机制、有效应对新兴恐怖融资威胁之建议,具有重要意义。

五、加强我国反恐怖融资对策研究之建议

为构建独特、高效的反恐怖融资法律机制提供理论支撑，建议围绕反恐怖融资法律机制进行研究，在厘清国际反恐怖融资法律义务（《制止恐怖融资公约》及联合国安理会相关决议，金融行动特别工作组相关建议与报告等），特别是国际反恐怖融资新标准的基础上，借鉴美国、英国、以色列、瑞士等国的反恐怖融资的良好做法，结合我国恐怖融资的形势与法治实际，提出细化和完善我国反恐怖融资法律机制之建议。

（一）准确把握恐怖融资犯罪现状

在分析恐怖融资的内涵与外延的基础上，梳理总结其发展特点与规律，这是研究风险为本的反恐怖融资法律机制的前提。联合国和金融行动特别工作组均规定要将恐怖融资作为一种独立的犯罪予以综合的界定，金融行动特别工作组《恐怖融资刑事定罪指引（建议五）》（2016）更是对恐怖融资的刑事定罪给予了详细具体的指导。《金融行动特别工作组建议：打击洗钱、恐怖融资与扩散融资的国际标准》建议五明确要求将恐怖融资作为一种独立的犯罪予以综合的界定，不能以其犯罪目的在政治上是正当的为理由，认为恐怖主义或资助恐怖主义行为不构成犯罪，否则会破坏国家打击恐怖融资的政治意愿，从而影响国际合作的效率；在确定恐怖融资刑事定罪法律的有效性时，由于其预防恐怖融资犯罪的效果本身难以评估，所以不仅要衡量根据反恐怖融资刑事法律所侦查、起诉和审判的案件数或所冻结、没收的资产或收益的数量，而且要评估反恐怖融资刑事法律所保障的反恐怖融资行政法律的有效性。这是因为刑事法律本质上是民事、行政法律等法律的保障法，如果没有反恐怖融资行政法律作为前提和基础，反恐怖融资刑事法律就失去了存在的理由和价值。值得注意的是，恐怖融资的法律界定与恐怖主义、恐怖活动、恐怖活动组织与个人的界定联系紧密，不同

国家的界定方式差异较大。我国刑法关于帮助恐怖活动罪的规定在适用范围、法定刑等方面较为简单粗线条,与《反恐怖主义法》等法律衔接不够,亟待细化完善。

了解恐怖融资与洗钱相比所具有的特点,是科学界定恐怖融资、构建独特反恐怖融资机制的前提和基础。尽管清洗恐怖融资所得资金、使之表面合法化构成洗钱,恐怖融资资金的转移也会经常借助洗钱手段,预防和打击洗钱犯罪有助于对恐怖融资犯罪进行防控,但是恐怖融资与洗钱在资金来源、资金数量、犯罪目的、运作过程等方面具有较大差异,使得反洗钱机制(如大额交易上报、可疑交易上报等)难以对恐怖融资进行有效监测、预警和制止,需要建立相对独立有效的反恐怖融资机制。① 恐怖融资不同于洗钱,其资金来源既可以是违法犯罪所得,又可以是合法来源,而洗钱的资金只能是违法犯罪所得,恐怖融资来源的多样性及其相互取代性,意味着反恐怖融资措施不易于与反洗钱措施相吻合;恐怖融资的目的是隐瞒、掩饰合法或非法资金的非法用途,将其用于资助恐怖活动,而洗钱的目的是隐瞒、掩饰违法犯罪所得的来源和性质,使其表面合法化;与洗钱相比,恐怖融资所涉资金量往往较小;恐怖融资通常包括资金筹集、转移和使用三个环节,在资金转移环节通常会利用洗钱手段,但也可能不会使用洗钱手段。这种差异使得恐怖融资往往更难以监测。

《金融行动特别工作组建议:打击洗钱、恐怖融资与扩散融资的国际标准》建议一明确要求识别、评估和理解恐怖融资风险,当前及新兴恐怖融资风险与威胁,筹集、转移资金的主要渠道、方式及其发展趋势,国际反恐怖融资机制面临的挑战。恐怖融资的资金来源可分为合法来源和非法来源,恐怖分子常常借助非营利组织、替代性汇款系统、现金走私等方式筹集、转移资金。在"伊斯兰国"迅速崛起、外国恐怖战斗人员"迁徙圣战"问题突出、利用伊斯兰教天课筹集资金较为普遍、利用网络犯罪筹集和转移资金渐成趋势的今天,对反恐怖融资机制的有

---

① 童文俊:《论恐怖融资与洗钱、反恐怖融资与反洗钱的主要区别与政策建议》,载《南方金融》2012年第3期。

效性和完善路径进行系统深入的研究,迫在眉睫。

(二)完善反恐怖融资监督管理机制

加强反恐怖融资监管,构建预防性反恐怖融资法律制度,是反恐怖融资机制的基础和核心。采用风险为本的方法,在了解恐怖融资手段的基础上,结合金融机构及特定非金融机构与职业的恐怖融资风险,进行反恐怖融资分类管理,针对不同种类的反恐怖融资义务主体确立具有针对性的反恐怖融资义务,对义务主体的反恐怖融资工作进行指导和监督管理,从而对恐怖融资活动进行有效威慑、监测、预警和预防,是国际反恐怖融资标准规定的反恐怖融资机制的基本组成部分,也是反恐怖融资机制较为有效国家的惯常做法。据联合国调查,常规的反洗钱监管可能会漏掉30%的恐怖融资资金监管。当前,金融系统难以监控瓦哈比宗教极端思想传播资助资金的流入,沙特等国家背景的宗教组织、基金会通过伊斯兰银行系统提供奖学金、修建清真寺资金及赠送宗教书籍等方式,推动瓦哈比宗教极端思想在新疆的快速传播。另外,"迁徙圣战"问题突出,外国恐怖主义战斗人员会利用银行系统将资金转移至叙利亚周边具有正式银行系统的国家(如土耳其),通过自动取款机在这些国家取出资金后,携带至叙利亚;或者利用虚假的身份在银行开立账户;或者腐败的银行职员为恐怖融资或银行贷款诈骗提供便利。目前,金融机构的海外分支机构、代理银行业务机构、慈善机构、境外非政府组织、虚拟货币存储与交易机构等金融机构与非金融机构,由于其业务的跨国性、服务分散化、现金密集、去中心化、匿名性等特点,对反恐怖融资的监督管理较为薄弱甚至缺少,成为恐怖分子筹集和转移资金的新兴恐怖融资方式。

非营利组织的恐怖融资风险已引起金融行动特别工作组的高度注意。非营利组织通常受公众信任,能支配大量资金来源,使用现金多,有的具有全球网络且部分运营活动或金融交易活动位于或者临近易发生暴恐活动的区域,因而具有较大恐怖融资脆弱性。恐怖活动组织可能会渗透入非营利组织,滥用资金或运营活动为恐怖活动提供资金或支持,或者直接控制非营利组织,以合法组织的形式运作,或者将合法组织用作恐怖融资的渠道,包括用于逃避资产冻结措施,或者掩饰或隐藏原计划用于合法活动但被悄悄地用于恐怖活动的资金转移活动。《慈善法》《境外非政府组织管理办法》仅对相关反恐怖融资监督管理作出笼统规定。为了有效防范非营利组织的恐怖融资风险,有必要首先了解掌握非营利组织遭受恐怖融资滥用的状况,搞清楚恐怖融资风险较大的非营利组织、非营利组织面临的威胁性质、恐怖分子滥用非营利组织的方式。在此基础上,制定良好做法指引,要求其通过受规制的金融渠道从事金融交易;实施具有针对性的风险为本的监督管理,可以要求非营利组织采取适当措施核实受益人及合作非营利组织的身份、证件与信誉情况,核实其是否参与或使用慈善资金支持恐怖活动组织或个人;制定反恐怖融资指引,要求其向银行机构提供关于每一笔金融交易目的的详细信息;对非营利组织实施有效的调查和信息收集,同时建立有效的国际合作机制。

《关于防范比特币洗钱风险的通知》(2013)属于规范性法律文件,不足以对比特币等虚拟货币的恐怖融资风险进行防范。建议依照《金融行动特别工作组建议:打击洗钱、恐怖融资与扩散融资的国际标准》(2012)、《打击非营利组织滥用的最佳做法(建议八)》(2015)、《关于虚拟货币的风险为本防止指引》(2015)、《关于代理银行服务的报告》(2016)及巴塞尔银行监管委员会《洗钱和恐怖融资风险良好管理指引》(2016)、《关于修订代理银行业务附件的建议》(2016)等,借鉴美国等国的良好做法,针对银行机构、虚拟货币交易商、慈善机构、境外非政府组织等,制定专门的反恐怖融资监管管理办法,或细化完善现有相关规定,对客户正当注意、交易记录保存、大额交易和可疑交易上报、反恐怖融资内控等方面义务作出具体规定,同时注意保护公民个人合法权利。

(三)协调细化恐怖组织、个人认定及涉恐资产冻结管理办法

恐怖活动组织与人员的认定及其资产冻结机制是反恐怖融资机制最独特的部分。综合全面的国际反恐公约的缺少和统一的恐怖主义定义的缺乏,再加上反恐国际合作的必要性,使得联合国对恐怖活动组织和个人的认定极具战略性和有效性,有利于从全球层面对涉恐资产实施及时有效的冻结。联合国对恐怖活动组织和人员的认定是由联合国安全理事会制裁委员会具体作出,制裁对象关于解除制裁的申请则由其居住国或国籍国转给联合国安全理事会制裁委员会监察员办公室复核提出意见,最终由安理会制裁委员会或安理会作出决定。联合国安理会制裁决议的行政性和司法救济措施的缺少,使其面临正当性和合法性方面的挑战。但是《金融行动特别工作组建议:打击洗钱、恐怖融资与扩散融资的国际标准》建议六明确要求成员国实施定向金融制裁和恐怖融资资产冻结措施,且要求适用于所有自然人和法人;要求国家建立一种使联合国的冻结命令自动生效的国内程序,使金融机构和特定非金融机构与职业一得知联合国发布了冻结命令,即可临时冻结被制裁对象相关财产;合理设定认定恐怖活动组织或个人的时间,以便一方面能够允许恐怖分子在一定时间内在组织网络内部转移资产,从而有助于识别之前尚未被识别的恐怖分子同伙或资产,或者有助于更清楚地了解其活动性质;另一方面能够及时有效地冻结恐怖分子的资产。

《反恐怖主义法》第二章对恐怖活动组织和人员的认定作出专门规定,确立了我国认定恐怖活动组织和人员的模式为双轨制,即行政认定与司法认定并存并相互补充;《涉及恐怖活动资产冻结管理办法》对涉恐资产的冻结管理作出明确规定。但我国目前采用外交部下发通知的形式执行安理会金融制裁决议,缺乏使联合国金融制裁决议在国内实施的法律规定,而且国内主管机关对恐怖活动组织和人员认定异议的裁决在理论上存在与联合国安理会金融制裁决议相违背的可能性,关于恐怖活动组织和人员的行政认定缺乏实施细则,《反恐怖主义法》

规定的认定异议处理程序与涉恐资产冻结措施异议处理程序存在不协调的方面,涉恐资产冻结措施仅适用于金融机构和特定非金融机构,并非适用于所有自然人和法人,而且对特定非金融机构的界定范围与国际标准要求仍有较大差距等。所有这些问题亟待在借鉴外国良好做法的基础上,对我国的恐怖活动组织和个人认定及涉恐资产冻结管理规定进行完善。

(四)加强对恐怖融资的刑事司法打击

对恐怖融资犯罪实施有效的刑事司法打击,及时调查、起诉和审理恐怖融资活动,以有效地中止、威慑和预防恐怖融资犯罪,构建有效的惩罚性反恐怖融资法律机制,是有效的反恐怖融资法律机制的必要组成部分。我国于2001年通过《刑法修正案(三)》规定了"资助恐怖活动罪",但是长期以来适用该罪名进行的刑事定罪较少。这既和资助恐怖活动罪及相关犯罪的法律界定不科学不清晰有关,又和刑事司法机构侦查、起诉、审判资助恐怖活动案件的能力有关。长期以来,我国反洗钱工作的重心在于预防和打击贪污贿赂等犯罪,而不是包括资助恐怖活动罪在内的恐怖活动犯罪,反恐怖融资监管、侦查、起诉、审判机关与反洗钱部门重合,缺乏专门的反恐怖融资刑事司法机关。反恐怖融资工作的专业性、涉密性等特点,使得成立专门的反恐怖融资机关成为欧美国家在"9·11"事件后的普遍做法。例如,在美国,财政部专门设立了恐怖融资与金融犯罪办公室,联邦调查局在反恐处下设恐怖融资行动科,中情局也设立了专门针对恐怖融资犯罪的部门。在英国,伦敦大都市警察局反恐指挥处设置了专门侦查恐怖融资案件的"恐怖融资侦查科",通过恐怖融资侦查为反恐调查提供金融情报和金融瓦解措施,并在英格兰、苏格兰和北爱尔兰设立了十余个"反恐中心",对管辖区的恐怖融资案件进行侦查;英国国家反犯罪局反恐怖融资工作组负责识别、评估和利用提交上来的可疑交易报告。此外,美国等国对恐怖融资资产实施刑事没收和民事没收相结合的方法,也值得我国借鉴。

(五)深化反恐怖融资国际国内合作

反恐怖融资国际国内合作是反恐怖融资高效运转的重要保障。在国内协调合作层面,我国建立了反洗钱部际联席会议制度,但是联席会议在统筹协调和分工配合方面亟待加强,宜结合反恐怖融资工作要求,适当挑战部际联席会议的成员构成和功能职责分工,特别是中国人民银行反洗钱局、中国反洗钱监测分析中心、公安部经济犯罪侦查局、公安部反恐怖局等部门的职责分工与协调配合亟待细化和加强;慈善组织、境外非政府组织、虚拟货币交易商等易于遭受恐怖融资滥用的部门与反恐怖融资部门的密切合作,也是有效监测和防范新兴恐怖融资风险的关键。

国际合作领域宜包括法律政策制定协调、金融情报信息共享、监管合作、国际警务合作、刑事司法协助、学术交流合作等方面。实现联合国安理会金融制裁机制与我国反恐怖融资机制的良好衔接与互动,积极参与金融行动特别工作组互评估工作并发挥更大作用,是我国在国际层面加强反恐怖融资合作的重点;不断加强上海合作组织框架内的反恐怖融资国际合作,积极发挥在欧亚反洗钱和反恐怖融资组织、亚太反洗钱组织等地区性反洗钱和反恐怖融资组织中的作用,是从地区层面加强反恐怖融资合作的重点;不断加强与美国、英国、俄罗斯、哈萨克斯坦、巴基斯坦、泰国等国的反恐怖融资交流与合作。

六、结　　语

通过预防和打击恐怖主义融资,切断、追查恐怖活动组织或个人的资金来源,以限制其实施恐怖活动的能力,锁定恐怖分子及其支持者,挫败恐怖分子的阴谋,是有效预防和打击恐怖主义的治本之策。由于反恐怖工作在国家事务中的地位、反洗钱工作的重心、反恐怖法律的发展程度等方面的差异,国内外在反恐怖融资研究理论框架、研究系统性、深入性、前沿性等方面存在较大差异。我国在反恐怖融资研究方面存在研究少而分散、受反洗钱理论框架桎梏、忽视反恐怖融资机制的独特内涵和独立价值等短板,既无法满足完善反恐怖融资机制、有效打击恐怖主义之需,又无法适应迎接国际评估监督、充分履行国际义务之挑战。建议依照最新的国际反恐怖融资标准,借鉴欧美国家的良好做法,对我国反恐怖融资机制的独特性进行系统深入的研究,全面准确把握恐怖融资现状,不断完善反恐怖融资监管机制,协调细化恐怖活动组织与个人的认定及涉恐资产冻结管理办法,加强刑事司法打击,深化国际国内合作。

On the Current Status, Reasons and Strategies for the Research on Anti-Terrorism Financing at Home and Abroad

Lan Lihong

[**内容摘要**]金融反恐是当今国际社会应对恐怖主义的五大战略之一。我国目前关于反恐怖融资之研究少而分散,且主要在反洗钱理论的框架下进行。国外相关研究较为系统深入,且主要在反恐怖主义理论的框架下进行,对反恐怖融资机制的独特内涵和重要价值较为重视。建议从准确把握恐怖融资现状、完善反恐怖融资监管机制、协调细化恐怖活动组织与个人的认定及涉恐资产冻结管理办法、加强刑事司法打击、深化国际国内合作等方面入手,细化和完善我国的反恐怖融资机制。

[**关键词**]金融反恐;反恐怖融资;法律机制;反洗钱

Abstract: Financial anti-terrorism is among the five strategies against terrorism in the contemporary international community. The relevant research on anti-terrorism financing in China is insufficient and dispersive mainly under the theoretical structure of anti-money laundering. Yet the relevant research in foreign countries especially western countries is systematic and profound mainly under the theoretical structure of anti-terrorism, paying great significance to the unique connotation of the anti-terrorism financing mechanism. It is suggested that China's anti-terrorism financing mechanism be improved and detailed by grasping the status quo of terrorism financing, improving the anti-terrorism financing supervision and management mechanism, coordinating and refining the regulations on the identification of terrorist organizations and persons and those on freezing and management of terrorism-related assets, strengthening criminal justice strike, deepening international cooperation as well as domestic cooperation.

Key words: financial anti-terrorism; anti-terrorism financing; legal mechanism; anti-money laundering

稿　约

《刑法论丛》系北京师范大学刑事法律科学研究院主办的CSSCI来源集刊，由我国著名刑法学家高铭暄教授(北京师范大学京师首席专家暨刑事法律科学研究院名誉院长、特聘教授、博士生导师，中国人民大学荣誉一级教授，中国刑法学研究会名誉会长，国际刑法学协会名誉副主席暨中国分会名誉主席)担任学术顾问，赵秉志教授(北京师范大学刑事法律科学研究院教授、法学博士、博士生导师，中国刑法学研究会会长，国际刑法学协会副主席暨中国分会主席)担任主编，并由法律出版社出版。

本论丛的宗旨是，密切关注古今中外刑事实体法的理论与实践，既重视刑法理论的哲学与人文根基，对其进行本源性、思辨性的深层次研究，又注意牢牢抓住刑法学作为一门应用法学之务实性特点，对那些在司法实践中具有重大意义的实务问题进行开拓性探索，以使我国刑法学在社会不断发展变革的今天，仍能以盎然之生命力，发挥其维护与促进现代文明之功能。

本论丛为每季一卷(每季度末出版)，每卷约50万字，内容涵括中国刑法学、外国刑法学、比较刑法学、国际刑法学、区际刑法学、刑事执行法学、犯罪学与刑事政策等诸多领域，并酌设学术综述、书评、刑法名家、学术信息等栏目。本论丛既注重选载具有重要分量的长篇大论，也十分欢迎那些具有真知灼见的精辟短文。本论丛将始终坚持高品位、深层次、新视野的精品研究风格，以质取文，扶持新人，从而努力使之真正成为刑法理论与实务工作者以及一切关爱刑法学的朋友们的一方乐土，成为刑法研习者、爱好者学术交流的重要园地！为保障并不断提高出版质量,本论丛特别聘请了数位专家组成编委会,以组织对稿件的匿名评审;同时,本论丛还专门成立了编辑部,负责日常的编务工作。

本论丛热烈欢迎海内外学人踊跃赐予观点新颖、思想深刻的优秀稿件。稿件要求如下:

1. 须是作者原创,杜绝抄袭。

2. 论文注释一律采用页下脚注,每页重新编号,注释序号用带圆圈的阿拉伯数字表示。

3. 注释须注明:著者(如系外国人,应注明国别)、书名、出版社、出版时间、页码;或者著者、论文名(加引号,而非书名号)、刊物名称、卷(期)号、页码。如引用外文书刊,请按国际标准注释。

4. 文前应提炼目次(一级标题),文尾须附英文题目、中英文摘要(合计400字以内)、中英文关键词(限3~5个)。

另外,请作者在稿件第一页下方注明自己的学位、单位、职称、职务、通讯地址、联系电话。请勿一稿多投。如果作者在三个月内没有收到采用稿件通知,则可将稿件另投他处。本论丛已入选知网、万方、超星等,并由其对外提供信息服务,如有异议,请在来稿时注明,本论丛将作适当处理。

最后,有必要声明:本论丛刊所载文章实行文责自负,其观点均属作者本人而并不代表主编与出版者的思想倾向。至于本论丛以及所载论文之版权,应依国家著作权法有关规定解决。

来稿请一律以电子邮件形式发至以下电子信箱:xingfaluncong@163.com,请勿向专业编辑个人邮箱投稿。

感谢读者诸君长期以来对本论丛的支持与关注!

《刑法论丛》编辑部

2019年5月

图书在版编目(CIP)数据

刑法论丛. 2018 年. 第 2 卷 : 总第 54 卷 / 赵秉志主编. -- 北京 : 法律出版社, 2019

ISBN 978 - 7 - 5197 - 3467 - 1

Ⅰ. ①刑… Ⅱ. ①赵… Ⅲ. ①刑法 - 文集 Ⅳ. ①D914.04 - 53

中国版本图书馆 CIP 数据核字(2019)第 089720 号

刑法论丛(2018 年第 2 卷 · 总第 54 卷) **XINGFA LUNCONG (2018 NIAN DI-2 JUAN · ZONG DI-54 JUAN)**	赵秉志 主编	责任编辑 屈 瑶 装帧设计 李 瞻

出版 法律出版社
总发行 中国法律图书有限公司
经销 新华书店
印刷 北京虎彩文化传播有限公司
责任校对 晁明慧
责任印制 陶 松
编辑统筹 学术 · 对外出版分社
开本 A5
印张 17.5
字数 475 千
版本 2019 年 6 月第 1 版
印次 2019 年 6 月第 1 次印刷

法律出版社/北京市丰台区莲花池西里 7 号(100073)
网址/www. lawpress. com. cn
投稿邮箱/info@ lawpress. com. cn
举报维权邮箱/jbwq@ lawpress. com. cn
销售热线/010 - 83938336
咨询电话/010 - 63939796

中国法律图书有限公司/北京市丰台区莲花池西里 7 号(100073)
全国各地中法图分、子公司销售电话:
统一销售客服/400 - 660 - 6393
第一法律书店/010 - 83938334/8335
西安分公司/029 - 85330678
重庆分公司/023 - 67453036
上海分公司/021 - 62071639/1636
深圳分公司/0755 - 83072995

书号:ISBN 978 - 7 - 5197 - 3467 - 1
定价:88.00 元